폭력의 시대
국가안보의 실존적 변화와 테러리즘

:테러리즘과 국가안보, 그리고 안보정책

윤민우

TERRO
RISM

박영사

가난한 젊은이가 미국의 대학원 과정을 이수하는 것은 조금은 특별한 용기를 필요로 한다. 더구나 그가 전공하고자 하는 분야가 대부분의 사람들에게 생소하고 분야 자체가 대학의 학과 등으로 제도화되어 있지 않을 경우에는 더더욱 그렇다. 그가 내리는 결정이 인생 전체를 판돈으로 거는 도박이 될 수 있다. 성공할 수 있는 확률은 그리 높지 않아 아마도 재정문제를 포함한 여러 문제로 중도에서 그만두거나 아니면 가까스로 박사학위를 취득하더라도 고학력 실업자로 남은 삶을 버텨내야 할 것이었다.

1999년 늦가을 어느 날 나는 그런 삶의 갈림길에 서 있었다. 대학을 졸업하고 학사장교로 39개월 복무를 마치고 전역한 순간부터 삶은 당혹감과 자존감의 좌절이 교차하는 연속이었다. IMF 여파 탓인지 직장을 잡는 것은 어려웠고, 자신들의 생계유지도 쉽지 않은 지방의 부모님으로부터 돈을 지원받을 수도 없었기 때문에 고시나 대학원 진학 어느 쪽도 시도해 보기가 막막했다. 그러던 중에 미국에서 대학원 공부를 할 수 있는 장학금을 지원받았다. 24,000달러를 지원받는 조건이었다. 그 이후에 재정에 대한 대안은 딱히 없었지만 나는 미국으로 떠나기로 결심했다.

미국 대학원으로의 진학은 결과적으로 부모님과 영원한 작별이라는 대가를 치러야 했다. 이미 나이든 부모님에게는 당장 생계가 곤란한 문제였다. 미국 대학원 진학을 준비하던 중 어느 날 나는 아버지와 많은 대화를 나눴다. 아버지는 내게 미국으로 가는 것을 포기하고 직장에 취업하는 것을 제안했다. 더 이상 자신이 돈을 벌 데가 없어 생활이 어렵다고 했다. 그 때 아버지 나이가 74세였다. 아마도 이 순간이 내 삶에서 가장 힘들었던 결정 가운데 하나이었을 것 같다. 나는 아버지에게 아마도 내가 여기서 주저앉는다면 다시 수십 년이 흐른 다음에 내 아들이 지금의 나와 같은 힘든 선택의 순간에 있을 것이라고 말했다. 때문에 지금 이 순간에 아버지와 나 사이에서 그런 고리를 끊자고 했다. 아버지의 죽음을 넘어서라도 나는 그 길을 가야겠다는 말과 함께. 아버지는 침묵으로 동의를 했고 어머니는 그 옆에서 조용히 울먹이고 있었다. 2002년 여름 인디애나에서 석사를 마치고 텍사스의 박사과정 학교에

도착하던 날 암으로 어머니가 돌아가셨고 다시 2주 뒤에 병상에 누워 마지막 호흡을 몰아쉬는 아버지와 전화로 마지막 작별을 고했다.

다시 1999년 가을, 테러리즘을 공부하겠다는 생각은 미쳤거나 기이한 것이었다. 주변의 여러 사람들은 나를 이상하거나 몽상적이라고 얘기했다. 테러리즘을 우선 어떤 전공분야에서 공부할 수 있는지도 알 수 없었으며 전공을 하고 난 뒤에 어떤 일자리를 잡을 수 있는지도 불투명했다. 미국에 간 뒤에 알게 된 사실이지만 9.11 테러 이전에는 미국 대학원에서도 테러리즘을 가르치는 곳은 없었다. 단지 두 가지 명확한 내 생각이 이 미친 짓을 실행하도록 만들었다. 하나는 내가 좋아하는 것과 잘할 수 있는 것을 하자는 것이었다. 어차피 단 한번 사는 삶에서 내가 좋아하고 잘할 수 있는 것을 하는 것은 세상 사람들이 생각하는 성공과 실패의 기준보다 더 가치 있는 것이었다. 다른 하나는 테러리즘이 미래 사회의 주요한 폭력양식의 하나가 될 것이라는 확신이었다. 내가 그동안 읽었던 모든 고전들의 이야기와 치열하게 겪었던 삶의 경험들이 가리키는 방향은 모두 그러했다. 다른 사람들이 만들어 놓은 길을 가는 것보다 내가 길을 만들어 앞으로 나아가는 것은 좀 더 가치 있지 않을까? 내 삶 전체를 건 도박이었다.

이 책에서 다루고 있는 모든 내용들은 지난 17년 간 내 삶의 흔적들이다. 2000년 미국에서 석사를 시작한 이후로 테러리즘과 국가안보는 내 삶의 모든 것이었다. 그 삶은 대학의 강의실과 테러리즘 연구센터의 사무실에 머물지 않았다. 인터뷰를 위해 이스라엘 교도소에서 수감 중인 테러리스트들을 만났으며, 폭탄테러 피해자들과 그 가족들을 만났고, 미국과 독일, 이스라엘, 러시아 등의 여러 정보요원들과 수사관들, 경찰관들 그리고 참전 군인들을 만났다. 필드 조사를 위해 러시아 도시들의 길거리 와 이스라엘 정착촌, 미국의 우범지대 등을 다녔다. 그 와중에 몇 번이나 삶과 죽음 의 경계선에 서기도 했다.

지난 시간 동안 테러리즘과 국가안보와 관련된 다양한 주제로 여러 편의 연구 논문과 보고서들을 작성하였다. 이 책은 테러리즘과 그와 관련된 국가안보의 문제에 대한 이해를 돕기 위해 그 동안 작성한 여러 논문과 보고서들을 하나로 묶어 책의 형태로 다시 작성한 것이다. 이 책을 작성하면서 다시 드는 생각은 여전히 내가 부족한 부분들이 많다는 것이며 이 책에서 담고 있는 내용과 구성들이 여전히 불완전 하다는 것이다. 하지만 그 동안 지나왔던 테러리즘의 여정을 한번 정리해보는 것은 의미가 있을 것이며 또한 테러리즘과 국가안보에 대한 기본틀을 한번 정리해 본다는 것에서 나름대로의 의미를 찾는다. 언젠가 가까운 미래에 다시 이 책은 내용을 수정, 보강하여 좀 더 완성된 형태로 다듬어져야 할 것이다. 물론 그 역시도 불완전하겠지만. 이는 내가 테러리즘과 국가안보와 관련된 전문성의 끝까지 가는 여정과 함께할 것이다. 아마도 내 삶이 끝나기 전에 도달하지 못할지도 모르지만.

이 책에서 담고 있는 내용들은 테러리즘과 국가안보와 관련된 여러 주제들에 대한 것들이다. 테러리즘과 국가안보를 이해하기 어려운 이유 가운데 하나는 여러 다양한 지식과 전문분야, 그리고 삶의 경험과 인간 본성에 대한 이해를 포괄하는 융합지식이라는 특성 때문이다. 이는 인간의 폭력행위가 돈과 명예, 쾌락과 자기만족, 자존감과 열등감, 이념과 가치, 정복욕과 복수심, 단체정신과 의무감, 그리고 그저 우연 등의 요소와 같은 많은 정치적, 경제적, 이념적, 신앙적, 사회적, 문화적, 심리적, 기회적 요인들과 관련되어 있기 때문이다. 이 책에서는 가급적 테러리즘과 국가안보와 관련된 그러한 다양한 그림들을 입체적으로 보여주고자 노력하였다. 각 장과 절들이 테러리즘과 국가안보와 관련된 여러 다양하고 잡다한 이야기를 파편적으로 하고 있는 것처럼 보이겠지만 그러한 파편적 내용들을 연결시켜 하나의 입체적 그림으로 이해하도록 할 필요가 있다.

이 책의 흐름은 일반론적이며 거시적인 문제를 다루는 테러리즘에 대한 문명사적 맥락과 의미에서 출발하여 테러리즘에 대한 개념적 이해를 거쳐 테러리즘과 관련된 여러 세부적 내용들을 살펴보고, 테러리즘과 싸우기 위한 대테러 정책에 대한 소개와 제안 등으로 마무리를 짓는다. 그리고 부분적으로 테러리즘의 분야를 넘어서는 국가안보와 관련된 내용들을 추가했다. 각각의 내용들은 테러리즘과 국가안보와 관련된 지식들과 사실들, 그리고 의견들과 제안들로 이루어져 있다. 이 책의 내용들은 테러리즘과 국가안보와 관련된 전체적이고 종합적인 이해를 하는 데도 도움이 될 수 있지만 각각의 장들은 그 자체로 해당 주제에 대한 지식과 사실, 제안들을 제공할 수 있다. 따라서 필요에 따라서는 각각의 장들을 개별적으로 활용할 수도 있다.

이 책은 우리 국가와 국제사회에 폭력의 시대가 다가오고 있음을 알려주고자 한다. 그 폭력은 상징적인 의미가 아니라 실제로 사람이 죽고 피가 튀고 무기가 동원되는 글자 그대로의 폭력을 의미한다. 테러리즘은 그 폭력의 시대를 특징짓는 주요한 폭력의 한 양식이다. 하지만 유일한 폭력의 양식은 아니다. 강대국들 간의 군사적 대치와 국지적 분쟁가능성의 증대, 그리고 사회 내부에서의 내전과 무질서,

범죄와 폭동, 그리고 사회집단 간의 폭력적 충돌과 같은 다양한 인간들 간의 폭력적 충돌이 테러리즘과 어우러져 다가오는 미래사회를 결정지을 것이다. 1990년대 냉전이 끝난 직후에 전 세계를 휘감았던 진보와 이성, 국제협력과 비폭력을 향한 인간의 역사의 전진에 대한 환상과 기대는 끝났다. 마치 1차 대전 이후의 순진한 희망이 채 20년을 넘어가지 못했던 것처럼. 어떤 많은 인간은 본질적으로 이기적이며 폭력적이다. 그리고 그러한 속성은 미래에도 지속될 것이다. 그리고 그러한 종류의 인간들이 역사의 방향타를 결정한다. 냉전 이후의 파티와 흥분은 사라졌고 역사는 다시 일상으로 돌아가는 중이다.

폭력의 먹구름이 우리 국가로 점차 밀려들고 있다. 이는 테러리즘으로, 중국의 제국적 팽창으로, 북한의 도발로, 이민자들과 내국인들과의 충돌로, 그리고 우리 사회 내부의 사회집단 간의 충돌과 개인 간의 폭력적 갈등으로 나타날 것이다. 용기 있고 현명한 자는 싸워야 할 타이밍을 알고 두려움에도 불구하고 싸워야 할 최적의 시점에서 행동으로 옮긴다. 반대로 겁이 많은 유약한 자들은 다가오는 폭력적 도전을 외면하고 싸움을 뒤로 미룬다. 이들은 자신의 선의와 싸울 의지가 없다는 것으로 다가오는 적들을 설득할 수 있을 것이라고 믿는다. 그리고 더 이상 물러설 수 없는 가장 불리한 마지막 시점에서 어쩔 수 없이 절망적인 싸움을 하거나 굴복한다. 백제가 멸망하던 때, 성충과 흥수는 의자왕에게 백강과 탄현고개에서 싸워야 한다고 충고했다. 하지만 의자왕은 주저하고 머뭇거리다 백강과 탄현고개를 저항 없이 내어주고 계백을 절망적인 황산벌 싸움으로 밀어 넣었다. 싸우는 것은 위치와 시점이 결정적이다. 폭력의 시대에 살아남기 위해서는 싸움의 위치와 시점을 판단하는 분별력과 두려움을 스스로 다스리고 실행으로 옮기는 용기가 필요할 것이다. 자유의 박탈은 죽음보다 더한 고통이기 때문이다.

어느 국가도 처음부터 강대국이거나 늘 우세한 싸움만 했던 것은 아니다. 텍사스는 한때 아메리카의 나폴레옹이라고 불렸던 산타 아나가 이끄는 강대한 멕시코 군대와 알라모에서 절망적인 싸움을 벌여야 했다. 레닌그라드의 병사들과 시민들은 히틀러의 독일군과 맞서 포위된 채로 쥐와 시체를 뜯어 먹으며 3년여에 걸친 절망적인 싸움을 이겨냈다. 이들이 흘린 피와 용기의 대가로 지금의 미국과 러시아는 세계적인 강대국이 되었다. 명예로운 국가는 두려움을 이겨낸 자들의 것이다. 우리 국가 역시 우리에게 닥칠 여러 폭력적 위협에 맞서 싸워 이겨낼 수 있기를 기대한다. 굴복은 안락함을 주지만 동시에 노예의 굴욕이라는 대가를 치러야 한다. 모든 쉬운 해결책은 늘 대가를 치러야 한다. 조선과 같은 중국의 노예국가가 다시 나타나지 않기를 기대한다. 사드와 관련된 중국의 압박에 대한 근원적인 문제는 자유인으로서의 우리 국민의 자유로운 결정에 간섭한다는 것이다. 이는 이슬람 극단주의의 위협에도 해당한다. 폭력적 위협은 노예를 굴복시킬 순 있지만 자유민의 의지를 꺾을 수는 없다. 자유민은 스스로의 운명을 스스로 결정하는 자들을 의미한다. 앞으로 다가올 폭력의 시대는 우리 국가가 자유로운 민주국가임에 대한 시험과 도전이 될 것이다.

이 책을 출판하면서 많은 사람들을 기억하게 된다. 아들을 믿고 지지해주신 돌아가신 부모님과 언제나 옆에서 지원하는 사랑하는 아내와 아들에게 감사한다. 그리고 늘 지적인 조언과 격려를 아끼지 않는 동료들에게 감사하며, 여러 가지로 부족한 원고를 교정하고 편집하느라 지원해준 박영사 관계자 분들에게 감사한다. 또한 이 시간에도 국가안보를 위해 알려지지 않는 헌신을 하고 있는 관계 기관의 직원들을 기억한다.

2017년 2월 25일
윤 민 우

Contents 차 례

Contents 차 례

제1장
테러리즘의 역사적 의미

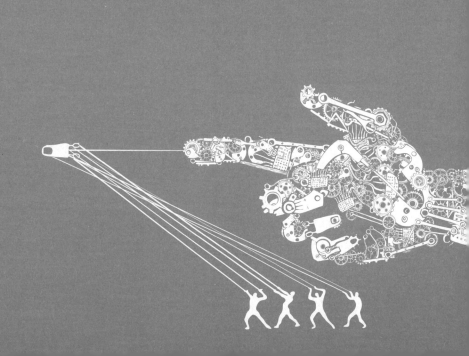

제1장

테러리즘의 역사적 의미

　최근 독일과 프랑스, 벨기에 등지에서 잇따라 발생하고 있는 테러사건들은 일반인들에게는 매우 이해하기 어려운 의문을 가져다준다. 우선 사람이 그런 끔찍한 행위를 할 수 있다는 것이 놀랍고 더불어 자신과 자신의 가족이 일상에서 갑작스런 끔찍한 죽음을 당할 수도 있다는 가능성에 두려워한다. 돌연히 경기장이나 축제현장, 또는 나이트클럽에서 폭탄이 터지고 테러리스트들이 들이닥쳐 총기공격과 인질납치가 발생하여 많은 상처와 파괴를 남기고는 다시 조용한 일상으로 돌아간다. 우리가 테러리즘이라고 부르는 이러한 형태의 폭력은 전쟁이라고 부르기에는 그 규모가 너무 작고 또 시작과 끝이 분명하지 않다. 그렇다고 단순히 범죄라고 정의하기에는 그 폭력의 수위가 너무 높으며 또 너무 참혹하다(윤민우, 2011: 24).

　이런 이해할 수 없는 두려운 현상에 대해 사람들은 이른바 인지 부조화를 느낀다. 사람들은 대체로 자신들의 기존의 가치와 신념, 경험들에 비추어 자신의 주변 현상을 이해하게 되는데 이 때 자신의 주변 현상들이 기존의 가치와 신념, 경험들로 이해되지 않을 정도로 끔찍하거나, 두렵거나, 비윤리적일 경우 다른 현실과 자신의 이해의 틀 간에 격렬한 부조화를 경험하게 된다. 이는 궁극적으로 그 사람에게 심리적 불안감이나, 스트레스, 공포 등을 가져다주게 된다. 이 때 많은 경우에 사람들은 그러한 다른 현실에 대한 설명을 가급적 빨리 찾아내려고 하는데 이는 자신의 불안감과 두려움을 잠재우기 위해서이다. 그리고 그러한 다른 현실은 매우 비현실적이거나 예외적이어야 하며 자신과 자신을 둘러싼 현실과는 매우 이질적인 다른 실체이어야 한다. 이렇게 정의 될 때 테러와 같은 끔찍한 사건은 자신의 삶과는 관련이 없는 예외적이면서 일시적인 현상이 되며 일상으로부터 심리적으로 제거함으로써 자신의 기존의 가치와, 신념, 경험들이 유지되게 된다. 즉 다른 현실과 기존 가치와 신념, 경험들이 충돌할 때 해당 가치나, 신념, 경험들을 수정하는 것이 아니라 다른 현실을 매우 예외적인 것으로 처리함으로써 이 부조화가 주는 심리적 불안감과 스트레스를 극복하게 되는 것이다.

이러한 과정을 우리는 흔히 목격한다. 때문에 테러리스트는 정신질환자이거나 종교적인 광신도이거나, 사악한 테러조직의 비밀 조직원이 되어야 한다. 그들은 일반인들과는 매우 다른 특이한 개인들이며 그 특이성이 참혹한 테러의 원인이 된다. 이러한 현상은 우리 주변에서도 다른 상황에서 목격된다. 강남역 살인범은 조현증 환자이어야 하고, 토막 살인범은 사이코패스이어야 한다. 그러한 진단과 설명은 사람들에게 심리적 안정을 가져다준다. 참혹한 사건에 대한 설명이 빨리 주어지며 이해할 수 없었던 일이 설명된다. 또한 원인이 밝혀지며, 그에 대한 대응방안도 나오게 된다. 이 때 이 설명과 대응방안이 얼마나 객관적으로 타당하며 실효성이 있는지는 그다지 중요하지 않다. 중요한 것은 일반인들에게 가급적 빨리 마음의 안정을 가져다주는 것이다. 하지만 이러한 방식의 대응은 문제를 정확히 이해하고 해결하는 것과는 관련이 없다. 테러리즘을 이런 방식으로 대응하는 것은 우리에게 단기적으로 마음의 평안을 가져다줄지는 몰라도 문제를 해결하고 극복하게 해 줄 수는 없다. 용기를 갖고 우리의 기존 가치와 신념, 경험 등을 내려놓고 두려움의 실체와 맞서는 용기가 필요할 것이다. 이 책은 그러한 노력의 과정이다.

오늘날 일반인들이 테러리즘 현상을 이해하기 어려운 점은 특히 테러리즘이라고 불리는 현상조차도 동일하게 정의하기가 쉽지 않다는 점이다. 어떤 테러리즘은 게릴라 전쟁을 방불케 할 정도로 정규전에 가깝다. 시리아와 이라크 등지에서 IS(Islamic State: 이슬람 국가)가 시리아 정부군이나 반군, 그리고 미군과 러시아 군 등을 상대로 전투를 벌인다거나, 체첸 무장 단체들이 러시아 정규군을 상대로 치르는 전투라든가 아프가니스탄 탈레반 반군들이 다국적군을 상대로 수행하는 군사작전이라든가 하는 행위들이 이에 해당된다. 심지어 타밀 타이거 반군들은 스스로의 해군도 보유하고 있어 스리랑카 정부군을 상대로 해전을 치르기도 한다. 한편, 이러한 정규전을 방불케 하는 행위 반대편에는 민간인을 납치해서 처형 한다든가 불구로 만든다든가, 시장이나 모스크 등에서 폭탄을 터트려 다수의 민간인을 살상한다든가 하는 범죄 행위와 유사한 불법행위들을 저지른다(윤민우, 2011: 24).

왜 이러한 형태의 기존의 상식으로는 이해하기 어려운 이러한 일련의 폭력이, 냉전이 끝나고 세계의 주요 국가 간의 대규모 전면전의 가능성이 점점 줄어드는 오늘날에 빠르게 증가하고 있는 것일까? 이러한 의문을 풀어가는 첫 번째 실마리는 우리가 살아가는 오늘날의 생활양식 또는 우리의 일상 삶의 방식에 있는지도 모른다. 우리가 쇼핑을 하고 인터넷채팅을 하고 물건을 생산하고, 직장을 잡고 하는 삶의 양식들과 우리가 폭탄을 터트리고 사람을 죽이고 건물을 폭파하고 하는 죽음 또는 폭력의 양식이 우리가 속한 문명의 성격을 결정하는 것과 같은 원리에 의해 만들어지고 규정되어진다(윤민우, 2011: 25). 엘빈 토플러(Toffler & Toffler, 1993)는 그의 책 "전쟁과 반전쟁"에서 이점을 생산의 양식이 파괴의 양식을 결정한다는 말로 이러한 사실을 표현하고 있다. 바꾸어 말하면, 인간의 문명은 그 해당 문명의 근본 토대가 되는 어떤 특정한 패러다임에 의해 그 정체성이 결정되며, 이 패러다임은 해당 문명의 생산양식인 경제 활동과 파괴의 양식인 전쟁 또는 폭력 활동을 함께 결정한다(윤민우, 2011: 25).

　　조선이나 고대 스파르타와 같은 농경사회는 인간의 노동력을 사용하여 땅에서 곡식을 생산하는 생산양식에 기반했다. 따라서 그들의 파괴형식, 즉 전쟁형식 역시 노동 집약적인 보병전투 위주였으며 다수의 농민군의 노동력에 기초한 살육과 파괴를 수행했다. 고대 고구려나 몽고와 같은 문명은 유목에 기초한 생산양식이었다. 따라서 그들의 전쟁방식 역시 인간이 말이라는 동물을 착취해서 얻어낸 기동력과 공간 이동의 자유를 활용해 파괴를 하는 것이었다. 한편, 고대 북아프리카의 카르타고나 중세 북이탈리아의 밀라노나 피렌체 같은 도시국가는 무역과 상업에 기초한 생산양식에 의존했다. 이 때문에 이들의 전쟁양식은 상업적인 계약이었다. 카르타고는 자신들의 부로 마케도니아 등지의 용병을 고용하였으며, 역시 마찬가지로 북 이탈리아의 도시들은 축적된 부로 스위스 등지에서 용병을 고용하였다(윤민우, 2011: 25).

　　우리에게 익숙한 근대 국제법에서 인정하는 전쟁은 사실상 여러 폭력행위 또는 전쟁들 가운데 매우 제한적인 어떤 폭력충돌의 양식만을 규정하고 있을 뿐이다. 그리고 이러한 국가에 속하고 제복을 착용한 대규모의 정규군과 정규군이 대량의 무기를 사용하여 맞부딪히는 2차 세계대전이나 한국전쟁과 같은 폭력양식은 산업혁명에 따른 기계화의 산물이다. 산업혁명은 이전까지의 인간의 삶을 근본적으로 뒤바꾸어 근대산업사회라는 새로운 문명을 만들어 냈다. 그리고 그러한 근대 문명의 특징을 한마디로 표현하자면 기계화에 의한 대량생산, 대량소비 그리고 이에 따른 대중 사회의 등장이라고 할 수 있다. 이러한 일반적인 역사흐름은 우리가 파괴하고 살육하는 방식 또한 결정지었다. 산업혁명은 기계를 사용하여 대량으로 생산하고 대량으로 소비하는 거대한 시장을 만들어 냈다. 하지만, 이러한 산업혁명은 파괴와 살육의 기계화와 대량살상 또는 대규모 파괴라는 전쟁의 양식도 만들어 낸다. 자동 차의 대량생산과 텔레비전, 세탁기가 발명되던 시기에 기관총과 탱크, 전투기 등이 만들어 졌다는 사실은 이러한 생산의 양식과 파괴 또는 전쟁의 양식 사이의 서로 밀접한 연관성을 잘 보여준다. 그리고 이 산업혁명과 대량생산과 소비의 시기에 진 행된 1, 2차 세계대전과 한국전쟁은 기계화에 의한 대량살육의 정점을 보여주었다. 나치 독일이 수백만에 달하는 유태인을 가스 공장이라는 산업 시대의 방식으로 대 량살상한 것은 그 하나의 예이며 이 밖에도 연합군이 감행한 드레스덴이나 베를린 등지의 무차별 폭격이나 스탈린그라드나 쿠르스크에서의 독일군과 소련군 간의 대 규모 기계화 부대의 결전, 또는 나가사키나 히로시마에서의 원자폭탄이라는 기계를 통한 대규모 살상과 파괴는 산업혁명을 통해 등장한 근대 문명의 파괴양식을 잘 보 여준다(윤민우, 2011: 26).

냉전과 정보화 혁명 등을 거치면서 대량생산, 대량소비에 기반을 둔 근대문명은 내재된 동력의 한계에 다다르게 된다. 그리고 이러한 한계상황은 다시 틈새시장 (niche market)의 등장과 같은 적재적소의 소비에 맞춘 맞춤형의 적정 규모의 생산이 라는 새로운 생산과 소비 양식을 만들어 내는 것으로 진화했다. 이러한 맞춤형 생 산-소비의 주요 도구들은 컴퓨터와 인터넷, 스마트폰, 사물인터넷, 3D 프린트 등을 포함한다. 생산양식에서 대량생산, 대량소비는 시장의 급속한 팽창에 의한 한계 상 황에 도달하게 된다. 이러한 상황에서 생산자들 사이에서의 경쟁은 시장의 팽창 보 다는 생산비의 절감을 통해 시장 경쟁력을 갖추려는 방향으로 전개되게 된다. 이러 한 추이에 따라 생산자는 대상 소비자의 정확한 수요 욕구를 파악하고 그 소비자의 수요 욕구에 맞게 생산함으로써 불필요한 부대비용을 줄이는 전략을 취하려 한다 (윤민우, 2013: 26).

한편, 대량생산, 대량소비 문명의 소비자는, 그 대량사회의 도래에 의해 절대적 소비욕구를 충족하게 되고 전산업사회의 절대적 결핍으로부터 해방되게 된다. 절대 적 부족으로부터의 해방은 소비자들에게 여유를 주게 되고 이 여유는 소비자들이 남 또는 다른 대중과의 차별적인 소비를 하려는 욕구를 가지도록 만들어 준다. 소 비자들은 이제 더 이상 단순히 필요에 따른 소비에 만족하지 못하고 남들과 다른 보다 비싸거나 다른 기능 또는 디자인 또는 보다 인지도 있는 브랜드와 같은 남들과 차별되는 자신만의 소비욕구를 갖게 되는 여유를 누릴 수 있게 되었다. 소비의 대상이 되는 상품이나 서비스는 이제 필요와 함께 어떤 하나의 정체성, 지위, 차별성을 나타내주는 도구가 되었다. 이처럼 대량생산-소비 문명의 도래가 만들어 준 조건들에 기초한 생산자 측의 필요와 소비자 측의 새로운 욕구의 상호작용은 맞춤형 생산소비 또는 틈새시장과 같은 21세기형의 생산양식을 만들어 냈다(윤민우, 2011: 26-27).

새로운 시대의 도래는 생산양식에서의 맞춤 생산-소비와 똑같은 양식으로 전개되고 있는 맞춤 파괴 또는 틈새 전쟁이라는 새로운 파괴의 양식도 만들어 냈다. 21세기 새로운 생산의 양식은 일반 사람들에게 잘 이해가 되고 있고 많은 관심과 주목을 받아온 반면 새로운 파괴의 양식은 사람들의 관심 밖에서 조용히 전개되어온 측면이 강하다. 이 때문에 여전히 잘 이해되지 못하고 있지만, 이 새로운 파괴의 양식은 동전의 다른 면에 해당하는 생산의 양식과 같은 방식으로 같은 조건에 의해 생겨나고 진화되어 왔다. 대량 파괴의 양식은 냉전을 거치면서 그 내재된 본질적인 한계에 부딪히게 되었다. 먼저 파괴의 가해자의 측면에서 대량 파괴는 엄청난 비용의 증가라는 딜레마에 부딪히게 된다. 그리고 이 비용은 무기 생산과 소비에 사용되는 실질적인 재정적 비용뿐만 아니라 초래하는 파괴의 참혹함에 따르는 도덕적 비용을 함께 포함한다. 2차 세계대전 시 베를린, 런던, 드레스덴, 스탈린그라드, 도쿄나 히로시마 등지에서의 대규모 파괴는 전형적인 고비용의 대량 파괴 구조의 극단적인 단면을 보여준다. 그리고 이 대량 파괴 양식의 딜레마는 2차 대전이 끝난 후 이어진 냉전 구도 하에서 더욱 잘 드러나게 된다. 핵무기, 핵 잠수함, 항공모함, 그리고 대규모 전략 공군들은 아주 비싼 비용을 치른 후에 보유할 수 있는 대량 파괴 양식의 무기들이다. 냉전 하에서 미국과 소련이 치른 재정적 비용들, 그리고 작게는 한국과 북한이 냉전적 대치 구도 하에서 지난 60년 간 치른 재정적 비용들은 대량 파괴양식이 얼마나 값비싼 파괴 양식인지를 잘 보여준다. 그리고 이러한 재정적 비용에 수반되는 것이 도덕적 비용이다. 2차 대전시의 대규모 공습이나 핵무기 등의 예에서 잘 보여지는 것처럼 파괴의 결과의 참혹함은 그 파괴의 생산자에게 감당하기 힘든 도덕적 비용을 안겨 주었다. 따라서 이러한 막대한 재정적, 도덕적 비용은 대량 파괴 양식의 실제 사용을 제한하거나 현실적으로 불가능하게 만들어 새로운 파괴양식인 작은 규모의 맞춤형 파괴라는 새로운 파괴의 양식으로 진화하게 만들었다. 오늘날 국가 간 대규모 전면전의 가능성이 줄어들게 된 배경에는 이러한 비용의 과도하라는 논리가 작동한다(윤민우, 2011: 27-28).

새로운 파괴의 양식에서는 두 부류의 서로 다른 파괴의 행위자가 동시에 존재하게 되며, 외관상으로는 다르게 보일지라도 이 두 부류는 본질적으로 같은 원리에 의해 파괴 또는 전쟁을 수행한다. 대량 파괴의 양식은 재정적 비용과 도덕적 비용이라는 두 가지 서로 다른 값비싼 부담을 파괴의 행위자에게 안겨준다. 이러한 두 가지 서로 다르지만 동시에 주어지는 한계적 상황의 도전에 대해 파괴의 행위자들은 서로 다른 방식으로 반응하게 되며 이는 각각의 파괴의 행위자들이 처한 입장과 그들이 보유한 재정 능력에 따라 나눠지게 된다(윤민우, 2011: 28).

대체로 파괴의 행위자들은 두 그룹으로 나뉘게 된다. 한 그룹은 대량 파괴 양식을 감당할 수 있는 재정은 갖고 있어 이를 지속할 수는 있지만, 그들이 처한 정치적, 경제적, 사회적, 문화적, 또는 윤리적 입장 때문에 대량 파괴에 따른 도덕적 비용을 감당할 수 없는 행위자들이다. 미국이나 한국, 영국이나 독일 등의 정치적으로 민주화되고 경제적으로 부유한 1세계 국가들이 이에 해당하는 파괴의 행위자들이다. 이들은 그들이 처한 한계 상황을 극복하기 위해 막대한 비용을 들여 파괴의 참혹함이나 결과 또는 이 파괴 행위에 들어가는 인적, 물적, 정치적 또는 윤리적 비용을 최소화 하면서 꼭 필요한 타깃을 제거할 수 있는 첨단 무기들을 개발함으로써 파괴에 따른 도덕적 비용을 낮추는 방식으로 새로운 맞춤 파괴의 양식을 만들어 냈다. 스마트 폭탄이나 레이저 유도 무기, 그리고 무인 전투기나 전투 로봇의 개발 등이 이러한 새로운 트렌드의 대표적 예이며 이는 최근 20년 사이의 놀랄 만한 첨단 기술의 발달에 의해 가능하게 되었다. 1, 2차 걸프전과 9.11 이후의 대 테러 전에서 선보인 첨단 무기의 정확도는 인상적인 것이었으며 이러한 발전은 앞으로 더욱 비약적으로 전개될 것임에 분명하다(윤민우, 2011: 28).

또 다른 그룹은 그들이 처한 약자적인 입장 또는 그들의 이질적인 가치체계 때문에 파괴에 따른 도덕적 비용으로부터는 어느 정도 자유로울 수 있으나 대량 파괴의 양식을 감당할 만한 재정적 능력을 갖고 있지 못한 경우이다. 이러한 약자들은 이란이나 이라크, 시리아나 리비아 또는 북한 같은 가난한 제3세계 국가이거나 IS나 알 카에다, 하마스, 그리고 헤즈불라 같은 비 국가 폭력집단들이다. 대량 파괴의 양식은 그에 따르는 재정적 고비용으로 인해 파괴 행위자의 극단적 양극화를 가져왔다. 사실상 재정적으로 열등한 파괴의 행위자는 미국이나 EU, 러시아와 같은 우월한 파괴의 행위자들과의 동일한 파괴의 양식에 의한 경쟁을 사실상 포기해야 했으며 이에 따른 대체 방안을 강구해야만 했다. 자살 폭탄테러나 인질 납치 같은 테러리즘은 이러한 재정적으로 열등한 파괴의 행위자 그룹이 선택할 수 있는 맞춤 파괴라는 새로운 파괴의 양식이다. 비용적 한계와 열등한 기술력 때문에 첨단 무기의 이용이 불가능한 이들은 대신에 값싼 인력을 사용한 테러리즘의 방식으로 그들의 파괴 행위를 수행하며 적재적소의 타깃을 값싸게 타격함으로써 그들의 재정적 열등성을 극복하고 전략적 이득을 극대화하는 방식으로 맞춤 파괴를 실행한다. 이러한 맥락에서 오늘날의 테러리즘은 약자가 선택한 새로운 맞춤 파괴의 한 양식으로 이해될 수 있다. 하지만, 궁극적으로는 오늘날 강자가 선택한 맞춤 파괴의 한 양식인 첨단 무기를 이용한 첨단-정보화 전쟁과 약자가 선택한 맞춤 파괴의 양식인 테러리즘은 같은 성질의 전쟁이라는 사실을 인식하는 것이 중요하다. 즉, 인공지능이나 첨단 컴퓨터 시스템, 무인전투기, 또는 위성을 이용해 미사일이나 스마트 폭탄을 지정된 대상에 정확히 타격해 파괴함으로써 전략적 이익을 최소한의 비용으로 극대화하려는 파괴의 양식은 궁극적으로 자살 폭탄테러범을 이용해 의도한 시간에 목표한 타격 대상을 공격함으로써 전략적 이익을 극대화하려는 테러 행위자의 파괴양식과 같은 전쟁양식의 다른 표현이다. 이처럼, 오늘날의 테러리즘은 새로운 시대인 21세기의 새로운 생산양식인 맞춤 생산-소비와 이에 발맞춘 맞춤 파괴라는 새로운 파괴양식의 등장이라는 역사 발전의 관점에서 이해할 필요가 있다(윤민우, 2011: 29).

테러리즘을 역사발전의 맥락에서 이해하는 또 다른 실마리는 생산자와 소비자의 관계변동에서 찾을 수 있다. 이 관계변동은 전근대사회, 근대사회, 그리고 오늘날 21세기 사회를 규정짓는 탈근대사회로 구분하여 설명될 수 있다. 다음의 <표 1-1>은 이 관계변동을 시대별로 보여준다.

표 1-1 시대별 생산자와 소비자의 관계변동

전근대사회	근대사회	탈근대사회
생산자와 소비자의 일치	생산자와 소비자의 분리	생산자와 소비자의 일치

전근대사회에서는 생산자와 소비자의 일치, 곧 생산자가 소비자인 특성을 보여 주었다. 생산자는 많은 경우에 자신이 필요한 물품을 스스로 생산하였다. 이러한 사회에서는 생산품은 생산자 자신을 위한 소비의 용도로 사용된다. 물론 이 시기에

도 수공업 형태로 생산자와 소비자가 분리되는 사례는 존재했다. 하지만 이것이 이 시기 생산자와 소비자의 일치라는 경향을 부정하는 증거들은 아니다. 이는 생산자와 소비자가 서로 다른 경우라고 할지라도 일반적으로 소비자의 사용목적을 위해 소량생산되었으며 지역적으로 매우 제한적인 범위 내에서 생산자와 소비자가 위치하였다. 예를 들면, 옷이나 신발 등은 스스로 사용할 목적으로 가정에서 만들어졌으며 생산자와 소비자가 분리된 경우라도 대장간이나 공방 등에서 필요한 농기구나 생활물품 등이 만들어져 필요로 하는 소비자들에게 전달되었다. 이러한 모습들은 전근대사회에서 생산자와 소비자가 밀접히 결합되어 있는 어떤 특성들을 보여준다.

산업혁명을 거치면서 등장한 근대사회에서는 생산자와 소비자가 분리되는 방향으로 이동하였다. 생산자와 소비자는 더 이상 같은 사람도 아니었으며, 서로 인적인 접촉을 필요로 하지도 않게 되었다. 생산자는 소비자와 물리적, 정서적으로 멀리 떨어져 불특정 다수인 대중을 염두에 두고 공장화된 형태로 대량생산을 하였으며, 소비자는 이제 생산과는 철저히 분리된 채로 단지 소비를 전담하는 하나의 수동적 대상으로 전락했다. 이러한 방식의 정점은 포드의 생산 시스템에서 극적으로 표현되었다. 대량생산은 대중 소비자의 대량소비로 이어졌다. 소비자는 이미 만들어진 생산물 가운데 단지 어떤 것을 선택하거나 선택하지 않거나 하는 자율성만을 가졌다.

최근 들어 진행되는 정보화 혁명과 탈근대사회로의 이행은 다시 생산자와 소비자가 결합되는 방향으로 이동한다는 특성을 보여준다. 이는 탈근대가 전근대와 어떤 면에서 동질적인 측면을 갖고 있다는 의미가 된다. 3D 프린트의 혁명과 맞춤형 제작과 판매, DIY(Do It Yourself)와 같은 여러 현상들은 어떤 새로 다가오는 트렌드의 전조로 이해될 수 있다. 소비자는 점점 더 자신만의 취향과 개성이 반영된 생산물을 원하며 점점 더 개인화된 생산에 참여하는 적극적 소비자로 변하고 있다. 한편 이러한 트렌드에 편승하여 생산자들은 점점 더 특정 소비자의 특정 기호를 타깃으로 한 적정생산과 판매에 주력한다. 빅데이터 분석, 데이터마이닝과 같은 여러 정보화 혁명들은 생산자들로 하여금 이러한 적정생산과 적정시장 공략을 가능하게 만들어 준다.

흥미로운 사실은 생산-소비의 부문에서 이행되어온 것과 같은 유사한 패러다임의 변화가 파괴 또는 폭력의 부문에서도 목격된다는 점이다. 그러한 변화는 무기의 생산과 소비의 관계에서 이행되었으며 이는 동시에 국가와 민간 간의 권력 관계변화와 서로 연동되어 진행되었다. 먼저 전근대사회에서는 무기의 생산과 소비가 그다지 분리되지 않았다. 무기는 대체로 단순하고 조잡했으며, 수공업의 형태로 제작되었다. 이 때문에 무기를 소비하는 자가 스스로 무기를 생산하는 것이 가능했다. 때문에 국가부문이 민간부문에 대한 상대적인 폭력적 우위는 그다지 크지 않았다. 이는 무기를 필요로 하는 자가 언제든지 쉽게 무기를 스스로 제조할 수 있었기 때문에 민간부문이 쉽게 국가부문에 필적할 만한 무장을 갖추는 것이 그다지 어렵지 않았다. 전근대사회에서 해적이나 반군, 무장 강도떼, 야만족의 집단 등과 같은 여러 사적 폭력무리들은 국가(왕국이나 공화국, 또는 제국)의 정규군에 필적할 만한 폭력적 능력을 갖출 수 있었으며 정규군을 상대로 전쟁에서 승리하는 일이 빈번히 일어났다.

하지만 근대사회로 오면 더 이상 민간부문이 국가부문을 상대로 대등한 폭력적 능력을 갖추는 일은 일어나지 않았다. 이러한 현상의 배경에는 무기의 생산과 소비가 분리되는 현상이 진행되었기 때문이다. 산업혁명을 통해 무기가 기계화되면서 무기는 더 이상 민간이 수공업의 형태로 제작할 수 있는 대상이 될 수 없었다. 기관총, 대포, 탱크, 장갑차, 전투기 등은 공장에서 대량으로 생산되었으며 이 생산을 국가가 독점함으로써 국가의 민간부문에 대한 폭력의 압도적 우위가 완성되었다. 민간은 단지 원할 경우 국가부문이 생산과 소유를 독점한 무기들을 국가로부터 제공받거나 훔침으로써 소유할 수 있을 뿐이었다. 민간부문은 무기의 생산에서 철저히 소외되었으며, 이러한 조건은 민간부문의 폭력적 능력을 국가가 더 이상 염려할 필요가 없게 될 정도로 미미한 대상으로 전락시켰다. 20세기 대부분의 기간 동안 해적이나 반군, 비국가 테러단체들을 국가가 주요한 위협세력으로 고심해야할 필요는 없었으며, 이러한 민간 폭력 세력들은 단지 국가행위자의 지지나 후원을 전제로 할 때만이 의미 있는 폭력세력으로 작동할 수 있었다.

21세기로 넘어오면서 진행되는 현상은 다시 무기의 생산자와 소비자가 결합되는 방향으로 움직인다는 점이다. 이는 민간부문이 국가부문과 비교할 때 이전과는 달리 상대적으로 치명적인 살상력을 가진 무기를 손에 넣을 수 있는 가능성이 그만큼 증가한다는 의미로 해석될 수 있다. 이러한 상황변화의 배경에는 정보화시대 또는 탈근대사회가 만들어 내는 조건의 변화가 깔려 있다. 정보화시대에는 폭력수단의 사용 또는 폭력적 능력소유에 있어서 민주화 또는 분권화 경향이 나타난다는 점이다. 이를 폭력의 민주화 현상이라고 부를 수 있다. 이는 그간 폭력적 능력을 독점하던 국가의 개인이나 사적 집단 등과 같은 비 국가 행위자들에 대한 상대적 우위가 상실된다는 의미이다. 이는 근본적으로 개인 등의 비 국가 행위자들이 살상무기의 생산과 획득에 대한 접근이 쉬워졌기 때문이다. 산업시대에는 다른 평화적 경제 부문들처럼 무기의 생산에서 개인 등의 비 국가 행위자들은 철저히 소외되었다. 무기는 군수산업의 형태로 대량생산되었으며 국가가 무기를 통제했고 국가부문의 폭력적 능력은 따라서 민간부문에 비해 압도적일 수 있었다. 하지만 사이버 공간의 확장과 정보화의 심화, 3D 프린팅, 드론과 사물인터넷, 전투로봇, 인공지능 등의 등장은 점차 비 국가 부문들의 폭력적 능력을 강화하는 방향으로 전개될 것이다. 바꾸어 말하면 탈근대사회에서는 민간부문의 무기 소비자가 그들이 필요로 하는 치명적 살상무기들을 스스로 생산할 수 있게 될 것이라는 점이다. 이러한 경향은 미래사회로 갈수록 더욱 강화될 것이다. 결국, 비 국가 부문들의 국가에 대한 상대적 폭력능력이 보다 비슷해지는 방향으로 전개될 수 있다. 이는 핵무기 기술에도 동일하게 적용되는데 분명한 사실은 핵무기 기술이 흑백 브라운관 텔레비전 시대의 것이란 점이다. 국가의 도움을 전혀 받지 않고 단지 민간 부문의 능력만으로 민간이 스스로 핵무기를 제조하여 사용할 수 있는 미래가 다가오고 있다는 의미이다. 이는 궁극적으로 무기의 생산과 소비가 결합되는 방향으로 이행하고 있기 때문이다.

미래사회에서 테러리즘이 치명적인 이유는 이 무기의 생산-소비가 일체되는 방향으로 이행하기 때문이다. 민간부문의 폭력적 능력은 증가할 것이고 더욱 치명적이 될 것이다. 이는 국가의 민간에 대한 물리적 우위의 상대적 약화로 이어질 것이며 테러를 실행하려고 하는 민간부문의 폭력을 통제하지 못하는 결과를 만들어낼 것이다. 국가 내에서 발생하는 테러공격은 더욱 치명적이 될 것이며 무차별적이고 사후의 결과를 감당하기 어렵게 될 것이다. 잠재적 테러리스트가 치명적이 되는 것은 그들의 폭력적 의지가 아니라 그들의 폭력적 의지를 현실화해주는 수단 때문이다. 고대사회에서 테러리즘이 치명적이지 않았던 이유는 칼이나 창으로 한 번에 다수의 인명을 살상할 수 없었기 때문이다. 브루투스의 손에 들린 단도로 한 번에 몇 명을 살해할 수 있겠는가? 테러리즘이 역사상 주요한 폭력으로 등장하게 된 것이 노벨이 발명한 다이너마이트 때문이라는 것은 우연히 아니다. 이처럼 살상력이 높은 무기에 대한 접근은 테러리즘의 살상력에 매우 중요한 상관관계가 있다. 미래사회에서 테러리즘이 위협적인 이유는 이 테러리스트의 손에 들릴 무기가 매우 파괴적이고 치명적일 것이기 때문이다.

국가부문과 민간부문에 대한 폭력적 능력의 상대적 균형은 1648년 베스트팔렌 조약 이후에 형성된 근대 국제질서에 심각한 도전이 된다. 1648년 체제 이후 한 특정 국가 내에서의 폭력적 위협은 해당 국가의 독점적인 권한이자 의무가 되어왔다. 우리는 이를 형사사법활동 또는 치안유지활동으로 이해한다. 국가는 여기서 가장 주요하고 결정적인 보호 장치로서 기능한다. 하지만 테러세력의 공격이 치명적이라면 그리고 이러한 민간부문의 폭력에 대해 국가부문의 통제가 제한적이거나 무기력하다면 이 국가중심의 보호체제 자체가 무기력해지는 것을 의미한다. 이는 그 해당 국가 내에 있는 일반 대중들이 더 이상 다른 민간부문의 폭력으로부터 효과적으로 보호받을 것을 기대할 수 없다는 의미가 된다. 이는 궁극적으로 근대사회를 지탱해온 근대민족국가 질서가 해체될 수도 있음을 의미한다.

　기원 후 3-4세기경 로마제국은 해적과 노상강도, 그리고 스스로 무장한 야만 부족집단들의 폭력으로 가득했다. 카르타고와의 마지막 포에니 전쟁 이후 로마군대의 임무는 정규전이 아니라 제국 도처에서 출몰하는 이들 소규모 폭력집단들을 소탕하는 것으로 바뀌었다. 하지만 계속되는 로마군대의 소탕실적에도 불구하고 계속되는 전투와 전쟁비용으로 인해 제국질서와 군대는 쇠퇴해갔으며, 로마문명은 오히려 더욱더 창궐하는 폭력집단들에 의해 붕괴되어 갔다. 로마제국질서 해체과정에서 나타난 역사적 선례는 다수의 소규모 민간폭력의 창궐로 인해 제국의 질서가 붕괴되어 간 과정이다. 이는 로마제국이라는 중앙국가의 폭력적 능력이 제국질서의 영역 내에서 효과적인 보호 장치로서 기능하지 못했던 것과 관련이 있다.

　오늘날 테러리즘 현상은 어쩌면 로마제국 쇠퇴기의 여러 소규모 폭력과 약탈, 반란 등의 현상과 닮아있는 것은 아닐까? 2차 대전과 냉전이라는 극단적인 국가 간 무력충돌 이후 오히려 비 국가 폭력 행위자들의 소규모 약탈과 폭력, 저강도 전쟁 등이 국가들을 상대로 벌어지고 있는 현상들이 나타나고 있다. 그리고 그 과정에서 국가의 상대적인 자원과 능력과 힘은 소진되고 있는 것처럼 보인다. 이는 사이버, 세계화, 경제구조의 변화, 기술의 발달, 탈 근대화 같은 국가를 둘러싼 환경의 변화가 진행되기 때문인 것처럼 보인다. 이러한 상황은 지난 수 세기 간에 걸쳐 개인의 생명과 재산을 보호해왔던 안전장치인 "근대민족국가"라는 수단에 결함이 발생한 것으로 이해될지도 모른다.

　이러한 측면에서 테러리즘은 미래전쟁의 한 양식일 수 있다. 정보화 시대가 갖는 특징인 생산양식과 파괴양식의 변화는 미래전쟁이 점차 소형/초소형 무기와 소규모

부대에 의한 작은 규모의 맞춤형 파괴로 이행하도록 할지 모른다. 그러한 전쟁은 아마도 우리에게 익숙한 전쟁은 아닐지 모른다. 그럼에도 그것은 여전히 전쟁일 것이다. 클라우제비츠의 말처럼 전쟁은 끊임없이 변화하는 과정에 있으며 나의 의사를 관철시키기 위한 다른 형태의 정치에 불과하기 때문이다.

한편 폭력의 민주화 경향은 비국가 부문에 대한 국가의 통제능력을 상당히 약화시킬 것이다. 산업시대인 20세기의 위협이 압도적인 폭력적 능력을 가진 독재국가로부터 왔다면, 21세기 위협은 테러리스트나 범죄자들과 같은 다수의 작은 악마들로부터 올 것이기 때문이다. 사실 21세기 테러리즘의 문제는 국가의 권위와 능력이 약화되는 것과 맞물려 있는 반면, 오늘의 우리는 과거의 위협이었던 폭압적 독재국가 또는 통제국가의 잔상에 몰입된 나머지 미래의 위협인 테러리즘의 파괴적 실체를 과소평가하고 있는지도 모른다. 따라서 과거의 위협과 미래의 위협 사이에서 균형을 찾는 것이 필요할 것이다. 결국 미래의 위협에 대한 보호 장치는 국가일 것이기 때문이다. 미래전쟁은 더 이상 국가 간의 게임만은 아닐지도 모른다. 우리는 이 미래사회의 파괴양식에 얼마나 준비가 되어 있는지 의문이 아닐 수 없다.

테러리즘을 둘러싼 이러한 역사발전의 전개는 우리에게 앞으로 폭력의 시대가 다가오고 있다는 것을 암시하고 있다. 범죄와 테러, 전쟁을 둘러싼 모든 것들의 공통분모는 결국 폭력으로 이해될 수 있다. 얼마 전 글쓴이는 한 안보학회에서 융합안보의 의미와 관련하여 토론하는 기회를 가졌다. 그 자리에서 테러와 범죄, 전쟁, 난민, 내란 등의 모든 문제를 포함하는 융합안보는 결국 인간의 인간에 대한 폭력으로 정의될 수 있다고 언급한 바 있다. 오늘날 국제사회와 국내사회의 주요 관심사가 되는 이슬람 극단주의 테러리즘, 중국의 제국주의, 북한의 핵문제, 영토갈등, 성폭력, 묻지마 범죄, 인종갈등, 난민갈등 등 여러 문제들은 결국 폭력의 문제로 정리될 수 있다. 폭력의 시대가 다가오고 있다는 말은 이러한 여러 차원과 종류의 폭력들이 이제 일상화되는 시대가 올 것이라는 점이다. 사실상 냉전 이후 20년 간 평화로웠던 시기는 인류사에서 정상상태라기 보다는 예외상태라고 보는 것이 더 솔직할 것이다. 인류사의 대부분의 시기와 대부분의 지역에서는 폭력은 일상적인 현상이었다. 때문에 미래에 폭력의 시대로 이행한다는 점은 결국 정상상황으로의 복귀로 보는 것이 보다 맞을 것이다. 이상주의자들은 인간이 폭력으로부터 벗어나 평화로운 시대로 이행하는 진보가 가능하다고 믿지만 이는 과거의 데이터에 근거한 것이 아니라 미래에 대한 희망과 자신들의 당위적 가치에 근거한 주장이다. 사회과학자의 미래에 대한 예측은 과거의 데이터를 근거로 한다. 과거의 수천 년 간의 대부분의 장소에서 인간의 많은 과거 사례들의 샘플들은 미래에도 인간이 여전히 폭력적일 것이라는 것을 이야기해준다. 유능한 도박사가 과거의 데이터를 가지고 미래의 경기결과를 예측하는 것처럼 사회과학자의 미래예측은 과거의 데이터에 근거해야 할 것이다.

미래에 폭력의 시대가 전개될 것이라는 예측은 세대 간의 변동에서도 추론할 수 있다. 유럽과 미국, 그리고 우리나라에 공통적으로 목격되는 현상은 1, 2차 대전 또는 한국전쟁을 거친 전쟁세대와 그들의 자녀세대인 진보 또는 민주화 세대, 그리고 그들의 자녀 세대인 70-80년대 이후에 출생한 세대들 간의 뚜렷한 세대문화의 변동이다. 전쟁세대는 전쟁의 참상과 두려운 기억으로부터 전쟁을 극도로 혐오하며 회피하려는 경향이 매우 강하게 나타난다. 그들은 경제적 풍요로움을 우선적인 가치로 여기며 보수적이다. 한편 진보-민주화 세대는 자신들의 이기적이며, 보수적이고, 개인주의적인 부모들을 비판하면서 자라난 세대들이다. 이들은 이상주의적이며 공동체의 가치를 우선시하고 평화와 공존, 공감, 평등 등의 가치를 중요하게 생각한다. 이들은 진보에 대한 믿음이 있으며 대화와 이해를 통해 인류가 보다 평화롭고 조화로운 시대로 이행할 수 있다고 믿는다. 이들의 이러한 가치와 세계관은 그들의 눈으로 보기에는 탐욕적이고 개인주의적이며, 지나치게 경쟁적인 자신들의 부모들을 비판하면서 형성되었다. 그들의 부모들은 위선적이고 지나치게 권위적이었다. 미국과 유럽의 히피세대와 우리나라의 민주화 세대는 이러한 좌파적인 세대들의 전형적인 사례들이다. 최근 들어서 나타나는 현상은 이제 이 진보-민주화 세대들이 기득권층이 되면서 자신들의 자녀세대인 7, 80년대 이후 출생한 세대에게 비판받고 있다는 점이다. 그들에게 진보세대는 위선적이며, 또 다른 기득권 세력이며 그들의 평화와 공존, 평등의 가치는 나약하거나 지루하거나, 위선적이다. 이 새로운 세대는 지나치게 감성적이며 비폭력적인 독트린에 넌덜머리가 났으며 남성적이고 전사적이며 영웅적인 어떤 행위를 하고 싶어 한다. 이들은 자신들의 부모세대로부터 경제적 기회와 성공의 기회를 박탈당했다고 믿으며 분노하고 있고, 남성적인 폭력적 에너지를 분출하고 싶어 한다. 이러한 세대의 폭력적 에너지와 전사적 영웅주의에 대한 환상, 그리고 위선적인 기성세대에 대한 분노 등은 세계의 대부분의 지역에서 보편적으로 목격되는 것처럼 보이며 이러한 에너지들의 결합들이 테러와 충동범죄, 묻지마 범죄와 극우주의, 인종주의 등의 집단 폭력으로 나타나고 있는 것처럼 보인다. 이처럼 문화적 흐름 역시 어떤 하나의 폭력적 방향으로 이행되고 있는 것처럼 보인다. 이런 맥락에서 유럽에서의 이슬람 극단주의 테러리즘, 난민에 대한 거부와 인종주의, 국내에서의 성폭력 범죄와 묻지마 범죄, 일본에서의 장애인 대상 공격 행위와 미국에서의 트럼프에 대한 지지 움직임, 중국에서의 국수주의와 제국주의의 등장, 러시아에서의 푸틴에 대한 지지 등의 여러 이질적으로 보이는 현상들의 어떤 보편적인 공통분모로서 폭력의 문화적 확산과 관련이 있어 보인다.

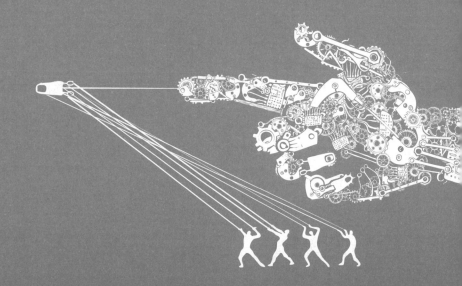

제2장

테러의 의미와 최근 경향

테러의 의미와 최근 경향

　인류가 폭력을 자신의 목적 실현이나 자신의 의지를 상대방에게 관철시키기 위해 도구적으로 사용한 것은 오래되었다. 인간은 자신의 목적 실현과 의지관철을 위해 대체로 세 가지 방법을 사용할 수 있다. 그러한 방법들은 돈과 지식, 그리고 폭력이다. 돈은 다른 현물이나 귀금속 형태의 경제적 대가를 포함한다. 인간은 돈을 제공하고 상대방에게 나의 의사를 관철시키거나 나의 목적을 실현하기 위한 상대방의 협조를 이끌어 낼 수 있다. 지식 역시 그러한 기능을 수행하는 도구다. 지식은 정보를 포함하는 개념으로 지식의 우월함 또는 우세함을 통해 상대방의 자발적 동의나 협조를 이끌어 낼 수 있다. 이를 통해 나의 목적을 실현하거나 의사를 관찰시킨다. 마지막으로 폭력 역시 그러한 기능을 수행하는 도구이다. 상대방을 살해하거나 상해함으로써, 또는 그렇게 하겠다고 위협함으로써 상대방의 협조나 동의, 굴복을 이끌어 낼 수 있다. 상대방에게 소중한 사람이나 물건을 살상하거나 파괴하겠다는 위협이나 실제 행위를 통해서도 상대방으로 하여금 나의 목적 실현이나 의지관철에 협조하도록 만들 수 있다. 이런 측면에서 폭력은 돈과 지식과 함께 주요한 나의 이해관계를 충족하기 위한 도구이다.

　폭력은 윤리적으로 어떻게 규정하건 실존하는 유효한 도구이다. 폭력은 가치중립적이며 그것을 사용하는 주체와 목적의 의해 그 성격이 정해진다. 폭력을 사용하는 주체는 개인이 될 수도 있으며, 집단이나 조직이 될 수도 있다. 또한 국가 역시 폭력을 사용하는 주체가 될 수 있다. 폭력이 사용되는 대상 역시 개인과 집단, 그리고 국가로 나눠진다. 폭력은 그것을 사용하고자 하는 주체가 개인이건 조직, 집단이건, 아니면 국가이건 간에 그 주체가 선택하게 되는 수단이 된다. 폭력을 선택하는 주체는 목적이나 이해관계를 실현시킬 수 있는 다른 대안들인 협상, 흥정, 설득과 같은 비폭력적인 수단들이 유효하지 않거나 불충분하다고 판단될 경우에 비용-효과를 분석하여 폭력이라는 수단을 선택한다. 폭력을 선택하는데 고려되는 비용은 상대방 또는 제3자로부터의 보복이나 징벌에 따르는 피해와 폭력을 사용하는 데 소모되는 비용과 시간, 그리고 노력 등이 해당된다. 고려되는 효과는 폭력의 성공적인 활용을 통해 상대방을 제압하거나 굴복시키거나 압박함으로써 이끌어낼 수 있는 정치적, 경제적, 사회적, 심리적 보상이다.

폭력은 물리적 폭력과 심리적 폭력으로 이루어진다. 물리적 폭력은 실제로 물리적 폭력을 사람이나 대상에게 가하는 것을 의미한다. 살상 또는 파괴를 만들어 낸다. 심리적 폭력은 물리적 폭력을 가하겠다는 위협을 가함으로써 폭력의 잠재적 피해자나 피해대상이 살상 또는 파괴를 실제로 발생할 것이라고 예상하게 만드는 것이다. 물론 실제적인 살상이나 파괴가 일어나는 것은 아니다. 하지만 이 위협은 잠재적 피해자나 피해대상에게는 현실적인 위협이 된다. 이 심리적 폭력은 말과 글과 같은 언어적인 방식으로 전달될 수도 있으며 몸짓, 동작, 행위와 같은 비언어적인 방식으로 전달될 수도 있다.

중요한 것은 폭력과 대화가 분리되는 것이 아니라 동전의 양면과 같이 하나의 실체가 서로 다른 양상으로 나타나는 점을 이해하는 것이다. 대화는 언어의 소통으로만 이루어지지 않는다. 전쟁, 테러, 범죄 등과 같은 여러 유형의 폭력행위와 위협은 또 다른 방식의 대화이다. 이는 전쟁은 정치의 다른 수단이라는 말과 같은 의미로 이해될 수 있다. 최근 들어서는 폭력의 유형 중 특히 테러리즘이 또 다른 주요한 커뮤니케이션의 양식으로 나타나고 있다. 이런 맥락에서 테러리즘을 포함한 여러 국가나 사회의 안보이슈나 갈등은 반드시 당사자 간의 직접 만남과 대화를 통해서만 해소되어야 하는 것은 아니다. 직접 만남과 언어적 대화는 한 선택사안에 불과하며 폭력행동과 위협과 같은 다른 선택사안 역시 대화의 다른 방편으로 고려될 수 있다. 어떤 대안이 보다 적절한지는 어떤 대안이 보다 윤리적이고 정당한가가 아닌 어떤 대안이 목표를 달성하는 데 보다 실용적이고 효과적인가에 따라 결정된다. 현실적인 의미에서는 금기시 되어야 하는 선택사안은 없다.

예를 들면 우리는 대화를 제한적인 의미로만 이해한다. 북한과의 남북대화의 경우 정상회담 또는 남북 당국자 간 대화 등과 같은 행위만을 대화로 간주한다. 북한과의 문제가 불거질 경우 일단 만나서 대화를 하면서 서로 소통하고 이해하면서 문제를 해결해보자는 태도가 나타나기도 한다. 때로는 북한을 만나서 우리 측의 진정한 의도를 알리면 설득할 수 있다는 주장도 제기된다. 하지만 이렇게 폭력사용과 위협과 대화 등을 단절적으로 접근하면 상대방과의 커뮤니케이션에서 상당한 제약을 받게 된다. 인질협상에 있어서도 협상과 진압특공대의 전개는 동시에 이루어지는 것이 정석이다. 때로는 의도적인 대화단절과 진압이라는 폭력적 수단의 사용이 인질범의 심리적 조작을 위해 사용된다. 이렇게 다양한 방법을 동시에 활용함으로써 인질범의 심리를 조작하고 협상에 있어 유리한 방향으로 유도하게 된다(McMains & Mullins, 2001). 북한의 경우는 우리보다는 훨씬 대화에 있어 다양한 옵션을 활용한다. 천안함 폭침, 불바다 위협, 의도적 침묵, 그리고 연평도 포격, 목함지뢰 사건 등과 동시에 남북대화와 협력 등이 서로 단절된 선택대안으로서가 아니라 북한의 국가목표를 위해 활용되는 여러 선택대안으로 통합되어 활용된다. 사실상 이 모든 폭력적인 다른 옵션들은 본질적으로 모두 커뮤니케이션이다. 대화를 단지 만나서 언어를 교환하는 행위로 지나치게 좁게 해석하게 될 경우 대화나 협상에서 상당한 약점을 노출할 수 있다. 이는 중국, 일본과 같은 다른 주변국가와의 관계에서도 나타난다. 예를 들면 사드의 한국 배치는 중국을 향한 행동이자 동시에 대화일 수 있다.

폭력은 도구적 성격을 갖거나 아니면 표현적인 성격을 갖는다. 도구적 성격의 폭력은 폭력이 순수한 의미에서 다른 목적 실현 또는 이해관계 관철을 위한 도구로 사용되는 경우이다. 이러한 유형의 폭력에서는 폭력 사용자가 대체로 합리적으로 사고하며 비용-효과분석을 하는 경향을 보인다. 폭력은 고도로 계산된 결과물로 합목적적으로 사용된다. 테러리스트가 정치적 목표의 실현이나 공포의 조장 등을 위해 폭탄테러를 실행하는 경우나 범죄조직이 경제적 이득의 실현을 위해 조율되고 관리된 살인을 저지르는 경우가 이에 해당한다. 한편 표현적인 성격의 폭력은 폭력 행위 자체가 하나의 수단이자 목적 그 자체가 된다. 폭력 행위 이외의 다른 목적 실현이나 이해관계의 관철은 염두에 두지 않으며 주로 폭력 행위 그 자체를 통한 욕구의 표현, 분노의 표출, 감정의 폭발 등이 의도하는 목적이 된다. 폭력의 사용자는 주로 억제되거나 잠재된 분노나 감정 등이 폭발하는 경험을 하며 이 표출의 통로로 폭력이 사용된다. 이러한 형태의 폭력은 대체로 돌발적이며 계획적이지 않은 경우가 많이 나타난다. 혹은 계획된 경우라도 그것이 치밀하지 않으며 폭력의 표출 이후의 상황에 대한 계획이 없거나 피상적이다. 최근 여성을 상대로 한 잇따른 정신병질자 등의 살인이나 폭력적 공격 행위 등이 이 표현적 성격의 폭력 행위에 해당한다고 볼 수 있다. 조직적인 폭력의 경우에도 이 표현적인 형태의 폭력이 나타나는 경우가 있는데 대표적인 것이 스킨헤드나 인종혐오 집단 등에 의한 증오테러 등이 이에 해당한다고 볼 수 있다.

폭력의 종류는 범죄와 전쟁, 그리고 테러 등이 있다. 폭력은 사실상 범죄와 전쟁, 테러 등 여러 형태로 나타나는 다양한 폭력적인 행위나 양상들을 포괄하는 개념일 수 있다. 최근 들어 국가 간의 폭력인 전쟁에 한정되던 국가안보의 개념을 넘어 개인과 사회 등에 대한 실존적 폭력 위협을 함께 담아내기 위해 인간안보라는 개념이 등장했다. 하지만 이 인간안보는 범죄와 테러와 같은 폭력적인 위협뿐만 아니라 환경, 경제, 기술 등과 같은 직접적인 살상이나 파괴 등을 전제로 하지 않는 비폭력적인 안보위협들을 함께 포함한다는 점에서 폭력과는 다르다. 한편 최근 들어 전쟁과 같은 기존의 국가안보의 틀을 넘어 개인과 사회에 대한 범죄나 테러 그리고 사이버 위협 등과 같은 내용들을 함께 묶어서 융합안보의 위협이라는 개념들이 등장했다. 다소 직설적인 표현이긴 하지만 폭력이라는 말은 인간안보에서 비폭력적인 위협들을 추출해내고 남은 모든 폭력적인 행위들인 범죄와 테러, 전쟁을 함께 담아낼 수 있다. 폭력은 가장 미시적인 수준에서의 개인 간의 폭력에서 중간적인 수준의 조직, 집단, 계층, 사회 수준에서의 폭력, 그리고 가장 거시적인 수준에서의 국가 간의 폭력과 1, 2차 세계대전과 한국전쟁, 그리고 냉전 등에서 나타난 국가들 간의 폭력으로 수직적으로 펼쳐져 있다. 이 수직적인 연속된 스펙트럼 상에서 가장 미시적인 수준의 폭력인 범죄 중층수준에서의 갱폭력, 집단폭력, 조직범죄에 의한 조직화된 폭력, 그리고 테러리즘 등이 연속적으로 위치한다. 그리고 가장 상위의 수준에서 각각 저강도 전쟁이나 게릴라 전쟁, 내전, 정규전, 국가 간 정규전, 세계대전 등이 위치한다. 이런 맥락에서 보면 테러리즘은 폭력의 스펙트럼에서 중층에 위치하는 폭력행위이다. 이러한 특성 때문에 테러리즘은 범죄이자 동시에 전쟁의 한 형태라는 이중적 성격을 동시에 가진다. 낮은 수준의 테러리즘은 보다 범죄에 가까우며, 높은 수준의 테러리즘은 보다 정치적이고 권력적이며 전쟁에 가까워지게 된다.

폭력은 기본적으로 네 개의 공간과 세 가지 차원의 폭력사용 주체와 대상 간의 상호작용 속에서 그 성격이 결정된다. 네 개의 공간은 각각 땅과 바다와 하늘과 사이버 공간이다. 아마도 가까운 미래에는 여기에 우주라는 제5의 공간이 추가될 지도 모른다. 하지만 아직까지는 네 개의 공간으로 설정하는 것이 합리적일 것이다. 폭력사용의 주체는 각각 개인과 집단과 국가이며 폭력사용의 대상 또는 목표물 역시 개인과 사회와 국가이다. 따라서 다음의 그림과 같은 조합들이 발생할 수 있다. 아래의 <표 2-1>에서 알 수 있는 것처럼 폭력사용과 관련된 4개의 공간 X 3개의 사용주체 X 3개의 대상 간의 조합에 따라 범죄, 테러, 전쟁의 성격이 결정된다. 대체로 여기서 테러리즘은 각 공간의 특성을 반영하며 주체가 집단과 국가로 갈수록 대상이 개인에서 집단 국가로 갈수록 테러리즘으로 규정될 개연성이 커진다. 또한 이 스펙트럼을 따라 같은 테러리즘이라도 성격이 달라지는데 어떤 경우에는 범죄에 보다 가까워지며 어떤 경우에는 전쟁에 보다 더 가까워진다. 한편 <표 2-1>에서 제대로 묘사되지 않는 부분이 있다. 이는 폭력 사용의 주체가 국가일 경우 합법성이 인정될 경우는 범죄-테러-전쟁의 스펙트럼이 아니라 법 집행-비밀공작-전쟁의 스펙트럼을 따른다. 이는 국가는 본질적으로 폭력사용을 합법적으로 승인받아 사용할 수 있는 주체이기 때문이다. 이 경우 역시 각 공간의 특성이 반영되며 국가의 합법적 폭력 사용의 대상이 개인일 경우에는 법 집행이나 비밀공작의 성격에 가까워지며 집단이나 국가로 이행될수록 비밀전쟁-저강도전쟁-정규전의 성격에 보다 더 가까워진다.

표 2-1 폭력사용의 공간과 주체와 대상 간의 조합

	주체(개인)			주체(집단)			주체(국가)		
공간(땅)	범죄	범죄/ 테러	테러	조직 범죄/ 테러	갱폭력/ 증오 범죄/ 테러	테러/ 저강도 전쟁	국가 범죄	테러/ 전쟁	테러/ 전쟁
공간(바다)	범죄	범죄	테러	해적/ 테러	테러	테러/ 저강도 전쟁	국가 범죄	테러/ 전쟁	테러/ 전쟁
공간(하늘)	범죄	범죄	테러	테러	테러	테러	국가 범죄	테러/ 전쟁	테러/ 전쟁
공간(사이버)	범죄	범죄/ 테러	테러	범죄	테러	테러	국가 범죄	사이버 전쟁	사이버 전쟁/ 사이버 테러
	대상 (개인)	대상 (집단)	대상 (국가)	대상 (개인)	대상 (집단)	대상 (국가)	대상 (개인)	대상 (집단)	대상 (국가)

역사적으로 테러리즘이라는 개념이 처음 등장한 것은 프랑스혁명 직후이다. 새로 설립된 혁명정부는 공포(terror)에 의한 통치를 통해 새로 탄생한 지배질서를 안정화시키려 하였다. 이 시기 또는 이러한 통치방식을 지칭하는 말로 테러에 의한 통치(the reign of terror) 또는 테러리즘이 사용되었다. 이 때문에 최초의 테러리즘은 국가에 의한 폭압적 테러리즘 또는 국가테러리즘을 의미하였다. 오늘날 이에 유사한 사례로 북한의 통치 질서를 들 수 있을 것이다.

테러리즘이 국가테러에서 민간인 또는 피통치자가 국가를 상대로 전쟁이 아닌 방식의 폭력적인 공격을 수행하는 근대적인 의미로 사용된 것은 제정러시아 시기 혁명주의자들에 의해서였다. 이런 맥락에서 제정러시아 시기 혁명주의자들에 의한 테러리즘은 근대 테러리즘의 기원이 될 수 있다. 이러한 형태의 테러가 가능해진 것은 다이너마이트와 피스톨이 민간에 의해 쉽게 이용 가능해졌기 때문이었다. 이 시기 인민의 의지(people's will 또는 narodnaya volya)라고 불리던 무정부주의에 기반을 둔 혁명주의자들의 테러가 제정러시아의 차르와 정부를 상대로 활발히 전개되었다. 이들의 테러리즘은 절대주의 정부전복과 혁명정부 수립을 목표로 하였다. 이들은 지하세포조직을 구축하여 활동하였으며, 차르에 대한 대규모 대중봉기를 촉발시키기 위한 혁명의 전위대로 기능하고자 하였다. 1881년 3월의 차르 알렉산드르 2세 암살은 이들의 가장 대표적인 성공적 테러활동으로 간주된다.

이후 20세기의 대부분의 기간 동안 전통적인 테러리즘에서 공포의 조장은 중요한 전략, 전술적 핵심요소이었다. 9.11 이전 세계 도처에서 유행했던 IRA(Irish Republican Army)나 ETA(Euskati Ta Askatasuna: Basque Fatherland & Freedom) 등 민족주의 또는 분리주의 테러리즘이나 독일의 붉은 군대(Red Army Faction), 이탈리아의 붉은 여단(Red Brigade), 프랑스의 직접적인 행동(Direct Action) 등의 좌파 테러리즘은 폭력적인 투쟁을 통해 대중에게 공포(terror)를 심고 이를 통해 지배세력의 반동적 억압 정책을 불러일으키며, 궁극적으로는 이러한 지배세력의 착취적 또는 억압적 본성을 피지배 대중에게 폭로함으로써 대중적 인민 혁명을 촉발시키는 결과를 가져옴으로써 그들이 추구하고자 했던 새로운 국가 건설을 목표로 했다. 이러한 전략적인 논리와 그 중요한 수단으로서의 테러의 유용성은 브라질 출신의 테러 전술가인 카를로스 마리겔라의 저서에 잘 나타나 있다(White, 2003).

지난 14, 5년 간 테러리즘에 많은 의미 있는 변화들이 있었다. 오늘날의 IS, 알카에다나 탈레반 또는 하마스나 헤즈볼라 같은 이슬람 극단주의 테러리즘은 이러한 마리겔라의 전술에서 벗어나 있다. 이러한 변화는 해외에서도 있었으며, 국내에서도 마찬가지로 진행 되었다. 어떤 경우에는 해외와 국내의 트렌드가 유사하게 나타나기도 하였다. 우선 눈에 띄는 부분은 테러가 범죄와 전쟁이라는 영역으로 확장되면서 범죄-테러-전쟁 간에 영역의 붕괴와 융, 복합이 일어났다는 점이다(윤민우·김은영, 2013; Makarenko, 2004). 2001년 이후 아프가니스탄과 이라크 등의 전역에서 테러리즘은 전쟁 수행의 한 유형으로 성격을 가지면서 전쟁과 테러의 전통적 경계를 허물었다(Kilcullen, 2009; Reed, 2008). 한편, 다른 접경에서는 범죄와 테러의 융, 복합 현상이 나타났다. 범죄와 전쟁은 수평적으로 결합되었으며 전략적 동맹(strategic alliance)이라는 하나의 융합된 안보위협으로 변환되었다(Makarenko, 2004).

또 다른 변화는 테러리즘의 목적과 관련되어 나타난 개념의 변화이다. 테러리즘에서 테러의 원 뜻은 공포의 조장이다. 즉 심리적인 공포나 위협을 일반대중이나 사회일반에 조장함으로써 테러리스트가 의도하는 목적이나 목표를 달성하려고 시도한다. 때문에 테러리즘의 개념에서 공포 또는 공포의 조장은 매우 중요한 본질적 요소였다. 이러한 목표가 테러리즘에서 여전히 유효함에도 불구하고 9.11 테러 이후 지난 15년 간 테러리즘의 개념은 공포의 조장이라는 전통적인 틀을 넘어 진화했다. 예를 들면, 체제 흔들기(system disruption)라는 전략목표가 채택되어 국가의 기본적인 기능 또는 역할 자체를 붕괴시키려고 시도한다(Robb, 2007). 전기나 에너지, 수도, 그리고 보건이나 정보통신, 형사사법 기능 등 국가의 기본적인 기능에 직접 공격하여 국가가 작동하지 못하도록 만들고 테러 세력이 그러한 기능을 대체함으로써 자신들의 지지기반을 넓혀나가면서 국가의 정치적 정당성을 붕괴시키고 지지를 약화시킨다(윤민우·김은영, 2011). 동시에 국가의 기능을 테러세력이 대체함으로써 자신에 대한 정치적, 도덕적 지지와 정당성을 구축한다(윤민우·김은영, 2011). 이러한 방식의 테러리즘에서 공포나 공포의 조장은 그렇게 본질적인 고려대상이 아니다.

한편 아예 공포의 조장이나 정치적 지지 등의 목표가 아니라 은밀하게 활동하며 자신들의 공격대상 자체의 사살이나 제거에 집중하는 테러리즘 역시 목격된다. 이들은 공포의 조장이나 정치적 지지의 확보, 또는 국가 체제에 대한 공격 등의 목적이 없으며 단지 자신들이 지목한 적을 살해하여 제거하는 것 자체에 초점을 둔다. 최근 독일의 National Socialist Underground(NSU)의 사례처럼 공공에 영향을 미치려는 의도를 갖지 않고 은밀하게 자신들의 정체를 숨긴 채 테러공격을 지속하는 테러유형이 이에 해당한다. 이 경우 정치적 지지나 공포조장을 통한 공공에 대한 영향력의 투사 등은 고려 대상이 아니며 단지 적대적 목표대상에 대한 공격을 통해 적대적 대상 자체를 제거하는 것이 목표가 된다.[1] 이러한 현상은 최근 IS와 관련된 프랑스와 독일에서의 잇따른 이슬람 극단주의 계열의 테러사건에서도 목격된다. 여기서 여러 가해자들은 이슬람 주의에 영향을 받기는 하였지만 그들의 관심은 가급적 많은 사람들을 살상하는데 맞추어졌다. 때문에 다수의 인명 살상 자체가 가장 주요한 목적이라는 점에서 살상이 목표실현을 위한 도구적 성격을 가졌던 전통적인 테러의 개념과는 다른 양상을 보인다.

이 밖에도 사이버 테러의 사례는 실제 현실세계에서의 폭력이나 살상을 통한 공포의 조장 없이도 효과적인 가상 테러공격을 통해 테러세력이 자신들이 의도하는 바를 추구할 수 있음을 보여준다. DDoS 공격의 경우는 사이버 테러로 지칭되지만 실제로 현실세계에서 인명의 살상이나 시설물의 파괴 등 실제 폭력이나 이와 연계된 공포의 조장은 발생하지 않는다. 단지 사이버 공간상에서 일정정도의 불편함이 초래된다. DDoS나 해킹과 같은 기술적 침해 공격 등의 사례는 아니지만 2015년 11월 차이잉원 당시 타이완 민진당 총통후보의 페이스북에 대한 폭탄댓글 사건은 사이버 테러와 유사한 폭력 행위로 간주될 수 있다. 때문에 이 경우 사이버 테러로 분류될 수도 있으며 적어도 유사 사이버 테러로 분류될 수 있을 것이다. 중국의 네티즌들은 당시 해당 총통후보가 '하나의 중국'을 인정하지 않는다는 이유로 차이잉원의 페이스북에 폭탄댓글 공격을 감행했다. 이러한 행위는 압도적 규모의 자발적 노동력이 동원된 침해 또는 폭력적 공격행위에 해당한다. 또한 명백히 정치적 목적을 갖고 해당 개인과 그 개인이 대표하는 국가에 대한 테러화(terrorizing)가 발생하였다. 그리고 그 배경에는 공격자들이 선호하는 정치적 목적이나 이해를 관철시키려는 의도가 깔려 있었다. 이러한 모든 요인들은 테러리즘을 구성하는 본질적 요소들에 해당한다. 단지 물리적 현실적으로 살상이나 파괴가 발생하지 않았다는 점에서 전형적인 사이버 테러 행위에 해당한다고 볼 수 있다(이길성, 2016).

특정 테러조직이나 세력에 속하지 않으면서 뚜렷한 목표나 목적 없이 발생하는 테러리즘도 나타난다. 이러한 테러리즘은 개인들에 의해 자행된다. 이들은 그저 사회의 불특정 다수에 대한 분노의 표출이나 자신의 존재를 어필하거나 자존감을 충족시키기 위해 불특정 다수를 공격한다(White, 2006). 이러한 형태의 테러리즘은 본

---

1 이는 독일의 NSU(National Socialist Underground) 사례에서 나타난다. 독일의 테러 전문가인 Charles von Denkowski는 이러한 사실을 지적한다.

질적으로 표현적인 양식의 폭력이라는 성격을 가진다. 종종 이러한 형태의 테러리즘은 무동기 범죄나 증오범죄, 또는 대량살인과 연쇄살인과 같은 다른 유형의 폭력 범죄로 정의되기도 한다. 최근 우리사회에서 문제가 되고 있는 이른바 '묻지마 범죄'라고 불리는 범죄유형도 이러한 형태의 테러리즘으로 볼 수도 있다. 사실상 이러한 여러 유사한 유형의 폭력행위들을 개념적으로 엄밀히 분리해 내는 것은 불가능하다. 많은 경우에 분류는 일반대중의 정서적 판단이나 직관에 의해 결정된다. 예를 들면, 사용된 무기의 종류나 살상규모에 의해 분류가 영향을 받을 수도 있을 것이다. 최근 빈발하고 있는 무동기 범죄 또는 속칭 묻지마 범죄가 칼이나 몽둥이를 사용해 한, 두 명에 대한 살인이나 폭행이 발생한 것이 아니라 폭탄 등을 사용해 세 명 이상의 다수를 살상한 경우라면 테러리즘으로 규정되었을 개연성이 보다 컸을 것이다. 이러한 유형의 미시적 폭력행위를 테러리즘으로 정의하기는 여전히 불분명하지만 테러리즘의 개념으로 이러한 유형의 폭력행위를 바라보는 것도 의미가 있을 것이다.

한편 어떤 개인에 의한 테러리즘 또는 폭력적 공격행위는 전통적인 테러리즘의 개념에 포함될 수도 있다. 앞서 언급한 개인의 표현적 폭력표출과는 달리 어떤 개인은 스스로의 선택에 의해 정치적, 종교적, 사회적 목적을 가지고 정부나 사회, 일반대중에 대해 폭탄테러 등의 폭력적 공격행위를 실행한다. 이 경우 카진스키의 사례처럼 어떤 기존의 테러세력과 자신을 동일시하지 않고 온전히 개인 스스로 테러리즘의 주체가 될 수 있다. 반면 1995년 오클라호마 시티 폭탄테러의 주범인 티모시 멕베이처럼 자신이 공감하는 특정 정치나 사회세력과 느슨한 정서적 연대감에 근거해 테러공격을 수행할 수도 있다. 또한 2010년 5월 맨하튼 타임 스퀘어 폭탄테러 주도자인 Faisal Shahzad나 2013년 4월 보스톤 마라톤 폭탄테러를 주도했던 Dzhokhar Tsarnaev와 Tamerlan Tsarnaev 등의 사례처럼 스스로의 결심에 의해 알 카에다와 같은 기존의 테러집단의 전위대나 전투원으로 스스로 인식하고 테러공격을 수행할 수도 있다. 이러한 다양한 유형에서 모두 테러리즘은 어떤 상위의 목적 실현을 위한 도구적 폭력에 해당한다. 이들은 모두 스스로 전쟁을 수행하고 있다고 인식하며 스스로를 전투원 또는 전사로 인식한다. 이러한 유형의 개인 테러리즘은 흔히 외로운 늑대(lone-wolf) 유형의 테러리즘으로 정의된다. 외로운 늑대 유형의 테러리즘은 테러 조직이나 세력 등에 의한 조직적, 전문적 활동이 아니라 개인이나 소수의 무리들이 자발적으로 테러공격을 감행하는 것이다. 이들은 비전문적이고 자발적이며 다른 테러세력들과 대체로 독립적으로 존재한다. 이들의 테러는 자기-동기(self-motivated)에 의해 발현되고 스스로의 판단에 의해 테러를 감행한다. 2010년 5월 맨하튼 타임 스퀘어 폭탄테러 주도자인 Faisal Shahzad나 2013년 4월 보스톤 마라톤 폭탄테러를 주도했던 Dzhokhar Tsarnaev와 Tamerlan Tsarnaev 등의 사례는 전형적인 외로운 늑대 유형의 테러리즘에 속한다. 이들은 미국 내에서 스스로 극단화했으며, 온라인을 통해 알 카에다의 선전물인 "Inspire"를 통해 스스로 테러방법을 학습하고 스스로의 훈련과 계획에 의해 테러공격을 감행하였다. 이러한 방식의 테러는 앞으로도 지속적으로 나타날 것으로 전망된다(윤해성·윤민우·Freilich, J. ·Chermak, S. ·Morris, R. G., 2012).

이처럼 지난 14-5년 동안 테러리즘이라는 폭력행위 자체에 많은 다양한 변화들이 일어났고 오늘날 이러한 다양한 변이들이 테러리즘이라는 틀 안에 포함되어 있다. 이미 잘 알려진 바와 같이 테러리즘 또는 테러라는 개념은 여러 이질적이고 다양한 폭력적 혹은 불법적인 행위들의 총합이다. 그에 대한 분명하고 널리 받아들여지는 정의는 아직 존재 하지 않으며 많은 논쟁의 대상이다. 테러에 대한 정의는 각각의 정의 주체가 지니고 있는 신념이나 처한 정치적, 사회적, 종교적 입장에 따라 다양한 방식으로 정의 된다. 이 때문에 그 정의 주체가 아무리 권위 있고 신뢰할 만한 개인이나 단체라 할지라도 이 다른 정의 주체(그것이 UN이건 FBI나 미 국무성이건)가 내린 테러 또는 테러리즘에 대한 정의는 각자의 입장에 대한 반영이다. 또한, 테러리즘은 이슬람 테러, 국가에 의한 테러, 공산주의 테러, 민족주의 테러, 네오나치 등의 극우파 테러 등이 서로 다르며 이질적인 테러리즘을 함께 포함한다.

테러리즘에 대한 정의의 문제에서 중요하게 고려되어야 하는 사항은 시간과 상황에 따라 지속적으로 진화하는 테러리즘의 실질적 내용이 테러리즘의 정의에 지속적으로 반영되어야 한다는 점이다. 테러리즘에 대한 정의는 어떤 절대적이고 보편적이며 본질적인 완전한 정의를 찾아가는 작업이라기보다는 과거에 이루어졌던 테러리즘에 대한 정의를 바탕으로 오늘날에 벌어지고 있는 테러리즘과 관련된 경험적 사실들을 관찰하고 이를 반영함으로써 테러리즘에 대한 정의를 지속적으로 수정해나가는 작업이라고 할 수 있다. 따라서 테러리즘의 정의의 문제를 지속적으로 해나가야 하는 반복적 작업으로 이해할 필요가 있다. 또한 이와 더불어 이러한 지속적인 재정의(re-definition) 작업은 가치중립적이며 절대적이고 보편적이며 본질적인 정의를 찾는 것을 목표로 하는 작업이라기보다는 정의를 하고자 하는 주체의 목적과 필요, 경험적 사실의 실존적 상태에 맞추어 가장 적합하고 합리적인 정의를 내리는 작업이라고 보아야 할 것이다. 이렇게 할 때, 어쩌면 영원히 합의에 도달할 수 없을지 모르는 테러리즘 정의의 문제에 발목이 잡혀 소모적인 논쟁을 하게 되는 문제점을 회피할 수 있으며 필요와 목적에 적합한 테러리즘의 정의를 통해 보다 실질적이고 구체적인 테러리즘 문제에 대한 이해와 이에 대한 대테러 정책의 개발에 역량을 집중할 수 있을 것이다. 테러리즘은 가치 판단과 정치적 목적이라는 정의를 내리는 자의 주관성으로부터 자유로울 수 없으며 때문에 이러한 가치중립적인 시도는 헛된 노력만을 되풀이 하는 결과로 이어질 수 있다. 오히려 테러리즘 정의에서의 가치 편향적인 실체를 적극적으로 인정하고 정의를 내리는 주체의 실체적 목적과 필요 그리고 이해관계를 적극적으로 반영하여 테러리즘의 정의의 문제를 접근하는 편이 더 효과적이며 유익하다고 할 것이다.

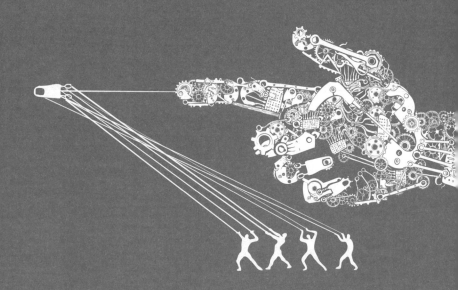

제3장
왜 테러리스트가 되는가?

왜 테러리스트가 되는가?

김 군의 IS가입 사건도 어느새 잊힌 듯하다. 하지만 "IS에 가담하는 청소년들"이라는 현상은 여전히 현재 진행형이다. 왜 이런 현상이 일어날까? 반인륜적인 폭력 집단에 왜 세계의 청소년들은 열광하며 동참하려 하는 것일까?

사람들은 자신의 가치관과 너무 다른 현실을 접하게 되면 격렬한 인지 부조화를 경험한다. 인지 부조화는 현실과 가치관과의 차이에서 발생하는 심리적 불편함을 의미한다. 이 때 일차적으로 현실 자체를 거짓이거나 없는 것으로 부정한다. 하지만 더 이상 부정할 수 없어지면 자신의 기존 인식틀로 설명하려고 한다. 현상을 예외적 대상으로 정의하고 자신이 이해할 수 있는 세계에서 몰아내는 것이다. 김 군 사건에서도 이러한 현상이 나타났다. 이 사건은 우리사회 일반에 인지 부조화를 가져왔다. 김 군 사건이 보도 된 초기에 사건은 오보이거나 다른 여행목적이 있거나 납치된 것으로 간주되었다. 하지만 김 군이 자발적으로 IS에 가담한 것이라는 사실이 점점 뚜렷해지자 이 사실은 설명되어야 했다. 김 군은 "은둔형 외톨이"라는 예외적인 심리적 특성을 가진 특별한 청소년으로 이해되었다. 이런 설명을 통해 김 군의 사례는 예외적 현상으로 채색되어 우리의 일상으로부터 제거될 수 있었고 우리의 폭력에 대한 인지 부조화는 해소될 수 있었다. 하지만 "은둔형 외톨이" 모델은 우리의 심리적 불안을 달래줄 수는 있지만 김 군과 같은 청소년들이 IS에 가담하는 것에 대한 적절한 대답은 되지 못한다. 많은 IS에 가담하는 청소년들을 모두 은둔형 외톨이라는 예외적 현상으로 설명할 수는 없다.

세계의 청소년들이 IS에 가담하는 현상은 다양한 이질적인 흐름들의 조합이다. 서로 다른 동기를 가지고 서로 다른 목적을 실현하기 위해 IS에 가담하게 된다. 이스라엘의 자살폭탄테러 연구 역시 이러한 다양성을 보여준다. 어떤 청소년은 성전에 참여한 전사에게 주어지는 사후세계의 음주와 음식, 그리고 매력적인 여자들과의 섹스라는 보상을 목적으로 자살 테러에 참여한다. 다른 청소년은 친한 친구와의 우정과 의리 때문에 참여하기도 하며 또 다른 청소년은 자신의 죽음으로 가족에게 주어지는 보상 때문에 또는 자살테러 모집책에게 속아서 아니면 애국심이나 복수심 때문에 자원한다. 여자 청소년들의 경우에는 아버지의 권위로부터 벗어나기 위해서, 모험심이나 사회적 지위의 상승을 위해 자살테러에 자원하였다.

대체로 세계의 청소년들의 IS 가담을 몇 가지 유형으로 분류해 볼 수 있다. 먼저 전사의 꿈을 쫓는 유형이다. 김 군 케이스에서도 이러한 특성들이 관찰되었다. 전사의 꿈은 전장에서 용맹을 날리고 전투에서 이룬 공적을 통해 다른 사람들로부터 지지와 매력을 얻고자 하는 열망이다. 현대사회는 폭력, 잔인성, 사나이다운 호전성, 싸움의 능력과 용맹한 기질, 힘에 대한 존중 등과 같은 전근대적이 가치들을 비도덕적이거나 야만적인 것으로 가치절하하거나 금기시한다. 반면 공감과 화해, 설득과 온화함, 비폭력적인 태도들은 권장되고 찬양된다. 때문에 비이성적 비합리적 반인륜적이라고 채색된 전사의 꿈은 치열한 선택경쟁을 거친 매우 제한적인 경로로만 도달 가능하다. 군, 경찰 등의 특별한 직업을 갖거나 격투기나 축구 등과 같은 스포츠를 통해 매우 제한적으로만 선택된 소수에 의해 가능하다. 나머지 다수는 영화나 아니면 가상현실에서의 게임을 통해 간접적으로 충족할 수 있을 뿐이다. 그 외의 경로는 폭력서클 또는 조직범죄 활동과 같이 불법이거나 비윤리적이다. IS와 같은 테러집단은 이 전사의 꿈에 대한 판타지를 현실로 바꾸어 놓았다. 실제 현실에서 전투에 참여하고 자신의 영웅적 꿈을 실현할 수 있는 선택지를 눈앞에 던져준다. 참여하지 않는 것은 자신이 겁쟁이라는 것을 인정하는 것이다. 이는 더 이상 현실적인 참여기회가 없다는 핑계로 판타지의 세계로 도피하지 못하도록 만든다. 이슬람 살라피 극단주의는 전사의 꿈을 쫓는 이들에게 싸워야 하는 정당한 명분을 부여한다. 이점에서 이슬람 극단주의 테러는 목표가 아니라 전사의 꿈을 이룰 수 있는 수단이다.

미국의 범죄학자인 마크 햄은 1995년 오클라호마 폭탄테러사건의 연루자인 테리 니콜스의 사례를 질적으로 연구한 내용에서 이 전사의 꿈(warrior dream) 또는 전사적 영웅주의(warrior heroism)의 가설을 주장했다. 테러범인 테리 니콜스는 어릴 적 가졌던 전사의 꿈을 이루기 위해 특수부대의 엘리트 전사가 되고자 했으며 이런 꿈이 좌절되었을 때 경찰을 희망했고 다시 경찰임용에 실패하자 민간 경비원으로 근무하게 되었다. 그리고 이후에 총기 등에 대한 지속적인 관심을 보였으며 마침내 극우주의 테러조직에 가담하게 되었다. IS가 SNS를 통해 이슬람 전사들과 해외의 청소년들을 직접 소통하도록 한 것이 테러 지원자 모집에 상당한 효과를 내었다는 사실 역시 이에 대한 유력한 증거이다. 미국이나 서유럽 등에 위치한 청소년 또래 집단에서 SNS를 통해 멀리 떨어진 전쟁영웅으로서의 IS 전사와 접촉하는 경험은 하나의 남성다움으로서의 매력과 지위를 부여한다. 그리고 이러한 전사적 영웅주의에 대한 지속적인 모델링과 우상화를 통해 접촉한 청소년들이 마침내 실제 전사가 되는 것을 선택하도록 이끌어 낸다.

최근 들어 급증하는 교도소 내에서의 이슬람 극단주의 전사들의 모집이나 범죄자들의 테러리스트로의 변신 등은 전사적 영웅주의와 폭력성, 남성다움(masculinity)의 상호작용 속에서 이해해야 한다. 범죄자 특히 폭력범죄 이력이 있는 범죄자들의 테러리스트로의 변신은 최근 파리와 브뤼셀 테러사건의 주모자들에서도 관찰된 바 있다. 일반적으로 범죄학 이론과 여러 경험적 검증연구를 통해 미래 폭력에 대한 가장 주요한 예측변수의 하나로 과거의 폭력경험이 지적되어 왔다. 폭력성이 있는 범죄자들의 경우는 대체로 길거리나 하층노동계급의 하위문화를 형성한다. 이들은 폭력성과 싸움에 대한 능력, 공격성, 무모함, 정면으로 맞섬 등을 어떤 남성다움의 상징으로 여기며 이러한 능력과 정신, 근성 등이 어떤 하위문화에서의 지위에 중요한 영향을 미친다. 하지만 동시에 폭력이력이 있는 범죄자들은 주류사회나 문화에 대해 낮은 자존감 또는 열등감을 느끼게 된다. 이는 범죄자, 하위문화, 비주류, 낮은 신분 등의 여러 부정적 이미지가 사회적으로 부여되기 때문이다. 때문에 여전히 폭력성 범죄자들은 주류 사회나 문화에 대해 수세적이고 열등한 자기 정체감을 갖게 된다. 이슬람 극단주의는 이러한 교도소 안, 밖에 있는 폭력성 범죄자들에게 잘 마련되고 세련된 대안적 정체감과 지위, 높은 자존감을 부여한다. 이슬람 극단주의의 가르침은 기존의 주류사회나 주류문화의 가치나 기준이 신의 반대편에 있는 이단적인 것이며 때문에 부도덕하고 열등하며, 정복되어야 될 대상이라고 알려준다. 만약 낮은 자존감과 열등감에 시달리는 폭력성 범죄자가 이슬람 극단주의를 받아들이게 된다면 그는 순식간에 신의 편에 선 정의의 전사로 거듭나게 된다. 이 때 격렬한 자존감의 상승을 심리적으로 경험할 수 있다. 이들은 자신의 폭력적 성향과 폭력사용에 대한 열망, 공격성과 호전성을 마침내 도덕적 죄의식이나 딜레마 없이 실행할 수 있게 된다. 더 이상 주류사회에서 강요된 도덕성과 자신의 폭력성과 공격성에 대한 열망과 충동사이의 인지 부조화는 발생하지 않는다. 오히려 자신이 원하던 욕망과 충동을 충족시키게 되며, 그리고 이는 자신이 새로 받아들인 이슬람 극단주의라는 대안 공동체로부터 칭송되고 격려되며, 인정받게 된다. 이들에게 더욱 바람직한 것은 자신의 폭력적 성향을 충족시키면서 동시에 이를 통해 부와 명예, 지위와 예쁜 여자와의 성적 충족, 사후세계에 대한 약속과 같은 자신들이 갖고자 하는 다른 인간적 욕망들도 동시에 충족하는 것이다.

테러리스트가 되는 두 번째 유형은 일반인들과는 다르게 형성된 인식의 문제에서 찾아야 한다. 테러리스트나 잠재적 테러리스트들은 일반인들과 다른 인식을 가진다. 이런 경우는 사이코패스나 조현증 환자들에게서도 유사하게 나타난다. 물론 이런 이야기가 테러리스트나 잠재적 테러리스트들이 모두 정신병질자이거나 정신이상자라는 것은 아니다. 단지 어떤 사회의 다수를 구성하는 사람들 흔히 일반인들로 불리는 사람들과 다른 종류의 인식을 갖고 있다는 의미이다. 흔히 이슬람 극단주의 테러리스트가 세계를 무슬림과 이단으로 양분하거나 전지구적인 이슬람 제국의 건설을 목표로 하거나, 이슬람과 이교도와의 전쟁을 위해 자살폭탄테러를 위해 기꺼이 죽거나 이번 올랜도 테러사건의 경우처럼 게이들에 대한 나이트클럽 총기난사 공격을 전쟁행위로 보거나 하는 것들은 일반인과는 다른 인식의 증거이다. 하지만 이처럼 테러리스트들이 일반인과 다른 인식을 가지고 있다는 것만으로 이들을 비합리적이라는 볼 수는 없다. 물론 현실주의 국제정치학자들은 테러리스트들을 비합리적으로 규정한다. 케네스 월츠와 같은 신현실주의자들에게 합리성은 자기생존에 대한 이해에 충실한 것이다. 하지만 다른 방식으로도 얼마든지 합리적일 수 있다. 구성주의자들은 어떤 본질적인 정체성과 추구하는 목표가 다르게 구성될 수도 있다고 주장한다. 테러리스트는 단지 다른 합리성에 대한 인식을 가진다. 신현실주의자에게는 이해하기 어렵겠지만 테러리스트가 이교도에 대한 이슬람의 승리, 또는 이교도의 심판 그 자체를 목표로 하는 것은 현실주의자나 일반인들과는 다르게 구성되는 것이다. 그리고 그 다르게 구성된 목표를 달성하기 위해 테러리스트는 비용-효과를 계산하여 합리적으로 사고할 수 있다.

인식은 인간이 감각을 통하여 획득한 정보가 뇌에서 형성되는 하나의 인식 틀이다. 인간은 자신을 둘러 싼 주변 환경에 대한 현실(reality)을 보거나, 듣거나, 만지거나 하는 등의 감각을 통해 인식한다. 이 과정은 다음 장에서 구체적으로 논의하겠지만 주변현실에 대한 각 정보가들이 감각을 통해 스캐닝되어 뇌로 전달되게 된다. 뇌는 이 각 정보가들을 결합하여 어떤 고유한 인식을 형성한다. 인식구축의 결과 각 개인은 자신이 갖는 고유한 어떤 인식틀을 다시 주위 현실을 이해하는 핵심적인 렌즈 또는 분석틀로 활용하게 된다. 이 인식은 심지어 자기 스스로에 대해서도 형성되게 되고 이를 바탕으로 자아정체성을 확립한다. 이를 거울 자아(looking-glass self)라고 한다(Akers & Seller, 2009: 152). 즉, 내가 누군지에 대한 인식은 나를 둘러싼 주변 현실로부터 투입된 정보가들의 결과물이다. 보다 쉽게 말하자면 내가 예쁘거나 똑똑하다는 인식은 내 주변의 다른 사람들이 그렇게 얘기하기 때문이라는 것이다.

인식은 지속성을 가진다. 인식은 한번 형성되게 되면 지속되려고 하는 관성의 법칙이 나타난다. 각 개인은 자신에 갖는 고유한 인식틀을 바탕으로 나중에 들어오는 정보가들을 해석한다. 그리고 대체로 나중에 새로 투입되는 정보가들은 기존의 인식을 다시 유지, 강화한다. 관성의 법칙을 따르는 경향이 있는 이 인식이 다른 인식으로 대체되기 위해서는 상당한 에너지가 필요하다. 때문에 새로운 인식이 매우 강력하거나 기존 인식에 심각한 결함이 있다는 것을 뇌가 인지하게 됐을 경우에만 이 인식의 지속성이 단절되고 새로운 대안적 인식틀로 교체된다(Jervis, 1976). 이 인식 또는 인식틀은 사람마다 다를 수 있다. 특히 어떤 그룹의 사람들은 다른 어떤 그룹의 사람들과 현저히 다른 인식을 갖게 될 수 있다. 테러리스트들은 일반인과 다른 인식을 가진다. 만약 어떤 사람이 일반인과 다르며 테러리스트와 유사한 인식을 갖고 있다면 그는 테러리스트를 심정적으로 지지하며 잠재적 테러리스트에 속할 수 있을 것이다. 그러한 잠재적 테러리스트가 모두 실제 테러리스트가 되는 것은 아니지만 적절한 환경적 영향과 기회가 주어진다면 그 잠재적 테러리스트는 실제 테러리스트로 변신하게 될 것이다.

인식이 서로 다른 두 사람 또는 두 그룹의 사람들 사이에서는 오인식이 발생하게 된다. 오인식은 인식 오류를 의미한다. 오인식은 자신을 둘러싼 주위 현실을 잘못 이해하기 때문이다. 오인식은 현실 자체를 인식하지 못하는 경우에도 일어나며 주위 현실을 인식은 하지만 사실과 다르게 인식하게 되는 경우에도 발생한다. 우리 주위를 둘러싼 실제 현실이 그대로 감각기관의 스캐닝을 통해 뇌로 전달되지는 않는다(Jervis, 1976). 뇌 과학자들은 뇌가 우리를 속이고 있다고까지 이야기 하는데 뇌는 대부분의 경우에 현실을 그 자체로 그대로 인식하지는 않는다. 감각기관을 통한 스캐닝과 투입된 정보가 뇌로 전달되어 뇌가 해석하는 과정 사이에 오차가 일어나며 이는 오인식의 원인이 된다. 이 오인식의 정도가 크지 않거나 우리 주변의 대부분의 다른 개인들과 인식의 차이가 그리 크지 않을 경우에는 문제가 되지 않는다. 하지만 실존하는 현실과 인식이 심각히 다르거나 다른 주변인들과의 인식 차이가 현저할 경우 이 다른 인식은 상당히 문제가 되고 오인식으로 간주될 수 있다.

우리는 통상적으로 이 오인식을 무작위적인 사건(random accident)로 받아들이는 경향이 있지만 이는 사실과 다르다. 오인식은 무작위적인 사건이 아니며 우리 뇌가 형성하는 상당히 작위적이고 선택적인 결과물이다. 때문에 다수의 주변 개인들이 이해하는 현실과 다르거나 현실을 거짓 또는 왜곡해서 오인식하고 있더라도 우리 뇌는 이를 여전히 정당한 인식으로 간주한다. 그리고 이 오인식들을 통해 현실을 왜곡해서 이해함으로써 이 오인식이 타당함을 증명한다. 때문에 오인식 역시 지속성을 가지며 관성의 법칙에 따른다.

인식은 최초의 감각기관의 주위 현실에 대한 스캐닝을 통해 뇌에 전달됨으로써 형성된다. 뇌는 이 전달된 정보가들을 통합하고 비교, 분석하여 하나의 인식틀을 구축한다. 이는 우리 인생의 매우 이른 시기에 일어난다. 출생과 동시에 인간은 스스로를 둘러싼 환경에 대해 파악하고 인식을 형성하는 작업을 시작하게 된다. 각각의 개별 경험들은 이 인식형성에 투입되는 주요 자료가 된다. 인지대본 이론 또는 스크립트 이론은 이러한 과정을 구체적으로 설명한다.

스크립트는 이벤트 스키마타(event schemata)라고도 알려져 있으며 인간 행동을 이해하고 실행하기 위해 필요한 절차상의 지식 구조에 해당하는 기억 구조이다. 스크립트는 아마도 실제로 현장에서 부딪힌 경험의 가장 명백한 묶음일 수 있는 개인적 경험의 결과로부터 생겨난다. 스크립트 이론에 따르면, 인간은 인지대본의 운반자이다. 인간은 개별적인 경험에 최초로 직면하게 되면 신중하고 세심한 계산과정을 거쳐 대응하게 된다. 그리고 이러한 개별적 사례의 경험들은 정보가 되어 뇌의 인식, 즉 스크립트의 형성에 활용되어 저장된다. 이후 계속되는 비슷한 상황의 일상적 과정은 익숙해지는 경험을 통해 습관화된 반응양식의 메커니즘을 형성한다. 이 경우 대부분은 자신의 의식하거나 각성된 의사결정이나 숙려를 거치지 않고 거의 기계적으로 반복하고 있다고 느낀다. 이는 스크립트가 인간의 의사결정을 기계화 일상화하고 행동을 가이드하기 때문이다. 이를 다른 식으로 표현하면 뇌에 구축된 인식틀이 우리의 의사결정과 행동을 통제하는 것이다. 이러한 경험은 누구나 하게 된다. 마치 우리가 직장이나 학교에 처음 방문할 때 상당히 숙려하고 치밀하게 의사결정하여 이동경로와 수단을 선택하게 되지만 이후 지속적으로 자신의 직장이나 학교에 다니게 되면서는 거의 의식하지 못한 채로 집과 목적지를 왔다, 갔다하는 자신을 발견하게 된다. 이는 스크립트가 우리의 외부상황 인식과 의사결정을 통제하기 때문이다(윤민우, 2011: 104; Cornish, 1994).

이 스크립트의 형성 과정은 초기의 숙려되고 신중한 사고 과정을 통한 의사결정과 이러한 의사결정이 습관화 또는 일상화 되는 하나의 지속적인 사이클이다. 그리고 그 습관화 된 대응은 다시 피드백 과정을 거쳐 스크립트의 지속 또는 수정에 영향을 미친다. 이러한 숙려와 잇따르는 일상화의 사이클은 음주운전이나 갑작스런 감정의 폭발에 의한 공격, 또는 병적인 도박과 같은 외관상 이해할 수 없는 것처럼 보이거나 충동적인 행위들에도 마찬가지로 적용된다(윤민우, 2011: 104; Erasmus, Boshoff, & Rousseau, 2002).

스크립트는 개별적 개인의 고립된 경험의 반복학습으로부터 형성되거나 인간 상호 간의 혹은 미디어를 통한 커뮤니케이션의 과정을 통해 생겨날 수 있다. 예를 들면 범죄자가 특정 범행의 스크립트를 형성하는데 자신의 반복적인 시도와 성공 또는 실패의 경험에서 습관화된 스크립트가 구축될 수 있다. 한편 단순히 다른 범죄자들과 범죄적인 업무 수행에 관해 대화를 하거나 또는 범죄를 다룬 영화를 보거나 이야기를 읽거나 온라인 게임을 하는 행위들을 통해서도 특정한 범죄 행동을 위한 어떤 스크립트를 구축할 수 있다(Erasmus et al., 2002).

Cornish(1994)에 따르면, 스크립트 개념은 보편적 스크립트(universal script), 메타 스크립트(meta script), 프로토 스크립트(protoscript), 스크립트, 그리고 트랙(track)과 같은 다른 수준의 추상적 개념들로 이루어진다. 이 서로 다른 용어들은 스크립트 개념이 작동할 수 있는 일련의 다양한 수준들을 나타낸다. 이처럼 개념적으로 서로 연관된 스크립트들의 집합은 가장 구체적인 사례들로부터 보다 함축적이고 보다 추상적인 스크립트의 범주들에 이르기까지 위계적으로 연결될 수 있다. 보편적인 스크립트는 가장 높은 수준의 스크립트이며 여러 개의 메타 스크립트로 이루어진다. 이러한 위계적인 순서에서, 트랙은 가장 구체적인 스크립트 수준이며 따라서 가장 낮은 수준의 추상성을 가지고 있다. 즉, 개개의 개별적인 경험들이 트랙이 되고 이 트랙들이 모여 스크립트가 되며, 프로토 스크립트는 스크립트가 모여 형성되며 메타 스크립트는 다시 프로트 스크립트의 합이며, 궁극적으로 메타 스크립트들의 묶음이 보편적 스크립트가 된다. 이 보편적 스크립트는 가장 추상적이며 일반적인 수준에서 한 개인의 인식틀이 된다(윤민우, 2011: 105).

일단 보편적 스크립트 또는 인식틀이 형성되면 이 인식틀이 이후에 뇌에 투입되는 정보들을 선별적으로 처리하게 된다. 즉 인식과정에서의 정보왜곡과 편향성이 일어나게 된다. 특정한 인식틀을 구축한 뇌는 외부 자극을 처리하는 과정에 있어 인식틀에 부합하거나 지속시키거나 재강화하는 증거들을 정보가로 인식하고 반대로 기존 인식틀을 부정하거나 반증하는 증거들은 차단하거나 인식 자체를 거부하거나 인식틀을 지지하는 증거로 왜곡하여 해석한다. 이런 과정은 지극히 합리적인 정보처리와 의사결정과정이다. 이런 편향적 정보처리를 구체적으로 예를 들면 사람들은 자신의 사상적 선호도에 부합하는 정보들을 더 잘 받아들이거나 기억하며, 그러한 선호하는 사상을 부정하는 증거들은 의식적 무의식적으로 인지하지 않거나 지지하는 증거들로 자의적으로 왜곡해서 해석한다. 테러리스트나 극단주의자들 사이에서 이러한 현상은 보편적으로 목격된다. 혹은 우리의 눈 역시 왜곡된 정보를 스캐닝한다. 우리는 일상생활에서 익숙한 인식체계에서 벗어난 대상은 목격하지 못하거나 목격하더라도 잘 기억하지 못하거나 우리가 익숙한 인식틀로 해석한다. 인식틀은 이러한 편향된 외부자극의 처리과정을 통해 지속성을 가지게 된다(Cornish, 1994).

인식틀의 지속성은 인간이 외부환경과 상호작용하는데 있어 안정성을 제공하는 심리적 방어기제이다. 인식틀은 하나의 미리 자리 잡은 믿음체계(pre-existing beliefs)를 심어준다. 이 특정한 믿음체계는 외부자극의 흐름을 조절하는 필터링의 역할을 하게 된다. 믿음체계는 어떤 특정한 가정을 형성하게 되고 이 가정을 지지하는 외부자극은 뇌로 전달하고, 이 가정을 부정하는 외부자극은 감각기관의 인식을 억제하거나 인식을 하더라도 각성하지 못하도록 억제하여 뇌로 전달되는 것을 방해한다. 결국 뇌는 이 필터링의 과정을 거쳐 외부자극을 해석하고 믿음체계를 재강화하는 과정을 거쳐 형성된 인식틀을 유지한다. 인간의 의사결정과 행동이 상당한 일관성을 보이는 이유는 이 때문이다. 흥미로운 사실은 집단적 인간으로서의 조직 역시 이와 비슷한 인식틀의 지속성이 관찰된다는 점이다. 관료조직의 경직성은 이 인식틀의 지속성으로 설명될 수 있다(Jervis, 1976).

지속되는 인식틀은 긍정적인 역할을 한다. 불확실하고 변화하는 외부환경을 헤쳐 나가는데 안정적인 가이드 라인을 제공한다. 또한 효율적인 외부정보처리를 가능하게 해준다. 여러 상충되는 다양한 정보들을 합리적이고 과학적으로 처리하고 해석할 수 있도록 한다. 만약 이 인식틀의 지속성이 없다면 인간은 애매모호하고 불확실한 외부 환경에 둘러싸여 의사결정과 대응에 상당한 심리적 스트레스를 받게 될 것이다. 또한 적절한 대응방법을 유지하기 어려울 것이다. 매번 새로운 외부자극을 처리하는데 매번 비용-효과 분석을 실시하고 숙려과정을 거친다면 매우 피곤하고 힘든 부담이 될 수 있다. 대부분의 일상은 비슷한 세팅에서 유사한 자극들로 가득 차 있다. 따라서 지속되는 인식틀로 루틴하게 처리하는 것이 더 효율적이며 그러한 루틴한 처리에서 발생하는 부작용은 거의 발생하지 않거나 감당할 정도의 수준이다. 한편 정보처리에 있어서도 인식틀이 제공하는 선행 믿음과 가정은 정보처리의 수준을 높여 적절한 대응방안을 모색할 수 있도록 한다. 이러한 가정이 없다면 여러 상충되는 정보들이 일관성 없이 뇌에 투입되어 수준 높은 분석을 방해함으로써 적절한 대응을 모색하는 것을 방해할 것이다. 인식틀은 정보의 노이지를 걸러 냄으로써 과학적이고 합리적인 외부자극 처리를 돕는다(Jervis, 1976).

오인식은 이미 자리 잡은 인식틀의 지속성이 만들어 내는 부정적인 결과이다. 오인식이 발생하는 이유는 주변 환경이 갑작스럽게 변화하거나 서로 다른 인식틀이 충돌하거나 아니면 의도적이거나 의도치 않은 정보왜곡, 즉 거짓말 때문이다. 이 경우 인식틀과 상충되는 정보들이 투입되는데 기존의 인식틀의 지속성은 이러한 외부자극들을 제대로 흡수하지 못하거나 익숙한 방식으로 해석하게 된다. 이러한 과정을 통해 인식은 현실과 동떨어지거나 상충되는 오인식이 나타난다. 다음의 사례는 이 인식틀이 정보처리에 미치는 편향성과 지속성 때문에 나타나는 오인식을 보여준다(Jervis, 1976).

'아프리카의 밀림지역에 사는 피그미족의 한 남자가 선교사와 함께 처음으로 여행을 했다. 그의 삶에서 처음으로 짙은 밀림지역을 벗어나 시야가 멀리 지평선에까지 열린 오픈 공간으로 접어들었다. 대초원에서 피그미 족 남자는 수 십 킬로미터 떨어진 먼 곳에 작은 점처럼 나타나는 야생들소 떼를 보고 동행하던 선교사에게 말했다. "저것들은 뭐라고 부르는 벌레들인가?" 밀림 속에서 시야가 가까운 거리에 한정되어 먼 곳을 바라본 적이 없는 이 남자는 거리와 공간 감각을 이해하지 못했고 따라서 사물의 크기가 거리에 따라 변화한다는 것을 인식하지 못했다(Jervis, 1976).'

위의 사례는 인식틀이 현실로부터 투입되는 정보를 왜곡해서 해석하는 것을 보여준다. 피그미 족의 사례는 언급한 것처럼 야생들소는 새로운 종류의 벌레로 인식되었다. 밀림에서는 한 번도 멀리까지 응시하는 경험을 할 수 없었다. 시야는 막혀 있고 그 정도 사이즈의 살아있는 물체는 대부분 벌레들이었다. 때문에 이러한 반복적인 경험은 피그미 남자에게 특정한 인식틀을 형성하게 하였다. 그리고 이 남자는 대평원에서 시야에 들어온 작은 사이즈의 생명체를 벌레로 인식한다. 들소와 이 남자 사이의 거리는 인식되지 못했다. 이 경우 기존의 환경과는 상이한 새로운 환경에 놓였을 때 기존의 인식은 오인식이 된다. 실제로 이 남자가 점점 더 들소 떼에 가까워지자 들소의 사이즈는 점점 더 크게 이 남자의 시야에 들어왔다. 이 현실에 이 피그미족 남자는 정신적인 패닉에 빠졌고 어떻게 이 기이한 생명체를 인식해야 하는지에 대해 당황하였다.

　오인식 역시 지속되는 경향을 보인다. 인식과 마찬가지로 오인식 역시 하나의 틀이 형성되며 이는 이후의 외부자극을 처리하는데 있어 필터링 역할을 한다. 오인식은 선험적 믿음체계를 형성하며 이를 통해 가정을 구축한다. 이 가정은 지지하는 정보들을 외부로부터 받아들여 재강화하고 궁극적으로 오인식을 강화한다. 반대로 이 가정에 상충하는 정보들은 의식적 또는 무의식적으로 거부하거나 그 존재 자체를 부정하거나 다른 방식으로 해석하는 과정을 통해서 거부하거나 오히려 가정을 지지하는 정보들을 받아들인다. 우리 역사에서도 이 오인식 과정에 대한 대표적인 사례가 존재한다. 임진왜란 직전에 조선에서 일본의 정세를 살펴보기 위해 파견한 두 사신 가운데 한 명은 같은 현실을 두고 일본이 조선침공의 의도가 없다는 것을 지지하는 증거라고 반대되는 해석을 한다. 이는 그가 갖고 있던 선험적 믿음이 현상을 왜곡하여 해석함으로써 자신의 오인식 체계를 강화한 경우이다.

　오인식이 일어나는 이유는 외부 현실과 자신이 갖고 있는 선험적 인식틀 사이의 인지 부조화(cognitive dissonance)를 해소하기 위한 심리적 방어기제가 작동하기 때문이다. 현실에서 투입된 상충되는 증거들은 선험적 인식틀이 타당하지 않음을 보여준다. 이 경우에 인식틀의 운반자인 개인은 인식과 현실 간의 부조화를 경험하고 이는 심리적 긴장 또는 스트레스로 이어진다. 이 때 심리적 방어기제가 작동한다. 자신의 스트레스나 긴장상태를 해소하기 위해 현실의 증거들에 대한 인지를 거부하거나, 사소한 것으로 치부하거나, 미래에 더 많은 상충되는 증거들이 확보될 때까지 인식을 유보하거나, 또는 인식틀에 유리한 방식으로 해석하려는 경향을 보이게 된다. 이러한 과정을 통해 오인식은 지속되고 심리적 긴장 또는 스트레스는 해소된다(Jervis, 1976).

　경우에 따라서는 인식틀의 전환이 일어나기도 한다. 우리는 이러한 경우를 현실에서 가끔 목격한다. 예를 들면 급진적 반정부 성향을 가졌던 정치운동가가 보수적이며 애국적인 사상을 보이는 급격한 전환이 그러한 사례이다. 이는 선험적 인식틀이 상충되는 현실적 증거들에 대한 인정을 통해 오인식으로 파악되고 결국 현실적 증거들을 잘 설명할 수 있는 새로운 인식틀을 받아들이고 기존의 인식틀은 폐기하는 일련의 과정을 통해 완성된다. 일반적으로 기존의 먼저 자리잡은 선험적 인식틀이 새로운 대안적 인식틀에 비해 우세하다. 이는 지속성이 일반적이며 인식틀의 교체가 예외적인 이유이다. 하지만 잇따르는 강력한 현실적 증거들에 대한 인정과 수용은 결국에 기존 인식틀이 오인식임을 인정할 수밖에 없도록 만들게 되고 궁극적으로 새로운 인식틀을 받아들일 수밖에 없게 되는 결과를 만들기도 한다. 이런 인식틀의 전환은 따라서 점진적 변환과정이 아니라 토마스 쿤이 제안하는 것과 같은 급격한 패러다임의 교체이다.

테러리스트나 잠재적 테러리스트의 믿음과 가치체계, 세상을 이해하는 방식, 폭력에 대한 태도 등이 일반인들의 그것과 다른 이유는 이들이 갖는 다르게 구성된 인식으로 이해하여야 한다. 그리고 이들의 인식은 일반인들의 인식과 충돌한다. 같은 현상에 대해 이들은 일반인들의 그것과는 다르게 인식하는 오인식이 나타난다. 그리고 일반인들에게는 테러리스트들의 인식에 반대되는 증거들이 오히려 테러리스트들에게는 자신들의 다르게 형성된 인식을 강화하는 증거로 받아들여진다.

테러리스트가 되는 다른 유형은 대안적 공동체를 찾는 과정에서 테러세력에 가담하는 경우이다. 우리나라나 독일, 영국, 프랑스 등에서 살아가는 이민자 2, 3세대들은 자신들이 소속감을 가질 공동체 부재라는 딜레마에 직면한다. 자신들이 태어나고 살아가게 될 현지 국가에서는 완전한 공동체의 일원으로 받아들여지지 않는다. 결혼하고 친구관계를 맺고, 사회활동을 하고 직장생활을 하는 과정에서 그 공동체의 온전한 일원이 되지 못한다. 이들이 물질적으로 더 풍요로워지고 이들에게 교육과 직업에 대한 보다 균등한 기회가 열리더라도 해소되지 않는다. 그렇다고 해서 자신들의 부모가 떠나온 먼 나라에 대해 귀속감을 가질 수도 없다. 부모의 나라는 자신들에게는 너무 이질적이다. 이슬람 극단주의는 이런 세계화가 만들어낸 국제적 유랑민들에게 매력적인 대안적 공동체를 제시한다. 이슬람 극단주의는 국가와 인종의 차이를 전면 부정하며 인간은 하나의 이슬람 공동체에 속한다고 가르친다. 때문에 본질적으로 범세계적이다. 부모의 나라와 자신이 살고 있는 나라 사이에서 어느 곳에도 귀속되기 어려운 덫에 걸린 청소년들에게 이슬람 공동체는 하나의 탈출구이다. 이민자가 아니더라도 고도로 도시화된 후기산업사회의 청소년들에게 이슬람 공동체는 매력적이다. 오늘날 개인은 국가로부터도 직장으로부터도, 또 가족이나 지역 공동체로부터도 보호받지 못한다. 사회보장은 한계에 봉착했으며 직장은 일시적이며 가족과는 소통이 단절되었다. 개인은 홀로 생존해야 한다. 초개인주의 사회의 스트레스는 전근대적인 공동체에 대한 향수를 불러일으킨다. 비록 폭력적이지만 이슬람 공동체는 자신이 귀속될 수 있는 하나의 대안적 공동체이다.

다음으로 테러리스트가 되는 유형은 돈과 모험, 사회적 지위, 매력적인 이성과 같은 인간적 욕망을 추구하기 위해 이슬람 극단주의 테러리즘에 가담하는 것이다. 이런 것들은 인간이 추구하는 보편적인 목표이다. 지난 100여 년 간의 근대화와 산업화, 세계화는 이러한 문화적인 열망을 세계의 대부분의 청소년들에게 보편적인 삶의 목표로 확산시키고 정착시켜왔다. 대체로 이러한 것들은 교육과 직업, 사회활동 등을 통해 합법적으로 추구된다. 하지만 역설적으로 이러한 목표를 이룰 수 있는 합법적 수단들은 오히려 급격히 축소되어 왔다. 청소년과 젊은이들의 실업문제와 빈곤은 우리나라를 포함해서 보편적인 문제이다. 숨 막힐 듯 꽉 짜인 현대 도시사회는 모험의 기회를 차단했으며 사회적 지위획득의 가능성을 급격히 축소시켰다. 빈곤의 극복과 사회적 지위의 획득, 사회관계망의 구축, 풍요로운 삶에 대한 목표, 매력적인 이성과의 관계 등은 현실적인 한계로 인해 많은 평범한 청소년들에게는 도달할 수 없는 판타지가 된다. IS가 제공한다고 선전하는 것들은 이러한 인간적인 욕망을 일깨우는 하나의 대안적 선택이다. 매력적인 여자들의 사진과 그들과의 혼인보장, 전사로서의 지위와 신분, 높은 임금과 기타 금전적 보상, 모험 등이 많은 청소년들이 IS에 유혹되는 주요한 미끼들이다.

미국의 범죄학자 머튼에 따르면, 인간은 추구하는 목표에 도달할 수 있는 합법적 수단이 차단될 때 혁신적 수단을 선택할 수 있다. 청소년 비행과 폭력, 조직범죄, 보이스 피싱, 해적행위 등과 마찬가지로 테러 역시 그러한 혁신적 수단의 하나이다. 전사적 꿈에 대한 추구, 대안적 공동체의 모색, 인간적 욕망의 실현에 대한 차단된 통로는 이슬람 극단주의 테러가 제시하는 대안적 수단에 의해 실현된다. 적어도 IS등의 이슬람 극단주의 테러세력으로 향하는 세계의 청소년들은 그렇게 믿는다. IS등의 이슬람 테러세력의 인력채용이 지금까지 매우 성공적인 것처럼 보이는 것은 이러한 청소년들과 젊은이들의 열망에 부응하기 때문이다. 이러한 현상은 하나의 문화적 트렌드가 된다. 사방으로 열린 사이버 공간을 타고 이러한 트렌드는 세계의 청소년들을 끌어 모으고 있다.

한 가지 더 우려되는 사실은 정보화, 자동화되고 청년실업이 증가하며 소득의 양극화가 심화될 가까운 미래는 더 많은 청소년과 젊은이들을 폭력과 테러의 길로 인도할 것이라는 점이다. 이에 대한 이유는 간단하다. 직장은 경제적 활동의 중심이지만 동시에 범죄학적 측면에서 볼 때는 범죄예방의 기능을 가진다. 미국의 범죄학자인 허쉬의 주장처럼 사람은 공부나 일과 같은 합법적인 일에 더 많은 노력과 시간, 관심을 쓰게 되면 그만큼의 시간과 노력을 범죄나 일탈행위에 쓰지 못한다. 사람에게 주어진 시간은 하루 24시간으로 유한하며 사람이 가동할 수 있는 노력의 정도도 역시 제한적이다. 따라서 고용이 높고 실업률이 낮다는 의미는 사람들이 그만큼 많이 합법적인 활동에 시간과 노력을 소비한다는 의미이기도 하다. 한편 많은 수의 사람들이 실업상태에 있게 되면 그 사람들에게 주어진 시간은 늘어나게 되며 자신들이 동원할 수 있는 아이디어와 열정, 관심, 실행 등을 포함한 노력의 정도 역시 커지게 된다. 이 경우에 사람들은 범죄나 테러와 같은 일탈행위에 자신에게 주어진 시간과 노력을 활용할 가능성은 그만큼 커지게 된다.

가용할 시간과 노력의 정도는 증가하지만 실업자들에게 특히 오늘날에 와서는 청년 실업자들에게 그 늘어난 여유시간과 노력을 소모할 수단인 돈은 당연히 매우 적다. 대부분의 여가활동이나 유흥은 돈을 필요로 한다. 이 때문에 실업자들은 값싸게 시간과 노력을 소모할 수 있는 방법들을 찾게 된다. 흥미로운 사실은 집단문화에 익숙한 한국의 노년 실업자들은 함께 등산을 가거나 하는 집단적인 방식으로 시간과 노력을 소모한다. 반면 고립되고 개인적인 문화에 익숙한 한국의 청소년들과 젊은이들은 고립되고 개인화된 방식으로 대응한다. 컴퓨터를 활용한 게임이나 온라인 활동과 같은 것들은 이들 젊은 실업자들에게 최적의 시간과 노력의 소모방법이 된다.

특히 최근 들어 기술의 발전과 소득의 양극화, 경제의 장기불황 등으로 인해 실업이 증대되는 추세이다. 그리고 이러한 실업의 증대는 교육을 받고 많은 시간을 가진 젊은 실업자들을 양산해내고 있다. 주로 폭력적인 온라인 게임과 사이버 공간상에서의 여러 사회적 활동 등으로 시간과 노력을 보낼 것이다. 이러한 경향들은 양극화와 실업, 가난과 기회박탈 등으로 낮은 자존감과 분노를 안고 있는 젊은이들을 보다 폭력적으로 익숙해지는 방향으로 사회화시킬 것이다. 때문에 잠재적으로 이러한 환경의 조건들은 미래사회에 더욱 큰 테러리즘을 포함한 폭력범죄의 동력들을 만들어 낼 것이다. 분노와 자존감의 위축, 많은 시간과 온라인과 사이버 공간을 통한 폭력에의 노출과 익숙함, 그리고 역시 가상공간을 통한 비슷한 젊은이들 간의 배타적 사회화를 통한 확대재생산은 서로 상승작용을 일으켜 폭력범죄와 테러리즘의 증가와 일상화에 기여할 것이다.

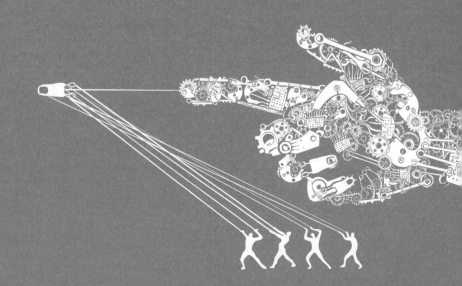

제4장
이슬람 살라피 극단주의의 이해

이슬람 살라피 극단주의의 이해

　최근 몇 년 간 이슬람 국가(IS: The Islamic State)가 이라크와 시리아 지역을 포함한 중동과 아프리카 지역에서 주요한 안보위협으로 부상함에 따라 이슬람 극단주의가 다시 주목을 받고 있다. 9.11 테러 이후 알 카에다로 대변되는 이슬람 극단주의는 국제안보에서 주요한 이슈 가운데 하나였다. 그러던 것이 IS의 최근 급부상으로 주요한 국면전환을 보이고 있으며 다시 이슬람 극단주의의 특성과 최근 동향, 그리고 향후 추이에 대한 관심을 재점화시키고 있다.

　미국과 동맹국의 그 간의 대테러 노력에도 불구하고 이슬람 극단주의는 세계 도처에서 빠르게 세력을 확장하고 있다. 적어도 지난 20년 간 글로벌 테러리즘 위협에서 이슬람 극단주의는 가장 주요한 지위를 누려왔으며 미국과 국제사회의 대테러 대응에서 가장 핵심적인 고려 대상이 되어 왔다. 이러한 이슬람 극단주의의 확산과 영향력 증대는 여러 방면으로 진행되었다. 우선 그 참여자 또는 지지자의 저변이 놀랄 만큼 확대되었다. 아랍계 무슬림인들이나 무슬림 계열 이주자들뿐만 아니라 미국과 캐나다, 유럽 등의 백인들과 흑인들, 아프리카인들, 그리고 심지어는 중앙아시아인들과 동남아시아인들, 중국인들까지 이슬람 극단주의가 확산되고 있다. 최근 보도에 따르면 한국인 계열의 이슬람 극단주의 가담자도 있다고 보도된 바 있다(김보영, 2014; 정이나, 2014). 지리적으로도 전통적인 중동지역을 넘어 북아프리카 사하라 이남의 아프리카, 중앙아시아, 코카서스, 남아시아, 동남아시아, 중국 등 전 방위로 이슬람 극단주의의 영향력이 증대되고 있으며 북미와 유럽 지역 등에서는 자생테러의 문제도 확산되고 있다. 한편 이슬람 극단주의의 활동 공간 역시 현실 공간을 넘어 사이버 공간에서 활발히 증대되고 있다. 이들의 사이버 활동 공간은 기존의 웹사이트를 넘어 SNS(Social Network Service)상으로 빠르게 번져나가고 있다.

알 카에다와 IS로 대표되는 이 이슬람 극단주의 테러리즘은 국제안보질서의 현상에 중대한 위협이 될지 모른다. 이들이 일으키는 여러 폭력적 위협들은 이미 미국과 동맹국들에게 상당한 출혈과 비용소모를 강제한다. 미국과 동맹국들은 이슬람 극단주의 문제를 전통적인 군사작전, 정보활동, 법 집행활동, 또는 경제건설 등으로 해결할 수도 없고 그렇다고 물러서서 두고 볼 수도 없는 상황이다. 이미 지난 14-5년 간의 적극적인 개입 정책은 사실상 실패로 귀결되었다. 그렇다고 현재 알 카에다와 IS, 그리고 탈레반 등이 중동과 아프리카, 중앙아시아를 장악하여 주요한 수니 극단주의 세력권이 형성되는 것을 지켜 볼 수도 없다. 그리고 어떤 형태로든 이슬람 극단주의 테러리즘의 미래추이는 미국과, 중국, 러시아, 그리고 유럽 등이 형성하는 국제패권 구도에 상당한 영향을 미칠 것이다.

사안의 비중에도 불구하고 우리나라에서는 아직 이 이슬람 극단주의에 대한 이해가 그다지 심도 있게 이루어지지 못한 경향이 있다. 알 카에다와 IS, 그리고 탈레반 등의 공통분모에 해당하는 이 이슬람 극단주의는 아직 크게 관심을 받지 못했으며 때문에 이에 대한 이해 역시 상당히 부족하다. 이러한 이유는 대체로 국내에서 이슬람 극단주의에 의한 테러공격이 일어나지 않았기 때문에 우리와 관련이 없는 여전히 먼 나라의 일로 치부하고 있다는 점 때문이다. 또한 북한이라는 매우 결정적인 안보위협이 현존하기 때문에 상대적으로 별다른 관심을 받지 못한 측면도 있다. 하지만 몇 가지 이유에서 이슬람 극단주의는 우리에게 실존하는 중요한 안보현안이 된다. 우선 이들 세력이 재편할 국제 안보질서는 우리에게 직접적으로 영향을 미친다. 미국의 중동과 북아프리카, 중앙아시아 패권이 위협을 받거나 중국의 위구르 지역에서 이슬람 극단주의 정권이 들어서거나 러시아 남부와 중앙아시아 지역이 극단주의 세력에 의해 분열되거나 하는 시나리오 등은 한반도를 둘러싼 안보환경에 직접적인 압력이 될 것이다. 또한 중동, 중앙아시아, 아프리카, 동남아시아 등은 우리에게 주요한 경제활동 무대이다. 이들 지역에서의 질서재편과 경제 환경의 변화는 우리의 이익과 직결된다. 더욱이 이슬람 계열의 이주자가 국내에서도 증가하는 추이로 볼 때 가까운 미래에는 우리 역시 글로벌 테러리즘의 파생 영향권에서 벗어나기 어려울 지도 모른다. 지난 해 말에는 IS가 자신들의 저널인 다비크 9월호에 한국을 십자군 동맹국의 하나로 기재하면서 자신들의 적임을 명시하였다. 또한 2016년 6월 19일자 국정원 발표에 따르면 IS는 한국을 겨냥하여 잇단 테러위협을 하고 있으며 실제로 한국 내 오산과 군산 등 미 공군기지와 우리국민을 테러대상으로 지목했다고 했다. 이런 여러 이유들은 이슬람 극단주의에 대한 대테러 문제에 관심을 기울여야 함을 말해준다.

이 장에서는 이러한 문제 인식에 기초하여 우선 이슬람 극단주의의 실체는 갑작스럽게 나타난 현상이 아니라, 상당히 오래된 사상적 흐름의 연장선 상에 있으며 단순히 종교적 일탈현상이 아니라 주요한 대안 이념의 성격을 띤다는 사실을 보여준다. 하지만 이러한 사항들이 아직 국내에서는 제대로 인식되지 않는 듯이 보인다. 이슬람 극단주의에 대한 접근의 첫 단계로 이슬람 극단주의의 기원과 흐름, 그리고 특성들과 최근 동향에 대해 소개하고 논의하는 것은 의미 있는 일일 것이다.

》 이슬람 극단주의 테러리즘의 의미

이슬람 극단주의 테러리즘이 무엇인가에 대한 이해가 우선되어야 할 것이다. 대체로 이슬람 극단주의 테러리즘이라는 개념은 살라피 극단주의 지하디스트, 와하비스트, 알 카에다, IS 등의 여러 용어들과 혼용되거나 이들 용어들이 관련된 어떤 테러세력으로 이해된다. 알 카에다는 이슬람 극단주의 테러집단의 의미도 가지지만, 경우에 따라서는 알 카에다 또는 알 카에디즘이라는 이슬람 극단주의 흐름 또는 사상이라는 현상을 지칭하는 표현으로도 사용된다. 때문에 이슬람 극단주의의 의미와 범위에 대한 대체적인 이해가 우선되어야 할 것이다.

이슬람 극단주의 테러리즘은 현상적으로 볼 때 여러 유사한 생각과 목표를 가지는 테러집단, 세력, 네트워크, 또는 자발적 개인들을 모두 포함한다(Sageman, 2004). 이 경우 조직 또는 집단으로서의 빈 라덴과 알 자와히리의 지휘체계를 따르는 알 카에다가 대표적으로 포함된다. 더불어 물라 오마르 지휘하의 아프가니스탄 탈레반, 자매 조직인 파키스탄 탈레반, 나이지리아의 보코하람, 이라크의 IS, 시리아의 알 누스라 전선, 소말리아의 알 샤밥, 예멘의 알 카에다 아라비아 반도, 이집트의 알 마크디스, 러시아의 체첸과 다게스탄 지역 군벌조직, 우즈베키스탄의 IMU(Islamic Movement of Uzbekistan), 인도네시아의 JI(Jemah Islamiyya), 남부 타일랜드의 테러세력 등 여러 다양한 조직 및 세력 등이 모두 이슬람 극단주의 테러리즘 공동체 내에 포함된다. 또한 북미나 유럽 등지에서 자생적으로 결성되거나 하는 자생테러 써클이나 개인들 역시 이러한 이슬람 극단주의 공동체에 포함된다.

이슬람 극단주의 테러리즘은 여러 유형의 폭력적 행위와 비폭력적 행위, 범죄 행위 등을 포함한다. 우선 폭력적 행위는 전쟁 행위와 테러공격 행위가 함께 포함된다. 무장 전투 집단이 정규군이나 특수부대 또는 경찰 등과 교전을 하거나 전투행위와 같은 행위들이 극단주의 테러리즘에 들어간다. 이 경우 총격전을 포함하여 미사일공격, RPG(Rocket Propelled Grenade Launchers) 공격, 매복 및 매설 폭탄 공격 등의 형태로 나타난다. 테러공격은 군, 경찰, 정부 등을 대상으로 하거나 민간인 또는 시설이나 인프라 스트럭쳐 등을 대상으로 할 수 있다. 자살폭탄테러 공격이 대표적이며 매설 폭탄테러 공격, 우편물 폭탄테러, 인질납치, 인질납치 후 참수, 무장 총기난사, 선택적 암살, 도끼 등을 사용한 갑작스런 공격(sudden attack) 등 여러 유형이 있다. 비폭력적 행위는 테러활동을 지원하거나 선전, 선동 등의 활동으로 나타난다. 이러한 행위 자체는 불법적이거나 전투적 적대행위가 아니지만 테러공격을 위한 지원 및 기반조성이라는 측면에서 테러리즘의 행위로 포함된다. 테러자금 모금, 프로파간다, 미디어 홍보, 이슬람 극단주의 전파 등의 행위가 이에 해당한다. 마지막으로 범죄 행위는 테러활동을 위한 지원 기능을 한다. 마약 밀거래, 무기 밀거래, 인신매매, 인질납치를 통한 몸값 취득, 테러자금의 강제징수 등의 다양한 범죄활동을 통해 테러자금을 획득한다. 이러한 여러 이질적인 행위들이 테러리즘의 범위 내에서 다루어진다.

이슬람 극단주의는 수니 극단주의를 의미한다(Schweitzer, 2002). 이슬람은 예언자 무하마드의 사망 이후 후계문제를 놓고 두 세력이 갈등을 겪었다. 무하마드는 아들을 남기지 못하고 딸들만을 남겼다. 후계를 이을 아들이 없는 상황에서 갈등이 일어나는데 한 쪽은 예언자의 핏줄이 끊어졌기 때문에 후계자를 선출하여야 한다고 주장했다. 반면 다른 쪽은 예언자의 딸이 알리라는 무하마드의 부하장수와의 사이에서 낳은 외손자인 후세인이 후계자가 될 수 있다고 주장했다. 이 둘 사이의 갈등은 수니와 시아 간의 분열의 기원이 된다(BBC, 2014, June 20). 이후 두 그룹 사이에 씻을 수 없는 원한 관계가 형성되는데, 하나는 수니세력이 후세인과 그의 무리를 참살한 사건이었고(BBC, 2014, June 20), 또 다른 하나는 후대에 시아세력이 칭기스칸의 둘째 아들인 훌라구가 이끌던 몽고군과 내통하여 바그다드 함락에 일조한 사건이었다(윤민우, 2011: 93). 이후로 둘 사이에는 깊은 적대관계가 형성되었으며, 서로를 이슬람이 아닌 이슬람의 배반자로 규정한다. 이란이 지원한 헤즈볼라는 시아계열의 극단주의 테러리즘을 대표한다면, 통상적으로 지칭되는 이슬람 극단주의 테러리즘은 수니계열을 의미한다.

수니와 시아 간에는 뚜렷한 차이가 있다. 시아계열의 경우 아야툴라라고 부르는 최고 권위체가 존재한다. 이 아야툴라를 정점으로 위계적인 체계가 형성되며 코란과 종교적 의미의 해석은 궁극적으로 이 최고 권위자에게 귀속된다. 이는 마치 로마 카톨릭의 체계를 연상시킨다. 이런 시아의 특성은 시아 테러리즘이 헤즈볼라로 집중되고 여러 이합 집산하는 테러 분파들이 나타나지 않는 경향과 관련이 있다. 반면, 수니 종파는 보다 수평적인 체계를 띤다. 마치 기독교의 프로테스탄트와 좀 더 가깝다. 공식적으로 종교적인 해석을 내리는 권위체는 없으며, 코란이 모든 종교적 권위의 정점에 있다. 하지만 코란은 운문 형태의 기록이므로 이를 읽고 해석하는 자의 평판과 명망, 카리스마, 그리고 설득력에 종교적인 해석이 달려 있다. 종교 지도자이자 종교적 해석과 법적 해석의 권위를 가지는 자를 셰이크(Sheikh)나 울라마(Ulama), 또는 이맘(Imam)으로 부르며 이들의 해석은 권위를 가진다. 하지만 통상적으로 셰이크나 울라마, 또는 이맘은 스스로의 종교적 지식과 카리스마 등을 기반으로 추종자들에 불리어지는 경우가 많다. 때문에 수니에서 종교 지도자는 경쟁과 자연발생적인 성격이 좀 더 강하다. 이러한 특성은 수니 계열에서의 종교적 해석이 매우 다양한 스펙트럼을 지니며, 수니 계열의 테러세력이 훨씬 다양하게 분포되고 이합 집산하는 경향으로 나타난다(Bar, 2009). 살라피 극단주의는 따라서 수니 이슬람 가운데 특정한 종교적 견해를 견지하는 분파라고 볼 수 있다. 최근 14-5년 간 알 카에다로 대표되는 수니 이슬람 극단주의가 이슬람권에서 매우 강력한 정치적, 군사적 실체로 대두된 배경에는 오사마 빈 라덴과 알 자와히리 등의 알 카에다 지도부가 가지는 매력과 평판, 카리스마, 그리고 업적 등의 개인적 능력에 기인한 바가 크다(Ibrahim, 2007).

이슬람 극단주의 테러리즘은 글로벌 차원에서 연계되어 있는 하나의 수니 극단주의 테러네트워크를 의미한다(Sageman, 2004). 이 글로벌 차원에서 네트워크로 엮인 이슬람 테러네트워크에는 알 카에다, 알 카에다와 연계되어 있는 탈레반, 보코하람, 알 샤밥, 체첸 그룹, 라쉬카르 에 타이바, 파카스탄 탈레반, 아부 샤야프, 제마 이슬라미야, 알 카에다 아라비아반도, 알 마크디스, 알 누스라, IS, IMU 등의 여러 지역 거점 집단들, 그리고 자발적으로 알 카에다 혹은 이슬람 극단주의에 소속감 또는 동질감을 가지는 개인들과 개인들로 묶인 자생 테러 세력들이 하나의 노드로 참여하여 엮여있다. 그리고 이 이슬람 극단주의 테러네트워크는 조직 범죄자들과 지역 군벌들, 동조자나 지지자들과 같은 극단주의 테러네트워크 써클 외부에 위치하는 행위자들과 느슨하게 결합되어 전략적, 전술적 필요에 따라 협력한다(윤민우·김은영, 2013).

　이슬람 극단주의 테러네트워크가 범지구적 차원에서 결속되게 된 배경에는 알카에다의 전략 선택과 관련이 있다. 9.11 테러와 이후 아프가니스탄, 이라크 전쟁을 거치면서 알 카에다는 자신들이 스스로 필드에서 작전을 수행하기보다는 테러네트워크의 하나의 중심(hub)으로 자리매김하면서 여러 네트워크의 다른 노드들을 실제 필드작전 수행에 전면에 나서게 조율하고, 자신들은 컨트롤 타워이자 지원세력으로 전략, 전술적 지도, 인력지원, 조율 및 커뮤니케이션, 무기나 자금제공, 프로파간다 등의 지원활동에 주력하게 된다. 이러한 알 카에다의 변화는 알 카에다를 이슬람 전체 극단주의 테러네트워크의 컨트롤 타워이자 리딩 역할을 하게 하였다. 때문에 알 카에다가 알 카에디즘과 같은 어떤 사상적 흐름으로 변화했다는 평가까지 받게 되었다(Reed, 2008).

　이슬람 극단주의 테러리즘은 살라피 극단주의로 지칭되기도 하는데 이는 여러 유사한 각기 다른 사상적 흐름을 포함한다. 먼저 와하비즘이라고 불리는 흐름이 있으며 이는 사우디 계열의 극단주의적 사상 흐름이다(Armstrong, 2014, November 27). 무슬림 형제단 운동은 이집트에서 발전된 극단주의이다(윤민우, 2011: 95). 또한 탈레반으로 대변되는 아프가니스탄과 파키스탄의 극단주의는 디오반디 스쿨이라고 부르는 일련의 사상적 조류이다(US Navy Chaplain Corps, 2001, October 15). 이슬람 극단주의 또는 살라피 극단주의는 이런 각기 다른 지역에서 자연 발생적으로 생성되고 발전된 극단주의 흐름들이 합쳐져 만들어진 포괄적인 어떤 사상적 흐름이다. 이에 대한 자세한 논의는 다음 장에서 할 것이다.

》 이슬람 극단주의의 기원과 흐름

　이슬람 극단주의의 사상적 기원은 십자군 전쟁과 이후 계속된 몽고침략과 지배기까지 거슬러 올라간다. 십자군에 의한 예루살렘 점령은 무슬림들에겐 씻을 수 없는 치욕이자 반드시 회복해야할 무슬림들의 의무였다. 여기서 이교도 침략자들을 무슬림의 땅에서 몰아내야 한다는 지하드(성전)에 대한 관념이 중요한 사상적 토대가 되었다. 그리고 이교도에 의한 무슬림 땅의 점령이 무슬림들이 예언자의 가르침에서 일탈했기 때문에 신의 심판이라는 비판의식과 예언자의 가르침인 순수한 이슬람으로 돌아가야 한다는 위기의식이 나타났다. 살라하딘이 이끄는 군대가 예루살렘을 되찾고 십자군을 몰아냄으로써 이 초기의 위기의식은 회복되었다(윤민우, 2011: 93-94).

하지만 이후에 닥쳐온 몽골의 침략과 정복은 훨씬 굴욕적이고 고통스러운 시련이었다. 몽골에 의한 무슬림들의 정복과 압제는 이러한 시련이 자신들이 무하마드의 가르침으로부터 멀어진 것에 대한 신의 심판이라는 의식을 다시 불러일으켰다. 이슬람 학자이자 철학자인 이븐 타이미야(Ibn Taymiyyah)의 주장은 이 시기 초기 이슬람 극단주의를 대표한다. 그는 유명한 파타(fatwa)를 통해 몽골 이교도들에 대한 지하드는 무슬림의 의무라고 규정했다. 또한 무슬림들이 이 무자비한 이교도들의 지배를 받게 된 것은 자신들이 신의 가르침으로부터 멀어진 것에 대한 신의 심판이라고 주장하면서 무하마드 시절의 순수했던 이슬람으로 돌아가는 것만이 신의 노여움을 풀고 이교도의 압제로부터 벗어나는 길이라고 설파했다(윤민우, 2011: 93-94). 이 타이미야의 초기 주장은 오늘날 이슬람 극단주의 테러세력들이 내세우는 주장들과 놀랄 만큼 일치한다. 따라서 이븐 타이미야를 이슬람 극단주의의 기원으로 평가하는데 이후 아브드 알 와합과 후대의 여러 극단주의자들에게 영향을 미쳤다.

몽골에 의한 지배와 이후 계속되는 터키인들에 의한 지배를 겪으면서 아랍 무슬림들은 어려운 딜레마에 직면한다. 몽고인들과 이후 터키인들은 자신들의 지배를 쉽게 하기 위해 스스로 무슬림으로 개종한다. 이는 정치지배의 효율성을 위한 선택이었고 동시에 자신들의 고유한 관습을 유지하였다. 아랍 무슬림들의 입장에서는 무슬림으로 개종하였다고 하더라도 그들은 여전히 이민족 지배자들이었다. 또한 그들의 지속되는 이교도 관습과 정치적 동기에 의한 이슬람으로의 개종 역시 아랍 무슬림들로서는 받아들이기 어려웠다. 하지만 이슬람 교리는 무슬림이 같은 무슬림을 공격하는 것을 금기시한다. 때문에 무슬림으로 개종한 이민족 지배자들에 반대해 무슬림들이 저항하는 것이 종교적으로 문제가 될 수 있었다. 이슬람 종교학자들은 이러한 딜레마를 해결하기 위해 무나픽(Munafiq)이라는 개념을 만들어 냈다. 무나픽은 위선자라는 뜻으로 겉으로는 무슬림인 척 하지만 실제로는 이슬람을 믿지 않는 자를 의미한다. 이 개념을 통해 개종한 이교도 지배자들에 대한 지하드가 가능하게 되었다. 이 개념은 오늘날의 살라피 극단주의자들에게도 이어진다. 이들은 사우디 왕정이나 시리아의 독재정권, 그리고 자신들의 주장에 동조하지 않거나 경쟁관계에 있는 모든 무슬림들을 이 무나픽 개념으로 통칭하고, 이들에 대한 지하드 즉 폭력행위를 정당화한다(윤민우, 2011: 93-94).

1700년대 경에 무하마드 이븐 아브드 알 와합(Muhammad ibn Abd al-Wahhab)은 와하비즘을 주장한다. 1700년대 경은 1683년 비엔나 전투의 패배로 오스만 투르크의 유럽 정복이 궤멸된 이후 오스만 투르크 제국이 쇠퇴의 국면에 접어들고 스페인과 프랑스 등 유럽세력이 이베리아 반도를 완전히 장악하고 북아프리카에 진출하는 등 이슬람 세계에 대한 세력이 확장되던 시기였다. 아브드 알 와합은 이러한 시기에 이슬람이 쇠퇴하는 국면에 대한 위기의식을 느끼고 와하비즘을 주장했다. 그에 따르면 무하마드 시절과 칼라프 제국의 영광이 쇠퇴하고 유럽 이교도들에게 밀리는 상황이 전개된 것은 이슬람이 오염되었기 때문이었다. 따라서 그는 이슬람의 영광을 회복하기 위해서는 이슬람을 순수한 형태로 개혁하고 종교적 계율의 가장 순수한 형태로 무슬림들이 돌아가야 한다고 주장했다. 그리고 이교도들을 상대로 지하드를 수행하고 이슬람을 이교도들에게 전파하는 것을 무슬림들이 맹세해야 한다고 설파했다. 알 와합은 아라비아 반도 내에서 활동하였고 와하비즘을 설파했다. 이 때문에 와하비즘은 이후 사우드 왕족이 사우디아라비아를 건국하는데 일조하였을 뿐만 아니라, 아라비아 반도내의 이슬람 극단주의자들에게 주요한 영향을 미쳤다. 오사마 빈 라덴 역시 이 와하비즘의 영향을 받게 된다. 때문에 와하비스트들이라고 하면 주로 아라비아반도 출신의 이슬람 극단주의자들을 지칭한다. 이 와하비즘은 알 카에다의 사상적 기초를 형성하는 데 주요한 영향을 미친다(Armstrong, 2014, November 27).

무슬림 형제단은 이집트에서 기원한 극단주의 흐름을 대변한다. 이집트는 나폴레옹에 의한 정복 이후 영국의 영향력 아래 들어가면서 오랜 유럽세력의 지배를 받게 된다. 이집트의 저항세력 가운데 일부는 이슬람에 근거하여 이러한 오랜 압제의 고통을 벗어나기 위해서는 순수한 이슬람의 가르침으로 돌아가야 한다고 주장했다. 하산 알 반나(Hasan al-Banna)는 20세기 무슬림 부흥 운동의 가장 중요하고 영향력 있는 인물의 하나이자 무슬림 형제단의 설립자로 평가된다. 이집트의 독립 이후에도 이 무슬림 형제단은 여전히 주요한 정치세력으로 존재했다. 하지만 안와르 사다트 대통령의 암살사건에 무슬림 형제단이 관여되어 있다는 이유 때문에 사다트 암살 이후 무슬림 형제단은 이집트 내에서 대대적으로 소탕되기 시작했다. 이 때문에 많은 무슬림 형제단의 인사들은 이집트를 벗어나 해외로 망명하게 된다(윤민우, 2011: 95).

아이만 알자와히리(Ayman al-Zawahiri)와 오마르 압델 라만(Omar Abdel-Rahman)은 이 당시 해외로 망명한 대표적인 무슬림 형제단 계열의 극단주의 리더들이다. 압델 라만과 알 자와히리는 오사마 빈 라덴과 빈 라덴의 스승인 압둘라 유수프 아잠 (Abdullah Yusuf Azzam)과 사우디에서 조우하게 되고 사우디아라비아와 이집트에서 각각 발전되어 온 두 극단주의 흐름이 결합하게 된다. 이 결합은 매우 중요한 두 가지 결과물을 만들어 내는데 하나는 알 카에다이고 또 다른 하나는 소련의 아프가니스탄 침공에 대한 무자히딘 전쟁의 지원과 참전이다. 무자히딘 전쟁은 지하드로 규정되었다(BBC, 2004, July 20; Miller, Stone, & Mitchell, 2002).

아랍의 극단주의와는 별개로 파키스탄과 아프가니스탄의 파슈툰 부족 지역에서 발전되어 온 디오반디(diobandi) 학파와 탈레반 운동도 이슬람 극단주의의 주요한 흐름 가운데 하나이다. 이 지역은 19세기와 20세기 초반 영국의 제국주의 지배를 경험한다. 특히 파키스탄 지역이 그러하다. 이런 배경 때문에 아랍지역의 극단주의와 비슷한 사상적 배경을 띤다. 파키스탄 북부의 종교학교인 마드라사(madrasa)를 중심으로 디오반디 학파가 형성되면서 극단주의적 사조를 띠면서 영국제국주의에 대한 저항을 주도하게 된다. 디오반디 학파는 기본적으로 제국주의의 침략과 고통을 극복하기 위해서는 순수한 무슬림 교리에 기초한 근본주의로 돌아가야 한다고 주장한다. 따라서 와하비즘과 무슬림 형제단 운동과 비슷한 사상적 경향을 보인다.

탈레반 운동은 이후에 마드라사의 디오반디 학파에 상당한 영향을 받게 된다. 10년 넘게 지속된 대 소련 무자히딘 전쟁과 잇따른 무자히딘 간의 아프간 내전은 많은 전쟁 고아와 피난민을 만들어냈다. 파키스탄의 마드라사들은 많은 아프간 전쟁 고아들을 돌보며 교육시키게 되는데, 이런 과정을 거치면서 아프간 전통과는 유리된 이슬람 근본주의 교리에 의해 철저하게 교육받은 새로운 젊은 세대들이 나타나게 되었다. 탈레반은 이러한 마드라사에서 교육받은 젊은 세대들을 중심으로 결집된 극단주의 세력이다. 지도자인 물라 오마르 역시 같은 인생의 행적을 거쳐 탈레반의 리더가 되었다. 탈레반은 이슬람 근본주의를 바탕으로 90년대 중반 아프간 내전에서 승리를 거두고 미군에 의해 축출될 때까지 탈레반 정권을 아프가니스탄에 건설한다(Shahrani, 2008; US Navy Chaplain Corps, 2001, October 15).

아프가니스탄 무자히딘 전쟁은 알 카에다를 비롯한 전 세계 여러 이슬람 극단주의 세력과 무슬림 자원참전자들이 함께 모이게 되는 장을 제공했다. 이들은 함께 싸우면서 서로 인적인 네트워크를 구축하게 된다. 아프가니스탄 무자히딘 전쟁을 통해 국제 무슬림 전사들의 거대한 동료집단이 만들어졌다. 그리고 이들은 전쟁을 함께 거치며 이슬람 극단주의 사상이 강화되었고, 미국과 파키스탄 등의 군사 및 테러 전술의 훈련과 실전경험을 통해 숙련된 전사로 거듭나게 된다. 전쟁의 종결과 함께 이들 외국으로부터 온 이슬람 전사들은 자신들의 본국으로 돌아가게 되고 이들은 범지구적 규모의 이슬람 극단주의 네트워크 구축에 주요한 키 플레이어가 된다(Sageman, 2004).

한편 구소련의 해체는 소련 연방에 속했던 무슬림계 소수민족들에게 자신의 고유한 전통을 회복하도록 자극했다. 이들에게 무슬림 전통의 재발견 과정은 독립국가를 건설하는 과정의 일환이었다. 이는 실제로 독립을 얻은 우즈베키스탄이나 독립이 좌절된 체첸 모두에게서 비슷하게 나타났다. 우즈베키스탄은 새로운 국가의 정체성을 찾고 독재정권으로부터 민주화하는 과정의 일환으로 이슬람주의가 등장했다. 하지만 카리모프 독재정권의 탄압 때문에 극단화하기 시작했고 알 카에다와 같은 외부로부터의 극단주의 사상이 전파됨으로써 이슬람 극단주의 테러세력으로 변모하게 된다. IMU는 그러한 과정의 결과물이다(Rashid, 2002). 체첸 역시 러시아 정부의 강경대응으로 초기에 민족주의적인 성향을 가지던 체첸 저항운동이 점차 이슬람화하게 되었다. 이후 알 카에다 등의 외부로부터의 자금과 무기, 전략/전술 등의 지원과 함께 샤밀 바샤예프 리더십을 거치면서 이슬람 극단주의 테러세력으로 변모하게 된다(Yun, 2006).

》 이슬람 극단주의 테러리즘의 이념적, 종교적, 전략적 특성들

이슬람 극단주의의 궁극적인 목표는 이슬람 샤리아 또는 칼리프로 불리는 신정의 건설이다. 이 신정은 이슬람 종교가 정치, 경제, 사회, 문화, 법률, 가정생활 등 모든 인간 삶의 영역에 개입하고 통제하는 정체를 의미한다. 현실적으로 이 이슬람 신정에 가장 가까운 사례는 탈레반 정권 지배하의 아프가니스탄이다. 살라피 극단주의자들의 주장에 따르면 이 이슬람 신정은 전 지구적 범위에 걸쳐 구축되어야 한다. 이슬람의 땅은 영역을 분할할 수 없으며, 모든 무슬림은 하나의 정체 아래 속해야 한다. 이슬람의 땅을 분할하는 것은 근본적으로 신의 계율을 어기는 이교행위가 된다. 또한 이슬람은 땅 끝까지 미쳐야 하며 이교도의 땅은 근본적으로 인정되지 않으며 정복되어야할 지역이다. 실제로 살라피스트들은 백악관에 이슬람의 깃발이 휘날리는 동영상을 제작하여 프로파간다에 이용하고 있다. 이들은 미국과 유럽 등의 이교도 지역 역시 이슬람이 정복해야할 대상이다(The Third Jihad, 2008: Ibrahim, 2007).

하지만 현실적으로 전 지구적 범위에서 하나의 신정을 건설하는 것은 실현하기 어려운 목표이다. 때문에 극단주의자들은 자신들이 속한 특정 지역범위 내에서 이슬람 신정건설을 우선 목표로 한다. IS가 자신들의 명칭을 ISIL(The Islamic State of Iraq and the Levant)로 표현한 것은 이라크와 레반트 지역에서의 신정건설을 구체적인 목표로 설정하고 있다는 것을 의미한다. 이들이 ISIL을 최근 IS로 바꾼 것은 매우 중요한 의미가 있다. 이는 지역 범위의 신정건설을 넘어 전 세계적인 범위에서 무슬림들의 유일한 국가가 되겠다는 목표를 천명한 것이다. 보코하람 역시 최근에 자신들의 점령지역에서 이슬람 칼리프 국가를 선포했다. 탈레반 역시 아프가니스탄에서의 신정국가 재건을 목표로 한다.

이런 맥락에서 이슬람 극단주의는 근대적인 개념의 주권과 민족국가에 기초한 국제질서 체제와 공존할 수 없다. 이슬람 극단주의는 주권 개념과 민족국가 이론에 근거한 영역 분할과 국가들의 공존을 종교적인 이교행위로 해석한다. 이슬람 신정국가의 관할권과 통치권은 주권 범위 내에 머무르지 않으며, 어디에 있건 상관없이 모든 무슬림에게 미치게 된다. 또한 이슬람 국가들 사이에는 영역분할이 이루어질 수 없으며 무슬림은 민족으로 분할될 수 없다. 오직 인간은 무슬림과 이교도로만 구분된다(Ibrahim, 2007).

이슬람 극단주의자들은 전쟁을 다른 방식으로 이해한다(Ibrahim, 2007). 제네바 협정 3조와 같은 근대 국제법은 전쟁을 평화와 대비되는 하나의 기간으로 이해한다. 전쟁은 선전포고를 통해 시작되고 휴전이나 종전을 통해 완료된다. 전투원은 비전투원인 민간인과 구별되며, 민간인에 대한 공격행위는 금지된다. 전투원은 적에게 생포 시 전쟁포로로서의 법적지위를 가지며, 이들의 예방적 구금은 전쟁종료와 함께 종결되고 이들은 석방되어야 한다. 이러한 일련의 근대적인 전쟁에 대한 인식은 이슬람 극단주의자들에게는 인정되지 아니한다. 이슬람 극단주의자들이 이해하는 전쟁인 지하드는 계속되는 일련의 과정이다. 이들에게 지하드는 이교도가 완전히 굴복되고 전 지구적 범위에서 이슬람 신정이 완성될 때 종료되고 영원한 평화가 도래된다.

근대식 해석의 전쟁은 정규군에 의한 폭력적 충돌을 의미한다. 게릴라전이나 비정규전의 경우에도 전투 집단이 충돌하는 것으로 이해된다. 즉 전쟁은 폭력적 충돌이다. 하지만 지하드는 이슬람을 위한 모든 물리적, 정신적 투쟁을 포함하는 개념이다. 정규군이나 무장게릴라를 통한 무력충돌 뿐만 아니라 자살폭탄테러, 인질납치, 암살, 사이버 공격 등 모든 형태의 폭력행위가 다 지하드에 포함된다. 인신매매, 마약 밀거래, 무장 강도 등의 범죄 행위 역시 이교도를 공격하거나 대 이교도 투쟁에 도움이 된다면 지하드로 해석된다. 결혼을 통한 배우자의 개종, 미디어 선전전, 문화적 활동, 논쟁 등 모든 형태의 평화적 합법적 활동 역시 지하드 범위에 포함된다. 한 인터뷰에 따르면 이슬람 극단주의자들은 이교도들에 대한 이슬람 정복전쟁을 세 가지 방식으로 수행한다. 그것들은 총과 혀와 성기이다. 총은 여기서 정규전이나 무장봉기(insurgency), 그리고 테러리즘 등의 폭력적 방식에 의한 성전의 수행을 의미한다. 혀는 이슬람 교리에 대한 가르침이나 전파, 확산, 그리고 프로파간다 등을 모두 포함하는 개념이다. 이들은 사상적, 이념적 침투와 확산을 통해서도 성전을 수행한다고 본다. 마지막으로 성기는 결혼과 출산, 이주 등을 통한 인구 증가를 통해 이교도들을 수에서 압도함으로써 궁극적으로 이슬람 확산과 정복을 달성할 수 있다는 의미이다. 때문에 이들에게는 결혼과 출산, 이민과 이주 등도 전쟁 수행의 한 수단이 된다. 이런 의미에서 이들의 전쟁은 근대전쟁의 개념과는 다르며 폭력적, 비폭력적 수단을 모두 포함한다. 지하드는 다시 공세적 지하드와 방어적 지하드로 구분된다. 공세적 지하드는 이교도의 땅으로 이슬람의 영향력을 확장해나가는 것을 의미하며, 방어적 지하드는 이교도의 침해로부터 이슬람의 땅을 방어하고 이교도를 축출하는 것을 의미한다. 이 경우 미국 등지에서의 테러공격은 공세적 지하드로, 이라크나 시리아 등지에서의 무장투쟁과 테러공격, 그리고 대 이스라엘 투쟁 등은 방어적 지하드로 해석될 수 있다(The Third Jihad, 2008).

이슬람 극단주의자들에 따르면 이교도의 운명은 다음의 세 가지 선택지 중에 하나가 된다. 첫째, 이교도는 개종의 대상이 된다. 이슬람을 받아들이고 무슬림으로 개종한다면 동등한 무슬림으로 인정된다. 둘째, 이교도는 이교도 세금인 지즈야를 지불하고 자신의 생업과 가정생활을 유지할 수 있다. 이 경우 이교도는 평화롭게 삶을 유지할 수 있으나 근본적으로 정치권력에 대한 접근은 금지된다. 과거 이슬람 칼리프 제국이나 오토만 제국시절의 그리스 정교도들이나 유대인들이 가졌던 것과 유사한 지위를 보장받게 될 것이다. 이교도의 마지막 옵션은 끝까지 저항하다가 죽게 되는 것이다(The Third Jihad, 2008).

지하드에 있어 전투원과 비전투원은 구분되지 않는다. 극단주의자의 지하드 개념에서는 이교도인 카피르(kafir)와 배반자인 무나픽(munafiq)은 모두 적으로 간주된다. 전투원과 비전투원의 구분은 근본적으로 존재하지 않으며 이슬람의 적이라는 동일한 카데고리로 분류된다. 즉 이들 이슬람의 적은 모두 항복하거나 개종하지 않는 한 사살의 대상이다(Ibrahim, 2007). 때문에 출퇴근하는 시민에 대한 자살폭탄테러 공격과 학교에서 수업 받는 여학생들에 대한 폭탄테러, 의사당에 있는 의원과 방문 객들에 대한 총기공격, 근무 중인 경찰관에 대한 도끼 공격 등은 모두 정당화된다. 그리고 근본적으로 이러한 행위들은 범죄가 아니라 적을 공격하는 전투행위로 간주된다. 케냐 쇼핑몰 테러 당시 무장테러리스트들이 쇼핑몰 내의 사람들을 선별하여 무슬림들은 살려주고 비무슬림들은 현장에서 사살했던 사례는 이슬람 극단주의자들의 사고체계를 잘 보여준다.

살라피스트들에게 전장의 공간은 전 지구적 범위에서 하나의 공간이다(Reed, 2008). 일반적인 개념인 전장 공간과 평화의 공간의 구분은 성립되지 않는다. 전쟁은 전투가 벌어지고 전투 집단이 물리적으로 충돌하는 특정 공간에 한정되는 것이 아니라 모든 공간에서 이루어진다. 예를 들면 알 카에다는 전 지구 범위를 하나의 전쟁공간으로 인식하고 대 서방 또는 대 이교도 지하드를 수행한다. 아프가니스탄, 이라크, 북아프리카, 사하라이남 지역 등은 하나의 개별 전쟁구역으로 인식하고, 이들 각 전쟁구역들은 서로 연결되어 있는 것으로 본다. 때문에 알 카에다는 각 전쟁권역별로 주요 전투세력을 설정하고 이들을 조율하고 지원하고 지지하는 글로벌 지하드 네트워크의 컨트롤 타워로서 역할을 수행한다. IS역시 전장 공간을 이라크와 시리아 지역에 한정하는 것 같지는 않다. IS로의 명칭 변경에서 알 수 있듯이 다른 지역에서의 이슬람 극단주의 세력의 폭력 활동과 연계해서 인지한다. 또한 북미와 유럽지역에서 테러를 선동하며 이들 지역으로부터 테러자원자들을 모집한다. 이 전장 공간의 무경계성은 사이버 공간까지 포함한다. 이들에게는 사이버 공간 역시 연속되는 지하드의 공간이 된다. 때문에 프로파간다, 인력채용, 공포조장 등의 사이버 상에서의 모든 활동은 지하드로 해석된다.

이슬람의 적은 원거리 적과 근거리 적이라는 두 개념으로 구분된다. 원거리 적은 지리적으로 멀리 떨어져 있는 적을 의미하며, 근거리 적은 지리적으로 가까이 있는 적을 의미한다. 대체로 원거리 적은 이교도인 카피르를 근거리 적은 위선자 또는 배반자인 무나픽을 지칭한다. 카피르는 믿지 않는 자 또는 신의 사람들이 아닌 이교도들을 의미한다. 여기에는 한 번도 무슬림이었던 적이 없는 크리스천, 힌두교도, 불교도, 또는 무신론자 등의 모든 비 무슬림 인구들이 모두 해당된다. 지리적으로 이 비 무슬림들의 국가는 중동, 중앙아시아, 북아프리카 등지의 무슬림 국가들에서 멀리 떨어진 유럽, 북아메리카, 극동아시아 등에 있으므로 원거리 적으로 규정된다(윤민우, 2011: 92-93).

한편, 무나픽은 위선자 또는 거짓된 자, 배반자 등의 의미를 갖는 단어로 무슬림이면서 무슬림을 배반한 자, 또는 겉으로는 무슬림이면서 실제로는 세속적인 정치권력, 부, 또는 서구의 개인주의, 자유주의, 혹은 물질문명에 탐닉하는 자들을 모두 총칭하는 단어이다. 이 무나픽은 지리적으로 이슬람 국가들 내에 존재하는 내부의 적에 해당하므로 근거리 적이라는 개념과 밀접한 관련성을 갖고 있다. 이러한 내부의 적으로 대표적인 것이 겉으로는 무슬림을 표방하면서도 이교도인 서방국가들에 협조적이면서 이슬람의 율법을 엄격하게 따르지 않고 독재적이고 부패한 많은 이슬람 지역 정권들을 포함한다. 이집트 무바라크 정권이나 사우디, 요르단의 왕정, 시리아의 아사드 정권, 이라크의 시아 정권, 그리고 현 파키스탄 정권 등이 이에 해당된다. 이 밖에도 미군과 그 동맹국 군대에서 일하거나, 외국 기업을 위해 일하거나 또는 엄격한 이슬람 율법을 따르지 않고 자유로운 복장이나 용모 또는 생활습관을 유지하거나 여자로서 학교에서 공부하거나 직장에서 일을 하는 등의 행위가 모두 이 무나픽이라는 내부의 적에 해당된다(윤민우, 2011: 93).

한편, 이 두 개념은 이슬람 초기부터 존재해 왔던 오랜 역사를 가지고 있으며, 무슬림들이 그들의 적을 이해하는 방식인 동시에 이슬람적 세계관을 담고 있다. 초기 이슬람의 군사적 영광과 영광된 이슬람 제국이 건설된 이후 이슬람은 외부로부터의 도전에 직면하며 쇠퇴해 갔다. 시기적으로 먼저 닥친 외부의 도전은 서쪽으로부터 밀려온 십자군의 침공이었다. 장기간에 걸친 치열한 투쟁 끝에 마침내 이 십자군의 침공을 막아내기는 했지만 이슬람 제국 내부에 끼친 피해는 막대한 것이었다. 그리고 얼마 뒤 이슬람 문명은 십자군보다 훨씬 더 두렵고 파괴적인 동쪽으로부터 밀려온 도전에 맞닥뜨려야 했다. 칭기즈 칸의 아들인 훌라구가 이끄는 몽고군은 당시 이슬람 제국의 수도였던 바그다드를 잿더미로 만들면서 이슬람 지역 전체를 잔인하게 정복했다. 그러나 러시아 출신 노예들을 용병으로 사용한 이집트 맘룩크 왕조는 가까스로 이 알라의 심판처럼 보였던 두려운 몽고군의 진군을 지금의 시리아 근방에서 막을 수 있었다. 하지만 이 두 차례에 걸친 외부 이교도로부터의 정복전쟁은 이슬람과 무슬림들에게는 재앙에 가까운 것이었으며 그들이 경멸했던 이교도인 몽고인들에 의해 정복되어 노예로 전락한 것은 받아들이기 힘든 치욕이자 고통이었다(윤민우, 2011: 93-94).

지금의 이슬람 살라피 극단주의는 이러한 역사적 배경을 전제로 태어났다. 이슬람 극단주의의 시초로 알려진 이븐 타미야(Ibn Taymiyyah)는 이러한 고통스러운 시기를 살았으며 그들이 왜 이 고통스러운 시대를 겪어야만 하는지에 대한 답을 구하려 했다.[1] 그는 자신들이 겪고 있는 고통이 이슬람 초기 무하마드 생전의 신실하고 경건했던 이슬람의 순수성을 잃었기 때문이며, 그러한 타락의 대가로 그들의 신 알라가 이교도들을 보내 그들을 심판하는 것이라고 이해했다. 때문에, 이러한 고통을 극복하고 과거의 위대했던 이슬람 제국의 영광을 재현하는 유일한 해결책은 초기 이슬람의 순수성으로 돌아가는 것이라고 이해했다. 오늘날 살라피주의자나 알 카에다, 와하비 류의 이슬람 극단주의는 모두 이 이븐 타미야의 시각에 그 종교적, 역사적 뿌리를 두고 있다. 어찌됐건, 이 타미야적인 시각으로는 이 외부의 적은 십자군과 몽고군이었으며, 이러한 외부의 적 관념이 19, 20세기 유럽 제국주의의 팽창과 함께 북미와 유럽 국가들로 대체되었다. 최근에는 경제적, 국제정치적으로 급성장한 한국과 일본과 같은 극동아시아 국가와 러시아와 인도 등의 국가들이 개념적으로 이 원거리 적에 추가되는 경향이 있다(윤민우, 2011: 94; Sageman, 2004: 1-24; Weatherford, 2004).

　한편, 근거리 적 또는 무나픽의 개념 역시 이 역사적인 몽고의 침공과 정복 통치에서 기원한다. 당시 몽고 정복자들은 무슬림들을 손쉽고 효과적으로 통치하기 위한 방편으로 스스로 이슬람으로 개종하고 이슬람의 보호자로 자처했다. 하지만 그들은 정치적이고 전략적인 목적으로 이슬람을 받아들였을 뿐 실제 생활에서의 이슬람적 경건성이나 신앙적 진정성은 없었다. 그들은 오래된 자신들의 몽고식 이교도 관습과 전통에 더 익숙했으며 이러한 그들의 비 이슬람적인 문화와 관습을 지속했다. 때문에 일부 근본주의적인 이슬람 종교학자들 사이에서는 이러한 그들의 이민족 지배자들을 무슬림으로 보아야 할 것인지 아니면 이교도로 보아야 할 것인지에 관한 물음에 답해야 했다. 이 무나픽은 겉으로 무슬림인 척 하지만 실제로는 위선자에 불과하여 신의 심판을 받아야 하는 대상이라는 개념이 이때부터 몽고 지배자들을 정의하기 위해 생겨났고, 이후 비록 같은 민족이면서 이슬람을 표방하지만 실제로는 정치적인 권력이나 경제적인 부, 또는 세속적인 욕망에 더 집착하는 무슬림들을 지칭하는 개념으로 바뀌었다. 따라서 오늘날의 무나픽 개념은 러시아에 협조적인 카됴로프의 체첸 정부, 미국과 서방에 협조적인 사우디의 사우드 왕정, 요르단

---

1 Taqi ad-Din Ahmad ibn Taymiyyah(1263-1328).

의 후세인 왕정, 이집트의 무바라크 정권, 그리고 파키스탄, 인도네시아 등 이슬람 국가의 정권들을 통칭하는 개념으로 사용되고 있다(윤민우, 2011: 94-95; Sageman, 2004: 1-24; Weatherford, 2004).

어떤 적을 먼저 상대하여야 하는 가에 따라 전략적 선호도가 나뉜다. 근거리 적과 원거리 적 가운데 어디에 먼저 치중해야 하는가를 놓고 이슬람 살라피 극단주의 써클 내에서 많은 전략적 논쟁이 있어 왔으며, 적어도 지난 4-50년 간 그 우선순위에 변동이 있어 왔다(Sageman, 2004: 1-59). 하지만 그 전략적 우선순위를 논하기 전에 먼저 분명히 짚고 넘어가야 할 것은 이슬람 극단주의자들의 궁극적 목표는 전 세계에서 이슬람 극단주의 정권을 수립하는 것이며, 그 대상은 근거리 적과 원거리 적 모두를 포함한다. 따라서 여기서 말하는 전략적 우선순위는 누구를 먼저 공격할 것인가의 우선순위의 문제이지 어떤 대상을 자신들의 적으로 간주할 것인가 하는 궁극적 선택의 문제는 아니라는 점이다(Sageman, 2004: 1-59). 우선 역사적으로 이러한 우선순위에 대한 논쟁은 이집트 무슬림 형제단(Muslim Brotherhood)의 전략적 선택에 기원한다. 영국의 식민지배로부터 벗어나 순수한 이슬람 신정을 이룩하려는 시도로서 시작된 무슬림 형제단 운동은 영국으로부터 독립한 이집트가 가말 낫세르와 안와르 사다트 등 세속주의 독재정권으로 이어지면서, 이러한 자신의 내부에 있는 근거리 적을 우선 공격하여 이슬람의 땅에서 진정한 이슬람 정권을 먼저 세우자는 전략적 목표에 치중하게 된다. 이러한 근거리 적 우선의 전략은 이후 사다트 암살 사건에서 그 정점에 이르게 되나 암살 사건 후 무자비하게 진행된 이집트 정부의 반격으로 인해 대부분의 무슬림 형제단에 근거한 이집트 이슬람 지하드(Egyptian Islamic Jihad)가 거의 궤멸되고 일부 살아남은 조직원들이 해외로 피신함으로서 일단락된다(윤민우, 2011: 95).

이후 원거리 적에 대한 우선 타격이 주장되었다. 이 논리는 근거리 적은 원거리 적인 진정한 적의 꼭두각시에 불과하며 때문에 원거리 적의 타격은 자연스럽게 근거리 적의 붕괴로 이어진다는 것이다. 이 주장의 보다 현실적인 배경은 이집트의 무슬림 형제단과 알 카에다의 또 하나의 주류인 빈 라덴의 사우디 지하디스트들이 모두 자신들의 지역기반에서 밀려나 해외인 아프가니스탄에서 소련을 상대로 항쟁을 해야 했기 때문이다. 아이만 알 자와히리로 대표되는 이 이집트 살라피스트와 오사마 빈 라덴의 사우디 와하비즘 추종자들이 아프가니스탄에서 대 소련 무자헤딘 항쟁을 하면서 합쳐져 알 카에다 조직을 탄생시키게 된다. 이 아프가니스탄에서의 경험은 지역적인 관심에 머물던 살라피스트들을 보다 더 글로벌적인 시각으로 돌리게 만들었고 그들의 전략적 우선순위를 소련이나 미국 등과 같은 원 거리 적으로 돌리게 만들었으며 또 소련과의 항쟁의 승리 경험이 이러한 원거리 적 우선 타격이 가능하다고 믿도록 하는데 뒷받침이 되었다(윤민우, 2011: 95-96).

이후 아프가니스탄의 무자히딘 항쟁이 종료됨과 동시에 알 카에다는 자신들의 지리적 기반인 이집트와 사우디아라비아 등으로 돌아가지 못하고 수단 등 해외를 떠돌게 된다. 수단에서 추방된 이후 알 카에다는 다시 아프가니스탄에 자리를 잡게 되는데 이러한 국제 유랑의 경험이 알 카에다의 원거리 적 타격전략에 지속적으로 중요한 영향을 미치게 된다. 당시, 알 자와히리와 빈 라덴은 근거리 적을 먼저 공격하는 것은 이들이 강력한 원거리 적인 미국이나 영국 등의 서방 이교도 국가들의 지원을 받기 때문에 불가능하며, 따라서 이 강력한 원거리 적을 먼저 타격하여 굴복시킨다면, 지원이 끊어진 근거리 적은 자연스럽게 붕괴될 것이라는 인식에 도달하게 되었다. 1998년 미국에 대한 빈 라덴의 공식적인 선전포고인 그의 선언은 이러한 인식의 결과물이다. 2001년 9.11 테러는 따라서 전쟁을 원거리 적의 앞마당으로 배달하는 원거리 적 우선 타격의 전략적 변화의 산물이었다. 9.11 테러는 이 원거리 적 선제타격의 논리에 따라 이루어졌다(윤민우, 2011: 96).

하지만 9.11 테러 이후 미국과 동맹국들이 아프가니스탄과 이라크로 침공해 들어감에 따라 원거리 적이 근거리 적이 되는 현상이 나타났다. 즉 원거리 적이 가까이 나타난 것이다. 이런 상황변화에 따라 알 카에다는 다시 이라크와 아프가니스탄의 전선에 집중하는 근거리 적(사실상 근거리로 온 원거리 적)에 대한 우선 타격전략으로 선회하게 된다. 이 시기 알 카에다 등의 본진은 이라크와 아프가니스탄에서의 전쟁에 주력하고 미국이나 영국, 유럽 등지의 원거리 적은 현지에서 알 카에다 등을 추종하는 자생테러 또는 외로운 늑대 유형의 테러리스트를 활용하여 공격하는 전략 양태를 보여주었다.

이후 2000년대 중반을 거치면서 최근까지 아프가니스탄과 이라크에서의 테러전쟁이 심화되면서 점차 원거리 적과 근거리 적의 동시타격이라는 전일적 타격 전략으로 바뀌게 된다. 구체적으로 이러한 변화는 중동과 중앙아시아, 아프리카 등 지역 거점에서의 무장 항쟁과 테러공격의 지속과 미국과 유럽 등 원거리 지역에서의 간헐적 테러공격의 결합현상으로 나타났다(윤민우, 2011: 92-98; Clarke & Newman, 2006: 156-159). 최근 세력이 급격히 확장된 IS역시 기본적으로는 알 카에다의 이러한 동시

타격 전략을 채택하는 것 같다. 근거리 적에 대한 공격은 숙련된 무장 전사들이 게릴라 전투와 인질납치, 자살폭탄테러 및 IED(Improvised Explosive Devices)공격을 혼합하여 실행하고, 원거리 적에 대한 타격은 인터넷 활동 등을 통해 고무된 자생테러 행위자가 자발적 돌연적 테러공격을 수행하도록 영향을 미치고 지원하는 형태로 이루어진다. 하지만 최근 들어 파리와 브뤼셀 테러 등에서 나타난 양상은 IS에서 점차 원거리 적에 대한 직접 타격전략을 주요하게 채택하고 있는 것처럼 보인다. IS 본진에서 직접 지휘하고 IS 전사들을 파리와 브뤼셀 등의 지역 거점 극단주의자들과 연계시켜 동시다발 테러공격을 실행하였다. 이런 양상의 변화는 최근으로 올수록 원거리 적과 근거리 적의 우선순위에 대한 구분은 점차 모호해지고 동시타격 전략을 채택하면서 전 세계적 규모의 전쟁을 전개하는 것으로 진화하는 것처럼 보인다.

근거리 적과 원거리 적에 대한 동시타격 전략이 전개되더라도 이들 적에 대한 공격의 전략적 목표는 서로 다른 것처럼 보인다. 먼저, 최근 들어 근거리 적에 대한 공격은 무장 항쟁의 방식을 통한 군사적 정복과 테러공격을 통해 기존 체제를 실패한 국가로 만듦으로써 자신들의 지지와 정당성을 이끌어 내는 방식이 결합된다. 무장항쟁은 내전과 보다 유사하며 정규전에 가까운 군사력을 동원해 직접적으로 중앙정부를 공격하거나 지역을 점령해 나간다. 한편 테러전략은 도심테러 등을 통해 폭력적인 공격을 통해 대중에게 공포(terror)를 심고 일상 삶을 안전하지 못하게 만듦으로써 중앙정부의 무기력함을 드러내거나 종파 간, 지역 간 증오를 확대재생산함으로써 국가형성을 방해하고 중앙정부의 수립이나 효과적인 작동을 방해하거나 하는 전략적 목표를 추구한다. 또한 전기와 가스, 물과 석유 같은 국가의 기본적인 서비스의 공급을 방해하고, 인터넷이나 통신망 등의 기간 시설을 혼란시키며, 또는 금융시스템 같은 기본적인 경제 인프라를 마비시키거나, 아니면 선거를 통한 정부의 구성을 방해하거나, 군, 경찰과 같은 기본적인 안전보장 서비스와 교육, 복지와 같은 국가의 기본 기능 등을 무력화시킴으로써 한 국가가 존립하는 기본적인 이유가 되는 가장 핵심적인 기능을 마비시키는 데 중점을 두었다. 이러한 취지에서 그들은 전기 공급시설을 파괴하고, 송유관을 폭파하며, 인터넷망에 대한 사이버 공격을 고려하고, 폭탄 테러를 통해 선거를 방해하거나 또는 군이나 경찰의 조직구성을 방해한다. 또한 교육기관을 테러하며, 동시에 국가의 의료나 복지 등의 서비스가 작동하는 것을 방해한다. 이러한 모든 테러공격은 궁극적으로 그들이 공격 대상으로 삼은 한 국가를 실패한 국가(failed state)로 만드는데 초점을 둔다(Robb,

2007). 한편, 이와 동시에 이슬람 극단주의자들은 그들 스스로가 은밀한 형태로 실패한 국가의 대체 기능을 하려는 시도를 함으로써 일반 대중에 대한 통제력을 강화해 간다. 이것은 그들이 전기와 물, 그리고 식량을 공급하고 교육과 의료 서비스를 제공하며 치안유지 활동 등의 안전 보장 기능을 수행함으로써 국가를 대체하고자 하는 전략·전술적인 고려 때문이다. 이러한 방식으로 그들은 일반 대중이 그들에게 더 의존하게 만들며 이러한 과정을 통해 서서히 실패한 명목상의 국가를 대체해서 권력을 장악해 나가게 된다(Grynkewich, 2008: 350-370). 이러한 전략을 통칭하여 체제 흔들기(System Disruption) 전략이라고 부르며 이는 이라크와 아프가니스탄 테러 전쟁을 수행하는 이슬람 극단주의 집단의 근본 전략이다(윤민우, 2011: 96-97; Robb, 2007).

근거리 적과의 테러전쟁에서는 전투행위와 테러행위가 유기적으로 결합된다. 그리고 적절한 방안의 선택은 상황에 따라 이루어진다. 가령 미군과 같은 강력한 전투력을 가진 군대가 주둔하여 지역을 장악할 경우에는 전투행위보다는 테러행위에 의존한다. IED 공격과 인질 참수, 자살폭탄테러 공격 등이 주로 활용된다. 이를 통해 물리적, 경제적, 심리적 압박을 가함으로써 주둔과 작전 유지 비용자체를 증가시킴으로써 궁극적으로는 이 강력한 적이 철수하도록 유도한다. 인터넷을 통한 미디어는 매우 효과적으로 활용된다. 강력한 적이 철수한 뒤, 압도적 군사력이 확보가 될 경우에는 허약한 지역 정부나 경쟁관계에 있는 군벌이나 집단 등에 대한 정규전 형태의 군사공격을 감행하여 권력을 직접 장악하는 전략을 채택한다. 미국이 IS의 최근 세력 확장에 맞서 지상군을 다시 투입하지 못하는 중요한 이유가 이 때문이다. 아프가니스탄의 탈레반 역시 미국과 다국적군이 철수를 진행함과 동시에 이 지역에서 다시 군사적 공세를 강화하고 있다.

하지만, 원거리 적에 대한 전략적 목표는 다소 다르다. 여기서는 군사적 정복이나 체제 흔들기를 통한 실패한 국가로의 유도가 고려 대상이라기보다는 전통적인 테러리즘의 전략적 목표인 심리적 공포의 조장과 확산이 핵심적인 전략적 목표이다. 이를 위해 이슬람 극단주의 테러세력은 가능한 한 많은 수의 민간인들이나 대중들을 살상하는 것을 목표로 한다. 이는 이 민간인과 대중들이 이슬람의 적인 이교도에 해당하기 때문이다. 이교도들은 이슬람의 적 또는 신의 사람들이 아닌 가치가 없는 인간들로 보여지며 이 때문에 사상자를 내는데 부담을 느끼지 않기 때문에 가능하면 많은 수의 사상자를 내려고 한다. 가능하면 스펙터클한 테러공격을 통해 다수의 사상자를 냄으로써 원거리 적의 대중들에게 심리적 공포를 조장하고 이를 통해 대부분 민주국가인 이들 원거리 적의 여론을 움직임으로써 자신들이 원하는 방향으로 원거리 국가들의 정부가 의사결정을(예를 들면, 병력의 철군이나 민간 기업의 철수 등) 내리도록 강제함으로써 자신들의 전략적 목표를 극대화하려고 기도한다(Clarke and Newman, 2006: 139-183; Nacos, 2006: 50-55; Poland, 2005: 270-285; White, 2003: 111-119). 이러한 전략적 목표 때문에 9.11 테러 이후 지난 10년 간의 원거리 적에 대한 공격의 대부분이 다수의 대중이 모이는 공공장소나 다중이용시설에 집중되어 있으며, 가능한 한 많은 수의 인명피해를 내려고 기도했다는 점에서 알 수 있다.

원거리 적을 공격할 시에 가능한 한 다수의 인명피해를 내려고 하는 점은 비용-효과에 대한 계산 때문이기도 하다. 미국이나 유럽 등지의 원거리 적에 대한 테러공격은 공격준비와 실행을 위한 준비와 실행 등에 많은 노력과 비용과 자원이 동원된다. 때문에 공격의 빈도수가 제한적일 수밖에 없다. 공격주체의 입장에서는 노력이 많이 들어가는 반면에 공격빈도 수가 제한적이기 때문에 한 번의 공격에서 가능한 한 많은 살상과 파괴를 하는 것이 비용 대비 효과적이라고 판단할 것이다.

최근 들어서는 파리 테러와 브뤼셀 테러, 그리고 올랜도 테러에서 나타난 것처럼 평범한 일반개인들에 대한 공포를 극대화하려는 전략적 의도도 있는 것처럼 보인다. 이러한 IS 전략은 과거 윌리암 피어스의 테러 전략과 어떤 유사성이 나타난다. 윌리엄 피어스는 미국 극우주의 테러리즘 이론가로 자신의 저서인 터너 일기(Turner Diary)에서 외로운 늑대에 의한 돌발적, 무차별적 테러공격의 전략적 효용성을 강조했다. 그에 따르면, 평범한 개인들이 일상생활에서 돌연 테러공격을 받을 수도 있다는 불안감을 갖게 되면 이는 사회전반에 테러 공포의 확신이 극대화 되는 효과가 나타난다고 주장한다. 반면 정부는 어느 곳을 방어해야 되는지 알 수 없게 되면 이는 전반적인 무정부 상태 또는 치안공백에 대한 패닉상태로 이어질 수 있다고 주장한다. 이러한 상황은 테러세력에게 상당한 전략적 이점을 가져다 줄 수 있다. 파리 테러와 브뤼셀 테러는 비록 외로운 늑대가 아니라 IS의 지휘에 따라 일어난 조직적 테러였지만 일상생활에 공포를 전파하는 전략적 목표를 가졌다는 점에서 피어스의 전략과 유사성이 발견되며, 올랜드 사건의 경우는 좀 더 피어스의 테러 전략에 근접한다.

한편 최근 프랑스와 독일 등지에서 잇따라 발생한 니스 트럭돌진 테러 이후의 일련의 사건 전개 등을 살펴보면 원거리 적이 다시 근거리 적이 되는 현상들이 나타나며, 동시에 일상 삶에서의 공포의 조장과 이슬람 이주민과 난민 등에 대한 적대감과 증오감을 증대시키려는 전략적 의도가 목격된다. 전자는 유럽 내 무슬림 이주민들의 급격한 증가로 테러공격의 기반이 독일, 프랑스 현지로 옮겨갔기 때문에 나타나는 현상이다. 독일의 보안기관 관계자의 증언에 따르면 이미 프랑스와 독일, 벨기에 등 유럽 국가 내부에 이슬람 극단주의 테러세력의 인프라가 잘 구축되었으며 이는 자신들의 난민과 이주민 정책의 실패에 기인한다고 한다. 일반적으로 가해자의 홈베이스에서 가까울수록 테러발생의 빈도수가 증가하는 경향을 감안할 때 앞으로 유럽 내에서의 테러공격은 더욱 빈번히 일어날 것으로 예상된다. 이는 전통적으로 원거리 적이었던 유럽 국가들이 이제는 내부의 이슬람 공동체의 정착으로 근거리 적이 되었음을 의미한다. 한편 후자의 경우는 IS 등의 이슬람 테러세력은 유럽 지역에 대한 테러공격을 통해 유럽인들에게 공포감을 심어주고 이를 통해 이들 사이에서 반 이슬람, 반 난민 정서를 극대화하려고 기도한다. 이럴 경우 유럽 내 이슬람 인구들은 극우, 증오 테러의 대상이 되며 반 이민 정서와 IS 극단주의 사이에 끼인 이들 이슬람 이주민들은 결국 IS 등의 이슬람 극단주의 세력을 지지하지 않을 수 없게 되는 결과로 이어질 수 있기 때문이다.

이슬람 극단주의 테러세력은 본질적으로 약탈 무장집단이다. 이 약탈 무장집단은 전략적, 전술적으로 결정적인 이점을 가진다. 무장집단의 유지와 작전수행에는 상당한 재정과 물자의 지원이 필요하다. 일반적인 군대에 있어서 이는 보급라인의 문제를 야기하며 때문에 전략적 유연성과 기동성을 제한한다. 하지만 이동하고 주둔하는 현지에서 직접 약탈하는 무장집단은 후방으로부터 재정과 물자지원을 신경 쓸 필요가 없다. 때문에 원하는 지역으로 자유롭게 이동하고 행동반경을 바꿀 수 있는 전략적, 전술적 유연성과 기동성을 확보하게 된다. 즉 원하는 시점에 원하는 곳을 공격해 들어갈 수 있으며, 전투회피 역시 의지대로 자유로이 실행할 수 있다. 몽골 군대가 정착문명의 군대에 가졌든 결정적 이점은 이 몽골군은 후방 보급이 필요 없어 전선을 유지하며 이동할 필요가 없었다는 점이다. 따라서 정착 문명의 군대들은 몽골군의 이동과 공격, 후퇴 등을 예측하기가 상당히 어려웠다. 이슬람 극단주의 테러세력은 인신매매, 인질납치를 통한 몸값 획득, 강제징수, 마약 밀거래 등의 범죄 사업을 통해 수익을 창출한다. 때문에 범죄와 테러·전쟁 간의 수평적 결합현상이 나타나게 된다. 여기서 범죄는 재정과 물자지원의 역할을 담당하고 테러·전쟁은 직접적인 물리적 타격이 된다. 이러한 범죄-테러·전쟁의 결합현상은 상당한 전략적, 전술적 유연성과 기동성을 가져다준다.

≫ 이슬람 극단주의 테러리즘의 최근 동향

최근 이슬람 극단주의 테러리즘 써클에서 나타나는 대표적인 변화는 IS의 부상이다. 이는 매우 흥미로운 현상인데 IS의 부상은 전통적으로 알 카에다가 유지해오던 헤게모니와 리더십에 어떤 변화가 올 수도 있을 것이라는 점을 암시한다. IS의 급부상은 IS와 알 카에다 간 이슬람 극단주의 테러네트워크 전체의 컨트롤 타워지위를 놓고 어떤 주도권 다툼을 연출할 것이다. 최근 잇따른 보코하람, 파키스탄탈레반, 알 마크디스 등의 IS에 대한 잇따른 충성 맹세는 상당한 의미를 가진다. 이는 IS를 포함하여 이들 세력들이 현재 가장 활발하게 실제 전투현장에서 테러전쟁을 수행하고 있기 때문이다. 또한 그로 인해 이들 그룹들이 현재 글로벌 미디어의 관심을 가장 집중적으로 받고 있다.

반면 알 카에다의 경우 2008-9년 이후로 실제 필드에서 테러공격을 감행한 적이거의 없다(Jones, 2014: 35). 단지 현장에서 활동하는 테러리스트들과 조직들을 조율하고 지원하며 가이드하는 간접적인 컨트롤 타워의 역할만을 수행한다(Jones, 2014). 이는 알 카에다에게는 IS와의 주도권 다툼에서 불리한 측면이다. 테러 써클의 리더십과 지지도, 매력은 실제 필드에서의 빛나는 영웅적 업적에 기반을 두기 때문이다. 알 카에다의 그간 리더십과 매력은 9.11 테러의 기념비적인 업적과 오사마 빈 라덴이라는 개인적 카리스마에 기인한 바가 크다. 하지만 이미 10년을 훨씬 넘기면서 9.11 테러의 강렬한 잔상은 희미해지고 있다. 또한 빈 라덴의 사망으로 인해 빈 라덴 생전에 알 카에다가 누렸던 존경과 권위는 점차 쇠퇴해가는 듯하며 알 자와히리는 빈 라덴을 대체할 정도의 카리스마를 가지고 있지는 못하다.

한편 IS는 현재 가장 활발하고 영웅적인 실제 전과를 기록하고 있다. 이슬람 칼리프 국가의 선포는 그 자신감의 표현이다. 리더인 알 바그다디 역시 강력한 카리스마를 갖추고 있다. 여러 정황으로 볼 때, 도전하는 IS가 알 카에다에 비해서 유리한 국면에 있는 것처럼 보인다. 당분간은 IS와 알 카에다는 경쟁적인 긴장관계와 협력관계를 이중적으로 유지하면서 서로 이슬람 극단주의 써클 내에서 리더십을 얻기 위해 경쟁할 것이다. 이는 폭탄테러, 인질납치 등의 전반적인 테러공격의 확산과 강렬한 잔상을 남길 수 있는 대규모 테러의 발생으로 이어질 가능성이 있다. 이는 업적이 곧 리더십 강화와 직결되기 때문이다. 특히 알 카에다의 경우 실제 현장에서 테러공격을 감행하여야 하는 동기가 더욱 뚜렷하다. 흥미로운 점은 2014년

11월 18일 알 카에다 북아프리카 지부(al-Qaeda Islamic Maghreb)가 서방 인질 2명을 납치한 동영상을 공개했다(뉴스원, 2014년 11월 19일). 이는 알 카에다가 자신들의 실제 필드 액션을 홍보한 것처럼 보이며, 서방보다는 이슬람 극단주의 세력과 지지자들에게 자신들이 여전히 필드에서 활동하고 있음을 보여주는 목적에 더 비중을 두는 듯하다. IS와의 주도권 경쟁 때문에 알 카에다가 필드 오퍼레이션에 좀 더 적극적으로 나설 가능성은 커 보인다. 만약 이러한 적극적인 공세가 나타나지 않는다면 이는 알 카에다 지도부의 실제 세력이 상당한 정도로 쇠퇴한 것으로 볼 수 있는 근거가 될 것이다.

이슬람 극단주의 테러 세력에 의한 사이버 공간의 적극적 활용은 두드러진 특징이다(윤민우, 2014a). 이들은 사이버 공간을 효과적인 테러공격의 지원 수단으로 활용한다. 사이버 공간을 통해 선정, 선동, 인력조달, 극단화, 통신, 지휘통제, 작전지원, 정부수집 및 분석, 교육 및 훈련, 무기조달 등 다양한 테러지원 활동을 매우 값싸고 효과적으로 수행한다. 이러한 경향은 알 카에다와 IS를 포함하여 체첸 그룹, 탈레반, 보코하람 등 대부분의 테러세력들에게서 공통적으로 나타난다. 그 가운데서도 알 카에다와 IS의 사이버 공간 활용이 가장 적극적이고 혁신적이다. 알 카에다는 일찍부터 인터넷을 통해 인질참수 영상과 자살폭탄테러 동영상을 유포함으로써, 지지자를 포섭하고 공포를 조장하여 상대방에게는 심리적 압박과 여론의 흐름을 유리하게 변경시키려는 등의 전술적 활용을 해왔다. 아즈 사합 미디어(As-Sahab Media)는 알 카에다가 만든 온라인 방송매체이며, 인터넷을 통한 선전전에 대한 알 카에다의 관심을 대변한다(김은영, 2014: 7). 알 카에다는 또한 인스파이어(Inspire)라는 온라인 매거진을 통해 폭탄제조 방법, 고문기술, 미행 따돌리는 법 등의 테러작전 수행 노하우를 유포하여 잠재적 지지자들이 자발적으로 자기주도 학습을 통해 자생테러를 실행하도록 유도한다(윤민우, 2014a). 2013년의 보스턴 마라톤 폭탄테러 사건은 이러한 온라인 활용방식의 위험성을 경고하는 사례이다. 이 밖에도 알 카에다는 웹사이트 웹포럼 등을 통해 지지자들을 포섭하고 테러의 동조자를 확장하는 주요한 통로로 삼고 있다(윤민우, 2014a).

알 카에다 하부조직인 알 카에다 아라비아 반도(AQAP: al-Qaeda Arabian Peninsula) 역시 인터넷 활용에 적극적이다. AQAP는 인터넷을 활용하여 기존의 일방통행의 정보제공 방식을 혁신하여 지지자들과 조직 지도부 간의 쌍방향 소통의 다차원 채널을 구축하였다. 지지자들에게 다가가 적극적으로 조언하고 지도함으로써 테러 지지자의 저변을 넓히고 테러공격의 효율성을 증대시켰다. 인터넷을 활용한 다채널 소통의 강화는 상당히 의미 있는 전략적 유연성을 제공했다. 언제 어디서건 누구나 알 카에다 전사가 될 수 있다는 것은 많은 잠재적 테러지원들의 공격을 고무하고 이들을 적극적 테러 전투원으로 동원하는 효과적인 선택이었다. 안와르 알 아왈라 키(anwar al-Awlaki)는 보수적인 알 자와히리 등의 비판을 무릅쓰고 이러한 변혁을 주도하였다. 이 노력의 결과는 2012년 텍사스 주 포트 후드에서 발생한 니달 하산(Nidal Malik Hasan)의 총기난사 사건으로 나타났다(김은영, 2014: 8-9).

새로 급부상한 IS 역시 사이버 공간을 전략적, 전술적으로 매우 효과적으로 활용하는 양상을 보인다. 특히 IS의 사례에서 특징적인 점은 이 조직이 트위터 등의 소셜 미디어 채널을 매우 효과적으로 활용한다는 점이다. SNS를 통해서 잠재적 테러 동조자와 지지자들에게 자신들의 영웅적 업적을 동영상이나 스토리텔링 등의 다양한 형식으로 전달하고 추종자나 지지자를 확장한다. 지난 2014년 8월 초, IS가 시라크와 이라크 그리고 터키의 삼각 국경지역에 도달한 뒤, 24시간 내에 이라크 국경 내 티그리스 강의 수력발전소를 점령하였다. 그리고 그 직후에 자신들이 한 활동과 작전내용 등을 트위터를 통해 바로 공개하였다. 이처럼 IS는 자신들의 테러활동과 작전의 전개, 활약상, 그리고 업적 등을 트위터 등을 통해 지지자들이 실시간으로 팔로우 할 수 있도록 한다(김은영, 2014: 10). SNS상에서 전투현장의 이슬람 전사들과 해외의 젊은이나 청소년들은 멘토와 멘티로 연결된다. 양자 간의 지속적인 쌍방소통을 통해 멘티들은 극단화하고 어떤 시점에서 참전의 결정을 하게 된다(START Analytical Brief, 2014 June). 이 방식이 얼마나 성공적인가는 IS에 가담하기 위해 수천 명에 달하는 미국과 캐나다, 유럽의 젊은이들이 시리아나 이라크로 향하고 있다는 사실을 통해 뒷받침 된다. IS의 온라인 활용에서 가장 눈에 띄는 차별성은 IS 현장 전투원이 영어를 사용하여 자신의 트위터에 매일 자신이 참가한 전투의 내용과 상황 등을 실시간으로 업데이트 하면서 현장상황을 중계하기도 하고, 이를 통해서 추종자들에게 직접 와서 참여하라는 메시지를 전달하는 점이다(START Analytical Brief, 2014 June).

결과적으로 이러한 방식의 IS의 온라인 활용 전략은 테러리스트들을 추종하는 청소년들과 젊은이들에게, 아이돌과 같은 영웅적 전사를 모방할 수 있는 기회를 제공함으로써 효과적으로 미래의 테러 자원을 동원한다. 소셜 미디어를 통한 커뮤니케이션은 트위터 이외에도 Quitter, Friendica, Facebook, Instigram, 그리고 Diaspora

등과 같은 여러 종류들이 있다. 더욱이 기존의 SNS 서비스가 IS의 추종자들의 계정을 폐쇄하는 등의 조치를 취하는 방식으로 대응하자 추종자들과 IS의 멤버들이 새로운 계정을 다시 여는 것은 물론, 다른 유형의 모바일 앱을 활용하는 등의 방식으로 활동을 지속한다. 또한 IS는 실시간으로 전달되기 더 쉬운 방식의 모바일 앱을 개발해서 소통한다(START Analytical Brief, 2014 June).

》》 향후 전망

   IS와 알 카에다로 대변되는 수니 이슬람 극단주의의 세력의 최근 동향은 상당히 우려스러운 전망을 하게 만든다. 최근 IS의 리비아 진격으로 인해 아프리카 남부에서 북부를 거쳐 중동과 중앙아시아, 남아시아 동남아시아로 이어지는 거대한 수니 극단주의 벨트가 형성될 조짐을 보인다. 이 거대한 벨트에는 구체적으로 아프리카 남부의 케냐 탄자니아에서 소말리아, 서 아프리카 나이지리아, 이집트, 리비아, 알제리 등의 마그레브 지역, 가자 지구의 하마스와 팔레스타인 이슬라믹 지하드, 그리고 내전 중인 시리아에서의 알 누스라 전선 등의 수니 극단주의 계열의 약진, 이라크, 시리아 지역에서의 IS의 확장, 아라비아 반도내의 AQAP, 아프가니스탄의 탈레반과 파키스탄의 라쉬카르 에 타이바와 파키스탄 탈레반, 위구르 지역의 ETIM(Estern Turkistan Islamic Movement), 우즈베키스탄의 IMU, 러시아 남부 코카서스 지역의 체첸과 다게스탄 극단주의 무장 세력들, 인디아와 말레이시아 타일랜드에 넓게 분포된 수니 극단주의 조직들, 그리고 인도네시아와 필리핀 남부에서 준동하는 이슬람 극단주의 세력들까지 아프리카 유라시아 대륙 대부분의 중심지역이 수니 극단주의 세력의 영향 아래 떨어질 수 있다. 더욱이 우려스러운 것은 미국과 캐나다, 유럽 등지에서 수니 극단주의에 동조하는 자생 테러세력들이 자발적으로 출몰하면서 테러공격을 감행한다는 것이다. 이러한 여러 우려스러운 상황들의 총합은 향후 국제 안보질서에 어떤 상당한 영향력을 미칠지 모른다. 그리고 이는 국제적 세력균형 질서의 재편으로 이어질지도 모른다.

   최근 들어 나타나는 경향은 시리아-이라크 지역에서의 IS의 세력축소와 서유럽과 북미 등에서의 IS 관련 테러공격의 증가가 동시에 이루어지고 있다는 점이다. 미국과 러시아 등 강대국의 적극적인 군사개입과 반 IS전선에 대한 적극적 지원 등으로 이 지역에서 IS 세력이 표면적으로는 눈에 띄게 약화되고 있는 것처럼 보인다. 만약 IS 세력이 정말 성공적으로 역내에서 제거된다면 이는 테러리즘의 종결이 아니라 다른 형태의 테러리즘의 확산으로 이어질 가능성이 크다. 아마도 중앙집권적인 국가형태의 이슬람 극단주의는 제거되겠지만 대부분의 IS에 속했던 전사들과 테러리스트들은 무장폭도나 강도, 또는 네트워크화나 파편화된 여러 테러세력들 등으로 분화되어 역내 주요 도시들과 지방들에서 인질납치나 폭탄테러, 무장공격 등의 테러공격을 지속할 가능성이 크다. 또한 역내 IS의 세력축소는 미국과 서유럽 등지로의 테러리즘의 확산을 초래할 공산이 크다. 최근 파리와 브뤼셀, 올랜도 등에서의 테러공격이 시리아-이라크 지역에서의 IS 세력의 상당한 축소와 관련이 있을 개연성이 크다. 만약 IS가 이 지역에서 제거된다면 IS 잔존 세력들은 미국과 서유럽 등지로 테러리즘을 확산시킬 것이며 이런 측면에서 IS는 국가형태의 거점 무장항쟁과 테러에서 비국가 네트워크형 초국가 테러로 변모할지 모른다. 이 경우 IS는 보다 알 카에다와 유사한 네트워크적인 실체를 띨 가능성이 크다.

이런 측면에서 IS나 알 카에다 등 이슬람 극단주의에 의한 국내테러 가능성은 커지고 있다. 한 첩보에 따르면 IS는 본격적으로 동아시아 전선으로 테러전쟁을 확대시킬 의도를 갖고 있는 것으로 보인다. 이를 위해 인도네시아가 동아시아 공략의 거점으로 지정되었다고 알려진다. IS는 한국을 십자군 동맹의 하나로 전쟁대상인 적으로 이미 두 차례나 규정한 바 있다. 2015-6년 겨울에는 인도네시아 출신 알 누스라 전선 지지자가 서울에서 알 누스라 깃발을 흔들고 성전을 주장하다가 국내 당국에 발견되어 추방된 바 있다. 또한 우즈베키스탄 출신 IMU 계열 이슬람 극단주의자들이 우리나라에 들어와 있다고 알려져 있으며, 파키스탄과 아프가니스탄 출신의 이슬람 극단주의 경력이 있는 자들도 국내에 다수 체류하고 있거나 방문한 적이 있다고 알려진다. 한편 최근 들어 인도네시아, 필리핀, 말레이시아, 남부 타일랜드와 방글라데시 등 우리와 지리적으로 인접한 지역들에서 이슬람 극단주의가 확산되는 경향이 발견된다. 이러한 여러 움직임들은 이슬람 극단주의 테러공격이 국내에서도 일어날 가능성이 높아지고 있음을 암시한다. 가장 최근에 IS가 국내 오산이나 군산 등지의 미 공군 시설이나 다중이용시설 등을 테러공격할 가능성이 있다고 국정원에서 발표한 바 있다. 더불어 국내 한 여성의 신원이 IS 테러공격의 대상에 포함된 바도 있다. 이러한 여러 정황들은 국내에서의 이슬람 극단주의 테러공격에 대한 우려를 높인다. 특히 우리나라의 경우 전통적인 적대세력인 북한과 이슬람 극단주의세력이 여러 형태로 연대할 가능성도 존재한다. 예를 들면 북한이 미군 시설이나 국내 주요 시설 등에 대한 테러를 이슬람 극단주의 테러세력에게 청부할 가능성이다. 이들이 비록 이념적으로는 차이가 크다고 하더라도 적의 적은 언제든지 전략적으로 협력할 수 있다는 점을 감안하면 그 가능성 역시 우려의 대상이 된다.

이슬람 지역 또는 문화권 출신 사람들의 국경 간 이주나 난민문제는 최근 들어 국제테러리즘 문제와 얽혀 주요한 국가안보의 한 위협요소로 등장했다. 이러한 경향은 이번 파리와 벨기에 테러공격과 올랜도, 그리고 잇따른 니스와 뷔르츠부르크, 뮌헨 등지에서의 테러공격에서 알 수 있듯이 유럽과 미국 등지에서 나타나고 있으며 국내에서도 이슬람 지역이나 문화권 출신의 이주민 공동체가 눈에 띄게 증가하고 있어 테러리즘 문제가 나타날 수 있는 우려가 제기되고 있다. 속칭 다문화 이주나 난민문제는 오늘날 국제안보질서를 위협하는 주요한 두 요인인 국제테러리즘과 국제조직범죄의 문제를 동시에 포함한다. 이주자나 난민의 이동은 국제테러리스트가 국경을 넘어 공격대상 국가로 잠입해 들어가는 주요한 이동 루트가 되고 있으며 동시에 북미와 서유럽 등지에 정착한 난민사회는 테러리스트의 주요한 은신처이자 테러공격의 후방기지로 기능한다. 최근 발생한 파리와 브뤼셀 테러사건은 이러한 난민문제와 국제테러리즘 간의 위험스런 연동을 잘 보여준다.

무슬림 이주민 또는 난민사회가 이슬람 극단주의 테러리스트에게 커다란 이점을 주는 것은 뚜렷하다. 이는 이주자나 난민이 곧 테러리스트라는 의미가 아니다. 단지 물이 물고기에게 없어서는 안 되는 것처럼 이주자나 난민사회는 테러리스트에게 활동할 수 있는 물과 같은 환경조건을 제공한다. 테러공격을 준비하기 위해서는 집을 구하거나 휴대폰을 개통하거나 차량을 구입하거나 운전면허증을 취득하거나 하는 여러 기본적인 삶의 문제들이 해결되어야 한다. 때문에 같은 종교나 지역출신의 이주자나 난민사회는 이러한 테러공격의 준비과정에서 매우 유리한 환경을 조성한다. 이는 한국인들이 미국 등의 다른 나라에 유학이나 이민을 가는 과정에서 해당 사회내의 한국인 공동체를 활용하는 것과 유사하다. 또한 이주자나 난민사회는 테러공격 이후에 도주하고 은신하는데도 매우 우호적인 환경을 제공한다. 문화적, 언어적 장벽 때문에 해당 국가의 공권력이 효과적으로 미치지 못하며 이는 테러리스트에게 유리하게 작용한다.

이슬람 지역 출신자들의 국경 간 이주나 난민문제는 동시에 국제조직범죄의 문제를 포함한다. 지난 수십 년 동안 불법이민시장은 마약밀거래, 무기밀거래 등과 함께 주요한 국제조직범죄 집단의 수입원이 되어왔다. 이주자나 난민문제 역시 기본적으로는 이러한 성매매를 전제로 한 인신매매와 불법밀입국 등의 불법이민시장 문제의 한 부분이다. 이주자나 난민의 북미와 서유럽 등지로의 이동은 이러한 이동을 지원 하는 여러 불법밀입국 세력에게 주요한 수입원이 된다. 이주자나 난민의 수의 증가 는 불법밀입국 시장을 번창하게 만들며 관련된 범죄세력을 부유하게 만든다.

테러리즘과 이주자나 난민의 불법밀입국 시장 간에는 흥미로운 공생관계가 형성 된다. 중동과 북아프리카 등지에서의 테러리즘의 활성화는 더 많은 수의 이주자나 난민을 만들어 낸다. 이는 다시 이주자나 난민을 대상으로 한 불법이민시장을 번창 하게 만든다. 그리고 불법밀입국을 주도하는 범죄세력은 그로부터 막대한 수익을 창출한다. 테러세력은 다시 이들 범죄세력을 비호함으로써 더 큰 규모의 테러자금 을 확보하고 이는 다시 테러리즘의 활성화로 연결된다. 사회학자 마카렌코는 이러 한 현상을 범죄-테러의 융합현상이라고 규정한다.

사람의 이동은 기존 사회의 원주민들과의 갈등과 충돌을 만들어내고 이는 결국 기존 체제에 대한 주요한 위협으로 작용한다. 이러한 현상이 역사적으로 가장 극적 으로 일어났던 것이 여러 민족의 대이동에 따른 로마제국의 붕괴과정이다. 이주자 나 난민 역시 같은 문제를 야기한다. 다수의 이주자나 난민이 특정 국가로 유입되 면 새로운 권력집단을 형성한다. 인간은 결국 제한된 권력과 자원, 부와 지위, 명예 와 인정받음 등을 놓고 다투는 존재이다. 인간이 공통적으로 갖고 싶어 하는 부와 신분, 명예와 지위, 직업, 교육, 그리고 결혼 상대자 등은 매우 제한적이며 이들을 차지할 수 있는 자들의 수는 언제나 제한적이다. 새로운 다수의 이주자나 난민의 유입은 기존 사회에서 이러한 가치들이 분배된 균형상황에 또 다른 불확실성을 부 여한다. 새로 유입된 이주자나 난민은 자신이 위치한 새로운 사회에서 기존 원주민 들과 마찬가지로 동일한 욕망과 가치를 원할 것이고 이는 새로운 사회갈등과 변화 의 요인이 된다. 매슬로우의 주장처럼 이주자나 난민들은 경제적 안정이 확보되면, 지위와 신분의 상승을, 그 뒤에는 자신의 문화와 가치가 받아들여지기를, 그리고 정치권력과 결혼과 사회활동에서의 더 많은 기회와 동등한 대우를 요구할 것이다. 이는 필연적으로 기존의 원주민들과의 충돌을 야기한다. 원주민과 이주자나 난민 사이에 제한된 가치나 욕망을 놓고 경쟁과 갈등이 발생한다. 그리고 필연적으로 제 로섬 형태의 게임이 발생한다. 이주자나 난민이 이주한 지역에서 지위와 권력과 부 라는 가치나 욕망을 획득하는 것은 그 반대에서는 원주민이 그 만큼을 내어놓아야 하는 것을 의미한다.

물론 해당 사회의 절대적인 가치나 욕망의 크기가 증가하게 되면 원주민과 이주자나 난민 모두의 절대적 가치실현이나 욕망 충족은 가능하다. 하지만 인간은 이기적이며 비교하고 서로 상대적으로 우월하기를 원한다. 때문에 절대적인 가치나 욕망의 크기가 증가하는 것이 상대적인 격차의 문제를 해결하지는 못한다. 누군가 더 가지게 되면 누군가는 덜 가지게 된다. 이는 단지 경제적인 부나 직업의 선택만을 이야기 하지는 않는다. 정부와 민간에서의 지위와 출세, 결혼이나 연애 시 배우자나 상대방의 선택, 인적 관계에서의 매력이나 인정, 애정의 크기 등 삶의 다양한 부분에서 실제로 맞부딪히게 되는 문제들이다.

결국 이전에 민족국가별로 나타났던 문제는 이주자나 난민의 이주로 인해 어떤 특정사회내부로 이동할 뿐이다. 민족국가의 민족은 동일한 한국인, 미국인, 프랑스인, 독일인, 러시아인이라는 동질성을 전제로 한다. 베네딕트 앤더슨이 말하는 것처럼 민족은 상상의 공동체이다. 때문에 이는 곧 종교이자 그 민족이 정당하다고 믿는 삶의 양식 즉, 개인주의, 민주주의, 표현의 자유 등과 같은 것들에 대한 동의와 영적인 내재화이다. 미국과 서유럽의 대부분의 국가들에서 오늘날 보여지는 현상은 외부로부터 유입된 이주자나 난민이 이러한 민족과 그 민족국가의 삶의 양식에 대한 종교적 개종이 거의 불가능하다는 것을 보여준다. 이슬람 배경의 이들 이주자나 난민들에게 이러한 민족과 개인주의, 민주주의, 종교와 세속의 분리, 표현의 자유 등은 이슬람에 배치되는 이교적 행위들로 받아들여진다. 때문에 이슬람과 원주민의 종교인 민족과 민주주의와 개인주의, 세속주의가 공존할 가능성은 없다. 이슬람과 원주민의 종교와의 공존은 이주자나 난민의 종교인 이슬람이 세속과 분리된 종교의 영역에 머물 때 가능하다. 하지만 이는 이주자나 난민의 종교인 이슬람에게는 그 자체로 반이슬람적인 이교도의 전통이다.

원주민이 이주자나 난민을 차별하고 보다 열등한 존재로 보는 것처럼 이주자나 난민 역시 단지 순진한 피해자인 것만은 아니다. 그들은 자신들을 정복자로 생각하며 정복의 전위대로 간주한다. 이슬람은 제국의 건설과 확장을 성기와 혀와 총으로 이룩할 수 있다고 믿는다. 총은 테러리즘과 정복전쟁으로, 혀는 이슬람의 가르침의 전파로, 그리고 성기는 이교도들과의 결혼과 많은 자녀를 출산하여 이슬람 인구를 증가시킴으로써 정복해나가는 것을 의미한다. 독일과 프랑스와 미국으로 이주한 이슬람 이주자나 난민들은 언젠가는 그들의 인구가 원주민들을 압도할 것이라고 믿으며 결국 자신들의 제국으로 만들 수 있다고 믿는다. 이들에게는 이주와 결혼과 출산 역시 지하드 즉 성전의 일부이다.

개인에게 가장 중요한 가치는 나의 이해관계인 것처럼 한 민족국가에게 가장 중요한 가치는 그 국가의 이해관계이다. 그리고 그 이해관계의 본질은 자국민의 안보와 안전, 그리고 자국민의 번영이다. 국가는 어떤 이상적인 보편적 가치를 실현하기 위해 존재하지 않는다. 이주민과 난민의 문제는 때문에 철저히 자국의 이해와 자국민의 안전과 이익의 관점으로 접근해야 할 것이다. 때문에 이주민과 난민의 문제가 초래할지도 모르는 여러 위협이 자국의 안보와 사회 안정, 자국민의 안전과 번영, 그리고 현상을 침해하거나 변경시키지 않도록 주의하여야 한다. 일단 이주민과 난민이 유입되어 주요한 세력으로 그 사회 내에서 자리를 잡게 되면 되돌리기는 무척 어렵다. 이는 북미와 서유럽의 사례가 증명하고 있다.

결론적으로 이주민과 난민을 받아들이는 것은 해당 국가와 사회에 심각한 안보와 안전에 위협이 될 수 있으므로 신중해야 한다. 이주민과 난민의 문제를 국가별, 지역별, 종교별, 사례별로 분리해서 접근하는 것이 현실적일 것이다. 어떤 종교나 어떤 국가나 지역의 이주민과 난민들은 다른 이주민과 난민들 보다 훨씬 더 위협적이거나 국가이익이 더 부정적일 수 있다. 예를 들어 지리적, 문화적으로 인접한 국가나 지역들의 이주민과 난민들의 유입은 해당 사회에 더욱 파괴적일 수 있다. 이는 해당 국가의 문제가 자국 내로 이전되는 것을 의미하며 이웃국가의 힘의 투사에 더욱 큰 부정적 영향을 받을 수 있다. 종교적으로 훨씬 더 극단적이거나 이질적이거나 통합이 어려운 이주민과 난민들의 경우 이들의 유입은 잠재적으로 심각한 문제를 야기할 수 있다. 이는 이들을 민족이라는 공동체로 통합하는 것이 사실상 불가능할 수도 있기 때문이다. 한편 해당국가와 유사한 종교나 정치적 가치, 삶의 양식, 세속주의, 개인주의 등의 가치를 공유하는 난민 집단들은 덜 위협적이며 해당 국가에 긍정적인 에너지를 불어넣어 줄 수 있다. 위협의 요소가 적고 통합의 가능성이 크다면 새로운 인구의 유입으로 인한 노동력과 구매력의 증대는 늙어가는 국가에 긍정적인 영향을 줄 수 있기 때문이다.

미래의 불확실성은 우리 국가의 정치적 경제적 안보에 그다지 긍정적이지 않은 영향을 미칠지 모른다. 일반적으로 우리 국가는 미국이 주도하는 국제패권 질서에서 수혜를 누려온 측면이 크다. 물론 우리 자신이 패권국가가 되면 좋겠으나 현실적으로 어렵다는 것을 인정한다면, 미국이 주도하는 예측 가능한 패권질서가 가능한 한 유지되는 것이 우리 국가의 이익에 유리하다고 할 것이다. 이슬람 극단주의는 현재 유지되는 예측 가능한 국제질서의 현상에 상당한 위협요소가 된다. 이는 현재의 국제질서를 불확실한 상황으로 변모시킬 수 있기 때문이다. 따라서 이슬람 극단주의 테러리즘의 문제는 이러한 현실주의적인 시각에서 바라보고 접근해야 할 것이다.

● ●　●

제5장
테러조직의 구조와 테러네트워크:
알 카에다와 IS를 중심으로

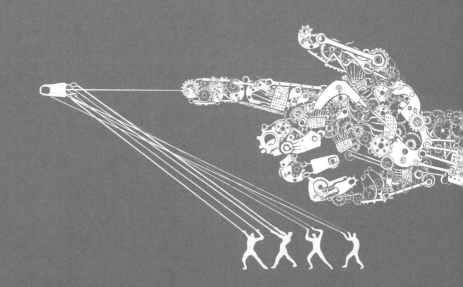

제5장

테러조직의 구조와 테러네트워크:
알 카에다와 IS를 중심으로

최근 이슬람 극단주의 테러리즘 써클에서 나타나는 흥미로운 변화는 이슬람 국가(IS)의 부상이다. IS의 부상은 전통적으로 알 카에다가 누려오던 이슬람 테러세력 내에서의 헤게모니와 리더십, 그리고 역학관계에 어떤 변화가 올 수도 있을 것이라는 점을 암시한다. 때문에 이슬람 테러세력의 최근 동향과 향후 추이에 대한 관심이 제기되고 있다.

알 카에다와 IS의 경쟁관계를 이해하기 위해서는 먼저 글로벌 이슬람 살라피 극단주의 네트워크에 대해 이해해야 한다. 이 네트워크 내에서 알 카에다와 IS가 위치하며 이들은 각각 네트워크 상에서 하나의 주요한 중심(hub)으로 존재한다. 흥미로운 점은 이 네트워크 상에서 알 카에다가 사실상 유일한 하나의 중심으로 작동해 왔으나 최근 몇 년 간 IS가 강력한 지도세력으로 부상함에 따라 또 다른 중심으로 등장했다. 알 카에다와 IS의 경쟁은 하나의 네트워크 구조에서 충돌하고 경쟁하는 두 개의 중심으로 이해될 수 있다.

≫ 네트워크

네트워크는 어떤 행위자 또는 행위단위가 다른 행위자 또는 행위단위와 서로 연결되거나 관계를 맺는 연결 또는 관계망의 총합이라고 할 수 있다. 개념적으로는 이 행위자 또는 행위단위를 노드(node)라고 부르며 이 하나의 노드와 다른 노드와의 관계 망을 엣지(edge) 또는 디그리(degree)라고 부른다. 보통 어떤 한 네트워크를 이루는 최소한의 노드는 3개 이며 하나의 네트워크는 3개 이상 n개의 노드들로 형성된다. 또한 이 노드들은 다른 노드 또는 노드들과 서로 1 또는 그 이상의 n개의 엣지 또는 디그리로 연결되거나 관계를 맺으면서 네트워크에 참여하게 된다. 한편, 이 네트워크상에서 예외적으로 많은 엣지들을 가지고 있어 다수의 다른 노드들과 관계를 맺고 있는 예외적인 노드를 허브(hub) 또는 중심이라고 부르며 이 허브는 높은 값의 엣지 때문에 전체 네트워크상에서 다른 노드들 보다 예외적으로 큰 영향력을 전체 네트워크에 행사할 수 있다. 이는 이 허브가 많은 관계들이 지나치는 교통망의 교차점에 위치하여 예외적으로 큰 영향력을 네트워크상에서 행사할 수 있기 때문이다(윤민우, 2011: 126-127; Newman, Barabasi, & Watts, 2006; Wasserman & Faust, 1994).

네트워크의 종류에는 무작위(Random) 네트워크와 스케일 프리(Scale-free) 네트워크 등이 있다. 다음의 <그림 5-1>은 이 두 종류의 네트워크가 어떻게 서로 다르게 구성되어 있는 지를 보여준다. 아래의 그림에서 동그라미는 각각의 노드를 나타내며 이 동그라미를 연결하는 직선은 엣지를 의미한다. 그리고 동그라미 가운데 회색으로 색칠된 부분은 네트워크상에서의 허브를 나타낸다(윤민우, 2011: 127; Barabasi, 2003; Bollobas, 2001).

그림 5-1 네트워크의 모습

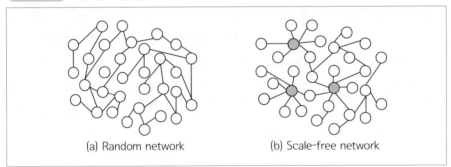

(a) Random network   (b) Scale-free network

(출처: 윤민우, 2011: 127; Barabasi, 2003; Bollobas, 2001)

무작위 네트워크는 위의 그림에서 보듯이 노드들 간의 어떤 무작위(random) 접촉 과정에 의해 만들어지는 그래프를 말한다. 따라서 각각의 노드가 엣지를 통해 이 네트워크에 연결 될 확률은 어떤 특정한 패턴을 띠지 않으며 그래프 상에서 다른 무작위의 확률분포(probability distribution)를 나타낸다. 이 때문에 위의 그림에서 보듯 네트워크의 모양이 어떤 특정한 모습이나 패턴을 띠지 않게 된다(윤민우, 2011: 128; Porekar, 2002).

한편, 스케일 프리 네트워크의 경우는 power law의 법칙에 따라 형성되기 때문에 power law 분포라고도 불린다. 이 power law 법칙은 관계 분포(degree distribution)가 power law를 따르는 네트워크를 의미하는데 이는 관계의 값이 증가할수록 그러한 높은 관계의 값을 가진 노드의 수는 감소하게 되며 반대로 관계의 값이 감소할수록 그러한 작은 관계 값을 가지는 노드의 수는 증가하게 되는 역방향으로 관계 분포가 형성된다는 것을 의미한다. 이러한 분포가 형성되는 것은 각각의 노드가 다른 노드와 연결되는 것을 통해 네트워크에 참여하게 될 때 선호도가 있는 애착(preferential attachment)의 체계(mechanism)로 네트워크가 만들어지기 때문이다. 따라서 이러한 네트워크의 경우에는 위의 그림에서 보듯 네트워크상에서 보다 선호되는 노드에 더 많은 수의 다른 노드들과의 관계가 형성되어 특정한 패턴을 나타내는 방식으로 네트워크가 이루어지는 모양을 나타내며 이러한 관계망의 중심에는 이러한 높은 관계 값을 가진 노드인 허브가 형성되게 된다(윤민우, 2011: 128; Barabasi, 2003).

우리가 인식하고 있지는 못하지만 사실상 이 Scale-free 네트워크는 우리의 일상생활에서 우리가 생각하는 것보다도 훨씬 더 흔하게 접하게 된다. 다음 <그림 5-2>는 미국의 한 항공사인 콘티넨탈 항공사의 미국 내 항공노선 망을 나타낸 지도이다(윤민우, 2011: 130).

그림 5-2 콘티넨탈 항공사 항공노선도(Continental Airlines Air Route)

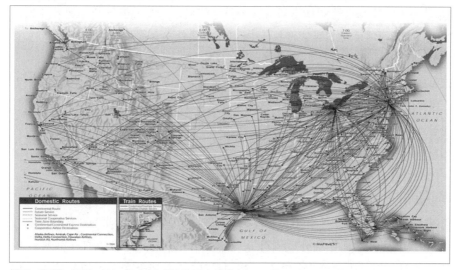

(출처: 윤민우, 2011: 130; 콘티넨탈 항공사 공식 웹페이지, 2010)

위의 그림에서 보듯이 항공사의 항공운항망은 스케일 프리 네트워크의 구조를 띠는데 동그라미로 표시된 많은 수의 개별 도시들인 노드들은 하나 또는 복수의 관계를 나타내는 선으로 이 네트워크에 결합되어 있는데 비해 많은 선들이 집중 된 3개의 허브들이 나타난다. 참고로 이 3개의 허브들은 각각 미 항공교통망의 중심인 휴스턴, 시카고, 뉴욕 등이다. 이러한 형태의 스케일 프리 네트워크를 형성하는 실제 사례들로는 인터넷에서의 트위터(twitter)나 페이스북(facebook) 등을 통한 연결망 World Wide Web상에서의 웹 브라우저들 간의 연결망 등을 들 수 있으며 학자들 간의 서로의 연구 업적을 참조하거나 인용하는 관계망, 실제 사회생활에서 친구들 간의 관계가 형성되어 있는 친구관계도, 전기나 수도 등을 공급하는 공급 시스템망, 에이즈나 성병 등이 확산되는 확산 경로망, 영화배우들 간에 서로가 함께 같은 영화에 출연을 결정하게 되는 영화배우들 간의 협업관계 등 여러 다양한 종류의 실제 사례들에서 스케일 프리 네트워크 형태의 관계망이 발견된다(윤민우, 2011: 130-132; Barabasi, 2003; Newman et al., 2006; Wasserman & Faust, 1994).

스케일 프리 네트워크는 power law 분포를 따른다는 그 특성 때문에 뚜렷한 강점과 약점을 동시에 가지는 특징을 나타낸다. 우선 강점으로는 fault tolerant behavior라는 특징을 가지고 있는데 이는 무작위(random) 공격이나 에러에 대한 저항성(robustness)이 크다는 의미이다. 많은 수의 작은 값의 관계를 가진 노드와 소수의 큰 값의 관계를 가진 허브가 공존하므로 확률적으로 무작위 공격이나 에러가 발생할 경우에는 이 소수의 허브가 파괴될 가능성은 낮으므로 이 허브가 파괴되지 않는 한 네트워크상에서의 연결성(connectedness)이 생존할 가능성은 크며 따라서 네트워크 자체의 생존성은 커지게 된다. 이러한 성질 때문에 스케일 프리 네트워크는 네트워크의 95% 정도가 파괴되어도 허브가 생존해 있다면 네트워크가 생존할 수 있으며 시간이 지남에 따라 손쉽게 원래의 네트워크 규모로 복구할 수 있다. 이러한 강점 때문에 전기나 수도 공급망 또는 정보통신망 등은 자연재해 등의 무작위 파괴에서 생존성을 높이기 위해 인위적으로 이러한 형태의 네트워크망을 구성한다(윤민우, 2011: 132; Barabasi, 2003; Newman et al., 2006; Wasserman & Faust, 1994).

반면 이 스케일 프리 네트워크에는 그 자신의 특성 때문에 아킬레스의 뒤꿈치로 불리는 약점이 동시에 존재한다. 소수의 허브의 영향력이 상대적으로 크기 때문에 이 소수의 주요 허브에 대한 선택적 공격에는 취약하다. 소수의 허브의 파괴로 인해 네트워크 전체가 파괴되어 많은 수의 고립된 노드들의 집합으로 변할 수 있으며 이 경우 5% 정도의 주요한 허브의 선택적 파괴에도 전체 네트워크가 무력화 되는 결과를 초래하게 된다. 이 경우 네트워크 전체의 본래의 성격은 잃어버리게 되며 고립된 노드들은 주요한 능력을 잃거나 의미 있는 역할을 잃어버리게 되는 무능력 한 고립된 개체들로 남게 된다(윤민우, 2011: 132-133; Barabasi, 2003; Newman et al., 2006; Wasserman & Faust, 1994).

》 테러네트워크

테러네트워크는 스케일 프리 네트워크의 특성을 보여준다. 9.11 테러 이후 오늘날의 테러집단들이 특히 그 중에서도 알 카에다 혹은 탈레반, IS 등의 글로벌 이슬람 극단주의 테러세력들이 스케일 프리 네트워크 형태로 진화에 왔다는 사실은 많은 전문가들에 의해 지적되어 왔다(Berkowitz, 2003; Sageman, 2004). 이 때문에 테러네트워크의 중심이 제거되지 않은 상태에서 테러네트워크에 대한 대테러 대응이 테러리스트 개인 또는 특정 테러세력이나 지휘부 제거 등에 대한 공격의 성격을 띠므로써 많은 테러리스트와 지휘부, 그리고 테러세력의 제거에도 불구하고 이슬람 극단주의 테러네트워크의 작동 자체를 무력화시키는 데는 실패하게 되는 결과를 초래하였을 지도 모른다(윤민우, 2011: 133).[1]

테러집단이 스케일 프리 네트워크 구조를 형성하게 되는 것은 그들 나름대로의 전략적 이유가 있다. 우선 군사적 공세나 법 집행기관에 의한 체포 등 외부의 공격이나 내부 배신자에 의한 조직 와해와 같은 내부적 에러로부터 테러 집단 전체의 생존성을 강화하고 지하드를 지속할 필연적 이유가 존재한다. 이 때문에 이러한 조직 요구를 충족하기 위해서는 예상되는 무작위 공격에 대응한 생존성과 영속성을 높이기 위해 스케일 프리 네트워크 형태로 디자인 할 필요성이 있다. 또한, 무작위 네트워크와는 달리 스케일 프리 네트워크는 허브에게 네트워크 전체를 지휘통제하고 네트워크 전체를 이 소수의 허브가 의도하는 방향으로 작동하도록 하게하는 능력을 허락한다. 반면에 무작위 네트워크의 경우에는 허브 자체가 존재하지 않으며 각각의 노드가 네트워크상에서 거의 비슷한 정도의 영향력을 행사함으로 어떤 특정한 노드가 전체 네트워크를 장악하고 지휘 통제할 가능성이 없다. 때문에 전략적인

---

1 John P. Williams와 의 인터뷰.

입장에서 테러의 지휘부는 필연적으로 스케일 프리 네트워크를 선호할 가능성이 크다. 마지막으로, 새로이 테러네트워크에 결합하고자 하는 새로운 노드의 경우는(테러리스트 지원자 또는 희망자) 보다 잘 알려지고 유명한 허브에 접촉하고자 시도할 것이다. 이는 이 새로운 테러리스트 후보자의 네트워크에 대한 진입이 무작위로 이루어지지 않으며 보다 유명하거나 영향력 있는 네트워크상의 허브에게로 선택적으로 몰릴 가능성이 크다는 것을 암시한다. 이러한 여러 가지 이유로 테러네트워크는 스케일 프리 네트워크로 형성될 가능성이 크며 다음에 보여 줄 몇 가지 선택된 사례들은 이러한 형태의 네트워크 구성을 입증하고 있다(윤민우, 2011: 134; Sageman, 2004).

살라피 극단주의 테러세력은 전 지구적으로 거대한 하나의 테러네트워크를 형성한다. 이 네트워크의 참여행위자는 예를 들면 알 카에다 본진, 이 알 카에다 본진에 직접적으로 충성을 맹세하고 그 리더십에 소속된 직계 지역 조직, 알 카에다와 연대관계를 형성하지만 독자적인 세력을 구축하고 있는 지역조직, 그리고 주로 미국과 유럽 등 서방에서 활동하는 살라피 극단주의를 추종하는 자생적 테러행위자들로 이루어진다.

알 카에다 본진은 네트워크의 허브로 전체 살라피 극단주의의 방향성과 전략적 지도를 담당하며 자금, 무기, 훈련, 정보, 권위적 정당성 등을 지원하는 역할을 해 오고 있다. 알 카에다 직계 지역 조직은 공식적으로 예멘의 알 카에다 아라비아 반도(AQAP), 북아프리카의 알 카에다 이슬람 마그레브(AQIM), 시리아의 알 누스라 전선, 소말리아의 알 샤밥 등이 대표적이다. 이들은 각 지역에서 실제 테러공격을 수행하며 바얏(bayat)이라고 불리는 지역 조직의 리더와 알 자와히리 간에 맺어지는 종교적 성격의 충성 맹세 서약에 의해 직계 연대(affiliated)관계가 형성된다. 한편 이슬람 극단주의를 공유하지만 독자적인 기원과 전통, 세력을 갖고 있는 조직들은 알 카에다와 상대적으로 자율적인 연대(aligned)관계를 형성한다. 이들 조직들은 아프가니스탄의 탈레반, 우즈베키스탄의 IMU, 나이지리아의 보코하람, 그리고 팔레스타인의 하마스 등이다. 이들 조직들은 테러본진의 자금, 무기, 훈련, 정보 등의 지원과 브랜드 가치와 권위적 정당성을 필요로 한다. 마지막으로 자생 테러행위자들은 대체로 자발성에 기초한다. 이들은 미국과 유럽 등 비 이슬람 서방지역에서 자생적으로 생겨나며 알 카에다와 같은 테러네트워크 허브에 대한 추종과 동조, 그리고 존경에 바탕을 두고 있다.

최근 IS의 빠른 부상은 기존의 테러네트워크의 지각을 흔들고 있다. IS는 기존의 테러네트워크의 허브인 알 카에다 본진에 맞서 스스로 글로벌 테러네트워크의 허브가 되려고 시도한다. IS는 1999년 알 타위드라는 독자적 지역조직으로 출발하여 2004년 알 카에다 이라크라는 알 카에다 직계 지역조직으로 변모하였으며 2014년 2월 이후로 알 카에다와 결별하고 IS라는 독자적 테러 세력이 되었다. 알 바그다디는 작년 6월 이슬람 칼리프 국가를 선언하면서 공식적으로 알 카에다의 주도권과 정통성에 도전하게 된다.

IS와 알 카에다 간의 패권 다툼은 보다 본질적인 차이에 기반 한다. 이슬람 극단주의 세력 내에서의 세대와 종교적 지위에 따른 차이가 깔려 있다. IS 추종 세력은 주로 18세에서 35세 사이에 걸친 새로운 젊은 세대이다. 이들은 9.11 테러와 빈 라덴에 대한 기억이 희미하다. 반면 9.11 테러와 빈 라덴에 대한 강렬한 기억을 여전히 갖고 있는 40대 이후의 기성세대들은 알 카에다에 대한 지지를 유지한다. 종교적 지위에 있어서도 IS는 상대적으로 이슬람 종교와 율법에 무지한 계층들이 알 카에다는 율법학자들과 같은 종교적 엘리트 계층들이 지지한다. 한편 전략적, 전술적 노선에서도 분명한 차이를 보여주는데 알 카에다는 미국이라는 멀리 있는 적에 대한 공격에 집중하면서 여러 이슬람 세력 간의 연대 추구, 참수 등의 잔인한 방법의 지양, 시아파에 대한 공격자제 등을 통해 범 이슬람적 지지를 이끌어내야 한다고 주장한다. 반면 IS는 지역 내 이슬람 칼리프 국가 건설이 우선이며 때문에 아사드 정권과 같은 가까이 있는 배신적인 지역중앙정부를 먼저 공격해야 한다고 주장한다. 이들은 이슬람의 순수화를 위해 모든 배신자들이나 위선자들을 처단해야 된다고 보며 참수 등의 방법을 통해 공포에 의한 지지를 이끌어내며 수니-시아 간의 종파갈등을 통해 세력을 확장해 나가야 한다고 주장한다.

IS와 알 카에다 간 주도권 다툼은 기존 테러 판도의 균열과 갈등, 지각변동을 야기한다. 보코 하람, 파키스탄 탈레반, 알 마크디스 등은 IS에 충성 맹세를 하였다. 반면 AQAP, ARIM, 이슬람 코카서스 에미레이트, 알 샤밥 등은 알 카에다 본진에 대한 기존의 지지를 유지하고 있다. 한편 자생 테러세력 내에서도 종교적 지지와 추종테러 공격이 알 카에다 본진과 IS로 나뉘어 있다. 궁극적으로 누가 최종적인 승리자로 남을지는 아직 알 수가 없지만 IS가 이슬람 테러네트워크 역사에서 처음으로 알 카에다의 글로벌 권위에 강력히 도전하고 있는 것만은 분명하며 알 카에다에 버금가는 지도력과 권위, 지지 세력과 능력을 갖추고 있는 것처럼 보인다. 2015년 7월 리비아 데르나에서 있었던 자살폭탄테러 사건과 예멘에서의 AQAP와 IS 간의 충돌, 팔레스타인에서의 하마스와 IS추동세력 간의 갈등, 아프가니스탄에서의 탈레반과 IS 간의 무력충돌 등은 IS와 알 카에다 간에 본격적인 패권 다툼이 진행되고 있음을 보여주는 사례들이다. 같은 조직 내에서도 기성세대와 종교적 엘리트 그리고 조직의 리더십과 젊은 세대와 종교적 비엘리트, 그리고 조직의 중간간부 및 조직원들 사이에 노선 갈등이 표면화 되고 있다. 기존 조직의 분열과 파생조직의 등장 등과 같은 재편성이 진행 중이다. 대체로 IS의 세력이 빠르게 확대되어 가는 형국이지만 알 카에다의 주도권은 여전히 공고히 유지되고 있다.

IS가 상대적으로 우세할 것이라는 전망이 조심스럽게 제기될 수 있다. 이는 최근 2-3년 간 이슬람 테러네트워크에서 IS와 추종세력이 가장 활발하고 왕성한 테러공격과 전쟁을 수행해 왔기 때문이다. 반면에 알 카에다 지휘부는 2006년 대서양 횡단 항공기 폭파기도 사건이후로는 거의 실제적인 테러공격을 주도하고 있지 않다. 따라서 실제 테러공격 업적이 테러네트워크 내에서의 리더십 카리스마와 정통성에 중요한 의미를 가지는 것을 감안하면 이러한 대비는 실제 지도력과 영향력이 알 카에다 본진에서 IS로 이동할 수도 있음을 보여준다. 더욱이 9.11 테러 이후 이미 10여 년이 넘게 흐른 시점에서 극단주의 테러지지층과 자원자들의 상당한 세대교체가 일어나고 있다는 점을 감안하면 이러한 세력재편은 빠르게 진행될 가능성이 있다. 특히, 이슬람 문화권에서는 젊은 인구의 비율이 압도적으로 많고 특히 10대에서 30대 초반의 젊은 세대가 테러지지와 참여의 핵심 그룹임을 감안하면 이러한 주장은 더욱 설득력을 가진다. 빈 라덴의 사망과 IS의 최근 공세에도 알 자와히리가 계속 침묵을 지키고 있다는 점 역시 그러한 전망을 뒷받침한다.

하지만 여기에는 변수가 있다. 미국과 러시아, 서유럽과 사우디, 이란 등의 향후 움직임은 IS와 알 카에다 간의 세력다툼 향방에 주요한 투입변수가 될 것이다. 미국은 알 카에다와 IS 세력 간의 균열을 활용하여 테러네트워크 자체를 약화시키려고 기도하고 있다. 알 카에다와 IS 간의 내부 투쟁은 전체 테러네트워크의 내부붕괴로 이어질 수 있기 때문이다. 따라서 미국은 알 카에다 세력과 여타 무장세력 등과 연대하여 IS를 궤멸시키려는 시도를 가자지구와 시리아 등지에서 모색하고 있다. 여기에 더해 이란이 지원하는 헤즈불라와 후티와 같은 시아 테러세력을 활용하여 시리아와 이라크, 예멘 등지에서 반 IS전선을 형성할 수도 있다. 최근 미국과 이란간의 핵 협정 타결은 미국-이란의 반 IS 연대를 촉진시킬 수 있다. 미국의 공중폭격과 정보 및 무기, 훈련 제공과 이란이 지원하는 역내 무장세력의 지상 작전이 효과적으로 결합될 것이다. 한 첩보에 따르면 이라크 안바르 지역에서 미국과 이란이 군사기지를 공동사용하고 있다고 한다. 이러한 국제적 지역적 반 IS연대는 패권다툼에서 IS에게 불리하게 작용할 것이다. 하지만 IS와 알 카에다 간의 세력 다툼이 어떤 방향으로 전개되건 이슬람 극단주의 테러는 한 세대 이상 지속될 것이다. 만약 IS와 알 카에다가 모두 쇠퇴한다면 또 다른 제3의 세력이 이 테러네트워크의 허브로 등장할지도 모른다. 단기간에 해결되기에는 이슬람 극단주의 테러의 뿌리는 매우 깊고 저변은 매우 넓다.

최근 들어 IS가 시리아와 이라크에서 세력이 급격히 위축되는 현상은 기존 이슬람 극단주의 테러네트워크에 상당한 변화를 줄 수 있다. 여기에는 세 가지 가능성이 예상된다. 하나는 IS의 세력이 완전히 제거되고 남게 되는 알 자와히리의 알 카에다 본진이 다시 테러네트워크의 단일한 중심으로 등장하게 되는 것이다. 이렇게 된다면 IS의 잔존 세력은 알 카에다에 흡수될 것이다. 한편 IS가 시리아-이라크 지역에서의 영토적 지역기반을 잃고 글로벌 비국가 테러세력으로 거듭나는 것이다. 이 경우 IS는 알 카에다와 보다 유사해질 것이다. 만약 이렇게 된다면 살라피 네트워크는 IS와 알 카에다의 두 개의 중심으로 당분간 작동할 것이며 IS와 알 카에다 간의 갈등과 경쟁은 지속될 것이다. 마지막으로 IS가 어떤 이유에서건 지금의 난관을 극복하고 시리아-이라크 지역에서 지역거점을 사수하고 하나의 공고한 테러기지로 남게 되는 것이다. 이 경우 살라피 네트워크에서는 IS가 알 카에다에 비해서 상대적으로 우세해질 것이며 알 카에다가 점차 쇠퇴하고 IS 중심으로 테러네트워크가 재편될 가능성이 있다. 그러한 세 가지 가능성은 처음과 두 번째 가능성이 보다 현실적으로 보이며, 마지막 가능성이 지금으로서는 가장 희박해 보인다. 하지만 어떤 방향으로 전개되건 이슬람 극단주의 테러리즘은 주요한 국제안보위협으로 당분간 지속될 것처럼 보인다.

제6장

새로운 전쟁양식으로서의 테러리즘

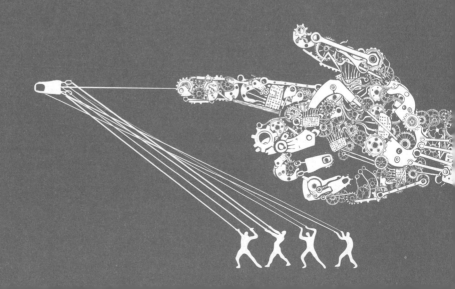

제6장

새로운 전쟁양식으로서의 테러리즘

　역사는 인간이 집단적 폭력을 사용하는 하나의 형식인 전쟁이 끊임없는 변화의 과정에 있음을 보여준다. 때로는 전쟁을 수행하는 양식이 변화하기도 한다(McNeill, 2005). 이런 맥락에서 보자면 전쟁에 있어서도 토마스 쿤이 말하는 패러다임의 큰 변화가 일어나는 듯이 보이며 이러한 양식의 전환 또는 변화는 인간의 다른 활동 영역인 과학과 문학, 예술과 경제 등의 활동에서 보이는 것과 그다지 다를 바가 없어 보인다. 대체로 이러한 전쟁에 있어서의 끊임없는 변화의 과정 또는 모습은 전쟁양식의 혁명적 변화로 규정된다(윤민우, 2013: 69; Cohen, 1996, p.37-54).

　전쟁양식의 변화를 자세히 관찰하면 두 가지 중요한 요인이 이러한 전쟁양식의 혁명적 변화에 의미 있는 영향을 미치는 것이 발견된다. 그 가운데 하나는 기술의 변화이며 다른 하나는 전쟁을 운용하는 방식과 관련된 전략의 변화이다. 기술의 변화는 전쟁 또는 폭력의 사용과 직접적인 관련성이 없는 경제나 과학 기술 등의 비폭력적 부문의 발전과 관련이 있거나 전쟁과 관련된 폭력 수행과정에 사용되는 살상 도구나 이러한 살상을 지원하기 위한 지원 도구 등을 포함하는 물질적인 부문에서의 발전을 포함하는 개념이다. 전자의 경우는 철도의 발명, 비행기의 발명, 전화나 무선 통신의 발명 등을 그 사례로 들 수 있으며, 후자의 경우는 기관총이나 탱크의 발명, 군사 용도의 쌍안경이나 포병 관측도구, 속사포(quick-firing artillery)의 발명 등을 예로 들 수 있다. 위에 열거한 사례들은 단편적이거나 통합적인 힘으로 인간이 다른 인간을 살육하는 양식의 변화를 가져오는 결과를 낳는 경향이 있다. 예를 들면 기관총의 등장은 이전까지 전통적인 전쟁양식이었던 기병대의 돌격이나 착검한 보병의 백병전 돌격 등을 무용한 것으로 만들고 참호전의 양식으로 전쟁 수행 방식의 질적 변화를 강제한 것 등이 그러한 경험적 증거로서 제시될 수 있다

(박상섭, 1996; 윤민우, 2013: 70; Herrmann, 1996).

한편, 이 기술의 변화는 거시적인 변화에서부터 아주 미시적인 수준에서의 변화까지 스펙트럼의 형태로 펼쳐져 있는 경향이 있다. 따라서 기술적 변화는 거시적인 차원에서 역사적 시기의 큰 주기로 일어나는 생산양식 자체의 변화에 의해 발생할 수도 있으며 동일한 생산양식의 범위 내에서 미시적인 수준에서의 기술적 변화가 전쟁 부문의 전쟁양식 변화에 영향을 미치는 방식으로 작용할 수도 있다. 전자의 경우는 큰 규모에서의 생산양식 자체의 패러다임 전환의 형태로 일어난다. 이와 같은 대주기의 변화를 미래학자인 엘빈 토플러는 생산의 양식이 파괴의 양식을 결정한다는 말로 설명한 바 있다(Toffler & Toffler, 1993). 그의 주장에 따르면 농경시대 생산의 기술은 농경시대의 전쟁양식을 결정하고 산업시대의 생산의 기술은 산업시대의 전쟁양식을 결정하는 필요조건이 된다. 때문에 생산기술양식의 농경시대에서 산업시대로의 대전환은 그에 따르는 전쟁양식 자체의 질적인 변화를 일으킬 수 있는 요인이 된다(윤민우, 2013: 70-71).

기술적 변화는 같은 생산양식의 범주 내에서 미시적 규모의 기술 변화에 의해서도 일어날 수 있다. 예를 들면 같은 산업시대의 범주 내에서도 내연기관의 개선을 통한 탱크나 비행기의 발명은 전쟁의 질적 변화를 불러올 수 있다(제1차 세계대전 다큐멘터리). 더욱 미시적으로는 야포의 재장전 속도와 조준의 정확성을 향상시키는 기술을 도입하거나 야포의 분당 발사속도를 높인다든지 총기의 성능을 개선하여 bolt-action을 통한 단발 라이플을 탄창을 사용하는 연발 사격이 가능한 라이플로 성능을 개선하는 것과 같은 작은 기술의 향상도 경우에 따라서는 전쟁양식 자체의 변화에 의미 있는 독립변수로 작용할 수 있다(윤민우, 2013: 71; Herrmann, 1996, P.17-21, 59-78).

전쟁양식의 변화에 의미 있는 영향을 미치는 또 하나의 요인은 전쟁을 운용하는 방식과 관련된 전략의 변화이다. 이는 기술적 변화와 대비되는 인간의 정신적, 추상적, 문화적 측면과 관련이 있는 비물질적 부문에서의 변화를 의미한다. 전쟁이라는 인간의 폭력 활동에는 비물질적인 여러 요소들이 개입된다. 이러한 것들은 주로 폭력을 실행하는 행위자들이 가지게 되는 명예, 긍지, 전통, 창의성, 합리성, 야심, 편견 등과 관련이 있으며 이러한 인간 행위자들의 여러 동기에 의한 의사결정 자체는 앞서 언급한 기술적 요소들과 상호작용하면서 이들이 선택하게 되는 전략이라는 전쟁 운용방식을 결정하는 경향이 있다. 이는 앞서 언급한 기술적 변수가 전쟁양식의 변화에 유의미한 영향을 미치기는 하지만 이것이 충분조건으로 작용하는 것이 아니라 하나의 필요조건으로 이 비물질적인 또 하나의 독립변수와 상호작용한 결과로 전쟁양식의 변화에 영향을 미치게 된다는 것을 의미한다. 이러한 사례는 역사에서 흔히 관찰될 수 있는데 예를 들면 기관총과 속사포 등의 기술적 발명이 진지전과 같은 전선 방어전 양식에 더 유용하였음에도 1차 대전 이전의 독일군 장군들은 이를 기동-공격전에 더 유용한 무기로 해석하는 경향을 보여주었고 자신들의 전쟁 전략을 기동-공격의 방식으로 설계하는 결과를 보여주었다(Herrmann, 1996, p.21-29). 이러한 그들의 결정에는 1870년 프로이센-프랑스 전쟁에서의 빛나는 승리의 전통과 클라우제비츠에 대한 존경심이 상당한 영향력을 미친 것으로 보인다. 대체로 전략의 선택에 있어서 이러한 비물질적인 요인들은 기술적 발명이 야기한 전장 환경을 해석하는 과정에 개입하게 되는데 이러한 주관적 선호도에 기인한 왜곡은 전쟁 수행의 전략을 결정하는 과정을 통해 전쟁이 수행되는 방식인 전쟁양식의 모습에 영향을 미치는 방식으로 작용한다. 대체로 이러한 주관적 전략의 선택 또는 전략의 변화는 해당 폭력 사용자가 경험한 이전 전쟁의 결과가 중요한 영향을 미치게 된다. 예를 들면 이전 전쟁에서의 성공적인 경험은 그 전쟁에서 사용하였던 전략을 보존하게 만드는 경향이 있으며 이전 전쟁에서의 실패의 경험은 반성을 통해 미래의 전쟁에 대비해 새로운 전략을 수립하도록 강제하는 경향이 있다(윤민우, 2013: 71-72). 이런 맥락에서 보자면 오늘날 우리나라의 대북한 전쟁계획은 지나치게 지난 한국전쟁의 경험에 영향을 받고 있지는 않나 되새겨 보아야 할 일이다.

1990년대 이후 오늘날의 전쟁양식에 의미 있는 혁명적 변화가 전개되고 있다는 주장이 제기되어 왔다(Cohen, 1996). 대체로 이러한 전쟁양식의 변화와 관련된 논의는 최근 들어 RMA(Revolution in Military Affaires)를 둘러싼 논쟁과 대테러 전쟁에 대한 이론적 분석 시도들과 관련이 있다. 예를 들면, 일찍이 90년대 중반 정보화 시대의 도래라는 전장 환경의 변화를 적극 수용하여 네트워크 전쟁 또는 넷전쟁이라는 개념이 제시되었다(Arquilla & Ronfeldt, 2001). 이후 9.11 테러 이후 전개된 테러와의 전쟁을 거치며 Berkowitz(2003)는 새로운 21세기적 전쟁양식은 선택된 타깃에 대한 정밀타격이라는 특징을 띤다고 주장하면서 첨단 정보통신 기술에 의한 정밀타격과 자살 테러리스트에 의한 목표타격은 같은 전쟁양식의 다른 표현이라고 설명했다. 또한, Robb(2007)의 경우는 오늘날의 테러는 체제 흔들기(system disruption)라는 목표를 가진 독특한 전쟁양식으로 발전했다고 주장했다. 그에 따르면 테러리즘과 조직적 범죄는 수렴하는 경향을 보이며 통합적인 힘이 되어 국가의 주권 범위 내에서의 폭력독점과 경제, 치안, 사회복지 등의 안정적 작동을 방해하고 무력화시키는 방식으로 특정 국가를 실패한 국가로 만들게 된다. Reed(2008)는 오늘날 관찰되는 대테러 전쟁의 양상을 이론적으로 더욱 정교하게 발전시켜 이를 5세대 전쟁으로 정의했다. 그에 따르면 1648년 웨스트팔리아 체제 이후에 근대 전쟁은 나폴레옹 전쟁으로 대표되는 1세대 전쟁부터 꾸준히 변환을 거듭하여 9.11 이후 오늘날 전개되는 알 카에다에 대한 대테러전쟁의 경우처럼 5세대 전쟁의 양식으로 변환해 왔다고 주장했다(윤민우, 2013: 72-73).

결국 이러한 여러 전쟁양식의 변화에 관한 주장들을 요약해보면 오늘날 일어나는 전쟁양식의 혁명적 변화는 두 가지 중요한 전장 환경의 변화에 의해 영향을 받는다고 볼 수 있다. 앞서 언급한 바처럼 그 중 하나는 기술적 변화라고 할 수 있는 증강현실의 확산이다. 이는 스마트폰, 인터넷, 개인용 랩탑 등의 확산이 가져다준 사이버 공간의 확산으로 물리적 현실과 사이버 현실이 중첩되어 항상적으로 공존하는 상태가 만들어낸 결과이다. 이로 인해 가상의 사이버 공간은 현실공간에서 일어나는 전장 환경의 중요한 일부로 실체적 의미를 가지면서 전장 환경의 주요한 요소로 통합되었다. 한편 다른 하나는 전쟁 수행 방식과 관련된 선택적 타격과 체제 흔들기 전략이 통합되어 나타나는 테러 또는 대테러 전쟁의 수행 방식이다. 테러세력은 2000년 이후 급속히 이러한 전략을 의도적으로 채택해 왔으며 이러한 상황은 이러한 비국가 폭력 세력에 대응하는 국가 단위의 대응전략도 같은 방식의 선택적 타격과 테러네트워크의 붕괴라는 네트워크 전쟁양식의 전쟁수행 방식을 채택하도록 영향을 미쳤다. 실제로 미국의 대테러 전략은 지난 10년 간 선택적 타격과 네트워크 붕괴 전략으로 변환해왔다(윤민우, 2013: 73).

오늘날 전장 환경의 복합적 변화는 전 지구적 규모에서 국제테러리즘의 폭력적 파괴력을 증강-확대하는 결과를 가져오는 경향이 있다. 테러리스트들과 해커들, 마약 거래자들과 무기 밀매자들과 이슬람 극단주의에 도취된 자발적 테러리스트들의 느슨한 전략적 제휴는 그 총체적 힘으로 국가 단위의 안보를 심각하게 위협하는 결과를 가져왔다. 이와 함께 이러한 새로운 안보의 위협들은 국가 단위 내부에 존재하는 사람들 개개인에게 심각한 안보 위협으로 대두되고 있다. 반면 전통적으로 이러한 개개인들에게 안보를 제공하던 국가 단위들은 전장 환경의 변환 덕분에 효과적인 안보 제공자로서의 역할을 수행하기가 점점 더 어렵게 되고 있다. 오늘날 인간 안보의 위기라고 제시되는 새로운 문제들은 이러한 바뀐 전장 환경에서 나타나는 국제테러리즘과 같은 비국가 폭력 행위자들의 위협을 반영하고 있다(윤민우, 2013: 73-74).

21세기 세계화되고 사이버화된 전지구적 공간이라는 환경조건에서 테러리즘은 하나의 새로운 전쟁양식으로서의 성격을 가진다. 이러한 전쟁은 기존의 전쟁개념으로는 이해되지 않는다. 그러한 전쟁을 폭력수단을 이용한 목적의 실현이라는 본질적 측면으로 접근하면 이러한 형태의 전쟁은 21세기적 환경에서 혁명적으로 변화된 하나의 전쟁양식으로 이론화 될 수 있다. 전쟁은 어떤 인간의 삶으로부터 제거되어야할 병질이 아니라 목적을 실현하는데 이용될 수 있는 여러 수단 가운데 하나에 불과하다. 이러한 사실은 인간의 역사의 대부분의 시기와 대부분의 지역에서 보편적으로 받아들여져 왔으나 단지 20세기 후반의 근대사회와 근대사라는 특수한 시간적, 공간적 조건에서 애써 부정되어 온 측면이 있다. 사실상 역사의 대부분의 시기에 전쟁은 국가뿐만 아니라 여러 비국가 행위자들에 의해서도 수행되어 왔으며 전쟁의 수행 역시 여러 질적으로 다른 방식으로 나타난 것이 사실이다. 전쟁은 종종 약탈과 범죄, 기습공격과 민간인 공격 등과 구별되지 않고 일어났으며, 국가의 생존뿐만 아니라 정복, 체면의 회복, 개인적 원한, 종교의 확산, 개인적 탐욕 등 여러 목적으로 발생했다(윤민우, 2013: 74).

이라크와 아프가니스탄에서의 미군의 실패와 최근 IS의 빠른 세력 확장 등의 이유는 미국 등의 근대국가들이 전쟁으로서의 테러리즘의 성격을 제대로 파악하지 못했기 때문이다. 이라크 전쟁에 참전했던 미 해병대령 윌리엄스(Jonh p. Williams)의 증언에 따르면, 미군은 사담 후세인 정권이라는 하나의 적을 상대로 일대일의 전쟁을 수행한다고 생각했다가 이라크 점령 이후에 자신들이 여러 전쟁 주체의 하나에 불과하다는 사실을 깨닫고 당황했다고 한다. 그는 자신들이 여러 부족들 가운데 하나의 부족에 불과했으며 여러 전쟁 당사자들 사이에 한 가운데 서 있는 자신들을 발견했다고 표현했다. 미국의 막강해 보이는 지상군과 공군, 해군 등을 해당 분쟁지역에 투입했지만 적과 아군이 부딪히는 전통적인 근대전쟁의 상황이 아닌 현실에 부딪히면서 아프가니스탄과 이라크, 시리아 등에서의 안정화 전략에 실패했다.

전쟁은 서로 다른 게임의 방식이 충돌하는 장이기도 하다. 미국과 IS나 알 카에다의 충돌에서 서로 다른 전쟁양식이 충돌하는 경향이 나타난다. 미국이 수행하는 전쟁은 대체로 나폴레옹 전쟁이후로 지속되어 오는 근대적 전쟁이다. 이 전쟁은 전쟁과 평화, 군인과 민간인, 정규전과 치안활동 등의 개념구분이 분명하다. 전쟁의 승리를 위해서는 전투에서의 결전과 직접타격을 통한 적의 군사력의 궤멸, 그리고 전장에서의 주요거점의 장악 등이 핵심이다. 반면 IS나 알 카에다의 전쟁은 탈근대적(어쩌면 전근대적으로 회귀한) 전쟁이다. 이 전쟁은 전쟁과 평화, 군인과 민간인, 정규전과 테러와 범죄 등이 혼재하는 전일적 폭력행위이다. 전쟁의 승리는 네트워크에서의 세력장악을 통해 달성된다. 이를 위해 물리적, 심리적, 종교적 세력의 확장, 부의 축적, 중앙권력의 무력화, 사회체제의 혼란, 테러와 폭력행위의 지속, 전장에서의 직접적인 무력대결과 군사점령, 사회복지와 치안 서비스의 제공, 공포조장 등과 같은 여러 이질적인 하지만 국가 권력 장악이라는 궁극적 목표를 향해 통합된 다양한 방안들을 활용한다. 비유하자면 미국은 체스를 두고 있는 것이고 IS나 알 카에다는 바둑을 두고 있는 것이다. 미국의 군사전문가인 리드의 표현처럼, IS나 알 카에다의 전쟁은 5세대 전쟁양식이다.

새로운 전쟁양식으로서의 테러리즘의 이러한 성격은 기존의 국제안보연구에서 전쟁을 중심으로 한 안보의 이해에 중대한 변화를 야기했다. 전통적 전쟁의 개념에서 벗어난 글로벌 테러전쟁은 9.11 테러 이후 잇따른 미국의 아프가니스탄과 이라크 군사개입과 그 이후로 최근까지 지속되어 온 미국을 중심으로 한 주요 국가들과 알 카에다와 IS로 대표되는 글로벌 이슬람 극단주의 네트워크와의 테러전쟁을 의미한다. 9.11 테러를 기점으로 한 글로벌 테러전쟁은 어느 정도로는 국제안보연구(ISS: International Security Studies)를 변화시켰다. 또한 테러전쟁은 냉전을 대신하여 국제안보의 핵심적인 폭력과 안보의 이슈로 고취되어 왔다.

글로벌 테러전쟁은 다양한 범위의 관련사건과 개입, 그리고 관행에 걸쳐져 있다. 서구 국가들이 테러로부터 자신을 방어하기 위해 선택한 많은 정책들이 9.11 이전에 이미 시행되거나 계획되고 있었지만, 테러와의 전쟁은 그 정책의 도입을 가속화시켰고, 더 다양한 부분의 이슈와 지역에 적용하는 것을 정당화시켰다. 물론 테러에 관한 관심이 새로운 것은 아니며 냉전시기부터 팔레스타인 테러, 독일과 프랑스, 이탈라이 등지에서의 극좌테러, 그리고 IRA(Irish Republican Army) 바스크 등지의 분리주의 테러 등에 대한 관심은 있어왔다. 하지만 그것들은 이전에는 국제안보에서 부차적인 문제였다. 9.11 이후 글로벌 테러전쟁은 테러리즘에 대한 관심을 새롭고 두드러지게 했으며, 이 새로운 안보의 이슈를 전쟁의 개념으로 이해할 것인가가 국제안보의 주요한 이슈로 등장했다.

9.11 이후 글로벌 테러전쟁에 대한 전통주의자들의 시각은 이 새로운 테러리즘

이라는 위협을 미국과 서구의 영역에 대한 공격으로 이해했다. 때문에 이에 대한 정책적 대응 역시 현실주의적인 전통 의제 속에서 이루어졌다. 이것은 카터의 말에 따르면 1990년대의 인도주의적인 B리스트와 C리스트의 관심 이후에 A리스트의 안보문제가 돌아온 것이라고 한다. 현실주의의 시각에서 보면, 글로벌 테러전쟁은 냉전 이후 짧은 10년 간 국제분쟁이 없었던 모습이 거스를 수 없는 질적인 변화의 징후가 아니라 국제정치질서라는 무정부체제 내의 긴장의 고저에서 나타나는 일시적 휴지기라는 영원한 진리를 되새겨 준 것이었다. 이 시각은 9.11 이전에도 이미 미국 군부에서 받아들여졌는데, 이는 탈냉전의 1990년대가 자유주의적인 측면에서 보는 평화로운 단극질서가 아니라, 전간기의 반복이라는 두려움이었다. 하지만 여러 요소들이 9.11과 글로벌 테러전쟁이 단순히 고전주의, 신고전주의, 신현실주의, 공격적, 방어적 현실주의를 포함한 모든 현실주의자들을 이롭게 하는 것으로 보기는 어렵게 만들었다. 현실주의자들은 비국가 테러네트워크의 조직원이 상자 절단기와 민간항공기를 이용하여 미국 영토를 공격하는 모습을 그려내지 못했으며, 이러한 사건들이 아프가니스탄과 이라크에서 미국이 주도하는 두 번의 주요한 전쟁을 일으킬 것이라는 예측도 하지 못했다. 또한 최근 미국 올랜드에서의 개인에 의한 총기난사테러의 경우와 같은 일상생활에서 불시에 민간인에 의한 공격이 일상적 위협이 될 것이라는 것 역시 예상하지 못했다. 이러한 현상들은 국가중심주의적인 현실주의자들에게는 곤혹스러운 문제들이 되었다.

글로벌 테러와의 전쟁은 다양한 측면에서 전통주의자들에게 영향을 미쳤다. 전지구적으로 네트워크화된 비국가행위자들의 등장은 전통주의자들의 국가중심성과 합리성 가정 모두에 의문을 제기했다. 테러에 대한 전쟁선언은 일반적으로는 폭력의 사용, 그리고 구체적으로는 전쟁이라는 전통주의자들의 본질적 주제에 대한 관심을 다시 불붙였다. 전통주의자들은 주로 국가와 외부적 위협에 대해 관심을 집중했었는데 글로벌 테러전쟁은 두 가지 측면에서 이를 복잡하게 만들었다. 첫째, 공격하는 주체가 국가가 아니라, 중심이나 국가의 공식구조 혹은 심지어 전통적인 민족주의적 분리주의자나 게릴라 구조도 없는 테러집단의 내, 외부에 위치한 개인들이라는 점이다. 이러한 이슬람 테러네트워크, 알 카에다, 빈 라덴, IS 등이 현실주의 이론이 충분히 적용될 수 있을 정도로 전통적 국가행위자와 유사한지 여부에 대한 논의는 전통주의자들 내에서 해소되지 못한 것처럼 보인다. 둘째, 이슬람 극단주의 테러리스트들이 전통주의자들 특히 신현실주의자들의 전제가 유지될 정도로 충분히 합리적인가에 대한 논의이다. 전통주의자들은 현실주의/신현실주의 이론을 계속 사용할 수 있도록 테러리스트들을 충분히 합리적으로 보았는데 이러한 시각은 부시행정부의 테러리스트들이 비합리적이라는 전제와 충돌했다.

글로벌 테러전쟁에 대한 전통주의자들의 접근에서 주목할 만한 사실은 앞서 언급한 바와 같이 안보의 주요한 주제로서 폭력의 사용에 대한 관심을 다시 불러일으켰다는 점이다. 하지만 글로벌 테러전쟁은 국제안보의 폭력 사용과 관련된 전통적 핵심을 국가 간 전쟁과 핵억지, 군축에서부터 완전히 다른 방향으로 옮겨가게 했다. 테러리즘이 냉전기와 1990년대의 부수적인 위치에서 중심적인 이슈로 부상한 점은 폭넓은 논쟁을 불러일으켰는데, 이 새로운 도전을 전통주의자들은 전통적 안보 의제의 주요한 측면에 연결시키려고 의도한 것이다. 테러와의 전쟁이 획기적인 변화를 일으켰는지 혹은 국제안보 전반에서 조금 덜 극적인 사건이었는지에 대해서는 의견이 분분하다. 그것이 세계화의 어두운 측면으로 이해될 수 있어서, 자유화가 시민사회뿐만 아니라 반문명적인 초국가적 행위자들에게도 기회를 열어 준 것으로 이해할 수 있는 것인가, 아니면 헌팅턴의 문명충돌론적 시각이 더 적실성이 있었던 것인가? 한쪽이 비국가행위자라는 점을 감안하면, 이것은 어떤 종류의 전쟁인가? 그것을 도대체 전쟁이라고 상정하는 것이 좋은 생각인가? 누가 적이었으며, 테러리즘은 어떤 강점과 약점을 가지고 있으며, 그것은 어떻게 이해될 수 있는가? 아마도 가장 큰 관심은 그런 이상한 형태의 전쟁을 수행하기 위해 적절한 동맹과 전술, 전략은 어떻게 고안해 내야 하는가일 것이다.

전쟁에 관한 또 다른 논쟁점은 글로벌 테러전쟁보다 시기적으로 앞서는데, 전쟁의 변환에 관한 1990년대 전통주의자들의 접근에서 가져온 것이다. 그 논쟁은 전쟁의 주된 형태가 이른바 과거의 전쟁에서 새로운 전쟁으로 변했는지의 여부에 관한 것이었다. 여기서 과거의 전쟁은 주로 중앙정치 통제하의 공식적인 군대에 의해 정치적 목적으로 위해 이루어지는 고전적인 개념의 전쟁으로 새로운 전쟁은 주로 당사자가 다양하고 민간군사기업과 시민군, 군벌, 정부군을 포함한 다양한 실체들이 정치적 동기보다는 경제적이고 범죄와 관련된 목적으로 싸우는 비정통적인 개념의 폭력충돌로 이해된다. 테러의 전쟁은 4세대 전쟁 또는 5세대 전쟁의 논의를 불러일으키며 새로운 전쟁양식의 하나로 접근되었다. 이와 더불어 이 새로운 전쟁에 대한 전통주의자들의 접근은 전투의 작전과 과정에 관한 특이할 정도의 관심으로 이어졌으며 비대칭 전쟁과 같은 개념들에 적실성을 부여했다.

글로벌 테러전쟁에서 미국의 전략은 9.11 테러 이후 크게 세 개의 서로 다른 접근들로 구분될 수 있다. 그것들은 시기적으로 순차적으로 나타나며 동시에 차별적인 부시 행정부와 오바마 행정부의 대테러 전략 기조로도 나뉠 수 있다. 9.11 테러 이후 잇따른 아프가니스탄 전쟁과 이라크 전쟁에 초기에 해당하는 2002년에서 2007-8년 사이에 미국의 대테러 전략은 군사적 접근에 초점이 맞추어 졌고 예방적 타격을 통한 알 카에다 사담후세인, 탈레반 등의 위협적 요소의 외과적 제거(surgical elimination)에 초점이 맞추어졌다. 이는 부시행정부를 특징짓는 대테러 전략의 기조였으며 신속타격(rapid strike)전략으로 정의할 수 있다. 대체로 부시 행정부의 마지막 시기와 오바마 행정부의 초기 4년 간을 결정짓는 미국의 대테러 전략은 안정화 전략으로 정의된다. 시기적으로 다소 중첩되지만 이 안정화 전략은 오바마 행정부의 전반기를 특징짓는 대테러 전략 접근이다. 안정화 전략은 부시 행정부의 전략 접근의 실패에 대한 비판과 실제 테러위협의 해소는 위험 실체의 군사적 제거가 아니라 경제, 사회, 문화, 의료, 복지 등 사회 전반적인 부분에서의 국가재건을 통한 국가 기능의 회복에 있다는 인식에 근거한다. 마지막으로 오바마 행정부의 후반기에 해당하는 2012년 이후의 시기에는 다시 안정화 전략에서 외과적 제거로 전환되는 기조를 보여준다. 이는 안정화 전략의 한계에 대한 비판에 근거한다. 아프가니스탄과 이라크 등에 대한 국가재건 프로그램은 막대한 인력과 물자, 비용, 시간을 필요로 했다. 그럼에도 불구하고 그 성과는 구체적인 지역에 따라 다소 차이는 있지만 대체로 미미했으며 오히려 국가기능 회복을 방해하고 무력화시키려는 테러리스트나 반군세력의 체제흔들기(system disruption) 전략은 비용-효과 대비 매우 성공적이었다. 때문에 오바마 행정부는 다시 주요 위협 인물이나 세력에 대한 외과적 제거전략으로 수정했다. 하지만 이는 부시 행정부의 외과적 제거방법이 군사적이었던 것과는 달리 드론과 정보기관의 비밀작전, 엘리트 특수전 부대, 그리고 현지 반테러 무장세력을 활용한 주요 핵심 테러리스트와 테러세력에 대한 제거전략이 중심이 된다. 2012년 9월 오사미 빈 라덴 암살작전은 이러한 변경된 오바마 행정부 후반기의 대테러 전략을 상징적으로 보여주는 사건이다. 이후 이러한 외과적 제거전략은 최근까지 오바마 행정부의 대테러 전략기조로 지속되어 오고 있다.

미국 대테러 전략의 제1기에 해당하는 부시 행정부의 외과적 제거전략은 전통주의자들의 군사중심주의 기조를 반영하고 있다. 부시 행정부의 외교정책 일반과 대테러 전략을 주도했던 핵심세력은 딕 체니와 도널드 럼스펠트로 대변되는 신보수주의자들이었다. 이들은 외교정책에 대해 행동주의적이었고, 미국적 아이디어와 가치에 기반을 둔 접근을 채택했으며, 글로벌 테러전쟁에서 다자간 협력보다는 미국의 일방주의적 군사적 접근을 선호했다. 이러한 정책적 기조에 따라 미국은 테러위협의 근원인 알 카에다, 탈레반, 사담 후세인 정권을 군사적 예방공격(preemptive strike)을 통해 영구히 제거함으로써 문제의 근원을 제거하려고 시도했다. 이들의 낭만주의적 접근은 미국을 선으로 알 카에다와 탈레반, 사담 후세인 정권을 악으로 규정하게 했으며, 아프가니스탄과 이라크의 국민들과 테러의 위협에 노출된 미국과 서구의 시민들은 악적 행위자(evil actor)에 의해 고통 받거나 위협받는 구출되고 보호되어야 하는 희생자들로 바라보게 했다. 이러한 인식에 따라 부시 행정부의 대테러 전략은 신속하고 압도적인 군사력의 전개를 통한 악적 행위자의 제거에 초점이 맞추어져 있었으며 악적 행위자의 완전한 제거 이후에는 미국적인 가치와 제도, 즉 자유로운 보통 선거를 통한 민주주의 정체의 수립과 같은 것의 이식을 통해 문제가 자연스럽게 종결될 것이라는 순진한(naive) 낙관론을 갖고 있었다. 미국의 순진한 낙관론의 배경에는 이들에게 2차 대전과 한국전쟁 이후의 한국에서의 성공적인 경험이 21세기 아프가니스탄과 이라크의 상황에서도 그대로 투영되었으며, 한국적 특수성을 제3세계의 일반적 상황으로 확장시키는 것에 대해 별다른 의문을 갖지 않았다. 이들에게 제3세계의 문화적, 사회적, 역사적 차이는 별다른 고려 대상이 아니었으며 사실상은 무지했고, 단지 제3세계의 비서구 국민들은 악적 행위자로부터 구출되어야 하고 미국식 가치와 제도의 이식이 전수되어 문명화의 길로 인도되어야 하는 대상이었다. 이런 측면에서 확대론자들의 신보수주의자들과 부시 행정부 대테러 전략의 서구 중심주의적 오류와 편견에 대한 비판적 지적은 정당한 것이었고 이들의 지적은 이후 오바마 행정부의 안정화 전략에 인식론적 기초를 제공하게 된다.

부시 행정부의 대테러 전략에 기여했던 전통주의자들의 군사 중심주의는 소련과 공산세력을 대체하는 대체제로서 사악한 테러세력과 탈레반, 후세인 정권을 상정하고 있다. 하지만 전통주의자들은 국가중심주의는 부분적으로 수정을 필요로 했는데 이는 오사마 빈 라덴과 알 카에다와 같은 테러세력은 국가가 아니라 글로벌 비국가 네트워크였다는 사실 때문이다. 사실상 전통주의자들과 부시 행정부에게 이러한 것은 커다란 문제가 되지는 않았는데 이슬람 극단주의 테러네트워크를 사악한 비국가 행위자로 상정하면서 해소되었다. 단지 이들은 기존의 전쟁의 초점을 국가간 전쟁에서 국가와 비국가 행위자간 관계로 옮기기만 하면 되었다. 비국가 네트워크 행위자가 전통주의자들이 상정하는 기존의 국가행위자들만으로 구성된 사악한 적의 리스트에 추가되었다. 하지만 이는 기존의 전통주의자들의 목록이 국가 만에서 국가와 그 외 다른 행위자들로 확대된 것에 불과하며 본질적으로 특정한 적대적이거나 사악한 어떤 행위자 실체를 상정하고 있다는 기본적인 가정은 그대로 유지되었다. 때문에 국가중심주의가 구성주의자를 포함한 확대론자들의 시각처럼 사실상 변화되었다고 볼 수는 없다. 때문에 실존주의 철학에서 얘기하는 존재(existence)와 본질(essence)의 논의에서 여전히 전통주의자들은 국가중심주의의 일부수정과 확대에도 불구하고 본질에 초점이 맞추어져 있다. 이는 본질보다는 끊임없이 변화하는 과정에 있는 존재에 보다 초점을 맞추려는 확대론적 시각과는 근본적으로 차이가 있다. 결국 그것이 국가이건 아니면 테러네트워크이건 어떤 구체적인 적의 실체를 전제로 하고 있으며 이 실체는 특정화할 수 있고 따라서 제거될 수 있다는 인식론적 가정에 기초하고 있다는 점에서 전통주의자들의 국가중심주의가 내포하고 있는 근원적 전제들은 지속된다. 이는 부시 행정부의 대테러 전략의 인식에도 주요한 영향을 미쳤다. 부시 행정부는 이슬람 극단주의 테러네트워크를 어떤 본질적인 실체로 특정화했으며 이는 군사적인 타격을 통해 제거할 수 있는 어떤 대상으로 바라보았다. 부시 행정부의 이러한 기조는 관타나모 수용자들과 체포된 테러리스트들을 다룬 방식에서도 드러난다. 관타나모 수용자를 포함한 체포된 테러리스트들은 적 전투원(enemy combatant)으로 법적 정의되었으며, 이들의 수용은 전쟁포로의 수용에 준하는 예방적 구금(preventive detention)으로 규정되었다. 이는 부시 행정부가 이슬람 테러네트워크를 특정 실체가 있는 전쟁 상대로 바라보았으며 때문에 어떤 국가는 아니지만 국가의 특정적 실체에 준하는 유사국가적인 적으로 바라보았다는 것을 보여준다. 이러한 일련의 부시 행정부의 대테러 정책은 전통주의자들의 군사중심주의-국가중심주의의 영향이 반영되고 있다는 것을 보여준다.

대체로 오바마 행정부와 함께 시작하는 미국의 대테러 전략 제2기는 확대론자들의 접근이 정책에 보다 많이 반영되었으며, 동시에 전통주의자들 가운데 부시 행정부를 비판했던 현실주의자들의 주장도 반영되었다. 이러한 미국의 대테러 전략의 기조변화는 이라크와 그리고 아프가니스탄에서의 미국의 당혹스런 실패라는 현실에 기초했다. 예를 들면, 2003년 이라크 전쟁 개전 이후 4,000명이 넘는 미군이 사망했고 천문학적인 미국의 자원과 비용이 소모되었지만 이라크의 안정화는 부시 행정부의 임기 말에도 여전히 갈 길이 멀었다. 이라크 정부는 자국민들을 이끌고

나가지 못하고 있었으며 정치적 통합이나 조정도 이루어지지 않고 있었다. 미국 본
토의 시민들은 여전히 테러위협으로부터 불안하다고 느꼈으며 이라크와 아프가니
스탄에 투입된 약 175만 명의 근무자들과 62만에 달하는 미군들과 평상시보다 9배
나 많이 투입된 장비들은 적정 군대규모를 훨씬 초과한 수치로, 미군과 미국 정부
에 과중한 부담이 되었다. 또한 미국의 일방주의는 유럽과 같은 전통적인 동맹국들
을 멀어지게 했으며, 러시아와 중국과 같은 전통적인 경쟁세력에 도덕적 비판의 여
지를 남겨주었다.

확대론자들이 지적했듯이 부시 행정부와 미군이 아프가니스탄과 이라크의 종교
와 문화, 역사, 지역적 특성과 같은 사회적 구성에 무지했으며 군사적 제거와 점령
이후의 상황에 대해 지나치게 순진했고 낙관적이었다는 것이 증명되었다. 예를 들
면 미 해병대 연대장으로 이라크 전쟁에 참전했던 존 윌리엄스 전 해병대령의 말처
럼 미군은 이라크에 있는 여러 복잡한 다수의 정치세력 가운데 하나의 불과했고 여
러 차원의 전선에서 적과 아군의 뚜렷한 구분 없이 복잡하고 뒤엉키고 애매모호한,
그리고 무의미한 전투를 전개해야 했다. 안정화 전략은 아프가니스탄과 이라크의
현실에 대한 인식에 기초한다. 그것은 확대론자들의 담론과 구성적 현실을 공유하
고 있다는 점에서 맥락을 같이한다. 우선 아프가니스탄과 이라크 등지에 대한 정치
적, 사회적, 지역적, 인종적, 종교적, 문화적 고유성과 특수성에 대한 인식을 기초
로 하고 문제의 핵심을 군사적 적에 대한 제거로부터 주둔국의 정부와 군대, 지역
경찰들을 재건하고 활용하여 국가를 재건하는 것으로 전략적 초점을 이동시켰다.
이러한 전략적 이동은 사실상 시기적으로 오바마 행정부 등장 이전의 부시 행정부
후반기부터 시작되었다. 2005년 미국 국방부는 작전명령 3000.05호를 하달하면서
안정화 작전이 전투임무 못지않게 국방부의 핵심임무라고 밝히고 있다. 하지만 안
정화 작전을 대체로 오바마 행정부의 출범과 연결시킬 수 있는 것은 오바마 행정부
들어 대대적으로 이러한 안정화 전략을 공식적 기조로 선택하고 기존의 군사 중심
적 접근을 폐기했기 때문이다.

안정화 전략에는 확대론자들의 접근이 짙게 드리워져 있다. 안정화 전략의 기조
에는 실패한 국가 또는 약한 국가에 대한 인식이 깔려 있다. 아프가니스탄과 이라
크와 같은 국가들은 민족이 제대로 형성되지 않은 부족과 종파, 지역에 대한 충성
심과 결속력과 같은 전근대적인 요소들이 강하게 남아있으며 때문에 일반적으로
민족국가와 개인주의의 전통이 강한 서구사회와는 본질적으로 다르게 구성되어 있

다. 때문에 이러한 구성적 요소들에 대한 민감성이 요구되며 현지의 특수성을 반영하여 국가재건이 이루어져야 한다. 피상적인 민주주의의 도입과 선거를 통한 정치제도의 도입이 문제를 해결하지는 않으며, 해당 지역의 구성요소의 특수성을 반영하여 정치와 종교, 경제와 복지, 교육과 환경, 그리고 형사사법 등의 국가의 기본적 기능이 주의 깊고 면밀하게 재건되어야 한다. 이러한 기본적 인식이 안정화 전략의 근간을 이룬다. 때문에 기존의 테러세력에 대한 제거라는 군사적 작전은 핵심 전략에서 안정화와 재건 전략을 위한 안전의 확보라는 지원적 역할로 변경되고 안정화와 재건 전략이 부시 행정부 말기와 오바마 행정부 1기에 전면으로 나서게 된다.

이 안정화 전략에는 앞서 언급한 바와 같이 전통주의자들의 군사중심적 접근에서 벗어나 확대론자들의 접근의 많은 부분이 수용된다. 도로 건설, 일자리 창출, 사회 인프라 구축, 여성의 참정권과 정치참여의 확대와 지원, 여성의 사회활동 증대, 여성 교육을 포함한 교육의 확충, 군과 경찰의 재건을 통한 사회안전망 확충 등과 같은 전반적인 국가재건 정책들이 전면에 등장하게 된다. 이 전략의 궁극적 지향점은 국가와 정부, 사회와 개인의 삶에 대한 전반적인 재건을 통해 정상적으로 작동하고 기능하는 정상국가와 정상사회를 만드는 것이었다. 이러한 정상국가와 정상사회가 테러리즘의 문제를 해결하는 궁극적 해결책으로 제시되었다. 여기서 테러리즘은 제거되어야 할 구체적, 실체적 적이 아니라 치유되어야 할 어떤 하나의 병리현상이었다. 테러리즘과 폭력은 실패한 국가 또는 병리적 사회가 만들어 내는 예외적 현상이었으며 이에 대한 해결책은 테러리즘이 아니라 국가와 사회의 정상화에 있었다. 이러한 과정에서 확대론자들의 인식이 반영되었는데 아프가니스탄과 이라크에서의 국가재건은 서구적 가치나 제도의 이식을 지향하지 않았다. 지역적, 종교적, 문화적, 사회적 특성에 대한 민감성이 강조되었고 이러한 비서구적 구성요소들은 존중되었다.

미국의 대테러 전략 제3기는 안정화 전략이 지속되면서 다시 군사적 제거 전략이 채택되는 특징을 보여준다. 군사적 제거전략을 오바마 행정부가 다시 채택했다는 상징적인 사건이 작전명 제로니모로 알려진 오사마 빈 라덴 제거 작전이다. 대체로 시기적으로 이러한 변화는 오바마 행정부의 2기에 해당한다. 이러한 오바마 행정부 2기의 대테러 전략의 변화는 안정화 전략의 사실상의 실패 때문이다. 지역적, 부분적으로 안정화 전략이 성공적이었다는 사례들은 나타났지만 이라크나 아프가니스탄의 전역에서 그러한 성공은 나타나지 않았다. 먼저, 안정화 전략은 그 논리적 설득력에도 불구하고 재정적, 인적, 물적 면에서 현실적으로 불가능한 것이 입증되었다. 아프가니스탄과 이라크의 모든 시골지역에 사회 간접자본을 구축하고 도로를 건설하고, 전기를 공급하고, 교육을 제공하고, 복지와 치안 서비스를 제공하고 법질서를 확립하는 것은 짧은 시기에 미국이라는 점령세력에 의해 완결되기는 불가능한 과제였다. 이라크와 아프가니스탄의 국가재건은 지지부진했고, 정부는 거의 작동하지 않았다. 이는 미국의 정책과 미군의 전략으로 해결될 수 있는 문제가 아니었다. 얼마나 오래 얼마나 막대한 자원과 비용, 노력이 투입되어야 하는지 알 수 없었다. 한 지역에서의 성공사례는 다른 지역에서의 혼란과 갈등으로 상쇄되었다. 결국 현실적으로 오바마 행정부는 안정화 전략을 낮은 수준으로 수위조절(tone-down)할 수밖에 없었다. 현실적으로 테러리즘과 싸우기 위한 테러전략은 비용-효과의 계산에서 찾아야 했다. 때문에 다시 전통주의자들의 군사 중심적 접근으로 환원될 수밖에 없었다. 테러세력의 주요 타깃을 설정하고 핵심 타깃을 제거함으로써 비용-효과 대비 최적의 결과를 도출하는 것으로 전략적 관심이 이동했다.

하지만 오바마 행정부의 새로운 군사 중심적 접근은 기존의 부시 행정부의 실패한 군사 중심적 전략을 되풀이할 수는 없었다. 미군이 다시 개입할 수는 없었으며 그 비용과 희생은 너무 컸고, 미국의 여론이 이를 받아들일 리도 없었다. CIA와 같은 정보기관에 의한 비밀전쟁은 오바마 행정부가 선택한 군사 중심적 접근 대안이 되었다. 빈 라덴 제거작전의 지휘체계에서 이러한 방식이 두드러진다. 미군의 대테러 특수작전 부대인 델타포스는 미군 특수전 사령관의 지휘 아래 민간인인 CIA 국장의 지휘체계내로 배속되었다. 그리고 CIA 국장은 다시 오바마 대통령의 직속 지휘체계로 배치되었다. 따라서 파키스탄 현지에 투입된 미 특수전 부대는 군인의 자격이 아니라 민간인 불법 전투원의 신분으로 현지에서 군사적 제거 작전을 수행했다. 오바마 대통령은 대통령 집행명령을 발동하여 이를 뒷받침했다. 이러한 방식은 이후 이라크와 시리아 현지에서 미군 철수 이후에 지역의 주요 패권세력으로 등장한 IS와의 전쟁에서 현재까지 사용되어 오고 있다. 미 정보기구는 현지에 요원을 파견하여 드론을 사용하여 주요 테러리스트나 IS 지도부 등을 타격한다. 이들은 현지의 쿠르드 반군과 같은 현지 반테러 무장 세력을 훈련, 무기, 작전제공 등을 통해 지원하며, 경우에 따라서는 델타포스나 네이비실과 같은 특수작전부대를 활용하여 국제법적으로 인정되지 않는 비밀전쟁을 수행한다. 이러한 오바마 행정부의 대테러 전략이 전통주의자들의 군사중심주의를 정통적으로 반영하고 있지는 않지만 군사적 제거에 무게를 두는 전통주의자들의 기조의 핵심을 반영하고 있는 것으로 평가할 수 있다. 이는 전통주의자들은 탈냉전기 글로벌 테러전쟁의 영향에 대응하여 새로운 전쟁의 행위자와 이 새로운 전쟁의 전투와 작전과 과정, 그리고 새로운 전쟁수행의 양식 등에 대해 상당한 관심을 보이기 때문이다. 오바마 행정부의 새로운 군사 중심적 접근은 전통주의자들의 새로운 접근과 맥락을 같이한다. 따라서 전통주의자들의 접근이 오바마 행정부의 새로운 전략에 투영된 것으로 볼 수 있다.

하지만 오바마 행정부 2기에서 확대론자들의 접근이 완전히 제거된 것은 아니다. 따라서 오바마 행정부 2기에서는 전통주의자들과 확대론자들이 서로 다른 영역에서 공존하며 불편한 동거를 하고 있다고 보는 것이 보다 타당할 것이다. 앞서 언급한 관타나모 수용소에 대한 오바마 행정부의 기조에서 나타난 것처럼, 확대론자들이 관심을 가지는 인권에 대한 관심은 오바마 행정부 2기에서 여전히 유효하다. 또한 오바마 행정부 1기를 특징 지었던 안정화 전략은 무게중심이 약화되었지만 여전히 전략적 기조로 유지되어 오고 있다. 이는 아프가니스탄과 이라크, 그리고 최근 들어 시리아에 대한 지속적인 국가재건을 위한 여러 인적, 물적 지원들에서 발견될 수 있다.

하지만 궁극적으로 이러한 미국의 테러전쟁에 대한 전략적 접근의 변화에도 불구하고 이 전쟁에서 미국이 성공을 거두고 있다고 볼 경험적 증거들은 희박하다. 사실상 오히려 그 반대의 증거들이 오히려 더 빈번히 관찰된다. 이는 초창기 부시 행정부의 정통적 군사개입 전략뿐만 아니라 이후 대안으로 제시된 안정화 전략과 정밀 타격 및 제거 전략(pinpoint strike and elimination strategy)에서도 이러한 만족스럽지 못한 상황은 되풀이되었다.

결국, 미국이 IS나 알 카에다와의 글로벌 테러전쟁에서 실패하는 이유는 전쟁수행 양식의 비대칭적 취약성에서 찾아야 한다. 반대로 IS의(그리고 탈레반과 알 카에다 등의) 성공의 이유 역시 그들의 전쟁양식의 비대칭적 이점에서 찾아야 한다. 즉 IS는 자신에게 유리한 방식으로 미국과 전쟁을 하고 있다. 몇 가지 핵심적인 이점이 제시될 수 있다. 그리고 미국은 아직 IS가 갖는 이점들을 무력화하고 자신에게 유리한 방식으로 전쟁을 수행할 수 있는 별다른 해결책을 찾지 못했다. 이것이 미국이 지상군 투입을 주저하는 근본적인 배경이다.

먼저 IS나 알 카에다는 약탈무장집단이다. 러시아 사회학자 볼코프는 이를 폭력 사업가라고 정의한다. 약탈무장집단은 전쟁이나 테러와 같은 폭력행위를 통해 부를 확대재생산한다. 일반적으로 전쟁은 비용이 많이 드는 비즈니스이다. 전쟁비용을 얼마나 치를 수 있는지가 전쟁의 승패와 직결된다. 미국과 같은 초강대국도 늘 이 전쟁비용문제로 인해 상당한 제약을 받게 된다. 이는 전쟁비용이 원칙적으로 국민의 세금을 통해 충당되기 때문이다. 이 때문에 미국정부는 여론의 지지에 민감할 수밖에 없다. 하지만 IS와 같은 약탈무장집단은 전쟁비용을 피통치자의 세금으로부터만 조달하지는 않는다. 때문에 피통치자의 여론에 그다지 귀를 기울일 필요가 없다. IS에게는 전쟁과 테러 자체가 곧 부를 축적하는 주요한 비즈니스 활동이다. IS는 마약밀거래, 인신매매, 인질납치, 원유 밀거래, 문화재 밀거래, 불법강탈 등의 조직범죄활동을 통해 비용을 조달한다. 그들이 수행하는 전쟁과 테러행위는 이라크 국가공권력을 무력화시킴으로써 범죄 사업에 유리한 조건을 창출해낸다. 러시아 사회학자 마카렌코는 이를 범죄-테러 융합현상이라고 정의했다. 알 카에다와 탈레반의 성공에서도 이러한 범죄-테러 융합현상이 관찰되었다.

　IS는 사이버 공간을 창조적으로 활용하여 병력조달의 혁신을 가져왔다. 나폴레옹 시대 이후로 군 병력은 민족국가의 구성원으로부터 조달되어 왔다. 때문에 국가가 동원할 수 있는 병사의 수는 제한적이며 병사의 희생으로 인해 국가가 치러야 할 정치적 윤리적 비용은 크다. 때문에 국민 전체를 애국심으로 효과적으로 동원화하지 못한다면 전쟁을 수행하기가 어렵게 된다. IS는 민족국가의 통상적 범위를 넘어 전 세계로부터 병력을 조달한다. 때문에 그들이 지역적으로 동원할 수 있는 수의 한계를 넘어서며 병력의 희생으로부터 치러야 할 정치적, 윤리적 비용이 거의 없다. 이는 IS의 병력조달이 자원자들의 자발성에 기초하기 때문이다. 이점에서 IS 무장병력은 용병의 성격을 갖는다. 마키아벨리는 용병이 대체로 신뢰할 수 없기 때문에 국민군에 비해 열등하다고 비판한다. 하지만 IS는 이슬람 종교와 심리적 공포를 적절히 활용하여 IS 무장대원들을 효과적으로 통제하고 용병군의 취약점을 극복하고 있다. 병력을 얼마나 조달할 수 있는지는 전쟁의 승패에 중요한 영향을 미친다. IS는 혁신을 통해 값싸고 안정적으로 병력을 조달할 수 있는 통로를 구축했다.

　IS, 알 카에다와 미국 사이에는 전략적 목표의 비대칭성이 나타난다. 그리고 이 비대칭성은 5세대 전쟁양식을 채택한 IS나 알 카에다에 유리한 조건을 만들어 준다. 미국의 전략적 목표는 전통적이다. IS 격퇴라는 표현에서 나타나듯이 IS 무장세력을 전장에서 결전을 통해 섬멸하려고 시도한다. 이는 클라우제비츠가 말하고 있는 근대전쟁의 목적이다. IS의 격퇴가 완결되면 미국은 그 다음 단계로 이행하는

데 이는 곧 이라크 국가건설의 단계이다. 민족국가 건설을 목표로 정부의 구성, 제도수립, 군, 경찰 등의 양성을 통한 안전 확보, 경제건설 등이 이어지게 된다. 하지만 IS의 전략적 목표는 동시다발적이며 통합적이다. 이들은 범죄, 테러, 전쟁, 사회복지, 치안활동, 종교적 프로파간다 등을 통합하면서 마을과 거리 단위의 개개인 수준에서부터 부족단위, 사회, 그리고 국가전체와 국제사회 전반에 이르기까지 폭력적이며 동시에 비폭력적 전쟁을 수행하는 양상을 보인다. 적의 격퇴, 이라크 정부의 무력화, 지지기반의 확대, 테러공격, 사회갈등 야기, 치안, 복지, 보건, 인프라 등의 국가필수기능의 대안적 제공 등이 동시에 추구되며 이들은 국가권력 장악이라는 최종적 목적을 위해 통합된다. 만약 미군의 파병으로 정규전에서 상당한 열세에 직면할 경우 급조폭발물과 테러, 무장공격, 사이버 선전전 등을 통해 이라크 정부의 공권력 행사와 복지, 교육, 인프라 등의 국가 서비스 제공을 무력화하면서 미군의 정치적, 심리적, 물질적 전쟁수행비용을 극대화하는 전략을 취할 것이다. 반면에 미국은 이러한 다차원적 융합전쟁에 취약하다. 여기서 다차원적이라는 의미는 개인과 사회, 국가와 국제사회라는 여러 수준에서의 문제들이 서로 유기적으로 수직 통합한다는 의미이다. 또한 융합전쟁이라는 말은 기존의 정규전과 결합된 테러리즘, 범죄, 조직범죄, 사회복지, 의료, 치안, 교육, 정치, 종교 등의 문제가 모두 결합되며 전쟁의 승패는 이러한 모든 차원이나 영역의 전반에서 결정된다는 의미이다. IS의 격퇴와 이라크에서의 정상국가 건설을 동시에 추구해야 하는데 이를 위해 미군은 군, 경찰, 정보기관, 행정기관, 사회복지기관, 경제개발기관 등의 복합역할을 수행해야 한다. 하지만 미군이 이를 감당하기에는 부적합해 보인다. 때문에 더 많은 적을 사살하고 더 많은 지역거점을 장악해 나감에도 불구하고 전쟁은 더욱 어려운 국면으로 접어드는 아이러니가 나타난다.

　IS나 알 카에다의 전쟁 즉 지하드는 우리가 알고 있는 근대적인 전쟁개념과는 본질적으로 다르다. 미국이 IS와의 전쟁에서 또한 탈레반과 알 카에다와의 전쟁에서 계속 실패하는 이유는 미국의 전통적 전쟁수행양식이 근본적 한계를 갖기 때문이다. IS와의 전쟁에 대한 해답은 전쟁양식의 혁신에서 구해져야 한다. 미군들과 전문가들의 증언에 따르면, 이라크에서 미군과 공식적 이라크 정부, 수니와 시아 등 여러 테러세력과 여러 범죄 집단과 정치세력들 사이에서 복수의 전선이 형성되었으며 주민들에게 누가 더 효과적인 안전보장과 법질서, 그리고 경제적 보장과 인프라를 제공하는 가가 전쟁의 승리의 핵심이었다고 전했다. IS는 이러한 새로운 전장

환경에 최적화된 형태로 진화한 것처럼 보인다.

오늘날 테러리즘이 새로운 전쟁양식이라는 것을 이해하기 위해서는 우리가 전쟁을 바라보는 인식을 근대의 틀을 넘어 보다 넓은 범위의 인간의 역사 속에서 전쟁을 바라보는 방식으로 재조정할 필요가 있다. 예를 들면 고대 로마제국의 전쟁은 근대적 전쟁인식과는 매우 다른 모습을 하고 있었다. 기원 후 3-4세기경 로마제국은 해적과 노상강도, 그리고 스스로 무장한 야만 부족집단들의 폭력으로 가득했다. 카르타고와의 마지막 포에니 전쟁 이후 로마군대의 임무는 정규전이 아니라 제국 도처에서 출몰하는 이들 소규모 폭력집단들을 소탕하는 것으로 바뀌었다. 하지만 계속되는 로마군대의 소탕실적에도 불구하고 계속되는 전투와 전쟁비용으로 인해 제국질서와 군대는 쇠퇴해갔으며, 로마문명은 오히려 더욱더 창궐하는 폭력집단들에 의해 붕괴되어갔다.

오늘날 테러리즘 현상은 어쩌면 로마제국 쇠퇴기의 여러 소규모 폭력과 약탈, 반란 등의 현상과 닮아있는 것은 아닐까? 2차 대전과 냉전이라는 극단적인 국가 간 무력충돌 이후 오히려 비 국가 폭력 행위자들의 소규모 약탈과 폭력, 저강도 전쟁 등이 국가들을 상대로 벌어지고 있는 현상들이 나타나고 있다. 그리고 그 과정에서 국가의 상대적인 자원과 능력과 힘은 소진되고 있는 것처럼 보인다. 이는 사이버, 세계화, 경제구조의 변화, 기술의 발달, 탈 근대화 같은 국가를 둘러싼 환경의 변화가 진행되기 때문인 것처럼 보인다. 이러한 상황은 지난 수 세기 간에 걸쳐 개인의 생명과 재산을 보호해왔던 안전장치인 "국가"라는 수단에 결함이 발생한 것으로 이해될지도 모른다.

테러리즘을 이해하는데 유념해야 할 것은 이 문제가 오늘날 이행되는 정보화시대로의 패러다임 변화와 맞물려 있다는 점이다. 엘빈 토플러의 지적처럼 우리가 살아가는 생활양식 또는 삶의 방식은 파괴양식과 같은 원리에 의해 연동되어 있다. 대량파괴양식의 딜레마인 과다비용지출의 문제점은 과거의 대량파괴양식이 21세기에는 실제로 현실화 될 가능성을 제한하거나 불가능하게 만들어 작은 규모의 '맞춤형 파괴'라는 새로운 파괴의 양식으로의 진화를 유도하였다.

이러한 맥락에서 오늘날의 테러리즘은 약자가 선택한 새로운 맞춤파괴의 한 양식으로 이해될 수도 있다. 그러나 여기서 중요한 것은 궁극적으로는 첨단 전쟁과 테러리즘은 같은 형태의 전쟁이라는 사실을 인식하는 것이다. 즉, 인공지능이나 첨단 컴퓨터 시스템 또는 위성과 결합된 미사일이나 스마트 폭탄, 또는 드론 등으로 지정된 대상을 선별 타격함으로써 비용대비 전략적 이익을 극대화하려는 파괴의 양식은 자살 폭탄테러범을 이용해 의도한 시간에 목표한 타격 대상을 공격함으로써 전략적 이익을 극대화하려는 테러 행위자의 파괴양식과 같은 전쟁양식의 다른 표현이라는 사실이다.

흥미로운 점은 정보화 시대에는 폭력수단의 사용 또는 폭력적 능력소유에 있어서 민주화 또는 분권화 경향이 나타난다는 점이다. 이는 그간 폭력적 능력을 독점하던 국가의 개인이나 사적 집단 등과 같은 비 국가 행위자들에 대한 상대적 우위가 상실된다는 의미이다. 이는 근본적으로 개인 등의 비 국가 행위자들이 살상무기의 생산과 획득에 대한 접근이 쉬워졌기 때문이다. 사이버 공간의 확장과 정보화의 심화, 3D 프린팅, 드론과 사물인터넷, 전투로봇, 인공지능 등의 등장은 점차 비 국가 부문들의 폭력적 능력을 강화하는 방향으로 전개될 것이다. 이는 이 비 국가 부문들의 국가에 대한 상대적 폭력능력이 보다 비슷해지는 방향으로 전환될 수 있음을 말해준다.

이러한 측면에서 테러리즘은 미래전쟁의 한 양식일 수 있다. 정보화 시대가 갖는 특징인 생산양식과 파괴양식의 변화는 미래전쟁이 점차 소형/초소형 무기와 소규모 부대에 의한 작은 규모의 맞춤형 파괴로 이행하도록 할지 모른다. 그러한 전쟁은 아마도 우리에게 익숙한 전쟁은 아닐지 모른다. 그럼에도 그것은 여전히 전쟁일 것이다. 클라우제비츠의 말처럼 전쟁은 끊임없이 변화하는 과정에 있으며 나의 의사를 관철시키기 위한 다른 형태의 정치에 불과하기 때문이다.

한편 폭력의 민주화 경향은 비국가 부문에 대한 국가의 통제능력을 상당히 약화시킬 것이다. 산업시대인 20세기의 위협이 압도적인 폭력적 능력을 가진 독재국가로부터 왔다면, 21세기 위협은 테러리스트나 범죄자들과 같은 다수의 작은 악마들로부터 올 것이기 때문이다. 사실 21세기 테러리즘의 문제는 국가의 권위와 능력이 약화되는 것과 맞물려 있는 반면, 오늘의 우리는 과거의 위협이었던 폭압적 독재국가 또는 통제국가의 잔상에 몰입된 나머지 미래의 위협인 테러리즘의 파괴적 실체를 과소평가하고 있는지도 모른다. 따라서 과거의 위협과 미래의 위협 사이에서 균형을 찾는 것이 필요할 것이다. 결국 미래의 위협에 대한 보호 장치는 국가일 것이기 때문이다. 미래전쟁은 더 이상 국가 간의 게임만은 아닐지도 모른다. 우리는 이 미래사회의 파괴양식에 얼마나 준비가 되어 있는지 의문이 아닐 수 없다.

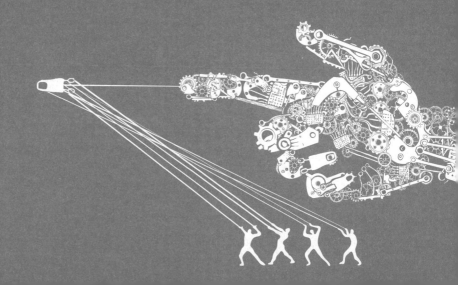

제7장

테러와 범죄의 융합

제7장

테러와 범죄의 융합

　냉전의 종식과 소비에트 연방의 붕괴, 그리고 공산권의 몰락은 범죄-테러의 융합현상을[1] 등장시킨 일차적인 원인을 제공한다. 냉전의 종식은 테러조직에게 무기와 자금을 지원해주던 스폰서 국가들을 사라지게 만들었다. 이러한 갑작스런 상황변화로 인해 세계 도처의 테러집단들은 스스로 테러의 자금과 무기 등을 조달해야 되는 상황에 직면하였고 마약거래, 무기밀거래, 인신매매, 인질납치, 돈세탁 등 국제범죄 사업에의 참여나 이러한 불법행위로부터 막대한 이익을 만들어내는 범죄세력과의 연대는 매력적인 대안의 하나가 되었다(Makarenko, 2004: 130). 실제로 테러집단이 마약거래 등의 범죄 사업에 뛰어들거나 범죄세력과 연대를 통해 테러자금이나 무기를 공급받는 현상들은 세계 도처에서 진행되었다. 이러한 경향은 테러세력의 종교적, 이념적 특성이나 지역적 특성, 그리고 범죄사업의 종류나 파트너 상대방인 범죄세력의 성격과 무관하게 단지 수익창출의 원칙에 따라 진행되었다(Hesterman, 2013: 58-59; Hutchinson & O'malley, 2007: 1096-1101).

　범죄-테러의 융합현상을 등장시킨 또 다른 배경에는 세계화와 정보통신기술의 혁명, 교통의 발달과 같은 90년대 이후의 여러 변화의 흐름이 있다(Passas, 2000: 16-44). 토플러(Toffler & Toffler, 1993: 57-63)의 지적처럼, 평화적이고 합법적인 부문에서의 변화를 추동한 동력은 폭력적이고 비합법적인 범죄, 테러 부문에서도 동일하게 영향을 미쳤다. 사회, 경제, 문화에 걸친 세계화는 여러 지역의 다양한 유형과 성격의

1　물론 범죄와 테러의 연대나 결합현상은 90년대 이전 과거에도 있어 왔다. 하지만 Makarenko (2004)에 따르면, 이러한 결합은 단지 일시적이거나 단편적인 이해관계에 의해 발생하였으며 국가안보에 위협을 미칠 정도의 전략적 융합현상은 아니었다. 하지만 그녀에 따르면 90년대 중반 이후 진행된 범죄-테러의 융합 현상은 질적으로 다르며 국가안보에 심각한 우려를 자아내는 전략적 위협이다.

범죄집단과 테러세력들이 서로 접촉하고 함께 협력할 수 있는 인지적, 그리고 문화적인 기반을 제공했다. 또한 항공교통과 같은 교통의 발달은 이러한 서로 이질적인 범죄와 테러세력들이 서로 접촉하고 협력할 수 있는 물리적인 기반을 제공했다(Naim, 2005: 1-37). 예를 들면 테러리스트와 러시아의 손체보 마피아 그룹과 이탈리아의 마피아, 또는 히즈불라와 남미의 마약 카르텔 등이 서로 접촉하고 협력적인 범죄사업을 수행하는 것과 같은 사례들이 지적될 수 있다(Daly, Parachini, & Rosenau, 2005: 64-65; Turbiville, Jr., 2004: 4-10; Wannenburg, 2003: 4-5). 한편 정보통신 기술의 발달에 기반을 둔 사이버 공간의 확장역시 범죄-테러의 융합을 촉진시킨다. 사이버 공간의 동시간적, 동공간적인 특성은 불특정 다수의 범죄자들과 불특정 다수의 테러리스트들과 지지자들을 결합시키는 기능을 한다. 이로 인해 사이버 공간을 통한 범죄세력과 테러세력의 결합이 손쉽게 가능해지게 되었으며 이는 양당사자의 이익에 기여한다. 사이버 공간상에서 봇넷을 구축하거나 주민등록번호와 같은 아이덴티티의 절도를 한 범죄자들이 이러한 범죄 콘텐츠를 온라인상에서 판매하며, 이러한 콘텐츠를 테러리스트들이 구매하여 사이버 테러나 아니면 실제 테러에 이용하는 현상은 사이버 공간을 통한 범죄-테러 융합의 적절한 사례들이다. 이 밖에도 무기밀거래와 마약거래, 돈 세탁, 신원도용 등과 같은 여러 분야에서 범죄세력과 테러세력은 사이버 공간을 통해 그들의 지리적, 문화적 장벽을 쉽게 극복하고 서로의 접촉과 협력을 추구할 수 있다(UNODC, 2012).

　"범죄-테러 결합(Crime-Terror Nexus)"을 통해 범죄세력과 테러세력은 각자의 전략적 이익을 극대화한다. 불법적인 양 당사자는 공동의 적인 국가권력이 약해지는 것에 공동의 이해를 가진다. 먼저, 범죄세력들은 마약거래 등의 범죄사업을 통해 벌어들인 막대한 부를 국가권력으로부터 보호할 이해를 가진다. 또한 국가권력의 공격으로부터 범죄사업을 보호하고 사업의 안정적 운용을 확보할 필요성을 가진다. 이 경우 범죄세력은 콜롬비아나 멕시코의 마약카르텔 경우처럼 스스로의 무장력으로 자신들의 부와 사업상의 이해를 지키거나 아니면 소말리아나 나이지리아의 경우처럼 국가권력 자체가 작동불능의 무능한 상태로 남아있기를 원하게 된다. 따라서 테러세력의 힘과 활동이 강해져 국가의 힘이 약화되거나 해당 국가의 일정 지역이 국가의 통제가 미치지 않는 공권력의 부재상태가 되는 것은 궁극적으로 범죄세력의 이해와 일치한다(Makarenko, 2004: 133-140).

　한편, 테러세력은 국가권력에 대한 직접적인 공격을 수행한다. 이 경우 범죄세력과의 전략적 결합은 안정적인 무기의 조달과 테러자금의 확보라는 이점을 가져다준다. 예를 들면 마약 밀거래 세력 등을 중앙정부의 공권력으로부터 보호해줌으로써 이들로부터 보호세를 직접 받거나 마약거래나 인신매매 등의 범죄 사업에 직접 참여함으로써 막대한 범죄수익을 통해 테러자금을 조달할 수 있다. 또한 국제무기밀거래 시장으로부터 총기류나 폭탄과 RPG(Rocket Propelled Grenade Launcher), 그리고 (보다 심각하게는) 핵무기나 핵물질 등의 대량살상무기와 같은 각종 무기를 조달할 수 있다. 이외에도 국제인신매매세력들과의 전략적 또는 전술적 제휴를 통해 테러리스트들을 특정 국가의 영토내로 은밀히 잠입시킬 수 있으며 해당 국가 내에서 테러공격 준비를 위해 필요한 신용카드 위조나 불법 신원 도용과 같은 여러 수단들을 범죄자들로부터 제공받을 수 있다(Curtis, 2002: 2-36; Hutchinson & O'malley, 2007: 1095-1097; Medalia, 2004: 4-8). 이 경우 범죄-테러의 결합은 비전투부문과 전투부문 간의 수평적인 네트워크 결합의 성격을 갖는다. 즉, 범죄부문은 비전투부문인 보급과 수송, 정보, 병참 등의 기능을 담당하고 테러부문은 직접적인 전투부문인 공격행동의 기능을 담당한다. 이러한 결합은 양 당사자의 상호이익을 극대화하는 측면이 있으며 반대로 국가공권력은 상당히 부정적인 영향을 받게 된다.

테러와 범죄의 결합현상은 조직이나 세력들 간의 물리적 결합을 넘어서 특정테러세력이나 범죄세력이 범죄세력이나 테러세력으로 변환하는 속성변환을 포함한다(Hesterman, 2013: 1-5). 이 경우 정치권력을 지향하는 스펙트럼의 한쪽 극단과 경제적 부를 추구하는 다른 쪽 극단의 선상에서 어느 쪽을 지향하는 가에 따라 해당 집단의 성격이 결정된다. 따라서 어떤 특정 집단이 범죄조직인지 테러조직인지의 여부는 그 집단의 실존적인 현상에 근거하며 언제든지 변화할 수 있는 상대적인 개념으로 이해된다(Mathers, 2004: 112-116). 즉, 범죄와 테러의 차이점은 본질적인 측면보다는 상대적인 속성을 가지며 시간과 상황, 그리고 조건의 변화에 따라 한 목표(경제적 부)에서 다른 목표(정치적 권력)로 이동하는 속성을 가진다(Makarenko, 2004: 131). 목표 이동의 이유는 마카렌코(Makarenko, 2004: 131)에 따르면 수렴현상에 따르는 것이다. 앞서 언급한 범죄-테러의 세력 간 협력과 동일한 이유에 기인한다.

결국 범죄-테러 융합현상은 두 가지 속성을 가진다. 하나는 이러한 두 실체가 수평적 네트워크 형태로 결합하여 하나의 국제안보질서에 대한 주요한 위협으로 등장했다는 사실이다. 이는 근본적으로 비국가 행위자에 의한 보다 복잡한 형태의 비정통적 위협이라는 성격을 가진다. 또 다른 속성은 범죄조직과 테러집단은 질적으로 구분되는 배타적인 불법세력으로 이해되기보다는 상대적인, 일시적인, 그리고 실존적인 차이에 불과하다는 것이다. 범죄조직과 테러조직은 하나의 연속선상의 스펙트럼위에서 위치해 있으면서 상황과 조건과 필요에 따라 끊임없이 변모하는 속성을 보여준다(Makarenko, 2004: 131).

》》 국가안보 패러다임의 변화

범죄-테러의 융합은 하나의 실체로서 국가안보 패러다임의 변화를 야기하는 경향이 있다. 정통적인 국가안보에서 고려해야할 적대적인 국가단위 이외에 또 다른 실체로서 국제안보질서와 단위국가의 안보에 중대한 위협을 가한다. 이는 개별 단위국가에게는 정통적인 적대국가로부터의 위협에 더불어 비정통적인 국가위협인 범죄-테러로부터의 위협을 함께 고려해야 한다는 이중의 안보위협을 의미한다. 이러한 상황변화는 이전보다는 보다 복잡한 방식으로 복층(double-layered)의 안보패러다임을 채택해야 하는 것을 의미한다(윤민우 · 김은영, 2012).

범죄-테러의 융합이 이중의 안보위협을 만들어 내는 이유는 이러한 위협의 실체가 적대적인 국가와는 다른 방식으로 구성되기 때문이다. 국가는 기본적으로 위계적이고 관료적인 성격을 가진 정태적인 조직으로서의 성격을 보여준다. 반면에 범죄-테러의 융합은 기본적으로 수평적이고 유동적인 네트워크로서의 성격을 드러낸다. 때문에 이로부터 오는 안보위협은 상대적으로 은밀하고 간접적이며 불분명하다. 범죄-테러의 융합이 네트워크라는 의미는 국제적으로 여러 다른 성격과 목적을 가진 이질적인 세력들이 자신들의 이해관계를 실현하기 위해 네트워크로 결합된다는 의미이다. 이 네트워크에는 개인이거나 다수의 무리거나 아니면 기존의 마피아나 테러조직과 같은 수직적이고 위계적인 조직이 참여한다. 따라서 네트워크에 참여하는 노드(nodes)들의 성격 역시 동일하지 않다. 또한 네트워크의 결합방식도 체인(chain) 결합방식이거나 스케일 프리(scale-free)방식 등 다양한 방식으로 결합될 수 있다(Kahler, 2009: 79-124). 문제는 이렇게 이질적인 참여자들이 다양한 방식으로 구성된 전체 조직(structure)으로서의 네트워크 전체가 국가안보에 주요한 위협으로 등장하게 된다는데 있다. 이 네트워크로부터의 위협은 마약거래의 증가로 특정국가의 사회적인 통합을 해체한다거나(Curtis, 2002: 2-36) 아니면 마약경제와 이와 결합된 자금세탁 등의 문제가 해당 국가의 경제적 안정성을 심각하게 훼손한다거나(Mathers,

2004: 112-116) 아니면 핵물질이나 기타 불법무기거래를 통해 테러세력을 의도하지 않게 간접적으로 지원함으로써 특정국가의 테러소요나 내란을 심화시킴으로서 안보위협을 증폭시킨다든지 하는 방식으로 나타난다(Medalia, 2004: 4-8; Wannenburg, 2003: 2). 또한 해적문제의 경우는 특정국가 뿐만 아니라 국제무역질서의 해상수송로 자체를 위협함으로서 국제경제질서 전반에 부정적인 영향을 미치기도 한다(Luft & Korin, 2004: 61-71).

한걸음 더 나아가 이러한 범죄-테러네트워크가 초래한 안보위협이 기존의 정통적인 국가 간의 안보위협과 결합된다는데 보다 심각한 고민이 발생한다. 복층의 안보위협은 상층부의 국가 간의 견제와 균형이라는 정통적인 안보위협과 하층부의 범죄-테러네트워크가 던지는 여타 안보위협들이 있는데 이 서로 다른 층의 안보위협이 상호 통합되는 경향이 나타난다. 예를 들면 북한의 경우 경제적 위기에도 불구하고 국제범죄활동을 통해 국가의 생존성을 연장하게 되며 이는 다시 북한의 위협을 지속시키는 결과를 만들어 낸다(Chestnut, 2007: 80-111). 또한 북한이 개발한 핵무기나 핵물질은 범죄-테러의 네트워크를 통해 테러세력으로 흘러들어갈 수 있으며 이는 다시 핵테러의 형태로 심각한 비정통적인 안보위기를 만들어 낼 수 있다(Bechtol Jr., 2010: 45-54). 전자는 하층부의 안보위협이 상층부의 안보위협으로 변환되는 과정이라면 후자는 상층부의 안보위협이 하층부의 안보위협으로 변환되는 과정이라고 볼 수 있다. 이 밖에도 중국의 범죄자금이 흘러들어와 제주도의 부동산을 사들일 경우 이는 제주도의 해군기지로서의 전략적 가치를 훼손할 수 있고 이는 다시 중국이 추구하는 미국의 대 중국 봉쇄전략을 돌파할 수 있는 기반을 제공할 수 있다. 또한 중국의 봉쇄선 돌파는 동지나해와 남지나해에서 중국의 제해권을 보장할 수 있으며 이는 다시 한국의 해상수송로가 위협받는 결과를 만들어 낼 수 있을지 모른다. 또한, 페르가나 계곡을 중심으로 한 중앙아시아의 마약거래와 무기밀거래는(Rashid, 2002: 187-212) 중국 북서부의 위구르 무장테러세력을 간접적으로 지원할 수 있으며 이는 다시 중국에서의 테러공격 수위를 높이는데 기여할 것이다. 이는 다시 동아시아에서 중국의 부상이 초래하는 역내 국가들 간의 세력균형과 충돌에 영향을 미칠 수 있다.

범죄-테러 결합 네트워크가 제기하는 또 다른 심각한 문제는 이러한 세력의 번성이 국가의 공권력 작동을 약화시키거나 국가를 실패한 국가로 전락시켜 사실상의 무정부 상태로 만들며 이는 다시 해당 국가의 정치적, 사회적, 경제적 위기와 혼란을 증폭시켜 궁극적으로 개별 국가의 안보와 국제안보질서를 심각하게 위협한다는 점이다(Curtis, 2002: 2-36; Kolsto, 2006: 723-740). 범죄, 테러, 또는 범죄-테러 결합과 같은 네트워크적인 위협은 국가부문에 침투하여 해당 국가의 공권력 집행을 마비시키는 체제혼란 또는 붕괴상황(system disruption)을 만들어 낸다. 이 경우 국가의 본연의 기능인 구성원에 대한 보호기능(즉, 범죄로부터의 보호와 외부의 위협으로부터의 보호) 자체를 마비시킴으로써 궁극적으로 국가의 정통성 자체를 약화시킨다(윤민우·김은영, 2011: 85-120). 또한 범죄-테러의 결합 네트워크는 국가부문에 침투하여 하이재킹함으로써 국가 자체를 범죄-테러 세력의 이해를 대변하고 보호하는 하나의 도구로 전락시킨다(Cornell, 2002: 245-276; 2006: 37-67). 이와 같이 범죄·테러의 국가 부문 침투가 성공적으로 진행되는 현상을 범죄-국가의 결합현상(Crime-State Nexus) 또는 테러-국가의 결합현상(Terror-State Nexus)으로 불린다(Cornell, 2002: 245-276; 2006: 37-67). 범죄, 테러, 범죄-테러의 전략적 결합 등이 국가부문을 장악하는 현상은 소비에트 연방이 붕괴된 이후 이 탈 소비에트 공간에 들어선 러시아를 포함한 여러 국가들의 사례와 아프가니스탄과 소말리아, 코소보 등 중앙아시아, 아프리카, 발칸반도 등 세계 도처의 정정불안 지역에서 흔히 목격된다(Cornell, 2002; Kolsto, 2006; Rotberg, 2002).

국가단위가 범죄-세력에 의해 장악되는 현상은 정통적인 국제안보질서에 중대한 딜레마와 위협이 된다. 정통적인 패러다임에서 안전보장의 주체는 국가로 설정된다. 배타적인 영토선을 기준으로 주권 범위 내에서는 국가가 폭력독점권을 보장받고 유일하게 정당하고 합법적인 주체로 사법관할권을 행사한다. 주권범위 내에서 일어나는 어떤 형태의 불법적인 위협은 따라서 해당 국가의 공권력에 의해 억제되거나 해소된다. 한편 국가의 주권범위 밖에서 오는 안전의 위협은 주로 다른 국가로부터 오는 것으로 이해되고 이는 전통적인 자력구제인 전쟁이나 외교의 방식으로 대응되거나 아니면 국제적인 협약과 동맹, 또는 국제법상의 원칙에 의해 다루어진다. 하지만 오늘날 일어나는 딜레마는 주권범위 밖으로부터 오는 안전의 위협이 특정 국가와 국민에게 심각한 위협을 미칠 수 있으나 침해가 기원한 국가의 공권력이 침해주체인 가해세력(범죄집단이나 테러세력)에 의해 장악되거나 힘의 열세에 있어 사실상 그 가해세력을 처벌할 수 없다는 데 있다. 이 경우 다른 국가는 배타적 주권을 존중하는 국제법상의 원칙에 따라 가해세력이 위치한 해당 국가에 개입할 수 없다. 이러한 상황은 결국 그 가해세력에게 국가라는 보호막을 통하여 사실상의 면책특권을 부여하는 것과 같다. 결국 오늘날 국제법상의 원칙과 사실상의 범죄-테러세력에 의한 국가장악이라는 현실상의 괴리는 범죄-테러 세력이 안정적으로 번성할 수 있는 기반을 제공한다.

여기에 더불어 사이버 공간의 확장과 불법, 합법 이주민 공동체의 확산은 특정 국가의 안보상의 공백지역을 확장시키는 반면 범죄-테러 세력에게는 보다 안전하게 전 세계적으로 활동할 수 있는 공간을 제공한다. 사이버 공간은 빠른 속도로 안전하게 국경을 넘나들며 범죄-테러세력이 활동할 수 있는 조건을 제공한다. 반면, 국가단위들에게는 사법관할권의 딜레마로 인해 효과적인 대응을 할 수 없게 만든다. 또한 이주민 공동체의 확산은 특정 사법관할권내에서 치안의 공백지대를 만드는 경향이 있다. 한 국가의 사법관할권내에 있기는 하지만, 언어와 문화가 만들어내는 특수성은 이 이주민 공동체 지역을 사실상의 치외법권 지역으로 만드는 경향이 있다. 하지만 이러한 특수한 공간에서 범죄-테러 세력은 치외법권적인 이점과 문화적, 언어적 동질성을 기반으로 그 세력을 빠르게 확장시켜나갈 수 있다.[2]

궁극적으로 오늘날 범죄-테러의 결합이 만들어 내는 다른 차원의 안보위협은 국가로 하여금 기존의 안보패러다임을 재조정하게 만든다. 범죄-테러의 결합은 네트워크적인 속성을 가진다. 이 때문에 국가라는 위계조직을 대상으로 한 국가안보 패러다임의 수정이 요구된다. 또한 범죄-테러 결합이 제기하는 안보의 위협들은 기존의 안보위협과는 다른 속성들을 가지며 이는 다시 기존의 정통적 안보위협과 통합되어 보다 복잡한 양상의 위협이 된다. 결국 이는 국가로 하여금 네트워크 속성을 가진 실체에 대응하기 위한 국가안보 패러다임을 재설정해야 할 뿐만 아니라 범죄-테러가 결합되고 이러한 경향이 다시 정통적인 전쟁과 국가안보의 문제와 결합되는 복층적이고 다면적인 방식으로 국가안보 패러다임을 다시 설정하도록 요구한다.

구체적으로 국가안보의 패러다임은 범죄와 테러의 문제라는 전통적으로 국가안보의 문제가 아니라 사회문제로 간주되었던 상대적으로 소홀했던 문제들을 국가안보의 시각으로 재조명하고 관심의 수준을 높이는 방향으로 전환되어야 한다. 또한 다소 사소한 문제로 취급되었던 범죄나 테러의 문제들을 국가안보의 틀에서 접근하고 기존의 정통적인 국가안보의 문제들과 통합해서 이해하고 대응하는 방향으로의 재조정이 요구된다. 이는 결국 이전에 국가안보의 영역 밖에 존재했던 사회적 일탈이나, 범죄의 문제, 그리고 테러의 문제를 어떻게 국가안보의 패러다임으로 통

---

2 United Nations Office on Drugs and Crime Terrorism Prevention Branch의 전문가 회의 내용 및 전문가 인터뷰.

합하고 관리할 것인가의 문제로 귀결된다.

≫ 폭력 사업가들과 폭력 시장

개인의 폭력적 능력의 우열과 권위의 차이 때문에 보다 약한 개인이 보다 강하고 권위 있는 개인에게 보호를 의탁하고 열등한 위치를 받아들임으로써 자신에게 닥친 또는 닥칠 수 있는 폭력적 공격의 위협을 해소하고자 하는 현상이 나타난다. 이 과정에서 폭력적 공격으로부터의 보호라는 서비스의 공급자와 수요자가 분화하고 전문화하는 과정이 진행된다(Veblen, 1994). 이 때 대체로 폭력 서비스의 공급자는 폭력 사용권을 계속적으로 유지하며 폭력 서비스의 수요자는 사실상(법적인 정의 여부와 상관없이) 폭력 사용권을 포기하게 된다.

Veblen(1994)은 이러한 폭력 서비스의 공급자를 약탈 인간(predatory men)으로 수요자를 경제 인간(economic men)으로 파악하며 약탈 인간을 경제적 생산으로부터 벗어나 폭력을 소유하며 경제 인간을 보호하는 서비스를 전문적으로 제공하는 폭력 사용집단으로 정의한다. 대체로 이러한 폭력 서비스의 공급자는 자신이 서비스를 공급하는 단위 지역에서는 사법적 판단과 경찰력을 행사하는 치안 서비스의 권위체가 되며 단위 지역 바깥으로부터 오는 폭력적 위협에 대한 군사적 방어자가 된다. Volkov(2002)는 Veblen(1994)이 제시한 약탈 인간을 폭력 사업가들(Violent Entrepreneurs)로 정의한다. 개념적으로 이 폭력 사업가들은 약탈 인간과 일치한다. 폭력 사업가들은 궁극적으로 폭력 사용권을 양도하지 않았다는 점에서 폭력 서비스의 공급자로서의 지위를 가진다. 현실적으로 범죄 집단들과 테러집단들 또는 네트워크들은 폭력 사업가들로서의 속성을 가진다.

폭력 서비스의 공급자와 수요자 사이에는 일정한 계약관계가 형성된다. 이러한 형태의 두 당사자 간의 계약형태는 Patron-Client 관계로 정의된다. 대체로 국가권력이 미약하거나 존재하지 않는 사회에서는 이러한 Patron-Client 관계가 그 지역의 법질서를 유지하는 기본적인 시스템을 형성한다. 시실리아의 전통적인 마피아 현상이나 소비에트 연방 붕괴 이후 초기 10년 간의 기간 동안 구소련 공화국들에서 나타난 러시아 마피아 현상들은 이러한 Patron-Client 시스템의 자연발생적인 특성을 잘 보여준다. 여기서 한 가지 주목할 사실은 Client에 해당하는 폭력 서비스의 수요자는 자신의 폭력사용권을 자발적으로 양도하기보다는 Patron에 해당하는 폭력 서비스의 공급자로부터 그러한 관계를 형성하도록 강요받거나 자신의 폭력적 능력의 한계에 대한 인식에서 비자발적으로 그러한 관계를 받아들일 수도 있다는 점이다. 한편 이러한 가장 기초적인 단위에서 맺어지는 약탈인간과 경제인간 사이의 Patron-Client 관계는 다시 보다 폭력적으로 우월한 능력을 가진 상위의 약탈인간과 보다 열등한 하위의 약탈인간 사이에 2차적인 Patron-Client 관계가 형성될 수 있다. 한편 약탈인간들 사이의 폭력적 능력이 상대적으로 대등한 경우에는 양자사이에 전략적 동반관계 또는 협력관계나 묵시적인 상호인정의 수평적인 협력이나 상호인정의 관계가 성립될 수도 있다(Varese, 2001).

폭력 서비스의 공급자 가운데 가장 익숙하고 정통적인 사례는 국가권력이다(Mayall, 1990: 22-23). 자신의 구성원들에 대한 폭력적 위협으로부터의 보호 서비스는 국가 권력의 가장 본질적인 기능이며 국가의 근본적인 권위와 정통성 역시 이러한 보호 서비스의 효과적인 제공에 기반한다. 이 국가 권력은 자신의 사법 관할권 또는 주권의 범위 내에서 유일한 폭력의 독점자로서 폭력 서비스를 독점적으로 공급하는 폭력 독점 시장을 형성하게 된다(Mayall, 1990: 22-23). 그리고 이렇게 형성된 사법 관할권내의 독점적 지위를 보호하기 위해 외부로부터 오는 폭력적인 공격의 위협에 대해서는 군사적인 또는 외교적인 방식으로 방어하고자 한다(Mayall, 1990: 28-32).

이 국가는 폭력 서비스의 공급 행위자들 가운데 특별한 지위를 누린다. 국가는 법적으로 또한 이념적으로 모든 하위 수준의 폭력서비스 공급자들에 비해 압도적인 헤게모니를 가진다. 이 헤게모니는 정치력과 경제력, 물리적 힘의 사용능력 등의 경성 헤게모니에서의 압도적 우위와 정통성, 권위, 정당성 등과 같은 연성 헤게모니에서의 압도적 우위라는 두 가지 측면을 모두 포함한다. 또한 국가는 공식적으로 자신 이외의 모든 다른 형태의 폭력 서비스 공급자들의 존재나 지위, 그리고 기능 등을 원칙적으로 모두 부정하며 불법화한다. 궁극적으로 이런 측면에서 국가는 폭력 서비스 공급시장에서 완전한 공급 독점을 추구한다(Poggi, 1990). 하지만 폭력 서비스의 공급자는 국가만이 유일한 실체는 아니며 다른 형태의 폭력 서비스의 공급자가 얼마든지 다양한 형태로 존재하며 그 기능을 수행할 수 있다. 중세 유럽에서는 기사 계급들이 스스로의 무력을 행사하며 농노들을 상대로 그러한 기능을 수행하였으며(Veblen, 1994), Volkov(2002)나 McCauley(2001)의 연구에 따르면 소비에트 연방이라는 국가권력이 일시적으로 기능 정지 상태에 들어갔던 1990년대의 러시아에서는 마피아나 조직폭력집단이 그러한 폭력 서비스의 공급자로서 기능했던 것을 볼 수 있다(Abadinsky, 2010). 또한 이와 비슷하게 비 국가 행위자가 폭력 사용권을 유지하며 폭력 서비스의 공급자로 기능하는 사례는 오늘날 중앙 정부가 실제로 거의 존재하지 않는 소말리아에서 해적 집단들이 보호 기능을 하는 것(Murphy, 2011)과 남부 레바논 등지에서 국가 권력으로 인정받지 못하고 테러집단으로 간주되는 히즈불라가 해당 지역의 안보 서비스의 제공자로 기능하고 있는 사례들을 통해 입증된다(Grynkewich, 2008). 시리아와 이라크 일부 지역을 장악한 IS의 경우도 이에 해당한다고 볼 수 있다.

오늘날 국제안보질서에서 당연한 것으로 받아들여지는 대부분의 민족국가에서 보여지는 국가에 의한 안보 서비스의 독점적인 공급은 단지 해당 국가권력의 힘과 능력과 권위에 의해 결과 되는 시장의 독점적 지배 현상을 보여주고 있는 일시적인 상황으로 이해할 수 있다. 또한 국제법 또는 국제정치적으로 인정되는 주권 범위 내에서 유일한 폭력 서비스의 독점적 공급자로 간주되는 국가의 지위 역시 본질적으로는 자의적이며 임의적인 결단의 결과이다. 대체로 국가가 폭력 서비스를 독점하고 있는 독점시장의 현상은 한국과 미국, 서유럽의 각국들과 현재의 러시아 등 국가의 경성, 연성 헤게모니가 안정적이고 우월한 사회들에서 나타난다. 이 경우 국가 권력은 다른 형태의 폭력 서비스 공급자들이 시장에 진입하지 못하도록(경찰권과 사법권, 그리고 군사적 자위권의 행사를 통해) 지속적으로 거부하고 배제하는 역동적인 과정상에서 자신의 독점적 지위를 유지하고 있다고 파악할 수 있다. 한편 국가의 경성, 연성 헤게모니가 약화될 경우에는 언제든지 다른 형태의 폭력 서비스 공급자들이 국가의 독점 시장에 뛰어들어 국가 기능을 부분적으로 대신하여 폭력 서비스를 제공하는 현상이 나타나게 된다. 이는 폭력 서비스 공급의 독점 시장이 과점 또는 균점 형태의 시장으로 전환됨을 의미 한다. 그리고 이러한 경쟁 구조는 국가의 정통성과 권위, 그리고 통치 역량을 심각하게 훼손함으로써 해당 국가내의 국가권력이 정상적으로 폭력 서비스를 제공하지 못하게 한다. 또한 이러한 경쟁 구조는 국가권력과 비 국가 폭력 집단 간의 지속적인 무력 충돌 또는 비 국가 부문의 국가 부문에 대한 침투(부패나 뇌물, 강박 등을 통해)를 가져 옮으로써 안정적이고 체계적인 국가의 폭력 시스템이 가동되지 못하게 함으로써 그 국가 단위내의 치안 및 안보 질서를 심각하게 훼손한다(Volkov, 2002). 대체로 국가의 경성, 연성 헤게모니가 심각하게 약화된 경우에는 약화된 국가(Weakening state) 또는 실패한 국가(Failed state)의 모습을 띤다(Naim, 2005).

이런 형태의 국가의 경우에는 명목상으로는 국가의 폭력 독점시장체제가 유지되면서 현실적으로는 범죄조직이나 테러세력과 같은 비 국가 부문의 폭력 서비스 공급자들과 국가부문의 부패한 사적행위자들이 경쟁적으로 폭력 서비스를 제공하는 경쟁적인 시장의 형태를 띤다. 이러한 모습들은 소말리아, 아프가니스탄, 콜롬비아, 멕시코, 나이지리아 등의 세계 도처에서 관찰된다. 국가독점시장에서 과점, 균점시장으로의 이행 역시 절대적이라기보다는 연속적인 스펙트럼 상에서 이행되는 상대적인 현상이다.

≫ 폭력 사업가들로서의 범죄조직과 테러조직의 스펙트럼과 범죄-테러 결합현상

범죄집단들과 테러집단들 또는 네트워크 들은 폭력 사업가들(Violent Entrepreneurs)이라는 공통의 속성으로 규정될 수 있다(Hesterman, 2013; Volkov, 2002). 이들은 폭력 사용권의 소유와 행사라는 본질적 속성을 공유하며 그러한 측면에서 국가의 본질적 속성에 도전하는 성격을 가진다. 즉, 국가가 유지하고자하는 폭력 시장의 독점에 근본적인 시장 교란행위자로서 국가에 도전한다. 범죄세력과 테러세력들은 자신들의 목표를 추구하기 위해 기꺼이 폭력을 사용할 의지와 능력을 갖추고 있으며 또 실제로 행사한다.

조직범죄로 나타나는 범죄세력들과 테러집단들은 폭력 서비스의 공급자로서의 성격을 갖는다. 범죄세력들은 자신들이 작동하는 지역적 단위 또는 특정 범죄시장의 범위 내에서 그리고 테러세력들은 자신들이 장악하거나 영향을 미치는 특정 지역단위나 사람들에 대해 그러한 폭력 서비스의 공급자로서 기능을 수행한다(Volkov, 2002). 예를 들면 시실리나 칼라브리아의 마피아나 드랑게타와 같은 범죄조직의 경우에는 전통적으로 해당 지역에서의 주민들 간의 분쟁이나 재산권, 그리고 계약상의 분쟁을 조정하고 해결하는 조정자로서의 기능을 행사했고 이에 대한 대가로서 현물이나 대가 서비스 또는 금전의 형태로 보호세를 받았다(Abadinsky, 2010; Varese, 2001).

물론 콜롬비아나 멕시코의 마약 카르텔이나 그밖에도 다른 지역의 범죄조직이나 조직폭력집단에서 보듯 이러한 범죄세력들은 경제적 이윤을 추구하는 비즈니스 활동에 주력하는 기업으로서의 성격을 가진다(Hesterman, 2013: 8-9). 하지만 이러한 범죄조직들도 역시 궁극적으로 폭력사업가로서의 속성을 가진다. 범죄 또는 합법적인 비즈니스 활동으로 축적한 경제적 부를 스스로의 폭력적인 능력으로 보호하고 마약거래 등의 불법 비즈니스의 생산에서 유통, 분배, 소비에 이르는 전반적인 작동과 관련하여 거래 참여자 또는 계약 참여자들의 거래 또는 계약 집행을 보장하고 이를 물리적으로 강제하는 역할을 수행한다. 또한 자신들의 세력범위 내에서 나타나는 혼란이나 소요, 또는 기타 일반 범죄 등의 문제를 억제하는 사적인 법 집행 기능을 수행한다. 더욱이 마약거래 등의 불법산업에 참여하여 경작하거나 노동하거나 생산, 판매하는 다양한 형태의 산업 참여자들의 활동과 재산 등을 보호해야 하는 필요성을 가진다. 이는 이러한 자신의 세력범위 내에 있는 사람들의 보호가 궁극적으로 장기적인 자신들의 이윤과 영향력의 확대와 유지에 핵심적인 사항이기 때문이다.

테러집단의 경우는 보다 직접적이고 뚜렷하게 국가로서의 성격을 가진다. 이들은 폭력을 소지하고 행사하며 보다 직접적인 방식으로 국가에 대해 정치적, 권력적으로 도전한다. 대체로 이들은 보다 명백하고 직접적인 방식으로 자신들이 통치하는 지역이나 지방을 점유하고 있으며 그 영향력의 범위 내에 속한 구성원들을 통치하며 이들의 분쟁이나 갈등, 문제들에 개입하여 조정하거나 해결하는 법 집행의 권위체로 기능한다. 이들은 또한 자신들의 지배 영역내의 거주자들로부터 보호세나 세금 등을 징수하거나 병력 충당을 위해 테러조직의 전투원을 모집하거나 징발하기도 한다(Kilcullen, 2009). 심지어 히즈불라와 같은 테러조직은 현대 국가의 주요 기능중의 하나인 병원, 학교, 구호활동과 같은 복지기능을 수행하기도 하는 모습을 보인다(Grynkewich, 2008). IS 역시 자신의 점령지에서 사법활동과 식량 및 의약품 공급활동, 독자화폐의 제조 등과 같은 활동을 전개하였다. 이러한 테러조직들의 모습은 테러집단이 궁극적으로 국가와 같은 속성을 가지고 있음을 보여준다.

범죄집단과 테러집단은 그 구체적인 목표의 추구에서 범죄 집단 들은 경제적인 부를 추구하며 테러 집단들은 정치적 권력을 추구한다는 행태적인 면에서 중요한 차이점을 가진다. 하지만 이러한 차이점은 본질적인 측면보다는 상대적인 속성을 가지며 시간과 상황, 그리고 조건의 변화에 따라 한 목표(경제적 부)에서 다른 목표(정치적 권력)로 이동하는 속성을 가진다. 이러한 목표이동의 이유는 수렴현상에 따른 것이다. 경제적 부를 추구하는 폭력 행위자는 자신의 축적한 부와 그 경제적 부를 확대 재생산하는 시스템을 보호해야할 동기를 가진다. 이러한 보호는 주요하게는 국가로부터의 보호를 의미한다. 이 경우 국가 부문에 대한 침투를 통해 국가의 의사와 집행을 변화시킴으로써 스스로의 경제적 이해를 보호하든지 아니면 국가를 직접 공격함으로써 국가를 약화시키는 것을 통해 스스로의 이해를 보호한다.

따라서 경제적 부의 추구는 정치적 권력의 추구로 필연적으로 이어진다. 국가 부문에 대한 침투를 통한 정치권력의 추구는 부패나 뇌물, 협박 등의 방식을 통해 국가의 행정부나 입법부의 의사결정과 집행에 관여하거나 경찰, 검찰, 법원, 그리고 교도소와 같은 국가의 법 집행 기능에 침투하여 자신들에게 유리한 방식으로 국가의 법 집행이 이루어지도록 만들거나 군이나 정부기관 등에 침투하여 자신들의 이해를 위해 작동하도록 국가기관을 부패시키는 형태로 나타난다(Makarenko, 2004). 국가에 대한 직접 공격은 국가의 폭력적 능력에 비해 범죄집단의 폭력적 능력이 우월할 때 나타나는데 이러한 예는 흔하지는 않으나 멕시코의 마약 카르텔 등의 경우에서 부분적 지엽적으로 이러한 현상이 나타난다. 이들 멕시코의 마약 카르텔들은 자신들의 사병집단과 탱크와 대전차화기 등의 중무장을 갖추고 있으며 멕시코 연방군과 경찰을 상대로 전투나 폭탄테러 공격, 암살이나 무장 공격 등을 감행하기도 한다(Hesterman, 2013: 133-163).

　한편 정치적 권력을 추구하는 테러집단은 자신의 국가에 대한 폭력적 도전을 지속하기 위해 경제적 자원의 지속적이고 안정적인 공급을 필요로 한다. 이 때문에 마약거래, 무기밀매, 인신매매, 보호세의 강압적 징수 등의 범죄적 활동에 참여할 필요성을 가지게 된다. 이 경우 정치적, 군사적 필요에서 범죄를 통한 경제적 부의 획득 역시 필연적으로 연결된다. 냉전시기에는 테러집단이 범죄사업에 참여하는 현상이 드물게 나타났다. 이는 대체로 이 시기 테러집단들에 대한 자금의 공급이 소련이나 미국과 같은 냉전의 당사자인 국가행위자로부터 왔기 때문이다. 막대한 테러집단에 대한 지원금과 원조가 국가부문으로부터 조달되었기 때문에 테러집단들이 굳이 범죄행위를 통해 자금을 조달할 필요성이 없었다. 또한 테러활동의 주요 자원의 하나인 무기역시 이들 국가행위자들로부터 조달되었다. 하지만 이러한 상황은 냉전의 종료와 함께 급격히 바뀌게 된다. 소련과 미국과 같은 국가부문으로부터의 자금지원이 단절되자 테러집단들은 새로운 자금원을 확보해야할 필요성에 직면했다. 이슬람 극단주의 테러집단들은 알 카에다의 직접적인 자금지원이나 또는 이슬람 모금단체나 자선단체로부터의 자금지원 등을 통해 어느 정도 테러자금을 확보할 수 있었지만 이 역시 충분한 정도는 아니었다. 이 때문에 테러자금 조달을 위한 대안을 찾아야할 필요성이 나타났고 마약거래, 인신매매, 인질납치와 같은 조직적 범죄사업이나 이러한 범죄사업들의 활동을 보호하고 보호세를 징수하는 것들은 테러자금 조달을 위한 쉽고 효과적인 대안이 되었다. 더욱이 냉전 이후 국가로부터의 무기조달이 어려워진 상황에서 무기조달의 필요성 때문에도 테러세력들은 국제 범죄사업에 적극적으로 참여하게 된다(Hesterman, 2013).

폭력 사업가의 서로 다른 형태인 범죄조직과 테러집단이 목표의 추구 면에서 서로 다른 모습을 띠기는 하지만 이는 절대적이라기보다는 상대적이다. 이러한 여러 경험적 현상들을 살펴볼 때 범죄조직과 테러조직이라는 두 가지 서로 다른 형태의 폭력 사업가들은 하나의 연속선상의 스펙트럼위에 위치해 있으면서 상황과 조건과 필요에 따라 끊임없이 변모하는 속성을 보여준다고 할 수 있다(Makarenko, 2004). 이러한 현상을 간략이 정리하면 다음의 <표 7-1>과 같다.

표 7-1 테러조직과 범죄조직의 스펙트럼

목표의 종류와 강도	폭력적 사업가(Violent Entrepreneurs)들의 목표			
	정치적 권력	⇔	⇔	⇔	경제적 부
Crime-Terror 스펙트럼 상의 유형	테러조직	전술적 수단으로 조직적 범죄에 참여하는 테러조직	융합	전술적 수단으로 테러활동을 채택하는 범죄조직	범죄조직

≫ 범죄, 테러, 그리고 범죄-테러 결합에 의한 국가장악

범죄, 테러, 그리고 범죄-테러의 결합에 의한 국가장악현상에 있어, 범죄, 테러, 그리고 범죄-테러의 결합 부문과 국가와의 관계의 조합은 대체로 해당 국가가 강한 국가인가 또는 약한 국가인가의 여부에 따라 결정되는 경향이 있다(Cornell, 2006). 여기서 강한 국가는 국가부문이 폭력 서비스 시장의 독점적인 지위를 장악하고 있는 경우이다. 국가가 법질서를 유지하는 주요한 기능을 담당하고 있으며 다른 폭력 사업가들에 비해 압도적으로 우월한 경성, 연성 헤게모니를 유지하고 있다. 한편 약한 국가의 경우는 국가부문의 폭력서비스 공급시장의 독점적 지위가 약화되고 다수의 사적인 폭력서비스 공급자가 나타나서 실질적인 영향력을 발휘하는 시장의 과점 또는 균점현상이 나타나는 특정 국가의 범위(구체적으로는 국제법상의 주권국가의 범위 내)를 의미한다. 국가의 경성, 연성 헤게모니가 심각하게 약화되고 사실상 사적인 폭력 사업가들을 압도하지 못하거나 경쟁관계에 있는 그러한 국가를 지칭한다.

1. 강한 국가

대체로 국가부문의 폭력적 능력이 유지될 경우 사적인 폭력 사업가들이 이 국가에 직접적으로 도전하기보다는 간접적으로 국가부문에 침투하는 형식을 띤다(Cornell, 2006). 국가의 폭력적 능력은 경성, 연성 헤게모니와 관련이 있다. 국가의 법질서(rule of law) 유지가 정당한 것으로 그 국가의 일반 구성원들(폭력 서비스의 수요자들)에게 받아들여지는 심리적, 문화적 정도에 따라 결정되는 연성 헤게모니의 크기는 국가 부문의 폭력적 정당성을 결정한다. 한편 경찰, 검찰, 정보기관, 그리고 군 등으로 표현되는 국가의 실제적 폭력 사용능력은 국가의 경성 헤게모니와 관련이 있다. 대체로 국가의 폭력적 능력은 경성, 연성 헤게모니의 합으로 나타나며 국가의 폭력적 능력이 쇠퇴할 경우에는 일반적으로 경성 헤게모니의 능력에서의 쇠퇴가 먼저 일어나며 연성 헤게모니의 쇠퇴는 그 이후에 일어나게 된다. 하지만 연성 헤게모니의 쇠퇴는 점진적으로 서서히 진전되는 경향이 있다. 실제로 국가의 폭력적 능력의 쇠퇴 시에 어떤 점핑 포인트에서 국가에 대한 사적 폭력 사업가의 직접적 도전이 발생하는가는 구체적으로 말하기 어려우나 어떤 긴장(strain)의 끝점에 도달하기 전까지는 국가에 대한 직접적인 도전보다는 국가 부문에 대한 부패와 뇌물, 협박 등을 통한 침투가 일반적으로 나타난다. 따라서 어느 정도까지의 경성, 연성 헤게모니를 갖고 폭력적 능력에서 사적 폭력사업가들을 압도하는 국가를 강한국가로 분류할 수 있으며 이러한 국가들에서는 침투가 일반적으로 나타난다.

강한 국가인 경우에도 해당 국가의 폭력적 능력의 여부에 따라 여러 다른 모습을 띤다. 이는 비국가 폭력 사업가들(범죄세력이나 테러세력들)의 침투 정도의 여부와도 관련이 있다. 이와 관련하여 국가와 자본가의 관계에 대해 논의한 막시스트들의 여러 관점들은 흥미로운 시사점을 준다. 예를 들면 도구주의 막시스트들은 국가가 자본가의 이해관철의 도구인 꼭두각시에 불과하다고 보는 반면 구조주의 막시스트들은 국가 부문이 자본가에 비해 상대적인 자율성이 있으며 어느 정도는 자본가들의 이해에 반하는 행태를 보이기도 한다고 주장한다. 한편 국가독점자본주의의 시각은 국가부문이 자본가들을 압도하며 이끌어가는 국가가 우위에 있는 관계를 상정한다. 이러한 흥미로운 시각은 경험적으로 범죄조직이나 테러조직과 같은 사적 폭력 사업가들이 국가와 어떠한 관계를 형성하는지를 보여주며 이러한 관계는 사적 폭력 사업가들의 국가부문에 대한 침투 정도와 국가의 그러한 침투에 대한 면역성 또는 저항력의 크기에 달려 있다. 이러한 관계 여부에 따라 국가는 사적 폭력 사업가들의 도구에 불과하거나 상대적인 자율성을 가지거나 아니면 국가부문이 압도하는 그러한 관계들이 형성될 수 있다. 이러한 서로 다른 조합의 관계 역시 하나의 스펙트럼 상에서 끊임없이 변화되며 어떠한 조합을 띠는 가는 국가의 저항력과 사적 폭력사업가들의 침투능력에 따라 결정된다. 대체로 사적 폭력 사업가들이 대통령, 입법부, 사법부, 행정부 등의 국가부문의 최고위급 수준에까지 침투할수록 국가가 사적 폭력집단의 도구로 기능할 가능성이 높아지며 국가부문의 저항력과 힘이 클수록 이러한 사적 폭력사업가들의 침투는 지방 경찰이나 사건담당 수사관, 지방의 중간 또는 하급 관료들에 한정되는 성격을 띤다.

강한 국가의 경우 범죄, 테러 세력은 부패와 뇌물, 협박, 또는 전략적 제휴 등을 통한 국가부문에의 침투를 시도한다. 이러한 침투는 국가부문에 속한 관료나 정치인들 개인을 대상으로 시도되며 인적 네트워크의 구축을 통해 스스로의 이해를 관철하고자 한다. 이 경우 범죄세력들은 범죄-국가 결합(crime-state nexus)을 추구한다 (Cornell, 2006). 한편 테러세력의 경우는 간헐적인 납치나 소규모 폭탄테러, 무장공격 등을 통해 자신들의 존재를 알리며 정치적 정당성을 지속하려고 하나 현실적으로 테러를 통한 국가에 대한 직접공격을 통해 자신들의 정치적 목적을 달성할 가능성은 희박하다. 때문에 이런 상황에서 테러조직들은 명목상의 테러조직의 성격을 주장하면서 사실상 범죄세력으로 변환하는 과정을 거치며 범죄세력과 마찬가지로 자신들의 경제적 이해를 위해 국가에 침투하는 전략을 취하거나 아니면 간헐적인 폭탄테러 공격 등을 통해 미디어 효과를 극대화하면서 장기적으로 프로파간다 활동에 주력하는 모습을 띤다.

강한 국가의 경우 기본적으로 폭력 서비스 공급시장은 독점의 형태를 유지한다. 이러한 독점시장 내에서 사적 폭력 사업가들은 특정부문이나 지역영역에서 은밀하게 불법적으로 따라서 불완전하게 폭력 서비스를 공급한다. 하지만 이러한 취약성 때문에 사적 폭력 사업가들의 활동과 지위는 언제나 불안하며 취약하다. 국가의 강력한 독점적 지위 때문에 따라서 대부분의 주요한 노력들은 어떻게 국가부문에 침투하여 국가를 도구적으로 활용할 것인가에 집중된다. 국가부문의 상층부에 또한 보다 더 광범위한 국가부문에 침투할수록 폭력 서비스 시장에서의 사적 폭력 사업가들의 장악력은 증가한다. 하지만 이 경우에도 사적 폭력 사업가들의 시장장악은 외견상 국가부문의 형식을 빌리거나 후원을 통해 행사된다.

2. 약한 국가 또는 실패한 국가

국가 부문의 경성, 연성 헤게모니가 심각하게 약화되거나 존재하지 않을 경우 국가의 폭력 서비스 제공 능력은 심각히 퇴조된다. 이런 경우에 국가가 독점하는 폭력서비스 공급시장은 국가부문과 테러나 범죄조직과 같은 사적인 폭력 사업가들이 균점하거나 과점하는 형태로 변화된다. 이 경우 사적인 폭력 사업가들이 국가단위 내의 특정지역이나 지방을 장악하여 해당지역 내에서 사실상의(de facto) 국가로 기능하거나 아니면 해적산업 또는 마약산업, 불법 밀입국사업과 같은 특정 산업부문에서 사실상의 권위자(arbitrator)로 기능한다(Cassara & Jorisch, 2009; Hesterman, 2013; Murphy, 2011; Naim, 2005).

특정국가가 약한 국가인가 실패한 국가인가는 정도의 문제이다. 대체로 이 경우 국가의 경성 헤게모니는 거의 상실되었으며 때문에 사적인 폭력 사업가들이 갖고 있는 폭력적 능력에 비해 상대적으로 열등하다. 연성 헤게모니 여부에서 약한 국가는 실패한 국가에 비해 어느 정도 연성 헤게모니를 유지하고 있다. 반면 실패한 국가는 연성 헤게모니 마저도 심각한 정도로 상실한 상태에 있으며 때문에 국가라는 명목상의 타이틀 이외에는 거의 영향력을 갖지 못한다. 대체로 이러한 형태의 약한 국가 또는 실패한 국가는 국가의 핵심이 위치한 수도를 제외하고는 거의 기능이나 능력을 발휘하지 못한다. 대체로 이러한 국가들은 내전상태이거나 심각한 정도의 무장항쟁이 지속되거나 테러, 마약이나 인질납치, 불법무기거래 등이 번창한다. 사회, 경제적으로 아노미 상태를 나타내며 권력의 공백상태를 보여준다. 이러한 사례들로는 2001년 이후의 이라크, 아프가니스탄, 소말리아, 말리 등을 들 수 있다.

약한 국가 또는 실패한 국가에서는 전형적인 범죄-테러의 결합(crime-terror nexus)이 형성된다(Cornell, 2006). 이 경우 테러세력은 중앙국가를 공격하여 약한 국가 또는 궁극적으로 실패한 국가로 만들고 이는 다시 범죄세력이 안정적으로 범죄사업을 실행하고 안정적 범죄수익을 만들어 내도록 기여한다. 범죄세력은 테러세력에게 무기와 자금, 또는 테러조직원의 안전한 이동과 같은 서비스를 제공하며 테러세력은 범죄세력에게 중앙정부로부터 보호자의 기능을 하거나 범죄세력의 무기밀매 등의 주요한 고객이 된다. 보호세의 징수 또는 마약거래 등과 같은 범죄 산업에의 참여 등을 통해 테러세력은 막대한 자금의 확보를 도모할 수 있다. 이러한 범죄-테러의 결합은 서로의 이해를 극대화하도록 돕는 기능을 하며 이러한 결합된 힘은 궁극적으로 중앙국가의 힘을 무력화시키고 폭력서비스 공급시장을 과점, 균점 상태로 유지하는 해당 지역에서의 안보의 위기를 확대재생산한다(Cornell, 2006).

≫ 범죄, 테러, 그리고 범죄-테러의 결합과 국가장악 사례들

1. 러시아

러시아의 경우는 전형적으로 강한국가 부문에 대한 조직범죄 세력의 침투의 형태로 나타났다. 러시아의 국가 부문은 소비에트 연방의 붕괴 이후에도 경성, 연성 헤게모니 부문 모두에서 상당히 강한 정도로 유지되었다고 평가할 수 있다. 러시아 국민들의 러시아 국가에 대한 심리적, 문화적 지지는 상당히 견고하게 유지되었다. 또한 MVD, FSB, 군 등의 러시아의 주요한 경성 헤게모니 능력은 소련의 대부분의 유산을 넘겨받음으로써 폭력적 능력에서 사적인 폭력사업가들에 비해 압도적인 우위를 유지하였다. 이런 맥락에서 러시아에 대한 사적 폭력사업가들의 영향력은 주로 국가부문에 대한 침투를 중심으로 전개되었다.

물론 러시아의 경우 국가 부문의 폭력 사업가들에 대한 상대적 능력에 따라 두 시기로 나눠진다. 90년대 대부분의 옐친 정권 시기에는 러시아의 국가부문에 대한 사적 폭력 사업가들의 침투가 상당 정도로 강하게 진행되었다. 이 시기에는 힘의 균형에 있어 국가에 대한 사적 폭력 사업가들의 영향력이 상당히 강했다고 평가될 수 있으며 이 때문에 국가부문이 사적인 폭력 사업가들의 이해관계를 보호하거나 이를 위해 봉사한 측면이 두드러진다. 일부 러시아 지방에서는 경우에 따라서 약한 국가의 면모를 보여주어 사적인 폭력 사업가들 간의 무력충돌이 벌어지기도 하는 모습을 보여준다. 때문에 90년대 시기 동안은 러시아 국가가 범죄 집단의 도구로 기능하거나 약한 정도의 상대적 자율성을 가졌던 시기로 평가될 수 있다(Shelley, 2000; Voronin, 2000).

하지만 2000년대 이후 푸틴 정권의 시기 동안은 국가와 사적인 폭력 사업가들 간의 힘의 관계가 대체로 역전이 되는 현상을 보여준다. 이 시기 동안에는 푸틴을 중심으로 한 실로비키로 일컬어지는 국가 부문의 핵심세력이 러시아 대부분의 범죄세력들의 이권을 장악하고 그러한 범죄세력들을 국가의 통제 아래 두는 형태로 변모한다. 이런 맥락에서 이 시기에는 국가의 사적 폭력사업가들에 대한 상대적 자율성이 증대하여 국가우위의 구도로 변환된 현상을 보여준다. 하지만 흥미로운 사실은 국가부문의 뚜렷한 우위에도 불구하고 사적인 폭력 사업가들의 국가부문에 대한 침투는 더욱 은밀하게 진행된다. 대체로 범죄조직들은 국가부문의 하위 단위인 경찰이나, 지방정부, 검찰이나, 지역의 주둔군 등에 침투하면서 국가부문의 상위 단위에 포진한 국가부문의 실로비키와 전략적 유대를 형성하면서 자신들의 사적 이해를 보호하고 유지한다. 한편 국가 상위부문의 실로비키들은 사적 폭력사업가들에 대한 자신들의 힘의 우위를 이용하며 자신들의 사적인 이해를 은밀히 보호하고 유지하는 모습을 띤다. 때문에 이 범죄-국가의 결합이 보다 은밀한 방식으로 공고히 된 시기로 평가될 수 있다(Bremmer & Charap, 2006).

국가부문에 대한 사적 폭력 사업가들의 침투는 두 가지 서로 다른 수준에서 이루어지는 경향을 소비에트 붕괴 이후의 러시아는 보여준다. 첫 번째 수준은 대통령과 행정부, 입법부, 사법부 등의 국가의 최고위급 수준에서의 사적 폭력사업가들의 침투이다. 이와 같은 높은 수준에서는 가스나 석유, 철강과 같은 국가의 대규모 자산을 약탈하는 노력들과 관련이 있다. 또한 마약거래, 무기밀거래, 인신매매 등의 범죄 사업에서도 유라시아 대륙을 아울러는 국제적 범죄거래의 참여와 통제를 통한 막대한 규모의 경제적 이익을 창출한다(Hellman, Jones, & Kaufmann, 2003; Shelley, 2000).

한편 두 번째 수준은 도시의 거리나 구역단위 또는 특정 지방의 구역단위에서 일어나는 낮은 수준에서의 사적 폭력 사업가들의 활동이다. 이러한 수준에서는 개혁, 개방과 소련 붕괴 후 갑자기 여기저기서 등장한 가게들이나 상점들 또는 거리의 키오스크와 시장 상인들 등을 대상으로 보호세를 징수하고 사적인 보호서비스를 제공하거나 소매(retail) 수준에서 마약거래에 참여하거나 사기 또는 인신매매와 매춘 등에 개입함으로써 이익을 획득한다(Dunn, 2000; Volkov, 2002).

서로 다른 수준에서의 사적인 폭력 사업가들의 활동을 뚜렷이 구분 짓기는 어려우나 대체로 국가 부문의 상위와 하위차원에서의 서로 다른 행태의 침투가 구분되는 경향들이 90년 이후 지난 20년 간의 시기에 러시아에서 일어났다. 특히 1990년대 옐친 정권의 시기에는 상위레벨에서는 올리가키와 손체보 범죄조직 등으로 대변되는 강력한 사적인 폭력 행위자들이 국가의 상위부문에 침투하는 현상이 나타났다. 이러한 사적인 폭력 사업가들은 Vory V Zakone이라고 불리는 전문 범죄인들도 있었지만 대체로 전직 KGB나 MVD 고위관료이거나 국영기업체의 간부, 군 장성출신이거나 과거 공산당의 고위간부 출신들이 사적인 폭력 사업가로 변모하면서 국가부문의 현직에 있는 옐친 대통령의 측근들과 FSB, MVD 또는 군의 장성들,

국가고위관료들과 결탁하면서 국가 소유의 막대한 부를 약탈했다. 또한 이들은 국제마약거래나 무기거래와 같은 대규모, 고수익의 국제적 범죄거래에 참여함으로써 막대한 부를 축적했다. 이밖에도 보다 하위차원의 범죄조직들을 비호하면서 그 대가로 이러한 범죄조직들이나 범죄 사업가들로부터 보호세를 징수했다. 대체로 이러한 사적 폭력 사업가들과 국가부문의 상층부는 크뤼샤로 불리는 전략적 결합을 유지하면서 참여자들의 사적인 이익을 위해 기능했다. 국가의 보호서비스는 거의 작동하지 않았으며 이 크뤼샤의 사적인 보호서비스 시스템이 주요한 보호 서비스 공급자로 작동했다. 이러한 양상은 전형적인 사적 폭력자의 국가부문에 대한 심각한 침투를 보여주며 그 힘의 균형은 사적인 폭력 행위자에게 기울어져 있는 구조를 형성했다(McCauley, 2001; Shelley, 2000; Waller, 1994).

한편 같은 시기 동안 하위레벨에서는 일시적 무정부 상태가 발생하며 폭력 서비스의 과점 또는 균점현상이 나타났다. 90년대 초, 중반에 걸쳐 러시아 국가권력이 지역수준의 하위차원에서 거의 실종되었다. 법적, 제도적인 공백상태가 발생했고, 대량해고와 심각한 도덕적 해이, 그리고 국가재정의 부족으로 국가의 공공부문의 경찰력과 법 집행 능력이 마비되었다. 또한 이 시기 한때 세금이 소득의 80%에 달할 정도로 비현실적인 조세행정이 나타났으며 이 때문에 광범위한 탈세가 이루어졌다(Voronin, 2000). 이러한 국가 공권력의 붕괴상황에서 전직 스포츠맨들과 전문 도둑들, 그리고 해고되거나 퇴직한 전직 경찰이나, 보안요원들 또는 전쟁 베테랑들이나 군 출신들이 범죄조직이나 탈법적인 사설보안업체를 형성하며 지역 단위의 사업자들과 상인들에게 보호서비스를 제공했다. 이러한 상황은 90년대 후반으로 갈수록 다소 안정화되며 다시 국가 공권력이 사적 폭력사업가들에 대해 우위를 차지하는 방향으로 움직여 가는데 이 경우 이러한 국가 부문의 현직 경찰이나 보안기관원들 또는 지역의 시장이나 고위관료들과 결탁한 보다 폭력적인 능력에서 상대적으로 우월한 사적 폭력사업가들이 지방 또는 지역단위의 폭력 서비스의 주요 공급자로 자리 잡게 된다(Volkov, 2002). 2000년대 푸틴 대통령의 집권 이후에는 국가와 사적 폭력사업가들의 관계가 국가부문에 더 우세한 방향으로 이동하게 된다. 상, 하위 차원에서 동시에 이러한 국가부문의 사적 부문에 대한 재장악이 이루어진다. 푸틴을 둘러싼 권력핵심 세력인 실로비키들을 중심으로 국가의 상층부문에서 이들이 합법적 또는 불법적 경제적 이득을 거의 장악하게 되고 사적 부문에 대한 확고한 우위를 유지하게 된다. 또한 이러한 국가부문의 장악력은 궁극적으로 하위차원에까지 확장되어 나가는 경향을 보이며 하위레벨에서 경찰이나 세금경찰 또는 보안기관의 사적인 폭력 사업가들에 대한 우위 역시 확고해진다. 반면 사적 폭력사업가들은 상, 하위 차원의 모든 영역에서 국가부문의 행위자들에 대한 전략적 연대를 추구하게 되며 뇌물과 부패 등을 통한 연결을 통해 자신들의 사적인 이해를 추구한다. 이 시기에는 따라서 눈에 띌 정도의 뚜렷한 조직범죄나 폭력 충돌의 양상보다는 은밀하고 조용한 방식의 조직범죄가 나타난다. 그리고 이러한 조직범죄의 성공여부는 국가부문의 권력행위자들과 얼마나 견고한 전략적 연대를 유지하는가하는 침투의 정도 여부에 따라 결정된다(Bremmer & Charap, 2006).

2. 탈 소비에트 중앙아시아

중앙아시아 지역은 대체로 약한 국가의 동학이 뚜렷이 나타난다. 물론 이 경우는 구체적인 특정 국가나 지역에 따라 차이가 있다. 예를 들면, 페르가나 지역이나 키르기스스탄, 타지키스탄, 투르크메니스탄 등의 경우는 약한 국가 또는 실패한 국가의 동학이 보다 뚜렷이 나타나는 지역이다. 반면에 우즈베키스탄이나 카자흐스탄과 같은 경우는 상대적으로 강한 국가로서의 모습을 보인다. 하지만 이러한 상대적으로 국가권력이 강한 지역에서도 러시아 등의 강한 국가와 비교할 때는 상당 정도의 약한국가로서의 모습을 띤다. 더욱이 인근 실패한 또는 상당히 약한 국가인 아프가니스탄을 중앙아시아 지역에 포함할 때 중앙아시아 지역의 국가부문이 상당히 취약하다는 점은 분명해 보인다(Rashid, 2002).

중앙아시아 지역의 지리적 근접성은 이 지역 국가들의 약한 국가로서의 취약성을 더욱 크게 만든다. 페르가나 계곡의 사례와 같이 여러 인접 국가들의 국경이 맞닿아 있고 여전히 국경선의 확정문제가 해결되지 않았으며 국가들 간의 영토 분쟁이 남아있다. 이 때문에 이러한 지역들에서의 국가 권력은 거의 존재하지 않거나 작동되지 못하며 사실상의 무정부 상태로 남게 된다. 이는 이러한 지역에서의 국가부문의 사실상의 부재현상을 초래한다(Redo, 2004).

중앙아시아 지역의 주요한 사적 폭력 사업가들은 IMU와 마약 범죄조직들을 들 수 있다. 이들은 우즈베키스탄, 타지키스탄, 키르기스스탄 등과 같은 옛 소비에트 연방에서 독립한 국가들에서의 주요행위자들이다. 한편 인근 아프가니스탄의 경우는 탈레반과 북부의 군벌세력들, 그리고 여러 마약거래 세력들이 주요한 행위자로 작동한다. 이 밖에 알 카에다 등의 해외테러세력이 이 지역에 개입하고 있으며 자금지원, 훈련, 무기지원, 그리고 테러 컨설팅과 전략적 제휴 등을 통해 지역의 주요한 외부행위자로 기능한다(Cornell, 2006; Curtis, 2002; Rashid, 2002).

이 지역의 주요한 테러세력은 IMU이다. 이 조직은 역내의 탈레반, 그리고 해외 테러세력인 알 카에다 등과 긴밀한 유대를 형성한다. 90년대 탈 소비에트 공간에서 IMU는 우즈베키스탄과 타지키스탄, 그리고 키르기즈스탄 지역 등에서 주요한 이슬람 극단주의 테러세력으로 등장했다. 줌마 나만가니가 설립한 IMU는 이슬람 카리모프의 독재에 반대하면서 이 지역에 널리 퍼져있는 수피 계열의 온건하고 토착화된 이슬람을 비판했다. IMU는 우즈베키스탄을 포함한 중앙아시아 지역에 이슬람 살라피 극단주의를 바탕으로 한 신정국가를 설립하고자 하는 목표를 추구했다. 알 카에다, 탈레반 등과 긴밀한 유대를 형성했다. 알 카에다로부터는 IMU의 조직창설과 운영 등에 관련하여 자금 지원을 받았으며 탈레반을 도와 90년대 아프간 내전과 2001년 아프간 전쟁에 참여했다. 이들은 또한 98년 타지키스탄 내전에도 참여하였다. 90년대 후반부터 우즈베키스탄 정부의 공세에 밀려 상대적으로 중앙 정부의 공권력이 미치지 않는 페르가나 계곡과 국가부문이 취약한 키르기즈스탄 등지를 중심으로 활동해오고 있다. 이들은 페르가나 계곡지역에서 주요한 정치적 실체로 존재하며 타지키스탄과 키르기즈스탄과 같은 국가부문이 상대적으로 취약한 지역에서 주요한 영향력을 행사한다(Curtis, 2002).

2000년대에 들어오면 IMU는 테러조직에서 마약범죄에 깊숙이 개입한 범죄조직의 성격으로 변환한다. 때문에 현재는 IMU를 사실상의 마약범죄조직으로 보는 견해도 있다. 애초에 알 카에다의 자금지원으로 IMU가 출발하기는 했지만 테러활동의 지속과 조직의 유지를 위해서는 더 많은 테러자금의 확보가 필요했다. 이 때문에 이들은 국경을 가로지르는 마약 밀거래 조직들을 비호하는 대가로 이들로부터 보호세를 거두었다. 이후 더 많은 수익의 창출을 위해 아프가니스탄에서 중앙아시아를 거쳐 러시아로 들어가는 국제마약밀거래의 중간 매개자로 참여하면서 막대한 이윤을 창출한다. 그 후 이들은 테러조직으로서의 외양은 조직의 정당성의 근거로 이용하면서 실제로는 마약사업을 통한 이윤창출에 집중하는 경향을 보이게 된다. 특히 나만가니의 죽음이후 이러한 IMU의 마약조직으로서의 성격은 더욱 강화된다. 보고에 따르면 중앙아시아 지역에서 이슬람 신정국가의 건설이라는 정치적 목표는 사실상 포기했다고 알려진다. 하지만 알 카에다와 여전히 긴밀한 관련을 맺고 있다는 사실을 고려하면 상황과 조건이 우호적으로 바뀐다면 다시 정치적 목적을 추구하는 테러조직의 성격으로 변환할 개연성은 늘 존재한다(Curtis, 2002; Cornell, 2006).

중앙아시아 지역의 범죄세력은 국제마약거래와 밀접히 관련되어있다. 이는 이 지역에 아프가니스탄이라는 국제 아편류 마약생산량의 약 80-90퍼센트를 생산하는 공급지가 존재하기 때문이다. 더욱이 이 아프가니스탄은 1979년부터 현재까지 약 30여 년 간 소련-아프간 전쟁, 아프간 내전, 그리고 대테러 전쟁으로 이어지는 지속적인 전쟁 상태에 있다. 이 때문에 중앙정부의 공권력이 거의 존재하지 않는 실패한 국가로 존재하며 이러한 조건은 마약산업의 번성에 크게 기여한다. 전통적으로 아프가니스탄 마약은 이란을 거쳐 터키, 발칸반도를 관통하여 서유럽으로 들어가는 루트를 통해 운송되었으나 소련의 붕괴 이후 중앙아시아 지역이 아프간 마약의 주요한 중간 경유지(Transit point)로 자리 잡았다. 아프간 마약은 우즈베키스탄, 키르기즈스탄, 타지키스탄 등의 중앙아시아 각국을 거쳐 러시아를 통해 서유럽, 동북아시아, 북미 등 주요한 세계 시장으로 운송된다. 서유럽 루트는 러시아의 모스크바와 생 페테로부르크를 통해 서유럽으로 마약이 들어가거나 아니면 코카서스 지역을 통해 아제르바이잔이나 아르메니아 등지를 거쳐 터키, 발칸반도, 그리고 서유럽을 들어간다. 동북아시아 루트는 중앙아시아를 거쳐 하바로프스크나 블라디보스톡을 거쳐 한국과 일본 등 동북아국가들로 들어가며 미국, 캐나다 등 북미의 경우 뉴욕 등 동부는 서유럽 루트를 타며 LA등 서부는 동북아 루트의 연장으로 도달된다(Cornell, 2006).

중앙아시아의 마약거래 세력은 주로 운송 마피아라고 부르는 국제 밀거래 조직이거나 부족 단위의 참여자 또는 군벌 등 사병집단이거나 IMU 등의 테러조직, 그리고 부패한 관료와 정치인, 군, 또는 경찰이나 보안기관 구성원들이 참여한다. 아프가니스탄에서 러시아를 거치는 국제마약밀거래 사업은 생산지, 경유지, 최종소비지 별로 여러 참여자들이 관련되어 있으며 특정 참여자들은 자신들이 속한 지역 내에서의 마약 생산이나, 거래, 운반, 판매 등을 통제하며 다른 지역의 마약 거래 참여자들에 대한 영향력은 없다. 따라서 이러한 국제마약밀거래 사업은 특정 행위자에 의해 전체 메커니즘이 통제되고 관리된다기보다는 여러 차원과 지역의 참여자들이 네트워크의 형태로 결합되어 있다고 볼 수 있다(Cassara & Jorisch, 2009; Rashid, 2002).

중앙아시아 지역에서는 IMU로 대표되는 테러세력과 여러 마약거래 세력들 간의 전략적 결합형태(Crime-Terror Nexus)가 나타난다. 특히 페르가나 계곡, 키르기즈스탄, 타지키스탄 등의 국가부문이 취약한 지역에서 이들은 국가부문이 약한 상태로 지속되는 것에 대한 공통의 이해를 가진다. 지속적으로 안정되게 작동하는 마약거래 네트워크에 대한 공동의 이해를 가지며, 테러공격이나 내전 등의 국가에 대한 폭력적 공격을 통해 국가 부문의 힘을 약화시키는 것에 대해서도 공통의 이해를 공유한다. 또한 이들은 특히 페르가나 계곡이나 시골지역과 같은 국가부문의 공권력이 부재한 지역에서 역내 주민들에 대한 주요한 폭력 서비스의 제공자로서 기능하며 마약 경제와 다른 기타 생필품의 불법밀거래 등을 통해 지역 주민이 소득과 경제생활을 영위할 수 있도록 한다. 이러한 테러-마약 세력 간의 결합은 이 지역의 국가부문이 정통성을 획득하고 성공적인 국가건설을 통해 법질서를 확립하는데 중요한 걸림돌로써 작용한다. 특히 키르기즈스탄과 타지키스탄과 같은 약한국가들에는 이 범죄-테러 결합은 주요한 안보위협이 되고 있으며 국경의 획정문제와 결부된 역내 국가들 간의 갈등은 이러한 범죄-테러의 결합으로부터 야기되는 안보불안과 상호작용하면서 중앙아시아의 국제안보질서에 부정적인 영향을 미친다(Cornell, 2006).

3. 코카서스

코카서스 지역은 공식적으로 러시아라는 강한 국가의 영역 내에 있음에도 불구하고 사실상 약한 국가 또는 실패한 국가의 공간으로 이해될 수 있다. 형식적으로는 체첸, 잉구셰티아, 카바르디노-발카레아, 다게스탄, 북오세티아, 카라챠예보-체르케시아 등으로 이루어진 북 코카서스 지역은 러시아 국가의 범위 내에 속하며 러시아 국가라는 강한 국가의 범위 내에 포함된다(King, 2001).

코카서스 지역에서 가장 주요한 범죄-테러의 전략적 결합(Crime-Terror Nexus)의 핵심축은 체첸 테러세력과 체첸 마피아 간에 형성된 커넥션이다(Curtis, 2002). 90년대 초반 소비에트 연방의 붕괴와 함께 분리독립을 추구했던 체첸 분리독립 세력은 1, 2차 체첸 전쟁을 거치면서 테러집단으로 변화되었다. 초대 체첸 공화국 대통령이자 소련군 장성출신이었던 조카르 두다예프가 사망한 뒤 아슬란 마스하도프와 샤밀 바사예프 등이 체첸 분리독립세력을 이끌면서 본격적으로 테러세력으로 변화되었다. 대체로 마스하도프와 바사예프 등이 체첸 무장투쟁세력을 이끌면서 폭탄테러, 암살, 인질납치, 하이재킹 등의 테러전술이 본격적으로 채택되었으며 테러공격의 범위 역시 체첸 지역을 넘어 인근의 다게스탄과 북오세티아, 잉구셰티아, 카바르디노-발카레프카즈와 멀리 모스크바 지역으로까지 확장되었다. 또한 체첸 테러세력의 이념적 성향 역시 두다예프가 이끌던 초기의 민족주의적 분리독립-국가건설의 지향에서 점차 이슬람 극단주의 성향의 샤리아 신정국가 건설로 변모해가면서 알 카에다 등의 글로벌 살라피 극단주의 세력과 연대하는 경향을 나타내었다(Yun, 2006). 2000년대로 오면 이러한 이슬람적 편향이 강화되는 경향이 여러 곳에서 나타난다. 예를 들면 체첸 공화국의 명칭을 체첸 이슬람 공화국 이히케리아(Chechen Islamic Republic of Ichkeria)로 바꾼 것과 체첸 테러리스트들이 수염을 기르고 모자를 쓰고 전투 시 "알라 후 악바르" 등을 외치는 이슬람적 성향이 강해진 점, 블랙 위도우로 불리는 여성 자살폭탄테러 전략을 시도하는 것과 알 카에다로부터의 자금지원과 무기, 병력, 전술 컨설팅 등을 받는 전략적 제휴가 강해진 것 등의 사례들이 그러한 경향을 보여준다.[3]

한편 체첸 테러세력과 전략적 결합을 형성한 다른 한 축은 체첸 마피아로 불리는 조직범죄세력이다. 이들은 북코카서스 지역에 위치한 세력과 모스크바와 생 페테르부르크 등의 러시아 지역에 자리 잡은 체첸 조직범죄세력으로 이루어진다. 북코카서스 지역의 범죄세력들은 역내 국제마약밀거래의 주요한 행위자로 막대한 이윤을 획득하고 있다. 모스크바 등의 러시아 대도시 지역에 자리 잡은 체첸 범죄조직들 역시 해당 지역의 주요한 범죄경제의 이권을 장악하면서 상당한 영향력을 행사한다. 마약거래, 무기밀거래, 인신매매 등의 주요 조직범죄사업에서 막대한 이윤을 획득하고 있다(Dunn, 2000).

체첸 테러세력과 체첸 범죄세력의 전략적 결합은 서로의 필요를 충족시키는 경향이 있다. 체첸 테러세력은 러시아정부군과 경찰, 그리고 보안기관에 대응한 테러 활동에서 핵심적인 자금지원과 무기의 확보 등을 범죄조직을 통해 충당한다. 반면에 범죄조직들은 테러세력의 지속적인 테러공격으로 인하여 러시아 중앙정부와 체첸의 친러시아 지방정권(카됴로프 정권)의 공권력이 약화되고 제대로 작동하지 못하는 무정부적인 상황 때문에 마약거래와 인신매매 등의 국제적 범죄산업을 안정적으로 운영할 수 있으며 이로부터 막대한 부를 축적할 수 있다. 또한 분쟁과 테러의 지속은 무기불법거래 시장의 활성화를 가져와 이를 통해 막대한 수익을 올릴 수 있는 이점을 가져다준다. 이러한 테러-범죄의 상승작용은 이 지역의 안보문제를 해소하고 지역의 안정과 공권력을 회복하는데 큰 걸림돌이 되고 있다(Curtis, 2002).

코카서스 지역의 이슬람 극단주의 테러세력은 체첸 이외에도 인근 다게스탄, 잉

---

3 카프카즈 센터 웹사이트 www.kavkazcenter.com

구세티아, 카바르디노-발카리아 등의 여타 코카서스 지역으로 확산되고 있다. 이러한 이슬람 극단주의의 확산은 직접적으로는 체첸 분쟁이 인근 지역으로 확산된 효과 때문이기도 하지만 HT(Hizb ut Tahrir)와 알 카에다와 같은 외부로부터 유입된 이슬람 근본주의 믿음의 확산에도 주요한 원인이 있다. 체첸 테러세력에 하탑과 같은 아랍계 알 카에다 조직원이 다수 참여한 것과 알 카에다의 주요 지도자 가운데 한 명인 알 자와히리가 체첸을 글로벌 지하드의 주요한 한 전선으로 선언하고 있는 것 등은 이러한 알 카에다의 지역 내의 침투를 뒷받침한다. 실제로 잉구세티아, 다게스탄, 카바르디노-발카리아 등과 같은 북코카서스 지역에서 알 카에다의 활동이 파악되었으며 남코카서스 지역인 아제르바이잔에서도 알 카에다의 지역 조직이 발견되었다. 이 밖에도 또 다른 이슬람 근본주의 세력인 HT역시 코카서스 지역에서 빠르게 그 세력과 영향력을 확장해가고 있다(Curtis, 2002; Yun, 2006).

한편 범죄세력 역시 체첸 마피아 이외에도 조지아, 아제르바이잔, 아르메니아, 다게스탄, 잉구세티아 등 남북 코카서스 전역에서 번성하고 있다. 이들 범죄세력들은 중앙아시아와 마찬가지로 국제마약거래에 적극적으로 참여함으로써 막대한 수익을 거두고 있다. 코카서스 지역은 중앙아시아 헤로인이 서유럽 시장으로 들어가는 주요한 중간 경유지(transit point)로 기능한다. 코카서스를 거쳐 터키와 발칸을 통해 서유럽으로 들어가는 남방 루트와 모스크바와 생 페테르부르크를 거쳐 북유럽과 서유럽으로 들어가는 북방루트가 이 코카서스 지역에서 교차된다. 조지아, 아제르바이잔, 아르메니아, 다게스탄, 체첸, 잉구쉬 등 다양한 민족 출신의 범죄세력들이 이러한 국제적 마약거래산업에 참여한 국제적 밀거래 네트워크를 구성한다. 또한 이들 범죄세력들은 조지아, 아르메니아, 다게스탄 등 코카서스 지역의 여자들을 러시아나 유럽의 매춘시장에 공급하는 국제적 인신매매 사업과 무기밀거래 사업 등에 참여하여 막대한 이윤을 창출한다(Curtis, 2002). 이외에도 체첸 전쟁에 동원된 러시아 연방군이나 경찰 등은 무기밀거래와 마약거래에 참여함으로써 사적인 경제적 부를 획득하며 조지아, 아제르바이잔, 다게스탄, 체첸 등의 지역정부의 부패한 관리와 군, 국경수비대, 경찰 등은 마약거래와 무기밀거래 등에 밀접히 관련되어 범죄세력들을 비호하는 대가로 사익을 추구할 뿐만 아니라 자신들이 직접 범죄경제시장의 참여자로서 막대한 수익을 올리기도 한다(King, 2001; Tishkov, 2004).

코카서스 지역의 테러-범죄세력의 결합된 위협은 폭력 서비스의 공급자로서의 국가의 기능을 상당히 약화시키고 그 기능을 대체한다는데 있다. 체첸 지역에서는 지난 20년 간 사실상의 무정부 상태를 거쳐 약화된 국가의 상태를 보여준다. 또한 이러한 국가의 약화 상태는 인근 다게스탄과 잉구셰티아, 카바르디노-발카리아 지역으로 빠르게 확산되고 있다. 대체로 국가권력이 약화되고 사적인 폭력 사업가들이 징악한 지역들에서는 범죄사업 뿐만 아니라 역내 거주민의 일상생활을 사적 폭력 사업가들이 통제하고 사법적인 영향력을 행사하는 경향을 보여준다. 이러한 상황은 역으로 국가부문의 공권력이 확립되고 법질서를 유지하는 국가건설에 주요한 걸림돌로 작용한다. 또한 이러한 정통성 있는 국가건설의 부재는 테러와 범죄경제의 번성과 확산을 가져와 지역의 국제안보질서의 불안요소가 된다(Curtis, 2002).

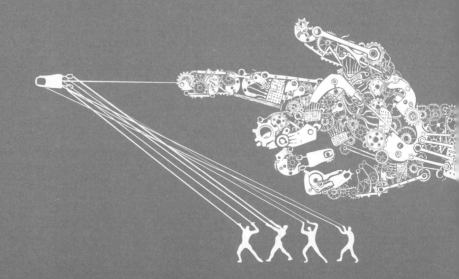

폭탄테러의 이해

　폭탄테러는 가장 전형적인 테러공격의 방법이다. 이러한 사실은 최근 몇 년 간 발생했던 대부분의 테러사건에서 폭탄테러가 사용되었다는 사실에서도 증명될 수 있다. 2015년과 2016년 사이 벨기에 브뤼셀 테러와 파리 테러, 그리고 러시아 항공기 공중폭발 등의 사례에서도 폭탄테러 공격이 감행되었다. 2014년 11월에는 파키스탄과 인디아 국경지대인 라호르에서 자살폭탄테러가 발생했다. 이 테러공격으로 적어도 54명이 죽고 100명 이상이 부상당했다. 해외에서의 이러한 폭탄테러 공격은 최근 들어 더욱 빈번해지고 있다. 2014년 한 해에만 이라크, 레바논, 시리아, 예맨, 이집트, 소말리아, 나이지리아, 케냐, 마다가스카르, 파키스탄, 아프가니스탄, 인디아, 타일랜드, 중국, 필리핀, 미국 등을 포함해 세계 도처에서 폭탄테러 공격이 발생했다.

　이 밖에도 1990년대 이후로 전 세계적으로 상당한 충격을 미친 대부분의 테러공격 사건이 폭탄테러 공격이었다. 그러한 사례들은 예를 들면 1993년 1차 세계무역센터 폭탄테러사건, 1995년 오클라호마 연방빌딩 폭탄테러사건, 1998년 케냐와 탄자니아에서의 폭탄테러사건, 2000년 아덴만 USS 콜 폭파사건, 2004년 스페인 마드리드 열차 폭탄테러, 2005년 런던 폭탄테러, 2013년 보스턴 마라톤 폭탄테러 사건 등을 포함한다. 한편 국내에서 아직 사건이 발생한 적은 없지만, 2015년 10월 말 별일 없이 지나가기는 했지만 코엑스에서 폭발물에 의한 테러공격과 관련된 보도가 있었다. 이처럼 폭탄테러는 여러 테러공격 방법 가운에 가장 보편적이고 효과적인 방법이 되어오고 있다.

　폭탄테러가 테러리스트들이 선택할 수 있는 여러 공격 방법 가운에 가장 빈번하게 선택되는 옵션이라는 사실은 미국의 주요한 테러리즘 데이터베이스의 하나인

GTD(Global Terrorism Database)의 통계를 보면 한 눈에 알 수 있다. <그림 8-1>에서 알 수 있는 것처럼 폭탄테러는 지난 40년 넘게 지속적으로 가장 빈번하게 발생한 테러유형이었으며 특히 최근 2007년 이후로 2014년까지 가파르게 증가하는 추세를 보이고 있다. 또한, 미국과 동맹국군이 이라크에서 철군을 완료하고 아프가니스탄에서 철군계획을 발표하고 행동에 옮기기 시작한 2011년 12월을 기점으로 오히려 전 세계적으로 폭탄테러는 급격히 증가하는 현상을 아래의 <그림 8-1>은 보여준다. 이 때문에 폭탄테러는 테러리즘에 관련된 논의에서 가장 비중 있게 다루어져야 하는 대상이 된다.

그림 8-1 전 세계에서 발생한 주요 테러유형별 사건발생 빈도 수(1970-2014)

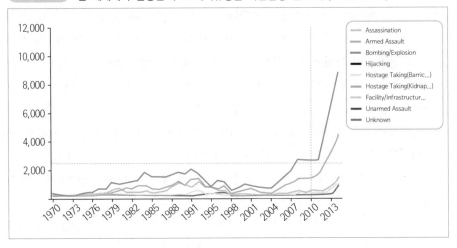

≫ 폭탄테러의 합리성

9.11 테러와 여러 다른 유사한 자살 폭탄테러 사건들은 테러리스트들이 비합리적 행위자이며 정신장애나 성격이상을 갖고 있다는 의심을 불러일으켜 왔다. 모든 시간과 물자와 노력을 투입해서 이슬람 신정을 건설하겠다는 그들의 목표는 비현실적인 것처럼 보이며, 다수의 무고한 민간인을 살해하면서 때때로 자살공격을 위해 자신의 목숨도 내어 놓는 행위들은 테러리스트들이 보통의 합리적인 사람들과는 다른 어떤 심리적 또는 성격적 문제를 갖고 있는 사람이라는 시각을 갖게 만들었다. 어떤 학자들은 테러리스트의 심리적 문제나 장애들에 관심을 가졌고, 이러한

테러리스트들을 사이코 패스나 반사회적 성격 장애를 가진 비합리성을 가진 유형의 인간들이라고 주장한다(Post, 1998). 예를 들면 빈 라덴 같은 몇몇 테러리스트의 경우 성장 과정에서 경험한 아버지의 공백이 이들의 성장과정에 영향을 미쳤고, 이 결과 없어진 남성성에 대해 갈망과 이를 채우고자 했던 노력이 이들로 하여금 테러리스트가 되도록 이끌었다(Berko & Yuval, 2010). 자살폭탄테러 지원자들은 자신의 개인적 이익을 계산하는 합리적 사고 능력이 결여되어 있으며 이슬람이 제시하는 성전으로 죽은 신성한 전사가 되려는 비합리적 사고 패턴을 보이기도 한다(윤민우, 2013: 249).

하지만 일반적으로 폭탄테러와 테러리즘 일반에서 받아들여지는 전제는 테러리스트가 합리적 의사결정자라는 것이다. 테러리스트가 합리적이라는 이론적 주장은 테러리스트가 자신들의 전략적 목표를 염두에 두고 비용-편익 분석에 근거하여 폭탄테러 공격과 같은 테러 행위를 실행한다고 설명한다. 이러한 설명에 따르면 테러 행위는 전략적, 전술적 선택대안이며 자신들이 추구하는 전략적 목표를 주어진 조건에서 극대화하려고 노력하는 합리적 의사결정의 결과물이다. 이러한 테러리스트의 의사결정에는 시간과 공간, 정치적 상황과 여론, 그리고 이용 가능한 무기와 접근 가능한 공격대상과 같은 여러 외생변수들이 영향을 미치게 되며 이러한 외생변수들이 설정하는 제약 또는 기회조건 아래에서 도출되는 최적의 합리적 결과물이 구체적인 테러 공격행위로 나타나게 된다(Crenshaw, 1998: 7-24). 물론 테러리스트들이 궁극적으로 추구하는 목표는 전 세계에 이슬람 신정을 건설하거나 아마겟돈을 수행하고자 하는 경우에서 보듯 망상적일 수 있다(White, 2006). 하지만 추구하는 목표에서 비쳐지는 비합리성과 이와 같은 목적을 달성하기 위해 채택되는 전략적 전술적 수단으로서의 합리성과는 서로 구별되어야 한다. 추구하는 목표가 무엇인지와는 별도로 테러리스트가 수행하는 구체적인 테러행위 그 자체는 합리적 의사결정으로 도출되는 전략적, 전술적 선택대안이다(윤민우, 2013: 250).

일부 오해와는 달리, 폭탄테러는 랜덤하게 나타나는 현상이 아니며 테러리스트나 테러조직의 신중한 비용-효과 분석에 의해 도달하는 합리적 계산의 결과물이다. 이러한 사실은 폭탄테러와 관련된 여러 경험적 연구들이 뒷받침하고 있다. 폭탄테러에 대한 몇몇 계량분석의 사례들은 우리에게 매우 흥미롭고 중요한 사실들을 알려준다. 맥카탄 등의 연구(McCartan, Masselli, Rey, & Rusnak, 2008)는 체첸에서의 폭탄테러를 계량 분석하였다. 이들은 폭탄테러는 한 번에 많은 인명을 살상할 수 있는 도시지역에서 더 빈번히 발생하며 날씨가 추운 시즌보다는 많은 사람들이 밖에서 활동하는 날씨가 따뜻한 시즌에 보다 더 많은 수가 발생한다는 사실을 negative binomial 분석을 사용해 증명하였다. 또한 테러리스트가 주민의 지지를 얻어야 되는 지역에서는 테러리스트가 적대시하는 정부나 경찰, 또는 군 등을 대상으로 한 폭탄테러가 빈번히 일어나며 주민의 지지를 얻지 않아도 되는 적대적인 지역에서는 일반 민간인이나 교통시설, 또는 비즈니스 시설 등과 같은 민간인 타깃을 대상으로 한 폭탄테러가 빈번히 발생한다는 사실을 보여주었다.

피아자(Piazza, 2012)는 아프가니스탄 지역의 폭탄테러를 negative binomial을 사용해 분석하였다. 그의 연구에 따르면, 아프가니스탄의 폭탄테러의 경우 마약 생산과 밀거래가 폭탄테러의 증가에 통계적으로 유의미한 인과적 영향을 미친다. 또한, 미군과 동맹국 군대의 주둔이 증가할수록 폭탄테러가 증가하는 경향을 보여주며 아프가니스탄 중앙정부와 미군과 동맹국 군대 등에 적대적인 파슈툰 부족지역에서 통계적으로 유의미하게 더 많은 수의 폭탄테러가 집중해서 발생하였다.

이 밖에도 하페즈(Hafez, 2007: 103)는 이라크 폭탄테러 사례를 통계 분석하여 2003년에서 2006년까지 대부분의 폭탄테러가 4-9월에 발생한다는 사실을 발견하였다. 베레비와 락다왈라(Berrebi & Lakdawalla, 2007)는 테러타깃이 테러세력의 거점에 가까울수록 폭탄테러를 당할 가능성이 높아지는 것을 경험적 연구를 통해 증명했다. 이들은 테러세력의 거점에서 1km 멀어질수록 테러공격을 당할 확률이 0.5퍼센트 감소한다고 보고하였다(윤민우, 2013: 270). 이들은 이러한 사실을 발견하는데 GIS(Geographical Information System) 분석을 사용하였다. 킬로트와 채르니(Killot & Charney, 2006)는 이스라엘의 자살폭탄테러를 연구하였다. 그들은 통계적 계량분석을 통해 접근성, 이동성, 이용가능성, 거리, 그리고 노출성 등과 같은 지리적 요인들과 테러세력의 지리적 거점, 그리고 테러대상으로서 취약성을 가진 도시의 위치 등이 이스라엘에서 테러리즘 위협의 정도를 평가하는 예측요인들이 된다는 사실을 발견하였다. 또한 국내에서도 윤민우(2014b)는 START센터의 GTD 폭탄테러 데이터를 negative binomial로 분석하여 폭탄테러에 있어 테러리스트의 합리성 가설이 지지됨을 보여주었다. 그 연구의 분석결과에 따르면, "폭탄테러의 사상자의 크기는 예측 요인들에 의해 영향을 받으며 따라서 사상자의 크기는 예측할 수 있다. 따라서 폭탄테러 사건은 어떤 일정한 경향성을 띤다."라는 가설이 지지되었다. 마약생산지역과 파슈툰 부족지역 간의 상호작용과 계절 기후, 마약 생산지역 여부, 도시규모 등의 주요 예측요인들은 통계적으로 유의미하게 사상자 수를 증가시키는 인과적 영향을 미쳤다. 바꾸어 말하면, 개별 폭탄테러사건의 사상자의 크기가 어디에서 어떠한 타깃을 대상으로 어느 시기에 누구에 의해 발생하는가에 따라 예측될 수 있다. 결국, 이러한 분석결과는 이 테러리스트가 폭탄테러 시 사상자 수를 고려할 때 여러 주요한 독립변수를 고려하여 합리적으로 사고한다는 것을 의미한다.

폭탄테러가 비이성적, 정신 병리적 행위라는 통념은 대부분 자살폭탄테러범에 대한 오해 때문이다. 하지만 엄밀히 말하면 폭탄테러를 실행하는 테러리스트 개인은 마치 레이저 유도 정밀타격 미사일의 회로부분에 해당한다. 때문에 자살폭탄테러의 합리성 여부는 공격을 실행하는 일선 테러리스트 개인이 아니라 이들을 컨트롤하고 전체 테러공격을 기획하고 조율하는 지도부를 대상으로 판단해야 한다. 이런 맥락에서 자살폭탄테러 역시 합리적 비용-효과 분석의 결과물이며 전략적 선택의 결과물이다. 실제 버코와 유발(Berko & Yuval)의 심층면접 연구는 이러한 자살테러 컨트롤러와 실제 자살테러 실행자 사이의 합리성 여부의 차이를 보여준다.

폭탄테러 공격이 합리성에 근거하고 있다는 점은 폭탄테러사건이 어떤 인과성의 패턴을 가지며 때문에 예측 가능하고 사건 발생 이후에 그 감행자의 정체와 동기를 역추적 할 수 있다는 사실을 동시에 내포한다. 이는 두 가지 때문인데 하나는 테러리스트가 이전에 축적된 합리적 선택들의 결과물인 습관에 의해 좌우된다는 것이고 다른 하나는 합리적 계산 과정에서 이 과정에 영향을 미치는 어떤 내적, 외적 요인들에 의해 결정될 수 있다는 것이다. 예를 들면 전자의 경우 테러리스트들 마다 본인들이 선호하고 익숙한 폭탄제조방법이나 테러실행 방법 등이 정해져 있고 반복적으로 사용된다는 사실이다. 이는 인지심리학에서 말하는 스크립트의 작용 때문이다. 이 때문에 폭탄자체의 구성과 종류, 그리고 그 폭탄이 매설되는 시간과 장소, 그리고 관련된 전체 작전과정을 짚어보면 테러 공격자가 누구인지를 파악하게 해준다.

후자의 경우는 폭탄테러에 있어서 공격대상의 선정과 실행과정에서의 어떤 경향성으로 나타난다. 이는 폭탄테러공격을 계획하고 실행함에 있어 테러리스트들이 비용-효과 분석이라는 합리적 계산을 실시하기 때문이다. 즉 다음과 같은 공식이 성립한다고 볼 수 있다.

- 테러공격대상의 선정 = 1/테러리스트가 치르는 비용 × 테러리스트가 얻게 되는 효과 +/- 기회조건

어떤 대상이 폭탄테러를 받을 가능성의 크기는 테러리스트가 치르게 될 비용에 반비례하며 얻게 될 효과 또는 효용에 비례한다. 그리고 이 두 값이 상호작용한 결과에 테러공격을 위한 기회조건이 우호적이면 그 크기만큼 가능성이 증가하고 적대적이면 그 기회조건의 값의 크기만큼 감소하게 된다. 여기서 테러리스트가 치르는 비용은 공격실행을 위해 들어가는 노력이나 비용, 공격을 실패할 확률의 크기, 테러리스트가 처벌당하거나 사살당할 개연성, 테러공격 이후 여론의 비판을 받을 가능성 등이다. 테러리스트가 얻게 되는 효과는 공격성공으로 얻게 되는 정치적 지지나 권력, 상대방에 대한 혼란과 공포의 조장, 전략적 전술적 목적의 달성, 그리고 미래의 테러공격이나 공격위협의 신뢰성과 효용성 등이다. 기회조건은 테러공격을 쉽게 성공적으로 할 수 있는 우호적 상황전개이거나 공격의 성공적 실행을 어렵게 하는 억제적 상황전개에 해당한다.

클라크와 뉴만(Clarke & Newman, 2006)은 이런 점에 착안하여 상황범죄 이론을 기반으로 테러리스트의 폭탄테러 공격대상 선정과 실행과정에 영향을 미치는 주요한 고려요소들을 제시하였다. 그들의 제안에 따르면, 폭탄테러의 공격대상 선정과 공격실행은 이 요소들의 복합적 고려에 의해 결정된다. 그리고 구체적 폭탄테러 공격은 합리적 최적선택의 결과물이 된다. 이들에 따르면 테러리스트가 합리적 의사결정을 하기 때문에 테러리스트를 둘러싼 상황적 요인들이 테러리스트의 의사결정과정에 영향을 미쳐 궁극적으로 테러리스트의 합리적 의사결정과정에서 도출되는 폭탄테러에 영향을 미치게 된다고 설명한다. 상황범죄이론은 범죄자는 합리적 사고과정을 거쳐 범죄를 실행할지, 포기할지를 결정하는데 이 때 이 사고과정에 상황적 또는 환경적 요인들이 주요한 영향을 미친다고 설명한다. 이러한 상황적, 환경적 요인들의 예로는 주위의 순찰 경찰관이나 이웃 사람들과 같은 사람들이 범죄를 실행하려는 현장에 존재하는지의 여부, CCTV나 블랙박스등과 같은 기술적 장비가 해당 상황이나 현장을 녹화하고 있는지의 여부, 범죄의 대상이 되는 사람이나 사물이 얼마나 손쉽게 이용 가능한지의 여부 등이 포함된다(윤민우, 2013: 250-251).

뉴만과 클라크(Newman & Clarke, 2007)는 위와 같은 일반 범죄를 설명하는 상황적 범죄이론을 테러리즘에 적용하여 테러리스트의 폭탄테러 행위 역시 이러한 상황적 범죄이론의 모델로 설명할 수 있음을 보여준다. 이들은 테러리스트의 동기에 지나치게 많은 관심을 기울이지 말 것을 지적하며 테러가 범죄의 한 형태라는 사실에 기초하여 테러리스트와 테러행위에 대한 이해를 시도할 것을 주문한다. 이들에 따르면 테러리스트는 자신들의 구체적 목적을 실현하기 위해 상황적 조건이 주는 요인들을 고려하여 합리적 의사결정을 한다. 따라서 이러한 목적과 상황조건 그리고 합리적 정보처리와 행동 간의 관계를 정확히 인지하면 폭탄테러와 같은 테러 행위를 이해하고 이에 대한 효과적인 대응방안을 마련할 수 있다고 주장한다(윤민우, 2013: 251).

테러리스트의 목적은 장기목표와 단기목표로 구성된다. 테러리스트들은 장기목표와 단기목표 모두를 극대화하기 위해 행동한다. 장기목표는 대체로 이 세상에 이슬람 신정을 건설하거나 중앙정부를 무너뜨리고 자신들의 정부를 세우거나 아니면 분리 독립하여 자신들의 국가를 건설하는 것 또는 북한의 경우 한국을 적화 통일하여 통일된 공산정권을 수립하는 것과 같은 것들이다. 한편 단기목표는 이러한 장기목표를 실현하는데 도움이 된다고 판단되는 구체적이고 단기적인 목표들이다. 예를 들면 사회에 공포심을 조장하거나 자신들의 존재를 알리거나 일반인들이 중앙정부에 반감을 갖도록 유도하거나 하는 것들이다. 테러리스트들이 고려하는 장기목표와 단기목표 사이에는 종종 괴리가 발생한다. 이는 테러리스트들이 성공적인 작전을 수행하기 위해 반드시 해야 하는 것과 정부를 전복하는 것과 같은 장기 목표들을 직접적으로 연결하는데 있어 어떤 커다란 어려움에 부딪히게 되기 때문이다. 따라서 현실적으로 테러리스트들은 보다 전술적인 성격을 갖는 단기목표에 치중하여 자신들의 폭탄테러 공격을 계획하고 실행에 옮기는 모습을 보여주게 된다. 이 때문에 장기목표들을 이해하는 것은 일반적으로 테러리스트들이 구체적으로 어떤 목표물을 선택할 것이며 어떠한 방식으로 공격할 것인가를 이해하는 데 도움이 되지 않는다. 오히려 테러리스트의 단기목표를 이해하는 것이 효과적이며 그러한 단기목표들의 예로서는 다음과 같은 것들이 있다. 폭탄테러 공격 시에 테러리스트들은 일반적으로 다음과 같은 단기목표들을 고려한다(윤민우, 2013: 251-252; Newman & Clarke, 2007).

- 가능한 한 많은 파괴와 죽음을 야기하라
- 두려움의 분위기를 만들어라
- 미디어 센세이션을 야기하라
- 일상생활을 혼란 시켜라
- 보안병력들의 도덕적 해이를 야기하라
- 양보를 끄집어내라(예를 들면, 수감자들의 석방, 군대의 철수, 정책 전환)
- 이념적 적대자 또는 공세적 아이콘을 제거하라

- 공무원들과 정부에 창피를 주어라
- 극단적인 정부의 보복을 이끌어내라
- 상대적으로 작은 규모의 테러 조직이 커다란 지렛대의 힘을 활용할 수 있도록 테러 위협에 대한 이해를 부풀려라
- 도처에 만연한 세력에 관한 인상을 만들어 내라: "내부에 있는 적"에 관한인상 등을 포함하여 지지자들에게 테러의 위협을 과시하라, 이를 통해 테러 조직을 강하게 만들 수 있다
- 라이벌 정치 또는 테러 도당을 위협하여 움츠러들게 하라
- 그룹 내의 규율을 유지하라
- 새로운 지원자들을 시험하고 수혈하라; 추종자들을 훈련시켜라
- 테러활동의 기반 안에서 대중을 위협하여 겁먹게 하라
- 눈에 비치는 민주주의의 약점(예를 들면, 법질서, 언론의 자유, 고문과 재판 전 수감을 금지하는 법률들)을 활용하라
- 적의 의지를 부러뜨려라

　테러리스트들이 추구하는 단기목표들은 테러행위를 성공적으로 수행하는 일련의 과정에 주어지는 상황조건 또는 기회조건들의 요인에 의해 영향을 받는다. 예를 들면, 비행기 납치는 정부로부터 얻어 낼 수 있는 것과 거래할 수 있는 인질들의 생명을 확보하는 결과를 가져올 수 있다. 반면에, 비행기를 폭파시켜 떨어뜨리는 것은 많은 수의 피해자를 살상하고 공포의 분위기를 조성할 수는 있지만, 이러한 방법은 협상의 여지를 거의 남기지 않는다. 그러므로 이러한 여러 상황요인들 또는 기회조건들은 테러리스트의 단기목표들과 상호작용하여 구체적인 테러공격이라는 결과로 도출된다. 이러한 상황요인들은 무기의 사용가능성, 목표에 대한 접근가능성 등과 관련이 있다. 예를 들면 테러리스트 집단은 길거리에 설치해 둔 시한폭탄이 레스토랑의 내부에서 자살폭탄테러를 하는 것보다 훨씬 더 효과적이라고 결론내릴 수 있다. 목표물을 공격하는 데서 오는 이득이 다른 것처럼, 각각의 폭발물들이 가져오는 이득도 같지 않다. 이러한 각각의 행위들은 다른 종류의 목표선정과 결정과 행동들을 필요로 한다. 테러리스트들은 여러 종류의 선택대안들 중에서 합리적 최적선택을 해야만 한다. 어느 대학, 어느 도시의, 어떤 동물실험 연구실을 공격할 것인가를 선택하는 일련의 과정은 이러한 일련의 합리적 최적 선택의 과정이다(윤민우, 2013: 253; Newman & Clarke, 2007).

　상황조건과 테러의 단기목표가 상호작용하는 테러공격의 복잡성과 어려움은 특

정한 형태의 공격이 얼마나 자주 사용될 수 있을지를 결정한다. 이와 관련된 가장 주요한 요소는 테러리스트의 거점으로부터 목표물까지의 거리이다. 만일 목표물이 테러리스트의 기지로부터 아주 멀리 떨어져 있다면 [예를 들면, 미국의 세계무역센터(the World Trade Center) 공격을 기도하는 사우디아라비아나 아프가니스탄의 알-카에다처럼] 여러 차례의 폭탄테러 공격을 지속하는 것은 매우 어려운 일이다. 반대로 만약 목표물이 테러리스트의 기지에서 가깝다면 북아일랜드의 북아일랜드반군(Irish Republican Army: IRA)의 사례에서 나타난 바와 같이, 비슷한 종류의 다수의 폭탄테러 공격들이 일상적으로 빈번하게 발생할 것이다. 이러한 기회조건과 관련된 이유 때문에 전 세계의 많은 테러세력들이 타깃으로 삼고 싶어 함에도 불구하고 이스라엘과는 달리 미국에서는 역사적으로 일상화된 폭탄테러가 발생한 적이 없는 이유이다. 최근의 역사에서 가장 두드러지는 미국 내에서 발생한 세 번의 폭탄테러 공격들은 -1996년과 2001년의 세계무역센터(the World Trade Center)에 대한 공격, 그리고 1995년의 오클라호마 시의 알프레드 머레이 연방빌딩(Alfred P. Murrah Federal Building)에 대한 공격- 모두 일회성 공격들이었다(윤민우, 2013: 253-254; Clarke & Newman, 2006).

하지만 이러한 사실들은 동시에 앞으로 미국이나 유럽, 한국과 같은 전통적으로 이슬람 극단주의 테러세력과 멀리 떨어져 있는 지역에서도 오늘날의 시리아나 이라크처럼 일상화된 다수의 폭탄테러가 나타날 수 있음을 경고하기도 한다. 최근 파리와 브뤼셀, 그리고 올랜도 테러는 이러한 가능성에 대한 증거들이다. 폭탄테러의 일상화에 대한 주요한 두 요인은 무슬림 이주민 사회의 증가와 인터넷의 일상화이다. 파리와 브뤼셀 폭탄테러의 경우는 전자의 위험성을 보여준다. 브뤼셀의 몰렌베이크 지역에 무슬림 난민과 이주민들의 사회가 존재하는 것이 얼마나 테러리스트들에게 유럽에서의 폭탄테러를 위한 전술적 편의와 이점을 제공했는지 확인할 수 있었다. 미국과 유럽, 그리고 한국에서의 이슬람 출신 이주민 공동체의 증가와 확산은 폭탄테러를 위한 유리한 조건을 제공할 수 있다. 올랜도 테러는 사이버 공간의 확산이 주는 위험성에 대한 증거이다. 인터넷을 통해 미국과 같은 비이슬람 지역의 내부에서 폭탄테러 공격을 실행할 자원자를 모집할 수 있다. 이는 미국이나 유럽, 그리고 한국과 같은 사회의 누구라도 잠재적 테러리스트로 동원될 수 있음을 의미한다.

테러리스트의 단기목표와 상황조건들의 상호작용이 구체적으로 만들어내는 결과물은 EVIL DONE의 원칙에 의해 예측이 가능하다. 테러리스트는 단기목표와 상황조건 또는 기회조건의 상호작용을 합리적으로 판단하여 어떤 목표물을 공격할 것인가에 대한 최적 선택을 하게 된다. 이 최적 선택은 바꾸어 말하면 특정 상황에 어떤 목표물에 테러리스트가 더 매력적으로 끌리는가를 의미하며 이를 반대로 해석하면 어떤 목표물이 폭탄 테러공격에 더 취약한가를 의미한다. EVIL DONE은 이를 이용해서 목표물의 취약성을 측정하는 방법을 알려주는 것으로 예상 테러 목표물의 취약성을 측정하는데 있어서 중요한 요소들의 첫 글자를 따서 만들어낸 단어이다. 취약성이란 테러리스트들이 선호하는 목표물의 내재적인 특성에 관한 것이다. 다음은 이 EVIL DONE의 요소들에 대한 설명이다(윤민우, 2013: 254; Newman & Clarke, 2007).

표 8-1 EVIL DONE의 요소들

Exposed (노출됨)	노출된 목표물을 의미한다. 관심을 끌거나 매력적일 정도로 쉽게 노출이 되거나 눈에 보이는 목표물은 숨겨져서 그렇지 않은 목표물보다 공격을 받을 가능성이 더 높다. 목표물이 쌍둥이 빌딩이나 자유의 여신상과 같이 도시의 경관에서 두드러지게 드러나 있거나 연방정부건물이나 커다란 쇼핑몰, 원자력발전소와 같이 한적한 마을에 있는 유일한 큰 건물일 경우를 말한다.
Vital (중요함)	어떤 목표물들은 사회의 매일 일상 기능, 심지어 어떤 경우에는 사회의 생존에 치명적으로 중요하다. 상수도 시설이나 송전 시설, 식료품점, 교통시스템과 같은 것은 도시의 규모에 관계없이 중요한 역할을 한다. 만약 테러리스트가 자신의 공격이 혼란을 초래할 것으로 믿는다면 그들은 이러한 목표물들을 선택할 것이다. 이집트의 관광산업은 해당국 경제의 핵심적이다. 몇 년 전 한국인 관광버스에 대한 테러공격은 이러한 성격을 가진다.
Iconic (상징성)	큰 상징적 의미를 가지고 있는 목표물들이 테러리스트들의 관심을 끌게 된다. 자유의 여신상을 예로 들자면, 이것은 좁게 보면 뉴욕시의 상징물이 되는 것이며, 넓게 본다면 미국의 상징물이다. 이와 반대로 티모시 맥베이는 오클라호마에 있는 알프레드 머레이 연방 건물을 선택하였는데 이것은 그가 혐오하던 연방 정부의 건물이었기 때문이다. 자유의 여신상과 같이 상징적인 의미가 큰 것은 아니지만 그 건물은 연방정부와 같은 중요하고 관념적인 것을 위해 세워졌기 때문이다. 9.11 테러의 공격목표였던 펜타곤은 미국 군사력의 상징이며 세계 무역 센터는 미국 경제력의 상징이었다. 이처럼 상징적이라는 것은 그 대상이 한 나라 또는 세계적으로 큰 상징적 가치를 가진 것을 말하며 이를 공격, 파괴하였을 경우 의미 있는 상징적 승리를 획득할 수 있는 목표물이다.
Legitimate (정당성)	목표물을 공격하기로 결정하는데 있어서 중요한 요소는 그 공격이 다른 테러리스트와 동조자, 예비동조자들에게 어떻게 보일 것인가에 대한 것이다. 1977년의 IRA에 의한 마운트 바텐 경의 살인과 같이 자신들의 공격이 정당하지 않게 보인다면 테러리스트 그룹은 대중적인 지지를 잃게 될 것이다. 팔레스타인에 있는 하마스는 자신들의 목표물이 정당한지에 대해서 자주 대중투표를 실시함으로써 자신들의 지지자들의 의견을 묻는다. 테러리스트가 내려야 하는 가장 어려운 판단 가운데 하나는 테러공격에 대한 공공의 반응을 예측하는 것이다. 그 공격이 정당하고 강력하며 대담한 것으로 비쳐질 것인가 아니면 도덕적 비난을 불러일으킬 것인가 하는 것은 예측하기 어려운 사안이다. 목표물에 대한 정당성 문제를 판단

하는 중요한 지표중의 하나는 자신들의 행동을 설명하는 테러 조직의 지속적인 필요이다. 이러한 스스로에 의한 정당화는 어떤 목표물들은 다른 목표물들 보다 더 폭력적인 공격을 받는 것이 정당하다고 일반적으로 간주되기 때문에 필요하다. 아마도 가장 정당하지 않은 목표물이 어린이들이며 가장 정당한 것으로 간주되는 목표물은 군인들, 경찰, 또는 압제적인 정부의 기관들을 포함한다. 가장 명백한 공격 목표물 가운데 몇몇은 증오하는 국가나 정부의 군사 시설, 경찰 또는 다른 정부 기관의 시설이나 인력 등일 것이다.

Destructible (파괴성)	목표물이 파괴될 수 있는 것이어야 한다. 완전히 파괴되지 않는다 할지라도 심각하게 피해를 입을 정도는 되어야 한다. 그러한 피해나 파괴가 이루어지지 않는다면 테러공격은 실패하는 것이다. 테러리스트의 행동이 성공적이라고 간주되기 위해서는 목표로 삼은 것이 파괴되거나 사람이라면 죽어야 한다. 어떤 건물들은 파괴하기 어렵고 특정인물은 잘 경호 받고 있기 때문에 암살하기 어렵다. 그렇기 때문에 이러한 목표물은 파괴하기 곤란하다고 간주하여 목표에서 제외하게 되는 것이다. 쌍둥이 빌딩은 알 카에다에 의해 고안된 방법에 의해 시도된 두 번째 공격 전까지는 파괴할 수 없다고 간주되었다. 테러공격에 사용되는 무기와 상호관계가 있는데 이용가능한 무기를 사용해서 파괴할 수 있는 대상을 목표물로 선택할 것이다.
Occupied (사람들로 붐빔)	예외적인 경우도 있지만, 테러리스트들은 가능하면 많은 사람을 죽여서 자신들의 적들에게 가장 큰 위협을 가하려고 한다. 큰 지역에 많은 사람이 있는 곳이나 작지만 많은 사람들이 모여 있는 곳(카페, 열차)과 같은 장소는 많은 희생자를 만들 수 있기 때문에 목표로서 선호된다. 주요인물이 있는 장소 또한 선호되는 목표이다. 구조물을 파괴하는 것이 테러리스트들에게 늘 충분한 것은 아니다. 민간인들과 정부의 보안 책임자들을 포함한 적에게 공포를 심어주기 위해 필요한 부분이기 때문에 할 수만 있다면 사람을 죽이는 것이 더 좋은 방법이다. 따라서 버스, 기차, 비행기, 역 등과 같이 사람들이 가까이 밀집되어 있으며 많은 수의 사람들이나 차량들이 몰려 있는 구조물이나 장소는 매력적인 목표물이다. 많은 사람들이 살해될 수 있는 따라서 이러한 종류의 목표물들은 특별히 주의를 기울일 필요가 있다.
Near (근접성)	'범죄로의 여행'에 관한 범죄학적 연구들은 지속적으로 범죄자들이 자신들이 살거나 일을 하거나 출퇴근하는 곳에서 가까운 목표물들을 선택한다는 사실을 보여준다. 가깝지 않다면, 적어도 교통수단을 이용해 쉽게 접근할 수 있어야 하거나 시간적으로 가까워야 한다. 모든 보통사람들처럼, 범죄자들도 자신들의 목표물에 최소한의 노력을 들이기를 원하고 이는 테러리스트들의 경우에도 마찬가지이다. 범죄를 설명하는데 있어서 거리의 개념을 이용하는 것과 같이 테러리즘을 이해하기 위해서는 거리의 개념을 이해하는 것이 매우 중요하다. 이전의 연구에서 범죄자들은 범행을 저지르기 위해서 매우 짧은 거리를 이동하고 종종 자신의 이웃이나 주변지역에서 범행을 저지른다고 밝혀졌다. 테러리스트가 자신이 혐오하는 것의 근처에 산다면 일은 매우 간단해지는데 이것은 단순히 공격자체가 쉬워지는 것뿐만이 아니라 테러리스트가 주변 지역으로 손쉽게 이동함으로써 범행 후의 탈출 또한 쉬워진다. IRA의 사례가 이것을 드러내는데, 1970년에서 1994년 사이에 IRA는 수만 건의 공격을 북아일랜드 지역에서 했으며 오직 손에 꼽을 정도의 공격이 잉글랜드 지역에서 행해졌다. 거리개념은 테러리스트가 자국인이고 사법 권력이 매우 넓을 경우에 매우 중대한 관련성을 가지게 된다. 만약 테러리스트가 외국인이라면 모든 목표물은 원거리에 있는 것인데, 이 경우에도 쌍둥이 빌딩의 첫 번째 공격과 같이 이민자들의 거주 지역 근처(뉴저지, 저지 시티)에 있는 경우에는 원거리의 개념에서 벗어나게 된다.
Easy	목표물에 접근하기 얼마나 용이한가? 티모시 맥베이는 매우 쉽게 머레이 건물에

(용이성)	서 불과 8피트 떨어진 곳에 폭탄이 설치된 트럭을 주차할 수 있었다. 알 카에다의 세계무역센터의 공격은 어떠했는가? 첫 번째 공격은 지하 주차장의 허술한 경비로 인하여 비교적 쉽게 되었고, 두 번째 공격은 상용비행기를 쌍둥이 빌딩으로 조종할 수 있는 훈련된 조종사를 포함하는 복잡한 준비단계가 요구되었다. 보안 조치 없이 디자인 된 공공건물은 마치 잠금장치 없이 주택 강도에게 노출된 집처럼 테러리스트들에게는 쉬운 목표물일 수 있다. 따라서 쉽게 공격할 수 있는 타깃은 테러리스트들에게 좋은 공격 대상이 된다. 하지만, 이에 대해서는 주의가 필요하다. 어떤 경우에는 강화된 보안 조치가 오히려 반대로 테러리스트들의 공격 관심을 높여 공격 대상으로 선정되기도 한다. 특히 공격 목표가 아주 상징적으로 또는 전략적으로 중요한 목표물일 경우 오히려 강화된 보안 조치를 뚫고 공격을 성공함으로써 테러 집단이 전지전능하고 막강하다는 이미지를 공공에 심어줄 수 있기 때문에 알 카에다와 같은 숙련되고 능력을 갖춘 테러 집단은 오히려 이러한 목표물을 선택할 수도 있다.

(출처: 윤민우, 2011: 114-116; 윤민우, 2013: 254-256)

위의 <표 8-1>은 테러리스트들이 테러목표를 선정하는 과정에서 테러공격을 실행할 개연성을 높이는 기회조건에 관해 설명한다. 일반적으로 테러리스트의 공격 목표물 선정은 위의 <표 8-1>에 제시한 요소들을 종합적으로 고려한 끝에 내려지는 최적의 선택이다. 그리고 테러리스트의 전략적 목표를 극대화하기 위해 그들은 목표물 선정을 위한 각 요소들의 중요도를 종합적, 차별적으로 고려하여 타깃을 선정한다. 이는 주어진 조건에 따라 어떤 선정 요소가 다른 선정 요소들보다 더 비중 있게 고려될 것이라는 것을 의미한다. 또한 테러리스트들은 대체로 백업 계획을 갖고 공격에 임한다. 따라서 그들이 최선의 선택을 한 대상 목표물에 대한 성공적 공격이 어렵다고 판단될 경우 즉시 그들에게 보다 덜 매력적이지만 실현 가능한 차선의 선택으로 대상 목표물이 언제나 바뀔 수 있다는 사실이 고려되어야 한다(윤민우, 2011: 116).

한편 테러목표물의 취약성과 함께 어떠한 방법으로 폭탄테러 공격을 실행할지 역시 단기목표와 상황조건들의 상호작용을 합리적으로 추론한 최적대안의 선택으로 도출된다. 이 논리는 왜 화생방 대량살상무기가 야기할지 모르는 두려운 시나리오에도 불구하고 그러한 무기들은 테러리스트들의 공격에 사용되는 경우는 매우 드물며 테러공격의 대부분은 총이나 폭발물에 의해 실행되며, 공격의 형태와 적합성의 정도에 따라서 약간의 변화 정도만을 보여줄 뿐이라는 것을 설명한다. 어떠한 방법으로 공격을 실행할 것인가는 무기의 선택, 테러 공격요원의 선발과 운용, 구체적인 전술 또는 작전 수행 방법 등과 관련이 있다. 여기에서는 무기의 선택과 관련된 공격방법에 대해 살펴본다. 목표물을 테러공격으로부터 지켜내기 위해서는 그 목표물에 대해 어떠한 무기가 사용될지 파악하는 것이 중요하다(윤민우, 2013: 256;

Newman & Clarke, 2007).

무기선택과 관련된 문제는 MURDEROUS의 원칙에 의해 결정된다. 뉴만과 클라크(Newman & Clarke, 2007)는 MURDEROUS와 같은 원칙을 만들었는데 이는 테러리스트들이 중점을 두고 있을 만한 각각의 내용의 첫 글자를 따서 만든 내용이다. 다음은 이 MURDEROUS의 요소들에 대한 설명이다(윤민우, 2013: 256; Newman & Clarke, 2007).

표 8-2	MURDEROUS의 요소들
Multipurpose (다목적성)	대부분의 무기들은 특정한 목적을 위해 디자인 되어 있다. 예를 들자면 저격총과 같은 경우에는 원거리에 있는 하나의 타깃을 공격하기 위해 고안되어 있고 산탄총과 같은 경우에는 넓은 범위를 공격할 수 있지만 근거리에서만 사용할 수 있다는 제한이 있다. 폭발물의 경우에는 좀 더 넓은 사용범위를 보여주는데, 이러한 폭탄은 특정인물을 암살하는데 사용할 수도 있으며, 폭탄트럭과 같은 방식을 이용해서 건물을 붕괴시킬 수도 있다. 이러한 폭탄은 다시 재사용될 수 없기 때문에 재보급이 필요하다. 덤덤탄이나 유탄과 같은 장비를 이용하면 폭약과 같은 파괴효과를 조그만 화기를 이용해서 얻을 수도 있다.
Undetectable (비탐지성)	항공기나 여타의 테러 목표물에서 테러공격에 대응한 보안이 강화되면서 테러리스트들은 은밀히 숨길 수 있고 탐지되지 않는 무기를 사용한다. 이러한 사항은 Semtex의 광범위한 사용에 대한 이유를 설명해 주는데, 이것은 작고 가벼우며 탐지하기 어려운 폭발물이다. 스코틀랜드 로커비에서 발생한 Pan AM103편의 사건에서 사용된 Semtex는 겨우 녹음기에 숨겨놓은 11온스밖에 되지 않은 폭발물이었다. 이러한 은닉성으로 인하여 목표물에 도달하기까지 수많은 보안절차를 거쳐야 하는 자살폭탄 테러범에게는 이상적인 무기로 여겨지고 있다.
Removable (휴대성)	테러리즘에 이용되는 무기는 휴대성이 좋아야 하는데 이것은 한 명이나 두 명의 인원이 충분히 휴대할 수 있을 정도로 작고 가벼워야 하는 것을 말한다. 이러한 휴대성과 크기는 또한 이러한 타입의 무기를 쉽게 훔칠 수 있도록 한다. 우리는 휴대하기 좋은 물건이 도둑들에게 매우 유용하다는 것을 이미 알고 있다. 예를 들자면, 매우 비싼 오디오 시스템은 도둑에게 매우 탐나는 물건인데 이것은 이동가능하며 다시 되팔기 쉽기 때문이다. 그렇지만 테러리스트들은 자신들이 훔치는 물건의 재판매로부터 발생할 수 있는 가치는 고려하지 않는데 이것은 무기의 가치가 파괴에 있기 때문이다.
Destructive (파괴성)	총은 목표로 하는 개인을 살상하기에는 가장 적합한 무기이다. 테러리스트들은 가능한 한 많은 사람들을 가능하면 빠른 시간에 살상하고 싶어 하기 때문에 폭발물을 사용한다. 이라크에서의 예를 들자면 IED(사제폭탄)에 의한 미군의 피해가 총알에 의한 피해보다 더 크게 나타났다.
Enjoyable (즐거움)	테러리스트들은 자신들의 무기를 즐기며 그것을 사용하면서 많은 쾌감을 느낀다. 물론 이러한 현상은 테러리스트뿐만이 아니라 많은 일반사람들에게도 똑같이 나타난다.
Reliable (신뢰성)	유용한 무기가 되기 위해서는 신뢰성을 보여야 하는데, 이러한 신뢰성을 위해서 군대 막 입대한 신병들은 자신들의 무기를 관리하고 사용하는 방법을 훈련받는다. 민간인들은 자신들 스스로 무기를 반복적으로 사용함으로써 이러한 무기 사용에 대한 신뢰성을 얻게 되는데 만약 이들이 특정한 무기와 매우 친숙해

	지거나 친밀해진다면, 이러한 무기를 다른 무기에 비해 더 애용하게 될 것이다. 이것은 테러리스트들이 일반적이지 않거나 익숙하지 않은 무기들은, 그러한 무기를 통해서만 작전이 성공할 수 있는 특별한 상황이 아닌 경우에는 회피하려 한다는 것을 의미한다. 그러므로 일반적인 테러공격에서는 테러리스트들이 자신들에게 익숙하고 일반적인 무기를 사용한다.
Obtainable (획득성)	모든 무기의 특징 중에서 가장 중요한 것은 획득 가능성일 것이다. 얼마나 무기를 쉽게 손에 넣을 수 있는가? 얼마나 쉽게 무기를 훔치거나 구입할 수 있는가? 무기를 집에서 제조할 수 있는가? 세상에는 경화기들이 넘쳐나고 있고 이러한 것들이 테러리스트들의 무기로 가장 널리 이용된다. 소형 무기들은 매우 많기 때문에 많은 다양한 장소에서 입수할 수 있으며, 테러리스트들이 자신들의 무기를 입수하는 가장 일반적인 방법은 훔치는 것이다.
Uncomplicated (비복잡성)	무기가 사용자가 사용하기 쉽고 편하도록 만들어져 있는지의 여부에 따라서 작전의 성공을 위한 훈련의 기간이 결정된다. 간단한 단총도 그 사용을 위해서는 연습과 훈련을 필요로 한다. 자유비행관통미사일과 같은 복잡한 무기의 경우에는 많은 훈련을 필요로 하기 때문에 이러한 무기가 사용되는 경우는 매우 드물다. 이러한 무기가 사용된 테러는 종종 실패로 끝나는데, 이러한 경우 무기를 잘못 사용한 경우가 대부분이다. 1972년에 검은 9월단이 이스라엘항공의 항공기를 RPG-7으로 격추시키려 했지만, 대신 유고슬라비아의 항공기를 격추시켰다.
Safe (안전성)	폭탄은 그 특성상 총보다 더 위험하다. IRA의 급진파의 많은 수는 조기 폭파로 사망하였다.

(출처: 윤민우, 2013: 257-259)

MURDEROUS의 원칙은 테러리스트의 관점에서 살펴본 것이다. 이러한 내용은 경험적인 연구를 통해서 개정될 수 있다. 하지만 여러 차례 경험적인 연구를 하더라도 테러공격의 유형에 따른 테러리스트들의 무기선택의 성향에 대한 기본원칙은 바뀌지 않을 것이다. 이처럼 테러리스트들의 특성에 대한 이해를 통해서 테러공격을 막기 위한 방법을 찾을 수 있을 것이며, 테러리스트들이 선호하는 무기에 대한 접근 통제를 할 수 있다(윤민우, 2013: 259; Newman & Clarke, 2007).

한편, 폭탄테러의 실행 시 테러리스트들은 무기의 치명성을 고려할 것이다. 무기의 치명성은 해당 무기의 파괴력과 관련이 있다. 사용되는 무기의 파괴력은 다음과 같은 요소들에 의해 측정된다(윤민우, 2013: 259; Newman & Clarke, 2007).

무기의 파괴력:
- 관통성: 무기가 얼마나 목표물을 깊숙이 뚫고 들어갈 수 있는가
        (예: 장갑의 관통 대 유효 살해 타격)
- 파편과 유산탄, 잔해 등의 발생
- 폭파와 충격: 목표 구조물의 붕괴 범위와 폭파의 파급효과
- 불꽃과 화염의 발생

- 정확성: 폭발은 그로 인한 파괴를 분산시킨다; 강한 파괴력의 총은 작은 살상 범위를 가진다.
- 살상율: 한 번의 공격으로 살상할 수 있는 사람의 수

결국 이런 폭탄테러와 테러리스트의 합리성에 얽힌 다이나믹을 고려하면 다음과 같은 사실들이 추론된다. 예를 들면, 러시아 항공기 폭파가 자신들의 행위라고 주장한 IS의 발표는 참이다. 왜냐하면 일회성 테러리스트는 허위나 과장성 발표나 위협으로 잃을 것이 없다. 이들은 미래의 테러행위 시 자신들의 평판이나 주장의 신뢰성 등을 고려해야할 필요가 없기 때문이다. 하지만 IS와 같은 지속적인 테러행위자는 미래의 폭탄테러 공격 또는 공격위협의 신뢰성과 효용성 등을 고려해야 한다. 때문에 이들은 현재의 테러공격에 대한 주장의 진실성을 확보해야 한다. 코엑스에 대한 폭탄테러 위협은 납득할 만한 선택이다. 왜냐하면 지하의 대형 쇼핑몰은 지상공간의 다른 장소에 비해 같은 폭탄으로 더 많은 인명을 살상할 수 있기 때문이다. 지하의 경우 연기와 화재와 건물 붕괴 등은 대중의 패닉과 함께 상대적으로 더 큰 참사로 이어진다. 특히 일요일 오후와 같은 휴일 오후 시간대는 쇼핑공간의 경우 더 많은 사람이 몰릴 수 있다. 반대로 지하철과 같은 교통수단은 평일 출퇴근 시간이 더 적절한 폭탄테러 공격의 장소와 시간대일 것이다. 결국, 폭탄테러는 합리적 의사결정의 결과물이다. 대테러 대응 정책은 이러한 기반 위에 테러리스트의 생각을 따라잡는 차원에서 이들의 합리적 계산과정을 차단하고 개입하는 방식으로 실행되어야 할 것이다.

》 폭탄테러에 참여하는 테러리스트들

폭탄테러 공격에 참여하는 테러리스트들의 인구통계학적 특성 또는 성장환경과 개인적 특성들을 살펴보는 것은 폭탄테러에 대한 분석의 중요한 부분이다. 여러 다른 그리고 다양한 배경을 가진 테러리스트들이 각각의 다른 이유로 폭탄테러 행위에 참여한다. 이들을 프로파일 할 수 있는 특정 유형이 뚜렷이 드러나는 것은 아니지만 이들 테러리스트 개인들이 가지고 있는 각각의 특성과 배경들이 폭탄테러 행위와 관련성이 있다. 하지만 연구 대상이 쉽게 접근할 수 없다는 이유 때문에 이러한 인구들에 대한 경험적 연구는 많지 않다. 대체로 테러리스트들을 찾아내기가 쉽

지 않을 뿐만 아니라 다수의 테러리스트들은 자살폭탄테러 과정에서 사망한다. 단지 수사기관이나 정보기관에 의해 체포된 폭탄테러범이 어느 정도 존재하거나 자살폭탄테러 실행 과정에서 중간에 발각되어 체포되거나 폭탄의 기폭장치가 작동하지 않아 폭발에 실패하여 체포된 몇몇 자살폭탄테러범들이 존재한다. 폭탄테러에 참여하는 테러리스트들의 특징은 이러한 소수의 체포된 테러리스트들을 상대로 파악한 결과이다(윤민우, 2013: 260).

버코와 유발(Berko & Yuval, 2010)은 25명의 팔레스타인 폭탄테러 참여자들을 인터뷰하고 이들의 특성과 개인적 신상을 조사했다. 참여자들은 자살폭탄테러범을 포함하여 폭탄테러를 지휘하거나 자살폭탄테러범을 모집, 채용하고 운용한 현장 지휘관, 그리고 폭탄테러범들을 밀입국 시키거나 기타 가짜 증명서 등을 공급한 조력자들로 이루어져 있다(윤민우, 2013: 260). 다음의 <표 8-3>은 이러한 25명의 신상과 개인적 특성을 정리한 표이다.

아래의 <표 8-3>에서 보여지는 것처럼 폭탄테러에 참여하는 테러리스트가 되는 어떤 일반적인 심리적, 성격적, 성장 환경적 특성은 존재하지 않는다. 단지 개인의 성격과 심리적 특성, 그리고 개인적 경험과 성장 환경적 특성에 따라 테러에 참여하게 되는 다양한 커리어 패스가 관찰된다. 이러한 각각의 사례별 커리어 패스를 분석하면 테러리스트가 되는 몇몇 경로들을 이론화할 수 있다. 그리고 이러한 경로의 분석은 특정 개인이 테러행위에 참여할 시에 그 테러조직에서 어떤 역할과 지위를 맡을지를 예측해 볼 가능성이 존재한다(윤민우, 2013: 264-265).

대체로 위에 제시된 테러리스트들의 사례를 통해보면, 성별로는 남자가 여자에 비해 자살폭탄테러범을 관리하고 지휘하는 dispatcher나 채용하는 recruiter 또는 테러조직의 창시자나 리더와 같은 보다 프로패셔널한 핵심 테러리스트인 경향이 나타난 반면 여자의 경우 여러 개인적 동기에 의해 그러한 개인적 동기를 해소할 목적으로 테러활동에 참여한 경우가 자주 목격된다. 이들은 대체로 자살폭탄테러범과 같은 상대적으로 착취당하는 지위의 테러리스트인 경우가 많고, 개인적 동기 역시 형제나 남편, 남자친구와 같은 중요한 개인에 대한 복수의 동기이거나 사회구조적으로 억제된 개인적 바람을 실현하기 위한 목적 등으로 테러에 참여한다. 여자 테러리스트들의 경우 만약 이들이 팔레스타인이라는 기회가 거의 박탈된 사회가 아니라 여러 다양한 사회적 욕구 실현과 개인에 대한 기회조건의 제공 또는 분노와 좌절의 치유 등이 가능한 다른 사회에 있었더라면 테러리스트가 되지 않았을 가능성이 크다(윤민우, 2013: 265).

테러리스트의 나이, 교육정도, 종교성의 정도는 다양한 분포를 나타냈다. 먼저 나이의 경우 10대부터 30대까지 분포를 보여준다. 이러한 나이분포는 테러리스트가 대체로 젊은 사람들이 참여하는 분야라는 것을 나타내지만 일반적인 강력범죄자가 주로 10대 후반에서 20대 초반이라는 사실을 감안하면 그러한 일반범죄자들보다는 조금 연령대가 높은 인구 군이 테러에 참여한다고 볼 수 있다. 남자와 여자 사이에서 나타났던 착취와 피착취의 관계는 나이에서도 나타난다. 주로 20대 후반 30대의 테러리스트들이 dispatcher나 recruiter등의 역할을 하고 10대 또는 20대 초반의 테러리스트들이 실제 작전을 수행하는 자살테러범의 역할을 하는 것으로 보아 연령이 높은 테러참여자들이 상대적으로 저 연령층의 청소년들을 자살폭탄테러에 이용하는 것으로 나타났다. 교육정도는 대체로 학력정도가 높을수록 dispatcher나 recruiter의 역할을 하고 학력이 낮을수록 폭탄테러 실행자의 역할을 하는 것으로 나타나 학력에 따른 착취-피착취 관계가 나타났다. 반면 종교성은 패턴을 찾기 어려웠다. 종교성이 높은 테러범과 낮은 테러범이 다양하게 존재하며 종교성의 정도에 따른 역할의 구별도 뚜렷이 나타나지 않았다(윤민우, 2013: 265).

표 8-3 폭탄테러 참여자의 신상과 개인적 특성

이름	성별	나이	역할	직업	SES	교육	종교성	동기/가족/친구/기타
Muin	남자		dispatcher	Palestinian Intelligence		대졸		1. 젊은 둘째 부인 때문에 소외당한 어머니 밑에서 자라남 2. 남자형제가 자살폭탄테러를 함 3. 테러집단의 행위를 정규군에서의 행위와 동일시하려고 함
Abdallah	남자		dispatcher		상	대재	중간	1. 본인의 잘못이 아닌 일로 처벌을 받게 된 경험이 이후 테러참여의 시발점이 된다고 생각하고 있음 2. 가족과의 관계 좋음 3. 가족은 종교적이나 심각한 정도는 아님 4. 가족은 테러행위에 대해 반대

이름	성별	나이	역할	직업	SES	교육	종교성	동기/가족/친구/기타
								5. 아버지는 남성성을 강조하였음 6. 자신이 알고 있는 유태인에 대해서는 양면적인 태도를 보임(자신이 아는 사람에게는 테러의 피해가 가지 않도록 하려고 함)
Ismail	남자	32	dispatcher			대재	높음	1. 아버지가 테러집단 활동 2. 아버지를 롤 모델로 삼고 있음 3. 동생이 살해됨 4. 친구들이 돌을 던지며 시위를 한 사소한 이유로 이스라엘 군인에게 죽음
Huda	여자	27	bomber		상	대졸		1. 82년 Sabra와 Shatilla에서의 학살을 TV로 본 충격이 큰 상태에서, 유태인들이 학살을 막지 않고 방관한 것에 대해 분노 2. 가족과의 관계 좋음 3. 교도관들은 그녀의 모든 행동이 자신에 대한 평가에 대한 것을 염두에 둔 계산된 행동이라고 이야기함 4. 자신을 일반적인 여성으로 표현하려고 노력함
Fatima	여자	25	bomber	꽃집 (비정규직)	하	고1 중퇴	중간	1. 가족의 반대로 결혼을 못하게 되자 부모에 대한 복수차원에서 가담하게 됨 2. 가족과의 사이가 매우 나쁨 3. 17살에 자살시도 2번 4. 결혼을 위해서 20세 경에 좀 더 종교적으로 변함 5. 감옥내의 문화로 인해서 수감 이후에 매우 종교적으로 변화됨
Latifa	여자	20	bomber	주부		중3 중퇴	낮음	1. 남편이 매우 종교적이지 않아서 hijab을 입지

이름	성별	나이	역할	직업	SES	교육	종교성	동기/가족/친구/기타
								않고 바지와 셔츠를 입고 다니라고 이야기함 2. 결혼 전에 만나던 남자와 결혼 이전에 자살폭탄테러를 모의하였고 남자의 체포로 잡힘 3. 여자가 지내던 지역에서는 이스라엘과 아랍 사이에 문제가 없었음
Yusra	여자	20	bomber			대재	높음	1. 오빠가 이스라엘 군인의 총에 맞아 집 대문 앞에서 죽음 2. 오빠 3명이 테러행위로 투옥됨 3. 약혼자가 이스라엘 군인에 의해 죽음 4. 자살테러가 실패한 것도 운명이라고 생각하고 있으나, 결혼 후에 자식을 낳으면 종교교육을 시키고 자살테러를 시킬 것이라고 이야기함 5. 11살짜리 아이가 이스라엘 군에 의해 죽은 것에 분노 6. 이스라엘군이 최대한 많은 팔레스타인 사람을 죽이는 것을 목표로 한다고 믿고 있음
Ayisha	여자	21	smuggler					1. 오빠가 테러에 가담 2. 4살 때 오빠가 테러행위에 가담했다는 이유로 군인들이 집 전체를 부숴버림
# 9	여자	30	bomber					1. 결혼 후 9년 동안 임신을 하지 못해서 파혼을 당한 것이 동기가 됨
Shafiqa	여자	20	bomber			대재		1. 약혼자가 될 수도 있었던 남자의 사망 이후 자신도 테러를 하면 천국에서 만날 수 있을 것으로 생각함(최초 생각) 2. 무고한 사람들의 살해를 알라 또한 금지하는 것

이름	성별	나이	역할	직업	SES	교육	종교성	동기/가족/친구/기타
								이라고 생각(중단 이유) 3. 태어나면서 아버지는 차 사고로 사망하고 10살 때 어머니는 재혼을 함 (자신 대신 새 남편을 택한 어머니에 대한 분노) 4. 약혼자가 되기 원하던 남자가 이스라엘의 헬기공격으로 죽음 5. 폭탄테러를 하러 가던 중 중단함(같이 테러를 하러 가던 어린 남자아이(16살)를 본 후에 망설이게 되었으며 유모차를 끌고 가는 여자를 본 이후에 그만두기로 결정함) 6. 자신이 자살폭탄을 하지 않았기 때문에 무고한 사람(이스라엘 사람)에게 생명을 주었다고 생각함
# 11	여자		bomber					1. 남편이 Hamas의 일원 이였고, 본인의 외도를 의심받음 2. 외도를 의심받는 것만으로 죽음을 당할 수 있기 때문에 가족의 명예를 위해서 자살테러를 하도록 강요됨
# 12	여자		bomber					1. 가족들에게 돈을 줄 수 있으며 자신의 명예를 회복할 수 있다고 생각함 2. 이슬람사회에서 금기시 되는 자살을 공식적으로 할 수 있음 3. 남편에 의한 폭력과 강간이 있었음
Hiba Daraghmeh	여자		bomber				높음	1. 남자형제가 투옥된 것과 체포과정에서 생긴 부상에 대한 복수
Hanadi Jaradat	여자		bomber					1. 남자 형제와 약혼자의 죽음에 대한 복수
Abir	여자		bomber					1. 가족의 자살 폭탄테러에 대한 깊은 본인 동

이름	성별	나이	역할	직업	SES	교육	종교성	동기/가족/친구/기타
								일시화와 함께 자살테러 이후의 영광을 위해 가족과 같은 행동을 하게 됨 2. 남자형제가 자살폭탄테러를 함 3. 남편이 IDF(이스라엘군)에 의해 부상 당함
Daragmeh	여자		bomber				높음	1. 14살 때 외삼촌에게 강간을 당하고 그 이후 종교적 성향이 강해짐
Suha	여자	19	bomber					1. 자살폭탄테러를 할 경우 어머니가 상심하는 것에 대해서 고민함(중단 이유) 2. 어머니와의 사이가 매우 좋음 3. 같은 학교의 자살폭탄테러를 하고 싶어 하는 친구와 함께 자살폭탄테러에 대해서 자주 이야기함
Abdallah Quran	남자	11	bomber			초6 재학		1. 가방에 폭탄이 들어있는 줄 모르고 이스라엘 안으로 들어가려던 중 군인들에 의해 발각되자 dispatcher가 리모컨으로 터트리려고 했으나 실패함
Jalal	남자	15	bomber			고1 재학	중간	1. 100 Shekels의 돈 2. 테러리스트가 남자답다는 평판에 대한 만족과 천국에 대한 기대 3. 군인들이 검문하였을 때 폭탄을 작동시킬 수 있었지만 군인들이 잘 대해주어서 중단하게 됨(중단 사유) 4. 말을 잘 듣지 않고 친구들과 어울려서 아버지에게 자주 맞음 5. 친구들과 어울리는 것을 매우 좋아하고, 친구들과 학교 선생님의 차에 불을 질러서 2일

이름	성별	나이	역할	직업	SES	교육	종교성	동기/가족/친구/기타
								동안 아랍감옥에서 구류됨 6. Hassan(recruiter)과 같은 반 7. 12살부터 담배를 피움
Hassan	남자	14	recruiter			고1 재학	높음	1. 1명을 모집할 때마다 100 Shekels 받음 2. 부모가 8살 때 이혼함 3. 성적이 우수하고 선생님들로부터의 평판도 좋음
Nazima	여자	22	bomber			고1 중퇴	낮음	1. 군사훈련과 같은 육체적인 도전과 금지된 남성들과의 만남과 지겨운 집에서의 생활로부터 벗어나고 싶어서 참가하게 됨 2. 자살폭탄테러는 지속적으로 하기 싫다는 의견을 집단 내에서 표시함 (군사훈련만을 받고 싶었다고 함) 3. 가족과 친하게 지냄 4. 어머니가 유대인들이 자신들을 고향에서 어떻게 쫓아냈는가에 대해서 이야기 함 5. 모스크에서 만난 친구가 그녀를 자살테러그룹으로 인도함 6. 군사훈련과 같은 육체적인 도전과, 금지된 남성들과의 만남과, 지겨운 집에서의 생활로부터 벗어나고 싶어 하였음
Saleh	남자	30	dispatcher		상	대졸		1. 자신도 자살폭탄테러의 효과성에 대해서는 의문을 가지고 있지만, 이스라엘도 같은 고통을 당해야 한다고 생각함 2. 강한 적대심을 보이나 인간적으로 접근하였을 때 자신의 이야기를 털어놓기 시작함 3. 면담자와의 대화중에 지속적으로 자신이 대화를 주도하려고 함

이름	성별	나이	역할	직업	SES	교육	종교성	동기/가족/친구/기타
Mahmoud	남자	29	dispatcher		중	대재	중간	1. 첫째 부인의 아들로서 둘째 부인으로 인한 아버지로부터의 관심 부족 2. 아버지상의 지속적인 결여 3. 높은 지위를 가진 dispatcher
Rifat	남자	29	bomber		상	중2 중퇴		1. 유대인에 대한 인간적인 반감은 없지만 그들이 자신들의 영토를 침범했기 때문에 대응해야 한다고 생각함(개인적인 문제와 집단적 문제를 분리) 2. 부족함 없이 결혼을 하고 살았지만 투옥된 이후에 이혼 당함 3. 17세 이후로 4번째 투옥 4. 예루살렘을 좋아했으며 유대인들과 전혀 문제가 없었음 5. 자신의 남성성을 드러내려고 함
Sheikh Ahmad Yassin	남자		leader/ founder	Hamas Founder			높음	1. Jihad는 자기방어이다. 2. 자살테러를 위해서는 15세 이상은 되어야 한다 (정신적 성숙) 3. 자살테러를 하는 사람에 대한 일반적인 특징에 대해 말해달라는 설명에 대해서 부자이든 가난한 사람이든 교육을 받은 사람이든 아니든 간에 개인의 신념과 알라신에 대한 사랑이 가장 중요하다고 함 4. 장애를 가지고 있는 점이 오히려 상징적 의미로 작용함

(윤민우, 2013: 260-264; Berko & Yuval, 2010)

테러리스트에 참여한 개인적 동기와 테러리스트 개인의 가족, 친구와의 관계나 기타 개인적 경험 등은 다양하게 이질적으로 나타났다. 이 때문에 뚜렷이 어떤 패턴을 찾아내기가 어려웠다. 이는 테러리스트들을 프로파일하는 것이 쉽지 않거나 무의미하다는 주장을 지지하는 증거들로 볼 수 있다. <표 8-3>에 나타난 것처럼 개인적 복수가 테러참여의 동기가 되거나 아니면 사회적 활동의 기회추구, 군대라는 직업의 대체수단, 금전적 이익, 애국심, 영웅심 등과 같은 다양한 동기로 테러활동에 참여하게 된다. 이들은 가족관계가 좋거나 아니면 부모와의 갈등이 있거나 부모가 롤모델이 되거나, 아버지의 결핍에 대한 충족을 추구하거나 등의 다양한 가정환경 배경을 가진다. 다만 여기서 주목할 만한 사실은 친구나 가족관계 등의 주변인들의 영향과 이들과의 긴밀한 사회유대의 정도에 따라 테러리스트가 되는데 영향을 받는다는 사실이다. 이는 일반 범죄를 설명하는 사회학습이론이나 사회유대이론이 폭탄 테러범이 되는 원인을 설명하는데도 유효함을 보여준다(윤민우, 2013: 256).

Hafez(2007) 역시 이라크의 자살폭탄테러범 연구를 통해 유사한 사실들을 밝혀냈다. 단순히 금전적 이익을 얻기 위한 범죄적 동기부터 강한 이슬람 극단주의 성향, 단순한 중앙정부에 대한 불만, 본인의 연금이나 기회박탈에 따른 불만을 정부에 표출하고자 하는 등 다양한 동기로 인해 폭탄테러에 가담하게 된다. 이러한 그의 연구결과는 테러리스트의 프로파일이 어렵다는 사실을 보여준다. 따라서 테러리스트 전체의 특성을 찾아내려는 노력보다는 테러리스트가 되는 각각의 커리어패스를 각 유형별로 분류하여 정리하는 작업이 필요할 것 같다(윤민우, 2013: 256).

≫ 폭탄테러 위협으로부터의 신변안전 강화방안

이러한 테러리스트의 특성과 테러리스트의 폭탄테러 공격대상 선정의 계산과정을 이해한다면 개인신변강화를 위해 폭탄테러의 잠재적 피해자가 어떻게 자신의 신변안전 정도를 높이기 위해서 조치를 취해야 하는지에 대한 힌트가 나오게 된다. 테러리스트의 공격실행에 들어가는 비용을 증가시키고 효과를 감소시키며 테러공격실행을 어렵게 하는 적대적 기회조건을 활용하거나 만들어 내는 노력 등이 그것이다. 구체적으로 위에 제시한 테러공격대상 선정의 고려요소들을 중심으로 비용, 효과, 상황적 기회조건을 복합 분석하여 어떤 시간대와 지역 또는 위치, 그리고 공격대상이 보다 매력적인 공격목표인지 바꾸어 말하면 공격을 받을 개연성이 높은

지를 개인이 스스로 평가할 수 있다. 이를 통해 회피전략 등을 채택하여 스스로 공격대상이 될 개연성을 줄여나가는 노력이 이루어질 수 있다. 이를 목표물 보안강화(Target Hardening)라고 부른다(Clarke & Newman, 2006: 11).

폭탄테러와 관련된 여러 사실들은 해외에서 활동하거나 거주하거나 여행하는 한국인들이 현지에서 폭탄테러의 예기치 않은 피해자가 될 개연성이 충분히 있음을 말해준다. 또한 국내에서도 폭탄테러가 발생할 수 있다는 개연성을 보여준다. 실제로 한국인들이 해외 현지에서 폭탄테러의 피해자가 되는 사례들이 발생해왔다. 멀리는 1983년의 버마 아웅산 폭탄테러사건에서부터 최근에는 2009년 예맨 세이윤 폭탄테러 사건과 2013년 12월 이집트에서 한국인 관광객이 탑승한 관광버스에 대한 자살폭탄테러 공격까지 한국인들이 직접적으로 공격대상이 되었던 사건들을 대표적인 사례로 들 수 있다. 한편 국내에서도, 최근 들어 코엑스에 대한 폭탄테러공격 위협이 있었으며, IS가 국내 미군 공군부대나 국내 다중시설을 타깃으로 폭탄테러를 감행하겠다는 위협이 있었다. 아래의 <표 8-4>는 해외에서 실제로 한국인들 대상으로 발생했던 폭탄테러 사건의 일부 사례들을 정리한 내용이다.

표 8-4 한국인을 목표로 한 해외에서의 폭탄테러 사례들

1983년 버마	• 과거 아웅산 폭탄테러에서 전두환 전대통령이 살해되지 않은 것은 갑작스런 일정의 변화였다. 테러리스트는 그들이 미리 정한 정확한 time table에 따라서 작전을 수행한다.
2009년 예맨	• 몇 년 전 예멘에서 연속적으로 일어났던 한국인 차량에 대한 표적 테러공격은 공항에서 숙소로 이동하는 비교적 예상하기 쉬운 이동 경로와 시간대별 움직임이 영향을 미쳤다. 비행기 도착 시간을 알고 공항에서 나오는 것을 관찰할 수 있다면, 이동 경로와 kill zone 도착 시간을 계산하는 것은 매우 용이하다. 이러한 예상되는 일정과 이동 루트를 즉흥적으로 실시간으로 바꾸는 노력이 위험지역에서는 필요할지 모른다.
2013년 이집트	• 이집트 관광버스 폭탄테러의 경우는 호텔에서 이스라엘-이집트 국경 검문소로 예상되는 이동 경로를 따라 움직였다. 아마도 일정이 미리 테러리스트에 의해 파악되었을 가능성이 크다. 국경의 체크 포인트는 버스가 반드시 멈추어야 하는 공간이므로 여기가 kill zone으로 미리 선택되었을지 모른다. 만약 이동에 걸리는 시간이나 이동 경로 등을 갑작스럽게 조금 바꾸었다면 자살테러 공격 시도를 취소시켰을지도 모른다.

이 밖에도 한국인들이 간접적인 폭탄테러 공격의 대상이 될 가능성 역시 상존한다. 보도에 따르면, 2014년 한 해에만 한국인 해외 여행객은 1300만 명에 달할 것

으로 예상되고 있으며, 특히 폭탄테러의 위험이 매우 높은 이집트에만 2013년 기준으로 월 평균 약 1,880명이 여행하는 것으로 추산되었다(염지은, 2014년 2월 24일). 이런 상황에서 해외의 한국인들을 위한 폭탄테러로부터의 개인신변안전 방안을 강구하는 것은 중요한 현안이라 할 수 있다.

하지만 현재까지는 해외 폭탄테러로부터 개인신변안전을 확보하기 위한 방안이 그다지 만족스럽거나 효과적이지 못하다. 우선 여행 경보 정보가 색깔별로 분류된다. 그리고 나라별로 여행 제한 지역과 여행 금지 지역이 선포되고 일방향의 정보 전달 방식으로 단지 경고조치만 이루어진다. 물론 여행금지지역으로 선포된 특정 국가를 애초에 회피하거나 아니면 그 국가가 포함된 지역 전체(예를 들면 중동전역)를 아예 회피하는 것은 궁극적인 개인신변안전 조치일 수 있다. 하지만 이러한 초보적인 조치는 무의미하거나 실효성이 떨어진다. 개인들은 그러한 경고를 이해하지 못하거나 아니면 위험을 무릅쓰고 가려고 하기도 한다. 또 많은 경우에는 업무상, 또는 학업이나 연구 목적 등으로 해당 위험지역을 피치 못하게 방문하거나 거주해야 하는 상황이 발생하기도 한다. 또한 같은 국가라도 지역에 따라 큰 편차를 보이기도 한다. 예를 들면, 인디아의 경우 폭탄테러는 파키스탄과의 국경지역에 집중되는 특성을 보이며 중, 남부 지역은 상대적으로 안전한 편이다. 때문에 한 국가 전체를 일괄 규제하는 방식의 대응은 그 효용성이 떨어질 수밖에 없다.

해외에서 발생할지 모르는 폭탄테러에 대한 개인신변안전 강화방안을 구체적으로 제시하는 것은 의미 있는 시도일 수 있다. 폭탄테러가 빈번히 발생하는 해외 현지에서 어떻게 개인 차원에서 스스로의 신변안전을 확보할 것인가가 해당 개인에게는 현실적인 도움이 될 수 있다. 폭탄테러를 예방하기 위해 어떤 주의와 노력을 기울여야 하며, 폭탄테러가 발생했을 경우 피해를 최소화하기 위해 어떻게 개인차원에서 대응해야 하는가가 잠재적 피해자인 개인에게는 주요한 이슈일 것이다. 하지만 이와 관련된 제안들은 아직 국내에서는 찾아보기 힘들다. 여기에서는 그와 관련된 내용을 논의한다.

해외에서 폭탄테러와 관련된 개인의 신변안전과 관련하여 가장 우선적으로 관심을 가져야 할 사항은 자신이 위치하거나 이동할 지역에 대해 잠재적 위험사항을 파악하는 것이다. 많은 경우에 폭탄테러는 유행을 타는 경향이 있으며 특정 형태의 폭탄테러가 특정 지역에 집중되어 있다(윤민우, 2013a: 447-452). 때문에 미리 그 지역의 폭탄테러에 대한 사전 정보를 파악하는 것은 신변안전을 위한 가장 중요한 기초적 정보가 된다. 예를 들면, 2013년 말 이집트에서 발생한 한국인 단체 관광객이 탑승한 버스에 대한 폭탄테러공격은 사건 발생 이전 수개월 동안 진행되었던 알 마크디스 무장 세력에 의한 일련의 유사 공격 사례들을 통해 예견될 수 있었다.

폭탄테러의 회피를 위한 기본적인 사전 예방활동은 일반적인 범죄·테러의 피해를 회피하기 위한 예방활동과 유사하다. 이는 기본적으로 개인차원에서의 OSINT(Open Source Intelligence) 활동에 해당한다. 사전 정보파악 및 초보적인 분석은 대개 책이나 미디어 보도, 인터넷 자료, 정부기관이나 회사, 여행사, 전문가들에 의해 제공되는 해외 안전 현황 자료 등을 활용한 문헌검색을 활용할 수 있다. 인터넷 웹사이트, 트위터, 신문, 책, 잡지, 뉴스 보도, 폭탄테러 관련 지역별 주제별 전문 보고서 등의 공개출처 정보를 활용하여 현지의 폭탄테러 현황과 추이, 특성 등을 살펴봄으로써 사전 정보를 획득할 수 있는 좋은 출처들이다(이완희·윤민우·박준석, 2013: 259-278).

1. 자살폭탄테러 대응방안

자살폭탄테러는 이집트, 이라크, 아프가니스탄, 파키스탄, 케냐 등 주요 테러위험지역에 집중되어 나타나지만 영국, 미국, 스페인, 러시아 등 상대적으로 치안이 안정된 지역 역시 자생테러조직의 영향으로 가끔 사례가 발생하기도 한다. 최근 들어 위구르 테러의 영향으로 중국역시 자살테러의 안전지역으로 볼 수만은 없다. 최근에는 자살폭탄테러가 이슬람극단주의 테러의 주요전술로 이용된다.

예상되는 자살테러에 대한 적절한 예방 전략은 앞에서 설명한 일반적인 범죄예방활동을 적용할 수 있다. 최근의 해당지역 동향과 공격대상 등을 살핀다. 자살폭탄테러는 테러 지도부의 전략적, 전술적 결정임으로 뚜렷한 시간적, 공간적 집중성을 보인다(윤민우, 2013a: 447-452). 대체로 자살폭탄테러의 준비기간이 길며 준비된 테러공격을 특정 시기, 특정 목표물에 집중적으로 사용하고 다시 휴지기로 들어가는 경향성을 보인다. 또한, 공격당할 가능성이 어디가 높은지는 앞서 제시한 이론적 분석틀인 EVIL DONE의 원칙을 적용해 보면 예측해 볼 수 있다. 최근 들어서는 상대적으로 공격하기 쉬운 일반 민간인들을 대상으로 가능한 한 많은 사상자를 내려고 하는 추세이다. 따라서 시장, 쇼핑센터, 지하철, 철도, 버스 등 다중이용시설은 언제나 자폭테러에 취약한 목표물이다.

스스로 공격대상이 되지 않기 위해서는 자신의 일정을 살피고 이러한 일정에 관한 정보가 외부로 유출되지 않도록 하는 것이 중요하다. 또한 뻔히 예상되는 루트를 피하고 시간과 루트를 예측하기 어렵게 즉흥적으로 조금씩 변화를 주는 것이 바람직하다. 명심해야 할 것은 선택적 자살폭탄테러 공격일 경우 정확한 시간계산과 이동경로 예측, 그리고 폭파가 일어나는 정확한 kill zone 선정이 매우 중요하다는 사실이다(Meyerle & Malkasian, 2009).

자살폭탄테러는 사람이 직접 운반하는 도보형태이거나 차량탑승(오토바이 포함) 형태 등이 가장 흔하게 발생한다. 항상 사주경계를 통해 이상한 징후 또는 자신이나 자신이 위치한 건물에 접근하는 사람이나 차량 등을 살펴야 할 것이다. 사람이 직접 다가오는 형태의 자살폭탄테러는 자살폭탄 조끼를 착용하거나 수류탄이나 폭탄 등을 몸에 두르거나 하는 경우가 일반적이다. 하지만 경우에 따라서는 자살폭탄 속옷을 의복 내에 착용하는 경우도 있다. 매우 예외적으로는 수박 안을 파내어 폭탄을 장착하고 이를 시장바구니 안에 다른 과일 등과 함께 섞어 담아 자폭테러를 감행하려 한 경우도 있다. 대개 자살폭탄테러 용의자의 경우 몸에 지닌 폭탄의 무게 때문에 걸음 걸이가 부자연스럽거나 옷의 형태 등이 일반적인 경우와 다르게 나타나는 경우가 많다. 때문에 주의 깊게 주변 사람들을 살펴보면 인지할 수도 있다.

자살폭탄테러 공격자 역시 매우 다양하다. 청년, 노인, 할머니, 여성, 어린이 등 여러 종류의 공격자들이 존재한다. 때문에 실제로 자살테러 공격자들을 미리 프로파일하여 특정 위험군을 가려내는 것은 매우 어렵다(Berko, 2009). 아래의 <그림 8-2>에 제시되는 그림들은 다양한 자살폭탄 테러범들과 무기들을 보여준다.

그림 8-2 자살폭탄 테러범들과 자살폭탄 무기의 사례들

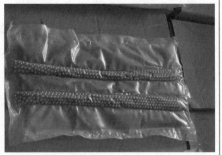

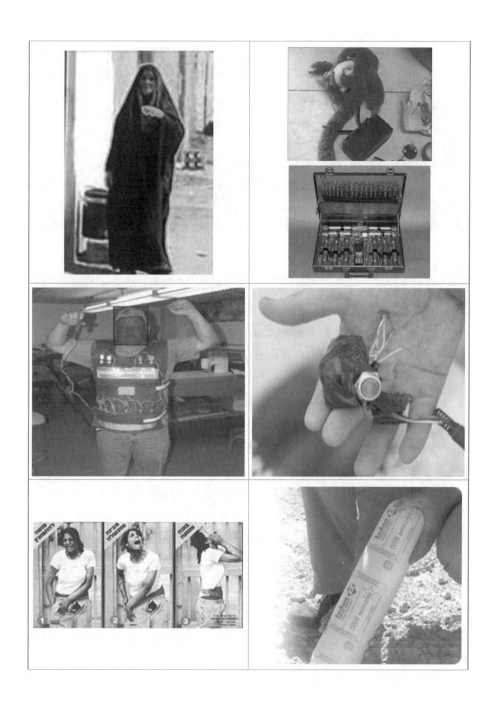

(출처: TRADOC G2 TRISA-Threats, TRISA Handbook No.3)

　자살폭탄테러 공격자가 공격을 실행할 때 그들이 자폭하는 위치는 맥시멈 사상자를 낼 수 있는 지점이다. 때문에 쇼핑센터나 시장 등에서 가장 사람이 밀집된 지점이나 버스나 기차, 지하철 등에서는 승객이 최대한으로 탔을 때 가장 중간 지점에서 자폭을 감행한다. 이는 이 지점이 사상자를 극대화할 수 있기 때문이다. 2013년 말 한국인 관광객을 공격한 이집트 버스 자폭테러에서 버스 앞부분에서 폭발이 일어난 이유는 여행 가이드가 자폭테러범을 밖으로 밀쳐냈기 때문이다. 글쓴이는 이스라엘에서 자폭조끼를 직접 관찰하고 착용해 보았다. 상당한 부피와 무게가 있으며 파이프 폭탄을 몸의 중심으로 원형으로 촘촘히 박아 넣었다. 이 경우 폭발이 일어나면 360도 방향으로 폭발이 맹렬히 일어난다. 이처럼 360도 전 방향으로 폭발이 일어나도록 설계한 것은 사상자 수를 극대화하기 위해서이다.

　차량을 이용한 자살폭탄테러 공격 역시 일반적이다. 일반적인 승용차가 자주 이용되지만 경우에 따라서는 적십자 차량이나 병원의 구급차 등 특수목적 차량이 이용되는 경우도 있다. 차량을 이용한 자폭테러 공격은 다양한 형태로 일어난다. 거리에 버려지거나 주, 정차해 있는 차량을 이용해 이동하는 공격목표가 접근할 때 터트리는 경우도 있으며, 차량이 이동하면서 지나가는 목표 차량을 들이받거나 경찰의 체크 포인트나 건물 또는 다른 공격목표물로 돌진하는 경우들도 있다. 이를 회피하는 최선의 방법은 수상한 차량이 멈춰있거나 다가오는 경우가 없는지 늘 주위를 살피는 것이다. 결국 접근을 미리 차단하는 것이 최선의 방안이다(Cronin, 2003: 17-20).

그림 8-3 차량을 이용한 자살폭탄테러 공격의 사례들

• 멈춰진 상태의 차량이 폭탄테러에 이용된 경우

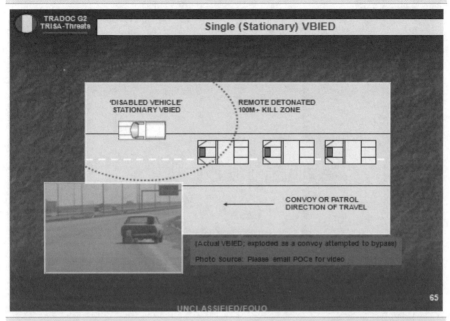

• 멈춰진 차량의 폭파 타이밍

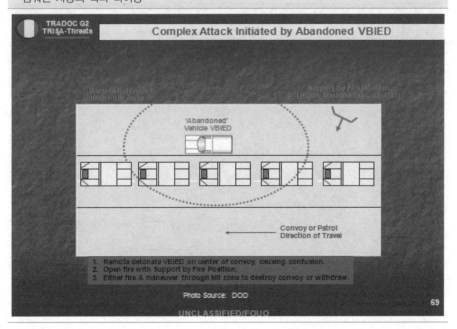

• 다수의 인명 살상을 목표로 한 차량 주차 후 폭파

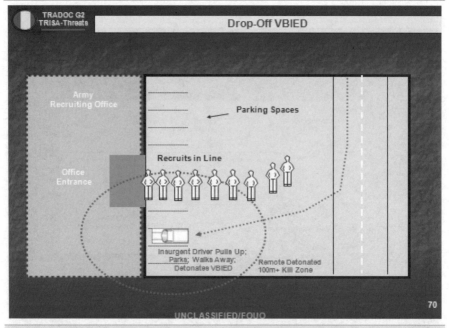

• 군사시설에 대한 복합공격

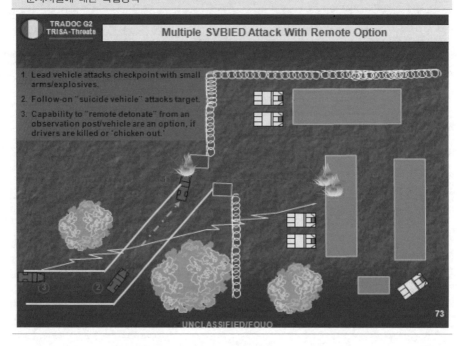

• 체크 포인트에 대한 돌진 공격

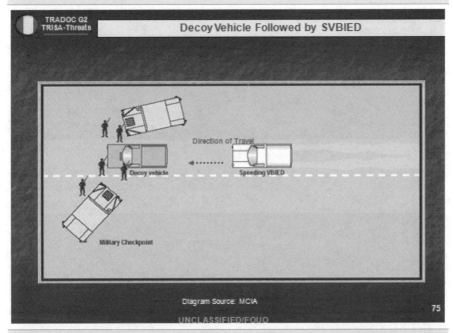

• 이동 중인 차량에 대한 돌진 공격

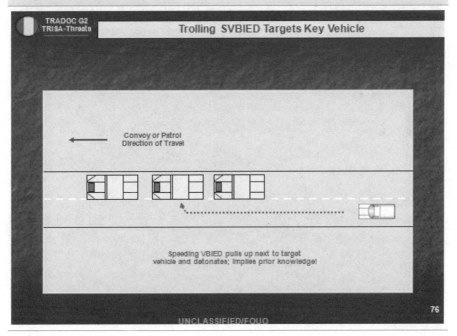

• 건물에 대한 차량돌진

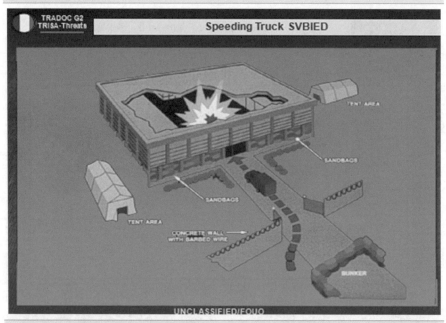

• 정차 중인 타깃에 대한 차량 돌진 공격

(출처: TRADOC G2 TRISA-Threats, TRISA Handbook No.3)

자살폭탄테러에서 유의해야 할 점은 심심치 않게 2, 3차 자폭테러가 잇따라 이어진다는 점이다. 1차 자살폭탄테러가 발생하면 직후에 구경꾼과 미디어, 의료진과 경찰, 구급대 등 다수의 인원이 애초 폭파 장소에 군집하게 된다. 이때 2, 3차 자살폭탄테러가 실행되어 사상자를 극대화시킨다. 때문에 1차 테러가 발생하면 가급적 빨리 그 장소로부터 멀어지는 편이 안전하다(Centre for the Protection of National Infrastructure, 2010: 33).

자살폭탄테러는 대체로 지하철, 기차, 버스 등의 교통수단과 쇼핑센터 도심 중심가 등의 많은 사람들을 한 번에 살상할 수 있는 다중이용시설 목표에 집중되는 경향이 나타난다. 이 경우 지하철, 버스, 또는 기차 등의 사람들의 이용이 많은 평일 아침 출근 시간대가 공격 시점으로 선택되고, 반대로 뉴욕의 타임 스퀘어나 쇼핑센터 등은 가장 혼잡할 때인 토요일 등의 주말 오후 6-7시 사이가 선호된다(윤민우, 2011: 165). 때문에 이러한 점을 고려하면 폭탄테러 피해를 줄일 수 있다. 또한 외국인들이나 관광객들이 주로 이용하는 호텔 로비나 식당, 그리고 카페 등의 시설은 이용을 가급적 자제하는 것이 바람직하고 이용하더라도 내부 깊숙한 구석자리, 기둥 뒤처럼 폭발의 영향력을 줄여줄 수 있는 차단시설이 있는 자리 등이 위험을 줄여줄 수 있다. 자살폭탄테러 공격은 사람들이 밀집한 장소의 가운데에서 폭발이 일어나는 경향이 있으며, 기습무장공격(drive-by-shooting)인 경우에는 호텔로비나 식당, 카페 등의 입구 쪽에서 안쪽 방향으로 집중 사격을 하고 사라진다. 때문에 자살폭탄테러일 경우에는 가운데가 가장 위험하고 입구 쪽에 위치할 경우 기습무장공격에 매우 취약하다. 미국, 영국 또는 이스라엘 대사관이나 영사관 문화원 및 유대교 관련 시설은 매우 빈번히 자살폭탄테러가 발생하는 대상이다. 따라서 이들 지역은 가급적 회피하고 이용하거나 지나갈 시 각별한 주의가 요망된다. 최근 들어 위구르 테러 움직임으로 인해 중국관련 시설 역시 주요한 공격목표가 될 위험이 높아졌다.

2. 매설폭탄테러 대응방안

매설폭탄테러는 폭발물을 미리 선정한 위치에 두고 원격 또는 시한장치를 통해 폭파시키는 방식의 공격을 의미한다. 대체로 사제폭발물 또는 급조폭발물이라고 불리는 종류들이 주로 이용된다. 영어로는 IED(Improvised Explosive Device)라고 알려져 있다. 대체로 도로 주변이나 시장, 쇼핑센터, 버스 정류장 등 사람들이나 차량의 왕래가 잦은 지역에 매설되어 있다.

아래의 <그림 8-4>는 매설된 폭탄의 다양한 사례들을 보여준다. 폭발물이 은닉되어 있는 경우와 버려지거나 주, 정차된 차량에 폭발물이 설치되어 있는 차량폭탄(car bomb), 그리고 간혹 집 자체가 하나의 거대한 폭발물이 되는 하우스 폭탄(house bomb) 등이 있다. 한편 이라크나 아프가니스탄, 시리아 등 내란으로 인해 군용무기가 많이 시중에 풀려 있는 지역에서는 박격포탄(mortar), 수류탄(grenades), 포탄(shell) 등과 같은 군용무기를 개, 변조하여 폭발물을 제작한다(TRADOC DCSINT Handbook No. 4). 현지 해당 지역의 특수한 다이나믹을 파악하는 것이 가장 주요한 예방이다. 대체로 폭탄테러는 테러조직의 전략, 전술적 선택의 측면으로 운용된다. 그리고 폭발물 제조가와 제조기술이 어느 정도는 유사하게 표준화되어 있다. 이를 폭탄의 서명(signature of bomb)이라고 부른다. 때문에 특정지역과 특정시점에서 자주 이용되는 폭발물의 종류와 형태 그리고 주요 공격대상과 매설지역 등을 어느 정도는 프로파일 할 수 있다(Barber, 2013, April 15).

그림 8-4 매설된 폭탄의 사례들

• 폭발물의 종류는 다양하며 탐색 역시 쉽지 않다.

- 도로가에 은폐된 포탄을 사용한 급조 폭발물

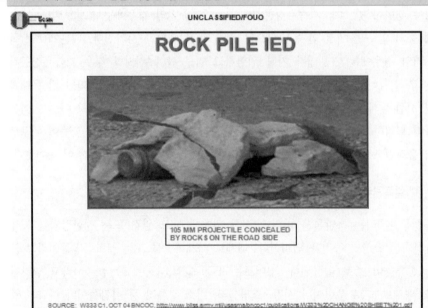

UNCLASSIFIED/FOUO

ROCK PILE IED

105 MM PROJECTILE CONCEALED
BY ROCKS ON THE ROAD SIDE

SOURCE: W333 C1, OCT 04 BNCOC. http://www.bliss.army.mil/usasma/bncoc1/publications/W333%20CHANGE%20SHEET%201.pdf

UNCLASSIFIED/FOUO   48

- 실제 도로가에 매설된 급조 폭발물의 운용사례

MULTIPLE ROCK PILE IEDS

MULTIPLE 'ROCK' IEDS WITH COMMAND WIRES BURIED; NOTICE OVERWATCH OR OBSERVATION POST

SOURCE: CLFX HANDBOOK VERSION V 15 SEP 04 https://call2.army.mil/focus/ied_ttlindex.asp

- 동물의 사체를 이용한 IED

DEAD ANIMAL IED

WWW.OGRISH.COM

ANIMAL CARCASSES CAN BE FILLED WITH EXPLOSIVES (ARTILLERY ROUND IN THIS PHOTO) TO TARGET VEHICLES; LOOK FOR WIRES PROTRUDING; MAY BE A COMMAND WIRE OR ANTENNA FOR A REMOTE DETONATION

SOURCE: http://www.ogrish.com/archives/war

- 펩시콜라 빈 캔을 이용한 IED

UNCLASSIFIED/FOUO

PEPSI CAN IED

MODIFIED PEPSI COLA
ALUMINUM CAN; FILLED WITH
EXPLOSIVE (PE-4 OR C-4),
USING A TIMED FUSE CORD

SOURCE: W333 C1, OCT 04 BNCOC. http://www.bliss.army.mil/usasma/bncoc1/publications/W333%20CHANGE%20SHEET%201.pdf

UNCLASSIFIED/FOUO   31

- 차량의 타이어에 설치된 부비트랩

UNCLASSIFIED/FOUO

BOOBY-TRAPPED TIRE IED

VICTIM OPERATED (INITIATED) BOOBY TRAP; IED DETONATES AS CAR MOVES;
MOST LIKELY IMPROVISED GRENADE DEVICE OR PLASTIC EXPLOSIVE; NOTICE
EXPOSED WIRE.

SOURCE: COUNTER-IED TTP, https://call2.army.mil/focus/ied_tt/support.asp#1, FEB 05

UNCLASSIFIED/FOUO   37

(출처: TRADOC DCSINT Handbook No. 4)

차량이나 도보로 이동시 폭탄테러의 위험지역이라면 사주경계를 철저히 하면서 움직여야 한다. 이는 폭탄테러 뿐만 아니라 일반적인 범죄공격이나 다른 테러공격의 형태에도 동일하게 적용된다. 아래의 <그림 8-5>는 주위에 대한 사주경계를 위한 공간분할의 방안을 보여준다.

그림 8-5 주변경계를 위한 사주경계 방법

• 사주경계는 전, 후, 좌, 우 모든 방향에 걸쳐 이루어져야 한다. 각 공간 영역별로 분할하여 살피거나 시계 방향으로 360°를 분할하여 살필 수 있다.

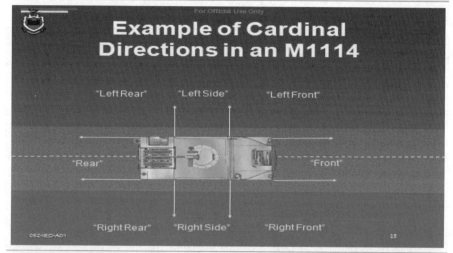

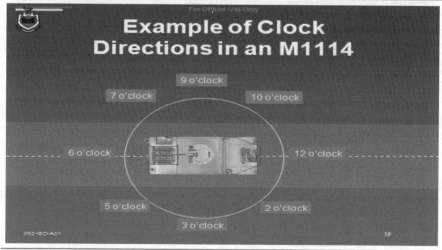

(출처: Blackwater USA)

주위공간을 섹션별로 분할하여 관찰하거나 시계방향으로 360°를 분할하여 경계를 할 수 있다. 한 사람인 경우에는 혼자서 이러한 경계를 모두 실시해야 하지만 다수인 경우에는 각자 경계 영역을 나누어 맡을 수 있다.

IED의 탐지는 쉽지 않은 일이다. 단지 위험지역에서는 최선의 주의를 다하는 수밖에 없다. 단지 하나의 다소 희망적인 사실은 지난 수 년 간의 경험에 의해 잠재적인 IED를 냄새 맡을 수 있는 몇 가지 징후들이 알려져 있다는 사실이다. 그러한 징후들의 리스트는 다음의 <표 8-5>와 같다.

표 8-5 폭발위험을 가진 IED의 매설 징후들의 리스트

근처에 IED가 매설되어 폭발의 위험이 예상된다는 징후들
1. 도로에 다음과 같은 아이템들이 노출되어 있는 것이 목격되는 경우 - 전선줄 - 기폭선(격발장치에 연결된 선) - 포탄이나 폭발물로 추정되는 아이템
2. 동물의 사체
3. 최근에 새로 판 흔적이 있는 구덩이
4. 아직 마르지 않은 흙이나 자갈이 쌓여있는 흔적
5. 도로변에 있는 장애물
6. 도로 위를 가로지르는 다리나 고가도로 또는 도로주변 높은 위치에서 서 있는 사람들이 목격되는 경우
7. 통상 사람들로 붐벼야 하는 거리나 구역이 알 수 없는 이유로 인적이 드물게 텅 비어있는 경우
8. 이슬람 국가에서 통상적으로 기도하는 시간이 아닌 타이밍에 기도를 행하는 자가 목격되는 경우(이는 임박한 테러공격을 예고할 수도 있다)
9. 나무나 전선주에 매달려 있는 물체가 목격될 경우
10. 탑승한 차량이 특정 마을이나 구역에 진입하거나 크게 회전을 할 찰나에 불꽃이 일어나거나 총성이 들릴 경우
11. 탑승한 차량이 접근할 때 집이나 마을의 불빛이 꺼지거나 깜박일 경우
12. 주택의 입구에서 무전기나 셀 폰, 스마트폰 등을 들고 통화를 하고 있는 한두 사람을 제외하고는 거리나 구역이 텅 비어 있고 인적이 보이지 않을 때(이 사람은 감시, 또는 정찰일 경우이다)
13. 아이들이 통상적으로 뛰어놀아야 하는 지역임에도 아이들이 전혀 보이지 않는 경우
14. 학교에 등교하는 날임에도 아이들이 학교에 가지 않고 집에 머물고 있는 경우
15. 정찰로 이용되는 것처럼 보이는 아이들이 목격되는 경우
16. 페인트로 색칠된 돌이나 바위가 목격되는 경우
17. 흙이나 돌 더미가 목격되는 경우(위에 캔 등이 놓여 있는 경우도 있음)
18. 도로 바로 옆에 작은 색깔이 있는 깃발이 목격될 경우

(출처: TRADOC DCSINT Handbook No. 4)

IED가 있다는 경고가 의심되는 경우 곧바로 조치를 취하는 것이 요구된다. 아무 일이 없다면 멋쩍은 해프닝이겠지만 만약 실제 IED 폭발이 발생한다면 그 대가는

목숨이다. 죽는 것 보다는 멋쩍은 편이 낳다. 다음 <표 8-6>은 IED 경고가 의심될 시 취할 수 있는 즉각적 조치들이다.

표 8-6 IED가 의심될 시 취할 수 있는 즉각적 조치들

IED가 근처에 있다는 경고가 의심될 경우
1. IED가 의심될 경우 절대로 다가가지 말라 - 정찰용 망원경 등으로 멀리서 관찰하거나, 의심될 경우 즉시 아래의 3, 4번 두 가지 옵션 중에서 하나를 선택하여 신속히 행동하라. **2. DETCORD(Detonation Cord: 격발장치에 연결된 선)를 만지거나 집어 들지 말라** - DETCORD는 그 자체를 폭발물로 간주할 수 있다. 이것의 존재 자체만으로도 충분한 대피사유가 된다. **3. 폭발을 대비해 즉시 이용 가능한 주변 엄폐물이나 보호시설이나 구조 뒤로 몸을 숨겨 피해에 대한 보호를 극대화하라** - IED의 폭발은 기본적으로 360도 전 방향으로 미친다는 사실을 기억하라. 또한 폭발의 데미지는 화염과 진동의 충격, 그리고 연기로 인한 질식과 맹렬한 속도의 투사체(금속 볼, 베어링, 볼트와 너트, 못, 깨진 유리병, 금속 파편 등)가 미치는 살상 등으로 이루어진다. - 가능한 한 가장 안전한 정도로 몸을 보호할 수 있는 엄폐물 뒤로 몸을 숨겨라. **4. 또한 가능하다면 예상되는 IED의 최대 살상범위 밖으로 대피하라**

(출처: TRADOC DCSINT Handbook No. 4 & Blackwater USA)

IED 위협에 따른 대피 거리(IED Threat Evacuation Distance)

	Threat Description	Explosives Mass (TNT equivalent)	Building Evacuation Distance	Outdoor Evacuation Distance
High Explosives (TNT Equivalent)	Pipe Bomb	5 lbs 2.3 kg	70 ft 21 m	8300 ft 259 m
	Suicide Belt	10 lbs 4.5 kg	90 ft 27 m	1,080 ft 330 m
	Suicide Vest	20 lbs 9 kg	110 ft 34 m	1,360 ft 415 m
	Briefcase/Suitcase Bomb	300 lbs 23 kg	1300 ft 46 m	1,8300 ft 564 m
	Compact Sedan	3000 lbs 227 kg	320 ft 98 m	1.3000 ft 457 m
	Sedan	1,000 lbs 454 kg	400 ft 122 m	1,7300 ft 534 m
	Passenger/Cargo Van	4,000 lbs 1,814 kg	640 ft 195 m	2,7300 ft 838 m
	Small Moving Van/ Delivery Truck	10,000 lbs 4,536 kg	860 ft 263 m	3,7300 ft 1.143 m
	Moving Van/Water Truck	30,000 lbs 13,608 kg	1,240 ft 375 m	6.3000 ft 1,982 m
	Semi trailer	60,000 lbs 27,216 kg	1,570 ft 475 m	7,000 ft 2,134 m
	Threat Description	**LPG Mass/Volume**	**Fireball Diameter**	**Safe Distance**
Liquefied Petroleum Gas (LPG - Butane or Propane)	Small LPG Tank	20 lbs/5 gal 9 kg/19 lb	40 ft 12 m	160 ft 48 m
	Large LPG Tank	100 lbs/25 gal 45 kg/95 lb	69 ft 21 m	276 ft 84 m
	Commercial/Residential LPG Tank	2,000 lbs/3000 gal 907 kg/1,893 lb	184 ft 56 m	736 ft 224 m
	Small LPG Truck	8,000 lbs/2,000 gal 3,630 kg/7,570 lb	292 ft 89 m	1,168 ft 356 m
	Semi tanker LPG	40,000 lbs/10,000 gal 18,144 kg/37,8300 lb	499 ft 152 m	1,996 ft 608 m

3. 우편물 폭탄테러 대응방안

우편물 폭탄(편지와 소포) 역시 주의가 필요하다. 예상치 못한 우편물의 배달에 각별히 주의하고 직원과 가족들에게 일반적으로 우편물이 위험할 수 있다는 사실을 알리고 이에 대한 처리에 신중할 것을 당부하여야 한다. 편지 또는 소포형태의 폭발물들을 구별할 수 있는 징표들은 다음과 같은 것들이 있다. <표 8-7>은 우편물 폭탄을 구별할 수 있는 징표의 리스트이다.

표 8-7 | 우편물 폭탄 의심징후 리스트

- 발신처가 수상한 경우, 특히 발송지역의 우편물 도장이나 발송인의 이름이 일반적이지 않거나, 모르는 지역 또는 사람인 경우, 또는 주소가 자세히 기재되어 있지 않은 경우
- 지나치게 비싸거나 부적절한 가격의 우편요금(우표 값)
- 편지나 소포의 형태가 균형이 잡혀있지 않은 형태이거나 한쪽으로 기운 형태로 보이는 경우
- 크기에 비해서 지나치게 무거운 편지나 소포 또는 지나치게 두꺼운 두께의 편지
- 내용물이 지나치게 경직되어 있거나 탄력성이 떨어지는 경우(우편물을 점검할 때, 지나치게 세게 구부리는 등의 시도는 피하여야 한다)
- 불쑥 튀어나온 전선줄이나 부품들이 있는 경우. 이런 경우 윤활유(grease)나 기름성분 등이 봉투에 묻어있는 경우가 있음
- 이상한 냄새, 특히 아몬드 또는 다른 의심스런 냄새가 나는 우편물
- 발송인이 우편물에 쓴 손 글씨체가 익숙하지 않은 경우, 또는 수취인이 일반적으로 받는 스타일의 글씨체가 아닌 외국인의 손 글씨체가 우편물에 나타나는 경우
- 일상적인 단어나 이름들의 스펠링이 잘못 기재되어 있는 경우
- 편지에 마찰이 많이 가해져 있는 경우
- 수취 주소 앞으로 "비밀문서(confidential)" 또는 "개인적(personal)" 우편물이라는 표현이 명시되어서 다른 이의 수취를 지나치게 제한하는 표시나, 수취 주소 앞에 경칭의 존어를 한 기재 표현이 있는 경우
- 폭발물 발화/안전장치를 설치할 수 있는 구멍으로 의심되는 작은 구멍이 편지나 소포에 뚫려 있는 경우
- 편지나 소포의 내부의 물건이 덜컥거리며 소리가 나는 경우 ⇒ 이런 경우는 우편물 내부의 폭발장치의 일부가 떨어져나가서 나는 소리일 수가 있음
- 시각적으로 주의를 분산시킬 수 있는 내용물들이 표시된 경우(예, 현금, 포르노그래피 등)

(출처: U.S. Department of State Website)

의심스러운 편지나 소포를 발견한 경우, 주변의 누구도 그 우편물을 개봉하거나 건드리지 못하게 해야 한다. 즉시 경찰서에 신고하고 그 우편물은 정원이나 앞마당과 같이 개방된 넓은 지역에 두고 대피하는 것이 좋다. 한 가지 주의할 사실은 우편물을 물속에 담그면 절대로 안 된다는 점이다(U.S. Department of State Website).

4. 폭탄테러 피해예방을 위한 한국인들의 인식태도의 변화

국내에서는 영화나 드라마, 또는 해외 뉴스보도 상에서만 접하게 되는 폭탄테러가 해외 특정 국가나 지역 현지에서는 일상의 위협 가운데 하나이다. 한국인들의 경우 폭탄테러의 위협이 거의 없고 다른 형태의 테러공격 가능성 역시 상당히 낮은 환경에 익숙해 있기 때문에 폭탄테러와 같은 위협을 평소에 전혀 염두에 두지 않고 생활한다. 이러한 국내에서의 습관은 폭탄테러를 인식하지 못하게 만드는 의식구조를 형성시킨다. 이런 인식체계는 폭탄테러를 마치 떨어지는 운석에 맞게 되는 정도로 현실적으로 나에게 일어날 가능성이 전혀 없다고 인지하게 된다. 보통 이와 같은 인식체계가 형성되면 개인들은 폭탄테러를 비현실적인 대상으로 인지한다. "나에게 설마 그런 일이 일어나겠어?"라는 태도가 일반적이다. 또한 이런 태도는 만약 그런 일에 직면했을 때 해당 개인들의 인식체계의 마비를 가져온다. 따라서 개인들은 자신 앞에 닥친 위험에 대응하지 못하게 되고 자신에게 닥칠 불행한 결과를 그저 운명으로 받아들이는 태도를 견지하게 된다. 이는 "그런 일이 나에게 발생한다면 어쩔 수 없지"라는 반응으로 구체화된다.

국내에서의 일상을 통해 형성된 폭탄테러에 대한 한국인들의 인식체계는 폭탄테러가 현실의 위험이 되는 해외에서도 그대로 이어지는 경향이 나타난다. 이러한 인식체계는 해외 현지에서 한국인들이 폭탄테러의 피해 대상이 될 개연성을 증가시킨다. 2013년 말 이집트의 폭탄테러의 경우에도 정차해 있는 관광버스로 자살폭탄 테러리스트가 다가와서 버스에 승차할 때까지 아무런 회피조치나 위협인식이 없었으며 대부분의 국내에서 간 관광객들은 무관심으로 일관했고 버스에 테러리스트가 올라 탄 상황에서도 전혀 무슨 일이 일어나고 있는지 대부분은 인지하지 못했다는 점은 이러한 단적인 사례이다. 다행스럽게도 현지의 한국인 관광 가이드는 오랜 현지 체류로 폭탄테러에 대한 인식체계가 형성되었기 때문에 대량 참사로 이어지는 일은 막아낼 수 있었다. 폭탄테러를 실존하는 문제로 받아들이고 그러한 참사를 예방하고 피해를 최소화하기 위해 개인이 적극적으로 인지하고 대응해야 한다는 인식체계와 습관이 형성된다면 개인차원에서 자신의 신변안전을 도모할 수 있다. 따라서 해외에서는 폭탄테러에 대한 적극적인 인식체계와 대응습관을 견지하는 것이 중요하다. 이는 한국에서의 인식체계와 행동습관을 바꾸려는 의식적인 노력이 요구되는 부분이다.

해외에서의 발생할지도 모를 폭탄테러의 위협으로부터 한국인 개인들의 신변안전을 어떻게 도모할 수 있을지에 대한 구체적인 예방법과 대응방안을 제안하고 발전시키는 것은 중요하다. 대체로 예상 가능한 폭탄테러의 유형은 자살폭탄테러와 매설폭탄테러, 그리고 우편물이나 소포에 의한 폭탄테러이다. 여기서 제안하는 구체적인 예방법들과 대응방법들이 각 개인들의 폭탄테러에 대한 인식체계와 대응습관 형성에 도움을 주어 해외에서 한국인들의 신변안전을 강화하는데 도움이 될 수 있기를 기대한다.

제9장

인질테러의 이해

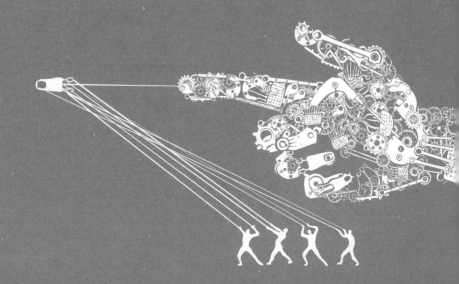

제9장

인질테러의 이해

테러사건 가운데 폭탄테러와 무장총기공격과 함께 가장 오래되고 빈번히 나타나는 대표적인 테러공격 유형이 인질납치테러 사건이다. 2015년 말 파리테러 직후에서 아프리카 말리에서 일어났던 테러사건 역시 전형적인 인질납치테러에 해당한다. 사건 발생 직후 갑작스럽게 한 방송사의 전화 인터뷰 연결을 받고 글쓴이는 납치사건에 대한 분석과 예측을 제공해야 했다. 거의 알려진 정보가 없는 상태에서 전문적 정보를 제공해야 하는 이런 경우는 상당히 난감하다. 그럼에도 불구하고 인질사건에 대한 일반적 지식과 과거 사례에 대한 분석 경험과 데이터를 바탕으로 사건의 추이와 성격, 그리고 대응방안에 대해 의견을 제시했다.

이런 사건에서 초기 단계에 가장 중요한 문제는 인질범이 협상을 할 의지와 동기가 있는가의 문제이다. 대체로 인질범들은 협상을 통해 요구조건을 관철할 것인지 아니면 인질살해나 어떤 극적인 효과 연출이라는 인질테러 자체가 목적인지에 관한 분명한 의도를 가진다. 때문에 사건의 초기 단계에 인질테러에 대응하는 정부당국은 사건의 성격과 인질범의 의도를 빠르게 파악하고 적절한 대응방안을 선택해야 한다. 전자의 경우는 전형적인 거래의 상황이므로 인질의 생명은 대체로 안전한 편이며 협상전략을 통해 사건의 해결을 유도하는 편이 좋다. 하지만 후자의 경우는 인질의 생명이 매우 위험한 상황이며 인질범들은 인질사건 자체를 통한 극적 효과연출과 선전선동, 또는 인질 자체의 살해 목적과 같은 다른 비거래적 의도를 가지므로 가급적 신속히 특공대를 투입하여 인질 구출작전을 진행하는 방향을 선택하는 것이 합리적이다.

해당 사건의 경우 인질을 80여 명 정도 풀어주었다는 점은 외견상 협상을 통한 해결 가능성을 보여주지만 이 풀려난 인질들이 무슬림들로 확인되었다는 사실은 남아있는 비무슬림 인질들이 살해될 가능성이 매우 높을 수도 있다는 사실을 암시한다. 이전, 케냐 쇼핑몰 테러에서 테러범들이 무슬림인지 여부를 파악한 뒤 비무슬림들만을 선별적으로 살해했다는 사실은 이러한 추정을 강화하는 단서이다. 또한 인질범들이 인질납치 이후에 뚜렷한 요구 조건을 제시하지 않았고, IS가 극적인 파리테러를 연출한 직후에 알 카에다 계열인 알 무라비툰이 주도했다는 점은 협상을 통한 거래보다는 인질대치와 대규모 살상이라는 극적효과가 주목적일 것이라는 추정에 무게가 실리게 한다. 때문에 이 경우는 신속한 특공대 투입을 통한 인질구출작전이 진행되어야 하는 경우이다. 실제로 미국-프랑스-말리 특수부대가 신속히 인질구출작전을 전개했으며 이는 합리적이고 납득할 만한 선택이라 볼 수 있다.

이처럼 인질납치테러 사건은 어떤 분명한 합리적이고 예측할 수 있는 독특한 자체 역동성을 가진다. 이 장에서는 인질 사건을 이해할 수 있는 어떤 특성을 제시하고 설명하고자 한다. 인질납치테러 사건은 상황전개의 특성에 따라 크게 두 가지 유형으로 나뉜다. 하나는 통상 hostage taking으로 불리는 봉쇄된 인질납치 유형이다. 이 경우는 인질 납치범과 인질이 경찰이나, 군 등의 정부 병력에 의해 포위되어 있으며 인질의 목숨을 담보로 대치하고 있는 상황이다. 또 다른 유형은 통상 kidnapping이라고 불리는 봉쇄되지 않은 인질납치 유형이다. 이 경우 인질범은 인질을 납치하여 어디론가 사라진 상황이 전개된다. 군, 경찰 등의 정부와 피해자 가족 등은 인질범과 인질의 소재를 알지 못한다. 일반적으로 인질범이 봉쇄된 상황이 그렇지 않은 경우에 비해 정부가 대응하기에 훨씬 유리한 상황이 전개된다. 이번 말리 테러 사건의 경우는 전형적인 봉쇄된 인질테러 사건에 해당한다.

봉쇄상황과 그렇지 않은 상황의 역동성은 다르다. 사건 대응에 있어 이러한 점에 대한 이해는 매우 중요하다. 예를 들면, 봉쇄된 인질테러인 hostage taking에서는 최초 45분에서 1시간 정도가 매우 중요한 시간대이다. 최초 인질납치 상황에서의 사상자를 제외하고 이 시간대에 인질살해가 발생하지 않는다면 협상을 통한 평화적 문제해결의 가능성이 매우 높다. 반면 인질이 살해되거나 요구조건이 분명하지 않거나, 지나치게 비현실적이거나, 요구조건 자체가 없다면 인질의 살해 가능성은 매우 높아진다. 한편 인질범과 인질의 행방을 알 수 없는 kidnapping의 경우 최초 3일이 중요한 시간대이며 이 기간 중에 인질이 살해되지 않거나 구체적인 요구조건이 제시될 경우 협상을 통한 해결의 여지가 높아지고 반대의 경우는 인질의 살해 가능성이 매우 높아진다.

일단 인질사건 발생 시 현장에 인질테러 전문가와 인질협상 전문가가 즉시 파견되어 가급적 최일선 실무 책임자로서 전적인 권한과 책임를 가지고 현지 상황대응을 수행해야 한다. 현장과 동떨어진 상위의 대책본부나 경찰청, 총리실, 또는 대통령실 등의 고위급 대응본부는 절대로 협상이나 사건 대응을 지휘하여서는 안 되며 현지 실무 대응팀을 전적으로 지원하고 전체 사건을 뒤에서 가급적 조용히 조율하는 역할을 수행해야 한다. 2007년의 아프가니스탄 인질사건에서 고위급 대응본부가 직접 전면에 나섬으로 인해 사건을 지나치게 복잡하게 만들고 이후 대응에 있어 심각한 문제와 장애들을 만들어 냈다. 사건 발생 시 현장에 인질협상과 테러와 범죄 상황에 대한 전문가를 직접 파견하는 것은 사건에 대한 초기 장악과 전반적인 대응과정에서 매우 효과적인 방안이 된다. 인질협상의 전반적인 지휘와 대응을 인질협상 전문가가 지휘하고 기타 심리분석, 언어분석, 행동분석, 전술공격 등의 관련 전문가가 협력하는 것이 가장 바람직하다.

인질테러 상황이 어떻게 전개될 것인가는 여러 징후들을 통해 복합적으로 판단되어야 한다. 예를 들면, 인질범이 과거의 폭력사용이나 약물남용의 경력이 있거나 지나치게 많은 무기를 소지하거나 인질의 눈을 가리거나 인질을 잔인하게 학대하거나, 아니면 인질의 몸에 자신의 무기를 묶거나 하는 등의 징후들은 사건이 폭력적인 결말로 이어질 것이라는 점을 암시한다. 또한 인질범이 욕설을 많이 섞어 얘기하거나 흥분되고 격앙된 감정이 시간이 지나도 가라앉지 않거나 지나치게 일관되게 차분한 경우에도 위험 징후들로 볼 수 있다. 반대로 인질범의 말의 속도가 느려지거나 욕설이 잦아들거나 인질 살해 협박이 줄어들거나 감정이 가라앉는 등의 현상들이 나타난다면 이는 사건이 평화적으로 종결될 수 있다는 징후들에 해당한다. 인질의 일부를 풀어주거나 이전 폭력 사용의 경험이 없거나 인질협상 담당자와 지속적인 협상을 이어가거나 어떤 구체적인 요구조건을 제안하거나 먼저 커뮤니케이션을 시도해 온다면 이 역시 평화적 해결을 기대할 수 있는 긍정적인 징후들이다. 이러한 사항들은 전문가에 의해 종합적으로 상황을 고려하여 판단되어야 한다.

마지막으로 인질사건 대응팀의 전문성과 협력, 공조는 사건의 긍정적 해결을 위해 매우 중요하다. 먼저 협상의 경우 예를 들면 인질의 가족이나 애인, 지인 등이 직접 수행해서는 안 되며 인질과 감정적으로 분리되어 있는 제3자인 전문 협상가가 협상을 주도해야 한다. 이 때, 협상가와 협상위원은 의사결정을 내릴 수 있는 정책집행자 또는 의사결정자여서는 안 된다. 전술 공격팀은 전문적 인질구출 훈련을 거친 주체만이 작전에 투입되어야 한다. 협상팀과 전술공격팀, 그리고 저격팀과의 긴밀한 공조와 협력 작전이 중요하며 이들 모두를 조율할 수 있는 지휘부가 구성되어야 한다. 인질사건에 대한 대응에서 미디어에 과도하게 노출하거나 공식적인 외교 채널을 통해 국제기구나 제3국 정부, 저명한 민간단체나 인사 등에 협조를 구하는 것은 무의미하거나 때때로 예측하지 못한 부정적 결과를 가져올 수 있다. 이 경우 인질사건 자체의 정치적 비중이 갑자기 급상승하여 인질의 몸값이나 사건의 비중 자체를 부풀리기 때문에 오히려 문제 해결이 더 꼬일 가능성이 있다.

인질테러사건은 비록 난감하고 극단적인 상황을 초래하지만 예측 가능하고 통제할 수 있는 대상이다. 실제로 과거의 여러 유사 사건들에서 이러한 경향성을 보여 왔으며 글쓴이가 몇 년 전 수행한 240여 건의 인질테러 사건에 대한 통계분석 결과에서도 이를 지지하는 증거들을 보여주었다. 또한 인질사건대응과 관련된 여러 원칙들과 방안들이 그동안 축적되어 왔다. 이에 대한 관심이 우리에게도 필요할지 모른다.

》》 인질납치 사건의 이해

대체로 범죄나 테러연구에서 인질납치 사건은 그렇게 빈번히 다루어지는 분야는 아니다. 주로 이 분야에 대한 연구들은 양적인 면에 있어서 그렇게 많지 않으며 질적인 수준에서도 주로 인질납치 사건이 무엇인지에 대한 기본적인 개념을 소개하거나 아니면 주요 몇몇 사건에 대한 기술적인 서술과 직관적인 대응방안제시에 그친다. 혹은 그렇지 않으면 직관적인 정책적 대응이나 협상방안제시에 머문다. 물론 인질사건의 특성상 인과성을 검증하기 위한 계량분석이 쉽지 않다. 때문에 많은 경우에 인질납치에 대한 연구는 질적 분석을 통한 사례 분석의 방식으로 이루어진다는 특수성을 가진다. 그럼에도 불구하고 이러한 질적인 사례분석들이 보다 깊이 있고 분석적이고 구체적이어야 할 필요가 있다.

인질납치 사건은 상황전개의 특성에 따라 크게 두 가지 유형으로 나뉜다. 하나는 통상 hostage taking으로 불리는 봉쇄된(barricaded) 인질납치 유형이다. 이 경우는 인질 납치범과 인질이 경찰이나, 군 등의 정부 병력에 의해 포위되어 있으며 인질의 목숨을 담보로 대치하고 있는 상황이다. 또 다른 유형은 통상 kidnapping이라고 불리는 봉쇄되지 않은 인질납치 유형이다. 이 경우 인질범은 인질을 납치하여 어디론가 사라진 상황이 전개된다. 군, 경찰 등의 정부와 피해자 가족 등은 인질범과 인질의 소재를 알지 못한다. 한편 이 밖에도 비행기, 배, 버스 등의 교통수단이 통째로 납치된 경우를 일컫는 highjacking, seajacking, 또는 carjacking 상황이 있다. 이 경우 점거된 교통수단이 정부군이나 경찰병력에 의해 포위되어 기동이 봉쇄된 경우는 앞서 제시한 봉쇄된 인질납치 유형으로 이해할 수 있다(윤민우, 2011, p.212-216).

인질납치 사건의 가해자는 테러리스트이거나 범죄자이다. 테러리스트의 경우 자신들의 전략적 또는 전술적 필요성이나 동료의 석방, 공포의 조장, 몸값의 획득과 같은 테러목표달성을 위한 하나의 수단으로 인질납치를 실행한다(윤민우, 2011, p.213). 2004년 김선일 피해사례는 공포의 조장을 통한 외국인 몰아내기 전술의 일환으로 수행되었다(Yun & Roth, 2008). 2007년 아프가니스탄 한국인 인질사건은 동료의 석방을 목적으로 한 전술적 선택이었다(Yun, 2009). 한편, 주로 몸값의 획득을 목적으로 한 범죄자에 의한 인질납치 사건 역시 일반적이다. 소말리아 해적에 의한 다수의 인질납치 사례는 몸값을 목적으로 한 것이며, 지난 리비아에서의 한석우 코트라 관장 납치 사건과 2014년 4월 필리핀의 한국인 유학생 인질납치 사건 모두 몸값을 목적으로 한 범죄자에 의해 발생한 사건들이다. 봉쇄된 인질납치의 경우는 흔히 정신이상이나 우울증 또는 감정이 지나치게 격앙된 불안정한 정신 상태를 가진 인질범에 의해 실행되는 경우도 있다(이수정, 2010). 하지만 유괴사건 즉 봉쇄되지 않은 인질납치의 경우는 이러한 유형의 가해자들에 의해 저질러지는 경우는 거의 없다. 대체로 해외에서 한국인을 대상으로 발생하는 봉쇄되지 않은 인질납치 사건의 유형은 계획적이며 조직적이다. 또한 대부분의 경우에 테러리스트나 돈을 목적으로 한 범죄자에 의해 실행된다. 테러리스트에 의한 인질납치와 범죄자에 의한 인질납치는 현실적으로 구별하기 쉽지 않다. 때문에 많은 경우 인질납치에 대한 대응에 있어 함께 다루게 된다. 테러리스트들과 범죄자들이 추구하는 목표가 다를 수는 있지만 대부분의 경우에 인질납치에 대한 예방과 대응 전략은 같다. 또한 테러리스트의 경우에도 많은 경우에 테러자금 마련의 일환으로 몸값을 노리고 인질납치를 실행하거나 초기에 목표로 한 정치적, 전략, 전술적 목적이 달성되기 어렵다고 판단될 경우 몸값을 목적으로 인질협상을 수행하는 경향을 나타낸다. 때문에 실질적인 의미에서 테러리스트와 일반적인 범죄자들을 구분하는 것이 그렇게 중요하지 않을 수도 있다.

인질납치 사건과 관련된 주요한 내용들은 크게 세 가지 분야로 나눠진다. 첫째는 인질납치 사건이 일어나지 않도록 미리 조심하고 주의하는 예방과 관련된 사항들이다. 이는 주로 잠재적 인질피해자가 될 수 있는 해당 개인들이 어떻게 하여야 하는지와 관련된다. 해외에서 인질피해를 당할 가능성을 낮추기 위해 잠재적인 인질이 어떤 주의를 기울이고 어떻게 행동하고 사고해야 할 것인지에 대한 내용들이 이전에 발생했던 인질납치 사건의 분석을 통해 파악될 수 있다. 둘째는 인질납치 사건이 발생했을 경우에 생존가능성을 높이기 위해 인질이 된 개인이 어떻게 행동하고 대응해야 하는가와 관련된 사항들이다. 인질의 대응방안은 인질납치 사건의 단계별로 다른 내용을 포함한다. 인질납치가 이루어지는 가장 초기인 납치 현장에서의 대응방안, 인질로 억류되어 있는 동안의 대응방안, 그리고 말기단계인 인질이 석방되거나 구출작전이 이루어지는 상황에서의 인질의 대응방안 등이 각각의 단계의 특수성에 따라 서로 다르다. 마지막으로 인질사건의 대응과 관련된 사항이다. 이는 주로 군, 경찰, 정보기관 등의 정부의 대응을 말한다. 하지만 경우에 따라서는 Control Risk 등의 민간보안회사가 인질협상을 대행하는 경우도 있을 수 있다. 인질사건의 대응에서 가장 주요한 것은 인질협상과 관련된 것이다. 여기서는 인질의 무사귀환을 위해 인질범과 어떻게 효과적으로 협상할 것인가의 내용을 담고 있다. 이 밖에도 인질의 구출을 위해 특공대를 어떻게 운용할 것인가와 정보수집과 관련된 사항, 그리고 전반적인 대응조직을 어떻게 꾸리고 운용할 것인가 등의 사항들이 포함된다.

》 해외에서의 인질납치 사건에 대한 예방과 대응

이 장에서는 해외에서 발생했거나 할지도 모를 한국인 대상의 인질납치 사건에 대해 어떻게 효과적으로 예방하고 대응함으로써 개인의 신변안전을 도모할 것인가 하는 방안에 대해 제안한다. 지난 20년 간 세계화의 확장으로 많은 수의 한국인들이 해외 각지에서 여행을 하거나, 삶을 영위하거나, 사업을 하거나, 업무를 수행하거나, 봉사활동을 하거나, 학업을 수행하고 있다. 수많은 한국인들이 나가서 활동하는 공간들은 미국, 영국, 독일 등 상대적으로 치안이 안정적인 지역들 뿐만 아니라 케냐, 나이지리아, 인도, 파키스탄, 이집트, 리비아, 시리아, 수단, 우간다, 콜롬비아, 필리핀, 소말리아, 중국 등과 같은 치안 수준이 극도로 불안한 제3세계의 저개발 국가들을 포함한다. 이들 지역에서는 대체로 범죄 세력들이나 해적들, 또는 지역의 테러세력들과 무장군벌 등이 활발히 활동한다. 반대로 이들 지역의 중앙정부의 공권력은 능력이 없거나 부패하여 법 집행 수행능력이 매우 취약하다. 때문에 이들 지역에 나가 있는 한국인들이 인질납치와 같은 신변의 위해를 당할 개연성은 매우 높다.

실제로 해외에서의 우리국민의 피해사례는 지난 10년 간 증가해 오고 있으며(최태범, 2013) 특히 인질납치테러 사건 역시 드물지 않게 발생한다. 또한 피해발생지역 역시 매우 다양하게 분포되어 있다. 가장 최근에는 리비아에서 한석우 코트라 관장이 납치되었다가 구출되었으며 아덴만 여명작전으로 유명해진 피랍 선원 구출 사건 역시 소말리아 해적에 의한 인질납치 사건 사례이다. 또한 2007년에는 아프가니스탄에서 23명의 한국인들이 집단으로 납치되었다 약 한달 반여 만에 풀려났으며(Yun, 2009) 2004년에는 이라크에서 김선일 씨가 테러조직에 의해 납치되어 살해되었다. 이러한 잘 알려진 사건 이외에도 한국인 대상 인질납치 사건은 빈번하다. 소말리아 해적에 의한 피납 사례가 수 차례 있었으며, 이 밖에도 2008년 한 해에만 필리핀에서 두 차례 과테말라에서 한 차례의 인질납치 사건이 발생하는 등(외교통상부 2003-2008년 간 해외 한국인 테러납치 사례) 다른 지역에서도 이러한 유형의 인질납치 사건은 항상 위험요소이다.

곤란한 점은 이들 국가들이 우리의 사법관할권이 미치지 않는 지역이라는 것이다. 이 때문에 우리국가의 법 집행의 주체인 경찰, 검찰 등의 국가기관이 국민의 생명과 안전, 재산을 지킬 수 없다. 더욱이, 대부분의 해외에서 해당 국가의 경찰과 군, 정보기관 등의 공권력으로부터 우리 국민의 생명과 안전, 재산을 보호할 것을 기대할 수 없다. 왜냐하면, 대부분의 경우에 이들 기관들과 직원들은 부패하거나 태만하거나 능력이 결여되어 있으므로 사실상 공권력 부재의 상황에 처해 있다. 심한 경우에는 이들 공권력이 인질납치범 등의 범죄자나 테러리스트와 연계되어 있는 경우도 빈번하다.

현재 외교부 등 정부기관의 웹사이트 등에서 이용할 수 있는 신변안전강화 방안을 바탕으로 판단하면 우리정부의 대책은 여행 금지 구역, 주의 구역 선포 또는 일반적인 신변 안전 지침을 공시하는 것에 그치고 있다. 이러한 노력들은 개개의 지역적, 상황적 특수성을 반영하지 못한다. 때문에 실제 해당지역에 거주하거나 여행해야 하는 개인의 입장에서는 그러한 제안들의 실효성이 매우 떨어진다. 결국 실질적으로 해외에서 활동하는 우리국민의 신변과 재산의 안전은 각자 개인의 신변안전 주의 노력 여부에 달려 있다. 즉, 잠재적 인질납치의 피해자로서 개인의 책임이 가장 중요하다.

해외에서의 인질납치를 예방하기 위한 신변안전 대책의 가장 효과적인 방안은 해당 위험지역에 가지 않는 것이다. 이는 잠재적인 범죄피해자가 잠재적으로 동기화된 가해자와 마주칠 기회를 최소한으로 하는 것이다(Clarke & Eck, 2009). 예를 들면, 심야에 우범지대인 유흥가에서 시간을 보내지 않는 행위 등은 강도, 절도, 폭력, 그리고 성폭행 피해를 최소화하는 궁극적 해결책이다. 따라서 인질납치의 위험이 높은 나이지리아, 콜롬비아, 소말리아, 아프가니스탄 등을 방문하지 않는 것이 최선의 방안이다. 또한 부득이 그러한 지역을 방문하더라도 해당 국가의 특정 지역이나 특정 사람들과의 접촉을 최소화함으로써 인질납치 피해를 최소화할 수 있다.

하지만 그럼에도 불구하고 이러한 소극적 대응방안이 모든 한국인들의 필요를 만족시킬 수는 없다. 여러 업무수행상의 이유 때문에 부득이 그러한 위험지역에서 지내면서 시간을 보내고 업무를 수행해야 하는 경우가 있다. 따라서 이러한 경우에 이들이 어쩔 수 없이 위험을 감수해야 하는 상황에 처할 수 있다. 예를 들면, 외교관과 정보요원, 경찰 등 해외 파견 공무원, 공, 사기업체의 현지 주재 직원, 분쟁지역에 파병된 한국군 병력, 해외 봉사 또는 지원을 위해 파견되거나 자원한 의료 인력들, 자원봉사자들, 개발협력 지원단, 그리고 저널리스트나 유학생, 연구목적의 과학자들, 선교사들 등이 이에 속한다. 이러한 필수인력들이 안전문제 때문에 이들 세계 대부분의 지역을 차지하는 위험지역에 가지 않거나 이들의 활동이 제한되는 것은 궁극적으로 국익과 부합하지 않는다. 때문에 이들 대상들에 대한 개인적 수준의 신변안전 강화를 위한 예방과 대응에 관한 방안과 전략 등을 개발하고 제안하는 것은 매우 필요하다.

이러한 취지하에 부득이하게 해외에서 활동하게 되는 한국인들을 위한 인질납치와 관련된 개인적인 신변안전 강화를 위한 쓸모 있는 정보들을 제공할 필요가 발생한다. 여기에서 제시하는 여러 방안들은 기존에 글쓴이가 제시한 인질납치 예방과 인질납치 사건에 대한 간략한 대응 방안들(윤민우, 2013a)을 토대로 관련 사례들과 기존의 관련 연구내용, 인질납치 사건에 관한 여러 지침들, 그리고 실제 인질납치 사건에 관련되었거나 대응에 관련된 관련자들과의 인터뷰와 참여관찰의 내용들을 덧붙여 더욱 보강한 후속연구 결과물이다.

1. 해외에서의 인질납치 위험성 평가

해외에서 인질납치를 당할 위험성에 대한 평가는 해당 지역이나 국가가 얼마나 위험한가의 정도에 달려 있다. 일반적으로 현재 얼마나 위험한지의 정도는 과거사례의 트렌드에 상당한 영향을 받는다. 범죄나 테러는 많은 경우에 모방의 형태로 전이된다. 때문에 특정 유형의 범죄나 테러가 발생하기 시작하면 모방의 형태로 유사한 범죄나 테러가 빠르게 증가하기 시작한다. 사회학습이론은 이러한 범죄의 모방현상을 학습과정으로 설명하며 학습의 과정에서 그러한 범죄를 할 수 있다는 생각을 습득하고 범죄에 대한 기술을 학습하는 것이 동시에 일어난다고 설명한다 (Akers & Sellers, 2009). 실제로 인질납치 사건은 해외 특정지역이나 국가에서 초기단계에 한, 두 사건이 일어나기 시작하면서 빠르게 유사사건이 확산되고 이를 통해 인질사건의 빈도가 급격히 증가하게 된다. 만연된 인질납치 사건은 일정기간 높은 발생빈도수준을 유지하다가 감소하는 경향을 보이고 휴지기로 접어들게 되는 라이프사이클을 보이는 경향이 있다. 이 라이프사이클에서 높은 인질사건의 빈도수가 얼마나 오래 지속될 것인가는 해당 지역이나 국가의 특수한 사정에 영향을 받는다. 아프가니스탄이나 우즈베키스탄의 경우는 비교적 짧은 기간에 인질납치의 위험성이 감소되었으나 소말리아의 경우는 10년 넘게 높은 수준의 발생빈도를 유지하고 있으며 콜롬비아의 경우는 거의 반세기 동안 매우 높은 인질납치의 빈도수를 유지해오고 있다. 한편, 말라카 해협을 포함한 동남아시아 해상지역은 90년대 말과 2000년대 초반 매우 높은 수준의 인질납치 빈도수를 나타내다가 2000년대 중, 후반 휴지기에 접어들었다가 최근 다시 인질납치 사건이 발생하기 시작하고 있다.

인질납치 사건의 발생 위험이 높은 지역은 대체로 중앙정부의 권력이 심각하게 약한 국가나 지역들에서 나타난다. 이러한 지역을 실패한 국가라고 부르기도 한다. 콜롬비아, 리비아, 소말리아, 나이지리아 등의 국가들이 이에 해당한다. 이러한 국가들은 중앙정부의 권력이 테러리즘이나, 반군, 내전, 시민폭동 등에 의해 심각하게 약화된 지역들이다. 또한 중앙정부의 군이나 경찰력 등의 공권력의 힘이 해당 국가의 수도를 제외하면 거의 국가의 대부분 지역에서 작동하지 않는다. 공권력이 많은 경우에 부패하거나 무능하며 범죄자 테러세력과 별반 차이가 없이 사적인 이익을 추구한다는 특징을 보여준다. 이러한 국가나 지역들에서는 공권력의 억제작용이 없기 때문에 범죄자나 테러리스트가 거의 자유롭게 처벌의 위험 부담 없이 범죄

사업이나 테러활동에 집중할 수 있다(Shultz & Dew, 2006).

　　범죄세력이나 테러세력이 자유롭게 활동할 수 있는 지역에서 인질납치는 해당 세력의 전략적, 전술적 선택의 문제가 된다. 범죄세력의 경우는 마약밀거래와 같은 다른 범죄수익 사업과 인질납치 가운데서 선택하게 된다. 일반적으로 마약 생산지역이나 국제마약밀거래의 주요한 이동루트에 위치한 지역의 범죄세력들은 수익이 더 큰 마약사업에 집중하게 된다. 따라서 이들 지역은 상대적으로 인질납치 사건의 발생빈도가 낮다. 아프가니스탄, 터키, 멕시코 등이 그러한 경우에 해당한다. 한편 콜롬비아나 나이지리아의 경우는 마약사업과 인질납치 사업이 동시에 번창하는 지역이다. 하지만 그러한 지역에서도 마약과 인질납치 사업 간의 연동관계는 관찰된다. 콜롬비아의 경우는 정부의 성공적인 마약사업 단속에 의해 마약사업이 상당히 위축될 경우에 인질납치 사건이 급격이 증가하는 역의 관계를 보여주며 나이지리아의 경우도 남미산 코카인과 유라시아산 헤로인이 교차하는 중간 경유지로 마약사업이 번창하기 때문에 상대적으로 인질납치 사건이 적게 일어나는 경향을 보여준다. 한편 테러세력의 경우도 인질납치는 전략적, 전술적 선택의 문제가 된다. 2000년 초, 중반 이라크에서 한 때 폭발적으로 증가했던 인질납치 사건은 당시 테러세력 지도부였던 알 자르카위의 전술적 선택이었다. 최근 들어서는 거의 모든 테러세력들이 자살폭탄테러나 폭탄테러에 집중하는 전략적, 전술적 경향을 보여주면서 따라서 상대적으로 인질납치의 가능성은 많이 줄어드는 추세이다.

　　중앙정부의 권력이 취약한 지역에서 인질납치 사건이 급격하게 증가하는 이유의 핵심에는 인질납치산업의 제도화(institutionalization of hostage taking business)라는 요인이 자리한다(Murphy, 2011). 상황범죄이론에 따르면 절도가 증가하는 주요한 원인 중의 하나는 장물시장이 형성되고 절도범들이 훔친 물건을 이 장물시장에서 쉽게 현금으로 바꿀 수 있는 환경이 조성되기 때문이다(Clarke & Eck, 2009). 이와 유사하게 중앙정부권력이 취약한 특정 지역에서 납치된 인질을 되팔고 현금으로 바꿀 수 있는 인질-장물시장이 제도화되어 쉽게 이용할 수 있게 되면 이는 인질납치 사건이 급격히 증가하게 되는 주요한 요인이 된다. 결국 인질납치범의 입장에서는 인질은 단지 훔친 물건이라는 사실이다. 소말리아의 사례는 이러한 구조를 잘 보여준다. 소말리아에서 해적행위를 통한 인질납치는 하나의 제도화된 산업이다. 두바이에 있는 부유한 비즈니스맨들이나 부호들이 막대한 자금을 투자하며 이 투자자금은 소말리아의 중간 투자자를 거쳐 해적행위를 위한 인력 모집과 장비 및 무기 구입에 투자된다. 해적이 납치한 인질은 다시 중간 매개인에게 팔리게 되며 여기에는 인질을 억류하는 서비스를 제공하는 주체와 해적들을 대상으로 한 식당과 호텔 등의 연관 비즈니스가 연결된다. 또한 인질의 가족이나 회사와 직접 협상을 담당하는 협상 전문가도 이러한 인질납치산업의 주요한 행위자로 참여한다(윤민우, 2013a). 리비아의 경우는 소말리아처럼 고도로 산업화되고 조직화되지는 않았으나 최근 들어 일정 정도의 낮은 수준의 산업화, 제도화 경향이 진행되고 있는 것이 관찰된다. 초보적인 수준에서 잠재적 인질납치범들을 모집하고 고용하는 주체가 형성되고 납치된 인질을 사들이는 장물시장이 나타나고 있는 것이 관찰되었다. 이러한 상황전개는 지난 한석우 코트라 관장 인질납치 사건의 한 배경이 되었다.

인질납치산업이 제도화되는 배경에는 중앙정부의 권력약화와 경제적 빈곤과 대안의 부재라는 요인들이 깔려 있다. 여기서 중요한 것은 어떻게 중앙정부가 권력이 약화되는가는 중요하지 않다. 콜롬비아의 경우처럼 테러세력이나 반군세력에 의한 내전이건 이라크의 경우처럼 미국과 같은 외부국가의 개입에 의한 것이건, 소말리아의 경우처럼 내전에 의한 것이건, 아니면 리비아의 경우처럼 독재 권력을 무너뜨린 시민혁명에 의한 것이건 중앙정부의 권력이 약화된 요인은 큰 의미가 없다. 핵심적인 사항은 어떻게 중앙정부의 권력이 약화되었는가가 아니라 중앙정부의 권력이 약화되어 치안부재상황이 지속되는 현상 자체에 있다. 이러한 치안부재의 지속은 인질납치산업이 제도화될 수 있는 필요조건이 된다. 여기에 경제적인 빈곤과 합법적, 불법적인 경제수단의 부재라는 조건이 덧붙여지면 인질납치의 가능성은 급격히 증가한다. 대체로 이러한 국가나 지역들은 경제적 빈곤과 합법적 산업의 부재라는 조건이 동반한다. 만약 소련 붕괴 직후 러시아의 경우처럼 석유와 가스 등 풍부한 천연자원이 있어 즉각적인 합법적 산업 대안이 존재한다면 인질납치산업이 번성하는 것을 막는 억제요인이 될 수 있다. 실제로 당시 러시아에서의 주요한 부를 둘러싼 합법적, 범죄적 투쟁은 이러한 석유와 천연가스, 철강 산업 등을 중심으로 전개되었다. 한편, 아프가니스탄의 경우와 같이 마약이라는 불법적인 소득 대안이 존재한다면 범죄 산업은 마약을 중심으로 제도화되며 이는 인질납치산업이 제도화되는데 억제요인으로 작용할 것이다. 하지만 경제적 빈곤상황에서 합법적, 불법적 대체 산업이 부재하다면 그만큼 인질납치산업이 제도화될 가능성은 증가하게 된다.

결국 해외 특정지역이나 국가에서 인질납치의 위험성이 어느 정도인가는 앞에서 제시한 여러 사항들을 종합적으로 판단하여 평가할 수 있다. 즉, 유사사건이 최근에 얼마나 발생했는가의 빈도수, 중앙정부권력이 얼마나 강하고 효과적으로 작동하는 가의 여부, 범죄나 테러세력의 전략적, 전술적 선택 여부, 그리고 인질납치산업의 제도화 정도 여부 등이 그러한 평가의 주요 지표로 활용될 수 있을 것이다. 여러 지수들의 종합적인 평가결과에 따라 해당 지역이나 국가들을 매우 위험, 위험, 관심, 보통, 안전, 매우 안전의 유형들로 분류하고 위험성을 평가할 수 있다.

2. 인질납치 사건에 대한 이론적 설명

인질납치범은 범죄자이건 테러리스트이건 합리적인 계산자이다. 이들은 인질납치에 들어가는 비용과 인질납치를 통해 획득할 수 있는 기대 효용을 비교하며 효용이 비용보다 높을 때 인질납치를 결심하고 실행하게 된다. 여기에서 비용은 인질납치 대상을 선정하고 해당 대상에 대해 정찰하고 정보를 수집하는 준비활동과 인질납치 사건을 실행한 후 예상되는 체포나 처벌, 또는 살해 등의 위험비용으로 이루어진다. 한편 기대되는 효용은 주로 몸값을 통한 많은 돈의 즉각적 획득이며 이외에도 테러 세력의 경우에는 전략적, 전술적 목표달성이 기대 효용이 될 수 있다(윤민우, 2011).

인질납치는 기본적으로 동기화된 가해자와 잠재적 피해자, 그리고 피해자를 보호하는 보호자라는 세 주체 사이의 다이나믹의 결과이다. 시간과 공간이라는 환경 조건은 이 세 주체 사이의 다이나믹을 조건 짓고 인질납치의 발생 여부는 그러한 공식의 산출 결과이다(Clarke & Eck, 2009). 가해자와 피해자가 같은 시간과 공간에서 접촉하는 상황에서 보호자가 부재할 경우 인질납치의 발생 가능성은 높아진다(Clarke & Eck, 2009).

표 9-1 상황적 범죄예방이론의 요인 간 상호작용과 인질납치 발생 정도

> If conditioned by 시간 x 공간, 동기화된 가해자 x 잠재적 피해자 x 1/보호자
> = 인질납치의 발생 정도

동기화된 가해자는 인질납치를 실행하고자 하는 주체이다. 이들은 인질납치 실행에서 기대되는 수익과 치러야 되는 비용 사이에서 수익이 비용을 초과할 경우 결정한다. 합리적 행위자이며, 이러한 비용-편익 계산은 인질납치의 기회조건에 영향을 받는다(Clarke & Eck, 2009).

- 수익은 돈, 동료의 석방, 정치적 선전, 정부에 대한 압력, 공포의 조장 등 여러 사항들을 포함한다.
- 비용은 인질납치를 준비하고 실행하는데 들어가는 노력, 그리고 처벌을 받을 위험성 등을 포함한다. 예를 들어 인질납치의 경우 대상 선정에 들어가는 노력, 인질을 억류하는데 들어가는 시간과 비용, 인질협상과정에서 탐지되거나, 체포, 살해될 위험성 등이 이에 포함된다.
- 기회는 피해자 선정과 공격의 용이성, 보호자의 부재 등과 같은 인질납치 수행의 용이한 조건이 형성되는 것을 의미한다. 대체로 동기화된 가해자들은 보호자가 부재한 상황에서 잠재적 피해자를 쉽게 공격할 수 있으면 인질납치를 실행한다.

잠재적 피해자는 공격대상이 되는 주체이다. 잠재적 피해자는 동기화된 가해자에게 쉬운 공격조건을 제공하지 않도록 주의해야 한다. 보호자는 공식적, 비공식적, 물적 보호자를 모두 포함한다(Clarke & Eck, 2009).

- 공식적 보호자는 경찰관, 순찰차, 계약을 체결한 민간 경비요원, 신변 경호원 등을 의미한다.
- 비공식적 보호자는 가족, 동료직원, 지나가는 행인 등과 같은 공식적인 보호 임무를 갖지 않으나 간접적인 인질납치의 예방효과를 나타내는 주체들이다.
- 물적 보호자는 CCTV, 문단속 장치, 차량의 경고 알람 등의 장치를 의미한다.

결국 인질납치는 세 주체의 다이나믹의 결과물이다. 따라서 신변안전을 위한 인질납치 예방 전략은 시간과 공간의 기회조건 하에서 세 주체의 다이나믹을 조작하는데 초점을 두어야 한다. 잠재적 피해자가 자신의 신변안전 정도를 높이기 위해서는 세 주체의 다이나믹과 시간과 공간이 부여하는 인질납치의 기회조건을 고려하여 스스로 인질납치의 대상이 되는 가능성을 줄여나가는 것이 요구된다. 이를 Target Hardening이라고 부른다(Clarke & Eck, 2009). 즉 인질납치의 잠재적 대상으로서 동기화된 가해자가 대상 선정에 들어가는 노력과 성공적 공격실행에 들어가는 비용, 그리고 탐지와 처벌에 예상되는 대가 등을 가급적이면 높이고, 반대로 잠재적 피해자를 공격함으로써 기대되는 예상수익은 가급적이면 낮추는 방향으로 신변안전을 도모함으로써 자신의 피해가능성을 낮추는 전략을 취해야 한다.

표 9-2 Target Hardening의 본질

Target Hardening은 상대적 개념이다. 초원에서 사자와 맞닥뜨린다면 사자로부터 살아남기 위해서는 사자보다 빨리 뛸 필요는 없다. 단지 내 옆에 서 있는 다른 사람보다 빨리 뛰는 것이다. 이처럼 Target Hardening은 나와 유사한 공격 대상이 되는 다른 잠재적 피해자들과 비교해서 나의 피해 가능성을 더 어렵게 만드는 상대적인 개념이다. 예를 들면 리비아의 한 석우 무역관장이 인질납치 공격의 대상이 된 이유는 유사한 잠재 피해 대상인 미, 영국 등의 서방 요원들(주로 무장 경호원들에 의해 경호받는)에 비해 쉬운 공격 대상이었기 때문이다.

3. 인질납치를 회피하기 위한 일반예방: 위험정보 수집과 자신에 대한 정보노출 억제

해외에서 인질납치를 회피하기 위해 개인의 신변안전을 강화하는 첫 번째 단계는 자신이 처해 있는 주변의 상황에 대해서 아는 것이다. 이는 궁극적으로 개인의 차원에서 수행하는 정보활동에 해당한다고 할 수 있다. 나를 둘러싼 위협과 관련한 일반적 사항들을 파악한 기반 위에 해당 지역에서 나와 관련된 특수한 상황들을 파악한다면 인질납치를 회피하기 위한 방안과 인질납치시의 대응방안이 마련될 수 있다.

정보활동은 내가 필요로 하는 정보를 수집하는 것과 나의 안전을 위협할 잠재적인 공격자로부터 나에 관한 정보가 노출되지 않게끔 보호하는 것 모두를 포함한다. 국가정보학의 개념에서 전자를 정보수집 및 분석활동(intelligence)이라고 분류하고 후자의 경우를 방첩(counter-intelligence)으로 분류한다. 즉, 개인차원에서 수행되는 인질납치관련 정보활동은 정보와 방첩이라는 두 영역을 모두 포함한다.

먼저 해외의 인질납치 위험 정도가 높은 지역이나 국가에서 활동하거나 여행해야만 하는 특정 개인은 스스로를 둘러싼 환경과 상황에 대한 정보를 수집하는 것이 필요하다. 이는 도서관이나 미디어 출판물, 인터넷, 책자나 보고서 등을 활용한 OSINT (Open Source Intelligence: 공개출처를 통한 정보활동) 활동과 현지 사정에 대해 아는 전문가나 이전 근무자, 여행객, 현지 교민, 그리고 현지인 등을 직접 만나서 그들의 이야기를 듣는 HUMINT(Human Intelligence: 인간 정보활동)를 포함한다. OSINT와 HUMINT를 통해 취합된 정보를 개인 수준에서 총체적으로 파악하고 분석함으로써 자신이 어떤 지역을 회피해야 하는지 어떤 시간대를 피해야 하는지 주로 어떤 유형의 인질납치가 누구에 의해 이루어지는지 등을 파악할 수 있고 이는 인질납치의 예방과 대응에 유용한 기초자료가 될 수 있다. 구체적인 정보수집 방안은 다음과 같다:

- 전임자로부터 해당지역의 인질납치와 관련된 필요한 정보들을 전달받고 꼼꼼히 체크한다. 최근에 인질납치와 관련된 주요 동향이나 특징들을 체크하고, 어떤 지역이 위험지역인지, 주요한 가해자나 납치 유형이 무엇인지 등을 파악한다.
- 다양한 공개정보 출처를 통해 해당 지역의 최근 인질납치 상황에 대한 사전 지식을 획득한다. 인질납치는 유행하는 경향이 있다. 인질납치는 특정 시기 특정 장소에 집중되어 있다. 모방과 유행은 많은 범죄와 테러에서 일반적인데 심지어 자살마저도 일정기간에 몰려 있는 유행을 띤다. 사회학습이론은 범죄를 할 수 있다는 생각과 기술이 직, 간접적 학습을 통해 전파된다는 사실을 보여준다(Akers & Sellers, 2009). 따라서 최근에 해당 지역에서 무슨 일이 벌어지고 있는지를 파악하는 것은 중요하다(Yun, 2009).

표 9-3 사전정보 파악을 위한 공개출처 정보의 활용

- 인터넷에서 유용한 자료를 제공하는 사이트들은 대체로 미디어, 테러나 범죄관련 전문 연구기관, 정부나 국제기구, 대학이나 연구소, 신변안전 교육을 제공하는 민간 회사, 또는 범죄나 테러단체의 웹사이트들을 포함한다.
- 공개출처 자료들을 토대로 해당지역의 인질납치에 대한 분석 정보를 파악하는 것이 좋다. 시계열 분석, 지리-공간 분석 등은 어떤 시기, 어떤 지역이 신변안전관련 위험지역 및 시기인지를 알려준다. 이러한 자료는 인터넷에서 직접 이용할 수 있으며 간단한 작업을 통해 스스로 만들어 볼 수도 있다.

- 현지인 또는 현지교민들과의 직접적인 접촉을 통해 해당지역에서 가장 유의해야 하는 사항에 대해 파악하고 위험지역과 시기, 대상 등을 파악한다. 현지의 택시기사, 구걸하는 부랑자, 매춘부, 대학생, 이웃에 거주하는 시민들 또는 노점상이나 가게 주인들은 가치 있는 정보의 소스가 될 수 있다. 택시를 타거나 호텔이나 식당을 이용할 때 관대하게 팁을 주고 신변에 위협이 될 만한 사안들에 대해 물어볼 수 있다. 대체로 이들은 팁을 받게 되어 기분이 좋아지며 외국인들과 이야기하는 것을 즐긴다. 부랑자나 매춘부, 노점상들은 거리의 상황을 잘 알며 적절한 사례의 제공은 이들로부터 주요한 정보를 끌어낼 수 있다. 대학생 들은 현지의 젊은이(주로 범죄의 가해자가 되는)의 고민과 상황을 이야기해 줄 수 있다. 가급적이면 이웃들이나 매일 마주치는 가게 주인들에게 친절하게 대하고 좋은 관계를 유지하는 것이 좋다. 이들은 필요할 때 큰 도움이 될 수 있다. 이 밖에도 현지의 경찰과 정보기관원, 군인 등과 같은 권력기관에 근무하는 직원들을 잘 사귀어 놓는 것이 좋다. 대부분의 제3세계에서는 적절한 뇌물을 통해 이들을 우호적으로 만들어 놓으면 필요한 경우에 큰 도움을 받을 수 있다. 대부분의 제3세계에서는 권력기관의 직원들은 스스로 결정하거나 집행할 수 있는 재량이 매우 크다.

뇌물제공에 대하여

뇌물을 줄 때, 어떻게 주는가가 매우 중요하다. 아무리 뇌물과 부패가 만연한 사회라 하더라도 뇌물을 받는 것은 여전히 도덕적으로 껄끄러운 일이다. 러시아에서 필자가 직접 경험한 바처럼, 뇌물을 받는 이가 당당하고 명예롭게 받을 수 있도록 '선물'의 형태로 제공하는 것이 좋다. 이 때 주는 이가 겸손한 태도로 우정과 친교, 또는 절박한 도움을 원한다는 제스처를 취해야 한다. 마치 돈 다발을 상대방의 얼굴에 던지는 듯한 뉘앙스를 주는 것은 오히려 역효과를 낸다. 먼저 해당 사회에서 주로 통용되는 뇌물의 종류와 형태를 파악하고 가급적이면 고가의 적절한 뇌물을 선택하는 것이 좋다. 여기에 사용되는 비용은 자신의 신변안전을 위한 보험료로 생각한다면 결코 아깝지 않을 것이다.

다음으로 인질납치에 이용될지 모를 자신의 신변에 관한 주요한 정보들이 노출되지 않게끔 주의해야 한다. 이는 개인 차원의 방첩활동에 해당한다. 자신의 신변에 관한 정보노출은 말과 행동, 옷과 차량, 일정 등 다양한 방식으로 나타날 수 있다. 인질 납치범은 목표 대상을 선정하고 그 대상에 대해 파악하는데 많은 시간과 노력을 할애한다. 인질납치는 일반적으로 정확한 시각과 동선을 파악하고 계획하여 모든 과정이 이루어져야 하는 정교한 작업이다. 또한 자신이 납치해간 인질의 가족이나 회사가 얼마나 몸값을 지불할 여력이 있는지 아는 것도 주요한 사전 정찰활동에 들어간다. 때문에 잠재적 인질대상은 자신에 관한 정보노출을 미리 차단함으로써 인질범이 인질납치를 위해 치러야 하는 노력과 비용을 증가시킴으로써 납치의 대상에서 벗어날 수 있다. 많은 경우에 잠재적 인질들은 무지와 무관심, 또는 부주의 등으로 해서 일정과 동선, 자신의 경제적 능력 등과 같은 자신에 관한 정보를 노출시킴으로써 스스로 매력적인 인질납치의 대상이 된다(Capotorto, 1985; Healy, 1985; Scotti, 1985).

다음은 자신의 신변에 관한 정보노출의 사례들이다. 이는 단지 몇 가지 사례들에 불과하며 더 많고 다양한 사례들이 있다. 늘 신변에 관한 정보노출을 조심하는 습관을 형성하는 것이 중요하다:

- 해외 현지의 공항이나 식당, 또는 도로 등지에서 큰 소리로 이야기 하는 것은 무례할 뿐만 아니라 신변안전에도 좋지 않다. 한국인은 해외에서 돈 많은 사람으로 비쳐진다. 굳이 외국인임을 알리는 것은 인질납치의 대상이 된다. 또한 큰 소리로 떠드는 외국인은 외국인에 대한 혐오증과 연결되어 증오범죄의 표적이 될 수도 있다.
- 가급적이면 옷이나 차량 등 눈에 띄는 것들은 현지인들이 주로 이용하는 것을 선택하는 것이 좋다. 지나치게 비싸 보이면서 현지의 풍경에 비해 두드러지는 것은 인질납치의 목표가 되기 쉽다.
- 전용 주차장이나 전용 차량 등을 표시하는 것은 잠재적 가해자에게 공격 대상을 광

고하는 것과 같다. 가급적 이러한 표식을 하지 않는 것이 바람직하다. 외교관 번호판의 경우 사용하는 것이 여러모로 장점이 있는 경우가 많으나 반대로 공격대상이 될 가능성 역시 높아지게 된다. 외교관 번호판과 일반 번호판을 이중으로 장착하여 필요에 따라 선택적으로 사용하는 것도 고려해 볼 만하다.

- 현지 교민들이나 현지인들과 접촉하는 자리에서 가급적이면 자신의 재산상황이나 연봉과 같은 금전적인 이야기하는 하지 않는 것이 좋다. 자신이 얼마를 가지고 있는가를 이야기하는 것은 자신이 몸값으로 얼마를 지불할 수 있는지를 광고하는 것이다.

- 가급적 술이 취한 상태에서 술집이나 거리와 같은 공공장소에 있지 않아야 한다. 이는 스스로를 먹잇감으로 던지는 것이다.

- 외출일정이나 동선, 메모장이나 다이어리, 업무계획서 등을 철저히 관리하여야 한다. 인질 납치범들은 철저한 계획 하에 자신들의 미션을 수행한다. 그들은 몇 시 몇 분 몇 초에 어디에서 어떠한 방식으로 공격할지를 치밀하게 준비한다. 따라서 잠재적 가해자들이 가장 먼저 관심을 가지는 대상이 해당 목표물의 시간대별 동선이다.

- 현지 채용 직원들에 대해서 주의하고 항상 그들의 신원 파악에 유의하라. 오래전 콜롬비아에서 납치됐던 텍사스 석유회사의 미국인 엔지니어의 경우는 가정부에게서 인질 대상에 관한 신변 정보가 새어 나갔다. 범죄자 또는 테러리스트가 특정 대상을 공격하기로 결정했다면 그 다음에는 정보 수집과 정찰을 수행한다. 이 경우 해당 공격대상의 집이나 직장에서 근무하는 현지 직원을 통해 정보를 수집하는 것은 거의 주어진 수순이다. 가정에서 고용한 가정부나 정원사, 가정교사, 직장에서 채용한 현지 직원이나 운전사, 또는 청소부나 경비직원 등은 매우 중요한 정보의 출처가 된다. 잠재적 공격자는 이들을 돈이나 그 외 대가로 유혹하거나 협박함으로써 쉽게 동조자로 포섭할 수 있다. 따라서 이들이 최근에 도박이나 탕진, 또는 병원비 등으로 갑자기 큰 목돈이 필요하지는 않은지 또는 일상과 다른 태도(협박으로 인한)를 보이지는 않는지 잘 살펴야 한다. 또한 최근에 채용한 직원의 경우 약 3-4개월 동안은 주의 깊게 살피고 위에 열거한 일정과 같은 주요 사항들을 알지 못하도록 특별히 주의해야 한다. 또한 이들 현지 직원들의 가족 등이 도박이나 마약 등과 같은 갑자기 큰돈을 필요로 하는 삶의 문제들에 연루되지 않았는지 등도 살펴야 한다. 참고로 리비아에서 납치됐던 코트라 한석우 관장의 경우 한 달 전에 채용한 현지인 직원으로부터 신상과 일정 등에 관한 정보가 인질납치범에게 새어나갔다.

- 야간 시 커튼이나 블라인드 등을 설치하여 집이나 사무실의 내부가 외부에서 관찰되지 않도록 하여야 한다. 누군가는 정찰을 할지 모르는 일이다.

- 같은 맥락에서 집이나 회사 주변에 특정 차량이 주, 정차해 있는 것이 자주 목격되지는 않는지, 수도나 전기, 도로보수 공사 같은 것이 진행되지는 않는지, 경찰의 교통통제가 수행되지는 않는지, 특정 인물이 자주 어슬렁거리는 것이 목격되지 않는 지 등을 관찰하여야 한다. 많은 경우 범행 이전 정찰의 일환으로 이러한 일들이 행해진다. 공사나 교통통제가 있는 경우 가급적이면 해당 전화국, 관공서, 경찰서 등에 연락을

취하여 실제로 그러한 일들이 진행 중인지를 체크하고 어슬렁거리는 의심되는 차량이나 인물 등의 모습과 장소 일시 등을 기록으로 남겨놓고 이를 파악하여야 한다.

- 또한 집이나 사무실 등에 경찰관이나 정보기관원 또는 전화나 전기, 수도 등의 직원이 방문할 경우 이들을 들여보내기 전에 가급적 이들의 신원을 파악하여야 한다. 이들의 신분증 번호와 사진을 확인하고 가능하면 이들을 보낸 현지 기관과 직접통화를 통해 실제로 그러한 방문이 진행되는지를 파악하여야 한다. 많은 경우 이러한 형태의 위장 방문으로 정찰을 진행하는 경우가 많다. 또한 가족이나 현지 직원들에게 어떤 낯선 또는 익숙한 사람이 자신의 업무와 상관없는 집이나 사무실의 보안 시스템이나 잠재적 공격대상의 일정에 관해 물어보는 사례가 있는지를 항상 파악하여야 한다.

4. 인질납치에 대한 대응방안

인질납치 사건은 개별 사건마다 다양한 속성과 역동성을 가진다. 때문에 여기에 제시하는 인질사건 예방을 위한 대응방안들은 인질납치 사건의 예방을 위한 일반적 사항들에 해당된다. 이러한 일반사항들을 바탕으로 주어진 상황의 특수성에 비추어 유연하게 대처하고 탄력적으로 빠르게 적응할 수 있는 유연성과, 적응성, 창의력 등이 요구된다.

1) 사전예방

사전예방 단계는 잠재적 인질 피해자가 인질납치범의 공격대상으로 선정되는 단계에서 인질납치의 감행을 위해 대상 인질후보에 대해 인질범이 잠복, 미행, 그리고 접촉 등을 통해 정찰하고 정보를 수집하는 과정까지를 포함한다. 이 과정에서 잠재적 인질대상이 취해야 하는 가장 기본적인 태도는 늘 자신의 주변을 돌아보고 스스로의 신변안전에 주의를 기울이는 것이다. 이러한 신변안전 노력은 인질납치뿐만 아니라 일반적인 강, 절도, 성폭행, 폭력피해 등과 같은 여러 유형의 범죄에 대한 예방노력이 동시에 될 수 있다. 대체로 이러한 노력은 두 가지로 이루어진다. 하나는 인질납치의 대상 후보가 되지 않기 위해 현지에서 눈에 띄는 말이나 행동을 자제하는 일이다. 예를 들면 운전 중이거나 대중교통으로 여행하거나 도보로 이동할 때 자신이 속한 주변에 비해 너무 눈에 띄는 차량이나 복장, 행동 등을 하지 않는 것들이다. 다른 하나는 인질납치범의 잠복, 미행, 또는 접촉의 위험성을 염두에 두고 늘 주변을 살피는 것이다. 예를 들면 집이나 사무실의 문단속을 철저히 하거나 모르는 사람으로부터 예기치 않은 전화나 방문은 없었는지, 도보로 이동 중에 자신을 향해 다가오는 의심스런 오토바이나 사람들은 없는지 따위에 대한 주의 등이 이에 해당된다. 이러한 사항들은 너무 사소해 보이지만 대부분의 사람들이 운전 중에 옆 차량의 운전사를 쳐다보지도 않는 경우가 매우 흔하며 단순히 편의 때문에 사무실 문을 잠그지도 않거나 자신이 사용하던 컴퓨터에 보안을 걸어두지 않거나 심지어는 집 열쇠 역시 편의 때문에 화분 아래나 현관문 발판 아래에 두는 경우들이 흔하다는 점들을 생각해 보면 일상생활에서 사소해 보이는 주의습관이 인질납치 뿐만 아니라 일반적인 범죄피해를 예방하는데 가장 최선의 방안임을 알 수 있다 (Capotorto, 1985; Scotti, 1985).

자신의 신변안전에 대한 경계심과 높은 주의력을 습득하는 것은 습관을 형성하는 과정이다. 몇 차례의 강의식 교육이나 잘 정리된 안전 매뉴얼의 암기 등을 통해서 한 번에 형성될 수 없다. 인질납치 뿐만 아니라 일반적인 범죄 피해에 대한 경각심을 반복적, 의식적으로 생각해보고 상상함으로써 자신의 일상 습관으로 체득해야 한다. 예를 들면 길을 가면서 늘 자신의 주의에 어떤 환경이 펼쳐지고 어떤 사람들이 이동하고 있는지를 살핀다거나 갑작스러운 전화나 예기치 않은 방문에 대해서는 자연스럽게 의심하는 태도, 그리고 주변 풍경과 어울리지 않는 차량이 장시간 주차해 있을 경우 이에 관심을 기울인다거나 하는 것들이 자연스럽게 몸에 배어야 한다. 일반적으로 이러한 관심사항들이 아무 일도 아닌 에피소드로 끝날 수도 있지만 정말로 그러한 것들이 인질납치 사건을 기도하는 범죄자나 테러범들의 예비 행동이라면 주의소홀로 인해 치러야 할 대가는 매우 크다. 해외에서는 안전에 대한 위험성이 일반적으로 국내보다 매우 크다는 점을 인정하면 지나친 주의는 결코 지나치지 않다. 이러한 습관의 형성을 위해서는 반복적인 안전 매뉴얼의 숙지와 신변안전에 대한 교육, 유사 상황에 대한 동영상 등을 활용한 상황이해, 그리고 예상 상황에 대한 상상과 필요하다면 역할극을 통한 모의 인질납치 훈련 등이 필요할 것이다(Capotorto, 1985).

인질납치의 대상으로 선정되지 않는 것은 앞서 언급한 Target Hardening과 직접적으로 관련이 있다. 대체로 인질범들은 특정 인질에 관심을 두기 보다는 잠재적 인질이 대표하는 특징에 관심을 둔다. 즉, 돈을 목적으로 하는 인질범은 목표한 돈을 몸값으로 낼 수 있는 잠재적 목표물을 선택하며, 정치적 목적을 가진 인질범은 잠재적 인질이 대표하는 국적, 계급, 신분과 같은 정치적 상징성을 가진 인질을 선택한다. 이 때문에 Target Hardening 전략은 잠재적 인질대상을 자신과 유사한 특징을 가지는 다른 대상으로 인질범의 관심을 옮겨가게 만드는데 목적을 둔다. 일차적인 Target Hardening 전략은 잠재적 인질납치범의 눈에 띄지 않는 것이다. 이는 잠재적 가해자와의 접촉 자체를 회피하는 전략이다. 앞 장에서 제시한 자신에 관한 정보를 노출시키지 않는 많은 방안들이 이에 해당한다. 현지에서 너무 눈에 띄지 않는 차량을 이용하거나 전용 주차장 표시를 하지 않거나 너무 눈에 띄는 복장이나 장신구를 착용하지 않는 것들이다. 또한 외교관 번호판 등과 같은 특정 대상을 알려주는 표식들도 이에 해당한다. 이 밖에도 현지의 사무실이나 주택을 우범지대나 잠재적 범죄자나 테러리스트들의 활동지역에 잡는다거나 하는 행위들도 일반적으로 위험하다. 그리고 현지에서 가정부, 가정교사, 운전사, 현지 직원 등의 채용 시에 이들의 신원과 배경을 철저히 살펴보는 것도 중요하다. 왜냐하면 일반적으로 잠재적 인질대상의 주변인으로부터 대상의 일정 등 여러 관련 정보를 수집하고 정찰하기 때문이다. 많은 경우에 이러한 주변 인물들이 공모자 또는 협조자로 나타난다 (Zeta, 1985).

Target Hardening의 다음 단계는 잠재적 인질범들이 인질납치에 들어가는 노력 또는 비용 자체를 증가시키는 것이다. 증가된 노력은 결국 잠재적 인질납치범들이 다른 목표를 선택하도록 만든다. 최근 한 사건을 예를 들면, 외교관 가운데서 인질 대상을 선정할 때 상대적으로 보안조치가 허술한 대상이 선택된 것을 볼 수 있다. 미국, 영국 등의 외교관들은 무장 경호원의 호위를 받으며 출, 퇴근을 하기 때문에 인질납치에 들어가는 노력과 위험이 매우 높다. 반대로 이러한 무장 경호원 없이 운전사와 함께 일반 차량으로 출, 퇴근하는 경우 인질납치에 들어가는 위험과 노력이 매우 낮다. 이처럼 정찰과, 잠복, 미행 등에 들어가는 인질납치범의 노력과 위험 자체를 높이는 방법들은 잠재적인 인질납치 위험을 현저히 낮출 수 있다. 이러한 사례들로는 야간 시 커튼이나 블라인드 등을 설치함으로써 내부 정찰을 어렵게 만들거나 자녀의 등, 하교 시 반드시 보호자가 동반하거나, 방탄차량을 이용하거나 하는 것들을 들 수 있다.

인질대상이 예측하지 못하는 타이밍에서 급습하는 놀래킴(surprise)은 인질납치의 성공을 위한 중요한 요소 가운데 하나이다. 기습 공격은 인질범이 인질을 손쉽게 제압하도록 한다. 놀래킴은 치밀한 계획과 밀접한 관계가 있다. 대체로 인질범들은 인질납치의 대상으로 삼은 목표물을 면밀히 관찰하고 이들의 동선과 정확한 일정을 파악하여 치밀하고 세부적인 계획을 세운다. 이 때문에 그러한 잠재적 유형에 속하는 인질들의 동선과 일정 등을 면밀히 관찰하며 복수의 대상 인질후보군 가운데 가장 적합한, 바꾸어 말하면 비용-효과 면에서 인질납치가 가장 손쉬운 대상을 선정한다. 인질범은 여러 명으로 이루어진 정찰 팀을 가동하며 이러한 정찰은 몇 주에서 몇 달을 거쳐 이루어진다. 이러한 정찰이 끝나면 적절한 목표물과 매복 장소 납치의 정확한 시간과 장소, 방법 등을 확정하고 기습공격을 통해 인질을 잡아채 가게 된다(Scotti, 1985, p.356).

인질납치의 가능성을 낮추는 핵심전략은 인질범의 정찰을 어렵게 하는 것이다. 이는 스스로의 은폐부터 자신의 일정과 동선 등을 인질범들이 알기 어렵게 만드는 것 등을 포함한다. 이러한 것들은 인질범들의 정찰과 잠복과 미행을 어렵게 만들고 이러한 시도에 대해 늘 주의하며, 그러한 징후가 포착될 경우 즉시 관련 경찰에 연락하거나 한국 영사관에 도움을 청하는 등의 대응조치를 취함으로써 달성할 수 있다. 은폐는 대체로 앞서 지적한 바와 같이 자신이 거주하고 있는 외국의 일반적인 풍경에 스며들어 애초에 잠재적 인질 대상으로 선정될 가능성을 낮출 수 있다. 즉, 눈에 잘 띄지 않는 것이 자신의 안전을 도모하는 최선의 방법이다. 예를 들면 차량의 경우 해당 지역의 많은 사람들이 사용하는 일반적인 차종을 선택하거나 눈에 잘 띄지 않는 차량 색상이나 번호판 등을 선택하는 것들이다. 너무 눈에 띄지 않는 옷이나 장신구 등을 착용하는 것도 이러한 예방 전략에 들어간다. 또한 사생활의 노출을 가급적 삼가고 집이나 사무실에 드나드는 외부인들의 신원을 철저히 파악하고, 집이나 사무실 등을 외부에서 잘 노출되지 않는 구조나 색상을 선택하며 주변지역이 안전한 곳에 집이나 사무실을 구하는 것 등이 그러한 방안들이다(Healy, 1985, p.344-351).

잠재적 인질이 사용할 수 있는 또 다른 효과적인 방어기제는 불예측성이다. 이는 본인의 라이프스타일을 예측가능하지 않게 만듦으로써 달성된다. 예를 들면 출퇴근 시간을 일정하지 않게 한다거나 집에서 직장으로 이동하는 출퇴근 경로를 복수로 하여 매일 무작위로 선택된 경로를 따라 이동하는 것들이다. 이럴 경우 인질범들에게 대상 목표물에 대한 정찰활동에 들어가야 하는 비용과 노력을 증가시키게 된다. 이 경우 공격준비자인 인질범들은 정확한 인질납치의 시간과 장소를 설정하는 것이 어렵게 된다. 일반적으로 연구에 따르면, 인질 대상이 출퇴근하는 한 루트 당 평균 4-5명의 정찰조가 편성이 된다. 이를 단순 산술계산으로 하면 루트가 4개가 되는 경우 적어도 16-20명의 범죄조직이나 테러조직의 구성원이 한 사람의 정찰에만 투입되어야 하는 상황을 연출한다. 이 경우 이러한 노력을 치를 수 있는 조직은 100명의 이상의 조직원을 갖춘 상당히 큰 규모의 조직만이 가능하다. 대부분의 범죄 또는 테러조직이 10-20명 미만의 소규모 조직임을 감안하면 인질대상으로 공격 받을 확률을 상당히 떨어뜨린다. 특히 본인이 해당 국가의 수반이나 매우 중요한 high-profile인질 대상이 아니라면 인질납치의 대상이 될 확률은 더욱 떨어질 것이다. 출퇴근의 예측 가능성을 줄이는 또 다른 방법은 출퇴근 시간을 복수로 하는 것이다. 예를 들면 요일별로 무작위로 평균 1시간이면 가능한 출퇴근 시간을 4, 50분에서 2시간까지로 다양화함으로써 잠재적 인질범들에게 정확한 위치와 시간을 계산하기 어렵게 만들 수 있다. 하지만 일반적으로 출퇴근 루트나 시간의 변경이 용이하지 않는 경우가 있다. 집이나 직장 인근에서는 사실상 이동 경로를 다양하게 하는데 상당한 제약이 따를 수 있으며, 특히 출근 시간대 집 주변에서는 시간의 다양화가 사실상 매우 어렵다. 때문에 이러한 지역이 인질납치에서 위험 지역과 위험 시간대로 분류된다. 특히 아침 출근시간대 집주변이 인질범들이 가장 선호하는 인질 낚아채기 타이밍이다. 이는 인질의 동선 파악이 가장 용이하게 때문이다. 보고에 따르면, 약 95퍼센트의 인질납치는 인질의 집 또는 사무실 근처에서 발생한다. 이는 잠재적 인질이 자신이 익숙한 근거지에서 출근하거나 퇴근할 때 심리적으로 가장 경계심이 낮은 반면에 또한 출, 퇴근 등의 이동 경로가 집 또는 사무실에서 가까울수록 단순해지기 때문에 인질납치범이 비교적 손쉽게 잠재적 인질의 이동 경로와 시각을 파악하고 인질납치를 수행할 수 있게 되기 때문이다(Scotti, 1985, p.354). 따라서 이러한 위험지역과 시간대에서는 특별한 경계와 주의가 요구된다. 하지만 가능한 범위에서 잠재적 인질의 라이프스타일을 예측가능하지 않게 만드는 노력은 중요하다. 이밖에도 특정한 식당과 커피숍, 또는 특정한 단골 가게나 쇼핑몰 등을 정기적으로 방문하거나 일정한 시간대에 규칙적으로 활동을 수행하는 라이프스타일 등은 인질납치범에게는 잠복과 미행을 쉽게 할 수 있도록 도와주는 것이 된다. 이는 본의 아니게 자신의 인질납치 가능성을 높이는 데 기여한다(Scotti, 1985, p.355-362).

통상적인 방법으로 잠재적 인질대상에 대한 정찰이 쉽지 않을 경우 인질범들은 직접적인 접촉이나 위장 등을 통해 대상을 정찰하고 일정과 동선에 관한 정보를 획득하려고 시도한다. 때문에 늘 주변에 대한 경계심을 유지해야 한다. 수상한 차량이나 승합차 등이 집주변에 오랫동안 주차에 있지는 않는지 등에 대해 주의해야 한다. 집이나 사무실 주변에 차량을 주, 정차한 상태에서 인질범들은 인질대상을 정찰하려고 시도한다. 특히 승합차 등이 많이 이용되는데 이는 인테리어를 통해 차량 내부를 은폐할 수 있기 때문이다. 따라서 평소에 주변에 풍경을 숙지해 놓고 눈에 띄지 않던 차량이 주, 정차해 있을 경우 주의해야 한다. 특히 승합차량의 외부에 특정 회사나 기관의 표시를 해 놓은 경우도 많으므로 주의해야 한다. 최근에 집이나 직장 주변에서 전력공사나 도로보수작업 등이 진행되지는 않는지, 노점상이 갑작스럽게 눈에 띄지 않는지 등도 살펴야 한다. 이러한 인원들이 인질대상을 정찰하는 위장한 인질범일 수도 있다. 따라서 이러한 경우에는 그와 같은 작업이나 영업 등이 실제로 진행되는 것인지에 대한 확인이 필요하며 수상한 경우 즉시 경찰이나 당국에 알리는 것이 필요하다. 이 밖에도 어린아이나 노인, 여자 등도 인질범을 위한 정찰을 수행할 수 있다는 사실도 유념해야 한다(Scotti, 1985, p.357-361). 경우에 따라서는 경찰이나 전기회사나 수도회사의 직원, 우편물 배달원 등이 가정이나 사무실을 직접 방문할 수도 있다. 이 경우 이들의 신원을 확인하는 작업을 반드시 해야 한다. 인질납치범들이 이러한 인원들로 위장하여 집이나 사무실을 직접 방문하여 대상 목표물을 정찰하거나 낚아챌 수도 있다. 이 밖에도 이동 중에는 미행하는 차량이나 사람 등이 있지는 않는지 등에 대한 경계심을 유지해야 한다(U.S. Department of State Personal Security Manual).

표 9-5 차량 미행에 관한 Tip

• 대체로 차량 미행이 있을 경우 바로 뒤에 따라 붙는 멍청한 인질범은 없다. 차량의 3대 뒤 (+/-1) 정도로 미행이 따라 붙는 경우가 일반적이다.

이 밖에도 인질범의 정찰을 어렵게 하는 여러 예방조치의 사항들이 있다. 몇 가지를 지적하면 다음과 같다. 가능하면 본인의 세부적인 개인일정이나 신변사항 또는 재산상황 등에 대해서는 외부인에게 이야기를 하지 않는 것이 좋다. 또한 자녀들의 경우 학교와 집을 오갈 때 반드시 보호자를 동반하는 조치를 취하여야 한다. 또한 수상해 보이는 사항들에 대해서는 늘 주의하고 메모하는 습관을 유지하는 것 등도 예방조치와 관련해 권장되는 사항들이다(Capotorto, 1985, p.396-400).

잠재적 인질대상은 위험지역과 순간에 대해 충분히 숙지하고 이러한 지역에 접어들거나 이러한 상황에 처했을 경우 보다 높은 수준의 경계를 유지해야 한다. 위험한 상황은 인질이 이동 중일 때 발생한다. 인질납치 사건의 대부분은 인질이 이동 중에 발생한다는 점이다. 이는 출, 퇴근이나 등, 하교 등 이동하는 동안이 잠재적 인질에게는 가장 위험에 노출된 순간이기 때문이다. 반대로 인질납치범에게는 가장 쉽게 인질을 납치할 수 있는 기회조건이 된다. 실제로 보고에 따르면 85퍼센트 이상의 인질납치가 인질 피해자가 이동 중에 발생한다. 인질이 이동하는 중에는 인질납치범의 위험은 최소화되고 인질의 위험은 극대화된다. 대체로 집이나 사무실과 같은 구조물은 경비원과 폐쇄장치, 전자장비 감시 등으로 보안정도가 높으며 건물이 가지는 구조적인 특성 때문에 인질납치범이 인질을 제어하고 신속히 빠져나오기가 쉽지 않다. 하지만, 인질이 이동 중일 경우에는 오픈 스페이스 상황이 된다. 대체로 이 경우 인질범이 인질에 비해 해당 공간에 대한 파악수준이 높다. 또한 인질범들은 여러 행인들과 차량에 쉽게 스며들어 자신들의 정체를 은폐할 수 있다. 반대로 인질은 차량 또는 도보 이동시 쉽게 노출되며 몸을 숨길 수 있는 공간도 상대적으로 제한된다. 하지만 심리적으로 잠재적 인질들은 특히 차량으로 이동할 경우 본인이 안전하다고 믿는 경향이 있다. 이는 차량이 주는 개인공간의 안도감 때문이다. 그렇지만 이는 잘못된 인지에 불과하다(Scotti, 1985).

위험지역과 안전지역을 설정하고 가급적이면 위험지역에 대한 접근을 삼가고 안전지역에 대한 위치파악과 즉각적인 접근성을 늘 확보하고 있는 것을 일상화하여야 한다. 위험지역은 인질납치가 감행될 가능성이 큰 지역이다. 주로 위험지역은 잠재적 인질이 취약해지는 공간이나 상황을 포함한다. 집 또는 사무실 주변의 교차로 지역, 공항의 진출입 포인트, 고속도로의 진출입 램프 등이 여기에 해당된다. 이들 지역은 잠재적 인질의 동선 파악이 쉽고 상당 경우 동선 자체가 고정되어 있는 경우이다(Scotti, 1985, p.357-359). 또한 만약 공항 등에서 택시를 타야 하는 경우에는 대기 중인 택시들 가운데 가장 앞에 있는 택시를 피하고 뒤 순위의 택시라인 사이에 있는 택시를 이용하거나 공항이나 터미널 등에서 나올 경우 도로변에 기다리고 있는 택시는 피하는 것이 좋다. 이는 인질납치를 위해 해당 타깃을 기다리고 있는 경우가 있기 때문이다. 또한 택시가 불필요하게 정해진 루트에서 벗어나지는 않는지 늘 주의해야 하며 만약 알지 못하는 루트로 택시가 진입할 경우 즉각적으로 택시로부터 이탈하도록 해야 한다(Capotorto, 1985). 또한 외국인들이 주로 이용하는 호텔이나 레스토랑, 마켓, 관광지 주변 등에는 이들을 노리는 인질범을 포함한 범죄자나 테러리스트들이 많을 수 있다. 그리고 우범지대로 보이는 풍경이 나타나는 지역이나 도로상의 신호등 대기지점 등은 인질납치나 다른 일반 범죄나 테러의 위험성이 높은 지역이다. 이는 인질대상의 경우 움직임이 고정되거나 주변에 대한 생소함으로 인해 대응이 쉽지 않기 때문이다. 또한 다른 종류의 위험지역 역시 존재하는데 이는 잠재적 인질이 주변 지역 사람들과 눈에 띄게 다른 경우이다. 대체로 한국인들이 해외에 체류할 경우 문화와 생김새와 언어가 다른 외국인들이기 때문에 눈에 잘 띄며 이는 한국인들의 해외에서의 인질납치 가능성을 높인다. 해당 국가의 수도와 같은 대도시의 경우는 외국인들의 체류와 이동이 흔하기 때문에 인질납치의 가능성이 상대적으로 낮다. 이는 많은 수의 잠재적인 인질납치 대상자가 많기 때문에 이 속에 스며들 경우 개인이 공격받을 가능성은 상대적으로 낮아진다. 또한 많은 수의 외국인의 존재는 개별 외국인들의 존재를 눈에 띄지 않게 하는 효과를 만들어 낸다. 하지만 한국인을 포함한 이들 외국인들이 해당 국가의 시골지역을 이동할 경우는 문제가 발생한다. 대체로 시골지역의 경우는 외국인들의 존재가 흔하지 않으므로 이들의 존재 자체가 인질납치의 위험을 상승시킨다. 때문에 이들 위험지역 즉, 외국인이 흔하지 않고 쉽게 눈에 띄는 지역을 가급적이면 방문하지 않거나 이동하지 않는 것이 바람직하다. 만약 어쩔 수 없이 이동해야 하는 경우는 가급적 불필요한 주, 정차나 방문, 휴식 등을 삼가고 지역 주민들과 접촉을 최소화하는 것이 바람직하다. 2007년 아프가니스탄에서의 23명의 한국인 인질납치 사건에서는 한국인 방문자들이 아프간 가즈니 시골지역을 통과했다는 문제와 불필요하게 중간에 멈추어 인근 마을의 시장을 방문하는 등 위험지역에 스스로를 노출시킴으로써 인질납치의 가능성을 높이는데 기여했다(Yun, 2009).

한편 안전지역은 경찰서 주변, 한국 대사관이나 영사관, 또는 다른 국가의 대사관이나 영사관 등이다. 대체로 집이나 사무실을 해당 국가의 경찰서 주변에 잡는 것이 좋으며 대사관이나 영사관의 위치 등을 평소에 숙지하고 있어야 한다. 만약의 경우 가장 빠르게 안전지역으로 피신할 수 있도록 여러 이동루트를 숙지하고 대응 능력을 키워야 할 것이다(U.S. Department of State Personal Security Manual).

2) 인질납치 사건에 대한 인질의 대응

인질납치 사건이 발생한 이후 대응방안은 인질 본인의 생존귀환 가능성을 높이는데 대응방안이 집중된다. 인질의 대응방안은 크게 세 단계로 나뉜다. 이는 구체적으로 인질납치 과정, 억류과정, 그리고 마지막 단계에서의 구출이나 석방과정으로 나뉠 수 있다.

인질납치 과정은 위험한 순간이며 따라서 인질의 살해 가능성이 매우 높다. 인질범은 이 순간 높은 경계심과 긴장 상태에 있으며 인질을 압도하기 위해 총기사용 등의 폭력사용을 주저하지 않는다. 따라서 인질은 일반적으로 맞서 싸우거나 탈출을 감행하는 등의 영웅이 되려는 시도를 해서는 안 된다. 이러한 시도들은 본인의 안전을 크게 위협한다. 가급적이면 침착하게 몸을 낮추고 인질범의 지시에 따르는 것이 가장 바람직한 행동방안이다(Capotorto, 1985, p.400-406).

대체로 T자 또는 X자 교차로, 또는 고속도로 진출입로 등과 같은 Y자로 도로가 갈라지는 지점 등에서 갑자기 뒤따르는 차량이 자신의 차량을 추월하거나 앞을 막아서는 것은 인질납치나 강도 또는 무장공격 등의 상황이 곧 임박했음을 암시한다. 이는 이러한 지점이 공격 이후 인질범이나 가해자의 도주에 용이한 조건을 제공하기 때문이다(Blackwater .USA).

그림 9-1 교차로나 도로가 갈라지는 지점에서의 인질납치

• 아래의 그림은 교차로와 도로가 갈라지는 지점에서 주로 테러리스트나 범죄자의 공격이 감행된다는 사실을 보여준다.

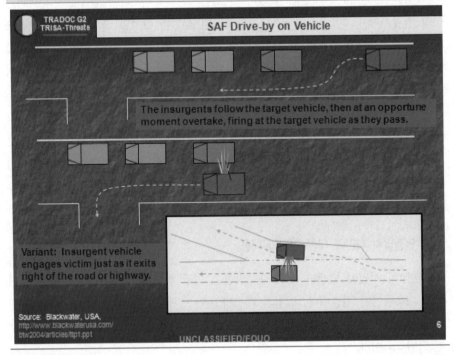

(출처: Blackwater USA)

또한 2, 3대의 차량이 콤비네이션으로 인질납치를 수행하는 경우도 있다. 이 경우 앞 차량이 목표차량의 진로를 방해하면서 속도를 늦추고 뒷 차량이 목표차량을 공격하면서 후방 도주를 차단하는 방식으로 인질납치를 수행한다. 3대일 경우에는 전방 차단과 후방 차단에 각각 1대씩 동원되고 나머지 차량이 공격과 인질납치를 전담한다(Blackwater USA).

<hr/>

그림 9-2 도로상에서 복수의 차량을 이용한 인질납치

• 또한 두 대나 세대의 차량이 동시에 해당 공격 목표차량을 공격하는 경우 앞차가 목표차량의 진로를 방해하고 뒤 차량이 공격하여 차의 기동을 해제하고 앞뒤로 포위하는 방법을 위하기도 한다.

- 2대의 차량이 동원되는 경우

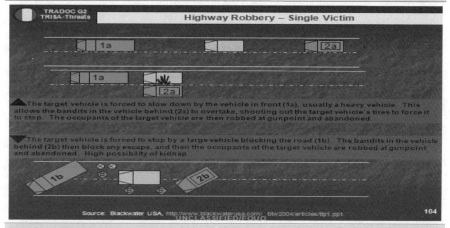

- 3대의 차량이 동원되는 경우

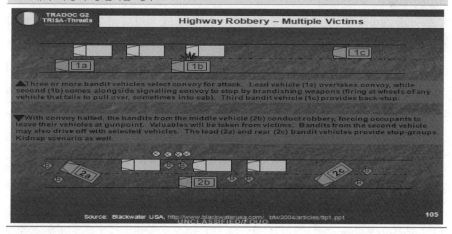

(출처: Blackwater USA)

범죄자나 테러리스트의 차량이 자신의 차량을 막아설 경우, 저항을 멈추고 지시에 따를지 또는 도주를 선택할지는 잠재적 피해자 스스로의 판단이다. 그리고 잘못된 판단의 대가는 목숨으로 치러야 할지도 모른다. 만약 도주를 결심한다면 가장 확률이 높은 순간은 공격자와 잠재적 피해자 모두 차량에 여전히 탑승하고 있는 상황이다. 도주를 결심했다면 엑셀을 최대로 밟고 앞에 막아선 차량의 앞에서 또는 뒤에서 3분의 1 지점을 노리고 들이박고 치고 나가야 한다. 이 경우 부딪힌 차량은 회전하게 될 것이며 해당 차량에 탑승한 공격자들은 순간적으로 당황할 것이다. 가급적 최대 속도로 탈출하고 즉시 가족과 회사, 그리고 해당 지역의 경찰과 연락을 취하여야 한다. 그대로 한국 대사관이나 영사관의 도움을 구해도 좋을 것이다. 이는 방어운전 교육과정에서 가르치는 내용의 일부이다(Jarrett, 1985; Scotti, 1985; U. S. Department of State Personal Security Manual).

만약 총격상황이 발생한다면, 운전 중에는 가급적 자세를 낮추고 풀 스피드로 해당 지역을 벗어나야 한다. 이전에는 총격 상황 시 그 자리에서 엄호물을 찾아 은폐하도록 가르쳤으나 최근 들어서는 가급적 현장을 즉시 떠나도록 가르친다. 이 경우 어떤 액션을 취해야 할 것인가는 현장에서 융통성 있게 선택해야 할 것이다. 만약 차량이 정지된 상태라면, 가능하다면 은밀히 차량에서 빠져나와 총격이 오는 반대 방향으로 움직여야 한다. 이 경우 차량의 앞, 뒷바퀴를 방패로 몸을 은신하는 것이 추천된다. 의의로 차량의 외관은 약하며 총알이 관통할 경우가 많다. 또한 차량 밑부분의 열린 공간으로 총알이 길바닥에 튕겨서 날아올 수도 있다. 가급적 차량 바퀴 쪽이 가장 안전하다(Jarrett, 1985).

만약을 대비하여 2륜구동의 차량보다는 4륜구동의 차량이 추천된다. 이는 만약의 경우에 차량의 타이어가 한, 두 개 펑크 날 경우에도 여전히 기동을 확보할 수 있기 때문이다. 실제로 글쓴이가 목격한 바로는 타이어가 완전히 펑크 난 상태에서 바퀴의 휠 축 만으로 시속 80-100km 정도의 속도로 도주가 가능했다. 차량 창의 썬 팅이나 방탄 등도 가능하다면 추천된다. 차량의 썬 팅은 차량 내부의 상황이 노출되지 않게 하는 이점이 있다. 또한 방탄 차량의 경우 일, 이차 총기 공격 등을 회피할 수 있다. 하지만, 이러한 조치들은 비용이 들기 때문에 많은 경우에 선택옵션에서 제외될 수도 있다(Scotti, 1985).

차량이동시 운전사를 포함한 동승자 간의 사주 경계를 분담하는 것이 추천된다. 만약 운전사 포함 조수석, 그리고 뒷좌석 3인 등 모두 5명이 탑승했을 경우 조수석은 전방, 좌, 우측 뒷좌석 인원의 경우 각각, 좌, 우측방, 그리고 가운데 탑승자의 경우 후방 경계가 기본이다. 운전사와 두 명의 경우도 각각 전, 좌와 후, 우측방 등으로 분담하여 경계하도록 해야 한다. 이러한 사주 경계는 도보 이동시에도 그대로 적용된다(Blackwater USA; Scotti, 1985).

인질이 억류되어 있는 과정에서는 스스로 인간으로서의 존엄성과 자존감을 유지해야 한다. 또한 삶에 대한 의지와 안전한 귀환에 대한 확신을 잃지 않는 것이 중요하다. 인질 억류 기간은 수 주에서 여러 달, 심지어는 수 년 간에 걸쳐 계속될 수도 있다. 이 경우 스스로에 대한 자존감의 포기나 삶과 안전한 귀환에 대한 의지를 잃어버리는 것은 인질을 심리적으로 약해지게 만들며 반대로 인질범이 인질을 인간이 아니라 하나의 대상객체로 취급하게 만들 수 있기 때문에 궁극적으로 인질의 생명을 위태롭게 할 수 있다. 인질범이 인질을 동료 인간으로 바라볼 때 살해하기가 더욱 어렵게 된다. 한편 일반적으로 억류 장소가 위생적으로 취약하며 장기간의 영양결핍과 스트레스, 그리고 운동부족에 시달리므로 심리적 의지의 약화는 곧 실제 건강상의 치명적 문제로 이어질 수 있다(Capotorto, 1985; Richardson, 1985; U.S. Department of State Personal Security Manual).

표 9-6 　인질 억류기간에 영향을 미치는 요소들

- 인질 억류기간은 인질범의 특성과 지역적 특성 등에 의해 크게 영향을 받는다. 만약 인질 조직이 대규모이고 전문적으로 오랫동안 인질사업을 수행해 왔고 상대적으로 해당 지역 국가의 법 집행 능력이 취약하다면 인질 억류기간은 장기간이 될 가능성이 높다.
- 또한 해당 지역이 정글 등 인질범과 인질 등이 오랫동안 숨어있을 수 있는 곳이라면 장기화 될 가능성이 있다.
- 반대로 인질범의 규모가 작고 숙련되지 않았으며 해당 지역의 중앙정부의 법 집행이 어느 정도 효과적인 경우, 또한 사막이나 황량한 산악 지역, 또는 대도시의 빈민지역 등에 인질범과 인질이 위치해 있을 경우 인질 억류기간은 상대적으로 짧아진다.
- 예를 들어 콜롬비아의 경우 수년에서 수십 년에 이르는 경우도 있으며, 아프가니스탄이나 소말리아 등은 상대적으로 억류기간이 짧은 편이다.
- 해당 지역의 이전 사례의 평균 억류기간을 계산해 보면 본인의 예상 억류기간이 추정될 수도 있다.

인질사건은 크게 인질범이 인질을 잡고 정부군이나 경찰에 포위되어 있는 hostage taking 유형과 인질범이 인질을 잡아서 어디론 가로 사라진 kidnapping 상황으로 나뉜다. 전자의 경우는 인질의 무사귀환 가능성이 매우 높으며, 사건이 수 시간에서 수일 내에 종료될 가능성이 매우 높다. 후자의 경우는 최초 3일이 중요한

분기점이다. 인질을 처형할 목적이라면 최초 3일 내에 집행될 가능성이 크다. 이 분기점을 넘기면 인질범이 협상의 의지가 있다는 것을 의미하며, 이 경우 인질은 중요한 거래품목이 됨으로 무사 귀환될 확률이 상당히 높아진다(Zeta, 1985).

억류 기간 중에 인질은 제대로 일어설 수 없을 정도의 열악한 상황에서 몸을 제대로 가눌 수 없을 정도의 신체적 제약을 받을 수 있다. 하지만 가능한 범위에서 꾸준히 신체적인 강건함을 유지하기 위해 노력해야 한다. 심지어 극단적인 경우에도 손, 발등의 근육을 움직일 수는 있다. 신체적인 강건함의 유지는 심리적인 강건함으로 이어지며 이는 고통스런 인질 억류기간을 이겨나가게 해준다. 또한 가급적 규칙적인 시간을 보내도록 노력해야 하며 가능한 범위에서 시간과 날짜의 흐름을 계산하고 기록해두는 것도 도움이 된다. 이는 자신의 삶을 스스로 통제할 수 있다는 인식이 심어지기 때문에 장기간 억류를 버티고 인간적 존엄성을 유지하는데 도움이 된다. 스스로 즐거웠던 기억을 떠올리고 상상하는 활동을 통해 정신적으로나마 억류되어 있는 좁은 공간을 떠나 자유로움을 향유하는 것도 좋다. 상상력의 활용은 억류된 공간을 정신적으로나마 벗어나게끔 해주기 때문에 억류기간의 스트레스와 우울증을 극복해낼 수 있는 힘이 된다(Richardson, 1985).

표 9-7 인질 억류기간 동안의 시간 측정에 영향을 미치는 요소들

> • 많은 경우에 인질범들은 의도적으로 인질이 시간을 측정하지 못하도록 빛을 가리거나 시계 등을 제거한다. 이는 심리적으로 인질들을 장악하기 위해서이다. 하지만 식사를 주는 주기와 횟수, 인질범의 경계 교대 주기 등의 여러 징후들을 관찰함으로써 시간과 날짜를 계산해 볼 수 있다(Richardson, 1985).

인질은 상황이 좋게 끝날 것이라는 확신을 버려서는 안 된다. 만약 인질범이 인질을 죽일 생각이었으면 인질납치 초기에 이미 살해했을 것이다. 억류를 하고 있다는 사실은 인질 스스로가 교환가치를 가지고 있다는 것을 의미하며 교환은 곧 생존의 가능성이 높은 것을 의미한다. 가족이나 회사, 또는 정부가 인질 자신의 무사귀환을 위해 최선을 다해 협상을 진행하고 있다는 것에 대한 믿음을 유지하여야 한다. 만약 인질이 사전에 인질 상황에 대한 대응 시나리오를 가족과 미리 마련해 놓았다면 인질억류 과정을 견디는데 심리적으로 큰 도움이 될 수 있다. 가족이 지금쯤 어떤 액션을 취하고 있을 것이라는 것을 예상할 수 있으면 억류기간 중 심리적으로 큰 위안이 된다(Capotorto, 1985).

억류기간 중 가급적이면 인질범과 눈을 마주치면서 인간적인 교감을 하도록 시도하여야 한다. 가급적 인질, 납치, 생명, 죽음 등과 같은 위기 상황을 연상시키는 주제나 단어를 피하고 가족이나 취미, 자녀 등 일상적인 얘기가 좋다. 인간적인 교감의 증대는 위기 시 인질범이 인질을 사살하지 못하도록 막는 심리적 방어막이 된다. 하지만 현지어를 지나치게 잘 구사하거나 현지 상황에 대해 지나치게 잘 안다는 인상은 주지 않는 것이 좋다. 이는 인질범의 적대나 경계심을 자극하는 것이다. 때때로 멍청하게 보이는 것(play dumb)이 가장 최선의 방안일 수도 있다.

마지막인 인질 석방이나 인질 구출 단계 역시 매우 위험하다. 이 경우 인질범과 인질구출 또는 협상을 주도하는 경찰이나 군 모두 극도로 긴장한 상태이다. 돌발 상황은 인질의 살해와 총격전으로 이어질 가능성이 매우 크다. 인질은 석방 시 경찰이나 군, 인질범의 지시를 따르고 돌발행동을 하지 않도록 주의하는 것이 필요하다. 인질 구출 작전이 실시될 경우 수건이나 옷 등으로 코를 막고 바닥에 납작 엎드린 상태로 기동하지 않는 것이 요구된다. 대체로 가스 수류탄이나 연막탄을 투척하면서 전술 공격팀이 들이닥치는데 이 경우 아수라장이 된다. 많은 경우 인질 구출팀은 누가 인질인지 인질범인지 구별하기 쉽지 않고 인질범의 경우 인질과 구출팀에 대해 무차별 사격을 할 가능성이 높다.

3) 인질납치 사건에 대한 대응

해외에서의 한국인 대상 인질 사건은 사실상 우리정부에서 대응하기가 쉽지 않다. 많은 경우에 협상이나 구출작전의 직접 당사자가 아니라 해당 국가의 군, 정보기관, 경찰 등이 직접 대응하는 것을 옆에서 지켜보고 협조를 구해야 되는 경우들이 많다. 하지만 그럼에도 불구하고 우리정부의 그간 대응을 보면 몇 가지 개선해야 할 사항들이 눈에 띈다. 여기서 정부의 대응에 관련된 구체적 방안들을 논의하기에는 지면의 제한 때문에 어렵다. 단지 이와 관련된 몇 가지 생각해 보아야할 사항들에 대해 제시하는 선에서 결론을 짓는다.

일단 해외에서의 인질사건 발생 시 현지에 지역 전문가와 인질협상 전문가가 즉시 파견되어 가급적 최일선 실무 책임자로서 전적으로 권위를 가지고 현지 상황대응을 수행해야 한다. 국내에 있는 대책 본부나 외교부, 총리실, 또는 대통령실 등의 고위급 대응본부는 절대로 협상이나 사건 대응을 지휘하여서는 안 되며 현지 실무 대응팀을 전적으로 지원하고 전체 사건을 뒤에서 가급적 조용히 조율하는 역할을 수행해야 한다. 2007년의 아프가니스탄 인질사건에서 국내에 있는 고위급 대응본부가 직접 전면에 나섬으로 인해 사건을 지나치게 복잡하게 만들고 이후 대응에 있어 심각한 문제와 장애들을 만들어 냈다(Yun, 2009). 이러한 원칙은 이번 세월호 침몰사고와 같은 재난 상황에도 일반적으로 적용되는데 현장 실무대응팀과 고위급의 중앙 대응본부간의 역할 분담과 현지 대응팀에 대한 권위와 사건 통제력의 부여는 핵심적인 사안이다.

사건 발생 시 현장에 인질협상과 현지의 테러와 범죄 상황에 대한 전문가를 직접 파견하는 것은 사건에 대한 초기 장악과 전반적인 대응과정에서 매우 효과적인 방안이 된다. 대체로 현지의 문화나 상황 언어에 정통한 인원을 전문가로 이해하는 경향이 있는데 이는 매우 잘못된 발상이다. 만약 이것이 사실이라면 국내에서의 모든 인질사건은 한국문화와 사회에 정통하고 한국어에 능통한 그 누구라도 인질협상을 성공적으로 수행할 수 있을 것이다. 인질협상의 전반적인 지휘와 대응을 인질협상 전문가 지휘하고 현지 언어와 문화, 그리고 상황에 능통한 지역 전문가가 협력하는 것이 가장 바람직하다.

인질사건 대응 시스템은 구체적으로 LNT(Local Negotiation Team)을 구성하고 인질협상을 주도하여야 한다. 이 LNT는 인질이 소속된 회사나 아니면 한국 정부의 현지 외교관이거나 파견된 관련 담당자 등으로 꾸려질 수 있다. 경우에 따라서는 국내에서 신속 대응팀이 파견될 수도 있다. 이 경우 협상담당자는 해당 지역의 언어와 문화, 법규, 그리고 뉘앙스 등을 아는 현지 전문가가 맡는 것이 좋으며 인질협상 상황을 전체적으로 조언, 조율하며 관리할 협상전문가가 함께 LNT에 배치되어야 한다. 협상은 인질의 가족이 직접 수행해서는 안 되며 인질과 감정적으로 분리되어 있는 제3자인 전문 협상가가 협상을 주도해야 한다. 이 때, 협상가와 협상위원은 의사결정을 내릴 수 있는 정책집행자이어서는 안 된다. 가족은 즉시 거주 주택에서 별도의 장소로 이동시키고 협상 진행과정에서 분리시키는 것이 좋다. 만약 인질범이 인질 가족과의 협상을 강요할 경우 심리적 쇼크로 병원에서 치료 중이라는 등의 이유를 들 수 있다. 하지만 몸값을 얼마나 줄 것인가 등의 중요한 의사결정은 가족에게 반드시 통보를 하고 최종 결정은 가족이 내리게끔 하여야 한다(Clutterbuck, 1985; Zeta, 1985).

인질사건에 대한 대응에서 미디어에 과도하게 노출하거나 공식적인 외교 채널을 통해 국제기구나 직접 관련이 없는 제3국 정부, 저명한 민간단체나 인사 등에 협조를 구하는 것은 무의미하거나 때때로 예측하지 못한 부정적 결과를 가져올 수 있다. 이 경우 인질사건 자체의 정치적 비중이 갑자기 급상승하여 인질의 몸값을 부풀리기 때문에 오히려 문제 해결이 더 꼬일 가능성이 있다. 많은 경우에 이러한 고위급 수준의 정치적 외교적 영향이나 국제 여론의 동원은 인질납치를 주도한 범죄자나 테러리스트에게 아무런 영향도 미치지 못할 경우가 대부분이다. 마치 북한과 같은 국가를 상대로 외교적 압박을 가하는 것과 유사한 이런 식의 대응은 적절하지 못하며 역효과를 낼 수 있다.

한편 인질납치 사건이 발생한 해당국 정부에 지나친 기대를 거는 것 역시 조심해야 한다. 대부분의 인질납치 사건이 일어나는 지역은 중앙정부의 능력과 권위가 미약한 곳이다. 따라서 공식적, 비공식적인 외교루트를 통해 해당국 정부에 도움을 요청하는 것은 많은 경우에 별 의미가 없다. 또한 이들 국가의 군, 경찰, 정보기관을 신뢰할 수 있는가도 의문의 여지가 있다. 때문에 해당 국가의 중앙정부에 전적으로 사건해결을 맡기는 것은 적절치 못하며 사건에 대한 대응을 가능한 범위에서 장악하고 관리하는 것이 필요하다. 해당 국가의 수사과정과 협상과정, 그리고 정보수집 과정에 가능한 한 깊숙이 개입하여 모니터링하고 인질구출작전과 같은 인질의 생명을 좌우할 수 있는 주요한 의사결정과 행동에는 반드시 참여하고 주도적인 영향을 행사하여야 한다. 이 경우 공식적인 채널을 통한 참여에 더불어 인적인 네트워크의 활용과 뇌물, 적절한 사례, 압력 등 다양한 방법을 통해 사건에 대한 대응에 주도적인 역할을 하여야 할 것이다.

평상시에는 데이터베이스 관리를 통해 이전 사건의 사례들을 분석하고 교훈을 도출하는 한편, 인질협상을 다룰 수 있는 전문 인력을 양성하여야 한다. 또한 해외파견 공무원과 공사 및 민간회사 직원들을 대상으로 체계적인 인질납치에 대비한 신변안전 교육을 강화해야 할 것이다. 해외에서의 한국인 대상 인질사건은 앞으로도 꾸준히 발생할 수 있는 문제이다. 이는 우리국가의 활동반경이 세계 각처로 뻗어나가는 상황에서 필연적인 부산물이다. 따라서 이에 대한 효과적이고 지속적인 예방책 마련과 대응시스템 가동은 우리 국가의 힘의 투사를 지속적으로 지원한다는 측면에서 매우 중요하다. 해외에서의 개인의 신변안전 위협이 궁극적으로 우리 국민과 기업, 그리고 국가의 해외에서의 활동의 위축으로 이어질 수도 있다는 점을 감안하면 이러한 문제에 대한 지속적인 관심과 효과적인 대응전략의 개발과 운용은 중요한 의미가 있다.

인질납치 사건 대응의 최우선 목표는 인질의 생명을 확보하고 무사히 귀환시키는 것이다. 이를 위해서는 인질협상과 구출 등 두 가지 옵션을 모두 열어 둔 상태에서 유기적이고 탄력적인 대응이 필요하다. 가장 우선시 되는 작업은 신속대응팀을 구축하고 해당국 정부와 긴밀한 협조 아래 필요한 제3국 정부 또는 민간 회사와의 협조를 구하며 필요한 정보수집에 노력하는 것이 요구된다. 하지만 앞서 지적한대로 해당국 현지 정부와의 협조는 주의를 기해야 한다.

사건 발생 초기에는 상황을 안정시키고 차분히 상황에 대한 대응방안을 모색하고 이후의 협상이나 대응을 준비하는 것이 필요하다. 언론 대응팀을 구성하여 언론의 협조를 구하고 지나친 보도에 대한 자제를 이끌어내어야 한다. 가급적 실무팀 차원에서 조용하게 전문적으로 문제를 해결하려는 노력이 필요하다. 특히 인질범이 협상의 의지가 있을 경우에는 인질납치 후 2-3일 이내에 여러 루트로 접촉을 시도하게 마련이기 때문에 이를 기다리는 것이 필요하며 피납된 인질 주변을 조사하면서 공조자나 조력자가 있는지를 파악할 필요가 있다. 인질 협상의 과정은 수주에서 여러 달 또는 몇 년에 걸쳐 진행될 수 있으므로 이러한 장기간 협상에 대비하는 것이 좋다(Yun, 2009).

최초 인질협상 과정에서는 인질범들이 실제로 인질의 신병을 확보하고 있으며 인질의 목숨이 실제로 안전한지를 파악하여야 한다. 초기에 인질범을 가장한 사기꾼들이 나타나 몸값을 요구할 수 있다. 따라서 협상 상대방이 실제 인질범인지의 여부는 반드시 파악해야 한다. 또한, 인질의 생사가 확인되어야 하며 몸값의 지불역시 인질의 목숨이 안전한 상태에서 교환의 대가로 이루어질 것이라는 점을 분명히 해야 한다. 인질과 인질 가족만이 알 수 있는 질문들에 대한 답을 요구한다거나해당 날짜의 신문을 들고 찍은 사진을 요구함으로써 인질의 생사 여부를 확인할 수있다(Zeta, 1985).

표 9-8 인질납치 사건의 초동조치

> POL(Proof of Life)의 확인은 인질협상에서 가장 주요한 초동조치이다(Zeta, 1985).

만약 인질범이 경험이 많지 않은 아마추어라면 인질 협상팀은 인질범의 안전에 대한 조언도 함께 해주어야 한다. 대체로 숙련되고 조직화된 인질범들일수록 인질의 생명이 안전하다. 왜냐하면 이들은 인질협상을 어떻게 다루어야 하는지 알기 때문에 안전하게 사건이 종료될 가능성이 높다. 하지만 아마추어들일 경우 심리적 불안감과 공포 상황통제 능력의 미숙 때문에 인질을 살해하고 도망치는 방안을 쉽게 선택할 수 있다. 이 때문에 상황처리에 관련된 조언을 해주어야 할 필요도 발생한다(Clutterbuck, 1985).

표 9-9 경험 없는 인질범에 대한 대응

- 실제로 최근 발생한 필리핀에서 한국 여대생이 납치 살해된 사건은 이러한 아마추어에 의한 인질납치 사건의 전형을 보여준다. 이들은 경험이 없는 아마추어들로 몸값을 목적으로 여대생을 납치했지만 이후 상황 통제의 미숙함과 대응 능력 부재로 인질을 살해하고 도주해 버린 경우이다. 이러한 유형의 인질범들은 인질 협상팀에서 조언과 신뢰를 주고 사건을 무사히 종결할 수 있도록 협상을 주도해 나가야 한다(YTN 뉴스, 2014년 4월 9일).

해당 국가나 지역의 경찰기관, 정보기관 등에 알리는 것은 필요하지만 이에 대해서는 지속적인 모니터링과 조율이 필요하다. 세계 대부분의 저개발 지역에서 지역 경찰들은 부패하거나 무능하다. 때문에 이들 경찰들이 협상의 성공적인 진행을 망쳐놓거나 인질범과 부패 고리로 연결되어 있을 가능성도 존재한다. 실제로 필리핀의 2010년 라이잘 공원 인질납치 사건의 경우는 현지 경찰의 무능과 무책임함 때문에 납치된 인질의 많은 수가 사망하였다. 따라서 경우에 따라서는 지역 경찰에 통보하지 않고 은밀히 협상을 진행해야 할 경우도 발생한다(Zeta, 1985).

기본적으로 국내사건에 적용되는 인질협상의 원칙들이 해외사례에도 동일하게 적용된다. 예를 들면, 인질범과 신뢰를 구축하는 것이 중요하며, 인질범을 속이거나 하는 행위는 삼가는 것이 좋으며 협상 당사자가 약속을 지킬 것이라는 것을 인질범에게 확신시켜야 한다(Zeta, 1985). 또한 준비되지 않은 성급한 구출작전은 대량 참사를 야기할 수 있다. 성공적인 인질협상을 위해서 이러한 지침과 원칙들은 숙지되어야 하며 또한 현지 상황과 구체적인 사건에 맞게 탄력적으로 유연하게 운용되어야 한다. 대체로 인질범들은 몸값이 제대로 지급될 경우 인질을 안전히 돌려보내는 경우가 많다. 이는 그들의 인질납치 사업역시 신뢰성에 기초하기 때문이다. 만약 몸값 만을 받고 인질을 돌려보내지 않을 경우 이후의 인질납치 비즈니스에 부정적인 영향을 미치기 때문이다. 따라서 시간을 끌면서 인내를 갖고 차분히 문제를 해결해 나가려는 노력이 필요하다(Clutterbuck, 1985).

인질협상에서 몸값이 중요하기는 하지만 몸값의 흥정에만 집중해서는 안 된다.

대체로 인질범들은 최초에 엄청난 몸값을 부르는 경우가 많다. 이들은 미리 자신들이 얼마나 받을 수 있을 것인지에 대해 조사하고 예측한다. 하지만 이러한 몸값의 예측은 매우 부정확하고 어렴풋이 이루어지는데 따라서 실질적인 인질 가족의 재정 상태에 대한 설명을 통해 현실적인 선에서 몸값을 절충해 나가는 것이 요구된다. 이 때 인질가족 측에서 최저가를 먼저 알리고 높여가는 방식보다는 인질범이 제시한 최고가에서 낮추어가는 방식으로 접근해야 한다(Zeta, 1985). 어느 선에서 최종 가격이 맞추어질 것인지에 대해서는 신중한 판단이 필요하다. 이전 인질 사건들의 전례를 보면 인질 한명 당 한국 돈으로 수십 억 원대를 초기단계에서 인질범들이 요구하다가 협상을 통해 실제로는 수억 원대에서 절충을 보는 패턴이 나타났다. 하지만 이는 하나의 대략적 가이드라인이며 실제 협상에서는 현장 상황에 대한 이해와 융통성이 요구된다.

인질협상과정에서 인질범들이 인질의 교환대가로 적어도 몸값을 받을 것이라는 확신을 심어주는 것이 필요하다. 적어도 몸값을 받을 수 있는 한 인질의 목숨은 안전하다. 이미 인질납치에 들인 기대비용 때문에 인질범들은 인질을 쉽게 포기하지 못한다. 몸값의 전달은 가능하면 지역통화단위로 하는 것이 바람직하나 인질범의 요구에 따라 달리질 수 있다. 하지만 은행권 일련번호들은 반드시 기록해두어야 한다(Zeta, 1985). 이는 이후의 수사나 보복 공격 등을 위해서이다.

표 9-10 인질납치 사건 종결 이후의 대응

- 인질납치 사건은 인질의 석방이 끝이 아니다. 만약 몸값을 주고 인질을 석방한 경우에도 이후에 사건을 주도한 인질범들을 끝까지 추적하고 현지에서 유괴하여 국내 형사재판을 통해 처벌하거나 아니면 현지 정부를 지원하거나 비밀 작전 등을 통해 책임 있는 인질범을 살해하도록 하여야 한다. 이러한 집요한 추적과 보복은 이후의 한국인을 대상으로 한 인질납치 사건을 예방하는 일반 억제 효과를 낼 수 있다. 미국인들에 대한 인질납치가 빈번히 발생하지 않는 이유 가운데 하나는 이러한 미국 정보기관이나 형사사법 기관의 집요한 보복 때문이다(Yun, 2009).

만약, 인질구출 작전을 실행해야 한다면, 앞서 지적한대로 가급적 우리정부가 적극적으로 개입하는 것이 요구된다. 대부분의 현지 정부들은 구출작전의 능력 면에서 신뢰하기 어려운 경우가 많다. 정확한 정보와 높은 수준의 훈련과 경험을 갖추지 못한 구출팀에 의한 구출작전은 참사로 끝나기 쉽다. 우리 정부의 직접 개입이 어려운 경우에도 가급적 적극적으로 이러한 작전의 준비와 경위, 그리고 진행과정에 개입하고 의사결정에 참여하도록 노력해야 한다. 전적으로 현지 정부에 사건의 해결을 맡겨두는 것은 좋지 않다. 사실상 최근의 한 사례도 인질 구출 작전의 성공이 인질범의 경험부족과 순진함, 그리고 쉽게 항복해 버린 것과 같은 우연적인 요소에 의해 영향을 받은바가 크다고 볼 수 있다. 현지 정부에 의해 실행된 이 구출 작전은 너무도 무모했고 준비부족인 측면이 컸다고 볼 수 있다. 이 과정에 우리 정부의 현황파악과 의사결정에 대한 개입이 부족했다는 점은 되짚어 보아야 한다. 어쩌면 인질이 살해되는 비극적인 결과로 끝났을지도 모른다.

4) 인질납치 사건의 최근 동향

IS 등의 이슬람 극단주의 테러리즘과 관련된 인질납치 사건의 경우 최근 들어서 주요한 변화의 경향이 나타난다. 2016년 7월 3일 발생한 방글라데시의 이슬람 극단주의 테러리스트들에 의한 인질납치 사건과 2015년 아프리카 말리에서 발생한 호텔 인질납치 사건 등이 그러한 최근 변화의 특성을 전형적으로 보여주고 있다. 이전에는 주로 테러리스트들에 의한 인질납치는 테러리스트들이 추구하고자 하는 목표실현을 위한 협상을 목적으로 한 경우가 대부분이었다. 하지만 가장 최근의 변화는 더 이상 IS나 알 카에다 등의 이슬람 극단주의 테러리스트들이 협상을 목적으로 인질납치를 하지 않는다는 것이다. 때문에 전통적인 협상위주의 접근보다는 가급적 이른 시간에 특공대를 투입하여 인질구출작전을 시도하는 것이 필요할지 모른다.

최근 들어 이슬람 극단주의 테러리스트들은 인질납치를 드라마틱한 장면의 연출과 이교도 인질들에 대한 처벌을 목적으로 하는 것처럼 보인다. 이런 경향은 몇 년 전 케냐 나이로비의 쇼핑몰 테러사건에서부터 나타났는데 최근으로 올수록 이런 경향은 보다 빈번히 관찰된다. 테러범들은 인질들을 잡고 정부군 또는 경찰과 대치하면서 인질들에게 코란구절을 암송 시키거나 무슬림 인지의 여부를 확인한다. 그러한 과정을 거쳐 이교도들을 선별하고 이들 이교도들을 처형한다. 이 처형은 어떤 이교도들에 대한 처벌의 의도를 지니는 것처럼 보인다. 마치 형사처벌의 과정과 유사한 형태를 띤다. 이 때문에 최근의 이슬람 극단주의 테러리스트들에 의한 인질납치 테러의 경우에는 이러한 징후들에 대한 판단이 가급적 이른 시간에 이루어져야 한다. 이를 통해 가급적 이른 시간에 특공대의 투입과 같은 구출작전을 심각하게 고려해보아야 할 필요가 있을 것이다.

결국 최근 들어 이슬람 극단주의 테러세력에 의한 인질납치테러의 경우 협상의 여지는 적다. 따라서 인질협상은 인질구출이라는 주도적인 역할이 아니라 특공대의 구출작전을 지원하기 위한 정보수집과 공격시작을 위한 시간벌기의 지원역할을 하는데 주력해야 할 수도 있다. 인질납치 사건에 대한 대응은 이러한 최근의 동향변화를 반영해야 할 것이다.

사이버 테러와 테러리스트의
사이버 공간이용

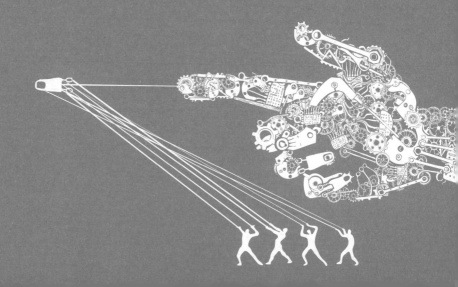

제10장

사이버 테러와 테러리스트의 사이버 공간이용

사이버 공간의 확장과 현실 공간과의 긴밀한 연관성이라는 21세기적 시대 조류는 우리가 당면한 필연적 미래로 진일보한 인류의 창의성과 무한한 진보를 보여주는 결과물이라고 할 수 있다. 그러나 이러한 진보가 가져다주는 긍정적인 측면 외에 반드시 주목해야 할 점이 있는데 그것은 바로 국가와 개인의 안보를 심각하게 위협할 수 있는 수준까지 다다른 사이버 테러의 출현이다.

사이버 테러의 출현은 최근의 정보화 기술의 혁명적 발전과 사이버 공간의 등장으로 인한 우리 시대의 폭력을 행사하는 방식이 바뀌었다는 것을 보여주는 가장 분명한 하나의 사례라 할 수 있다. 이와 같은 안보 위협의 질적인 변화는 포괄적으로 일어나고 있는 것으로 미시적 수준의 폭력인 범죄로부터 중간 수준의 테러리즘과 무장전쟁(Insurgency Warfare), 그리고 거시적 수준에서의 전쟁에 이르기까지 다양한 차원으로의 패러다임 전환을 추동하고 있다(Reed, 2008).

사이버 공간이 오늘날 안보 위협의 주요 대상으로 주목받는 이유는 이 사이버 공간이 기존의 전통적인 하늘과 바다와·땅이라는 세 차원의 현실 공간에 네 번째 차원의 공간으로 추가되는 의미 있는 삶의 공간으로 등장하였는데 반해, 기존의 현실 공간들과는 달리 이 네 번째 공간상에서 국가의 법 집행활동과 안보활동이 의미 있는 수준으로 작동하기 어렵다는 현실 때문이다(Dogrul & Celik, 2011). 즉, 기존의 3차원 공간에서 이루어지던 국가 공권력의 안보 및 대테러 또는 범죄대응활동이 사이버 공간에서는 기존의 방식으로는 더 이상 제대로 작동하기 어렵다.

반면에 사이버 공간이 가지는 특성은 범죄자 및 테러리스트, 적대적 국가 행위자에게 상당한 이점, 즉 힘의 증강(force multiplier) 효과를 만들어 낸다(Kozlowski, Rekawek, & Terlikowski, 2014: 5-6). 이는 기존의 사회 안전과 국가안보의 핵심 주체인 국가 행위자에게 더욱 곤란한 과제를 안겨준다. 한편 사이버 공간이 기존의 현실 공간에 추가됨에 따라 기존의 현실 공간에서의 사회 안전과 국가안보를 더욱 어렵고 복잡하게 만드는 경향들이 나타난다. 이는 사이버 공간이 기존의 현실 공간들을 시간과 공간적 한계를 넘어 실시간으로 연결하는 특성을 가지기 때문이다.

사이버 공간의 등장은 국가의 안보를 위협하는 여러 국가 또는 비국가 행위자들을 결합시키는 촉매제 작용을 한다. 이를 통해 이들 잠재적 안보위해 세력들은 서로 네트워크 형태로 결합하게 되고 이러한 위협들의 전일적 총합(holistic sum)은 사회 안전과 국가안보를 담당하는 국가 행위자들에게 더욱 심각한 위협을 가하게 된다(Reed, 2008). 북한과 같은 불량국가들과 국제범죄조직들, 그리고 알 카에다 등의 국제적 테러집단들이 서로 결합하는 형태로 사이버 공간을 사용한 범죄 및 테러행위에 가담하고 있다. 2014년 3·20 사이버 테러는 그러한 위험한 결합이 어떻게 심각한 국가안보 위협이 될 수 있는지를 보여주는 좋은 사례이다. 국내 범죄자들과 북한의 정찰총국이 연계된 이 사건은 사이버 공간이 가지는 위협의 의미를 보여주는 한 징후이다.

미래에는 국내 체류 외국인 범죄조직이나 국제 테러세력과 북한과의 연대 또는 국내 범죄자나 조직범죄세력과 국제적 범죄조직 등과의 결합 등 매우 다양하고 복잡한 네트워크의 결합 조합이 가능할 것이다. 사이버 공간을 통해 촉진되는 이러한 현상은 전통적으로 서로 배타적인 현상이었던 범죄, 국제범죄와 테러리즘과 같은 낮은 또는 중간 차원의 법 집행이나 국가안보활동의 문제가 적대국가에 의한 국가 전체의 안보위협이라는 높은 차원의 국가안보의 문제와 융합하여 국가전체에 대한 심각한 위협이 될 수도 있으며 보다 더 큰 규모의 국제안보질서에 대한 심각한 위협을 초래할 수도 있다는 것을 보여주고 있다. 바꾸어 말하면 분절적으로 존재했던 테러와 범죄, 전쟁 간의 결합(Nexus) 현상은 보다 복합적이고 증폭된 힘으로 국제안보질서와 우리 국가의 안보에 심각한 위협이 될 수 있고 이러한 상황전개의 배경에는 사이버 공간의 등장이 자리한다(윤민우·김은영, 2012: 157-185; 윤민우·김은영, 2013: 89-112).

오늘날 실제 발생하고 있는 사이버상의 범죄, 테러, 그리고 안보의 위협은 여러 유형으로 나타난다. 우선 가장 전형적인 트렌드는 사이버상에서 여러 컴퓨터 프로그램 기술 등을 활용한 컴퓨터나 웹사이트, 네트워크 등의 정보통신기반시설이나 기기 운용체제, 콘텐츠 등에 대한 직접적인 공격행위이다(Weimann, 2006: 129-149). 사이버 테러로 일반적으로 지칭되는 이러한 유형은 사이버 공간에서 이루어지는 직접적인 유형의 공격으로 Stuxnet이나 DDos 공격, 해킹이나 봇넷 같은 범죄 및 테러사건들의 사례들을 들 수 있다. 이러한 사이버 테러사건은 국내에서도 이전에 발생한 북한 발 DDoS 사건을 비롯하여 중국 발 국가기관 해킹사건 등과 같은 사례들을 들 수 있다(김홍석, 2010: 880-882).

한편 비록 국내에서는 아직 그 위협성에 대해 큰 주목을 받지 못하지만 또 다른 주요한 사이버 테러의 유형으로 들 수 있는 것은 현실 공간에서 발생하는 테러공격을 지원하는 병참과 관련된 지원을 사이버 공간이 수행하는 것이다. 오늘날 사이버 공간은 현실에서의 테러공격을 위한 인력 채용, 프로파간다의 유포, 교육, 훈련, 재정 지원, 지휘, 통제, 물자 조달 등의 여러 지원활동을 수행하는 통로이자 도구로 활용되고 있다(UNODC, 2012: 8-11). 국내의 경우도 사이버 공간상에서 공공연히 폭탄 제조법이 나돌고 있다. 또한, 앞서 제시한 두 번째 유형에 포함될 수 있겠으나 문제의 심각성을 따로 추려내어 부각하기 위해 사이버 심리전을 또 다른 하나의 사이버 테러 유형으로 분류할 수 있다(이상호, 2011: 263-290). 이 사이버 테러의 위협과 심각성은 최근 들어 국내외 이 분야 전문가들에 의해서도 지적되고 있다(Weimann, 2006: 33-47).

전통적으로 현대전에서 심리전은 전쟁의 승패에 중요한 영향을 미치는 요인이었다. 베트남전의 사례는 그에 대한 매우 고전적인 사례로 지적된다. 이러한 심리전의 비중은 사이버 공간의 등장으로 더욱 증폭되어 나타난다. 비록 테러나 전쟁사건은 아니지만 세월호 사건 이후의 사이버 공간상에서의 여론의 추이는 이 사건을 국가 급 위기 상황으로 빠르게 증폭시키는데 결정적인 변수로 작용했다. 여러 웹사이트나 SNS(Social Network Service), 밴드나 카카오톡 등의 보편화는 사이버 심리전이 가지는 폭발적 위험성을 함의하고 있다.

결국 이 같은 사이버 공간상에서의 테러와 안보위협 그리고 범죄가 맞물려 있는 아노미상황과 진화하는 다양한 사이버 테러의 양상은 적대적 국가들과 테러리스트들, 그리고 여러 범죄자들이 저비용으로 공격대상 국가들이나 사회에 대한 치명적인 위해를 가할 수 있는 환경과 배경을 제공하고 있다. 이처럼 사이버 공간에서의 국가 안보와 일상생활의 위협은 보다 분명하고 실체적인 성격을 나타내고 있지만 불행히도 국내에서 이러한 현실적 상황에 대한 정확한 이해와 군과 경찰, 그리고 국가정보기관에서의 역할이 무엇인가에 대한 이해와 구체적인 논의와 정책적 대안은 부족한 듯이 보인다. 특히, 국내의 경우, 여러 유형의 사이버 테러의 특성과 그 위협 정도에 대한 파악이 체계적으로 이루어지지 않고 있다. 또한 많은 관련 연구들이 대테러 정책에 있어서의 지엽적이고 기술적인 부분에만 초점을 맞추는 경향이 나타난다.

하지만 사이버 공간의 등장과 같은 기술적 진보가 만들어내는 환경 조건의 변화가 오늘날 테러리즘을 어떤 양상으로 변환시켰고 국가의 안보에 어떻게 치명적인 위협이 될 수 있는지를 이해하는 것은 매우 중요하다 할 것이다. 그리고 더 나아가 이러한 변화된 성질의 사이버 테러리즘에 대응하여 이를 어떻게 효과적으로 통제하고 관리할 수 있을지, 또한 이를 통해 어떻게 국가안보를 수호할 수 있을지에 대한 정책적 대응방안을 마련하는 것은 매우 의미 있는 과제이다.

국제사회와 미국과 영국 등 세계의 주요 국가들은 사이버 테러리즘을 21세기 글로벌 안보의 매우 주요한 이슈로 받아들이고 있다(Kozlowski, Rekawek, & Terlikowski, 2014: 1-6; The White House, 2011: 17-24). 특히 주요 테러 지원 국가이며 사이버 전쟁 및 테러 능력을 갖추고 있는 안보 위협 세력인 북한과 대치하고 있는 우리에게 있어서 사이버 테러리즘을 비롯한 기타 안보의 위협이 현실적으로 매우 높은 현 상황에서는 이에 대한 대응방안 수립이 매우 시급한 과제이다. 이에 따라 포괄적 안보 차원에서 사이버 테러리즘의 환경변화와 대응방안에 대한 연구를 추진하고 대안을 제시하는 것은 의미가 크다.

한편, 사이버 공간이 던지는 이러한 상황에서 국가안보의 궁극적인 주체인 국가는 사이버 테러리즘에 대한 통찰력 있는 이해와 혁신적, 전략적, 전일적 대응을 필요로 한다. 때문에 기존 국내의 보편적인 접근방식인 사이버 테러에 대한 기술적이고 단편적인 접근을 넘어서서 사이버 테러가 담고 있는 여러 유형의 문제들을 포괄적으로 다루려는 시각이 요구된다. 또한 사이버 테러가 사이버 공간에서의 폭력이라는 얼굴로 기존의 현실 공간에서의 전통안보와 결합되는 측면이 있기 때문에 사이버 테러를 전반적인 미래전장환경에의 적응과 대비라는 미래안보역량 강화의 큰 틀에서 바라보고 대응해 나가야 할 필요성이 있다.

≫ 테러리즘과 사이버 테러리즘

사이버 테러리즘은 정확히 구체적으로 그 용어가 무엇을 의미하는지 정의되어 있지 않다(김홍석, 2010: 321-326). 때문에 사이버 테러 또는 사이버 테러리즘이라는 용어는 이 용어를 쓰는 전문가나 연구자, 또는 학자의 주관적 인식에 따라 매우 다양한 의미로 쓰이고 있다. 어떤 경우에 사이버 테러리즘은 사이버 공간상에서의 개인이나 네트워크 또는 국가나 민간기관에 피해를 야기하는 특정 기법이나 기술을 지칭한다(문종식·이임영, 2010: 21-27). 또한 어떤 경우에는 개인 컴퓨터나 포털 사이트, 웹사이트 또는 정보통신망 자체에 대한 파괴나 기능마비, 또는 침해 행위 자체를 의미하기도 한다(서동일·조현숙, 2011: 42-48). 이 밖에도 경우에 따라서는 사이버 공간을 통해 야기되는 국가기반시설에 대한 파괴나 불법적 점유, 통제나 파괴 행위를 의미하기도 하며 어떤 경우에는 사이버 공간을 활용한 실제 범죄나 테러 공격행위를 의미하기도 한다(윤해성 외, 2012: 46-61).

한편, 사이버 테러는 행위주체에 따라 판별하기도 하는데 그 가해자가 개인이나 범법조직에 의한 범죄행위일 경우에는 사이버 범죄로 테러 행위자에 의한 침해행위의 경우는 사이버 테러로 국가행위자에 의한 조직적 행위는 사이버 테러 또는 사이버 전쟁행위로 받아들여진다(문종식·이임영, 2010: 21-27). 경우에 따라서는 사이버 공간을 활용한 정보수집활동이나 심리적 선전, 선동 행위 등도 사이버 테러로 불리기도 한다(이상호, 2011: 263-290). 이처럼 사이버 테러는 컴퓨터 장치나 디바이스, 사이버 공간, 인터넷, 정보통신망 등과 연관된 여러 서로 다른 유형의 문제 행동 또는 행위들을 지칭하는 명확하지 않은 어떤 용어로 통용되고 있다.

사이버 테러리즘의 용어 정의가 이처럼 불분명한 근본적인 이유는 이 용어가 의미가 불분명한 테러리즘이라는 용어를 기반으로 하여 생성된 데다가 사이버라는 또 다른 불분명한 개념을 포함하여 만들어진 합성어라는 사실 때문이다. 따라서 이중의 불분명성을 동시에 가지고 있기 때문에 사실상 사이버 테러리즘이 무엇을 구체적으로 의미하는지 정의하기가 쉽지 않다. 여기에 더불어 사이버 테러리즘에 대한 논의나 연구를 수행하는 전문가들이나 연구자들의 배경이 IT, 법학, 행정학, 사회학, 범죄학, 국제정치학, 군사학 등 이질적인 다양한 분야를 포함하여 각기 서로 다른 의미로 사이버 테러리즘에 접근하고 있다. 이는 개념의 혼란을 더욱 증폭시킨다. 이외에도 문제를 더욱 복잡하게 만들고 있는 것은 대체로 2001년 9.11 테러를 기점으로 이후 약 14-5년 동안 기술적, 전략적, 환경적 변화가 너무 빨리 급변하여 그간 테러리즘과 사이버, 그리고 사이버 테러리즘의 의미가 모두 상당한 질적 변화를 경험했다는 점이 사이버 테러리즘의 정의문제를 더욱 어렵게 한다.

우선 테러리즘은 9.11 당시의 테러리즘의 개념에서 상당한 질적 변화가 있어왔으며, 현재는 질적으로 다른 의미로 테러리즘이 사용되는 경향이 나타난다. 대체로 전통적인 의미에서 테러리즘은 9.11 테러 당시까지만 하더라도 가해자로서 비국가 행위자 조직이나 개인이 상정되었고 정치적, 사회적, 또는 종교적 목적과 같은 비경제적 또는 비금전적 목적을 달성하기 위해 실행되는 인명살상과 시설물 등의 파괴로 나타나는 불법적인 폭력이나 폭력의 사용으로 정의되었다. 또한 이 과정에서 공공이나 사회, 또는 국가에 대한 심리적 강박이나 위협, 또는 공포의 조장이 주요한 요소로 지적되었으며, 때문에 공공이나 여론과 같은 청중에 대한 영향력을 미치려는 의도가 주요하게 다루어졌다. 그리고 다중이용시설이나 건물, 교통시설 등과 같은 비군사부문에 대한 공격이 테러리즘 정의의 주요한 한 요소로 간주되었다.

하지만 이러한 전통적인 테러리즘의 이해는 지난 14-5년 간 거의 모든 테러의 구성요소들에서 상당한 변화가 일어났으며 전통적인 정의에서 벗어나는 많은 다양한 형태의 테러리즘 행위가 테러의 정의에 포함되는 경향이 전개되었다. 예를 들면, 원유나 가스 파이프 등을 폭파하거나 주식시장을 교란하는 행위, 국가의 정상적 형사사법기능을 마비시키려는 행위 등은 체제 흔들기(system disruption) 전략으로 불리는데 이는 공포의 조장이나 협박, 강박 등을 목적으로 하지 않으며 국가의 기능 자체에 대한 공격을 수행한다. 또한 최근 들어 나타나는 단순한 불특정 다수에 대한 증오의 표출이나 공격, 금전적 수입을 목적으로 한 용병고용 형태의 테러가담이나 범죄-테러의 융합으로 나타나는 테러조직의 범죄조직화 경향 등은 증오나 분노의 표출이라는 심리적 목적이나 금전적, 경제적 목표를 추구한다는 점에서 정치적, 사회적, 종교적 권력 추구를 목표로 한다는 전통적 테러의 개념에서 벗어나 있다. USS Cole에 대한 테러공격이나 천안함 폭침이나 연평도 포격과 같은 군사목표를 공격하는 행위 등은 테러나 이러한 유사행위가 군사 타깃에 대해서도 기존의 전통적인 전투나 전쟁의 형태와는 또 다르게 발생할 수 있음을 보여준다. 이와 더불어 아프가니스탄과 이라크 등에서 나타나는 현상은 테러가 전쟁과 뚜렷이 구분되기 어렵다는 사실을 경험적으로 보여주며, 테러가 오늘날 네트워크 전쟁이라는 전쟁양식의 한 형태가 되고 있음을 보여준다.

또한 테러 가해자 역시 북한과 같은 민족국가 단위나 알 카에다와 같은 초국가 네트워크, 그리고 lone-wolf 테러나 leaderless resistance, 또는 homegrown 테러로 나타나는 돌출 개인과 같은 비국가 비밀 조직 이외의 다양한 행위주체가 테러를 실행할 수 있음을 보여준다. 최근 독일의 National Socialist Underground(NSU)의 사례처럼 공공에 영향을 미치려는 의도를 전혀 갖지 않고 은밀하게 자신들의 정체를 숨긴 채 테러공격을 지속하는 테러유형도 발생할 수 있음을 알 수 있다. 실제 현실세계에서의 폭력이나 살상이 전혀 발생하지 않고도 효과적인 테러공격이 발생할 수 있다는 사실도 나타나고 있는데 사이버 테러의 경우는 이에 해당할 수도 있다. 대표적으로 DDoS 공격의 경우는 사이버 테러로 지칭되지만 실제로 현실세계에서 인명의 살상이나 시설물의 파괴 등 실제 폭력은 발생하지 않는다. 단지 사이버 공간상에서 일정 정도의 불편함이 초래된다. 이처럼 지난 14-5년 동안 테러리즘의 전통적 개념 자체에 많은 다양한 변화들이 일어났고 오늘날 이러한 다양한 많은 행위 유형들이 테러리즘이라는 불명확한 개념 하에 통칭되고 있다.

사이버라는 개념 역시 불분명한 요소를 가진다. 사이버 테러에서 의미하는 사이버는 인터넷, 하이테크, 전자적 침해 등의 유사 용어들과 뒤섞여 쓰이고 있다. 사이버는 사실상 공간으로서의 의미를 가진다(윤해성 외, 2012: 46-61). 이는 하늘, 땅, 바다로 이루어진 실제 현실공간에 대비되는 정보통신망의 정보들이 축적되고 유통되는 의식의 가상공간을 의미한다. 하지만 이 사이버라는 말은 이러한 가상공간을 운용하거나 가상공간에서 활동하는데 필요한 기술이나 장비, 장치, 단말기, 기법 등을 의미하기도 한다. 또한 사이버라는 용어는 네트워크망이나 정보통신 기반시설이라는 물리적 설비를 지칭하는 의미도 포함한다. 결국 간추려 보면 사이버는 가상공간으로서의 의미와 이에 관련된 장치, 장비, 설비, 기법이거나 정보통신 기반시설과 같은 물리적 인프라를 포함하는 포괄적 개념으로 두루 쓰이고 있다.

테러리즘과 사이버라는 두 불분명한 개념이 결합된 사이버 테러 또는 사이버 테러리즘은 따라서 용어가 구체적으로 무엇을 의미하는지 상당한 어려움을 초래한다. 가장 일반적으로는 사이버 테러리즘은 해킹, 불법바이러스 유포, 봇넷, 그리고 DDoS 공격과 같은 특정 기법을 이용한 사이버 공간상에서의 전자적 침해행위가 된다. 주로 피해 대상은 컴퓨터 단말기나 웹사이트, 또는 정보통신망 등의 장애나 시스템 다운 등으로 피해 대상이 사이버 공간이나 물리적 장비나 기반시설 등에 한정된다.

사이버 테러리즘으로 불리는 또 다른 유형은 피싱이나 사이버 불법도박, 개인정보유출, 산업기술유출, espionage 등의 형태로 나타나는 침해 행위이다. 이 경우 개인정보유출이나 금전적, 안보적 범죄피해 등과 같이 피해자에 대한 물리적 피해가 실제 발생한다. 하지만 사이버 공격은 가상공간에서 발생하며 사용되는 기법 역시 사이버 관련 기술이라는 특징을 가진다(김승주, 2010: 19-35). 사이버 테러의 범주에서 다루어지는 또 다른 문제 유형은 이른바 전자적 제어시스템의 장악을 통한 물리적 살상 또는 파괴행위이다. 발전소나 교통시스템, 전기, 가스, 금융 등의 인프라는 기본적으로 정보통신망에 의해 전자적으로 컨트롤된다. 악성 바이러스 유포 등을 통해 이러한 전자적 컨트롤 시스템을 허가받지 않은 자가 장악하고 컨트롤 시스템에 고의로 장애를 일으키거나 비정상적으로 작동하도록 유도함으로써 앞서 언급한 다양한 인프라 시스템의 사고나 붕괴, 폭발, 혼란과 같은 물리적 파괴를 유도하는 것이다(김홍석, 2010: 323).

한편 사이버 테러는 현실공간에서의 물리적 행위를 포함하기도 한다. 사이버 공간상에서의 공격행위를 위해 현실 공간을 이용하거나 현실 공간에서의 공격행위를 위해 사이버 공간을 수단으로 이용하는 두 경우 모두 사이버 테러에 포함될 수 있다. 전자는 현실에서의 사회 공학적 방법을 통해 획득한 정보나 접근권한 등을 통해 사이버 공간상에서 정보유출이나 여러 형태의 사이버 공격을 실행하는 경우이며 후자는 현실에서의 실제 파괴나 살상 행위를 위해 사이버 공간을 정보수집, 커뮤니케이션, 자금조달, 교육, 훈련, 인력 채용 등의 여러 공격준비와 지원활동의 통로나 수단으로 활용한다(윤해성 외, 2012: 46-61).

이밖에도 사이버 테러는 사이버 공간을 활용한 심리전 또는 프로파간다 활동을 의미하기도 한다(이상호, 2011: 263-290). 이는 기존의 방송이나 신문, 출판물 등의 커뮤니케이션 채널을 활용한 전통적인 심리전이나 프로파간다 활동을 그대로 사이버 공간으로 옮겨 놓은 것이다. 웹사이트 운용이나 댓글, SNS 등의 통로를 통해 여론이나 정치적, 사회적 상황을 테러 행위자에게 유리한 방식으로 조성하고 이를 통해 자신들의 목적을 실현하려는 행위 역시 사이버 테러의 범주에 포함된다(윤해성 외, 2012: 46-61).

마지막으로 아직은 현실에서 구현된 사례는 없지만 사이버 공간을 통한 원격 장악과 통제를 통해 인터넷에 연결된 장비나 장치 자체가 파괴나 살상행위를 하도록 유도하는 것 역시 가까운 장래에 사이버 테러의 범주에 포함될 것이다. 예를 들면 세탁기, 청소기, TV, 냉장고 등의 스마트 가전제품이 직접 인터넷에 연결될 경우 원격 장악과 통제를 통해 오작동이나 과부하를 유도함으로써 자체 폭발시켜 살상을 유도할 수 있을 것이다. 또한 가사 도우미 로봇이나 전투로봇, 드론이나 전투슈트 등이 인터넷에 연결될 경우 원격장악과 통제를 통해 그러한 장비나 장치를 살상이나 파괴의 목적으로 이용할 수도 있을 것이다. 이 역시 미래에는 사이버 테러의 범주에 포함될 것이다.

살펴본 것처럼 사이버 테러리즘 또는 사이버 테러가 가지는 의미는 매우 다양하고 복잡하다. 이는 테러리즘이 가지는 다양성과 복잡성과 함께 연동되어 있다. 결국 사이버 테러를 다룰 때에는 이러한 복잡하고 다양한 여러 관련 행위들을 모두 총괄하여 다루어야 하는 어려움에 직면한다. 또한 이러한 다양한 유형의 문제 행위나 공격행위는 현실 공간에서의 살상, 파괴, 또는 문제행위들을 포함하여 함께 고민해야 한다. 더욱이 그러한 공격을 주도한 주체가 개인인가 범죄조직인가, 테러조직인가, 아니면 적성국가 인가에 따라 사이버 범죄, 사이버 테러, 사이버 전쟁 등이 결정될 수 있기 때문에 사이버 테러의 범주에 사이버 범죄와 사이버 전쟁 문제를 포함하여 함께 다루어야 한다(문종식·이임영, 2010: 21-27). 바꾸어 말하면 사이버 테러의 정의는 사이버 공간이나 사이버 공간에 연결된 물리적 장비, 설비, 장치, 기기, 소프트웨어, 정보통신망 설비 등이 연루된 국가안보와 사회 일반의 안전, 그리고 다수 개인의 안녕과 안전을 위협하는 가상 공간과 현실 공간의 문제 행동들을 함께 포괄적으로 다루어야 한다.

》 사이버 범죄, 사이버 테러, 그리고 사이버 전쟁

사이버 테러의 개념이해와 관련되어 고려되어야 할 가장 중요한 사항 가운데 하나는 사이버 테러와 사이버 범죄, 그리고 사이버 전쟁 간의 연관성과 개념 설정이다. 많은 경우에 해킹과 DDoS, 봇넷, 바이러스 유포나 스파이 웨어, 고출력 전자총, 또는 스턱스 넷 등과 같은 공격용 사이버 무기를 활용한 침해 사례들이 사이버 테러로 받아들여진다. 하지만 문제는 똑같은 행위가 논의를 전개하는 전문가나 학자, 또는 실무자에 따라 사이버 범죄나 사이버 전쟁으로 서로 다르게 간주되기도 한다는 점이다. 이러한 개념상의 혼란과 중복은 개인정보유출이나 보이스 피싱 등과 같은 사이버 공간을 통한 실제 피해사례에서도 사이버 범죄 또는 사이버 테러와 같은 정의가 두서없이 중복되어 나타난다. 만약 같은 행위가 북한과 같은 적대국가의 군 조직에 의해 발생된다면 사이버 전쟁으로 간주될 지도 모른다.

이러한 사이버 범죄, 사이버 테러, 또는 사이버 전쟁과 같은 개념상의 혼란은 사이버 피해 발생 시 대응과정에서 어떤 정부기관이 주도해야 하는지에 대한 혼란을 야기한다. 사이버 범죄의 경우는 일반 수사기관이 사이버 테러의 경우는 국가 방첩기관이나 정보기관 또는 수사기관의 중앙부처에서 담당하게 된다. 한편 사이버 전쟁의 경우는 사이버 사령부와 같은 군의 전담부대에서 다루어야 할 사항이다. 하지만 문제는 실제로 현실에서 발생하는 사이버 공격이나 사이버 침해사례는 사이버 범죄나 사이버 테러 또는 사이버 전쟁이라고 뚜렷이 구분하기가 어렵다는데 있다.

앞서 언급한 여러 침해사례가 발생 했을 시 초기 단계에서 이러한 침해나 공격 사례들이 사이버 범죄인지 아니면 사이버 테러나 사이버 전쟁인지 사실상 구분이 불가능하다. 실제로 현실에서 나타나는 침해 행위 자체는 개념 정의의 차이에도 불구하고 유사하다. 그리고 많은 경우에 피해의 직접 당사자는 포털 사이트나 웹사이트, 정보통신 기반설비나 발전소나 교통시스템, 방송국 등의 민간 부문이거나 민간인 사이트나 개인 컴퓨터나 스마트 폰 등이다. 특정한 실제 피해사례가 범죄인지, 테러인지, 아니면 전쟁 행위인지에 대한 판별은 사태 발생 이후 지난한 수사나 피해조사 과정에서 밝혀지게 될 가능성이 농후하다. 따라서 사이버 범죄, 사이버 테러, 또는 사이버 전쟁 등을 개념적으로 엄밀하게 구분하고 담당 대응기관을 구분하여 설정할 수 있지만 실질적 의미에서는 이러한 개념의 구분은 어렵거나 실효적 이익이 제한적이다. 따라서 자연스럽게 사이버 테러의 개념이나 이에 관련된 논의는 사이버 범죄와 사이버 전쟁을 포함하게 된다.

사실상 사이버 범죄, 사이버 테러, 사이버 전쟁의 개념을 구분할 수 있는 기준은 공격행태나 내용이 아니라 가해자의 성격과 의도, 피해대상의 성격과 피해 정도에 달려 있다(김홍석, 2010: 319-356; 문종식·이임영, 2010: 21-27). 사이버 공격의 가해자가 개인이나 일반 범죄자이며 개인의 분노표출이나 재미의 충족 또는 금전적 이익의 추구가 동기일 경우 이는 사이버 범죄로 정의된다. 대체로 이 경우 피해대상은 일반 시민들이나 민간 기업이 대상이 되며 피해 규모도 개인적 침해에 머무른다.

비슷한 유형의 공격의 주체가 테러리스트이거나 테러집단 또는 국가 행위자라 할지라도 평화 시에 단순한 일회성 공격을 기도할 경우에는 사이버 테러에 해당한다. 이 경우 이들 가해자들의 동기는 대체로 공격 대상이 되는 사회의 혼란이나 중대한 피해 등을 기도한다. 이를 통해 그들이 추구하는 정치적, 사회적, 또는 심리적 목표를 실현하려 한다. 공격 대상의 피해 정도는 중간 정도이며 사회적 혼란을 야기할 정도의 충분한 피해 규모이다. 다수의 사람들이나 기업, 또는 정부기관이나 사회 기반시설에 대한 피해를 초래하는 것을 목표로 한다.

사이버 전쟁의 경우는 국가단위의 행위자이거나 초국가적 테러네트워크 세력과 같은 대규모 집단 행위자가 전쟁의 승리를 통해 공격대상 국가에 대해 자신들의 정치적 의지를 관철시키려 하는 것을 목표로 한다. 이 경우 공격 대상은 국가 전체가 되며 국가급 규모의 대규모 피해를 초래하는 것을 목표로 한다. 또한 공격 역시 단발성이라기보다는 일정기간 지속된 전체적인 전략 하에 다발성 공격이 지속될 수 있다.

하지만 앞서 언급한 사이버 범죄, 사이버 테러, 사이버 전쟁의 구분은 그러한 개념의 구분에 포함되는 주관적, 평가적 요소 때문에 실질적 의미에서는 이들을 구분할 판단의 여지가 희박하다. 사실상 공격의 초기 단계에서 사이버 공간 저편에 있는 공격 시발점의 컴퓨터 단말기 앞에 앉아 있는 공격 행위자가 범죄자인지, 테러리스트인지, 전쟁을 수행하는 한 국가의 정규군 병력인지 판단할 근거는 없다. 또한 공격 초기단계의 여러 사이버 공격 현상들은 범죄와 테러, 그리고 전쟁이라고 구분할 수 없을 정도로 같은 행태이다. 따라서 초기 단계에는 사이버 범죄나 테러, 그리고 전쟁으로 구분할 수 없으며 대부분의 경우에 사이버 범죄로 피해 대상자가 인식하여 경찰과 같은 수사기관에 그 침해 사실을 보고하게 된다. 때문에 대부분의 경우에 일차 대응 기관은 경찰과 같은 수사기관이 된다. 많은 경우에 경찰의 수사가 진행되는 과정에서 사이버 범죄인지 아니면 사이버 테러 또는 사이버 전쟁인지의 실체가 드러나고 판단하게 된다.

결국 사이버 범죄, 사이버 테러, 사이버 전쟁은 하나의 현상으로 다루어야 한다. 하지만 그 위협의 정도나 대응과정에서 중요한 차이가 나타난다. 때문에 서로 다른 개념들을 하나의 현상으로 함께 다루지만 그 개념을 유형별로 구분하여 처리할 필요가 발생한다. 보다 적절한 방법은 평면적이고 도식적인 개념별 유형 구분보다는 사이버 범죄 – 사이버 테러 – 사이버 전쟁으로 이어지는 하나의 스펙트럼으로 이해하여야 할 것이다. 그리고 그 스펙트럼은 가해자의 성격, 목표, 그리고 피해 대상과 피해 규모에 따라 낮은 단계에서 높은 단계로 이어지는 것으로 파악하고 판단해야 할 것이다. 그리고 그 단계별로 대응기관과 대응주체가 결정되어야 할 것이다. 다음 <표 10-1>은 그러한 스펙트럼을 보여준다.

표 10-1	사이버 범죄, 사이버 테러, 사이버 전쟁의 개념 구분의 스펙트럼				
사이버 공격의 유형	사이버 범죄	↔	사이버 테러	↔	사이버 전쟁
가해자 성격	일반 범죄자 개인이나 조직	↔	테러조직, 국가행위자	↔	국가행위자 또는 초국가적 테러네트워크
가해자 동기	금전적 이득, 단순 흥미, 개인적 보복	↔	정치적, 사회적, 종교적 목표	↔	국가 전략적 목표, 정치적 목표
피해 대상	개인, 민간 기업	↔	사회의 불특정 다수, 주요 국가 기간시설, 교통, 전기, 수도, 금융, 방송 등 인프라, 정부기관, 국가급 주요 민간 기업	↔	국가 전체, 군사 부문, 국가 전략 기반시설
피해 규모	개인이나 민간 기업에 대한 심각한 침해	↔	사회 전체나 사회의 불특정 다수, 국가의 일부 부문	↔	국가 전역
대응 주체	검찰, 경찰 등의 일반 수사기관	↔	검찰청이나 경찰청 등의 중앙부서의 사이버 테러 전담 기구, 국가정보원 등의 국가급 정보, 방첩기관	↔	대통령 직속의 국가안전보장회의, 국가안보실, 육, 해, 공군 등 국가최고전쟁수행 지도부

》 사이버 테러의 국, 내외 주요 사례 분석 및 평가

지난 20여 년 간의 국, 내외의 사이버 테러의 추이를 살펴보면 사이버 공간이 점차 주요한 전략적 영역으로 등장하고 있다는 사실이 뚜렷이 목격된다. 사이버 공간이 등장한 초기에는 주로 컴퓨터에 관심이 많은 개인들이 단순한 흥미나 개인적 쾌락, 만족 등을 위해 해킹이나 바이러스 유포, 컴퓨터 시스템 장애 등의 일탈행위를 실행했다. 이들은 대부분 혼자서 활동하는 10-20대로서 공격성공 자체로부터 오는 만족감과 같은 단편적이고 일회성의 목표가 추구되었다. 또한 그 공격대상 역시 민간 시설망이나 전자상거래망, 개인용컴퓨터 등에 한정되었다(문종식·이임영, 2010: 21; 정태명, 2001: 29).

1999년 3월 서울 모대학교의 L군이 과기대의 네트워크를 대상으로 개인 PC의 해킹 프로그램인 백오리피스가 설치되어 있는 시스템을 점검한 후, 백오리피스를 이용하여 시스템 내 "우리별 3호"에 대한 정보 등 주요 정보를 탈취하였다(정보보호

산업협회, 2000: 15). 이 사건은 이러한 초기 단계의 사이버 테러의 전형을 보여준다. 2000년 초반까지만 해도 러시아 등지에서 주로 인터넷 센터라고 부르는 상업적 공용시설에서 컴퓨터 게임이나 인터넷 등을 하면서 특별히 직장이 없는 10-20대 젊은이들이 서로 인적인 네트워크를 구축해 나갔다. 이들은 온라인에서 컴퓨터 바이러스를 유포하거나 시스템 탈취나 장애 등을 시도하면서 또래집단에서 인기와 지위 등을 추구하였다. 또한 자신들의 노하우를 서로 공유하였다(iSIGHT Partners, 2007, December 12: 4-6; iSIGHT Partners, 2008: 15). 이러한 형태의 사이버 테러는 사실상 심각한 안보의 위협은 아니었으며 다소 기술적인 골칫거리 정도의 수준에 그쳤다.

하지만 시간이 지나면서 개별적, 비조직적으로 활동하던 사이버 공격자들은 점차 조직화, 전문화된 형태로 발전했다. 그리고 이러한 조직화와 함께 점차 사이버 테러 자체가 목표가 아니라 금전적, 정치적 목표, 사회, 경제적 혼란초래와 같은 보다 상위의 목적을 실현하기 위한 하나의 효과적 도구로서 사이버 테러가 이용되었다. 이들은 기존의 테러나 범죄조직에 고용되거나, 새로운 테러나 범죄조직을 결성하였다. 이와 함께 산업기밀유출이나 전문적 범죄를 통해 금전적 이득의 획득을 노리는 경우도 발생했다. 또한 흥미로운 사실은 사이버 공간상에서 사이버 테러를 통해 획득한 개인정보나 산업기밀, 금융정보, 그리고 불법해킹기술이나 프로그램 바이러스와 같은 악성 프로그램 등이 거래되는 거래시장이 도처에 등장했다는 점이다(iSIGHT Partners, 2008: 15).

다음 <그림 10-1>은 온라인상에서 이루어지는 그러한 불법거래의 한 사례이다. 또한 사이버 테러리스트 역시 온라인상에서 점차 집단화하고 조직화하는 모습을 보여주었다. 이들은 뚜렷한 정치적 목적을 가지고 사이버 테러와 선전전을 전략적으로 활용하였다. 팔레스타인 해커그룹이나 Ayyildiz Team과 같은 터키계 해커그룹, 알 카에다의 사이버 공간에서의 선전전 등은 이러한 보다 조직화된 정치적, 사회적 목적의 사이버 테러 양상을 보여준다. 다음의 <그림 10-2>, <그림 10-3>, <그림 10-4> 등은 그러한 사례들에 해당한다.

그림 10-1 사이버 범죄자인 MiraDaDoss's 2007년 12월 포스팅

06.12.2007, 08:17 #1
MiriDaDoSS ▾

Регистрация: 06.12.2007
Сообщений: 1
Quote selected
Продажа качественных dumps

---

hi my friends
Не буду расхваливать свой сервис и говорить о сроках его работы.
Предоставляю сервис по продаже дампов...

Итак о качестве:
Качество предоставляемого мной материала составляет 70-80%, но не
валид компенсируется бонусами, так что вы получаете то, за что платите.
Бывает случаи не валида, он так же заменяется в течении 48h.

О ценах:
Цены не отличаются от остальных сервисов, могу только сказать, что оптом
дешевле, а именно:

US ,CANADA
VISA,MC CLASSIC - 20$,
GOLD,PLATINUM/BUSINESS/CORP/SIGNATURE - 30$
AMEX - 15$
DISCOVER - 20-30$

EUROPE , ASIA , OTHER :
CLASSIC Swiss France Italy Turkey Germany Spain Australia - 100$
GOLD,PLATINUM/BUSINESS/CORP/SIGNATURE - 130$

другие страны
CLASSIC - 60$
GOLD,PLATINUM/BUSINESS/CORP/SIGNATURE - 80$
Некоторые правила:

Дампы я не чекаю, так как это убивает их. При желании клиента, конечно могу и
чекнуть.
Оплата принимается удобным для вас способом, НО если оплата будет не
WebMoney, минимальный ордер составит 500 USD, минимальный ордер для
WebMoney - 200 USD. В базе происходят постоянные apdeiti, об этом я буду
сообщать вам по icq и в этом топе.

Связаться со мной можно по icq 552848 (MiriDaDoSS)

Последний раз редактировалось MiriDaDoSS, 06.12.2007 в 08:21.

(출처: iSIGHT Partners, 2007, December 21: 12)

그림 10-2 팔레스타인 해커 그룹의 아랍어 로고

(출처: iSIGHT Partners, 2008, January 15: 12)

그림 10-3 Ayyildiz Team 로고

(출처: iSIGHT Partners, 2008, January 25: 4)

그림 10-4 전형적인 알 카에다 shahid 동영상, 알제리에서 발생한 2007년 자살공격 직후에 공개됨

(출처: iSIGHT Partners, 2008, January 25: 6)

사이버 범죄나 테러의 양상이 점차 조직화, 전문화, 체계화됨에 따라 공격대상 역시 기업망, 금융, 항공, 교통, 미디어 등의 정보통신망으로 확대되었다. 또한 공격방법 역시 유, 무선 도청, 정보 통신망 스니핑, 통신망 교환 시스템 공격, 미디어의 다양하고 적극적인 활용을 통한 선전전의 전개 등 다양화되는 양상을 보여주었다. 또한 금전적, 사회적, 심리적 피해 규모 역시 커지고 심각해졌다. 이러한 사이버 테러의 양상 변화는 사이버 범죄나 테러가 더 이상 골칫거리 정도가 아니라 사회에 심각한 혼란이나 피해를 줄 수 있는 수준으로 위협의 정도로 격상되었다는 사

실을 의미했다(문종식 · 이임영, 2010: 22; 이재은 · 양기근 · 류상일, 2008: 71).

1999년 5월 미국에서 발생했던 MOD라는 해커집단에 의한 미국 상원 웹사이트 침입사건(정보보호산업협회, 2000: 22), 2000년 2월 Yahoo, CNN, E-bay 등의 DDOS 공격 등은 이러한 우려를 뒷받침하는 사례들로 제시될 수 있다(정태명, 2001: 32). 국내에서도 역시 비슷한 양상들이 전개되었다. 2001년 5월 발생했던 47만 명에 대한 신용카드 정보 해킹사례(정태명, 2001: 32)와 2002년 12월 국내 모 보안회사 타이거팀 연구원 10여 명이 보안컨설팅 수주를 목적으로 국내 금융기관 등 80여 개 사이트를 조직적으로 해킹하여 정보를 유출, 영업 목적으로 사용해오다 경찰에 의해 검거되는 사건(문종식 · 이임영, 2010: 24), 그리고 2011년 7월 발생한 중국의 해커조직에 의한 SK컴즈 해킹사건(정기석, 2012: 91) 등이 그러한 사례들로 제시될 수 있다.

대체로 2000년대 중반 이후에 들어서는 사이버 테러가 다시 국가 전체와 국제안보질서에 심각한 위협을 줄 수 있는 단계로 진화되는 양상을 보인다. 이 단계에서는 더 이상 사이버 테러의 문제는 사이버 관련 기술이나 공간에 한정된 문제가 아니라 인간의 현실 공간과 의식의 영역과 복합적으로 연동하는 전일적인 문제로 변화된다. 그리고 그 사이버 테러의 위협 역시 국가 전체의 안보나 국제질서 자체에 대한 위협과 같은 수준으로 증강된다. 이러한 국가 안보급 수준의 사이버 테러는 북한과 같은 국가 행위자나 알 카에다 등의 초국가적 테러리스트에 의해 감행되며 목적 역시 공격 대상국가의 국가기능마비, 국가방위능력 마비, 국가자체에 대한 공격, 전쟁 수행의 방편같이 전략적 성격을 띤다. 또한 그 공격대상 역시 국방, 외교, 공안망, 국가기반시설 등 한 국가의 생존에 필수적인 것들이 선정되며 기존의 사이버 공격 방법을 포함해서 첨단도청, 암호해독, 전자 공격무기 등 보다 첨단화되고 막대한 피해를 야기할 수 있는 방법들이 동원된다(문종식 · 이임영, 2010: 21-27; 배달형, 2011: 147-174; 윤해성 외, 2012: 41-67; 이재은 외, 2008: 71).

흥미로운 사실은 국가적 침해위협 단계의 사이버 테러는 더 이상 하나의 단편적인 위협이 아니라 새로운 전쟁수행 양식의 하나로서 국가의 정치적 목적을 위해 활용되거나 기존의 통상적인 전쟁수행이나 폭력공격과 유기적으로 결합하여 활용된다는 점이다(김승권 · 김상국 · 최종화, 2008: 75-85). 이미 이러한 사례들은 여러 차례 목격되었다. 2007년에 에스토니아에서 발생한 테러사례는 러시아의 의도적 공격으로 3주간 에스토니아의 대통령 궁, 의회, 정부기관, 은행, 이동통신 네트워크 등 국가시스템이 마비되는 초유의 사태가 발생했으며 에스토니아의 피해는 심각하였다. 이는 국가의 정치적 목적을 위해 조직적으로 사이버 공격이 사용된 의미 있는 사건이었다(문종식·이임영, 2010: 22).

2008년 발생한 그루지야의 사이버 테러 사례는 사이버 공격이 실제 전쟁수행과 결합될 수 있음을 보여준 첫 번째 사례였다. 비록 본격적인 침공전쟁 개시 이전에 수행된 사전 공격으로 그 결합 정도가 다소 미약하지만 전쟁사에 사이버 공격이 실제 전쟁수행과 결합된 최초의 사건이라는 데서 그 의의를 찾을 수 있다. 러시아에 의해 감행된 이 공격은 그루지야의 정부, 언론, 금융, 교통을 마비시킨 후 오프라인 군대에 의한 침공전쟁이 이어졌으며 사이버 테러가 전쟁의 초기 공격이 될 수 있음을 보여주었다(문종식·이임영, 2010: 23). 이후에는 이러한 초기 공격으로서 뿐만 아니라 전쟁 수행 과정에서도 온라인과 오프라인 전쟁이 유기적으로 통합되는 방향으로 발전할 것으로 전망된다.

9.11 테러 이후 지난 10여 년 간 알 카에다, 탈레반, 그리고 체첸반군 그룹들이 보여 준 사이버 공간의 활용 역시 사이버 테러가 어떻게 전략적, 전술적으로 실제 테러공격 및 전쟁수행과 결합될 수 있는지 잘 보여준다. 예를 들면, 알 카에다의 경우 2000년대 중반 이후부터는 사이버 공간을 적극 활용하여 각 지역에서 활동하는 나이지리아의 보코 하람이나 아프가니스탄의 하카니 네트워크, 그리고 2010년 5월 맨하튼 타임 스퀘어 폭탄테러 주도자인 Faisal Shahzad나 2013년 4월 보스톤 마라톤 폭탄테러를 주도 했던 Dzhokhar Tsarnaev와 Tamerlan Tsarnaev 등을 지휘, 지원, 조율, 모집, 또는 교육함으로써 그들이 주도하는 글로벌 지하드를 지속한다(윤민우, 2011: 145).

또한 사이버 공간은 테러리스트들이 자신들의 정당성을 어필하고 참여자와 지지자들을 모집하고 우호적인 여론을 조성하며 일반 대중에게 공포를 조장하는 도구로 활용한다. 이러한 사이버 심리전의 전개는 자신들의 웹사이트를 운용하거나 IS(The Islamic State)의 경우처럼 유튜브에 참혹한 동영상을 올리거나 자신들의 업적이나 영웅을 찬양하는 자료를 배포하거나 지지자나 동조자, 참여자들이 서로 교류할 수 있는 웹 포럼이나 SNS를 구축하거나 하는 형태로 나타난다. 또한 사이버 공간은 테러리스트들이 서로 은밀히 소통하고 자금을 모으고, 무기를 조달하고, 훈련을 실시하거나 무기를 제작하는 유용한 통로로 사용된다. 이러한 사이버 공간의 활용과 관련된 흐름 등은 사이버 공간의 활용이 테러공격 등의 실제 전투수행을 지원하는 매우 효과적이고 신속하며 저렴한 지원 및 병참, 정보, 병력증원, 교육, 훈련,

지휘통제, 조율, 심리전과 같은 전투지원 역할을 할 수 있음을 보여준다.

이는 전투와 전투지원간의 수평적 결합의 사례를 보여준다. 실제로 알 카에다는 Inspire라는 온라인 발행 잡지를 통해 사이버 공간을 통해 사제폭탄 제조 방법을 유포함으로써 이슬람 극단주의 성향을 가진 테러자원자들이 자발적으로 보스턴 폭탄테러를 성공적으로 수행하게 하는데 결정적으로 기여했다. 이 Inspire는 정찰 및 정보수집, 타깃선정, 미행 따돌리기 등의 여러 테러전술들을 온라인상으로 제공한다. 사이버 공간을 통한 선동과 채용, 폭탄제조 등의 기술적 지원과 전술적 지원의 결합이 어떻게 치명적인 현실 공간의 테러와 수평결합 될 수 있는지 보스턴 테러사례는 잘 보여주었다. 아래 <그림 10-5>는 온라인을 통해 알 카에다가 제공하는 사제폭탄 제조법의 한 사례이다. 3D 프린트 기술의 발전과 인공지능 로봇기술의 발전, 스마트 가전기술의 발전 등은 이러한 사이버 공간의 전투지원기능과 실제 현실 공간에서의 폭력적 파괴인 전투수행간의 수평적 결합을 심화시킬 것으로 전망된다.

그림 10-5 알 카에다 Inspire에 게시된 압력솥 폭탄 사례

(출처: 정종훈, 2013년 4월 18일)

》한반도의 사이버 테러 위험성

이제까지 발생한 사례들을 놓고 판단해 보건대 한반도의 사이버 테러의 위험성은 북한이나 악의적인 의도를 가진 개인이나 범죄조직으로부터 초래된다. 이러한 위험은 매우 심각하며 실존하는 위협이다. 우선 한반도에서 가장 위협적이고 심각한 위협은 북한으로부터 온다(배달형, 2011: 147-174). 북한이 우리국가의 사이버 안보에 가장 우려스러운 위협이라는 사실은 최근 10년 이내에 한국에 대한 가장 치명적인 사이버 테러공격이 북한 소행으로 밝혀졌다는 점에 의해 단적으로 증명된다.

2009년 7·7 디도스 공격, 같은 해 11월 고려대 정보보호대학원 이메일 악성코드 유포공격, 2011년 3·4 디도스 공격, 같은 해 4월 농협 전산망 마비공격, 2012년 6월 중앙일보 전산망 해킹사건, 2013년 3·20 전산대란, 같은 해 6월 6·25 사이버테러 등에 이르기까지 사회 혼란, 정보 탈취, 개인정보 탈취, 금융정보 탈취, 금융망이나 전산망 교란, 마비 등을 목적으로 한 상당히 조직적이고 높은 수준의 사이버 공격을 빈번히 자행해 왔다. 공격대상 역시 청와대, 국방부 등 주요 국가기관 사이트, 농협, 신한은행, 제주은행 등 금융기관 KBS, MBC, YTN, 중앙일보 등 국가의 핵심부문들을 포함하고 있다(김양현, 2014: 10-16). 이와 동시에 북한은 거의 무차별적으로 사이버 공간을 통해 사이버 심리전을 전개하고 있다(이상호, 2011: 263-280). 북한은 65개의 친북인터넷 사이트와 200여 개의 국내 인터넷망을 이용하여 사이버 선동공세를 취하고 있다(홍성표, 2011: 35).

북한이 사이버 테러에 대한 의지와 능력 모두 갖추고 있다는 점은 분명해 보인다. 북한의 주요 비대칭 전력의 하나로서 사이버 테러에 관심을 기울여 왔다는 사실은 코소보 전쟁 이후 김정일이 "20세기 전쟁은 기름전쟁이고 알탄(탄환)전쟁이라한다면, 21세기 전쟁은 정보전쟁"이라 강조하면서, 핵과 함께 사이버전 등 비대칭능력의 강화를 기치로 내걸고 강성대국으로의 발전에 있어 비대칭전략의 핵심 수단의 하나로 강조한데서 파악할 수 있다(홍성표, 2011: 34).

북한의 이러한 노력은 1980년대 초 소련의 컴퓨터 전문가 약 40여 명을 초빙하여 사이버전을 학습하고 1986년 평양에 미림 지휘자동화대학을 설립하고 연간 100명씩의 사이버전 전문가들을 양성할 정도로 그 역사가 오래되고 지속적, 계획적으로 추진되어 왔다(홍성표, 2011: 34). 북한이 이처럼 일찍부터 핵전력과 함께 사이버 테러 또는 사이버전에 공을 들인 것은 한국과의 국력격차로 인해 재래식 전력에서 전략적 불균형이 심화되는 것에 대한 대안으로 핵과 사이버 공격능력과 같은 비대칭 전력을 통해 전략적 불균형을 극복하고 한국에 대해 군사적 우위를 유지하고 유사시 전쟁에서 승리를 획득하겠다는 전략적 선택인 것으로 판단된다(Kshetri, 2014).

북한의 사이버 공격능력은 상당한 수준인 것으로 평가된다. 미국의 사이버 전력 수준에는 미치지 못하지만 미국, 러시아에 이어 세계 3위 수준이라는 평가도 있으며, 6위 정도의 종합적 사이버 전력을 보유하고 있다는 평가도 있다(배달형, 2014). 리차드 클라크는 자신의 책에서 북한은 사이버 공격력과 낮은 사이버 의존도에 다른 사이버 방어력의 이점 등을 종합 고려하면 실질적으로 러시아, 중국, 미국 등을 제치고 세계 최고 수준의 사이버 테러 수행 능력을 보유하고 있다고 주장한다(김승주, 2010). 북한에서 컴퓨터 학과 교수였던 한 탈북자의 증언도 북한의 사이버 공격능력을 판단해 볼 수 있는 근거가 된다. 그는 북한의 사이버 위협을 가공할 능력으로 평가하였으며, 미국을 제외하고 컴퓨터 밑바닥 원리를 완전히 이해하는 유일한 국가이며 이미 다양한 국가를 대상으로 사이버전을 시작했다고 주장했다. 또한 미국은 북한이 이미 미 태평양 사령부 지휘통제소에 침투할 사이버 능력을 갖추고 있다고 평가했다(배달형, 2011: 153-254).

북한은 사이버 테러공격과 사이버 정보수집, 사이버 심리전, 그리고 EMP 등을 이용한 정보통신망 자체에 대한 공격 등을 포괄적으로 추진한다(김승주, 2010: 23). 때문에 북한은 사이버 공간 자체를 하나의 전장공간으로 인식하고 이에 대한 장악력을 통해 한국에 대한 군사적 우위를 유지하려는 전략적 방향으로 나아가고 있다고 판단할 수 있다. 사이버 테러공격의 능력 제고를 위해 국방위원회 직속의 정찰총국에서 사이버 공격을 총괄 지휘하는 컨트롤 타워체제를 구축하였으며 소프트웨어 개발회사로 위장한 정보전 연구소이자 해커지휘부를 운용한다. 또한 총참모부 직속으로 전자전을 수행하는 지휘자동화국에 2개 여단 10,000여 명이 편성되어 있다. 이 밖에도 고등학교와 대학 그리고 군장교로 이어지는 연속적이고 체계적인 커리어 패스를 구축하여 컴퓨터 영재들을 조직적으로 사이버 전사로 양성하고 있다(배달형, 2011: 155-157).

사이버 정보 수집 역시 북한이 관심을 기울이는 부문이다. 해킹이나 사회 공학적 방법 등을 통해 기밀정보를 수집할 뿐만 아니라 지난 2013년 5월 국내의 한 디카 동호회 사이트에서의 웹서핑을 통해 미 항모 니미츠의 국내 입항 사실을 파악했던 사례로 볼 때 사이버를 통한 OSINT(Open source Intelligence) 활동에도 상당한 관심과 역량을 구축한 것으로 보인다. 사이버 심리전은 국방위원회 총정치국 산하 적공국에서 204소를 두고 체계적이고 조직적으로 전개하고 있으며(이상호, 2011: 268) EMP 폭탄 등의 개발 역시 미국의 World Net Daily(WND)의 보도에 따르면 북한이 EMP 탄을 미국 본토에까지 보내 큰 피해를 입힐 수 있는 정도로 위협적인 능력을 갖추고 있는 것으로 추정된다.

북한이 사이버 능력강화에 집중하는 동기는 크게 세 가지 정도인 것으로 보인다. 우선 재래식 전력에 대한 열세를 극복하고 핵과 사이버 공격, 특수전과 무인기, 테러, 심리전 등의 비재래식 능력 등을 결합함으로써 한국에 비해 군사적 전력에서의 우위를 확보하고 유사시 전쟁 초반에 이러한 비대칭 전력의 합동 운영을 통해 전쟁에서의 결정적 승리의 조건을 만들겠다는 것이 첫 번째 이유로 지적될 수 있다. 북한이 재래식 전력의 열세와 병력 열세, 그리고 경제와 자원의 취약성 때문에 전쟁을 오랜 기간 지속할 능력이 없다는 사실은 분명해 보인다. 따라서 북한으로서는 선제공격과 비대칭 전력의 효율적인 조합을 통해 한국정부와 군, 그리고 사회에 결정적 타격과 혼란과 공포를 조성하고 이를 통해 조기에 전쟁을 종결짓겠다는 전략적 선택을 할 가능성이 크다. 이러한 북한의 시나리오 상에서 초기 타격의 피해도를 극대화하는 force multiplier의 요소로서 사이버 공격능력은 매우 결정적인 중요성을 가진다.

또 다른 북한의 사이버 능력 강화의 의도는 평시에 한국사회의 분열을 조장하고 공포를 조장하며, 혼란을 야기하거나 자신의 정치적 안정성을 다지는 등의 정치적 목적 달성의 효과적인 도구로 활용하기 위해서이다. 실제 폭력적인 도발이나 테러 공격과는 달리 사이버 공격은 누가 주도했는지 알아내는데 상당한 시간이 소요될 뿐만 아니라 밝히기도 쉽지 않다. 더욱이 북한이 공격자라는 것을 알아냈다고 할지라도 대응 공격을 하거나 처벌을 하는 등의 책임소재를 묻기가 거의 불가능하다. 때문에 적절한 시점에서 정치적 필요성이 제기될 때 사후에 상대방의 보복이나 처벌에 대한 위험 부담 없이 손쉽게 사용할 수 있는 공격방법이 된다.

마지막으로 사이버 능력은 사이버 공간을 통해 북한에는 상당한 금전적 이득을 가져다준다. 국제사회로부터 고립되어 있는데다가 경제적으로 심각한 어려움을 격고 있는 북한은 정상적인 국제교역이나 경제활동을 통해 부를 창출하기가 무척 어렵다. 때문에 북한은 일찍부터 마약거래, 돈세탁, 위조지폐 제조 및 유통, 불법무기 수출 등과 같은 범죄적인 방법을 통해 외화를 벌어왔다. 최근 들어 사이버 공간을 이용한 온라인 도박이나 불법프로그램 판매, 개인정보유출이나 기밀유출 등의 다양한 방법을 통해 막대한 불법이윤을 축적할 가능성이 열렸다. 자연스럽게 북한은 자신들이 가진 사이버 능력을 통해 이러한 방식으로 막대한 이윤을 획득하려는 시도를 하고 있는 것처럼 보인다. 최근 들어 중국의 동북지방을 거점으로 사이버 범죄를 수행하던 패턴에서 발전하여 자신들의 사이버 범죄 활동 거점을 인도와 불가리아 등지로 확대하고 있는 것으로 나타났다. 특히 이 사이버 범죄 활동은 한 번에 두 가지 목적을 달성하는 효과를 가져다준다. 온라인 게임이나 도박 프로그램, 그리고 기타 소프트웨어 프로그램 등을 개발하고 판매함으로써 수익을 창출할 수 있을 뿐만 아니라 동시에 이들 프로그램에 악성코드를 은밀히 심어놓음으로써 필요에 따라 사이버 공격이나 침해 등을 할 수 있는 인프라를 구축하는 효과도 있다.

북한을 제외하면 한국에 직접적인 사이버 테러의 위협이 되는 세력은 국, 내외 개인 범죄자들이거나 범죄자들의 조직들이다. 이들에 의한 사이버 테러는 북한의 경우와는 달리 전쟁의 목적보다는 범죄적인 성격이 강하다. 해커나 컴퓨터 범죄자이거나 산업스파이, 또는 테러리스트, 조직화된 범죄 집단 등이 주로 금전획득, 영웅심 발휘, 명성획득, 금전적 이익 달성, 정치적 목적 달성, 사회, 경제적 혼란 야기 등의 목적을 위해 사이버 테러를 감행한다. 이 밖에도 잠재적 적국으로서 중국으로부터의 사이버 침해나 사이버 espionage의 위험도 상존한다. 특히 중국의 사이버 전력이 세계적으로 매우 위협적인 수준임을 감안할 때 이러한 가능성은 늘 염두에 두어야 할 것이다.

2003년 1·25 인터넷 대란은 미국, 오스트레일리아 등을 통해 유입된 슬래머 웜 바이러스가 급속도로 확산됨에 따라 국내 대부분의 인터넷 망이 마비된 사건이었다(김연준·옥정석, 2011: 47). 2007년 다음 해킹사건은 다음 커뮤니케이션스로부터 고객 4만 여 명의 개인정보를 빼내고 업체에 현금 15만 달러(약 1억 4700만 원 정도)를 요구한 사건이었으며, 2008년 옥션 해킹사건은 'fuck.kr'이라는 해킹 프로그램에 의해 옥션 회원 가운데 60%인 1,081만 여 명의 이름과 주민등록번호 등 개인정보가 유출된 사건이었다(김연준·옥정석, 2011: 47). 이러한 사건들은 위에 열거한 사적인 유형의 공격자들에 의해 야기된 대표적인 사례들이다.

한편 이러한 사적인 공격자들은 사이버상의 직접적인 해킹이나 공격뿐만 아니라 범죄적 목적으로 사이버 공간을 이용하기도 한다. 사이버 공간을 통한 마약밀매 직거래, 사이버 불법도박, 주가조작, 사이버 성매매 등은 금전적 목적을 위한 범죄자들의 사이버 공간이용의 사례들이다. 이 밖에도 폭탄제조법 등의 테러기법이나 여러 범죄기법들이 온라인을 통해 유포, 소통되기도 하며 범죄 집단의 결성이 사이버 공간을 통해 이루어지기도 한다. 실제로 이러한 온라인 공간을 통해 알게 된 마약거래 사이트나 폭탄제조법 등을 통해 실제 해외 마약 직구입이나 사제폭탄 제조 및 폭파기도 등의 사례가 발생하였다. 아래 <표 10-2>는 범죄자에 의한 사이버 공간의 이용사례를 보여준다. 범죄의 종류와 해당 웹사이트 주소 등을 표로 나타내었다.

표 10-2 범죄자에 의한 사이버 공간의 이용 사례

범죄의 종류	해당 웹사이트
사이버 마약거래	http://www.onemonkey.org/caspar/cocaine.htm
폭탄제조법	ftp://210.111.171.174/array1/Document/%C3%A5%20ebook%20%C0%FC%C0%DA%C3%A5/[%C1%A6%B3%EB%BB%E7%C0%CC%B5%E5]%20Ebook%2013000%B1%C7%20%C0%FC%C0%DA%C3%A5~/[%20%B0%FA%20%20%20%C7%D0%20]/%C6%F8%C5%BA%C1%A6%C1%B6%B9%FD/%C6%F8%C5%BA.txt

사적인 범죄자들이나 테러리스트들이 던지는 또 다른 차원의 위협은 이들이 북한과 연대하여 보다 심각한 복합위협을 초래할 수 있는 가능성이다. 2013년 3월 20일 발생했던 KBS, MBC, YTN 등 방송 3개사와 신한, 농협, 제주은행 등 3개 은행 전산망을 마비시킨 북한 발 사이버 테러공격은 대표적인 사례 가운데 하나로 꼽힐 수 있다. 유 모 씨 등 국내 일당 등은 불법도박조작에 사용할 악성프로그램을 북한 정찰총국 소속 공작원들에게 의뢰하여 북한 공작원이 제작한 해킹프로그램을 구입하고 이를 자료공유 서비스인 P2P 사이트 등에 올렸다. 이들이 유포한 파일을 열어본 PC에 바로 악성 코드가 설치됐고 좀비 PC가 됐다. 이 좀비 PC들이 3·20 테러 당시 악성코드 유포 경유지로 사용되었다. 이처럼 사적인 범죄자들이나 테러리스트들과 북한과의 연대가 현실적으로 가능하며 이는 보다 복합적인 형태로 우리국가와 사회에 심각한 위협이 될 수 있다.

≫ 사이버 테러리즘의 성격과 본질, 그리고 전략사적 의미

1. 사이버 테러 위협에 대한 평가

오늘날 사이버 테러의 문제는 분명하고 실존하는 안보위협인 것처럼 보인다. 2009년 7·7 DDoS 사건, 2011년 3·4 DDoS 사건, 2011년 농협 해킹사건, 그리고 2012년 중앙일보 해킹사건 등의 사례들은 사이버 테러의 위협에 대한 경험적 증거가 된다(김홍석, 2010: 330-332). 더욱이 주요 안보위협 세력들인 북한과 중국 등의 사이버 전쟁 또는 사이버 테러 수행 능력과 발전추이를 감안할 때 사이버 테러의 위협은 상당히 심각한 문제라고 평가할 수 있다(임영갑, 2010: 34-35). 대체로 국내의 대다수 관련 분야 전문가들의 의견과 논문, 그리고 연구 보고서 등은 사이버 테러가 던지는 이러한 중요한 안보위협의 문제에 대해 동의하고 공감한다.

하지만 기존의 사이버 위협에 대한 접근들은 사이버 테러의 위협을 단편적인 기술적 침해의 문제로 따라서 그에 대한 대응 역시 침해대응과 기술적 예방, 억제와 같은 문제로 이해하려는 측면이 있다. 즉, 주로 해킹, 바이러스 유포, 웜바이러스 유포, 논리폭탄 전송, 대량정보전송 및 서비스 거부공격, 고출력 전차총 등의 기술적 방법을 통한 전산망의 교란, 붕괴, 특정 컴퓨터 단말기에 대한 공격, 교통, 금융, 전기, 수도 등의 전자적으로 제어되는 인프라 시스템에 대한 교란 및 공격, 스미싱, 보이스 피싱 등의 형태로 나타나는 대규모의 전산망을 통한 범죄행위 등의 특정한 유형의 테러공격의 한 양식 또는 범죄 행위의 한 양식을 다루는 것으로 문제를 접근하는 경향들이 전형적으로 나타난다(문종식·이임영, 2010: 21-27; 서동일·조현숙, 2011: 42-48; 이재은 외, 2008: 69-93; 정기석, 2012: 89-96; 정태명, 2001: 26-36). 하지만 이러한 인식은 사이버 테러가 미래사회의 환경조건과 결합된 복잡하고 다차원적인 속성을 가진다는 사실을 간과하는 측면이 있다.

또 다른 트렌드는, 기존의 주장들 가운에 한 걸음 더 깊이 있게 진전된 시각으로, 주로 군사부문에서 사이버 테러를 바라보는 시각이다. 이들은 사이버 테러를 미래전쟁의 한 형태로서의 사이버 전쟁으로 이해하고 있다. 이들의 사이버 테러에 관한 이해와 주장들은 기존의 법률적, 기술적, 사회과학적 주장들보다는 좀 더 깊이 있는 이해를 하고 있는 것을 보여준다. 사이버 테러를 기존의 육, 해, 공, 우주에 추가된 또 다른 제5의 공간으로 보고 이 새로운 전장공간에서 이루어지는 전략적 정보전으로 이해한다. 이를 좀 더 발전시켜 미래전의 주요 특징인 네트워크 중심전의 한 양식으로까지 사이버 테러를 이해한다(김승권 외, 2008: 147-174).

하지만 이러한 시각 역시 사이버 테러를 바라보는 시각이 여전히 단편적인 이해만으로 접근하고 있다는 한계를 벗어나지 못하고 있다. 즉, 사이버 테러의 문제를 군사 부문에 국한시켜 이해하면서 범죄, 테러, 그리고 전쟁의 속성이 공존하며 민간 부문과 군사 부문의 구분이 불명확한 이중적 성격을 가지는 사이버 테러의 문제를 정확히 이해하지 못하고 있다는 한계를 노출한다.

이와 같은 기존의 접근과는 달리 이 장에서는 사이버 테러의 위협이 보다 복합적이고 다차원적이며 그 때문에 우리 삶과 안보의 근본적 속성을 뒤바꿀 수도 있을 정도로 심각한 안보의 위협을 제기하고 있다는 사실을 보여주려고 시도한다. 사이버 테러가 던지는 안보의 위협은 이제까지 우리가 이해하는 것보다 훨씬 더 본질적이고 심각하며 근본적이다. 이는 미래사회로의 이행과정에서 나타나는 우리 삶의 근본적인 패러다임 변환과 연동되어 있기 때문이다. 따라서 여기에서는 사이버 테러에 대한 대응이 이러한 본질적 이해를 바탕으로 해야 하며, 그와 같은 전제 아래에서 국가안보 전체의 개념과 틀을 전반적으로 리모델링하는 작업이 함께 수반되어야만 진정 의미 있는 사이버 테러에 대한 대응을 모색할 수 있다는 시각을 가지고 있다.

최근에 심심치 않게 보도되고 있는 인공지능, 속칭 아이언 맨 슈트로 불리는 전술 공격용 전투슈트, 전투로봇, 드론, 인터넷으로 연결된 스마트 가전제품, 3-D 프린트기, 각종 최첨단 단말기 등은 미래사회의 폭력의 주요한 한 양식으로서의 사이버 테러 문제의 심각성을 암시하는 한 단초를 보여준다. 비록 각기 다른 기술적 발전을 보여주지만 이러한 의미 있는 기술적 진보들을 통합적으로 이해해야 한다. 예를 들면, 전술 공격용 전투슈트나 전투로봇, 드론, 스마트 가전제품, 그리고 각종 최첨단 단말기 등의 확장은 사이버 공간의 확장을 의미한다. 즉, 미래 환경에서는 지금보다 더욱 빠르게 확장된 사이버 공간이 펼쳐질 것이며 이러한 가상공간은 현실공간과 거의 실시간으로 평행하게 동시에 존재할 것이다. 그리고 더 나아가 이러한 평행적이고, 동시적으로 공존하는 가상공간과 현실공간은 모든 실생활과 전장의 전투 현장까지도 긴밀하게 결합할 것이다. 이러한 상황은 곧 더욱 폭발적으로 팽창된 가상공간에서의 사이버 안보위협이 더욱 심각한 위협이 될 것이며 이러한 위협은 현실공간에 대한 직, 간접적 위협으로 긴밀하게 연동될 것임을 의미한다.

또한 전술 공격용 전투슈트와 전투로봇, 드론, 각종 스마트 가전제품 등의 확장과 상용화는 이러한 여러 디바이스들을 통제하는 인공지능과 결합됨으로써 미래사회에서는 사이버 테러가 이러한 여러 실제 현실공간에서의 디바이스를 통해 실제 폭력으로 이어질 수 있음을 의미한다. 곧 현재 보여지는 가상공간에 한정된 사이버 테러가 현실공간에서의 실제 살상, 파괴와 연결될 수 있는 상황이 미래사회에서 전개될 가능성이 매우 높다. 이와 더불어 3-D 프린트와 각종 최첨단 단말기의 상용화는 생산부문에서 생산자와 소비자의 구분이 무너지고 생산자가 곧 소비자가 되는 현상이 폭력적 파괴부문에서도 진행될 것임을 암시한다. 즉, 폭력적 무기나 수단을 소비하는 공격 행위자가 직접 그 수단을 생산하여 사용할 수 있는 가능성을 열게 될 것이다. 이는 곧 폭력의 민주화 경향을 의미하는데 폭력적 공격을 의도하는 개인이건 집단이건 손쉽게 그 의도를 현실화할 수단을 획득하고 이를 통해 가상공간과 현실공간에서 실제 사이버 테러 또는 공격을 집행할 수 있게 되는 것을 의미한다.

결국 사이버 테러의 위협은 앞서 지적한 이러한 미래사회에서의 환경 조건의 변화라는 근본적 변화의 연장선상에서 이해하여야만 한다. 그리고 이는 사이버 공간의 확장과 현실공간과의 결합 그리고 사이버 공간과 현실공간의 밀접한 결합이라는 조건으로 인해, 우리는 지금까지 우리인류가 전통적으로 다루어오던 안보위협과 이에 대한 대응이라는 근본적 패러다임을 다시 짜고 전반적인 리모델링을 해야 하는 상황에 직면하게 되었다는 것을 의미한다. 그러므로 사이버 테러에 대한 대응은 이러한 근본적 문제인식과 현실공간과 사이버 공간을 함께 포함하는 전반적인 틀 속에서 안보위협과 이에 대한 대응이라는 전체 틀을 다시 짜는 방향에서 접근하여야 한다.

사이버 테러에 대한 이해와 이에 대한 전반적인 리모델링 작업은 몇 가지 세부 사항들로 나누어 접근할 수 있다. 하지만 이러한 세부 사항들은 궁극적으로 전체적인 틀 속에서 유기적으로 통합된 각 부문으로 이해되어야 하며 전체적인 통합 속에서 미래사회에서의 안보프레임의 전략적 틀 구축이라는 방향으로 전개되어야 한다. 사이버 테러는 이러한 방향성 안에서 자연스럽게 녹아들어야 할 것이다. 각 세부 부문들은 사이버 공간에 대한 이해와 사이버 범죄, 사이버, 테러, 그리고 사이버 전쟁의 융합이라는 측면, 공간이라는 측면에서 사이버 부문이 가지는 전략적 의미, 생산양식과 파괴양식의 변화와 폭력의 민주화라는 측면, 미래전쟁의 한 양식으로서의 사이버 테러가 가지는 성격, 그리고 가상폭력의 현실폭력과의 유기적 결합이라는 여러 특징들을 포함한다.

2. 사이버 공간에 대한 이해

사이버 테러의 문제를 명확히 이해하기 위해서는 사이버 공간 자체에 대한 명확한 이해가 선결된다. 사이버 공간은 기존의 현실공간인 땅, 바다, 하늘, 그리고 우주라는 4개의 서로 다른 공간에 추가된 제5의 공간이다(김승권 외, 2008: 75-76; 최광복, 2011: 7-8). 때문에 사이버 공간은 하나의 독특한 별개의 공간으로서의 의미를 가진다. 기존의 땅, 바다, 하늘, 우주 등의 현실공간이 각기 그 고유한 특성을 가지는 것처럼 사이버 공간 역시 별개의 하나의 공간으로서 독특한 특성을 가진다. 그리고 이러한 독특한 특성은 대체로 사이버 공간에서 발생하거나 사이버 공간이 관련된 테러위협의 성질을 결정한다.

사이버 공간이 가지는 가장 명백한 특성은 물리적으로 실존하지 않는 의식의 공간이라는 점이다. 사이버 공간이 존재한다는 물리적 증거는 광케이블과 컴퓨터 단말기와 무선 랜 포트와 같은 장치나 설비뿐이다. 하지만 의식의 공간으로서의 사이버 공간은 이러한 물리적 장치나 설비를 훨씬 뛰어넘는 실존하는 드넓은 영역이다.

사이버 공간은 물리적으로 존재하지 않는 의식의 공간이기 때문에 무경계성, 전일성, 무시간성, 그리고 동공간성이라는 특징을 가진다. 이는 현실공간과 구별되는 특성이다. 땅, 바다, 하늘, 우주와 같은 현실공간은 공간의 분할이 가능하다. 또한 현실공간은 모든 공간이 다른 공간과 결합되어 전일적으로 존재하지는 않는다. 즉, 한 공간에서 다른 공간으로 이동하기 위해서는 연속적으로 이어진 제3의 공간을 통과하여 이동해야 한다. 이러한 특성은 A지점에서 B지점으로 이동하기 위해서는 시간의 소요와 그 둘 사이에 끼어 있는 또 다른 지점 즉, C라는 지점을 통과해야만 이동할 수 있다는 물리적 제약을 가진다. 하지만 가상공간인 사이버 공간에서는 위에 언급한 물리법칙의 제약이 적용되지 않는다. 사이버 공간에서는 물리적 경계가 의미를 상실한다.

또한 전체의 사이버 공간이 분할될 수 없는 하나의 전일적인 덩어리로 존재한다. 따라서 한 공간에서 다른 공간으로의 이동에 소요되는 시간은 거의 zero에 가까우며 한 지점에서 다른 지점으로의 이동이 다른 제3의 지점을 거치지 않고 바로 이루어질 수 있다. 따라서 그 자체로 하나의 공간이 되는 특성을 가진다. 동시에 사이버 공간은 서로 다른 현실공간을 직접 이어주는 웜 홀의 기능을 한다. 현실공간에서의 A 지점과 B 지점이 서로 떨어져 있음으로 해서 정보의 교환이 시간과 공간의 이동을 필요로 하게 된다. 하지만 사이버 공간은 이러한 시간과 공간이동의 소요라는 물리적 법칙을 뛰어넘을 수 있는 모든 지점이 서로 직접 맞닿아 있는 특성을 가진다. 따라서 사이버 공간이 기존 현실공간이 가지는 물리적 한계를 극복하게 만들고 현실공간의 A 지점과 B 지점을 실시간으로 직접 연결시켜 정보 교환을 하도록 만든다. 이는 A 지점에 위치한 a가 물리적 법칙이 부여하는 한계를 극복하고 거의 0에 가까운 비용으로 시간과 공간의 제약을 극복하고 B 지점에 위치한 b에게 직접 영향을 미칠 수 있음을 의미한다.

사이버 공간은 시간의 흐름에 따라 지속적으로 확장된다. 다시 말하면 시간이 미래로 흐를수록 사이버 공간의 전체 크기는 지속적으로 확장되는 하나의 방향으로 움직인다. 이런 점에서 사이버 공간은 빅뱅이론과 시간의 역사와 관련된 이론에서 주장하는 우주 대폭발과 우주팽창가설과 닮아 있다. 최초의 우주 대폭발과 급격한 우주팽창과 이후 시간의 흐름에 따른 지속적인 우주팽창과정이 진행되었다. 여기서 주요한 점은 우주 공간이 계속 팽창되는 과정에 있으며 이러한 진행은 미래의 무한대 시간으로 흐를 때까지 계속될 것이라는 점이다. 우주 공간의 팽창은 이론적으로 우주의 사멸 또는 종말시점에서 멈추게 된다. 하지만 이 경우는 공간 자체가 0으로 수렴되는 것을 의미한다. 또한 지속적인 확장과정에서 새로운 공간과 새로운 별과 행성이 지속적으로 만들어지고 탄생하고 기존의 항성과 행성이 소멸하는 현상들이 나타난다.

사이버 공간은 이러한 우주 공간의 특성과 닮아 있다. 최초의 빅뱅으로 간주될 수 있는 것은 논쟁의 여지는 있지만 대체로 1960년대 후반 또는 1970년대 초반 미국에서 탄생한 ARPANET(Advanced Research Projects Agency Network)으로 간주될 수 있다. 이는 오늘날 글로벌 인터넷의 모태로 알려져 있다. 20세기 중반 최초의 사이버 공간의 출생 이후 사이버 공간은 지속적으로 빠르게 확장되어 왔다. 오늘날 전 세계를 아울러는 사이버 공간의 크기는 엄청나게 확장되었으며 미래로 갈수록 이러한 공간의 규모는 지속적으로 빠르게 팽창할 것이다. 이 팽창은 팽창하는 한 방향으로 흐르는 경향이 있으며 사이버 공간 자체의 소멸이 있기 전까지 지속될 것처럼 보인다. 또한 이 사이버 공간상에서 사라지는 웹사이트나 정보와 새로이 탄생하고 생산되는 웹사이트와 정보가 지속적으로 교차되는 과정에 있다. 이는 우주 공간과 마찬가지로 사이버 공간에서 알 수 없는 영역들이 지속적으로 만들어지고 확장되며 또한 부분적으로 알려진 공간이 소멸하기도 하는 경향이 나타남을 의미한다.

사이버 공간은 또한 공간 자체의 무정부성을 가진다. 현실공간은 공해나 우주 등 특수한 공간을 제외하고는 특정한 국가권력의 배타적 관할권에 속한다. 따라서 대체로 발생하는 공격이나 피해 등의 위치에 따라 배타적인 관할권을 가지는 국가권력이 존재하며 그 영향과 통제를 받게 된다. 하지만 사이버 공간의 경우는 이러한 특정 국가권력의 배타적 관할권이 배정되기가 쉽지 않다. 가해자와 피해자, 그리고 공격이나 피해발생 지점 등이 사실상 어느 특정한 국가권력의 독점적 영역에 속하지 않는 경우가 대부분이다.

또한 현실공간에서 일반적으로 기대할 수 있는 순찰이나 경계활동, 정찰 및 감시, 실질적, 잠재적 피해자의 보호나 피해예방과 같은 통상적인 국가권력의 보호활동이 존재하기가 어렵다. 때문에 사이버 공간은 현실 공간과는 달리 사실상 국가가 존재하지 않는 것과 같은 상황이 만들어진다. 이 공간에서는 국가권력이 존재하지 않으면서 잠재적 가해자와 잠재적 피해자만 존재하는 무정부 상태가 연출된다.

마지막으로 사이버 공간이 가지는 특성은 은밀성이다. 실제 행위자의 아이덴티티가 가려지는 특성이 존재한다. 때문에 공격이나 침해행위의 가해자는 좀 더 심리적으로 안전하고 편안하게 공격이나 침해행위를 수행할 수 있다. 단지 어떤 컴퓨터나 장치, 단말기 앞에서 어떤 특정 개인이 공격이나 침해 행위를 하였는지를 밝힐 수는 있지만 그러한 개인의 행위가 실제로 어떤 조직이나 집단의 명령체계에 의해 수행되었는지 단지 일탈된 개인의 행위인지, 그 동기는 무엇인지 파악하기가 매우 어렵다. 또한 공격이나 침해행위를 한 개인을 밝혀내는데도 상당한 시간과 돈과 노력이 투입된다.

결과적으로 사이버 공간이 가지는 위와 같은 특성들은 사이버 테러의 위협을 매우 중요하게 만들며 이에 대한 효과적인 대응을 매우 어렵게 만드는 경향이 있다. 사이버 공간이 가지는 무정부성과 은밀성은 가해자에게는 심리적으로 좀 더 편안하고 손쉽게 처벌이나 억제의 위험 없이 사이버 테러를 실행할 수 있는 유인 요건을 제공한다. 반대로 이러한 특성들은 국가권력이 스스로의 안보나 그 구성원들의 안보를 확보하기 극도로 어렵게 만든다. 더욱이 사이버 공간의 지속적인 팽창은 사이버 공간 내에 국가권력이 파악할 수 없는 미지의 공간이 계속 만들어지는 것을 의미하며 반대로 공격 가해자에게는 이용 가능한 잠재적 공격 타깃이나 공격통로가 지속적으로 증가하는 것을 의미한다. 더불어 사이버 공간이 가지는 무경계성,

전일성, 무시간성, 그리고 동공간성 등의 특성은 실시간으로 거의 이동비용이나 기회비용을 치르지 않고 사이버 공간 내에 존재하는 모든 대상을 직접 공격하거나 공격통로로 이용할 수 있는 이점을 사이버 테러 공격행위자에게 제공한다. 더욱이 서로 떨어져 있는 현실공간의 두 지점을 실시간으로 연결해주는 웜 홀의 기능을 함으로써 현실공격을 위한 매우 효과적인 공격통로이자 지원 공간을 제공한다.

이러한 주요한 사이버 공간의 특성들은 사이버 테러의 위협의 심각성을 증폭시킨다. 더욱이 기술의 발달로 미래사회로 갈수록 사이버 공간이 가지는 특성은 사이버 테러의 위협을 증가시키는 방향으로 작용할 가능성이 크다. 더욱이 사이버 공간은 의식의 공간이기 때문에 사이버 공간을 활용한 공격 대상의 의식에 대한 직접 영향을 목표로 한 사이버 심리전의 무한한 가능성까지 열려 있다. 만약 미래사회에서 인공지능이나 인간 뇌의 생체정보와 인터넷 공간의 전자정보 간에 호환이 가능해 진다면 이러한 문제는 매우 심각해질 것이다.

돌이켜 보면 전쟁의 궁극적 목표는 살상이나 파괴의 위협이나 실행을 통한 상대방에 대한 나의 의지의 관철이다(Clausewitz, 2009). 만약 의식의 공간을 통해 상대방의 의식에 영향을 미침으로써 나의 의지를 직접 관철시킨다면 그 수단이 되는 폭력 사용이나 그 사용의 위협은 불필요하거나 우회될 수 있다. 이 경우 사이버 공간을 통한 의식의 조작은 궁극적인 전쟁무기가 될 것이다. 사이버 테러의 위협에 대한 평가는 이러한 사이버 공간이 가지는 고유한 특성과 미래사회로의 전진에서 그 사이버 공간과 관련기술이 어떻게 변모할 것인가에 대한 종합적 판단 하에 이루어져야하며 그러한 전제하에서 사이버 테러의 위협은 매우 근원적이고 심각한 사항이라고 판단될 수 있다.

3. 미래전쟁의 새로운 한 양식으로서의 사이버 테러

사이버 테러는 미래전쟁의 한 양식이라는 성격을 가진다. 이는 4세대 전쟁(Lind, 2004) 혹은 Reed의 개념에 따르면 5세대 전쟁이라는 개념으로 이해되는 미래전의 모습을 의미한다(Reed, 2008). 이러한 논리에 따르면 생산양식이 농업생산, 산업생산, 정보화 생산양식으로 변화하는 것처럼 전쟁의 양식 역시 변화한다(Toffler & Toffler, 1993). 전쟁양식의 변화는 생산양식의 변화에 영향을 받으면서 동시에 무기와 직접 관련된 기술과 무기와는 직접 관련이 없지만 일상적인 생산기술의 변화에 함께 영향을 받는다(Morgenthau, Thompson, & Clinton, 2005; Taylor, 1969). 또한 전쟁양식의 변화는 이데올로기의 변화와 전략적 혁명과 같은 무형의 비물질적 요인의 변화에 의해서도 영향을 받는다(Morgenthau et al., 2005).

사이버 테러가 새로운 전쟁양식의 한 모습이라는 것은 두 가지 측면에서 그러하다. 하나는 사이버 테러가 앞으로 네트워크 중심전으로 전개될 미래전쟁에서 주요한 공격과 방어양식의 하나라는 점이다. 이는 정보전의 한 형태로 사이버 테러를 사이버 전쟁으로 바라본다. 여기서 사이버 전쟁은 컴퓨터와 네트워크 시스템에서 이루어지는 전쟁의 양상을 띤다. 네트워크 중심전으로서의 사이버 전쟁의 가치는 미래 전장에서의 전투력이 정보의 공유, 정보에 대한 접근, 그리고 정보 흐름의 속도로부터 나오기 때문이다(김승권 외, 2008: 76-80). 이는 미군이 전쟁을 수행했던 2001년 이후의 최근의 경험에서도 지지되고 있다.

전쟁의 결과에서 차지하는 정보전의 비중이 갈수록 증가하면서 사이버 위협의 파괴력이 군사력과 국가안보, 그리고 전쟁의 결과에 직접적인 위협이 되고 있다. 미래전에서는 네트워크 중심전이 더욱 심화되는 방향으로 전개될 것이다. 전투현장에서의 최일선 보병, 포병, 기갑 등의 병사 개개인과 전투기, 헬기, 지원기 등의 항공전력, 이지스함, 잠수함 등의 해상 전력이 모두 네트워크망으로 결합되고 실시간으로 상호 정보 교환과 공유를 하게 될 것이다. 또한 이러한 통합 전력망은 전투현장을 지휘하는 현장 지휘부를 거쳐 전장 전역을 관리하는 국가급 최고 지휘부까지 실시간으로 연결될 것이다. 더불어 정보, 병참, 수송 등 여러 전투지원체계 역시 네트워크망으로 결합되어 실시간으로 전투지원이 가능하게 될 것이다(배달형, 2011: 157-163).

이러한 통합전력망의 극적인 사례는 최일선 보병 전투원 개개인의 전술공격용 전투슈트에서 구현될 전망이다. 이 슈트는 영화 "Edge of Tomorrow"에서 잘 보여진다. 이 슈트는 개인 전투원의 전투 능력을 극적으로 높여줌은 물론 실시간으로 사이버 망에 결합될 수 있도록 해주는 휴대용 컴퓨터 단말기나 유사한 디바이스, 그리고 모니터와 카메라를 장착할지 모른다. 이렇게 되면 개개 전투원은 전투 현장에서도 실시간으로 사이버 공간에 접속함으로써 정보에 연결되고 다른 전투 및 지원, 지휘 체계와 실시간으로 정보를 교환하며 또 반대로 지휘부 역시 개개 병사에 달린 영상장비를 통해 실시간으로 현장 상황을 보고받고 지휘를 수행하게 될 것이다.

이러한 미래전장환경의 그림에서 사이버 테러와 같은 사이버 공격은 적의 통합전력네트워크망을 궁극적으로 마비시키게 되는 매우 강력한 무기가 될 것이다. 보다 극적인 경우에는 해킹이나 바이러스 유포 등을 통해 적의 탱크나 항공기 등의 무기를 원격 장악하거나 전투 수행 병력에게 잘못된 역정보를 전송하여 적군끼리 서로 교전하게 하거나 하는 등의 심각한 혼란을 야기할 수 있다. 사이버 공격을 통해 적의 미사일이나 핵무기 등의 전략무기를 스스로 폭발하게 하거나 잘못된 타깃을 공격하도록 유도함으로써 마치 자신의 무기처럼 사용할 수 있을지도 모른다. 이러한 여러 가능성 등은 사이버 공격이 주요한 공격방법이 될 수 있음을 보여주며 반대로 자신의 통합전력 네트워크망을 적의 사이버 공격으로부터 어떻게 효과적으로 방어하는가는 주요한 관심분야가 될 것이다.

사이버 테러가 새로운 전쟁양식의 한 측면이라는 주장의 또 다른 측면은 사이버라는 새로운 또 하나의 공간에서의 전쟁이라는 점이다. 이는 기존의 땅, 바다, 하늘, 그리고 우주라는 네 개의 공간에 추가하여 사이버라는 또 하나의 공간이 추가됨을 의미한다(최광복, 2011: 7-8). 또 하나의 전장 공간이 추가된다는 의미는 기존의 전쟁에 새로운 공간이 추가됨으로써 이 공간의 특성을 반영하는 독특한 전쟁이 이 공간에서 수행될 것이라는 점과 그리고 이 공간에서의 전쟁이 기존의 다른 공간에서의 전쟁과 통합되어 전체 전쟁수행에서의 군사조직, 전략, 작전, 운영체계 등 제반 군사분야 전반에 근본적인 변혁이 일어날 것이라는 점이다. 이러한 추정은 20세기 이후에 항공 전력의 탄생으로 하늘이라는 공간이 전쟁공간으로 추가되면서 나타난 현상을 통해 유추해 볼 수 있다.

기존의 공간들에서 보여지는 전쟁의 특성은 육전이 전쟁승패의 핵심이라는 사실이다. 전쟁의 궁극적 결전은 육군전력에 의해 수행되고 적의 의지를 최종적으로 굴복시키고 마지막 승리를 이끌어내는 것 역시 육전에 의해 달성된다. 반면 해전과 공중전은 육군전력을 지원하는 전력강화(force multiplier) 역할이 핵심이다.

물론 해전과 공중전 전력만으로 적의 의지를 굴복시키고 전쟁의 최후승리를 이끌어 낼 수 있다는 주장도 있다. 해군 전력은 해상봉쇄(blockades)를 통해 또한 항공 전력은 전략폭격(strategic bombing campaign)을 사용하여 독자전력으로 적의 의지를 굴복시킴으로써 전쟁의 승리를 결정지을 수 있다는 논리이다. 하지만 Mearsheimer(2011)에 따르면 이는 역사적 경험을 통해 지지되지 않는다. 그에 따르면, 전쟁의 궁극적 승패는 지상군 전력에 의해 지상전에서의 결과에 의해 결정된다. 반면 해군과 공군 전력은 제해권 및 제공권 장악을 통한 병력수송, 물자지원, 함포사격, 공중폭격, 정찰 및 정보수집, 지원, 상륙작전과 공수작전을 통한 적의 취약점 장악 등과 같은 형태로 육전 수행에서의 결정적 승리를 지원하는 역할을 수행한다. 핵무기를 사용한 전략 공격은 전쟁에서의 승패를 육전의 결전 없이 독자적으로 수행할 가능성도 존재한다. 하지만 이 역시 상호확증파괴라는 형태로 전쟁 당사자의 핵무기 사용에 제한이 걸리기 때문에 육군전력의 활용 없이 독자적으로 전쟁의 승패를 결정짓기에는 제한적이다.

독자적 공간에서의 전쟁으로서의 사이버전은 해전이나 공중전과 유사한 성격을 갖는다. 좀 더 이론적으로 발전되어야 하겠지만 해전에서의 봉쇄나 공중전에서의 전략폭격에 유사한 사이버전에서 독자전력에 의한 전쟁승리의 전략은 적의 통합 정보 네트워크망의 교란, 마비, 장악을 통해 적의 전쟁의지를 굴복시키고 항복을 받아내는 것이다. 여기서 한발 더 나아가면 사이버 공간을 통한 기술적 심리적 공격을 통해 적의 주요 기반시설을 마비 또는 파괴시키거나 DDoS 공격이나 사이버 심리전 등을 통해 적의 민간인들에게 불안, 공포, 혼란을 야기함으로써 적의 전쟁 의지를 꺾어 항복을 받아낼 수 있을 것이다.

하지만 실제 국가 총력전 양상이 전개되는 실제 전쟁에서 이러한 조치만으로 적이 항복할 것이라고 기대하는 것은 지나치게 낙관적이며 순진한 희망이다. 이미 해전과 항공전에서의 한계를 통해 실제 경험적으로 이러한 식의 전쟁 승리가 가능하지 않을 수 있다는 점이 파악될 수 있다. 지난 10년 간의 이라크, 아프가니스탄 전쟁에서 보듯 적의 강력한 전쟁 수행 의지는 정보전력 뿐만 아니라 해상 및 항공 전력의 도움이 전혀 없는 상황에서도 창의적인 육군 전력만으로 효과적인 전쟁 수행이 가능하다는 것을 입증했다. 때문에 사이버 전력만으로 전쟁의 승리를 이끌어 내는 것은 사실상 어렵다.

사이버 전력은 기존 해상 전력과 항공 전력이 수행하는 병력 이동, 물자 수송, 정보 수집, 분석, 지원, 육전을 지원하는 보조적인 지원공격 등과 같은 형태의 역할을 담당할 것이다. 최근 들어 국, 내외에서 제기되는 테러리스트의 사이버 공간 이용에 관한 논의는 이런 맥락에서 이해되어야 한다. 테러리스트는 사이버 공간을 인력 채용, 선동, 극단화, 자금 조달, 교육, 훈련, 기획, 계획, 비밀 통신, 테러공격 집행의 지원수단, 무기 조달, 사이버 공격 등의 여러 형태로 이용하고 있는데(윤해성 외 2012, 46-61) 이는 기본적으로 실제 육전을 지원하는 여러 방식을 보여준다.

4. 가상폭력과 현실폭력의 결합

아직까지는 사이버 테러의 피해는 가상공간에 머무른다. 사이버 테러에 대한 통상적인 이해 방식은 공격이 가상공간상에서 머무르고 공격의 대상과 피해 역시 가상공간의 타깃인 정보통신망, 포털 사이트, 웹사이트, 컴퓨터 단말기 또는 여러 종류의 디바이스들로 한정된다. 아직 이제까지의 사이버 테러라고 분류되는 사건들 가운데 실제적인 폭력피해가 현실공격으로 나타난 경우는 없다. 피해의 대부분은 불편을 초래하거나 심리적인 불안, 정보유출을 통한 범죄적 피해 등에 국한된다. 물론 공격용 사이버 무기로 분류되는 스틱스 넷의 경우처럼 사이버 무기가 현실의 피해를 초래할 것으로 예상되는 경우도 있으나 아직 이러한 실제 사례는 사실상 나타나지 않고 있다.

하지만 사이버 테러를 가상공간에 국한되는 가상폭력으로 단정하는 것은 오류다. 사이버 또는 정보통신과 관련한 급격한 기술의 발전과 전략적 혁신은 점차 가상폭력을 현실폭력과 결합시키는 방향으로 나아간다. 우선 공격용 사이버 무기의 개발은 향후 이러한 사이버 무기를 통해 교통시스템, 발전시설, 주요 산업설비 등의 통제시스템을 장악하고 오작동 시킴으로써 치명적인 폭발과 같은 인위적인 재난을 초래하게 만들 수 있을 것이다. 또한 실제 현실폭력을 지원하는 통로로서 사이버 공간이 활용될 수 있으며, 인터넷 망에 결합된 단말기 자체가 사람을 살상할 수 있는 효과적인 무인무기로 사용될지 모른다. 즉, 사이버 공간에 결합된 컴퓨터 자체가 이동할 수 있고 무기를 사용할 수 있게 된다면 사이버 테러는 그러한 살상용 컴퓨터를 통해 직접 폭력을 행사하는 수단이 될지 모른다.

가상공간과 땅, 바다, 하늘 등의 현실공간의 폭력은 양방향으로 연결되어 있다. 하나는 가상공간에서의 사이버 테러가 현실공간의 실제 폭력과 파괴를 결과하는 것이다. 여기서 가상공간은 두 가지 서로 다른 방식으로 현실폭력으로 연계된다. 하나는 스틱스 넷과 같은 공격용 사이버 무기를 통해 현실공간의 목표물에 직접 파괴나 살상 등의 피해를 가하는 것이다. 마치 사이버 공간에서 발사된 공격무기가 현실공간에서 실제 살상 무기로 변환되어 실제 폭력과 파괴를 야기하는 모양새를 띤다.

또 다른 방식은 앞서 전쟁양식에서 잠시 논의한 것처럼 사이버 공간이 현실 폭력의 행위자들을 지원하는 정보수집, 분석, 교육, 훈련, 병력모집, 심리적 혼란과 세

뇌, 물자 및 무기제공, 지휘통제 등의 실제 현실의 파괴 및 살상을 위한 지원 및 준비 기능을 담당하는 것이다. OSINT(Open source Intelligence) 오퍼레이션이나 빅 데이터 분석을 통한 데이터마이닝, Internet vetting, 웹사이트의 운용, steganograhy, 3D 프린터, 사이버 심리전, 온라인 자금세탁이나 송금 등의 다양한 방법과 기술 등은 이러한 준비 및 지원기능을 위한 여러 모습들이다. 미래사회에는 기술의 급격한 발전과 함께 보다 진보된 형태의 가상폭력과 현실폭력의 결합이 나타날 것이다. 초소형 드론이나 전투로봇 같은 여러 살상용 컴퓨터 디바이스가 개발된다면 이는 사이버 테러가 매우 치명적이고 효과적인 현실공간의 살상과 파괴로 전환될 것임을 예고한다. 날아다니거나 표면으로 이동하는 여러 종류의 살상용 컴퓨터 디바이스 등은 사이버 공간을 통한 원격조종에 의해 특정 타깃을 저격하거나 폭파시키는 임무를 수행할 것이다. 이와 함께 사이버 공간의 유지 및 지원 기능의 기술 등도 매우 놀랄 만한 속도로 진보할 것이다.

현실공간의 폭력 역시 사이버 공간에서의 파괴와 폭력으로 전이되는 결합현상이 나타날 것이다. 고출력 전자총(High Energy Radio Frequency Gun), EMP(Electro Magnetic Pulse) 폭탄, 드론 등과 관련된 기술의 발전은 이러한 가능성을 갈수록 현실화시키고 있다. 고출력 전자총은 강력한 전자파를 발사하여 컴퓨터 전산회로에 이상 현상을 일으켜 전산망에 시스템 오작동을 유발하거나 정지시키는 전파무기이다. EMP 폭탄은 EMP Shock를 통해 전자장치를 파괴하는데 사용되는 것으로 고출력 전자총에 비해 그 범위와 면적이 넓어 해당 컴퓨터 및 정보통신망 전체를 일시에 파괴시킬 수 있다.

한편 드론 기술의 발달은 초소형 드론을 통해 핵심 전산망 자체에 접근하여 물리적으로 외부에서 직접 악성 바이러스 등을 침투시키거나 정보를 빼내거나 해킹 또는 시스템 장악 등에 이용할 수 있다. 또한 목표로 선정된 개인용 컴퓨터 등에 직접 물리적으로 접근하여 외부에서 접속함으로써 정보유출이나 봇 넷 구축, 스파이 웹이나 악성 바이러스 등을 유포할 수 있다. 실제로 이러한 상상이 가까운 미래에 현실화될 것이라는 주장이 최근에 제기된 사례도 있다. 이러한 여러 기법의 공통점은 현실공간에서의 공격수단을 통해 현실공간으로부터 사이버 공간을 파괴하거나 마비시키는 방향성을 띤다는 점이다. 기술적인 문제는 아니지만 사회 공학적 접근을 통한 사이버 공간에 대한 공격 역시 현실공간에서 사이버 공간으로 폭력이 전이된다는 점에서 같은 유형으로 이해할 수 있다.

이처럼 가상폭력과 현실폭력이 양방향으로 결합되어 있다는 사실은 중요한 시사점을 준다. 이는 사이버 테러를 가상공간에서의 기술적 문제로만 제한적으로 이해해서는 안 된다는 분명한 사실을 알려준다. 이러한 제한적인 사이버 테러에 대한 접근은 문제의 심각성과 성격을 제대로 이해하지 못하게 만들며 궁극적으로 사이버 테러 대응에서의 심각한 결함을 만들어 내기 쉽다. 때문에 사이버 테러를 접근하기 위해서는 가상폭력과 현실폭력의 양방향 결합이라는 보다 입체적인 관점에서 사이버 테러의 심각성을 이해하고 그에 따른 전략개발과 대응전략이 추진되어야 할 것이다.

≫ 사이버 테러와 안보전략 프레임

1. 전략적 접근 틀에 대한 제안

결국 이제까지 논의한 사이버 테러에 관련된 몇 가지 쟁점들은 이와 관련된 전략적 접근 틀의 구성에 중요한 메시지를 전달한다. 이제까지 논의한 쟁점들인 테러리즘이 범죄이자 테러, 그리고 새로운 전쟁양식의 한 형태라는 세 가지 속성을 동시에 가지고 있는 복합적인 현상이며 이러한 성격은 그대로 사이버 테러리즘에서도 나타난다는 사실, 따라서 사이버 테러는 그것이 범죄인지 테러인지, 또는 전쟁인지의 성격이 유동적이며 때문에 실존적으로 판단해야 되는 동일한 스펙트럼상의 지속적으로 변동하는 성격이라는 점, 사이버는 또 하나의 공간이라는 성격을 가지며 그러한 공간적 특성에 의해 조건 지워지고 있다는 점, 21세기 정보화 시대라는 같은 특성에 의해 조건 지워지는 생산양식과 긴밀히 결합된 파괴양식의 하나라는 점, 미래전쟁의 한 양식이라는 점, 그리고 마지막으로 현실공간의 폭력과 사이버 공간의 폭력이 결합된 형태로 전개되는 현상이라는 점 등이 전일적, 통합적으로 고려되어 사이버 테러에 대한 이해와 이에 대응한 전략적 접근 틀이 마련되어야 한다.

이를 좀 더 이해하기 쉽게 정리하면 미래 환경에서 사이버라는 새로운 특성을 가진 공간 환경이 국가안보와 사회 및 개인안전에 중요한 외부조건의 하나로 추가되었다는 사실을 직시하고 기존의 4차원에 사이버가 추가된 5차원 공간 환경에서 어떻게 새로운 국가안보전략이 마련되어야 하는지에 대한 기본 전략 틀이 마련되어야 한다. 이러한 전제위에 미래의 기술진보의 양상과 방향이 파악되어야 하고, 위협의 주체와 성격과 유형이 분석되어야 한다. 사이버 테러의 위협과 성격은 이런 맥락에서 다루어져야 한다.

한편 이러한 기반 위에 다시 사이버 테러를 포함한 여러 미래사회에 예상되는 위협들과 위협 주체들에 대응하기 위한 방안들이 기능과 시스템 면에서 동시에 수립되어야 한다. 우선 확장하는 사이버 공간에 대한 파악과 장악을 위해 OSINT operation과 빅 데이터 분석, 데이터 마이닝, 인터넷 베팅, 그리고 SNS(Social Network Service) 모니터링 등의 지속적 작업과 데이터베이스 구축, 그리고 사이버 심리전 전개와 대응 해킹, DDoS 공격 등의 방법 등이 모색될 수 있다.

또한 검찰, 경찰 등의 형사사법기관과 정보기관, 군 등의 범죄-테러-전쟁을 다루는 여러 국가 권력기관들을 유기적으로 통합하고 유연하게 대응할 수 있도록 리모델링하고 역량구축을 강화해야 한다. 또한 지속적인 과학기술과 장비개발 등을 통해 군사용 사이버 무기와 첨단무인장비와 법 집행용 또는 정보활동용 무기 및 장비개발을 함께 추구하면서 상호호환성의 문제를 고려해야 할 것이다. 또한 인력 양성에 주력하고 형사사법, 정보, 군 등의 전문 인력의 상호호환성을 확보해야 할 것이다. 또한 기존의 현실공간에서 작동하는 검찰, 경찰, 정보기관의 각 부문과 육, 해, 공군 등의 각 전투부문, 그리고 여러 민간 기관들과 회사, 그리고 대학이나 연구소 등의 전문기관들과 통합적인 사이버 테러의 예방과 대응, 그리고 수사 및 법 집행과 민방위를 포함한 통합전투 역량을 구축하는 방향으로 전략적 접근의 기본 틀의 방향성이 모색되어야 할 것이다.

2. 마한의 해양 전략과 사이버 전략 프레임

알프레드 마한은 해양을 장악하는 자가 세계질서의 패권을 장악하게 된다고 주장했다. 그에 따르면, 해양력은 국가의 경제적 번영을 보장해줄 뿐만 아니라 군사적, 정치적 힘의 유효한 행사를 보장해준다. 바다는 하나의 거대한 공용도로이며 교역 및 무역 활동에 있어 육로를 이용하는 것보다 값싸고 신속하다. 전략적 측면에서도 바다는 자국의 군사력을 타국, 또는 타 대륙에 광범위하게 신속히 투사할 수 있게 해주며, 또한 자국의 패권과 영향력을 유지시켜 주며 세계적 패권국가로 발돋움하는 기반을 마련해준다(Mahan, 2007). 이를 간추리면 해양을 장악하게 되면 신속한 힘의 전개와 정보 및 물자의 원활한 이동 등을 확보할 수 있으므로 이는 상대 세력에 비해 해양력을 장악한 세력이 경쟁에서 결정적 우위에 서게 된다는 사실을 알려준다.

이런 마한의 논리에 따르면 전략적으로 핵심적인 해상교통에서의 핵심지점(chocking points)을 장악하는 것이 매우 중요하게 된다. 다다넬스나 보스포로스, 그리고 지브롤터 같은 두 개의 서로 다른 바다를 이어주는 해협이나 수에즈나 파나마 운하처럼 해상이동의 시간과 거리를 급격하게 단축 시켜주는 인공운하 그리고 하와이나 제주도, 시칠리아와 같은 전략적 중요성을 가지는 섬이나 한반도나 이탈리아 반도, 크림반도 등의 전략적 가교 역할을 하는 바다에 접한 지역 등은 해양패권 장악과 이후 대륙내부로의 힘의 투사에 결정적인 중요성을 갖게 된다. 이러한 마한의 주장은 현재도 여전히 유효하다. 최근 중국의 부상에 따른 여러 인접 국가 및 미국과의 갈등을 살펴보면 해상교통의 거점을 장악하고 중국의 패권전략의 기반조성을 위한 해양패권 장악을 위한 여러 시도라는 성격이 분명하다. 센카쿠 열도, 이어도, 스프래틀리 군도 등에서의 일본과 한국, 그리고 필리핀, 베트남, 미국 등과의 해상충돌은 그러한 중국의 해양패권전략에 따른 결과임을 잘 보여준다.

하지만 마한의 해양패권의 중요성에 대한 강조가 여전히 유효함에도 결정적인 한계를 가진다. 이는 마한의 통찰력은 지상과 바다라는 단지 두 개의 인간의 삶의 공간을 전제로 하고 있다는 점에 기인한다. 마한이 해양패권전략을 주장한 1889년은 아직 하늘이라는 공간이 인간의 삶에 의미 있는 공간으로 편입되기 20-30년 전이다. 때문에 마한이 이해한 공간은 땅과 바다라는 두 개의 공간에 한정되어 있었고 하늘이라는 세 번째 공간은 마한의 고려대상에 포함되지 않았다. 하지만 마한의 전략이 세상에 나온 지 한 세기가 훨씬 지난 오늘날은 하늘을 포함하여 우주와 사이버라는 네 번째와 다섯 번째의 공간이 인간의 삶에 의미 있는 공간으로 추가되었고 앞으로 다가올 또 다른 한 세기는 새로이 추가된 네 번째와 다섯 번째 공간의 중요성이 양적으로, 질적으로 더욱 확대, 심화될 것이 분명해 보인다. 결국 두 개의 공간이라는 전제하에서 제기된 마한의 주장은 제한적일 수밖에 없고 이는 다섯 개의 공간 모두를 고려한 새로운 전략 프레임이 다시 마련되어야 한다는 사실을 암시한다.

마한의 해양 전략에 대한 주장은 다섯 개의 공간을 함께 고려한 전략 프레임의 구상에서도 여전히 의미 있는 시사점을 가진다. 하지만 이는 마한의 주장을 도식적으로 답습하여 여전히 해양패권이 중요하다고 이해하는 수준이 아니라 두 개의 공간에서 가지던 해양의 결정적 기능이 다섯 개의 공간에서 어떻게 재해석되며 이 다섯 개의 공간에서 결정적 기능을 담당하는 공간이 무엇이냐에 대한 사려 깊은 통찰이 이루어져야 한다. 지상과 바다라는 두 개의 공간만을 고려할 때 바다는 전략적 유연성이라는 핵심적인 이점을 제해권을 장악한 주체에게 제공한다. 이 전략적 유연성은 제해권의 주체가 공격 대상에 대한 공격시간과 위치를 결정할 수 있는 선택의 자유를 갖게 된다는 의미이다.

바다라는 제한 없는 이동공간을 통해 언제 어디로부터 어느 지점을 공격해 들어갈지 제해권의 주체가 자유롭게 선택할 수 있다. 이는 제해권의 주체에게는 공세적 지위를 상대방에게는 수세적인 지위를 부여한다. 또한 바다라는 이동공간은 물자와 병력과 정보통신의 이동을 자유롭게 전개할 수 있는 전략적 유연성 역시 제해권의 주체에게 부여한다. 이 경우 공세적으로 힘을 투사하는 제해권의 주체는 일단 점령해 놓은 연안의 공격거점으로부터 지속적으로 내륙 깊숙이 힘을 투사해 들어갈 수 있는 힘의 증강과 강화(reinforcement)를 실행할 수 있다. 반면 바다로의 접근이 봉쇄된 주체는 바다로부터 물자와 병력, 정보통신 등의 힘의 증강과 강화를 추구할 수 없게 되며 자신의 이미 갖고 있는 자원 또는 지상의 다른 지점으로부터의 강화라는 제한적 선택밖에 남지 않게 된다.

한편 바다라는 이동공간이 주는 또 다른 전략적 유연성은 물자와 인력, 정보통신의 손쉬운 이동 때문에 약탈과 착취, 또는 거래의 대상을 자유로이 선택하고 이를 통해 자신의 부와 힘을 증강시킬 수 있다. 이러한 바다를 활용한 부와 힘의 강화는 제해권의 주체가 다시 공세적인 힘의 투사를 세계도처로 할 수 있게 하는 패권의 확대재생산에 기여한다. 역사적으로 스페인과 영국, 그리고 미국과 같은 패권세력들은 이러한 방식으로 바다가 주는 전략적 유연성을 활용했다.

엄밀한 의미에서는 외견상 육지에 기반을 둔 패권세력으로 볼 수 있는 12-13세기 몽골제국 역시 해양을 통해 구축된 패권세력으로 보아야 한다. 이 경우 만주 북부에서 헝가리 평원까지 넓게 펼쳐진 저지대 대초원이 바다와 같은 역할을 하면서 전략적 유연성을 몽골인들에게 제공했다. 몽골인들의 말은 마치 대양의 선박과 같은 이동의 자유를 제공했다. 대초원은 마치 영국인의 바다와 유사하게 전략적 유연성을 몽골인들에 제공했고 이러한 전략적 유연성은 몽골제국의 주요한 기반이 되었다.

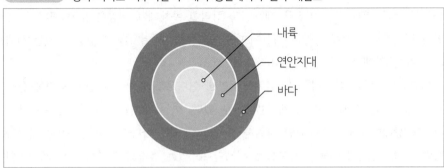

그림 10-6 땅과 바다로 이루어진 두 개의 공간에서의 전략 개념도

위의 <그림 10-6>은 바다가 제공하는 전략적 유연성을 설명하기 위한 단순화된 개념도이다. 원의 가장 바깥 부분은 바다 공간을 나타내며 내부의 두 원은 지상 공간을 나타낸다. 내부원의 바깥 부분은 바다에 접한 연안지대이며 이 지역은 바다로부터 직접적으로 공격을 받게 되는 지점이다. 그리고 내부원의 안쪽 부분은 바다로부터 멀리 떨어진 내륙 지역에 해당한다. 이 지역은 바다로부터 직접적인 공격을 받지 않는 다소 격리된 지역이지만 연안지역이 해양세력에게 점령당했을 경우 공격의 위협에 직면하게 된다. 위의 그림은 바깥 부분인 해양을 장악했을 경우 제해권의 주체가 얼마나 전략적인 유연성이라는 이점을 누릴 수 있는지를 보여준다. 또한 이 해양의 장악은 내륙세력이 바다로 진출하는 것을 원천적으로 봉쇄함으로써 이 상대방으로부터 스스로를 매우 손쉽게 방어할 수 있게 된다.

20세기 초반부터 진행된 하늘 공간의 편입은 해양이 주는 전략적 유연성에 상당히 의미 있는 변화를 초래했다. 이로부터 소련이라는 제해권의 혜택을 상대적으로 누리지 못했던 내륙세력이 제해권을 장악했던 미국이라는 해양세력에 매우 효과적으로 도전하고 대등한 수준의 전략적 균형을 유지하는 것이 가능하도록 만들었다. 만약 미국이 제공권에 해당하는 공군전력과 미사일 전력을 압도적인 수준으로 유지하지 못했다면 해양 전력의 열세를 극복하고 소련이 패권을 장악했을지도 모르는 일이었다. 여기서 중요한 점은 하늘이라는 세 번째 공간이 추가됨으로써 기존의 제해권이 아니라 제공권이 패권추구에 있어 중요한 역할을 했다는 것이며 이는 궁극적으로 핵무기로 상징되는 항공 전력이 냉전의 모습을 특징짓도록 만들었다.

하늘 공간의 편입은 전장 환경과 전장지원 환경을 평면에서 입체공간으로 전환시켰다. 하늘을 통해 지상과 바다 어느 지점이든지 직접 타격할 수 있는 가능성이 열렸으며 물자와 병력, 그리고 정보통신이 자유롭게 이동할 수 있는 가능성이 열렸다. 또한 제한적이지만 힘의 지속적 투사를 위한 증강과 강화(reinforcement) 역시 공중으로부터의 직접 이동을 통해 가능하게 되었다. 하늘 공간이 가지는 전략적 가치는 전략폭격과 미사일 타격과 같은 위로부터의 직접 타격에서 가장 궁극적으로 발현되었다. 바다의 선박과 비교할 때 매우 제한적인 수송능력만을 가지는 항공기는 물자와 병력의 이동에서는 전략적 유연성이 제한적으로 발현되었으나 핵무기와 결합된 하늘로부터의 직접타격은 냉전 최고조기의 미국과 소련간의 상호확증파괴에서 나타나듯이 지상과 바다에서의 패권과 독립적으로 하늘을 통한 타격력만으로 세계질서의 패권을 획득할 수 있거나 상대방의 패권획득을 거부할 수 있게 만들었다. 이러한 변화는 궁극적으로 전통적인 마한의 해양 장악력이 패권획득으로 이어지는 논리에 대한 수정을 요구한다.

20세기 말에서 21세기 초반에 다시 사이버 공간이 인간의 삶의 공간에 또 하나의 공간으로 편입되었다. 기존의 하늘과 바다와 땅이라는 입체공간에 사이버라는 가상의 의식공간이 추가됨으로써 기존 입체공간의 지점들이 실시간으로 서로 결합될 수 있는 가능성이 열리게 되었다. 이 사이버 공간을 통해서 기존의 서로 다른 공간에 존재하는 지점들과 행위자들은 실시간으로 연결되며 서로 영향을 주고받을 수 있게 되었다. 마한의 표현을 빌리면 해양은 지상의 지점과 행위자들을 연결하는 거대한 공용도로인 반면 사이버 공간은 지상, 바다, 하늘이라는 물리적 공간들을 이어줌은 물론 그리고 인간의 심리적 문화적 인식에 관련된 의식 공간을 함께 이어주는 전일적인 공용 도로이다.

그림 10-7 하늘, 땅, 바다, 의식, 그리고 사이버 공간의 복합개념도

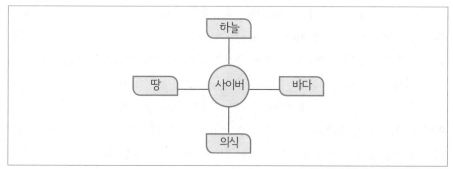

위의 <그림 10-7>은 마한의 주장에서 해양이 차지했던 전략적 중요성이 오늘날 사이버 공간이 추가된 다차원 공간에서는 이 전략적 중요성이 사이버 공간으로 옮겨 왔다는 것을 보여준다. 사이버 공간은 네 개의 인간의 삶과 투쟁의 공간들을 거의 실시간 그리고 zero cost로 연결하는 거대한 연결통로이다. 이 통로는 기존의 해양이 가졌던 평면적 연결 도로가 아니며 각 개별 지점과 행위자들을 물리적 장애와 무관하게 직접 이어주는 입체적 탈 공간적 웜홀이다. 이러한 사이버 공간이 가지는 특별한 위치는 사이버 공간을 장악하는 자에게 전략적 유연성을 허락함으로써 세계질서의 패권을 장악할 수 있도록 만들 수 있다. 즉, 사이버 공간에 대한 장악력은 경제적 번영을 보장해줄 뿐만 아니라 군사적, 정치적 힘의 유효한 행사를 보장해준다. 사이버 공간은 하나의 거대한 연결통로이며 교역 및 무역 활동, 그리고 인간의 의식에 대한 영향력 행사를 매우 값싸고 신속하게 허락한다. 전략적 측면에서도 사이버 공간은 자신의 군사력 또는 폭력적 타격력을 타인, 타국, 또는 타 대륙에 광범위하게 신속히, 그리고 매우 정밀하게, 선택적으로, 최적화하여 투사할 수 있게 해주며, 또한 자신의 패권과 영향력을 유지시켜 줄 수 있게 하며 반대로 상대방의 패권행사는 저렴한 비용으로 거부할 수 있게 하는 결정적 이점을 제공한다.

사이버 공간이 제공하는 전략적 유연성은 사이버 공간을 장악한 행위자에게 결정적인 전략적 유연성을 제공한다. 사이버 공간은 경제적 부를 지속적으로 창출해내는 통로이자 힘의 직접적이고 효율적인 투사를 실행케 한다. 부의 축적은 범죄, 약탈, 착취, 합법적인 모금이나 비즈니스 활동 등의 다양한 방법으로 가능하다.

북한이나 조직범죄, 각종 테러세력들에 의한 보이스 피싱이나 개인정보 침탈, 온라인 사기나 도박, 등의 범죄적 방법과 해킹을 통한 부의 직접약탈, 사이버 공간을 통한 마약거래나 인신매매, 매춘, 그리고 각종 인권단체나 구호단체를 위장한 사이버상에서의 이슬람 극단주의자에 의한 모금활동, 그리고 여러 합법적인 비즈니스 활동 등은 이러한 주장에 대한 증거들로 제시될 수 있다. 힘의 투사 역시 사이버 공간을 통한 직접적인 테러나 사이버 공간의 테러나 전쟁 행위의 이용과 관련된 여러 사례들은 이러한 주장에 대한 분명한 증거들이다. 2014년 9월 ISIL(The Islamic State of Iraq and the Levant)에 의한 영국인 기자의 참수 동영상은 매우 흥미로운 사이버 공간의 직접 활용을 통한 힘의 투사이다. 이를 통해 미국이 전개하려고 하는 대 IS전쟁에 영국이 참여하지 못하도록 압력을 행사함은 물론 여타 다른 미국의 동맹국들에게도 같은 경고를 보내는 매우 효과적인 시도라고 평가될 수 있다.

사이버 공간이 제공하는 전략적 유연성은 기존의 바다와 하늘 공간이 제공하던 결정적 사항들과 거의 유사한 내용들을 포함한다. 사이버 공간을 통해 공격지점과 시간을 거의 무제한적으로 자유롭게 선택할 수 있으며 더욱이 특정 인물, 특정 기관, 특정 시설 또는 사이트와 같이 매우 엄밀하고 선택된 타깃을 정밀하게 타격할 수 있도록 해준다. 또한 사이버 공간을 통해 증강과 강화(reinforcement)를 통한 공격의 지속 및 확장 역시 효과적으로 수행될 수 있다. 최근 이슬람 극단주의 세력에 의한 사이버 공간의 효과적 활용은 미국과 유럽, 동아시아 등 비 이슬람 권역에서 테러 자원자들을 모집할 수 있게 하며, 자신들에게 유리한 여론을 조성할 수 있도록 만든다(Fides, 2010 September 29). 또한 정보, 통신, 훈련, 자금, 지휘통제, 물자 및 무기 등의 지속적 보급 역시 사이버 공간을 통해 손쉽고 안전하게 실행될 수 있다 UNODC, 2012: 3-11).

사이버 공간이 제공하는 전략적 유연성은 최근 들어 전쟁의 승패를 다른 방식으로 결정짓게 한다. 즉, 기존에는 하늘과 땅, 그리고 바다에서의 물리적 전투력의 크기와 이를 통한 결정적 승리가 전체 전쟁의 승리와 직결되었다. 하지만 사이버 공간의 등장으로 이러한 기존의 세 공간과 사이버 공간, 그리고 인간의 의식 공간이 전일적으로 통합됨으로서 전쟁의 승패가 각 공간별 승패여부와 무관하게 전체 공간들의 승패의 총합이 전쟁의 승패를 결정짓게 되었다. 이 가운데 특히 인간의 의식 부문에서의 승패가 특히 중요한 변수로서 등장했다. 때문에 물리적 전장에서 승리하더라도 의식과 사이버 공간에서의 결정적인 손실로 전체 전장에서 패배하게 되는 현상들이 나타났다. 이러한 새로운 현상은 Reed(2008: 684-722) 역시 지적하고 있으며 이는 그가 5세대 전쟁을 주장하는 배경이 되었다. 2014년 8월에서 9월 사이의 이스라엘-하마스 전쟁의 결과와 ISIL의 세력확장, 아프간에서의 탈레반의 복귀, 나이지리아에서 보코하람 등은 그러한 새로운 양상 전개의 단편적인 사례들로 꼽을 수 있다.

아직은 사이버 공간의 등장이 인류사에서 초기 단계이기 때문에 이러한 전략적 중요성이 잘 드러나 보이지 않을지 모른다. 불행하게도 마한이 해양 전략을 주장하던 당시와는 달리 이러한 주장을 뒷받침할 만한 역사적 증거를 들기는 어렵다. 아직 아무도 사이버 공간을 결정적으로 장악하지 않았으며 때문에 이 공간은 아무도 결정적으로 장악하지 않은 상태로 아직 남아있다. 하지만 미래사회를 예측해 본다면 사이버 공간의 중요성은 더욱 결정적이다. 첨단 전투함과 잠수함, 전략 폭격기와 위성, 그리고 전투로봇과 드론, 그리고 지상의 병사 개인들과 각종 전투차량, 그리고 민간인 개인들과 민간 시설 및 기기들, 그리고 국가 및 군의 지도부와 여러 국가핵심시설 등이 모두 사이버 공간을 통해 결합되는 미래가 펼쳐질 것이다. 또한 생산과 소비와 생활과 의식과 문화가 역시 사이버 공간을 통해 결합될 것이다. 이러한 미래 환경에서는 사이버 공간을 장악한 자가 그가 개인이건, 조직이건, 네트워크이건, 국가단위이건 세계질서의 패권을 장악할 것이다.

흥미로운 사실은 사이버 공간이 결정적인 통로가 되는 새로운 공간 환경에서는 작은 정밀무기(small sophisticated weapon)가 파괴의 핵심이 될 것이라는 점이다. 이는 20세기 대부분의 기간 동안 하늘 공간이 중요했던 시기에 크고 무차별적인 무기(big indiscriminative weapon)가 파괴의 핵심이었던 것과 대변될 수 있다. 대륙 간 핵탄두 미사일로 대변되는 이 큰 무기는 여전히 의미가 있을 것이지만 그 특성 때문에 쉽사리 사용할 수 없는 수단이라는 막다른 길(dead end)에 도달했다. 그 길의 끝은 선택적이고 제한적이며 통제된 소규모 정밀타격이라는 새로운 길로 연결되었다.

오늘날 나타나는 테러와 제한전, 저강도 전쟁 등은 그러한 새로운 트렌드의 초기 양상들이다. 즉, 매우 정밀하고 선택적이며 제한적인 폭력을 통해 의도하는 정치적 목적을 극대화하려는 방향으로 전쟁 수행의 양식이 펼쳐지고 있다. 사이버 공간의 등장은 그러한 전략적 선택을 실제로 가능하게 만드는 측면이 있다. 사이버 공간과 인공지능의 발달, 각종 정보통신 기기의 혁신, 그리고 로봇기술 등의 급격한 혁명은 이러한 가능성을 미래에는 더욱 현실화시킬 것이다. 사이버 공간을 통해 결합되고 조율, 통제되는 극소형 전투로봇이나 드론 등은 이러한 작은 정밀무기의 정점이 될지 모른다. 이러한 소형 기기들은 정찰과 감시, 살상 등의 임무를 담당할 뿐만 아니라 폐쇄된 인트라넷에 대한 은밀한 원격접속을 통해 해킹이나 서비스 거부 공격, 또는 시스템 장악 등의 사이버 공격에도 활용될 수 있을 것이다. 이러한 시나리오는 기존의 큰 무기인 핵무기나 핵미사일을 무력화하거나 우회하여 핵심적인 전술적, 전략적 목적을 극대화하는데 활용될 수 있다. 예를 들면 수백만 대의 메뚜기나 모기 크기의 전투로봇이나 드론이 일시에 적의 타깃을 공격하는 시나리오나 적의 전략무기 제어시스템에 원격 접속하여 시스템을 장악하여 적의 무기를 자신의 의도대로 활용하는 인터셉트도 상상해 볼 수 있다. 이러한 상상이 현실화된다면 사이버 공간은 세계질서의 패권 장악을 위한 결정적인 공간으로 등장할 것이다.

≫ 사이버 안보위협에 대한 대응방안

1. 미국 등 해외주요 국가의 사이버 테러 대응경향

미국, 러시아, 일본, 중국 등 한반도 주변 주요 국가들의 사이버 테러에 대한 이해와 대응전략 방향을 살펴보면 사이버 테러를 국가 전략급 수준에서의 포괄적 위협이며 국제안보질서 자체에 대한 위협요소로 인식하고 있다는 점을 알 수 있다. 또한 사이버 테러의 위협을 단편적인 사이버 공간과 정보통신 설비나 기기 상에서의 기술적 침해위협이 아니라 사이버라는 새로운 공간영역에서의 안보위협으로 받아들이고 있다는 점이 나타난다. 이들 국가들은 대체로 또 하나의 공간으로서 사이버 공간이 가지는 안보적 중요성이라는 시각에서 사이버 테러를 이해한다. 따라서 전자적 침해에 대한 기술적, 정책적 대응이라는 단편적인 접근을 넘어서 사이버 위협을 국가적인 차원에서의 사이버 공간을 통해 오는 복합적 안보의 위협으로 받아들이고 미래전의 한 양식으로서 네트워크 중심전이라는 군사적 대응과 사이버 공간에서의 정보장악력 유지라는 국가정보활동, 그리고 개인과 사회 전체, 그리고 국가적 안보에 대한 범죄적, 테러적 위협에 대한 공권력의 유지라는 법 집행적 또는 형사 사법적 대응을 결합한 입체적 통합적인 접근을 시도한다(김승주, 2013: 21-34; 김홍석, 2010: 332-337; 임영갑, 2010: 360-361; The White House, 2011: 17-24).

미국은 사이버 테러의 문제를 이러한 방식으로 접근하는데 현재까지는 가장 앞서 있는 것처럼 보인다. 미국은 사이버 공간의 안보가 국가의 안보와 직결되는 매우 중요한 문제임을 인식하고 백악관 내에 대통령 직속으로 사이버 안보관련 최고 담당부서와 보좌관을 설치하였다(김승주, 2013: 34). 이러한 최고위 수준의 컨트롤 타워체제 하에 사이버 공간에서 국방역량강화, 정보활동 역량강화, 그리고 법 집행 및 사후 대응 등 공권력 집행능력 확보, 인력 개발 등의 총체적 사이버 역량 노력을 추구한다(The White House, 2011: 17-24).

먼저 국방부문에서는 미국은 사이버 공간을 독자적인 개별공간으로 인식하고 이러한 공간에서 장악력을 추구한다. 이에 대한 가장 분명한 증거는 사이버사령부를 재편하고 그 위상을 강화하였으며 이후 독립적인 사이버전투사령부로 위상을 강화하는 방향으로 나아갈 것을 의도하고 있다는 점이다(김승주, 2013: 22). 또한 사이버 공간에서의 안보위협에 대해 단순한 방호나 방어, 또는 사후대응의 수동적 자세를 넘어 적극적인 사이버 공격 역량을 강화하려고 시도한다. 더욱이 이러한 사이버 전력을 기존의 재래식 전략과 유기적으로 결합하여 전투 효과를 극대화하려는 노력 역시 나타난다(김승권 외, 2008: 80; 문종식·이임영, 2010: 25; 배달형, 2011: 148-149; 임영갑, 2010: 361). 2012년 5월에 발표된 실전 투입용 사이버 공격무기 개발 계획인 Plan X 는 그러한 미국의 노력을 대변한다(김승주, 2013: 23). 이미 미국은 사이버 전략을 방어와 대응뿐만 아니라 적극적인 공격 전략을 포함한 총체적 접근을 취하고 있다는 사실은 분명하다(Andress & Winterfeld, 2011).

한편 미국의 국가정보활동은 사이버 시대에는 너무 많은 정보를 어떻게 처리하는 것이 관건이라는 인식하에 사이버 공간상에서 이용 가능한 엄청난 양의 대용량 공개출처 정보들을 체계적으로 수집하고 이를 데이터베이스화 하는 작업을 진행하였다. 또한 SNS나 각종 웹포럼, 이메일 등으로 흩어져 있는 비구조화된 대용량 데이터들을 데이터마이닝이나 machine learning 등의 방법으로 분석하여 처리하고 그 패턴과 의미들을 분석하는 노력들을 발전시켜왔다(윤민우, 2014a: 21-48). 또한 사이버 공간상에서 사람들이 남긴 메시지나 문자, 이미지 등을 수집하여 분석함으로써 개인의 성향과 특징, 그리고 행동 패턴과 위험예측 등을 수행하는 internet vetting 등의 기법들을 시도해왔다(Appel, 2011). 이러한 노력들은 사이버 공간에 대한 이해와 정보장악, 그리고 심리전에서의 우위가 국가안보에 결정적이라는 인식에 기초한다.

법 집행 및 사후 대응과 관련해서는 사이버 공격으로 개인과 미국사회, 그리고 국가를 방어하기 위해 국가안보국(NSA)과 국토안보부(DHS), 그리고 연방수사국(FBI)를 중심으로 사이버 테러에 대한 대응과 수사, 처벌, 사후 대응을 위한 종합 컨트롤 타워를 구성했다(문종식·이임영, 2010: 25; 임영갑, 2010: 361). 이 컨트롤 타워 아래에 교통안전국, 세관과 국경수비대, 이민국, Secrete Service, 연방비상관리국, 해안경비대, 구글, 핫메일, 페이스북 등의 민간회사와 대학, 연구소 등의 각종 관련 재난 대응 및 수사기관, 그리고 민간기관 등을 결집시키고 유기적인 협력관계를 구축하였다. 이를 통해 사이버 테러 발생을 예방하기 위한 감시와 발생 시 위기 대응과 억제, 그리고 관련 수사와 처벌, 연구, 개발 등이 유기적으로 연결되게끔 정비하였다(UNODC, 2012). 이러한 노력들은 사이버 공간의 등장으로 초래되는 사이버 안보위협이 복합적인 여러 차원에서의 심각한 안보위협이라는 미국의 인식과 접근방법, 그리고 방향성 등을 보여준다.

마지막으로 미국의 사이버 대응에서 주목할 만한 또 다른 점은 미래에 지속적으로 사이버 공간상에서의 장악력을 확보하고 유지하기 위해 중, 장기적 사이버 인력

양성에도 상당한 노력을 기울이고 있다는 점이다. 미국 정부는 사이버 보안을 단순히 방화벽과 같은 사이버 대응 프로그램의 개발과 조직정비 등에만 의존하는 것이 한계가 있다는 인식하에 사이버 보안 인력을 체계적으로 발굴, 육성, 채용하기 위한 계획에 착수하였다. 이른바 NIETP(National Information Assurance education and Training Programs)라고 불리는 이 계획은 고급 전문 인력을 육성하기 위해 대학원 석, 박사과정에 투자하는 것과 동시에 인력의 양적 확대를 위해 대학교 학부과정, 더 나아가 고등학교에까지도 지원을 아끼지 않고 있다는 점이다. 이러한 고등학교에서 대학원 박사급까지 아울러는 총체적 인력양성 노력은 사이버 안보역량을 위해서는 고급 전문 인력의 질뿐만 아니라 군, 정보, 법 집행, 대응, 민간 등 모든 분야에서 활동할 수 있는 중간 간부나 초, 중급 인력의 수 역시 동시에 중요하다는 인식을 바탕으로 하고 있다(김승주, 2013: 32-34).

중국, 일본, 러시아 등의 주변국가들 역시 사이버 공간이 가지는 미래 지향적인 안보적 의미를 미국과 유사하게 인식하고 있는 것처럼 보인다. 이들 역시 미국과 같이 사이버 공간을 하나의 독자적인 전장영역으로 인식하고 있으며 사이버 공간에서의 장악력이 미래의 전장승리와 국가안보, 그리고 패권 장악에 결정적인 요소라고 인식하고 있는 것처럼 보인다. 예를 들면, 중국의 경우 97년 4월에 이미 인민해방군 소속 사이버 해커부대를 창설했으며, 98년에 사이버 전쟁훈련을 실시하였다. 2010년 현재 중국은 250여 사이버 부대에 5만여 명의 사병이 복무하고 있는 것으로 평가된다. 이밖에도 사이버전 특수인력 양성 및 각종 사이버전 무기와 전술을 개발해 미국에 못지 않은 사이버전 능력을 보유하고 있는 것으로 알려져 있다(임영갑, 2010: 361). 중국은 사이버 체계 구축을 신국방전략의 핵심으로 삼고 있는 것으로 판단된다(문종식 · 이임영, 2010: 25). 또한 공안부는 국무원의 지휘 아래 국가 전체의 공안업무를 담당하며 중국 내의 사이버 관련 보안업무와 기술개발에 핵심적인 역할을 수행한다(문종식 · 이임영, 2010: 25).

일본의 경우는 방위청이 2000년 10월 시험용 바이러스와 해킹기술을 독자적으로 개발한다는 방침을 발표하고 육, 해, 공 자위대가 통합 운영하는 사이버 부대를 창설하였다. 2001년에는 사상 처음으로 방위예산에 사이버 테러공격을 방어하기 위한 첨단 전자장비 및 관련 기술 개발비용으로 1,398억 엔을 투자하는 등 미래전을 준비하고 있다(임영갑, 2010: 361). 또한 2005년부터 내각관방정보보호센터에서 사이버 위협징후에 대한 모니터링을 실시하며 사이버 보안관련 해당 기관을 지원해 오고 있다(문종식 · 이임영, 2010: 25). 이밖에도 러시아 역시 미국에 이어 세계 2위 수준의 사이버전 공격능력을 보유하고 있는 것으로 평가되며(배달형, 2011: 148-171) 실제 그루지야 침공사례에 비춰 보건대 사이버전을 독자적인 전장공간이자 전력으로 이해하고 미래전에 준비하고 있는 것처럼 보인다.

2. 우리 국가의 사이버 테러 대응역량 강화방안

국가의 사이버 테러 대응역량 강화는 근본적으로 사이버 공간에서의 안전보장능력과 국가 법 집행 능력의 확보라는 핵심목표를 전제로 추진되어야 한다. 이러한 역량강화에서 주의해야 할 점은 어떤 조직이나 기구의 신설이나 재편, 지휘체계의 재편 등 제도적 리모델링으로 이해하거나 어떤 공격 및 방법 기술이나 기법 등의 연구개발 등과 같이 단편적이고 궁극적인 해결책을 찾으려 해서는 안 된다는 점이다. 국가의 사이버 대응능력은 군을 포함한 정보활동과 법 집행 능력의 확보와 사후대응 능력의 구축이라는 종합적 사이버 능력을 확보하고 사이버 공격 사안에 따라 적절하게 효과적으로 대응할 수 있는 국가전략급 수준의 역량 마련이라는 포괄적이고 상위의 개념으로 접근해야 한다. 국가급 수준의 사이버 테러 대응역량에는 군을 사용한 전쟁양식의 대응과 정보기관을 활용한 정보활동이나 비밀작전, 그리고 검찰, 경찰 등의 형사사법기관을 통한 형사사법적 대응, 그리고 재난대응, 소방방재, 인터넷 진흥원 등을 통해 구현되는 사후의 재난 대응이라는 세부 영역들을 모두 포함한다. 국가가 전통적으로 개별 영역이 뚜렷이 구분되어 오던 이러한 다양한 국가의 공권력 또는 폭력기관을 통합적으로 고려해야 하는 이유는 사이버 공간이 가지는 특수성 때문이다. 국가의 배타적 주권 영역이 뚜렷이 구분되는 현실공간과는 달리 사이버 공간에서는 국가의 치안 영역과 군사적 대응이 요구되는 국가안보의 영역이 혼동된 상태로 공존한다. 때문에 어떤 영역에 속하는지 뚜렷하지 않은 경우가 대부분이다.

혼동의 사이버 공간에서 사이버 테러와 같은 위협에 대응하기 위한 국가급 역량의 핵심은 다양한 서로 다른 영역들을 통합적으로 운용할 수 있는 컨트롤 능력을 갖추고 각 구체적 사안별로 적절한 대응도구를 사용하는 것이다. 때문에 국가전략급 수준에서는 이러한 네 개의 모든 영역들을 포괄적으로 이해하고 상황에 맞게 적절한 도구를 활용할 수 있는 분별력과 예술적 관리능력이[1] 요구된다. 비유하자면

---

1 마키아 벨리는 이를 virtu라고 지칭했다.

군은 큰칼이며 검찰과 경찰 같은 법 집행기관은 작은칼이다. 또한 정보기관은 어떤 칼을 쓸지 애매모호하고 적절치 않은 상황에서 사용할 수 있는 만능칼이며, 사후 대응과 관련된 여러 기관들은 적을 공격할 수 있는 칼이라기보다는 국가와 사회를 지키는 방패이다. 즉, 상황에 따라 어떤 도구를 써야 적절하고 정치적, 사회적, 경제적, 심리적 비용을 최소화하면서 최대의 효과를 거둘 수 있는 지가 국가급에서 판단되어야 한다.

우리국가의 경우 이러한 적절한 대응에 대한 컨트롤과 위기관리를 하기 위해서는 청와대 직속의 국가안보관리 컨트롤 타워가 운용되어야 한다. 이와 관련하여 미국의 사례를 따라 대통령 직속에 사이버 안보보좌관을 둘 수 있을 것이다. 만약 그렇지 않으면 국가안전보장회의에 상임 사무국을 두고 여기서 직접적인 컨트롤 타워기능을 수행할 수도 있을 것이다. 어떤 경우이건 국가최고지도자 수준에서 전체 국가안보를 조망하고 조율할 수 있는 기관과 역량이 마련되어야 할 것이다.

국가전략급 수준에서 컨트롤 타워 기능이 작동하면 군의 역량 강화와 함께 정보기관 법 집행기관, 그리고 사후대응 기관들에서의 각 영역별 사이버 위협 대응 역량 강화가 총체적, 통합적으로 이루어져야 할 것이다. 먼저 군과 관련해서는 사이버 공간에서의 장악력 확보라는 핵심목표를 전제로 미래전장환경에 대한 군사역량 강화라는 종합적 시각과 방향성하에서 사이버 전력 강화를 추진해야 한다. 사이버 공간이라는 특수성을 감안한다면 군은 자신들의 고유 영역을 넘어서 사이버 공간상에서의 법 집행과 정보활동, 그리고 사후 대응이라는 민간부문의 영역까지 관심을 가지고 이러한 부문을 자신의 고유 영역인 군사 활동과 연계시켜 복합적으로 접근해야 한다.

군의 대응은 기본적으로 사이버 공간을 하나의 별개의 전장공간으로 인식하고 이에 대한 제공권과 제해권과 유사한 장악력을 강화하고 적대국가의 장악력 구축을 저지하고 억제하는 데 사이버 대응 역량강화의 목표가 맞추어져야 한다. 이러한 노력은 기존의 네트워크 중심전 역량강화와 사이버 심리전에서의 우위확보를 복합적으로 전개하는 것을 넘어 사이버 공간에서의 독자 군사력으로서의 사이버 군사력을 지향하고 구축해가야 할 것이다. 이는 하늘 공간이 새로운 공간으로 편입되고 나서 공군력이 독자적인 공간에서의 군사력으로 발전되어 온 사례를 참조하면 이해가 수월할 것이다. 이와 함께 군은 해군의 해상봉쇄나 공군의 전략폭격과 같은 독자군으로서 전쟁의 승리를 확보하고 적의 의지를 굴복시킬 수 있는 전략의 기본 틀을 사이버 전력에서도 정립할 필요가 있다. 예를 들면 사이버 공간을 통해 적의 인식과 의식, 의사판단을 마비시킴으로써 전쟁 수행자체를 포기시키는 정보장악이 독자적인 전투력으로서 사이버 전력의 전략의 기본 프레임이 될 수 있다.

하지만 독자전력으로서의 사이버 전력이 가지는 현실적인 한계는 지상전에서의 결정적 승리 없이 사이버 전력만으로 적의 항복을 받아내는 것을 어렵게 만든다. 사이버 전력은 기존의 해군력 또는 공군력과 유사한 성격을 가지게 될 것이다. 이는 본질적으로 사이버 전력은 해군, 공군력과 유사하게 지상 전력을 지원하는 전력으로서의 성격을 지니기 때문이다. 때문에 사이버 전력은 기존의 해, 공군력과 유사하게 지상전력을 지원하는 기능이 매우 중요할 것이며 따라서 지상 전력과 또 기존의 해, 공군력과 어떻게 유기적으로 결합하여 통합전을 수행할 것인지에 대한 전략, 전술의 개발과 통합 훈련을 통한 전쟁수행 능력 강화가 요구될 것이다. 이러한 지원 기능은 사이버 공간의 테러리스트 사용 논의에서 구체적인 사례들이 언급된 바 있으며 이를 군사전략적으로 발전시킬 가능성은 상당히 크다고 볼 수 있다.

이러한 사이버 전력의 발전방향과 가능성에 대한 이해는 군이 단순히 사이버 사령부의 설치와 사이버 전사의 양성과 같은 단편적인 접근이 아니라 구체적으로 독자전력으로서의 사이버 군이 어떤 성격으로 자리매김해야 하고 어떤 실제적 기능을 갖추거나 갖추려고 노력해야 하는지를 알려준다. 사이버 군의 독자전력 구축이 원점에서 구축되어야 한다는 전제 위에서 사이버 군의 사이버 공간에서의 장악력 확보와 지상군 및 기존의 해, 공군 지원 기능, 폐쇄된 인트라넷 침투나 적의 주요 해커 암살 등의 특수작전 기능, 그리고 로봇과 드론, 사물 인터넷, 그리고 3D 프린트 등이 결합된 미래전장환경에서의 실제 전투결전력의 확보라는 네 가지 주요 임무를 수행할 수 있도록 구축되어야 한다.

정보기관은 두 가지 부문에서 역량강화가 필요할 것이다. 하나는 비밀작전을 수행할 수 있는 역량의 강화이며 다른 하나는 법 집행과 정보수집 및 분석 기능의 엄격한 분리이다. 정보기관의 비밀작전 수행은 최근 들어 매우 중요해지고 있다. 이는 최근 미 CIA에 의해 시리아에서 IS반군을 공격하기 위한 드론 작전에서 단적으로 보여진다. 사이버 테러나 테러리즘 일반과 관련된 대응에 있어 많은 경우에 군을 사용한 전쟁 행위는 경제적이나 정치적, 외교적, 사회적 비용이 너무 많이 지출된다. 때문에 쉽사리 사용할 수 없는 경우가 많다. 반대로 수사기관을 사용한 법 집행은 법적, 도덕적 정당성의 확보라는 점에서 장점이 있지만 사법관할권의 문제로 사용이 불가능하거나 하더라도 개인이나 소규모 테러리스트가 아니라면 효과가 없다. 또한 수사에서 처벌까지의 기간이 상당히 소요되어 적절한 방안이 아닐 경우가 자주 발생한다. 이 둘 사이의 공백상태에서 정보기관을 활용한 정보수집, 분석과 비밀활동은 매우 신속하고, 용이하며, 적절한 파괴력을 가진다. 때문에 적절한 무기일 수 있으며 특히 그 사용위치가 사이버 공간이나 우리국가의 사법관할권 밖일 경우 더욱 그러하다. 때문에 이러한 논리에 따라 미국의 CIA의 사례를 참조하여 우리 정보기관 역시도 실제 병력과 소규모 전투를 할 수 있는 정도까지의 무장력을 갖추는 것을 고려해 볼 수 있다. 이러한 첫 번째 역량강화의 연장선상에서 현재 국가정보기관의 체계를 법 집행과 정보활동 및 비밀작전을 분리하는 분리형 조직체계로의 전환을 고려해 볼 수 있다. 즉 미국, 영국, 이스라엘 등의 사례와 같이 정보기관과 국가급 수사기관을 분리하는 것이다. 이 경우 몇 가지 장점이 있을 수 있다. 우선 정보기관에서 비밀작전 능력을 갖추더라도 국가기관간의 민주적 견제와 균형을 유지할 수 있다. 또한 수사과정에서 증거확보를 위해 요구되는 절차적 합법성을 갖춤으로써 재판에서 실제 테러리스트의 처벌을 이끌어 낼 수 있다. 동시에 정보기관이 정보활동과 비밀작전의 수행 도중에 초래할 수 있는 절차적 합법성을 넘어서는 초법적 조치들이 국가안보라는 목적 달성을 위해 그 윤리적 정당성을 갖추게 될 수 있다.

사이버 테러 및 범죄에 대한 법 집행 측면에서의 대응은 어떻게 수사기관의 전문성, 능력을 확보하고 군과 정보기관, 그리고 국가급 컨트롤 타워와의 유기적인 연계를 구축할 것인가 하는 문제에 초점이 맞춰질 수 있다. 사이버 테러나 범죄는 강, 절도, 폭력사건 등과 같은 일반적인 범죄에 대한 기존의 수사기관의 대응으로서는 한계가 있는 전문적이고 복잡한 문제이다. 때문에 이러한 기술적으로 복잡하고 증거확보와 수사가 용이하지 않는 과제에 대해서는 보다 숙련되고 전문적인 수사 인력의 확보와 이들의 효율적인 운용이 필요하다. 현재로서는 경찰청 사이버 테러대응센터와 대검찰청 사이버 범죄 수사단 등이 주요한 우리 국가의 사이버 테러 대응관련 수사기관이다. 이들 두 기관이 갖는 공통적인 문제점으로서는 절대적인 사이버 수사 인력의 부족과 이들 인력들의 순환보직과 같은 문제들이 지적될 수 있다. 경찰청의 사이버 테러대응센터를 예로 들면 수십 명 정도의 수사 인력을 갖추고 있는데 이 정도 인력 수준으로 사이버 공간 자체에 대해 테러 또는 범죄예방 활동과 수사 활동을 하는 데는 물리적 한계가 너무 뚜렷하다. 사이버 공간을 하나의 독립된 공간으로 인정한다면 현실공간의 육상과 해양 등과 마찬가지로 범죄예방을 위한 순찰, 범죄정보수집, 각종 다양한 사이버 관련 테러나 범죄에 대한 수사 등을 위해서는 하나의 사이버 공간 자체에 대한 경찰력이 작동되어야 한다. 이러한 문제는 검찰의 사이버 테러 대응 기구에 대해서도 유사하게 지적될 수 있다. 또 다른 인력과 조직에 관련된 문제는 기존의 경찰과 검찰 모두 사이버 테러 대응 업무에 종사하다가 순환보직과 승진 등의 여러 사유로 사이버 업무와 전혀 무관한 지역 경찰서나 검찰청 등의 교통이나 행정업무 또는 다른 유형의 범죄수사로 이동하게 된다. 이러한 현실은 사이버 테러대응 업무의 전문성과 역량을 축적하는데 상당한 걸림돌로 작용한다. 이러한 문제를 개선하기 위해서는 수사기관과 같은 법 집행기관 역시 사이버 공간을 하나의 독립된 공간으로 인식하는 것이 필요하며 이에 대해 어떻게 공권력을 확보하고 국민의 생명과 안전을 보호할 것인가에 대한 종합적 시각이 필요하다. 따라서 단편적으로 컴퓨터 공학 등을 전공한 사이버 보안인력의 수를 늘리는 것이 아니라 사이버라는 별도의 공간에서 범죄예방, 순찰활동, 범죄정보 수집과 안전지도, 수사 등의 복합적인 치안기능을 구축해야 할 것이다. 이는 해양이라는 별개의 공간에서 해양경찰이나 해안경비대가 구축되어 작동하는 것과 유사하게 이해할 수 있을 것이다. 따라서 지금 검찰과 경찰로 애매모호하게 이분화되어 있는 법 집행 구조를 단일화하고 사이버 공간에 대한 법 집행에 전문화된 독립된 개별 수사기관 또는 법 집행기관을 구축하며 필요에 맞게 인력을 확보하고 양성하는 전략이 필요할 것이다.

마지막으로 사이버 테러에 대한 사후 대응과 관련해서는 가급적 지역단위의 주체들에게 대응의 주도적 역할을 넘기는 전략이 필요할 것이다. 즉 실제 구체적인 현장대응은 지역단위의 대응주체들이 주도적으로 역할을 하고 국가급 컨트롤 타워는 이러한 지역주체들을 지원하고 조율하는 이선 대응주체로서 역할을 수행하는 것이 바람직할 것이다. 지역단위의 경찰서나 소방서, 민방위, 지역 협의회, 의료기관, 민간회사나 단체 등은 지역사정을 잘 알고 현장에서 당장 무엇이 필요하며 어떤 조치를 취해야 하는지 잘 파악할 수 있다. 하지만 이러한 지역 대응주체들은 사태 대응과정에 있어 군 병력을 지원받거나 사이버 테러 대응 전문팀에 협조를 구하거나 필요한 장비나 물자, 컨설팅을 즉시에 받을 수 있는 지휘권이나 동원권한 그리고 언론이나 여론 등을 컨트롤할 수 있는 대응력이 부재할 경우가 많다. 반대로 국가급 컨트롤 타워는 이러한 병력, 물자, 기술, 노하우, 언론 대응 등을 지원할 수 있는 권한과 능력은 갖추고 있으나 실제 사이버 테러 재난 현장의 상황을 정확히 즉시에 파악하고 빠르게 대응할 수 있는 현장 전문성과 즉시 반응성은 갖추고 있지 못하다. 때문에 실제 현장 대응의 주체인 지역단위 대응주체와 이들을 지원하고 협조하는 국가급 컨트롤 타워 간의 유기적 결합이 요구된다. 한편 원자력 발전소나 전력회사, 교통통신회사 등의 기업 단위체들은 그 하나의 단위체가 지역 대응 주체가 될 수 있으며 이 역시 유사하게 국가급 컨트롤 타워와 유기적으로 결합되어야 한다.

덧붙여 미국의 사례를 교훈삼아 중, 장기적 사이버 인력양성과 연구, 개발에도 상당한 노력을 기울여야 할 것이다. 미국 정부는 사이버 보안을 단순히 방화벽과 같은 사이버 대응 프로그램의 개발과 조직정비 등에만 의존하는 것이 한계가 있다는 인식하에 사이버 보안 인력을 체계적으로 발굴, 육성, 채용하기 위한 계획에 착수하였다. 이러한 미국의 방향성은 타당하다고 판단된다. 우리 국가 역시 이러한 모델을 참조하여 고급 전문 인력을 육성하기 위해 대학원 석, 박사과정에 투자하는 것과 동시에 인력의 양적 확대를 위해 대학교 학부과정, 더 나아가 고등학교에까지도 지원을 아끼지 않아야 한다. 고등학교에서 대학원 박사급까지 아우르는 총체적 인력양성 노력과 사이버 안보역량을 위해서는 고급 전문 인력의 질뿐만 아니라 군, 정보, 법 집행, 대응, 민간 등 모든 분야에서 활동할 수 있는 중간간부나 초, 중급인력의 수 역시 동시에 중요하다는 사실을 반영하는 것이다. 이와 함께 대학이나 연구소 등과 연계하여 사이버 테러에 대응해 나가기 위한 전략과 소프트웨어, 장비와 무기 등에 대한 광범위한 연구, 개발이 체계적으로 이루어져야 할 것이다. 이러한 교육, 연구, 개발에 있어 다시 한 번 강조되어야 할 점은 사이버 보안이나 컴퓨터 사이언스, IT(Information Technology)와 같은 직접적으로 관련이 있다고 여겨지는 분야에 한정되어서는 안 되며 범죄학, 군사학, 안보학, 심리학, 수학, 무기체계, 로봇 엔지니어링 등 광범위한 연계 분야에 대해 총체적인 접근이 이루어져야 할 것이다.

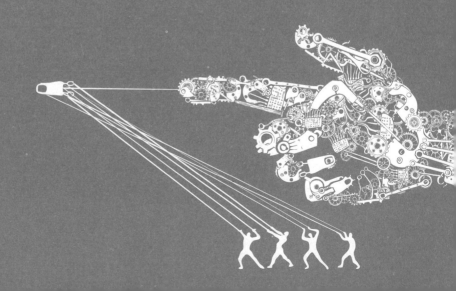

제11장
핵 테러리즘

핵 테러리즘

　최근 북한의 수소폭탄 실험성공 발표와 장거리 미사일 실험, 추가적인 핵 실험 의도 등으로 인해 핵과 관련한 북한 발 한반도위기가 고조되어 있다. 이러한 시사성과 연계하여 핵과 관련된 테러리즘의 문제를 짚어보는 것은 의미가 있을 것이다. 이 장에서는 핵 테러리즘의 잠재적 위험성과 핵과 관련된 안보위협들에 대해 살펴볼 것이다.

　핵 테러리즘의 현실적인 실현가능성은 여전히 다른 테러공격 유형에 비해 낮은 편이다. 핵 테러리즘은 아직 한 번도 발생한 적이 없으며 핵 테러리즘 자체가 가지는 특성 때문에 앞으로의 발생가능성도 낮은 편이라고 많은 전문가들은 지적한다. 하지만 이런 현실적으로 낮은 가능성에도 불구하고 핵 테러리즘이 주요한 하나의 주제로 논의의 대상이 되는 것은 핵 테러리즘 자체가 가지는 엄청난 파괴력 때문이다. 핵 테러리즘으로 예상되는 엄청난 사상자와 이후의 사회, 경제적, 그리고 정치적 폐해, 그리고 심리적 공포와 불안 등은 핵 테러리즘의 잠재적 위험을 간과할 수 없게 만든다.

　일반적으로 핵 테러리즘은 이슬람 극단주의자들을 포함한 테러리스트들에게 아직까지는 크게 그렇게 선호되는 테러방식은 아니다. 핵무기를 대부분의 테러리스트들이 획득할 수 없다는 현실적인 한계 때문이다. 핵무기는 대체로 해당 국가에 의해 매우 엄중하게 관리되고 있고 국제사회에 의해 고강도로 감시되고 있기 때문에 밀거래를 통한 무기구입이 쉽지 않다. 또한 복잡한 기술과 지식, 우라늄이나 플루토늄과 같은 핵물질의 확보, 그리고 막대한 인력과 자원과 시간의 투입 등이 전제되어야 하기 때문에 자체 개발도 쉽지 않다. 한편 테러리스트들이 핵 테러리즘을 쉽고, 안전하고, 예측가능하게 실행하기도 매우 어렵다. 이는 기술적으로도 그렇지만 전략적, 전술적 측면에서도 그러하다. 테러공격은 공격을 기획하고 주도하는 테러세력이 전반적인 과정과 사후의 결과와 반작용 등을 예측하고 관리할 수 있어야 하는데 아직까지는 핵 테러리즘은 이러한 확실성을 테러리스트에게 주지 못하고 있다.

하지만 그렇다고 핵 테러리즘이 일어나지 않을 것이라고 안심하기는 이르다. 미국의 테러전문가인 조나단 화이트에 따르면 종교적 성향의 테러세력은 일반적으로 핵 테러리즘과 같은 대량살상무기를 활용한 테러에 관심이 크다고 한다. 이는 그들의 사상적 논리 때문이다. 알 카에다나 IS와 같은 종교적 극단주의 성향의 테러세력은 그 논리가 다르다. 이들의 종교적, 전략적 목표가 이교도를 대량살상하는 것이기 때문에 대량살상에 적합한 핵무기 등에 대한 높은 관심을 보이는 경향이 있다. 실제로 세기말적 종교 성향을 가진 알 카에다나 일본의 옴 진리교 등은 과거에 핵무기를 자체 개발하거나 아니면 핵무기나 핵물질 등을 다른 국가로부터 훔치거나 국제 조직범죄자들이나 부패한 관료들로부터 구매하려는 노력을 기울였던 전력이 있다. 그들의 시도는 실패하였지만 알 카에다의 핵무기 획득을 위한 노력은 여전이 현재진행형이고 따라서 그 위협 역시 계속되고 있다. 이는 IS에게도 적용될 수 있으며 이들 역시 핵 테러리즘에 관심을 기울이지 않을 것이라는 보장은 없다.

핵 테러리즘은 크게 몇 가지 유형으로 구분된다. 먼저 핵폭탄을 사용한 폭탄테러를 들 수 있다. 적어도 아직까지는 앞서 언급한대로 현실적인 무기획득과 실행상의 어려움 때문에 핵폭탄과 같은 핵무기가 테러리스트에 의해 직접 사용될 가능성이 그리 높지는 않다. 하지만 기술의 발달과 정보의 확산으로 미래사회로 갈수록 이런 전제가 더 이상 통용되지 않을지 모른다. 최근 들어 온라인 등의 공개출처 정보만을 활용하여 민간인이 핵무기를 제작할 수 있는지에 대한 논쟁이 있었다. 반대도 있지만 일각에서는 이러한 시나리오가 현실적으로 가능하다고 주장한다. 만약 가까운 미래에 공개정보를 활용한 민간인의 핵무기 제작이 현실적으로 가능해진다면 핵폭탄에 의한 테러리즘은 분명하고 실존하는 위협이 될 것이다. 한편 테러리스트가 핵무기를 구입하거나 훔치는 것 역시 대체로 핵보유 국가들이 상당히 높은 수준의 보안조치를 취하고 있고 국제사회가 고강도로 감시하고 있기 때문에 현실적으로 쉽지 않다. 단, 북한 등의 불량국가들과의 국제적 밀거래를 통해 이러한 핵무기가 테러리스트의 손에 들어갈 경우는 얘기가 다르다. 이는 오늘날 핵 테러리즘과 관련한 불안요소이다.

또 다른 핵 테러리즘 유형은 속칭 "더러운 폭탄(Dirty Bomb)"이라고 부르는 사제

폭탄과 핵물질이 조합된 방식의 테러이다. 이 경우 테러리스트는 보다 손쉽게 이러한 무기를 손에 넣을 수 있는 것으로 판단된다. 따라서 상대적으로 이러한 방식의 공격은 현실성이 높다. 테러리스트는 플루토늄과 같은 핵물질을 국제적 밀거래를 통해 직접 획득할 수도 있지만 대학이나 병원 등에서 연구용 또는 의료용으로 이용되는 방사능 물질을 획득할 수 있으며 방사능 물질을 처리하는데 사용된 후 버려지는 장갑이나 신발 등과 같은 방사성 폐기물도 손쉽게 획득할 수 있다. 이러한 방사능 물질을 사제폭탄과 조합하여 공공장소에서 폭발시키게 되면 상당한 심리적 공포와 불안을 조장할 수도 있을 것이다. 일반적으로 이러한 유형의 테러는 현실적인 피해나 살상규모는 크지 않지만 사회적 불안과 심리적 공포는 매우 크다.

이 밖에 핵발전소나 사용된 핵연료의 저장시설이나 운반수단 등에 대한 무장공격도 핵 테러리즘의 범주에서 다루어야 할 주요한 위협들에 해당된다. 이러한 대상들에 대한 공격에는 주로 밀란 로켓과 같은 대전차 무기가 사용될 수 있다. 강력한 대전차 로켓을 3-4차례 반복해서 동일한 타깃을 공격할 경우 핵물질의 확산을 통한 피해를 극대화할 수 있다. 이 경우 바람방향과 습도, 그리고 화재 여부와 강도 등의 외부 변수가 핵물질 확산에 주요한 영향을 미치게 된다.

북한의 핵무장과 관련하여 우리가 관심을 가져야 할 사항은 다음의 두 가지이다. 먼저 앞서 언급한 바와 같이 북한의 핵무기나 핵물질이 국제밀거래 망을 통해 국제 테러리즘 세력에 흘러들어갈 수 있다는 점이다. 북한 정권이 직접 핵무기나 핵물질을 테러리스트와 밀거래할 위험성도 있지만 북한의 부패한 관료나 과학자 등이 개인적 사익을 위해 밀거래를 시도할 가능성도 역시 제기된다. 특히 북한정권이 약화되는 경우에는 구소련의 경우처럼 후자의 위험성이 더욱 증가할지 모른다. 지난 수십 년 간의 북한의 마약, 무기밀거래 등의 국제범죄 전력이나 중동, 아프리카의 여러 불량정부와 테러세력들과의 협력관계 등은 이러한 우려의 근거가 된다. 다음으로 우려스러운 것은 북한이 한국사회에 대해 직접 테러공격을 감행할 위험성의 여부이다. 한국과 미국의 보복공격의 위협 때문에 북한이 핵 테러공격을 개별적으로 감행하기는 어려울 것이다. 하지만 본격적인 전면전의 선제공격이나 정규전과 결합된 방식의 핵 테러리즘 실행 여부는 현실적으로 가능하다고 볼 수 있다. 지난 북한의 군사퍼레이드에서 핵배낭 부대가 언론에 노출된 바 있다. 북한이 지속적으로 핵무기를 소형화하고 있는 추세와 핵배낭 부대를 운영하고 있다는 점 등을 고려해보면 한-미 연합군의 킬체인을 피해갈 수 있는 효과적인 대안으로 잠수함 발사 핵미사일과 함께 핵배낭 부대를 활용한 자폭 핵 테러공격을 북한이 고려할 수도 있을 것이다. 때문에 미사일이 아닌 인적 요소에 의한 핵폭탄의 직접적 운반방식에 의한 공격 가능성도 염두에 두어야 할 것이다. 이 경우에 북한과 이슬람 극단주의 테러 세력과의 연대문제도 고려의 대상에 추가해야 할지 모른다. 미국과 서방이라는 공통의 적은 이들을 하나의 연대세력으로 묶는 동기가 될지 모른다. 울산-부산-여수를 축으로 한 동, 남해안 일대에 우리의 핵시설과 주요 항만이 집중되어 있는 현실을 고려할 때 이 지역에 대한 핵 테러리즘과 같은 북한의 공격은 한-미 연합군의 전쟁수행에 심각한 피해를 가할 것이다. 이 경우 아마도 후방이 마비된 상태에서 북한과의 전쟁을 수행해야 하는 상황이 올지도 모른다. 핵 테러리즘은 미래사회로 갈수록 더욱 곤혹스러운 문제를 야기할지도 모른다. 그리고 북한의 핵은 그러한 근심의 주요한 분기점이 될지 모른다.

제12장
지역별 테러리즘 현황

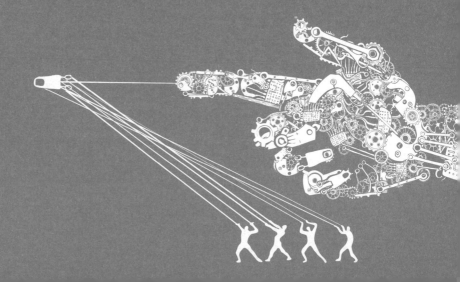

지역별 테러리즘 현황

≫ 쿠르드 문제와 터키의 아슬아슬한 줄타기

2015년 7월 20일 시리아 접경지역의 터키 도시 수룩(Suruc)에서는 쿠르드 출신 IS 조직원에 의한 폭탄테러가 일어났다. 이 공격으로 인해 30여 명 가량이 죽고 100여 명 정도의 부상자가 발생했다. 이 폭탄테러 사건은 오늘날 테러리즘이 얼마나 복잡하게 엉킨 실타래의 한 단면인지를 보여준다. 또한 한동안 잊혀졌던, 30년도 더 된 해묵은 쿠르드 테러리즘과 터키의 문제가 알 카에다와 IS의 이슬람 극단주의 테러리즘에 더해져 중동지역 안보문제의 전면에 재등장하는 것을 알리는 하나의 신호탄이 됨을 의미한다.

이처럼 복잡하게 뒤엉킨 중동정세의 기저에는 쿠르드 문제가 존재한다. 쿠르드 딜레마는 테러리즘을 둘러싼 중동정세의 해결을 위한 중요한 하나의 열쇠이자 동시에 걸림돌이다. 쿠르드 민족은 아랍, 터키, 페르시아 민족과 함께 중동지역의 주요한 민족 가운데 하나이다. 이 가운데 쿠르드 민족만이 오스만 투르크 제국의 붕괴 이후 민족국가를 이루지 못했다. 쿠르드 민족은 공중분해되어 터키, 시리아, 이라크, 이란, 그리고 아르메니아의 한 지역으로 편입되었다. 이 때문에 쿠르드인들은 해당 국가들의 소수민족으로 전락하게 되었고 오랫동안 해당 국가들의 권위주의 정권의 차별과 박해의 대상이 되었다. 터키는 쿠르드인의 존재를 부정하고 수십년 동안 터키화 정책을 추진해왔다. 이란 역시 1979년 이슬람 혁명 이후 비시아파에 대한 차별과 박해를 지속해오고 있으며 수니파인 쿠르드인들 역시 그 대상이 되어오고 있다. 이라크에서는 사담 후세인 정권에 의해 차별과 박해, 그리고 화학무기를 이용한 인종청소 등에 시달려 오다가 후세인 정권 붕괴 이후 미국과 서방의 도움으로 쿠르드 지방 자치정부를 구성했다. 시리아의 아사드 정권은 자국 내 쿠르드인들에게 국적조차 부여하지 않아, 시리아계 쿠르드인들은 존재하지 않는 유령인구로 존속해오고 있다가 시리아 내전 이후에 주요한 반정부 무장 세력으로 그 존재를 드러냈다.

문제는 쿠르드 민족 자체가 분열되어 있으며 서로 경쟁관계에 있다는 것이다. 우선 터키계 쿠르드는 크게 PYD(Kurdistan People's Democratic Union)/PKK(Kurdistna Worker's Party)와 해다-파(Huda-Par)/헤즈불라(이 조직은 같은 이름을 가진 시아파 테러조직과는 다른 그룹이다) 그룹들로 나뉘어져 있다. 전자는 세속적 민족주의에 기반을 두고 터키 남동부 쿠르드 지역에 분리독립국가 또는 적어도 자치정부를 수립할 것을 목표로 한다. 이들은 터키정부와 IS 양자 모두를 상대로 테러전쟁을 벌이고 있다. 반면 후자는 쿠르드 내 이슬람주의자들을 대표한다. 이들은 IS를 지지하며 PKK를 포함한 세속적 민족주의 쿠르드 세력들과 터키정부에 모두 적대적이다. 현재까지 수천 명의 쿠르드 인들이 PKK 등의 세속적 민족주의 그룹에 가담했으며 약 600명 정도의 쿠르드 이슬람주의자들이 IS에 가담한 것으로 알려져 있다. 수룩 폭탄테러의 주모자는 이슬람주의 계열의 쿠르드인 IS 조직원이었다. 한편 이라크계 쿠르드와 시리아계 쿠르드는 각각 해당 지역에서의 분리독립국가 또는 자치정부를 목표로 한다. 이라크 쿠르드의 자치정부와 쿠르드 페쉬메르가(Peshmerga) 무장 세력은 이라크 역내에서의 대 IS 전쟁의 핵심전투 세력이다. 시리아 쿠르드의 PYD(The Democratic Union Party)와 YPG(Kurdish People's Defense Units)는 시리아 내전의 주요한 무장세력이며 터키와 시리아 국경의 상당부분(565마일에 달하는)을 장악하고 있다. 이라크와 시리아의 쿠르드 세력은 미국의 지원을 받으며 대 IS 전쟁에서 서로 공조하고 있다. 하지만 이들과 터키계 PKK와의 관계는 복잡하다. 시리아 쿠르드 세력은 PKK와 긴밀한 연대를 맺고 있는 반면 이라크 쿠르드 지역 정부는 터키 정부와 협조적이며 오히려 터키의 이라크 지역 내 PKK 거점에 대한 공습과 소탕을 방관하거나 은밀히 지원한다. 이는 이라크 쿠르드 지방 정부의 원유가 터키를 통해 국제시장으로 흘러가는 것처럼 적대적인 국가들과 정치세력에 둘러싸인 탓에 터키와의 경제적인 유대가 없이는 지역경제의 생존이 위협을 받기 때문이다. 또한 터키계 PKK와는 전통적으로 정치적인 경쟁적인 관계를 유지해오고 있는 것도 배경이다.

쿠르드 문제에 직면한 터키 정부의 입장은 복잡하다. 이는 쿠르드 문제가 터키의 전통적 국가 이해관계, 그리고 현 대통령인 에르도간 정부의 국내정치적 상황과 시리아, 미국, IS 등 관련 국가 및 정치세력과 연관된 터키의 국제정치적 이해와 밀접히 맞물려 있기 때문이다. IS가 주도한 수룩 폭탄테러를 기점으로 8월 9일 터키 경찰에 대한 PKK의 무장테러에 이르기까지 터키와 쿠르드, 그리고 IS, 시리아, 미국 간에 급박한 정세변화가 있었다. 터키는 수룩 테러를 기회로 IS뿐만 아니라 자신들의 오랜 골칫거리인 PKK 테러세력을 함께 제거하려고 시리아와 이라크 북부 PKK 거점에 대한 공습을 시도했다. 이와 동시에 터키 국내의 쿠르드 계열 반정부 세력과 극좌 그룹을 IS와 패키지로 묶어 소탕하려고 한다. 반면 PKK는 이에 맞서 지난 2년 간의 정전협정을 깨고 터키에 대한 테러공격을 재개했다. 한편 터키는 미국에 인시르릭(Incirlik) 공군기지를 제공하기로 결정했다. 이렇게 되면 공습과 작전을 위한 비행거리가 상당히 짧아져 작전 효과를 극대화하고 소모비용을 낮출 수 있어 미군과 나토군은 시리아와 이라크 지역 IS 소탕에 상당한 전술적 이점을 갖게 된다. 하지만 미국의 딜레마는 터키의 협조를 얻어내는 대가로 쿠르드를 포기해야 한다는 것이다. 그동안 시리아와 이라크 지역에서 미국의 대 IS 전쟁에서 가장 믿을만하고 위력적인 무장 세력은 YPG와 같은 쿠르드 무장세력이었다. 이들은 PKK와 긴밀한 연대를 맺고 있다. 터키는 PKK뿐만 아니라 YPG 역시 자국에 매우 위협적인 세력으로 간주한다. 터키는 남부국경지역에 쿠르드 국가가 들어서는 것을 절대로 용인하려 하지 않을 것이다. 최근 터키 총선에서 집권당인 이슬람 성향의 AKP(정의개발당)와 극우민족주의 성향의 MHP(민족운동당) 연대가 의회의 5분의 3을 장악함으로써 에르도간 정부가 더욱 강경보수화 하는 경향을 보일 것이라는 점을 감안하면 더욱 그러하다. 터키는 미국과 나토의 대 IS 전쟁에 참여하는 것을 기회로 PKK와 쿠르드 무장 세력에 대한 공격을 더욱 강화할 것이다. 터키에게는 IS보다 쿠르드 무장세력 또는 PKK가 훨씬 더 중요한 위협세력이다. 터키는 오히려 이슬람 극단주의 테러세력과는 우호적 관계를 유지해왔다. 터키가 알 카에다 계열의 아흐라르 알 샴(Ahrar al-Sham)과 자밧 알 누스라(Jabhat al-Nusra) 등을 지원해왔다는 것은 알려진 사실이다. 첩보에 따르면, 터키는 심지어 IS와도 고위급 수준에서 긴밀한 관계를 맺고 있다고 한다. IS의 인력채용과 석유 밀거래, 유물 밀거래, 자금세탁 등이 터키를 통해 이루어지는 것을 방조하는 대가로 IS는 터키 내 테러공격을 자제한다. 관광이 전체 GDP의 4.6%를 차지할 뿐만 아니라 다양한 민족과 종교분파, 정치세력들이 존재하는 터키 국내의 사회적, 경제적 상황은 터키를 IS 테러공격에 매우 취약하게 만든다. 따라서 터키로 볼 때는 IS 테러가 터키내부로 번지는 것은 매우 우려스러운 상황일 것이다. 한편 IS와 아흐라르 알 샴, 그리고 알 누스라 등은 터키의 오랜 숙적인 시리아 아사드 정권과 PKK, 그리고 다른 쿠르드 세력들을 제거하는데 매우 효과적인 수단이 될 수 있다. 이러한 터키의 복잡한 이해관계와 맞물려 미국은 쿠르드 세력을 포기할 수도 지지할 수도 없는 딜레마에 직면한다. 터키의 지원을 얻기 위해 쿠르드를 포기할 경우 동맹을 배신한 윤리적 상처와 효과적인 지상 전력의 손실이라는 전술적 출혈을 감내해야 한다. 하지만 터키의 적극적인 대테러 전쟁 가담은 미국과 나토에게는 IS의 궁극적 소탕을 이끌어 내는데 매우 결정적인 국면전환이 될 것이다.

2016년 7월 초에도 다시 이스탄불 공항에서 IS 주도의 폭탄테러 공격이 발생했다. 최근 들어 터키가 IS 테러의 주요 표적이 되고 있다. 이는 터키 정부가 대 시리아 정책과 쿠르드 족 소탕의 일환으로 IS의 세력 확장을 은근히 묵인한 것에 따른 대가로 보인다. 한편 IS는 2015년 말 파리테러에 대한 대응으로 미국과 프랑스, 러시아 등이 대 IS 공세를 강화하면서 자신의 점령지역의 50퍼센트 가까이 잃게 되면서 수세에 몰리고 있다. 이러한 국면의 전환을 위해 IS는 외부세계에 대한 테러공격을 강화하고 있다. 대표적인 예로 2015년 말의 파리테러, 2016년 들어 브뤼셀 테러와 미국의 올랜도 테러, 그리고 인도네시아 자카르타 테러와 방글라데시 테러에 이르기까지 대규모 테러공격을 감행하고 있다. 이러한 IS 전략의 직접적인 여파가 터키와 이라크와 같은 IS의 인접 국가에 미치게 되었다. 때문에 이라크와 터키의 주요도시들에서 폭탄테러와 같은 IS 주도의 테러공격이 최근 들어 급증하고 있다. 터키의 IS 묵인정책의 파생적 결과와 IS 전략의 변화로 인해 당분간 터키에서의 테러공격은 심각한 수준으로 유지될 것 같다.

》 위구르 민족문제와 테러리즘, 그리고 중국의 제국주의

2015년 9월, 중국은 열병식 행사를 통해 군사굴기 즉, 군사력을 통한 제국질서의 중심으로의 등장을 선언했다. 아직은 미완성인 중국의 제국질서 구축에 대한 목표가 만약 미래의 어떤 시점에 이루어지게 된다면 어떤 모습이 될까? 이 질문은 중국에 이웃한 우리에게 매우 절박하고 중요한 질문이 될 것이다.

지금 이 시점에서 중화제국 질서의 모습을 미리 그려보는데 위구르 민족문제는 하나의 의미 있는 샘플이 될지 모른다. 위구르 민족이 오늘날 직면하고 있는 비극과 고난은 위구르 민족의 정체성과 생존의 문제, 독립에 대한 염원, 중국의 제국적 탐욕과 폭압적인 국가 테러리즘, 글로벌 이슬람 극단주의 테러리즘, 범 투르크 민족주의, 그리고 현실주의적 국제관계 등의 복합 요소들이 빚어낸 어떤 결과물이다. 그리고 이는 우리에게 제국질서에 편입된 소수민족이 맞게 될 암울한 결과를 보여준다.

2015년 8월 방콕에서 발생한 에라완 사원 폭발테러는 위구르인 또는 위구르 테러조직인 동 투르크 이슬람 운동(ETIM: Eastern Turkistan Islamic Movement)에 의한 것으로 태국 당국에 의해 발표되었다. 폭발 사건 직후 테러 배후에 태국 반정부 단체에 의한 소행이나 개인적 원한 등으로 추정되었으나 글쓴이는 폭발 사건 직후 위구르 테러세력을 의심했었다. 이 때문에 폭발 직후 다음 테러주제로 위구르 문제를 다루자고 제안하였다. 그 추정의 근거는 다음과 같다. 먼저 공격목표가 중국인들이었다는 사실이다. 위구르 테러리즘의 주요 타깃은 중국정부와 중국인이다. 또한 사용된 폭탄의 종류와 위력 그리고 폭탄테러를 위한 준비과정과 공격대상 설정, 그리고 시간대 등을 고려해 볼 때 불만을 가진 몇몇 개인이 할 수 있는 수준을 넘어서며 조직적 작전과 지원, 기획 등을 필요로 한다. 즉 훈련받은 전문테러세력의 존재를 전제로 한다. 또한 폭탄테러사건 이후에 책임을 주장하는 자가 나타나지 않았다는 점이다. 대체로 IS나 알 카에다와 같은 이슬람 극단주의 테러세력들은 사건 즉시 자신들의 업적임을 주장하는 선전전을 수행한다. 하지만 지난 수년 간의 관찰에 따르면 위구르 테러조직들의 경우 테러사건 이후에 자신들의 행위임을 주장하지 않고 침묵을 지키는 경우들이 나타났다. 이는 아마도 중국정부에 의한 위구르 인들에 대한 탄압과 학대에 대한 우려 때문이 아닐까 추정한다.

중국으로서는 위구르 문제는 밝히고 싶지 않은 하나의 치부이자 아킬레스건이다. 중국은 자신들의 제국질서의 중심으로의 등장에 대한 하나의 윤리적 정당성의 근거로 반제국주의를 강조한다. 미국과 서방 등이 구축한 제국주의 질서에 대한 하나의 저항세력의 중심으로 자신들의 윤리적 정당성을 설정한다. 지난 열병식의 주요테마가 반파시스트 동맹이었다는 사실은 이에 대한 증거이다. 반파시스트의 다른 이름은 반제국주의이며 이는 일본과 그리고 그를 후원하는 미국에 대한 도전이라는 명제를 담고 있다. 때문에 반제국주의 세력으로서의 윤리적 정당성은 자신들의 제국질서 구축에서 핵심적인 사안이다. 반제국주의로서 중화질서는 서방을 자신들이 설정한 역내에서 몰아낸 아시아인에 의한 아시아 질서라는 명제로서의 중국 중심의 제국질서이다. 여기서 다른 민족은 중국화하거나 중국에 복속된 객체로서의 대상이 된다. 그리고 이는 아시아 여러 민족 간의 화해와 평화공존이라는 명제로 포장된다. 하지만 티벳과 위구르의 민족문제와 인권문제는 중국의 반제국주의 주장의 허구성과 비도덕성, 그리고 사기성을 적나라하게 보여주는 하나의 증거가 된다. 이 때문에 중국은 이러한 문제를 외부에 노출시키지 않고 싶어 하며 덮어두고 싶어 한다.

위구르의 문제는 외부에 잘 알려지지 않는다. 위구르 문제는 거의 중국의 공식 미디어를 통해서 외부에 알려진다. 때문에 상당부분 왜곡된 정보가 전달된다. 때문에 중국정부에 의해 통제되지 않는 독립적인 출처를 통한 미디어 보도와 정보보고 자료 등을 토대로 위구르 문제의 실체에 접근하는 것이 필요하다. 위구르 문제에 대한 이해는 테러리즘 연구의 지평을 넓히는 것과 동시에 중국 국가테러리즘의 실체와 제국주의 욕망에 대해 알고 이와 연동된 우리국가의 안보문제의 핵심 사안을 이해하고 방향을 설정하는데 도움을 줄 것이다.

1. 위구르에 대한 배경설명

우리에게 생소한 위구르 인들은 이른바 중국의 신장-위구르 자치지역에 기반을 둔 민족이다. 이들은 우리 역사에 돌궐족으로 알려진 투르크 또는 터키계 민족이다. 터키 민족들은 위구르를 포함하여 키르기즈스탄, 우즈베키스탄, 카자흐스탄, 투르크메니스탄, 그리고 러시아 연방에 속한 타타르스탄과 터키까지 유라시아 대륙 중심부에 넓게 퍼져 있다. 이들은 우리 한민족과도 인류학, 언어학적으로 매우 동질적이며 고구려 시절부터 유연이라는 투르크 국가와 수-당 등 대 중국왕조 견제를 위한 긴밀한 동맹관계를 형성하였다(서영교, 2007: 300-325). 예를 들면 중국왕조의 북동국경에 고구려가 접하고 있고 북서국경에 유연이 접하고 있었다. 때문에 어느 일방이 중국왕조와 무력충돌이 있을 경우 다른 일방이 침공을 통해 제2전선을 형성함으로써 공통의 안보를 도모했다(서영교, 2007: 300-325). 더욱이 돌궐족과 흉노족의 상당수가 고구려, 백제, 신라 등에 이주한 기록들을 고려할 때 민족적으로도 우리와 긴밀한 관련이 있다고 볼 수 있다.

오늘날 위구르인들이 터키계라는 사실은 터키 내의 상당한 친 위구르 정서와 연결된다. 터키 내의 주요한 정치세력 가운데 하나인 투르크 민족주의세력은 위구르인과 위구르의 독립을 지지한다. 이들은 위구르 문제에 적극적인데 이들의 위구르 지지는 범 투르크 운동과 연결된다. 범 투르크 운동은 위구르 지역에서 터키 사이에 펼쳐진 유라시아 대륙 중앙의 투르크 민족영역을 포괄하는 하나의 투르크 세력권을 형성하자는 운동이다. 이런 맥락에서 위구르 문제는 자신들의 문제가 되며 때문에 위구르인들을 탄압하는 중국에 대한 반 중국 정서가 나타나게 된다. 이런 배경 하에 터키 내에서 중국인들에 대한 증오범죄나 공격 등이 발생하고 있다. 현재 터키 내에 상당한 위구르 난민이나 이주 공동체가 존재하는 것도 이러한 민족적 동질성과 유대, 그리고 민족주의 세력의 정치적 지지에 기반하고 있다. 현 에르도간 정부 하에서 투르크 민족주의 세력은 상당한 정치적 영향력을 행사하고 있다. 이런 배경 하에서 위구르 문제는 터키의 주요한 어젠다 가운데 하나가 되고 있다(Babayan, 2011; Girit, 2015).

문화적, 종교적으로 위구르인들은 이슬람 종교와 문화를 유지해 왔다. 이들은 수니 무슬림이다. 때문에 이들은 중앙아시아와 중동지역의 다른 수니 무슬림들과 상당한 종교적, 문화적 공감대와 공동의 정체성을 형성한다. 반면 중국의 92퍼센트를 차지하는 주류민족인 한족과는 종교적, 문화적 공감대나 공동의 정체성을 공유하지 않는다. 오늘날 중국정부는 위구르 지역에서 민족 간 조화와 공영을 주장하며 위구르인들을 한족으로 통합시키려고 시도한다. 이 과정에서 위구르인들의 문화와 종교는 조직적으로 탄압되고 말살된다. 이러한 중국의 민족탄압정책은 과거 일본의 조선민족말살정책을 연상시킨다. 외관상으로 위구르 지역에 많은 모스크들이 존재하지만 실제로 이슬람 종교 활동에는 상당한 제약이 있다. 학교에서의 종교행위, 근무 중에 머리에 스카프를 두르는 행위, 라마단 동안의 행사 등이 상당히 제약되거나 축소된다. 코란과 아라비어어에 대한 학습은 통제되며 위구르 언어는 점차로 이 지역 대부분의 학교에서 축출되고 있다. 이 밖에도 이른바 재교육을 통한 중국화 그리고 감시카메라와 검열 등을 통한 통제 역시 위구르인들의 고유한 문화와 종교를 탄압하고 말살하기 위한 의도로 실행되고 있다(Poh, 2015; Rauhala, 2014).

지금은 위구르 테러리즘이 알 카에다와 IS와 같은 글로벌 이슬람 극단주의 테러리즘의 하나로 인식되지만 이는 사실과 다르다. 2001년 9.11 테러를 기회로 활용하여 중국은 수 세기에 걸친 위구르 민족문제를 영구히 해결하기 위해 위구르 민족말살정책을 대테러 전쟁으로 포장하였다. 미국과 서방의 대 알 카에다 전쟁을 지지해주는 대가로 이슬람 극단주의 테러에 위구르 독립 세력을 포함시켰고 이들을 알 카에다와 같은 이슬람 극단주의 테러세력으로 몰아붙였다(Lufti, 2015).

사실상 위구르 민족의 독립문제는 이슬람 극단주의 테러리즘의 등장 훨씬 이전부터 존재해오던 문제이다. 역사적으로 1759년에 청 제국이 동 투르키스탄을 병합하고 신장(새로운 국경지대라는 의미이다)지역으로 지정한 이래 약 245년 동안 위구르인들은 독립투쟁을 지속해오고 있다. 1815년, 1825년, 1830년, 1847년, 그리고 1857년에 봉기가 있었으며 이는 1866년에서 1877년까지 군사지도자인 야쿱 벡이 독립적인 이슬람 통치 질서를 건설하는 밑거름이 됐다. 이후 1877년에 다시 중국에 복속되었다가 1931년에서 1934년, 그리고 1944년에서 1949년 두 차례 동 투르키스탄 공화국으로 독립했었다. 마지막으로 1949년에 중국 인민해방군에 의해 정복된 이후로 지금까지 신장-위구르 자치주의 소수민족으로 명맥을 유지해오고 있다(Lufti, 2015).

2. 중국의 국가테러리즘

국가테러리즘은 국가권력에 의한 공포정치 또는 공포에 의한 통치를 의미한다(White, 2003: 66-67). 과거의 스탈린 통치하의 소련이나 오늘날 북한의 김정은 정체가 국가테러리즘의 전형적인 사례들이다. 대량학살이나 탄압, 자의적인 국가권력의 행사, 적법한 절차를 거치지 않는 임의적인 체포나 압수수색, 고문, 대중에 대한 협박 등을 통해 공포를 조장하고 이를 통해 대중을 통제한다. 원래 테러리즘의 어원은 국가테러리즘을 의미했다. 프랑스 혁명 이후 등장한 로베스피에리의 혁명정부의 통치방식을 묘사한 Reign of Terror에서 테러리즘이라는 단어가 유래되었다(White, 2003: 66-67). 이 혁명정부는 대량체포와 즉결처형과 같은 수단을 사용하여 공포에 의한 통치를 실행했다. 테러리즘이 국가테러리즘에서 혁명세력이나 민족독립세력, 분리주의자들 같은 비국가행위자들의 폭력수단에 의한 불법적 공격행위를 의미하게 된 것은 19세기 후반 러시아 무정부주의자들이 다이너마이트나 총기류를 사용하여 폭탄테러나 암살, 무장공격 등을 하게 되면서부터이다. 1차 대전을 불러일으킨 세르비아 청년에 의한 오스트리아 황태자 저격사건이 이러한 테러의 전형적인 사례이다. 이후로 테러리즘은 일반적으로 비국가 행위자에 의한 정치적 폭력행위를 지칭하는 것으로 사용되게 되었다. 그리고 국가에 의한 폭압적인 공포에 의한 통치방식은 국가테러리즘이라는 용어로 지칭되게 되었다(White, 2003: 69-74).

1949년 병합 직후 중국내 소수민족들에게 완전한 자유를 주겠다고 마오쩌둥의 선언과는 무관하게 지난 40년 간 중국 한족 정부는 일관되게 위구르인들의 종교,

문화, 그리고 전통을 없애고 중국화하려는 노력을 지속해오고 있다. 미국, 유럽 등 서방의 제국주의에 비해 중국제국주의가 훨씬 더 폭압적인 것은 한족 이주정책과 민족말살정책, 그리고 국가테러리즘이 결합된 형태로 나타난다는 것이다. 예를 들면 서방 제국주의의 경우 자본과 기술은 자국으로부터 투자하지만 노동은 현지의 식민지 현지인들을 활용한다. 때문에 적어도 현지인들은 경제적 수입을 보장받을 수 있다. 또한 양질의 노동력과 관리인력 확보를 위해 식민지 현지인들에게 교육기회를 제공한다. 이는 해당 식민사회의 전반적인 근대화로 이어지는 긍정적 기능을 수행한다. 더욱이 서방 제국주의의 경우 통상적으로 인권과 자유, 평등, 민주주의와 같은 보편적인 가치에 기반한다. 이 때문에 스스로 그러한 가치에 의해 규제된다. 이는 위선적이기는 하지만 식민지에 대한 탄압과 착취의 정도가 어느 정도로 자신들이 주장하는 보편적인 가치의 범위 내에서 제한되고 통제되는 결과를 만들어낸다. 하지만 오늘날 중국 제국주의의 경우 이러한 서방 제국주의의 특징들이 나타나지 않으며 때문에 이들의 식민착취는 훨씬 더 폭압적인 형태로 나타난다. 자본과 기술 이외에 노동력 역시 한족의 대량 이주를 통해 이들로부터 충당된다. 또한 이주한 한족들이 해당 식민지역의 행정과 교육, 노무관리 등의 주요한 영역들을 장악하게 되므로 해당 지역의 현지인들을 교육하고 근대화할 필요성이 없게 된다. 때문에 현지인들은 고용되는 혜택도 근대화되는 혜택도 받지 못한 채 철저히 잉여화된다. 중국의 아프리카 진출에서 이러한 현상들이 보츠와나를 포함한 아프리카 여러 국가들에서 나타났다. 그리고 유사한 현상이 위구르 지역에서도 관찰된다(Grieboski, 2014; Lufti, 2015).

중국 정부는 전략적으로 한족을 위구르 지역으로 대량 이주시켜 위구르인들을 소수 잉여원주민들로 전락시켰다. 1940년대에 위구르 지역의 한족 비율은 5퍼센트에 불과하였으나 오늘날에는 이 비율이 40퍼센트까지 증가하였다. 이들은 지역의 정치와, 행정, 치안, 경제, 비즈니스 등 주요 부문들을 장악하고 있으며 상대적으로 위구르인들은 도시외곽의 시골지역으로 밀려났다(Poh, 2015). 대부분의 위구르인들은 실직상태에 있으며 교육의 기회로부터도 소외되었다. 정치적 시위 등은 총기사용을 포함한 강경한 법 집행으로 진압되며 반 중국 또는 친 위구르 활동은 제대로 된 형사절차 없이 체포, 구금 또는 사형된다(Frayer, 2015). 2014년 위구르 경제학자 일함 토티는 위구르 문제를 웹사이트를 통해 논의한 이유로 테러리스트 또는 분리주의자로 기소되어 중국법원에 의해 무기징역을 선고받았다. 반면 위구르의 상황은 중국 정부에 의해 철저히 외부세계와 차단된다. 외국인은 위구르 자치지역에 통행이나 방문이 거의 불가능하며 방문 시에는 철저히 조사되고 감시된다. 인터뷰에 따르면[1] 중국내 한국인들 가운데 위구르 지역을 여행한 경우는 거의 없으며 이 지역 사정에 대해 알고 있는 경우도 거의 없다고 한다. 만약 한국인과 같은 외국인이 위구르 지역을 여행하거나 방문한다면 이들은 중국 정부의 감시대상이 된다. 이러한 배경 때문에 위구르에 관한 대부분의 뉴스는 오직 중국의 관영언론을 통해서만 외부세계로 전달된다. 따라서 사실이 상당부분 중국 정부의 이해관계를 지지하는 방식으로 왜곡되어 외부세계로 전달된다. 중국이 위구르 지역에 이처럼 공을 들이는 이유는 이 지역의 석유와 가스와 같은 상당한 양의 지하자원을 포함하며 중국 영토의 6분의 1에 달하는 전략적 요지일 뿐만 아니라 위구르 분리 독립이 티베트와 내몽고, 그리고 간도의 조선족 자치주와 같은 중국내 다른 이민족 지역으로 연쇄 도미노 효과를 낼 수 있다는 우려 때문이다(Gulevich, 2013).

테러리즘, 이슬람 극단주의, 대테러 정책 등과 같은 표현들은 위구르 민족탄압을 위한 중국 국가테러리즘의 효과적인 선전도구가 되고 있다(Rauhala, 2014). 중국은 9.11 테러 이후 미국이 주도한 글로벌 대테러 전쟁에 대한 참여를 핑계로 지속해오던 위구르인과 위구르 민족주의에 대한 탄압을 강화했다. 위구르 민족주의에 대한 탄압을 이슬람 테러리즘에 대한 대테러 정책으로 포장하고 위구르 민족주의자들을 이슬람 극단주의자들로 몰아붙임으로써 자신들의 국가테러리즘을 정당화하고 더불어 국제사회로부터 정당성과 지지를 이끌어냈다(Frayer, 2015). 이러한 중국의 시도는 러시아가 대테러 전쟁을 빌미로 체첸 분리주의자들을 이슬람 극단주의 테러세력으로 몰아붙이며 대테러 전쟁을 명분으로 체첸 분리주의운동을 진압한 것과 비교될 수 있다.

중국의 대테러 정책은 위구르와 티벳 등과 같은 민족주의적 분리독립세력을 차단하고 제거하는데 초점이 맞추어져 있다. 특히 위협 수위가 높은 위구르의 경우 이웃한 키르기즈스탄, 우즈베키스탄, 파키스탄 등지로부터의 국제적 연계를 차단하는데 주력한다. 민족적, 문화적, 종교적으로 이들 이웃 지역들은 위구르인들과 동질적이며 강한 정서적 유대와 동질적 정체성을 공유한다. 또한 이들 지역들은 지리적으로 위구르 지역과 연결되어 있다. 때문에 중국 정부는 이들 이웃 지역들과의

---

1 인터뷰를 진행한 대상자는 한국인 유학생으로 중국에 10년 가까이 머물렀다.

연계를 차단하고 위구르인들을 국제적으로 고립시켜 위구르 민족주의를 대테러 전쟁을 명분으로 진압하는데 주력한다. 이른바 상하이 협력기구의 주요 목적 가운데 하나는 위구르 민족주의를 진압하기 위한 중국정부의 국제공조 노력의 일환이다. 상하이 협력기구에는 러시아 이외에 중국, 우즈베키스탄, 카자흐스탄, 키르기즈스탄, 타지키스탄 등이 가입되어 있다. 체첸과 중앙아시아 지역의 분리주의 움직임들에 대한 예방책이라는 독자적인 이해관계를 갖고 있는 러시아를 제외하면 나머지 스탄국가들은 모두 독재정권들이다. 때문에 자국 내 위구르와 연계된 정치세력들은 모두 자신들의 정권안정에 위해요소가 된다. 이들 정치세력들은 위구르인들과 함께 역내 스탄국가들을 포괄하는 범투르크 정치체제를 목표로 하기 때문이다. 따라서 우즈베키스탄의 카리모프 정권과 같은 독재정권들은 위구르 탄압과 자국 내 연계 범투르크 정치세력 소탕에 대한 공통의 이해관계를 중국정부와 공유한다. 더불어 중국정부의 경제적 지원과 투자는 이들 스탄국가의 독재정권들에게 달콤한 유혹이다. 파키스탄 역시 중국정부는 경제적 지원과 투자를 무기로 파키스탄 영토내의 위구르 독립 세력의 소탕에 대한 협력을 이끌어 내고 있다. 파키스탄은 중국과 오랜 협력관계에 있다. 인도와의 경쟁관계 또는 적대관계로 인해 중국의 지지가 전통적으로 필요하였으며 최근에는 앞서 언급한 것처럼 중국과의 경제적 이해관계 역시 긴밀하다. 최근 들어서는 타일랜드 정부에 대한 외교적 압력을 행사함으로써 위구르 민족주의 세력을 국제적으로 압박하고 있다. 타일랜드에는 상당한 수의 위구르 난민들이 존재하며 또한 터키로 이주하기 위한 중간 경유지가 되고 있기 때문이다 (Babayan, 2011; Rehman, 2014; Tukmadiyeva, 2013).

한편 위구르 문제를 제외한 그 외 이슬람 극단주의 테러에 대한 문제에 관해서는 중국은 매우 소극적인 입장을 견지하며 대테러 정책 자체보다는 미국과 서방 동맹세력에 대한 견제에 초점을 맞춘다. 시리아 문제 역시 그러한 중국의 태도를 알수 있게 하는 대표적인 사례이다. 중국은 러시아와 함께 시리아의 아사드 정권을 지지하고 나섰다. 아사드 정권과의 전통적 동맹유지라는 분명한 어젠다가 있는 러시아와는 달리 중국은 역내 미국의 헤게모니에 대한 훼방이라는 목적으로 테러리즘의 문제를 활용한다. 미국이 수행하는 이슬람 극단주의에 대한 대테러 전쟁의 실패는 중동에 대한 헤게모니 상실로 이어진다. 그리고 이는 다시 원유가격과 생산량 통제에 대한 실패로 이어질 것이며 궁극적으로는 원유와 연동된 기축통화로서의 미국 달러화의 지위 손상으로 이어질 수 있다. 그리고 이는 군사력과 함께 미국 패권질서를 떠받치는 또 하나의 핵심축인 통화 공급 통제력의 상실로 이어지며 궁극적으로 미국의 패권질서 유지에 부정적인 영향으로 이어질 수도 있다. 중국은 이런 맥락에서 테러리즘과 대테러 정책을 미국에 대한 견제와 대항의 수단으로 활용하고 있는 것처럼 보인다.

3. 위구르 테러리즘

위구르 테러리즘은 중국의 제국주의 지배와 폭압적인 국가테러리즘에 대한 반작용으로 등장했다. ETIM은 이러한 위구르 테러리즘의 중심에 있다. ETIM은 투르크 이슬람 당(Turkistan Islamic party), 동 투르크 이슬람 당(Eastern Turkistan Islamic Party), 그리고 동 투르크 이슬람 신당과 동 투르크 민족 혁명연합(East Turkistan Islamic Party of Allah and East Turkistan National Revolution Association) 등과 연계되어 있다. ETIM은 위구르 민족독립운동 세력 가운데 가장 전투적인 조직이며 독립된 동 투르크(Eastern Turkistan) 국가 수립을 목표로 한다. 이 동 투르크 국가는 현재의 신장-위구르 지역에서의 독립 국가를 의미하기도 하지만 다른 한편으로는 카자흐스탄, 우즈베키스탄, 파키스탄, 아프가니스탄, 그리고 신장-위구르 지역을 모두 포함하는 거대한 칼리프 국가를 의미하기도 한다. 때문에 위구르 민족운동은 궁극적으로 범 투르크주의(Pan-Turkism)와 맞닿아 있다(Rehman, 2014).

ETIM은 1993년에 신장-위구르 카쉬가르 지역출신인 위구르족 하산 마숨에 의해 결성되었다고 알려져 있다. 하지만 위구르인들의 무장 세력화는 1979년 소련-아프가니스탄 전쟁으로까지 거슬러 올라간다. 중국정부는 당시 중앙아시아 지역에서 옛 소련을 무너뜨리기 위해 미국이 주도하는 대소련 아프가니스탄 지하드에 위구르인들이 참여하도록 지원했다. 아프가니스탄 무자히딘 전쟁에서의 경험은 위구르 무장 세력들이 알 카에다와 탈레반 등과 같은 다른 이슬람 무장 세력과 종교적, 문화적, 정서적, 전략적 연대를 결성하도록 만들었으며 동시에 훈련과 전쟁경험을 통해 위구르 무장 세력의 전쟁수행 또는 무력사용 능력을 질적으로 향상시키는데 기여했다. 이러한 배경은 아프가니스탄이 끝난 직후인 1990년 초에 ETIM이 만들어지고 90년대 이후로 위구르 테러리즘이 본격적으로 등장하게 되는 배경이 되었다(Eastern Turkestan Islamic Movement, 2011).

대부분의 위구르 테러공격은 1990년대 초, 중반 이전에는 중국 관공서나 경찰 등과 같은 중국정부를 대상으로 이루어졌다. 민간인에 대한 테러공격은 거의 발생하지 않았으며 테러공격의 규모역시 피해를 최소화하는 방식으로 제한되었다. 이들의 목표는 위구르 지역에 중국으로부터 독립한 위구르 독립 국가를 세우는 것이었다. 하지만 1990년대 후반에 이르면서 위구르 이슬람 민족주의는 범 투르크주의와 연결되면서 ETIM은 1999년에 TIP(Turkistan Islamic Party: 투르키스탄 이슬람 정당)로 이름을 변경했다. 이는 터키 내 범 터키 민족주의 운동(Pan-Turkism)의 흐름에 영향을 받아 위구르를 넘어 터키, 우즈베키스탄 등 다른 비위구르계 투르크 민족들을 포함하겠다는 의도를 반영한 것이다(Eastern Turkestan Islamic Movement, 2011).

9.11 테러는 위구르 테러리즘은 그 양상을 바꾸었으며 이후 2000년대 이후 현재까지 지속된다. 이 시기 위구르 테러리즘은 글로벌 이슬람 극단주의 테러리즘과 연결되면서 보다 종교적으로 극단화되고 방법적으로 과격화되며 기존의 위구르 지역을 넘어 본격적으로 글로벌화하게 된다. 동시에 기존의 중국정부에 대한 절제된 정치적 테러공격에서 다수의 민간인을 무차별적으로 공격하는 극단주의 테러리즘 양상으로 변화한다. 이는 앞서 언급한 중국정부의 폭압적 국가테러리즘에 대한 반작용이었다. 또한 이 시기 ETIM은 리더십의 변화를 겪게 된다. 2003년 파키스탄 정부군에 의해 하산 마숨이 살해되고 압둘 하크로 리더가 교체된다. 압둘 하크는 메메티밍 메메티로도 알려져 있다. 리더의 교체 이후 ETIM의 이슬람적 성격은 더욱 강화되는데 압둘 하크는 알 카에다 집행부인 알 카에다 슈라 회의(Al Qaeda's Shura Council)의 멤버이기도 했다. 압둘 하크가 죽은 뒤에는 압둘 샤쿠르 알 투르키스타니가 리더가 되었다. 알 투르키스타니의 지휘 아래 ETIM은 강력한 무장조직으로 거듭나면서 2011년 신장-위구르의 호탄과 카쉬가르에서의 테러공격을 감행했다. 2012년에 알 투르키스타니는 미국의 드론 공격으로 살해되었다(Rehman, 2014).

2000년대를 거치면서 현재까지 이 위구르 민족주의 테러리즘은 알 카에다와 탈레반 등과 같은 글로벌 이슬람 극단주의 세력과 연대가 심화되면서 이슬람 극단주의 테러리즘의 성격이 강화되는 방향으로 변모한다. ETIM과 다른 이슬람 극단주의 세력과의 연대는 뿌리가 깊다. 그리고 이러한 연대의 배경에는 투르크라는 민족적 동질성과 수니 이슬람이라는 종교적, 문화적 정체성에 기인한다. ETIM은 이미 대소련 아프가니스탄 전쟁 때부터 국제적 이슬람 전사들과의 유대를 형성하였다. 2001년 이후 미국이 주도한 아프가니스탄에서의 대테러 전쟁 시 탈레반과 알 카에다와 함께 미국과 동맹국, 아프가니스탄 정부를 상대로 싸웠다. 2007년 1월 이후로는 탈레반과 알 카에다로부터 은신처와 훈련, 그리고 무기나 자금 등 각종 지원을 받고 있다. 또한 ETIM 리더들이 죽은 오사마 빈 라덴과 긴밀한 공조를 형성했다고 알려졌다. IMU(Islamic Movement of Uzbekistan)와도 역시 오랜 협조관계를 유지해 오고 있다. IMU 역시 ETIM에 군사적 물질적 지원을 제공해오고 있는 것으로 보도되었다(Rehman, 2014).

9.11 테러 이후 대테러 전쟁수행을 핑계로 중국정부가 ETIM 등의 위구르 저항세력에 대한 대대적인 강경진압과 토벌을 시작하게 되자 많은 위구르 저항세력들이 아프가니스탄과 파키스탄 등으로 망명하게 된다. 이 중 다수는 또한 태국으로 망명하거나 태국을 거쳐 터키로 망명하게 된다. 이 결과 파키스탄과 아프가니스탄 접경지역, 태국, 터키 등에 ETIM 등의 위구르 저항세력이 공고히 뿌리 내리게 된다. 더불어 이들 지역을 무대로 다른 이슬람 극단주의 세력들과의 국제적 연대가 더욱 공고해지게 된다(Rehman, 2014).

아프가니스탄과 파키스탄 접경지역인 북 와지리스탄(North Waziristan)과 같은 파키스탄의 부족지역들에서 ETIM 등의 위구르 무장세력이 자리를 잡게 되었다. 특히 중국정부가 본격적으로 대대적인 소통을 시작한 2009년 이후로 수백 명의 위구르 무장전사들이 이 지역으로 이주해왔으며 이 때문에 2009년 이후로 이 지역에서 위구르 테러세력이 활발한 무장투쟁활동을 지속해오고 있다. 보도에 따르면 이 지역에서는 ETIM 이외에 알 카에다, IMU, the Islamic Army of Great Britain and Ittehad-e-Jihad Islami 등의 외국계 이슬람 극단주의 테러조직들이 활발히 활동하고 있다. 2013년 Islami Awazi라는 ETIM의 프로파간다 부서가 공개한 내용에 따르면 13명의 위구르 어린이들이 무기사용 훈련을 받고 있었다. 이 지역에는 위구르 무장 세력의 훈련캠프가 여럿 운용되고 있으며 많은 중앙아시아 출신 무장전사들이 거주하고 있다. 외관상 우즈벡인들과 위구르인들의 구분은 어렵지만 이들 모두 이 지역에서 상당한 정도의 거점을 확보하고 있는 것만은 분명해 보인다. 전문가들에 따르면, 파키스탄 부족지역에서 ETIM은 알 카에다와 IMU 다음으로 세 번째로 가장 강력한 외국계 테러세력으로 평가되고 있다. ETIM은 파키스탄의 부족지역에서 특히 현지 조직인 파키스탄 탈레반(Tehrik-e-Taliban Pakistan), 알 카에다, IMU 등과 긴밀한 협력관계를 유지하고 있으며 테러활동, 훈련, 자금, 무기, 은신처 등의 여러 분야에서 공조를 공고히 하고 있다. 파키스탄은 자국 내 위구르 무장세력의 존재와 활동을 쉬쉬하고 싶어 한다. 이는 중국과의 관계를 고려해서인데 파키스탄은 중국의 경제적 투자와 협력, 그리고 인디아에 대항한 중국의 동맹지원 등의 이해관계가 걸려 있기 때문이다(Rehman, 2014).

　태국과 터키, 시리아 등 역시 이주한 위구르 저항세력의 해외 거점이 되고 있다. 2015년 8월에 있었던 방콕테러는 중국의 압력을 받은 태국정부가 터키로 망명하기 위해 불법 입국한 위구르인 109명을 중국으로 강제 송환한데 대한 보복의 성격을 가진 것으로 보도되었다. 같은 해 7월에 터키에서 터키 시위대에 중국인으로 오해 받아 한국인 관광객들이 공격받은 사건 역시 중국의 위구르인 탄압에 대한 범 투크르 민족주의자들의 보복과 관련이 있다. 최근 들어서는 위구르인들이 IS에 가담하여 시리아와 이라크의 내전에 참여하는 경향들이 나타나고 있다. 중국 정부에 따르면 이들 가담 인원은 200-300명에 달한다고 한다. 하지만 테러리즘 전문가들은 기껏해야 20-30명에 불과한 수준이며 중국 정부가 의도적으로 부풀렸다고 평가한다. 공식적인 해외여행이 거의 불가능한 이들 위구르인들은 위조 터키여권을 사용하여 중국을 떠나 IS에 가담하는 것으로 추정된다. 하지만 이들 가운데 상당수는 터키와 같은 해외로 망명이나 이주를 원하는 난민들이다. 때문에 아직까지는 IS와 ETIM과 같은 위구르 테러세력과의 긴밀한 연대에 대한 증거는 없다(정은지, 2015; Frayer, 2015).

　이처럼 해외로 망명하여 거점을 확보한 위구르 무장독립 세력들은 알 카에다와 탈레반, 파키스탄 탈레반, 그리고 IMU 등으로부터 자금과 무기, 훈련 등의 지원을 받으며 글로벌 이슬람 극단주의 테러네트워크와 결합되었다. 이 과정에서 점차 이슬람 극단주의 성향이 짙어지게 되고 민간인에 대한 자살폭탄테러와 무장공격과 같은 알 카에다 식의 테러전술을 채택하게 된다. 2008년 경부터 위구르 테러가 중국 민간인들을 공격하는 경향들이 나타나게 된다. 2008년 상하이와 쿤닝에서의 버스 폭탄테러, 2013년 베이징 천안문 광장 차량폭탄테러, 2014년 우룸키와 쿤닝에서 일어났던 철도역 폭탄테러 등이 그와 같은 사례들이다. 방콕 테러사건은 이러한 알 카에다 식 테러전술의 연장선상에서 이해되어야 한다(Rehman, 2014).

　아래의 <그림 12-1>은 START센터의 위구르 지역 테러사건의 발생빈도 수를 2000년에서 2014년까지 보여주고 있다. 흥미로운 사실이 두 가지가 나타난다. 우선 2001년 이후 중국 정부가 대테러 전쟁을 명분으로 위구르 무장 세력에 대한 공세를 대대적으로 강화하게 된다. 이러한 중국 정부의 대대적인 탄압의 결과는 2002년에서 2007년까지 테러발생이 상당히 낮은 수준으로 떨어지고 이러한 경향이 지속된 결과로 나타난 것으로 볼 수 있다. 하지만 이러한 중국의 대대적인 탄압에 대한 반작용으로 위구르 테러리즘은 해외로 망명하면서 알 카에다, 탈레반, IMU 등의 해외의 이슬람 극단주의 테러세력들과 연대하면서 이들의 지원을 받게 된다. 이 결과 이들은 보다 강경한 이슬람 극단주의 테러세력으로 변모하며 테러공격 역시 보다 과격화, 폭력화, 극단화하는 양상을 보여주었다. 이러한 결과는 2008년에서 2009년 사이에 급격한 테러사건 발생 빈도의 증가로 나타난다. 실제 앞서 언급한 것처럼 이 시기에 민간인에 대한 테러공격을 포함하여 대규모 폭탄테러 공격이 이 시기에 발생했다. 이후 다시 2009년에서 2012년 사이 테러공격 발생이 잠시 주춤한다. 이 시기에는 중국 정부의 대대적 공세와 ETIM의 리더십 교체가 일어난 시기와 맞물린다. 하지만 2012년 이후 위구르 테러는 그 발생 빈도가 급격히 그리고 본격적으로 증가하는 추세를 보인다. 이는 역시 알 카에다와 같은 해외 이슬람 극단주의 세력의 본격적인 지원과 연대의 결과인 것처럼 보인다.

그림 12-1 위구르 테러공격사건 발생빈도의 추이(2000-2014년)

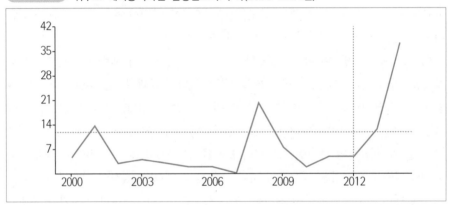

(출처: Global Terrorism Database)

알 카에다 등의 글로벌 이슬람 극단주의 테러세력이 위구르 문제에 본격적으로 개입하고 중국을 미국과 같은 이슬람의 핵심적인 적대세력으로 간주하기 시작한 것은 분명해 보인다. 최근에 무프티 아부 자르 알 부미는 "중국을 혼란시키자(let's disturb China)"는 비디오 메시지에서 파키스탄 지역에 있는 중국의 이해관계 대상들을 모든 탈레반 그룹들이 공격하도록 지시했다. 그리고 미국의 철수와 함께 우리의 다음 목표는 중국이라고 분명히 했으며 2014년 5월에 공개된 또 다른 탈레반 비디오에서 모든 탈레반 그룹은 중국 대사관과 회사를 공격하고 중국인 인들을 납치하거나 살해해야 한다는 점을 강조했다. 한편 핵심 알 카에다 리더인 아부 야햐 알

리비는 위구르 형제들을 위해 해외의 중국인들에 대한 보복 공격을 호소했다. 이러한 글로벌 이슬람 테러세력들의 위구르 문제에 대한 관심과 중국에 대한 적의는 ETIM과 다른 해외 이슬람 세력들과의 연대를 강화시켰다. 이러한 해외 세력들의 협력과 지원 때문에 최근 들어 위구르 테러리즘이 급격히 증가하고 있는 것처럼 보인다. 위의 그림에서 2012년 이후의 테러발생이 급격히 증가하는 현상은 이런 맥락에서 이해될 수 있다. 더불어 위구르 테러리즘이 질적으로도 변모하고 있다. 더욱 폭력적이고 전문적인 테러공격들로 진화하고 있는 것처럼 보인다(Rehman, 2014).

4. 평가

위구르 테러리즘은 민족문제와 테러리즘, 제국주의와 국가테러리즘 등이 만들어 내는 복합적 결과물이다. 이는 오늘날 나타나는 대부분의 테러리즘을 포함한 안보 문제의 전형적인 다차원 안보적인 특징이다. 위구르 문제는 그 하나의 일면이다. 위구르 문제를 바라보면 위구르 민족독립과 중국의 제국주의가 서로 충돌하는 작용-반작용의 잇따른 변증법적 충돌과 통합을 통해 변모하고 있음을 알 수 있다. 먼저 중국의 제국주의적인 세력 확장과 점령은 위구르 민족의 민족독립에 대한 열망과 민족국가 수립운동을 초래한다. 그리고 이러한 민족독립의 움직임은 다시 중국의 폭압적 국가테러리즘이라는 반작용을 이끌어내고 독립에 대한 열망을 좌절시킨다. 그리고 이러한 중국제국주의의 폭압적 진압은 위구르 민족주의자들을 해외로 망명시키거나 해외로부터의 도움을 구하도록 만듦으로써 위구르 문제가 국제화하는 결과를 가져온다. 위구르 문제의 국제화는 하나는 인종적 또는 종족적 연대인 범투르크 주의로 또 다른 하나는 이슬람 종교를 통한 연대인 이슬람 근본주의로 나타난다. 전자는 위구르-터키의 연대로 후자는 위구르-알 카에다-탈레반-IMU로 구체화된다. 그리고 이 과정에서 위구르 민족주의 운동은 중국의 국가테러리즘에 대한 반작용으로 민족주의 테러리즘을 거쳐 종국에는 이슬람 극단주의 테러리즘으로 변모된다.

앞으로 위구르 테러리즘은 중동, 아프리카, 아프가니스탄-파키스탄 등과 함께 또 다른 주요한 테러전쟁의 한 무대가 될지 모른다. 이는 알 카에다와 IS와 같은 글로벌 테러네트워크의 중심축들이 경쟁적으로 위구르와 중국의 문제에 관심을 갖기 때문이다. 또한 알 카에다, 탈레반, 그리고 IMU 등의 ETIM과의 연대는 위구르 테러의 전략적, 전술적 테러역량을 단기간에 매우 높은 수준으로 향상시킬지 모른다. 여전히 억눌려 있는 위구르 민족문제의 폭발성은 위구르 테러리즘이 중국정부와 사회를 곤혹스럽게 할 것이다. 중국의 이에 대한 대응방식은 문제를 해결하기보다는 오히려 의도치 않게 더욱 악화시키는 부정적 결과를 만들어 낼지 모른다.

위구르 테러리즘의 문제는 우리국가와 동북아시아 안보에 미칠지 모르는 하나의 주요한 투입변수이다. 위구르 테러리즘 문제가 걷잡을 수 없이 악화된다면 중국 사회는 상당한 테러로부터 야기되는 안보의 위협에 직면할 것이다. 이는 우리국가에 상당히 긍정적인 영향을 줄지 모른다. 중국이 테러리즘과의 힘겨운 싸움에 진입한다면 그들의 동아시아-태평양으로의 제국적 팽창은 약화될지 모른다. 이는 그들이 더 이상 이 지역에 세력투사를 집중하기가 어려워지기 때문일 것이다. 이는 우리국가의 안보에 긍정적으로 기여할 것이다. 마키아벨리의 오래된 가르침처럼 적의 적은 나의 친구이기 때문이다. 이웃한 강대국의 힘이 분산되는 것은 늘 좋은 일이다. 이런 측면에서 우리는 위구르 테러리즘을 관심을 갖고 지켜보아야 할 것이다. 이슬람 테러리즘 일반은 우리의 안보에 손실이지만 위구르 테러리즘은 우리의 안보이익에 이득이 되는 흥미로운 상황이 전개될지도 모른다. 이 경우 우리는 위선이거나 이중 잣대일지는 모르지만 우리에게 이득이 되는 합리적인 선택을 해야 할 것이다.

》 러시아의 테러리즘 위협

1. 제정러시아와 소비에트 연방시기 테러리즘위협의 역사

러시아의 테러리즘 위협은 19세기 후반 제정러시아로 거슬러 올라간다. 이 시기 무정부주의자들과 혁명주의자들은 차르와 제정러시아 정부에 대한 폭력적 테러공격을 수행했다. 실제로 제정러시아에서의 이러한 테러공격은 근대적인 의미에서 테러리즘의 기원으로 간주될 수 있다. 역사적으로 테러리즘이 처음 등장한 것은 프랑스 혁명 직후이다. 새로 설립된 혁명정부는 공포(terror)에 의한 통치를 통해 새로 탄생한 지배질서를 안정화시키려 하였다. 이 시기 또는 이러한 통치방식을 지칭하는 말로 테러에 의한 통치(the reign of terror) 또는 테러리즘이 사용되었다. 이 때문에 최초의 테러리즘은 국가에 의한 폭압적 테러리즘 또는 국가테러리즘을 의미하였다. 테러리즘이 국가테러에서 민간인 또는 피통치자가 국가를 상대로 전쟁이 아닌 방식의 폭력적인 공격을 수행하는 근대적인 의미로 사용된 것은 제정러시아 시기 혁명주의자들에 의해서였다. 이런 맥락에서 제정러시아 시기 혁명주의자들에 의한 테러리즘은 근대 테러리즘의 기원이 될 수 있다. 이러한 형태의 테러가 가능해진 것은 다이너마이트와 피스톨이 민간에 의해 쉽게 이용 가능해졌기 때문이었다.

이 시기 인민의 의지(people's will 또는 narodnaya volya)라고 불리던 무정부주의에 기반을 둔 혁명주의자들의 테러가 제정러시아의 차르와 정부를 상대로 활발히 전개되었다. 이들의 테러리즘은 절대주의 정부전복과 혁명정부 수립을 목표로 하였다. 이들은 지하세포조직을 구축하여 활동하였으며, 차르에 대한 대규모 대중봉기를 촉발시키기 위한 혁명의 전위대로 기능하고자 하였다. 1881년 3월의 차르 알렉산드르 2세 암살은 이들의 가장 대표적인 성공적 테러활동으로 간주된다.

볼셰비키 혁명 이후의 소비에트 연방체제에서는 테러리즘의 의미가 공산체제, 공산정부 또는 공산당에 대한 공격으로 변화되었다. 볼셰비키 혁명 초기에는 신생 혁명정부에 대한 반공산주의, 반혁명 활동은 모두 테러리즘으로 정의되었다. 2차 세계대전 이후 냉전 시기에는 다시 서방 국가들의 비밀기관 또는 정보기관들에 협조하여 소비에트 정부에 반하는 활동이나 체제 또는 정부전복 목적의 스파이활동을 전반적으로 테러리즘으로 지칭하였다. 이 때문에 테러리즘은 스파이 활동, 반국가활동, 또는 정치적인 반대활동 등 다른 개념들과 뚜렷이 구분되지 않은 채 애매모호하게 사용되었으며, 공산체제, 국가, 정부, 당에 반하는 거의 모든 활동들이 모두 테러리즘에 포함되어 처벌되었다. 이러한 애매모호한 특성은 소련 시절을 거쳐 오늘날의 러시아에까지 이어지고 있다. 이 때문에 테러리즘이 개념적으로 다른 폭력적인 또는 정치적인 성격의 범죄와 구분되지 않는 모호성은 여전히 오늘날의 러시아에서도 상존한다.

2. 1990년 체제 전환 후 오늘날까지의 테러리즘 위협

소비에트 연방 붕괴 이후 러시아 연방(Russian Federation) 정부의 주요 테러위협은 체첸 저항세력을 중심으로 한 분리주의 움직임과 이와 결합된 이슬람 극단주의의 확산이다. 러시아 연방의 경우 주류인 러시아 민족과 여러 소수민족인 비러시아계로 이루어져 있다. 특히, 이들 비러시아계 소수민족들의 경우 대부분 러시아 남부 코카서스 지역과 중앙아시아 등지에 넓게 퍼져 있으며, 대부분 종교적으로 무슬림들이며, 역사적 문화적으로 이웃한 이란, 아프가니스탄, 아제르바이잔, 터키 등과 밀접하게 연계되어 있다. 이런 배경 때문에 이들 비러시아계 민족지역에서의 분리독립 움직임은 전지구적으로 확산되는 이슬람 살라피 극단주의와 쉽게 결합되며 분리주의와 이슬람 극단주의의 융합이라는 이중적인 형태로 테러위협이 상존한다.

체첸 저항세력의 경우 이러한 이중적 성격의 대표적인 사례이다. 러시아에게 이러한 테러위협은 테러위협 자체가 안보불안을 야기할 뿐만 아니라 역내에서의 러시아 정치세력의 약화, 그리고 러시아 연방의 붕괴로도 이어질 수 있는 매우 치명적인 문제를 야기할 수 있다.

러시아 연방의 특수성은 이 국가가 주류인 러시아 민족의 제국주의적인 지배를 기초로 한 근대국가라는 점에 있다. 소비에트 연방체제 시절에 이러한 구조는 소련과 러시아의 이중구조로 되어 있었다. 소비에트 연방이라는 근대국가는 모스크바의 국가권력이 체제내의 다수 공화국들을 제국주의적으로 지배하는 구조를 띠었다. 이 구조 하에 러시아, 우크라이나, 벨라루스, 조지아, 몰도바, 발트 3국, 카자흐스탄, 우즈베키스탄 등의 국가들이 구성단위로 포함되어 있었다. 소비에트 연방의 붕괴는 이러한 소비에트 정체의 구성 국가들이 별개의 민족국가로 분리되는 결과를 가져왔다. 하지만 이렇게 떨어져 나온 각 국가들내에 또 다른 소수 민족의 공화국들이 하나의 구성 단위체로 존재한다. 러시아 연방의 경우 연방 내에 다시 타타르스탄, 다게스탄 등의 자치공화국을 포함하고 있다. 체첸의 경우 이러한 하나의 소수민족 자치공화국으로 러시아 연방 내에 존재한다. 1990년대 초반 소비에트 내 각 연방 구성공화국들이 분리 독립하는 흐름에 편승하여 러시아 연방내의 체첸공화국이 하나의 독립된 국가로 분리 독립하려는 움직임이 나타났으며, 이러한 움직임을 차단하고 러시아 연방이 붕괴되는 것을 막기 위한 러시아 정부의 노력에 물리적으로 저항한 것이 체첸 테러리즘의 근원이 되었다.

한편, 체제 전환기인 1990년대 이슬람 종교는 새로 독립했거나 독립하고자 하는 소련과 러시아 내 비러시아 민족들에게 하나의 정체성에 대한 준비된 대안이 되었다. 사실상 소련 붕괴 직후에 비러시아계 무슬림 민족들에게는 고유한 정체성이나 동질감 민족의식 등이 존재하지 않았다. 이들은 소비에트 연방의 일원으로 이에 대한 정체성을 오랫동안 유지해왔으며, 실질적인 또는 정치적인 의미에서 민족의식 또는 자아의식은 전제하지 않았다. 이러한 현상은 우즈베키스탄처럼 새로 설립된 국가나 체첸의 경우처럼 새로 분리독립을 하려고 시도하는 세력들에게 공통적으로 문제가 되었다. 때문에 이들 지역에서 오랫동안 유지되어왔던 무슬림 전통은 이들 정체세력이 손쉽게 활용할 수 있는 준비된 정치 이데올로기가 되었으며 효과적으로 러시아인과 러시아인에 의한 국가인 소련 또는 러시아 연방과 자신들을 차별하고 독립의 정당성을 제공할 수 있는 동력이 되었다. 이 때문에 소비에트 시절에는 거의 명맥만 유지되어왔던 이슬람 종교와 무슬림 전통이 갑작스럽게 정치화되면서 해당 사회의 주요한 이념적 중심으로 부상하게 되었다.

한편 대체로 체제 전환시기와 그 이후에 중동과 중앙아시아를 중심으로 급격히 확산된 알 카에다 중심의 이슬람 살라피 극단주의는 지리적, 문화적으로 이웃한 러시아 연방과 과거 소비에트 연방세력내의 무슬림 지역에 스며들었다. 먼저 우즈베키스탄에서 일어났던 우즈벡-이슬람 정체성 운동은 아프가니스탄을 통해 들어온 이슬람 극단주의와 결합하여 IMU(Islamic Movement of Uzbekistan)로 나타났다. 한편, 체첸을 중심으로 한 코카서스 지역에서는 남쪽으로부터 유입된 알 카에다 세력의 영향으로 점차 이슬람 극단주의 테러리즘으로 변질되어 갔다. 대체로 우즈베키스탄을 중심으로 한 중앙아시아에서의 이슬람 극단주의 테러리즘의 위협은 우즈베키스탄의 카리모프 정권과 카자흐스탄의 나자르바예프 정권과 같은 역내 강력한 독재정체의 존재 때문에 일단 억제된 측면이 있는 반면에 체첸을 중심으로 한 코카서스 지역의 테러위협은 체첸 내전과 혼동이 장기화되면서 코카서스일대 전역과 러시아 연방 내 다른 지역으로까지 확산되는 추세를 보이고 있다.

1990년대 이후 오늘날까지 러시아 연방의 주요한 테러 위협인 체첸 테러리즘은 처음에는 체첸분리독립을 위한 정치운동으로 시작했다. 이후 체첸문제는 1994년에서 1996년의 1차 체첸전쟁과 1999년 이후의 2차 체첸전쟁을 거치면서 내전을 거쳐 2000년대 들어서는 본격적인 테러리즘과 무차별 폭력의 양상으로 변질되게 되었다. 이러한 변화의 양상은 체첸세력의 리더십 변화와도 관련이 있다. 90년대 초반 체첸 분리 독립과 1차 체첸내전을 이끌었던 조카르 두다예프(Dzhokhar Dudaev) 리더십 하에서는 정규전 방식이 사용되었으며, 테러전술은 나타나지 않았다. 하지만 두다예프 사망 이후에 리더십에 오른 아슬란 마스하도프(Aslan Maskhadov) 시기에 테러전술이 본격적으로 채택되기 시작했으며 2005년 마스하도프 사망 이후에 등장한 샤밀 바사예프(Shamil Basayev) 리더십 하에서 체첸저항 세력은 본격적인 테러세력으로 변화되게 된다. 마스하도프 리더십 하에서 나타나기 시작한 알 카에다 세력과의 연대 역시 바사예프 시기에 오면 체첸 저항세력 자체가 이슬람 칼리프 국가를 지향하는 본격적인 이슬람 극단주의 테러세력화하게 된다. 2006년 바사예프 사망 이후에는 도쿠 우마로프(Doku Umarov)가 리더십을 이어받게 되며 우마로프의 리더십은 지금까지 계속되고 있다. 2000년대 후반부터는 체첸 이슬람 극단주의 테러리즘이 체첸 공화국을 넘어 이웃한 코카서스 지역 내 다른 자치공화국들을 포함하는 지역들로 확산되고 있는 추세이다. 이들은 코카서스 역내의 모든 이슬람 지역을 포괄하는 칼리프 국가 건설을 목표로 하고 있으며 알 카에다와 최근에는 ISIL과의 국제적인 연대도 강화하고 있는 추세이다.

코카서스 지역 내에서 러시아 연방에 속해있는 비러시아계 무슬림 지역들은 체첸(Chechnya), 북 오세티아(North Ossetia), 잉구셰치아(Ingushetia), 다게스탄(Dagestan), 그리고 카바르디노-발카리아(Kabardina-Balkariya)등으로 이루어져 있다. 이들은 서로 다른 민족들로 이루어져 있으며, 무슬림 전통을 공유한다. 체첸이 90년대 초반부터 적극적으로 분리 독립을 시도한 것에 반해 다른 자치공화국들은 그러한 노력들을 시도하지는 않았다. 하지만 체첸 갈등이 지속되면서 점차 이웃한 이들 지역들로 테러공격과 영향이 확산되면서 이들 지역들이 테러리즘에 휘말려 들어갔다. 2000년대 이후 점차 다게스탄의 마카츠칼라(Makhachkala), 잉구셰치아의 마가스(Magas), 나즈란(Nazran), 북 오세티아의 블라디카프카즈(Vladikavkaz), 카바르디노-발카리아의 날칙(Nalchik) 등이 체첸의 그로즈니(Grozny)와 함께 체첸 테러세력의 활동무대가 되었다. 2004년 북 오세티아의 베슬란에서 발생한 인질납치와 참사사건은 그러한 테러 위협의 확산을 보여주는 대표적인 사례이다.

체첸 테러세력은 러시아 연방정부에 저항하는 여러 반군 및 테러세력들을 통칭하는 의미이며 여기에는 다수의 조직들이 포함된다. 하지만 이들은 하나의 지휘체계 하에 통합되고 조율된다. 현재는 앞서 언급한대로 우마로프의 지휘 하에 있다. 체첸 테러세력은 1차 체첸 전쟁 이후 사실상의 독립을 획득하고 스스로 체첸 이히케리아 공화국(Chechen Republic of Ichkeria)을 선포한다. 하지만 현 러시아 대통령인 블라디미르 푸틴의 등장과 함께 시작된 2차 체첸 전쟁으로 이 정체는 붕괴되고 그 이후로 사실상 테러세력 또는 저항반군세력으로 지금까지 계속되어 오고 있다. 체첸 저항세력은 최고 지휘관의 지휘부를 정점으로 각 현장사령관(a field command)이 이끄는 각각의 독자적 반군세력이 연합한 형태를 띤다. 최고 지휘관 역시 자신이 직접 이끄는 반군세력을 갖고 있다. 가장 대표적인 반군 조직은 2000년대 초, 중반 체첸 세력의 최고 지휘관인 바사예프가 직접 이끌던 리야두스 살리킨 정찰 및 사보타지 그룹(Riyadus Salikhin Reconnaissance and Sabotage 또는 Martyrs' Brigade Riyadus Salikhin)을 들 수 있다. 리야두스 살리킨은 정의로움의 정원들(Gardens of Righteousness)을 의미한다. 이 지휘부 직속조직에 여러 현장 지휘관들의 독자조직 또는 하부조직이 결합되어 있었다. 이들 조직들을 예를 들면, 여성 자살폭탄테러 조직인 검은 과부들(Black Widows),

하탑(Khattab)이 지휘했던 훈련조직(a taraining unit), 마고메드 바이술타노프(Magomed Baysultanov) 조직, 아담 말사고프(Adam Malsagov) 조직, 카사브유르트 자맛(Khasavyurt Jamaat), 카라차예보-체르케스 자맛(Karachayevo-Cherkess Jamaat) 등을 들 수 있다.

체첸 테러세력의 리더인 바사예프와 사이둘라예프(Saidullayev)의 사망 이후 리더십에 오른 도쿠 우마로프는 기존의 체첸 테러세력의 조직구조를 재편했다. 2007년에 우마로프는 기존의 체첸 이히케리아 공화국을 폐지하고 코카서스 에미레이트(Caucasian Emirate)를 선포했다. 또한 스스로를 에미르(Emir)로 지칭했다. 이러한 변화는 두 가지 측면에서 중요한 의미가 있다. 우선, 체첸 분리 독립에 국한되었던 체첸 테러의 위협이 북 코카서스 전역으로 확대되었음을 의미한다. 코카서스 에미레이트는 체첸을 넘어 북 코카서스 전역을 포함하는 범위에서 통합된 독립 국가를 설립하겠다는 의미의 표명이기 때문이다. 이는 러시아 연방에 대한 심각한 위협이 되며, 남부 러시아 전역에 대한 안보위협으로 확산될 수 있다. 또 다른 문제는 에미르와 에미르의 국가 즉 에미레이트를 선언함으로써 이슬람 살라피 근본주의 속성을 보다 본격화했다는 점이다. 이 에미레이트가 지향하는 바는 샤리아 국가 즉 ISIL이나 탈레반 통치하의 아프가니스탄과 유사한 성격의 신정국가를 건설하는 것이다. 이 역시 러시아 연방의 안보에 중대한 위협이 될 수 있는데 이 샤리아 신정국가는 국제적으로는 ISIL과 알 카에다, 그리고 탈레반 등의 살라피 세력과 연대할 수 있으며 러시아 내부적으로는 중앙아시아의 IMU와 타타르스탄 등의 러시아 연방 내 다른 무슬림 세력들과의 연대를 통해 러시아 연방내부의 해체와 붕괴를 조장하는 근거지가 될 수 있기 때문이다. 체첸을 포함한 북 코카서스 테러리즘은 이후 최근까지 살라피 극단주의화가 더욱 심화되어 오고 있다.

체첸 테러리즘의 러시아 연방에 대한 위협은 2000년 초반 이후 지속되어 온 주요 테러사건들에서도 관찰된다. 지난 16년 간 테러공격은 체첸과 북 코카서스 지역을 넘어 러시아 전역에서 발생되고 있으며 최근까지 그 위협은 지속되어 오고 있다. 지난 16년 간 주요 테러공격 사건을 들면 다음과 같다.

- 2001년 3월: 터키 발 사우디 아라비아 행 항공기 납치 사건
- 2002년 10월: 모스크바 두브로브카(Dubrovka) 극장 인질납치 사건, 인질구출 작전 중 약 129명 사망
- 2002년 12월: 체첸 수도 그로즈니의 정부건물 자살폭탄테러, 78명 사망, 150명 부상
- 2004년 2월, 8월: 모스크바 지하철 연쇄 자살폭탄테러, 약 80명 사망

- 2004년 8월: 잉구셰치아 도시 나즈란의 러시아 내무부소속 부대에 대한 무장공격으로 80명 사망, 같은 날 두 대의 러시아 여객기 공중폭발로 90명 사망
- 2004년 9월: 북 오세티아 도시 베슬란의 초등학교 인질납치 사건, 러시아 정부의 인질구출작전 중 186명의 어린이를 포함하여 300명 사망
- 2009년 11월: 모스크바-생 페테르부르크 간 고속철도 폭탄공격으로 26명 사망, 100명 부상
- 2010년 3월: 모스크바 지하철 연쇄 자살폭탄테러로 40명 사망, 100명 이상 부상
- 2011년 1월: 모스크바 도모데도보(Domodedovo) 국제공항 자살폭탄테러로 36명 이상 사망, 180여 명 부상
- 2013년 9월: 체첸 경찰서에 대한 차량자살폭탄테러로 3명 사망, 5명 부상
- 2013년 10월: 러시아 남부도시 볼고그라드(Volgograd) 인근 버스 자살폭탄테러로 6명 사망, 30명 부상

이와 같은 체첸 및 북 코카서스 이슬람 극단주의 테러리즘의 위협은 가장 최근에도 지속되고 있다. 예를 들면, 2014년 12월 체첸 수도 그로즈니에서 이슬람주의자들에 의한 무장공격으로 적어도 20명 이상이 사망하였으며, 2015년 12월에는 다게스탄의 더벤트(Derbent)에서 총기난사 공격이 발생해 한 명이 사망하고 11명이 부상을 입었다. 2016년에도 역시 2월에 다게스탄 더벤트에서 차량폭탄테러가 발생해 2명이 죽고 17명이 부상당했으며, 4월에는 러시아 스타브로폴(Stavropol) 지역의 노보셀리츠크(Novoselitsk)에서 자살폭탄테러에 의해 세 명이 사망했다. 이러한 사례들은 계속되는 체첸을 포함한 북 코카서스 전역과 모스크바 등 러시아 도시들에서의 테러공격과 반군활동의 몇 가지 사례에 불과하며 러시아 연방에 대한 테러위협은 우려할 만한 수위로 지속되고 있다.

러시아 연방은 체첸과 북 코카서스 발 내재적 테러리즘의 위협 이외에도 외부에서 유입된 알 카에다와 ISIL과 같은 이슬람 극단주의 테러위협에도 직면한다. 알 카에다의 영향은 체첸 테러세력과의 연대와 협력을 통해 북 코카서스 지역에 침투하였다. 알 카에다 세력은 2000년대 초, 중반부터 체첸테러세력에 종교적 믿음과 자금, 전투원, 훈련, 그리고 무기 등을 포함한 필요물자 등을 제공해왔다. 알 카에다 리더인 알 자와히리(Al Zawahiri)는 체첸 문제를 글로벌 지하드의 한 부분으로 이해하고 적극적으로 체첸 전선을 지원해왔다. 예를 들면, 2000년대 중반 알 카에다 주요 리더 가운데 하나인 아부 드제이트(Abu Dzeit)가 잉구셰치아 조직을 이끌었으며, 아제르바이잔 정부는 자국 내 알 카에다 연계 조직을 발견하여 소탕한 바 있다. 이

밖에도 아랍계 전투원들이 북 코카서스 전역에서 자주 발견되었다. 또한 사우디 아라비아 태생의 이븐 알 하탑(Ibn al-Khattab)은 1, 2차 체첸 전쟁 시부터 체첸 분쟁에 자원 참전하였다. 하탑은 오사마 빈 라덴 계열의 사우디 와히비스트(wahabist)로 대소련 아프간 무자히딘 전쟁부터 참전하였다. 알 카에다의 특사로 체첸 저항세력을 지원하며 활동하다가 2002년 3월에 러시아 정부에 의해 독살되었다. 알 하탑의 지위는 역시 사우디 태생의 알 카에다 특사인 아부 알 왈리드(Abu al-Walid)에 의해 승계되었다.

최근 들어서는 ISIL의 러시아 내로의 침투가 나타나고 있다. 예를 들면 2015년 11월 러시아 특수전 부대는 북 코카서스의 날칙에서 ISIL 전투원 10명을 사살한 바 있다. 이처럼 최근 들어서는 이 지역에서 ISIL 계열의 테러리스트가 빈번히 목격되고 있다. 이러한 현상은 ISIL의 지도부가 이 지역으로 본격적으로 진출하고 있으며 전 지구적인 글로벌 지하드의 한 전선으로 코카서스 지역의 분쟁을 이해하고 있음을 보여준다. ISIL 역시 체첸을 포함한 북 코카서스 지역에 ISIL-CP(Islamic State of Iraq and the Levant-Caucasus Province)라는 지역 조직을 구축했다. 이 조직은 2015년 6월에 구성되었으며 루스탐 아실다로프(Rustam Asildarov)를 조직의 리더로 임명했다. ISIL은 북 코카서스 지역 전체를 ISIL 통치하의 한 지역으로 간주한다. 2015년 9월 다게스탄 남부에서 러시아 군 기지를 공격한 바 있으며, 2016년 2월에는 다시 역내에서 차량폭탄테러를 주도하여 2명을 살해하고 2명을 부상시켰다.

》 아프가니스탄에서의 민족국가의 취약성과 안보위기

오늘날 아프가니스탄에서 보여지는 정치위기와 사회혼란 그리고 테러와 마약거래로 인한 치안악화 등의 위기 상황은 실존하는 문제로 보여진다. 이 지역에서는 이미 2001년 미국과 동맹국에 의한 탈레반 정권의 붕괴 이후 거의 15년째 내전이 계속되며 근대적 의미에서의 민족국가 건설은 아직도 힘들어 보인다. 이런 아프간에서의 민족국가 건설을 둘러싼 혼란과 내전과 테러리즘 등의 악화와 이와 맞물린 치안부재 상황이 빚어내는 안보의 위기는 아프간 사회에 심각한 위협으로 나타난다. 그리고 다시 이러한 안보의 위기는 정상적이고 효과적으로 작동하는 민족국가건설에 중대한 걸림돌로 작용하고 있는 것처럼 보인다(Shultz & Dew, 2006). 이러한 아프간 지역의 안보위기는 이 지역의 민족국가의 취약성과 밀접한 관련이 있다(윤민우, 2013: 145).

1. 아프가니스탄의 전통적 이슬람과 탈레반 이슬람 극단주의

아프가니스탄의 지배적인 종교는 이슬람이다. 이 이슬람 종교는 아랍의 침략자들에 의해 이 지역으로 들어오게 되었으며 이후 약 1000년 넘게 오늘날까지 아프가니스탄의 지배적인 종교로 이 지역의 삶과 인간 활동을 규정해 왔다. 이 가운데 수니 무슬림이 인구의 약 90% 정도를 차지하며 시아 무슬림 들은 약 10% 정도를 차지한다. 이러한 인구 구성으로 인해 아프가니스탄은 수니 계열의 이슬람이 주도적인 위치를 점유하고 있다(윤민우, 2013: 149-150; Afsar, Samples, & Wood, 2008: 61).

전통적으로 아프가니스탄의 이슬람은 보수적이고 전통적이긴 하였으나 극단적이지는 않았다. 하지만 이 전통적인 아프간 부족사회에 이슬람 극단주의의 씨가 뿌려진 계기가 된 것은 소련의 침공으로 시작된 소련-아프간 전쟁이다. 대 소련 항쟁이 전개되면서 기존의 전통사회는 무자히딘 투쟁으로 동원화되었고 소련 침략자에 대한 군사적 투쟁이 부족의 일상을 지배하는 주도적 패러다임으로 기능했다. 이와 함께 아프간 무자히딘 투쟁에 자원한 많은 외국계 무슬림들이 아프간 지역으로 유입되었고 이들을 따라 수니 이슬람 극단주의가 같이 따라 들어왔다(윤민우, 2013: 150; Kilcullen, 2009: 77-87).

탈레반은 소련-아프간 전쟁과 이어지는 권력을 둘러싼 군벌들 간의 내란이라는 상황이 아프간 부족 사회를 붕괴시키면서 만들어낸 대규모 난민 캠프에 그 기원을 두고 있다. 10년 이상 지속된 전쟁은 아프간 사회를 피폐시켰으며 이로 인해 다수의 난민들이 파키스탄 북부에 건설된 난민 캠프로 이주하게 되었다. 그리고 당시 사우디 정부로부터의 막대한 재정 지원과 전 세계 무슬림들로부터 기부 받은 막대한 재원을 활용하며 이슬람 극단주의자들은 이 난민 캠프 지역에 다수의 이슬람 종교학교(Madrassa)를 건설하면서 이슬람 극단주의 전파와 테러 및 군사 훈련 등을 제공하게 된다. 대 소련 전쟁과 이어지는 내란에서 부모를 잃은 다수의 아프간 전쟁 고아들은 이 파키스탄의 난민 캠프에서 성장하며 이슬람 극단주의자들이 운영하는 종교학교에서 이슬람 극단주의 종교교육과 테러 및 군사 훈련 등을 받으면서 성장하게 된다. 이후 이들은 탈레반을 결성하며 이 조직의 주축세력으로 성장하게 된다. 탈레반 지도자인 물라 오마르의 경우도 이에 해당한다. 이 종교학교들 가운데 가장 직접적으로 탈레반 탄생의 배경이 된 것은 디오반디 계열의 종교학교이다(윤민우, 2013: 151; Nojumi, 2008: 90-117).

이러한 탄생 배경과 성장 배경으로 인해 탈레반은 아프가니스탄의 전통적 이슬람과는 단절되어 있으며 전쟁과 해외 이슬람 극단주의자들의 지원이라는 특수한 조건이 만들어낸 이슬람 극단주의 운동이라는 성격을 띤다. 이러한 배경 때문에 탈레반과 알 카에다 등의 국제 살라피 극단주의자들은 밀접한 유대감을 형성하게 된다(윤민우, 2013: 151; Nojumi, 2008: 90-117; Rashid, 2000).

이러한 배경 하에서 탈레반이 주도하는 이슬람 극단주의는 이후 탈레반 정권을 거치면서 아프가니스탄의 이슬람이 디오반디 학파와 와하비즘, 그리고 살라피 극단주의 류의 이슬람 극단주의 성향을 띠는 형태로 변모되도록 기여한다. 아프간 지역에서의 이슬람 극단주의는 이후 탈레반 정권 붕괴 이후에도 지속되어 오늘날 이 지역에서 주도적이고 영향력 있는 이슬람적 시각으로서 작용하게 된다(윤민우, 2013: 152; Nojumi, 2008: 90-117; Rashid, 2000).

2. 부족 전통과 민족국가와의 불협화음

역사적으로 아프가니스탄 지역은 중앙아시아와 남아시아의 교차로라고 불릴 정도로 여러 서로 다른 부족 또는 종족들의 이주와 여러 정복자들의 침략과 정복을 경험하였다. 이 때문에 이 지역은 오늘날 여러 서로 다른 종족들과 부족들로 복잡하게 이루어진 마치 모자이크의 조합과 같은 인구와 언어집단과 문화적 구성을 띠게 되었다(Afsar, Samples, & Wood, 2008: 61-62). 이런 복잡하게 전개된 아프가니스탄의 역사의 가장 두드러진 특징은 중앙집권적 국가권력의 부재일 것이다. 대체로 아프간의 국가권력은 카불과 칸다하르와 같은 주요 중심 도시지역에 한정되었을 뿐 이 아프간 지역의 대부분을 차지하는 시골 지역과 산악 지역 등은 거의 중앙의 지배권력이 도달하지 못하는 상태로 사실상 지역에 거주하는 부족민들이 부족 또는 씨족단위로 중앙의 국가권력과 무관하게 자존적으로 자신들의 삶을 영위했다. 이러한 강한 부족적 전통은 아프간에 근대적 민족국가 형태가 들어선 이후에도 계속되었으며 이는 근대적 민족국가가 이 지역에서 제대로 정착하지 못하게 하는 심각한 장애요인으로 작동했다(윤민우, 2013: 156; Kilcullen, 2009).

근대적 의미에서 오늘날의 아프간 민족국가단위가 들어서게 된 기원이 된 계기는 듀란트 라인의 확정이다. 19세기에 들어오면 북쪽에서는 러시아가 남쪽에서는 영국이 밀고 들어오면서 아프가니스탄에서 두 유럽 제국주의 세력이 충돌하는 이른바 "커다란 게임(The Great Game)"이 진행되게 된다. 이 와중에 아프가니스탄 토착

왕국이 러시아의 세력과 가까이 한다는 이유로 두 차례 영국과 아프가니스탄 간에 전쟁(1839년과 1878년)이 일어나고 영국군은 이 두 차례 전쟁에서 아프간 토착 전사들에게 패퇴하게 된다. 이후 영국은 사실상 아프간 정복을 포기하고 험준한 힌두쿠시 산맥을 성벽으로 삼아 자신들의 식민지인 인도를 방어하려는 소극적인 봉쇄정책을 취하게 된다. 한편, 러시아는 영국이 아프간을 정복함으로써 러시아의 배후지인 중앙아시아 각 지역들을 위협하는 시나리오를 회피하려고 하였다. 이러한 영국과 러시아의 이해관계가 맞아떨어져 현재의 아프가니스탄과 파키스탄의 국경이 되는 듀란트 라인이 러시아와 영국의 협정에 의해 그어지게 되고 오늘날의 아프가니스탄 지역은 완충지대로 남게 된다. 이러한 정치적이고 인위적인 결정을 통해 대체로 오늘날의 아프가니스탄이라는 국가의 국경이 확정되었다(Afsar, Samples, & Wood, 2008: 59). 오늘날 민족국가로서의 아프가니스탄은 이러한 유럽제국주의 세력에 의한 인위적인 지정학적 범위의 설정의 결과물이라고 보아도 무방할 것이다(윤민우, 2013: 156-157).

아프가니스탄이라는 민족국가가 외부의 인위적인 정의에 의해 만들어졌다고 할지라도 그 국가를 구성하는 아프가니스탄이라는 민족이 만들어졌는가는 여전히 의문으로 남는다. 파슈툰과 타직, 우즈벡과 하자라 등의 수십 개의 서로 다른 부족들을 하나로 묶어내는 민족 공동체로서의 아프간 정체성은 여전히 미발달 되어 있으며 대체로 자신의 부족과 씨족의 정체성을 우선시하는 부족전통이 여전히 강하게 남아있다. 아프가니스탄은 사실상 서로 다른 정체성을 가진 여러 서로 다른 부족들로 모자이크처럼 이루어져 있으며 이들 사이의 연대감이나 공통된 정체성은 거의 존재하지 않는다(윤민우, 2013: 157; Rais, 2008: 27-55).

예를 들면 파슈툰 부족의 경우 두라니(Durrani)와 길자이(Ghilzai), 그리고 카를란리(Karlanri), 사르바니(Sarbani), 구르구쉿(Ghurghusht) 등의 소부족 단위 그룹들로 나눠진다. 이 가운데 두라니와 길자이 단위 그룹이 가장 큰 영향력을 행사한다. 두라니 부족은 1747년에 아마드 샤 두라니가 왕국을 설립한 이후로 전통적으로 파슈툰 부족들 사이에서 정치적 리더의 역할을 수행해왔으며 아프간 중앙 국가권력의 핵심 지배세력을 형성해 왔다. 현 아프간 대통령인 하미드 카르자이 역시 이 두라니 부족 출신이다. 한편 길자이 부족은 역사적으로 두라니 부족과 강력한 정치적 라이벌 관계를 형성해 왔다. 이 길자이 부족이 탈레반 세력의 주요한 부족적 지지기반이 되어 왔으며 탈레반 지도자인 물라 무하마드 오마르를 비롯한 주요한 탈레반 지도

자들이 이 길자이 부족 출신들이다(윤민우, 2013: 160; Afsar, Samples, & Wood, 2008: 62).

아프가니스탄의 이러한 종족적 또는 부족적 전통은 아프가니스탄의 험준하고 거주하기 힘든 지리적 특성에 의해 더욱 강화되는 경향이 있다. 대체로 아프가니스탄의 지형은 해발 3000미터 이상에 달하는 높고 험준한 산악지역으로 이루어져 있다. 이 험준한 산악지형 때문에 노새와 사람이 도보로 이동할 수 있는 좁은 산길(trail path)들을 제외하고는 거의 도로가 존재하지 않는 상황을 만들어냈고, 이는 아프간 지역의 부족 단위 전통을 강화시키고 중앙 국가권력이 이러한 지역에 영향을 행사하지 못하도록 하는 억제 요인으로 작용했다. 대체로 국가권력의 효과적인 행사를 통한 중앙집권체제의 확립은 효과적인 교통, 통신망의 구축을 토대로 군대와 경찰력 등을 빠르고 효과적으로 전개함으로써 이루어진다. 하지만 아프가니스탄의 지리적 특수성은 중앙권력에게는 엄청난 난관을 안겨주고 산악 지방의 지키려는 부족전사들에게는 저항하기 쉬운 환경을 제공해왔다. 이는 세 차례의 영국과 아프가니스탄 간 전쟁에서 영국군이 모두 패퇴한 사례나 소련-아프간 전쟁에서 탱크와 공격헬기 등 기계화된 소련군이 라이플과 RPG(Rocket Propelled Grenade-Launchers) 등으로 무장한 무자히딘에게 패퇴한 사례에서 잘 증명되었다. 어쨌거나 이러한 지리적 특성은 지방의 강한 부족적 전통과 어우러져 국가권력과 무관하게 자생적으로 존재하는 부족 전통이 강하게 남아있는 분권적인 정치 환경을 만들어 냈다(Kilcullen, 2009). 궁극적으로 이러한 부족 전통의 강한 영향력은 근대성에 기반을 둔 아프간이라는 민족을 형성하지 못하도록 작용함과 동시에 여전히 전근대성과 전통과 관습들이 근대성보다 우월한 지위에 남도록 함으로써 민족과 민족주의가 아프가니스탄에서 자리 잡을 수 있는 토양을 근본적으로 어렵게 하였다(윤민우, 2013: 161-162).

3. 오늘날 아프가니스탄에서의 국가권력의 폭력독점 실패와 안보의 위기

2001년 미군과 동맹국군 등의 아프간 침공 이래로 지난 10년 간 미국과 국제사회는 상당한 정도의 군 병력과 물자와 민간지원인력, 그리고 재정적 지원을 하였음에도 불구하고 여전히 아프가니스탄에서의 정치, 사회적 안정과 안보질서의 구축은 요원해 보인다. 폭탄테러와 인질납치, 범죄 등은 여전히 심각한 정도로 계속되고 있으며 군사적인 충돌과 민간인에 대한 공격도 여전히 계속되고 있다(Tarzi, 2008, p.274-310). 마약재배와 거래의 문제는 더욱 악화되어 아프가니스탄을 전 세계 헤로인 생산량의 90% 이상을 점유하는 지역으로 만들고 있다(Cassara & Jorisch, 2009). 이러한 실존적 안보 위기 상황에서 카르자이 국가권력은 대다수의 아프간 주민들에게 의미 있는 안보 또는 치안 보호 서비스를 제공하지 못하고 있다. 아프간 국가권력은 카불 등의 몇몇 대도시를 제외하고는 여전히 그 통치력과 물리력을 행사하지 못하고 있으며 대부분의, 특히 아프간 남부의, 시골 지역은 탈레반의 영향력 아래에 있다(윤민우, 2013: 175-176; Afsar, Samples, & Wood, 2008).

이와 같은 아프간 중앙정부의 아프간 시골 지역에 대한 통치력의 부재는 몇 가지 통계적 수치에 의해서도 파악될 수 있다. 예를 들면, 2002년까지 국가의 법 집행기관으로서의 경찰조직이 구성되지도 않은 상태였다(Murray, 2007, p.110). 이러한 상황을 개선하기 위해 2002년부터 아프간 경찰제도의 건설을 추진하기 시작하였으나 2006년 중반까지 대체로 5만에서 7만 명 규모의 경찰력을 확보하는데 그쳤고 이마저도 대체로 적절히 훈련 되지 못한 문맹자들이거나 경찰 내부의 부패의 문제나 내부 서로 다른 출신 부족 간의 갈등, 그리고 임금과 장비 그리고 조직의 운용과 관련된 예산의 부족 등의 여러 문제로 아프간 시골지역에서의 효과적인 치안 서비스를 제대로 제공할 수 없었다(Murray, 2007, p.115-116). 2011년 7월 현재 아프간 경찰 병력은 약 130,000명 정도의 규모에 불과하며 아프가니스탄 전역에서 효율적인 법질서를 확보하고 치안을 확보하기 위해서는 여전히 부족한 규모로 평가되고 있다. 이와 더불어 장비와 훈련, 그리고 무기 등의 부족은 아프간 국가권력이 아프간 전역에 효과적인 치안 질서를 유지하기 어렵게 만들고 있으며 2014년으로 계획되어 있는 나토군의 철군 이후에 아프간 중앙 정부의 존립 자체를 위태롭게 만들고 있다(NATO to double the number of Afghan police, 2011). 반면에 탈레반 등을 포함한 불법 무장 세력이 파악된 것만 약 1,800여 개의 그룹들이 아프간 전역에서 활동하고 있다(Murray, 2007, p.118). 한 보도에 따르면(Chirila, 2011), 25,000명의 탈레반 반군들이 2011년 1월 현재 아프가니스탄에서 활동하고 있으며 이에 맞서 이들과 교전하는 미군을 포함한 정부군의 병력은 약 14만 명인 것으로 평가되고 있다. 이는 약 1 대 12의 비율로 현대 게릴라 전쟁사에서 가장 높은 비율인 것으로 평가된다. 한편 25,000명의 탈레반 세력에 더하여 헥마타르 그룹이나 하카니 그룹 등 비 탈레반 계열의 파슈툰 무장 항쟁세력 등과 기회주의적으로 참여하는 반군이나 폭도 세력들을 더하면 그 수는 더욱 증가할 것으로 평가된다(Chirila, 2011). 또 다른 보도에 따르면(Roggio, 2009), 2009년 12월 현재 아프가니스탄의 절반에 해당하는 50퍼센트 정도의 지역이 탈레반에 의해 중앙정부의 권위가 도전 받거나 아니면 탈레반의 통제 아래에 있는 것으로 평가된다. 그리고 이러한 탈레반 통제 아래에 있거나 탈레반이 상당한 영향력을 행사하는 지역들은 아프가니스탄에서 파슈툰 부족지역으로 알려진 남부의 대부분의 지역을 포함하고 있다(윤민우, 2013: 176-177).

예를 들면, 아프간 국가권력의 경우 대부분의 파슈툰 부족 사회에 실효적인 안보서비스의 제공자로서 기능하지 못하고 있다. 경찰이나 아프간 정부군 또는 미군이나 ISAF군의 경우 수색과 정찰 등의 작전을 펼침으로써 한 부족에서 다른 부족으로 순회하거나 일시적으로 한 특정 부족을 방문하여 물리력을 행사한다. 이 때문에 특정 부족의 입장에서 보면 스치듯이 지나가는 국가권력은 대부분의 경우에 탈레반이라는 외부의 공격으로부터 자신들을 보호해 주지 못하거나 부족내부의 개인 간의 분쟁과 갈등을 효과적으로 그리고 체계적으로 조정하거나 가해자를 처벌하거나 부족민을 보호해주지 못한다. 한편 아프간 중앙 정부의 경찰이나 군대가 부족지역에 주둔하고 있는 경우라도 대부분의 경우 이들 병력들이 부족 공동체의 외곽에 위치한 주둔지나 요새 등에 상주하고 있어 실제로 부족과 부족민들에 대한 안보서비스의 제공자로서 실효적으로 기능하고 있지 못하다(윤민우, 2013: 193-194; Afsar et al., 2008, p.63; Kilcullen, 2009, p.39-114).

반면에 탈레반의 경우는 부족 내부에 이슬람 극단주의 성향의 종교지도자와 탈레반 스파이들을 부족 사회 내부에 심어 두는 방식으로 부족 사회 내부에 깊숙이 침투해 있다. 또한 이들은 파슈툰 부족 사회에 수시로 개입하여 개인 간의 분쟁의 조정과 가해자에 대한 처벌 그리고 사인의 보호와 같은 형사사법적인 서비스를 실효적으로 제공함으로써 부족민 개인들이 느끼기에 실제로 탈레반 안보 서비스가 폭력적이고 폭압적인 방식이긴 하지만 안정되고 예측 가능한 방식으로 작동하고 있다고 믿게끔 함으로써 자신들의 정통성과 권위를 그리고 지배력을 구축해 나간다. 실제로 쿠나르 지역의 사례를 보면 탈레반이 부족 공동체에 내려와 강간을 하거나 살인을 한 범죄자를 처형하는 방식으로 형사 사법적 서비스를 제공하고 사인 간의 재산권 분쟁을 권위적으로 조정하는 활동을 함으로써 부족민들에게 지지를 구축해가고 있음을 볼 수 있다. 대체로 탈레반의 경우는 한명의 판사와 두 명의 가드가 오토바이를 타고 각 부족 마을을 순회하는 방식으로 돌면서 형사사법적인 판단과 집행을 실행하며 각 지방과 부족단위에 그림자 정부를 구축하여 자신들의 통치력을 확대, 유지하고 있다(윤민우, 2013: 194; Afsar et al., 2008, p.64, 68-70; Kilcullen, 2009, p.39-114).

또한 탈레반은 국가권력이라는 부족의 외부로부터의 안보의 위협에 대해서도 실효적인 안보 서비스의 제공을 파슈툰 부족 공동체에 제공한다. 중앙으로부터 파견된 주지사나 정부 관료, 또는 경찰과 군대 등이 부패하거나 부족민들로부터 뇌물을 걷거나 폭압적인 방식으로 부족민들을 억압하는 경우에 이러한 국가권력의 에이전트들을 처형하거나 살해함으로써 부족의 보호자로서의 부족민들에 대한 자신들의 정통성을 구축해 나간다. 실제로 탈레반의 여러 활동 가운데 이러한 부패하고 폭압적인 국가권력을 심판하는 활동이 주요한 부분을 차지한다. 또한 탈레반은 국가권력이 시도하는 아편 근절 정책으로부터 부족민들의 재산권을 보호하는 수호자로서의 서비스도 제공한다. 수십 년 간 전쟁으로 피폐된 파슈툰 부족 사회에서 아편 재배와 마약 거래는 거의 유일한 수입원이거나 가장 중요한 경제 활동이다. 때문에 국가권력에 의한 마약 퇴치 정책은 파슈툰 부족민의 입장에서는 중대한 재산권과 생존권에 대한 안보의 위협으로 인식될 수 있다. 이러한 위협에 대해 탈레반은 아편 재배와 마약 거래의 보호자로 자처하며 국가권력의 마약 퇴치 작전에 맞서 싸우고 있다(윤민우, 2013: 194-195; Afsar et al., 2008, p.64, 68-70; Cassara & Jorisch, 2009; Kilcullen, 2009, p.39-114).

이러한 일련의 안보 서비스 공급자들 간의 경쟁을 살펴볼 때 대체로 탈레반이 아프간 국가권력에 비해 보다 실효적인 안보 서비스의 공급자로서 파슈툰 부족 사회에서 작동하고 있다고 볼 수 있다. 그리고 이러한 상황은 탈레반이 파슈툰 부족 사회에서 자신들의 영향력을 공고히 할 수 있게 된 배경이 되고 있다. 반대로 이러한 공급 경쟁에서의 실패는 아프간 국가권력이 여전히 제대로 작동하지 못하고 있는 근본적 원인이라고 볼 수 있다. 실제로 파슈툰 부족민들의 경우 부패하고 억압적이며 무능력한 아프간 국가권력과 비교해서 탈레반의 안보서비스가 더 신뢰할 만하고 안정적이며 효율적이고 신속하며 정통성이 있다고 받아들인다(윤민우, 2013: 195; Fange, 2010).

아프간 국가권력과 탈레반과의 공급자 경쟁에서 탈레반이 보다 우위를 점하고 있음은 분명해 보인다. 이는 탈레반이 가지고 있는 네트워크 전쟁의 본질에 대한 정확한 인식과 합당한 전략적 선택에 기인한다. 반면에 아프간 국가권력의 경우는 군대와 경찰의 주둔과 수색, 정찰, 그리고 부족 공동체로의 중앙 관료의 파견과 같은 제도적이고 관료적인 방식으로 서비스를 제공하고 있다. 하지만 이들은 안보 서비스 공급의 경쟁을 통한 인적 자원의 장악과 안보 서비스 시장 지배라는 상황을 정확히 인식하기보다는 탈레반의 색출과 제거라는 전통적인 수색과 제거(search and destroy)에 집착한다. 또한 부족민들에 대한 안보 서비스 제공 역시 경찰서의 설치와 중앙 관료의 파견과 같은 제도적인 접근에 머물러 있으며 실효적이고 신뢰할 만한 안보 서비스의 제공 여부에는 실패하고 있다(윤민우, 2013: 198-199; Fange, 2010).

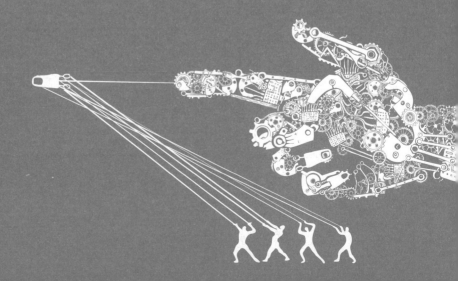

제13장

북한으로부터의 안보위협

제13장

북한으로부터의 안보위협

　최근 우리국가는 북한과 관련된 국가안보의 두 가지 매우 주요한 이슈들을 경험했다. 하나는 2015년 4월 27일 미국과 일본 간에 합의된 개정된 미일방위협력지침 발표이며, 또 다른 하나는 2015년 5월 9일 북한의 잠수함 발사 탄도 미사일(SLBM: Submarine Launched Ballastic Missiles) 발사시험 성공발표이다. 이 두 가지 사건은 우리국가를 둘러싼 동북아시아 지역의 안보에 매우 중요한 불안정 요소가 될 것이며 그 결과 우리국가의 안보는 향후 매우 예측할 수 없는 상황에 직면할 지도 모른다. 예를 들면 개정된 미일방위협력지침은 일본에게 힘을 투사하는 제국주의 정책을 추진하도록 하는 라이센스가 될 수도 있을 것이며 미국이 구축한 제국질서에서 미국의 영향력이 수축되는 만큼의 부분이 일본에게 양도될지 모른다. 그리고 미-일이 구축한 대중국 동맹은 중국과 영토분쟁 중인 필리핀과 베트남과 같은 동남아시아를 지원하면서 한국 또는 오스트레일리아(한국이 자의든 타의든 제외된다면)와 결합된 새로운 나토로 발전할지 모른다. 중국의 북한에 대한 재접근과 러시아와의 동맹 강화는 미-일 동맹과 대척하면서 지역 내에서 새로운 냉전대결구도를 만들어 낼 것이다. 그리고 이러한 구도는 한국의 의사와는 무관하게 우리에게 결정적인 선택을 강요하게 될 것이며 현명하고 모험적이며 용기 있는 선택을 하지 못한다면 우리국가는 결정적 굴욕을 경험하거나 국가의 생존에 대한 치명적 위협에 직면하게 될지 모른다.
　북한의 잠수함 발사 탄도 미사일 발표는 더욱 우려스럽다. 이 사건으로 인해 지난 20-30년 간 우리가 누렸던 북한에 대한 군사력의 비교우위는 사실상 사라졌으며 상대적으로 매우 수세적인 위협에 직면할 수도 있는 가능성을 열었다. 과거 한국전쟁을 돌이켜보면 우리가 북한의 선제공격에 버틸 수 있었던 몇 가지 요소들이 발견된다. 하나는 부산을 축으로 한 낙동강 전선이라는 후방이 존재했다는 것이다.

이를 통해 병력과 장비, 물자의 공급이 가능했다. 또 미국의 참전이 보장될 수 있었다. 그리고 일본의 후방보급 기지로서의 역할이 이루어질 수 있었다. 미국과 일본의 한국에 대한 직, 간접적 지원은 본토가 북한으로부터 공격받지 않는다는 전제가 있었기에 가능했을지 모른다. 하지만 북한의 SLBM은 핵 탄두 미사일 공격을 통해 부산을 축으로 한 후방을 직접 선제타격으로 초토화할 수 있으며 동시에 미국과 일본의 지원을 본토공격에 대한 위협을 통해 억제할 수도 있다는 가능성을 열었다. 특히 여론에 민감할 수 있는 자유민주주의 국가인 미국과 일본이 핵공격 위협에도 불구하고 얼마나 단호히 용기 있게 대가를 무릅쓰고 지속적으로 한국을 지원할 수 있을지는 의문이다. 한편 북한의 SLBM을 다른 북한의 비대칭 전력인 사이버 공격, 사이버 심리전, EMP(Electro Magnetic Pulse) 폭탄, 테러공격, 특수전, 지상발사 핵 미사일, 생화학 무기 및 재래식 전력 등과 총합적으로 연계해서 생각해 본다면 북한의 선제공격의 치명적 파괴력은 훨씬 더 위협적이다. 즉 북한의 선제 타격으로 우리국가는 돌이킬 수 없는 치명적인 운명을 맞을 지도 모른다. 이런 상황에서는 우리가 보유한 막강한 재래식 전력과 한미 연합전력을 사용하여 북한에 의미 있는 공격을 가할 수 있는 기회 자체를 얻지 못하게 될 수도 있다. 결국 북한이 구축한 최근의 군사력과 앞으로 북한이 지향하는 국방전력구축의 추이는 우리가 기존에 북한에 대해 갖고 있던 기존 안보 전략 틀의 전면적 수정을 요구하며 동시에 우리국가에 분명하고 실존하는 위협을 던진다.

이런 최근 국제정세의 흐름을 반영하여 이 장에서는 우리가 그 동안 통상적으로 국가안보에 대해 갖고 있었던 고정관념들을 다시 한 번 돌이켜 보고 국가안보에 관해 그 동안 흔히 다루어지지 않아 왔던 생각들을 제안하고자 한다. 이러한 논의들은 직관적이고 세련되게 다듬어지지 않은 투박한 제안이 될 것이다. 하지만 그럼에도 불구하고 우리국가의 안보와 관련하여 기존의 상식과 정통적인 인식의 틀을 넘어 다른 관점으로 바라보고 국가안보를 이해하려는 시도는 그 자체만으로 의미 있는 발걸음일지 모른다. 이러한 시도는 새로운 대안 또는 인식틀을 모색해보는 데 어떤 자극이 되거나 아니면 적어도 상식과 정통적이고 교조적인 접근에 갇혀있는 집단사고적 안보인식에 악마의 변호인(devil's advocate) 역할을 함으로써 도움이 될 수도 있을 것이다.

≫ 구성된 결과물로서의 국가안보

국가안보에 대해 흔히 갖는 오해는 그것이 어떤 보편적이고 객관적이며, 변하지 않는 합의된 실체라는 것이다. 이는 국제정치의 주요 이론인 현실주의와 신현실주의 자유주의 등에서 보편적으로 설정하고 있는 하나의 전제이다. 국가는 하나의 확장된 인격체로서 받아들여진다. 국제사회는 더 이상 쪼개지지 않는 최소 단위인 국가로 이루어져 있다. 이는 마치 경제학에서 더 이상 쪼개지지 않는 최소 단위인 개인을 설정하고 있는 것과 같다. 여기서 개인에 해당하는 국가는 마치 사람처럼 생각과 판단의 능동적 주체로 간주된다. 국가는 합리적으로 판단하고 행동한다. 국가를 이루고 있는 개별 인간과 사회 그리고 그 행위주체들 간의 역동적 상호작용은 국가라는 하나의 블랙박스 안에서 잊혀진다. 이 블랙박스는 개봉되지 않은 채 스스로 합리적 의사결정을 내리는 주체가 된다. 이렇게 인격화된 국가는 스스로 생존(독립)에 대한 욕구를 가지며 안전(전쟁이 없음 또는 평화)에 대한 욕구를 가진다. 국가안보는 이렇게 보편적으로 인식된다. 국제사회를 이루는 각 국가들은 균일한 하나의 단위체가 되며 이러한 국가안보는 차이 없이 보편적으로 각 국가들에 해당되는 어떤 것으로 간주된다. 따라서 이 국가안보는 모든 국가들을 아울러는 어떤 객관적인 실체가 된다. 즉 모든 국가들에게 국가안보는 동일한 하나의 객체적 대상이다. 또한 국가안보는 고정적이다. 시간이나 상황적 요인에 영향을 거의 받지 않으며 국가안보의 의미와 내용은 본질적으로 동일한 것으로 간주된다. 쉽게 얘기하면 모든 국가들에 적용되는 국가안보의 의미와 내용은 대체로 동일하며 시간적 상황적 요인과 무관하게 고정적이다.

구성주의는 국가안보에 대한 정통적인 인식에 주요한 의문을 제기한다. 구성주의에 따르면 국가안보는 보편적이지도 않으며 주관적으로 인식되고 구성되며 끊임없이 변화하는 연속적인 과정에 있는 찰나의 상태 있는 어떤 일시적인 결과물이다. 구성주의는 국가라는 블랙박스를 열어 제치고 그 안에서 일어나는 복잡하고 역동적인 구성원들 간의 관계들을 직접 들여다본다. 국가는 더 이상 쪼개어 질 수 없는 최소 단위가 아니다. 국가는 인격적이지 않으며 이 국가라는 단위체가 내어놓는 판단과 행동은 내부 역동성의 일시적 결과물이다. 국가안보는 이런 맥락에서 이해된다. 이런 점에서 구성주의의 주장은 현대 물리학에서 이룩한 성과들과 닮아 있다. 현대 물리학에서 물질세계는 더 이상 쪼개질 수 없는 균일한 최소 단위인 원자가 빚어내는 조합의 결과물이 아니다. 원자는 쪼개질 수 있으며 이 원자의 내부를 구성하는 미시세계는 입자와 파동, 에너지가 만들어 내는 하나의 또 다른 우주가 된다. 이 또 하나의 세계에서는 더 이상 관찰자의 주관적 인식이 물질의 객관적 실체와 분리되지 않으며 주관적 인식에 따라 입자와 파동, 에너지의 실체와 운동방향 등이 결정되며 이러한 조합은 항상적 유동성을 띠게 된다. 유사한 맥락에서 구성주의가 바라보는 국가안보는 국가를 구성하는 개인과 집단이라는 입자와 그 입자들의 운동(사회활동이나 정치참여, 그리고 여러 다른 주장의 제기와 활동들), 그리고 축적된 역사적 경험과 외부로부터 투영되는 상황적 제약 등으로 이루어진 에너지가 엮어내는 하나의 결과물이다. 그리고 그 결과물은 관찰자의 주관적 인식(대체로 이 경우 국가의 최고 의사결정권자나 주요 권력 엘리트, 그리고 주요한 영향력을 행사하는 정치세력이나 전문가 그룹, 미디어, 여론 등)에 따라 다른 실체를 가지며 항상적으로 변화하는 과정에 있는 일시적 실체이다. 이런 맥락에서는 각 국가들의 국가안보는 서로 다르게 구성되며 따라서 다른 실체가 된다.

국가마다 다른 실체를 가지는 구성된 결과물로서의 국가안보는 예를 들면 대체로 두 가지 유형으로 대략적으로나마 나누어 볼 수 있을지 모른다. 하나는 전사형이고 다른 하나는 선비형으로 이름 지을 수 있을 것이다(꼭 들어맞지는 않지만). 국가안보의 가장 근본적인 요소인 국가의 절대적 생존 그 자체는 아마도 서로 다른 두 유형에 공통적으로 적용되는 공통분모에 해당할 것이다. 하지만 이 최소한의 공통분모를 넘어서면 두 유형은 국가안보를 인식하고 국가안보의 위협에 대응하는 양상에 있어 차이를 보여준다. 즉 서로 다른 방식으로 국가안보가 구성된다.

먼저 전사형으로 구성된 국가안보는 현실주의적이고 세력투사적인 특성을 가진다. 여기서는 국가안보의 요소에 국가의 자존심, 명예, 국제질서에서의 권력적 지위 등과 같은 보다 확장된 국가안보의 요소들이 포함되고 이러한 것들을 국가안보의 구성요소로 적극적으로 인식한다. 국가들 간의 관계는 권력 투쟁적 현실주의적으로 인식되고 때문에 국가안보의 주요 테제는 다른 국가로부터의 권력투사를 거부하고 다른 국가에 자신의 권력을 투사하는 항상적인 힘의 충돌로 이해된다. 여기서 평화는 자신과 다른 국가들 간의 힘의 균형관계가 유지될 때 나타나는 전쟁 없음의 상태이다. 이 힘의 균형 상태는 매우 주관적으로 이해되며 사실상 상대 국가로부터의 세력투사의 위협이 사라질 때를 의미한다. 하지만 역설적이게도 이러한 위험이 제거될 경우 해당 국가는 제국주의 정책이라고 알려진 다른 국가에 대한 힘의 투사를 지향하게 되고 국가안보의 문제는 나의 힘의 투사와 관련된 다른 국가의 저항의 문제로 전환된다. 이 경우에 나의 세력 투사에 마찰력으로 작용하는 다른 국가의 거부나 도전은 국가안보의 위협으로 인식된다. 국가안보의 위협에 대응하는 양상은 전형적인 세력균형이 주가 된다. 국가 간 관계는 물리력의 충돌로 이해되며 때문에 내적 세력균형을 추구하거나(자체 군사력 강화와 같은) 다른 국가와의 동맹(군사 동맹 또는 안전보장 동맹과 같은)을 통해 세력균형(사실상 군사력의 우위)을 이루려고 한다. 전쟁은 보다 적극적으로 해석되며 국가의 생존권 보호를 위한 어쩔 수 없는 선택이 라기보다는 세력투사와 유지를 위한 하나의 선택대안으로 받아들여진다.

다음으로 선비형을 들 수 있다. 이 유형은 조선이 취했던 국가안보전략에서 전형 적으로 나타난다. 이 유형은 국가안보를 국가의 생존유지 자체로 매우 협소하게 이 해하는 경향이 있다. 국가의 자존심, 명예, 국제질서에서의 지위, 제국주의 정책의 지향은 극도로 억제되고 터부시 된다. 국제질서는 규범적으로 이해된다. 도덕, 국 제법, 국제협약 등의 규범적 가치들이 국가 간의 관계를 설정하는 것으로 인식되고 이러한 인식된 규범에 순응하려는 경향을 보인다. 국제질서에서 가급적 규범적으로 행동하려고 노력하며 이를 통해 국가의 자존감을 획득하려고 한다. 때문에 다른 국 가의 규범적이라는 평판은 매우 중요하게 다루어진다. 국가 간의 갈등은 규범에 대 한 위해로 간주하고 자신이 갈등상황에서 더 규범적이라는 사실을 어필함으로써 명분을 얻으려고 노력한다. 갈등의 해결은 국제질서에서의 규범적 권위체(강대국이거 나 국가 간 합의체)에 자신의 정당함을 어필함으로써 또 국제질서의 여러 다른 행위자 들로부터 지지와 명분을 구함으로써 규범적 정당성의 우위를 통해 갈등 상대방으 로부터 양해(사과나 행위의 중지)를 획득하는데 집중된다. 앞서 언급한대로 국가안보의 위해는 매우 협소하게 이해되는데 이는 다른 국가의 세력투사(군사적 침략과 같은)로부 터 초래되는 국가 생존에 대한 직접적 위협이나 심각한 국가이익의 위협에 대한 침 탈 등으로 매우 협소하게 이해된다. 대체로 이러한 소극적 국가안보의 확보는 세력 균형보다는 강대국이나 국가 간의 협의체에 대한 편승(band-wagoning)전략이나 그러 한 국제적 권위체로부터의 양해를 통해 구해진 고립(쇄국, 중립, 비동맹 등의)을 통해 달성하려고 한다. 한편 국가의 모든 역량은 국가 내부로 향하게 되며 보통 이러한 노력은 해당 국가 내에서의 가장 최적화된 바람직한 사회의 건설로 향하게 된다. 반대로 힘의 투사를 통한 제국주의 팽창은 포기되고 따라서 세력의 확대와 관련되 어 나타나는 국가 간 갈등은 국가안보의 구성요소에서 배제된다.

전사형과 선비형의 두 다른 극단의 유형이 나타나는 이유는 그 국가의 역사적 경험과 국가를 구성하는데 주요한 투입요소가 되는 지배 엘리트 세력(국가 최고 지도자, 권력 엘리트, 전문가 그룹, 여론 주도세력 등)의 특성에 기인한다. 먼저 해당 국가가 과거에 경험했던 승리의 역사는 국가안보를 전사형으로 구성하게 만든다. 과거의 영광된 제국의 기억은 스스로에 대한 자부심과 과거로의 회귀에 대한 열망을 불러일으킨다. 한편 과거 전쟁에서의 영광된 승리의 기억 역시 전사형 인식을 구성하도록 자극한다. 예를 들면 IS(Islamic State: 이슬람 국가)나 러시아, 일본, 중국 등이 과거의 제국건설을 명시적이건 암묵적이건 지향하고 있다는 점은 이러한 사례로 볼 수 있다. 또한 미국이 국가안보를 제국주의적으로 인식하는 것 역시 거듭된 주요 전쟁에서의 승리의 기억의 산물이다. 반면 과거 역사에서의 되풀이된 피해의 경험은 피해자 정체성(victim identity)을 집단속에 심는 경향이 있다. 이런 경험이 집단에 열등감이나 외상 후 스트레스와 같은 충격을 주고 세력 확장을 의식적, 무의식적으로 금기시하고 선비형의 최소화된 국가안보인식을 구성하도록 영향을 미친다. 예를 들면 우리나라의 경우 과거의 되풀이된 다른 국가로부터의 피해와 괴롭힘의 경험은 피해자 정체성을 형성하도록 만들었을지도 모른다. 흥미로운 점은 1차 대전 이전까지 전사형 국가안보인식을 보였던 독일의 경우 1, 2차 세계대전의 되풀이되는 피해 경험으로 인해 오늘날 선비형 국가안보 인식을 보인다는 점이다.

한 국가가 전사형을 띠는가 선비형을 띠는가는 그 국가를 구성하는 지배 엘리트의 성격에 의해 영향을 받는다. 전사형의 경우 지배 엘리트들은 대체로 무사이거나 군인, 게릴라, 무장집단과 같은 폭력을 수행하는 그룹으로부터 형성된다. 물론 이러한 지배 엘리트에 폭력의 직접수행과 다소 거리를 두는 민간 전문가들이나 학자들이 지배그룹에 참여하기는 하지만 폭력수행세력이 구축한 지배 엘리트의 전사적 특성에 대체로 동화되는 경향을 보인다. 이들은 자신들이 가지는 특성 때문에 국가 간의 관계를 전투적으로 인식한다. 즉 국가 간의 관계는 상호세력 경쟁적이며 갈등적이고 현실적이다. 전쟁에서의 경험과 전사적 문화는 추상적 당위적 인식보다는 구체적이고 실용적이며 힘의 논리를 선호하도록 만드는 경향이 있다. 반대로 선비형의 경우는 지배 엘리트들의 주요한 출신배경은 폭력사용 경험이 거의 전무한 지식인들(특히 이상주의적 윤리적 지식인들)이다. 이들은 학습과 사유와 같은 비육체적이고 고립되며 위험하지 않은 활동에 대부분의 시간을 할애한다. 때문에 관심은 추상적인 옳고 그름과 같은 규범적 정당성에 집중되는 경향을 보이며 규범적인 가치를 스스로 실천하려는 경향이 강하다. 또한 치열한 삶과 죽음의 전쟁과 동떨어진 고립된 시간의 경험은 자신이 가지는 가치의 정당성에 대한 확신을 강화시키는 경향이 있다. 이들은 다른 행위자들에게 자신의 정당성을 이해시키고 그들을 변화시켜 이상적인(자신이 생각하는) 상태를 만드는데 관심을 집중하며 또 실제로 다른 이들을 자신의 정당함과 설득으로 변화시킬 수 있다고 믿는다. 이들의 이러한 태도는 국제관계에 그대로 투영되는 경향을 보인다. 한편 모험적 위기와 갈등상황에 직면해 보지 못했던 경험은 이들로 하여금 국가안보의 위협에 직면하는 결정적인 순간에 의사결정의 무결정(non-decision)이나 갈등이나 충돌상황의 회피(어떤 대가를 치르더라도), 또는 다른 대상에 의지하려는 행태를 보이도록 만드는 경향이 있다. 대조적으로 전사형 지배엘리트는 모험적 위기와 갈등상황에 익숙하기 때문에 같은 위기상황에서 보다 결단력 있고(decisive), 단호하며, 모험적으로 반응하도록 만드는 경향이 있다.

　물론 전사형 국가안보인식과 선비형 국가안보인식이 뚜렷이 양분되어 나타나지는 않는다. 오히려 이는 하나의 연속된 스펙트럼 사이에서의 포지션으로 이해하여야 한다. 한쪽 끝에 조선과 같은 극단적인 선비형 국가안보 인식을 가진 국가를 상정에 볼 수 있다면 다른 쪽 극단에는 몽고제국이나 나치 독일과 같은 극단적 전사형 국가안보인식을 가진 국가를 상정해 볼 수 있다. 대체로 많은 국가들은 이 스펙트럼 상에서 어디쯤인가에 위치하며 어느 한 방향에 좀 더 지배적인 특성을 보일 것이다. 또한 한 국가 내에서도 전사형 인식을 가진 엘리트와 선비형 인식을 가진 엘리트가 공존하는 경향을 보인다. 우리나라에서도 박정희 전 대통령이 가졌던 인식틀은 전사형에 좀 더 가까운 것으로 장면 전 총리의 인식틀은 선비형에 좀 더 가까운 것으로 상정해 볼 수 있다. 그 국가의 경험 역시 승리의 기억과 피해의 경험이 대체로 공존한다. 문제는 어떤 성향이 좀 더 지배적으로 나타나는가에 있을 것이다. 그리고 이 지배적인 경향 또는 정체는 그 국가의 지배적인 국가안보인식을 형성한다. 때문에 각 국가들은 서로 다른 국가안보인식을 가지며 각자의 인식틀을 통해 현실을 인식한다. 때문에 각 국들의 국가안보의 개념은 서로 다르게 구성되며 이 서로 다르게 구성된 국가안보가 국제질서에서 서로 충돌하는 경향을 보인다.

　동북아시아의 주요 행위자들에 국가안보인식 유형을 투영해 본다면 대체로 우리 국가를 둘러싼 역내 다른 주요 행위자들은 전사형의 특성을 보이는 경향이 있는 듯하다. 북한의 경우 국가건설에 참여했던 주요 지배엘리트들이 동북항일연군과 조선의용군과 같은 실전을 경험한 군인들이었다는 점에서 해당 국가의 향후 대략적 정체성이 결정되었다. 이후 김일성, 김정일, 김정은으로 이어지는 세습체제 구축에서 전사적 정체성은 강화되었다고 볼 수 있다. 이러한 경향은 중국에서도 비슷하게 나타난다. 2차 대전 이후 중국의 국가형성은 인민해방군의 대일항쟁과 국공내전이라는 전쟁을 통해 이루어졌고 전쟁에서의 승리의 대가로 국가건설을 이루었다. 이러한 경험은 중국의 지배엘리트의 성격을 결정했고 이후 전사적 특성을 강화시키는 방향으로 이어진 것처럼 보인다(Johnston, 1996). 러시아 역시 볼셰비키 혁명 이후 백군과 국제개입세력에 대한 내전과 이어지는 2차 세계대전과 냉전을 거치면서 전사적인 지배엘리트의 성격이 대체로 형성되었으며 이후 푸틴의 집권과 통치에서 주도적 역할을 한 실로비키(정보기관과 군 출신들로 이루어진)에 의해 러시아의 전사적 성향은 지속되고 있는 것처럼 보인다(Hopf, 2002; Tsygankov, 2013). 미국 역시 건국과정에서의 독립전쟁을 통한 승리의 경험과 전쟁경험을 가진 지배엘리트의 성향은 국가의 대체적 성격을 결정하였다. 이후 인디언 전쟁과 서부개척, 이어진 스페인과 멕시코, 영국, 프랑스 등과의 전쟁과 남북전쟁, 1, 2차 세계대전과 냉전, 그리고 이후에 세계도처에서의 여러 지역전쟁의 개입 등을 통해 국가의 전사적 지향성이 유지되어 오고 있는 것처럼 보인다. 일본의 경우는 메이지 유신을 통한 근대 일본 국가건설에 참여한 주요 지배엘리트 세력이 사무라이들이었다는 점이 국가의 대체적 성격을 결정하였던 것으로 보인다. 비슷한 상황에서 사무라이들은 유럽의 사례를 통해 강한 군사력의 건설과 식민지 확장정책을 주요 교훈으로 파악한 반면 조선의 선비들은 같은 사례를 보고 학문도입과 교육, 제도 구축을 핵심적 사안으로 이해한 것은 서로 다른 인식틀이 같은 현상을 두고 얼마나 다르게 이해할 수 있는지를 보여준다. 2차 대전의 패배로 일본의 팽창주의는 종결을 맺지만 현재 아베정권으로 이어지기까지 당시 제국 일본을 이끌었던 전사적 지배 엘리트들의 성향 자체는 대체로 유지되어 온 것처럼 보인다. 때문에 일본은 여전히 전사적 국가안보인식을 유지하고 있는 것으로 보인다.

유사한 전사형 특성을 가지지만 과거의 서로 다른 역사적 경험은 각 국가의 방향성 즉 국가가 지향하는 궁극적 목표에서의 차이를 가져올 수 있다. 미국, 러시아, 일본, 중국과 같은 역내 국가들은 과거 또는 현재 제국을 건설해 보았거나 유지하고 있다. 때문에 이러한 과거의 경험은 그 국가의 궁극적 방향성이 제국을 유지하는 것이거나 과거의 영광을 재현하는 제국을 지향하도록 만든다. 미국이 얘기하는 현상의 유지, 러시아의 국제사회에서의 정당한 지위로의 복귀(Hopf, 2002), 일본의 정상국가, 중국의 중화질서의 회복 또는 아시아인에 의한 아시아는 그러한 제국유지 또는 건설에 대한 각국의 상황과 입장을 반영한 다른 표현일 것이다. 한편 북한과 같이 과거에 제국을 경험해보지 못한 오히려 연속적인 피해의 경험을 가진 국가는 폭력적 수단으로 다른 국가의 영향력 투사에 거부하는 강한 주체국가를 지향하도록 만드는 경향이 나타나는 것처럼 보인다. 물론 북한의 이러한 소극적 세력투사는 북한이 갖고 있는 물리적 한계와 주변국가들에 대한 상대적 취약성 때문이기도 하다. 이 점은 좀 더 논의가 되어야 할 사항이지만 어찌됐건 북한은 다른 주변의 전사형 국가안보인식을 가진 국가들과는 다른 소극적인 목표를 지향하는 경향은 두드러진다.

우리국가가 동북아 평화구축을 위한 방안으로 제시하는 6자회담과 동북아 평화협력구상은 주변 국가들이 갖고 있는 전사형 국가안보인식과 질적으로 배치된다. 국가들 간의 협력체를 구축하고 여기서 도출된 규범을 통해 국가들 간의 국가안보 문제를 관리하겠다는 발상은 선비형 국가안보인식의 특성을 가진다. 하지만 앞서 언급한 바와 같이 주변국들이 모두 전사형 국가안보인식을 갖고 있으며 이들이 세력투사와 거부 그리고 이를 둘러싼 세력균형과 현실주의 안보정책을 추구하고 있다는 현실은 우리가 제시하고자 하는 국가안보의 인식과 정면으로 충돌한다. 선비형 인식은 대화와 설득, 그리고 협상을 통해 서로를 이해할 수 있으며 궁극적으로 합의에 도달할 수 있다고 믿는다. 하지만 전사형 인식은 근본적으로 이러한 노력들은 폭력사용과 함께 사용할 수 있는 하나의 선택대안이며 상대방을 기만하거나 나의 의도를 숨기거나 나의 이익을 극대화하기 위한 적절한 하나의 방안이라고 이해한다. 또한 경우에 따라서는 이러한 주장을 몽상적이거나 순진하다고 생각한다. 즉 서로 다른 국가안보에 대한 인식이 충돌하는 것이다. 이 경우에 인식틀 간의 조정은 쉽지 않으며 역사는 대부분의 경우에 전사형 인식이 선비형 인식을 압도하게 된다는 것을 보여준다.

≫ 최선의 방어로서의 공격

국가안보에 있어 공격과 방어는 분리되는 단절적 실체가 아니다. 공격과 방어는 하나의 실체이다. 즉 공격은 최선의 방어이며 방어는 최선의 공격일 수 있다. 이러한 단순한 교훈이 망각되었을 때 그 결과 하나의 방식(특히 방어에 매몰된)으로의 전쟁

수행에 매몰되었을 때 얼마나 비극적 결과가 나타나는 지는 역사적 사례를 통해 증명될 수 있다. 방어에 매몰된 프랑스의 전쟁계획은 나치독일의 침공에 무력하게 허물어 졌다. 당시 프랑스 국가와 군에 만연됐던 지배적인 방어적 전략의 패러다임과 문화의 결과였다(Kier, 1996). 공격이 방어적인 의미를 갖는 이유는 두 가지 때문이다. 하나는 적진을 공격해 들어갈 수도 있다는 가능성은 적국의 선제공격 의지와 능력을 감소시키는 효과가 있다. 이는 곧 적의 공격력을 억제하거나 완화함으로써 방어적 목적을 달성한다. 이의 극대화된 전략이 MAD(Mutually Assured Destruction: 상호확증파괴)라고 볼 수 있다. 자신의 심장부가 공격받을 수도 있다는 근심은 방어를 위한 군사력을 남겨두어야 한다는 필요를 발생시킨다. 이는 공격능력의 약화로 이어진다. 또 자신이 치명적 피해를 받을 수도 있다는 근심은 최후의 승리가 가능하다는 예상에도 불구하고 선제공격을 주저하게끔 만든다. 인간은 본능적으로 상대방을 수없이 때리는 것보다 자신이 받게 될 몇 차례의 타격을 더 우려한다. 다음으로 적진을 공격해 들어가는 것은 전쟁의 무대를 적국으로 옮김으로써 전쟁의 피해를 적국에게 끼칠 수 있다는 이점이 있다. 도시가 불타고 공장이 파괴되고 농토가 잿더미가 되는 것을 적국으로 옮김으로써 적국의 전쟁수행 능력을 약화시킬 수 있다. 이는 곧 적국의 공격능력을 감소시켜 방어적 목적을 달성하도록 돕는다.

일반적으로 적국의 선제타격(first strike)을 먼저 얻어맞고 그 이후에 적국에 반격(second strike or counter-strike)을 가하는 것은 결정적 조건이 갖추어져야 가능하다. 그 결정적 조건은 일단 선제타격을 맞은 이후에도 적국에게 치명적 타격을 가할 만큼의 대응타격의 파괴력이 유지가 되어야 한다는 것이다. 대응타격력은 두 가지 가운데 하나로부터 비롯된다. 하나는 자신의 능력으로부터 나온다. 나폴레옹과 히틀러의 선제공격을 받은 러시아와 소련은 넓은 영토와 많은 인구 등의 국가 자체의 맷집을 통해 선제타격의 충격을 흡수하고 치명적 대응타격을 적에게 가할 수 있었다. 이는 일본에 맞선 미국의 경우에도 유사하게 나타난다. 대체로 국가의 영토와 인구 규모가 큰 국가일수록 이런 점에서는 유리하다. 다른 하나는 냉전기간 중 MAD로 나타났다. 핵공격의 가능성은 영토와 인구가 큰 대규모 국가의 이점을 상당히 무력화했다. 선제 핵공격은 미국과 소련과 같은 대규모 국가도 이차타격의 기회를 갖지 못하고 잿더미로 사라질 가능성을 만들어냈다. 따라서 이런 딜레마에 직면하여 대응타격력을 확보해야 하는 문제가 제기되었고 SLBM은 대응타격의 가능성을 확보함으로써 적의 선제공격을 억제하는 결정적 수단이 되었다. 대응타격력의 또 다른 하나는 나의 친구 즉 동맹으로부터 온다. 청소년 또래집단에서 내가 나보다 약해 보이는 나를 괴롭히는 대상을 공격하지 못하는 것은 그의 형제나 친구로부터 이후에 보복을 당할 것이 근심되기 때문인 경우가 많다. 국제관계 역시 유사하다. 강력한 군사력을 가진 동맹국의 존재는 적국의 선제공격을 억제하는 유효한 대응공격 수단이 된다.

만약 자신의 대응타격력이 무력화된다면 스스로의 국가안보는 상대국의 호의에 전적으로 의존하게 된다. 나의 운명이 상대방에 의해 결정된다는 점에서 이는 복속된 노예상태라고 볼 수도 있다. 대응타격력이 무력화되는 것은 두 가지 경우가 있을 수 있다. 하나는 적의 선제공격에 돌이킬 수 없는 치명상을 입거나 완전히 사멸되는 경우이다. 이 경우 이차타격능력 자체가 존재하지 않게 된다. 우리국가의 경우처럼 영토가 협소하여 방어의 종심이 짧은 경우 또 핵을 가진 상대국가에 맞서 대응 핵 타격능력이 없는 경우 이런 위험의 여지는 높다. 이는 개인적 차원에서도 유사하다. 상대방을 급습할 때 수단과 방법을 가리지 않고 단 한 번에 공격대상을 죽이거나 대응공격을 하지 못할 정도로 치명상을 입힐 수 있으면 스스로가 공격받을 것이라는 근심 없이 공격할 수 있을 것이다. 또 다른 하나는 나의 뒤를 엄호하는 동맹국의 대응타격이 주저되는 경우다. 개인이건 국가건 대체로 남의 불행에 무관심하며 별다른 이익이 없다면 자신의 치명적 위협을 무릅쓰고 불행에 빠진 다른 이를 돕지는 않으려 한다. 때문에 만약 동맹국이 치명적으로 공격받을 가능성이 생기게 된다면 이미 선제타격으로 상당한 내상을 입은 우리국가를 대신해 적국에 대응타격을 할 가능성은 상당히 줄어들게 된다. 특히 미국처럼 여론에 의해 상당한 영향을 받는 민주국가의 경우 이러한 경향성은 더 클 수 있다.

북한과 대치하고 있는 우리국가의 경우 역시 북한의 선제타격에 대한 이차타격능력을 확보함으로써 전쟁을 억제해온 측면이 있다. 우리국가의 이차타격 능력의 핵심은 재래식 군사력의 우위확보와 미군의 지원이다. 지난 전쟁의 사례를 들면 북한의 선제타격 시 일단 그 선제공격의 진행을 봉쇄하고 방어선의 후방에서 우리의 재래식 전력을 결집한 다음 적에 대한 전면적 반격에 나서는 것이다. 이 반격에는 미군 전력도 역시 함께 가세하게 된다. 북한의 경우 이러한 전쟁 시나리오에서는 상당한 열세에 놓이게 된다. 선제타격을 통해 우리국가에 돌이킬 수 없는 치명상을 입힐 수도 없으며 한미연합전력의 대응타격을 감당할 만한 재래식 군사력도 확보할 수 없는 딜레마에 직면한다.

하지만 북한이 핵과 미사일 그리고 SLBM과 테러 및 사이버 공격 능력을 갖추게 되다면 북한의 선제 타격능력은 매우 치명적이 될 수 있다. 급작스런 선제타격에서 핵과 미사일, SLBM을 통한 타격은 부산, 울산과 같은 전략적으로 주요한 항구를 포함한 낙동강 전선 이남의 우리의 후방을 폐허로 만들 수 있다. 특히 부산의 경우 전쟁 시 미군의 병력과 장비, 보급 물자 등이 들어오는 주요 전략거점이다. 북한은 이러한 거점을 핵미사일 등으로 타격함으로써 전쟁에서의 결정적인 우위를 차지하려 할 것이다. 부산이라는 전략적 항구가 사라진다면 미군의 한반도 전개는 상당한 타격을 받을 수 있다. 이 경우 우리는 미군의 지원이 어려워진 상태에서 후방의 상당부분이 손실된 상황에서 어려운 전쟁을 치러야 할지 모른다. 또한 이 타격은 우리국가의 대응타격력의 상당부분을 파괴할 수 있다. 이 지역에 우리의 원자력 발전 시설이 집중되어 있는 현실은 상황을 더욱 악화시킬 수 있다. 이런 맥락에서 북한은 보유하고 있는 핵무기를 전쟁 초기에 그것도 수도권이 아니라 부산을 타깃으로 사용할 가능성이 크다. 수도권은 핵무기가 아니더라도 장사정포 등으로 공격이 가능하며, 또한 신속한 정규 지상전 병력이 침공해 들어가야 되는 공격대상이다. 자신들이 침공해 들어가야 할 거점을 핵으로 타격하여 자신들의 병력을 방사능 오염의 위험에 빠뜨리는 것은 논리적으로 맞지 않다. 미국과 일본에 대한 핵타격 가능성은 이들 국가의 여론을 통해 이들 국가의 한국을 지원하는 군사력과 지원활동의 전개를 무력화시킬지 모른다. 우리사회의 대부분이 도시화되고 이웃과 단절되어 개인화된 상황은 테러와 사이버 공격이 가져다주는 혼란을 극대화시킬 수 있다. 도심 곳곳에서의 테러발생과 사이버 공격과 심리전에서 비롯된 커뮤니케이션의 심각한 불통과 혼란은 국가의 이차타격 역량을 결집하는데 상당한 지연 및 장애 요소가 될 수 있다. 이런 시나리오가 현실화된다면 우리 국가의 대응타격능력은 사실상 무력화된다.

북한에 대한 억제능력을 다시 복원하기 위해서는 북한에 심각한 타격을 가할 수 있는 능력을 확보하는 것에 대한 모색이 이루어져야 한다. 이 모색은 두 가지 차원에서 이루어져야 하는데 하나는 북한의 치명적 급소가 어디인가에 관한 것이며 다른 하나는 그러면 어떤 수단을 사용하여 그 급소를 공격해야 하는 것인가이다. 북한의 결정적 취약성은 북한이 왕조국가라는 특성에서 발견될지 모른다. 최근의 인민무력부장 즉결 처형에서 나타나듯이 북한의 모든 권력은 김정은에게 집중되어 있다. 즉, 북한은 김정은과 그 가족, 그리고 김정은을 둘러싼 측근 지배엘리트와 그 가족, 그리고 그들을 둘러싼 평양이라는 집중된 공간이 그들의 강점이자 취약점이될 수 있다. 고난의 행군 당시에 보이듯이 이 집중된 북한의 핵심을 벗어난 주변부에 해당하는 지방과 일반 인민들의 극심한 고통과 막대한 희생은 국가정체 자체에위협이 되지 않는다. 하지만 반대로 해석하면 이 집중된 핵심에서의 심각한 위기는북한국가 자체에 결정적 위협이 될지 모른다. 즉 북한에 대한 물리적 타격은 이 평양, 지배엘리트와 그 가족, 그리고 김정은과 그 가족이라는 북한의 핵심을 파괴하거나 살해하는데 초점이 맞추어져야 할 것이다. 북한의 주변부 지역과 주민들이 유사시에 불안정요소가 될 수도 있다는 사실은 김정은이 집권 이후 함경북도와 같은지역을 거의 방문하지 않았다는 사실에서도 나타난다. 차별받고 북한 정권에 대한불만 정도가 높은 북한의 주변부 지역에서는 만약 북한의 핵심부가 치명적 공격을당한다면 상당한 전력이탈이 초래될 수도 있을 것이다.

공격능력의 확보를 위한 선택대안은 몇 가지로 생각해 볼 수 있다. 우선 가장 직관적으로 생각해 볼 수 있는 대안은 자체 핵무장을 시도하여 미소 간에 구축되었던MAD를 남북한 간에 미니 MAD로 재현하는 것이다. 이 경우 미국과 중국, 러시아등의 강력한 저항과 외교적, 경제적 압박과 같은 난관이 있을 것이다. 이러한 마찰을 우회하는 한 방법으로 일본과의 공동핵개발을 모색해 볼 수 있다. 동북아 역내에서 사실상 한국과 일본 두 국가만이 핵전력이 없다. 때문에 양국은 핵전력의 공동개발에 대한 공통의 이해를 가진다. 특히 일본이 제국주의적 세력 확장을 모색하고 유엔안보리 상임이사국 지위를 노리고 있다는 점은 우리국가가 이러한 일본의이해를 활용하여 우리의 핵전력 구축을 모색할 수도 있음을 시사한다.

다른 방법은 미국의 지원을 더욱 공고히 하는 것이다. 이는 우리국가가 북한의선제공격으로 치명적 피해를 당한 상황에서 로스엔젤레스나 하와이 같은 미국 서부의 주요 지역이나 미 항공모함이나 괌의 미군기지와 같은 주요 군사목표물이 북한의 핵 공격을 받는 현실을 무릅쓰고 미국이 북한에 대한 대응타격을 할 수 있도록 하는 수준에서의 공고화이다. 때문에 현재의 한미안보동맹과 미군의 한반도 배치 수준을 훨씬 뛰어넘는 문화적, 심리적, 정치적, 그리고 실체적 연대가 이루어져야 할지 모른다. 예를 들면 한국과 미국 간의 민간인과 사회적 수준에서의 문화적동질성과 유대가 확대 심화되거나 서로 공유하는 가치들이 더욱 공고화되는 수준에서의 연대가 필요하며 미국의 세계전략에 대한 전폭적 지지와 경우에 따라서는전투 병력의 해외파병과 같은 글로벌 차원에서의 집단적 군사전력 전개에 대한 동참과 같은 노력들이 이루어져야 한다. 동맹은 협정과 연합훈련보다는 서로 함께 어깨를 맞대고 피를 흘리며 싸운 경험에서 더욱 공고해질 수 있다. 한편 동시에 미국이 한반도와 동아시아에 힘을 투사할 수 있도록 하기 위한 기반인 정치적 실체적 연대도 고려되어야 한다. 때문에 미국의 대중국 봉쇄전략에 대한 지지는 매우 핵심적인 조건이 될 것이다. 또한 일본은 미국의 역내 군사력 전개에 있어 결정적인 디딤판이기 때문에 이에 대한 고려 역시 이루어져야 한다. 만약 일본을 배제하려 한다면 제주도를 적극적으로 군사기지화하여 미군의 군사력 전개의 디딤판으로 제공하는 방법을 모색할 수도 있을 것이다. 또한 제주도나 한반도 남부지역에 미 해군기지를 제공하여 미국의 항모전력이나 핵잠수함 전력을 유치하는 것은 효과적인 억제책이 될 수 있다. 그렇지 않더라도 미군의 전술핵을 한반도로 다시 가져오도록 하거나 사드를 배치하는 등의 적극적인 동맹 공고화를 위한 노력이 이루어져야 한다. 이러한 여러 방안들의 초점은 미국이 아시아 태평양에서 중국을 견제하고 역외 지역에서 이슬람 극단주의 테러리즘의 위협을 다스리는데 한국이 매우 중요한 전략적 가치가 있고 또 믿을 만하고, 실효적인 파트너라는 사실을 각인시키는 것을 통해 북한에 대한 미국의 대응타격의 확실성을 높이는 방식이 되어야 할 것이다. 동맹은 서로가 필요한 것을 주고받는 것이기 때문에 그러하다. 동맹은 일방으로부터 일방적 도움을 받는 것이 아니다. 여기서 제안하는 한국의 역할은 개정된 미일안보동맹에서 일본이 미국에게 제공하는 부분들과 상당히 유사한 것이 될 것이다. 특히 이와 관련하여 최근 문제가 되는 남지나해에서의 미중 간의 충돌은 우리에게 선택을 강요하게 될 것이다. 이 경우 미중 사이에서의 균형 또는 줄타기는 미국에게 동맹에 대한 배신행위로 비춰질 수 있다. 때문에 미중 간의 균형이라는 것은 한미동맹이 작동하고 있는 현실에서는 논리적인 모순이다. 균형 또는 줄타기는 곧 중국을 지지하는 결과가 되기 때문이다.

마지막 남은 현실적으로 생각해 볼 수 있는 대안은 현재의 대북군사전략을 버리고 적극적 공격옵션을 선택하는 것이다. 이는 동시 선제타격 전략이 될 수 있다. 개인 간의 싸움에서 신체적으로 우월한 상대방에 대응하는 방법은 적극적으로 상대방에게 접근해 들어가거나 주짓수의 경우처럼 상대방을 바닥으로 당겨 눕히는 것이다. 이 경우 상대방 팔의 스윙 안쪽에 생긴 안전지대를 이용할 수 있으며 적을 바닥에 눕힘으로써 적의 신체적 우월함을 무력화시킬 수 있다. 마찬가지로 핵전력을 가진 강력한 적국의 타격을 피하는 것은 적국의 영토내로 가급적 신속히 들어가는 것이 될 수 있다. 이렇게 되면 적국은 자신의 영토 내에서 핵무기를 사용해야 한다는 부담감이 생기게 된다. 만약 북한이 선제타격을 한다면 가급적 신속히 우리의 재래식 군사전력을 북한 영토내로 전개시키는 시도를 해볼 수 있다. 특히 이와 같은 적극적 공격 전략은 평양에 집중되어야 한다. 평양의 코앞에까지 들이닥친 한국군 재래식 전력을 상대로 핵무기를 사용하기는 쉽지 않을 것이다. 그리고 평양과 김정은이 직접 공격 받는 상황이 발생한다면 함경북도와 같은 북한에서 상대적으로 소외되고 차별받고 불만이 많은 지역에서 소요나 상당한 전력이탈이 발생할 수 있을지도 모른다.

다만 이 경우 우리국가의 후방이 북한의 공격으로부터 매우 취약해지는 딜레마가 발생한다. 왜냐하면 동시 선제타격 전략은 어떤 의미에서는 방어가 그 만큼 취약해지는 것일 수도 있기 때문이다. 하지만 이 경우에 북한군이 손쉽게 신속히 남한전역을 장악할 것이라고 예측하기는 쉽지 않다. 군사적으로 목표지역을 점령하는 것과 해당 지역을 실질적으로 장악하고 통제력을 행사하는 것 사이에는 분명한 그리고 상당한 차이가 있다. 2001년 이후 미국의 대 아프가니스탄 전쟁과 대 이라크 전쟁은 그러한 차이점을 분명히 보여준다. 군사적으로 목표지역을 점령하는 것은 상대적으로 쉽다. 하지만 점령된 지역에 주둔하면서 실제로 그 지역에서의 폭력적 도전을 완전히 종식시키고 실효적인 통제력을 발휘하는 것은 훨씬 더 어려우며 다른 차원의 문제이다. 아프가니스탄과 이라크 모두에서 미군은 사실상 탈레반 정권과 사담 후세인 정권을 붕괴시켰지만 해당 지역의 실효적 통제력을 확보하고 전쟁 자체를 종결시키는 데는 실패했다. 이러한 점은 우리에게 시사점을 준다. 우리가 북한지역에 대한 공격에 집중함으로써 북한군이 남한의 일부 지역에 군사력을 전개해 나간다고 할지라도 아프가니스탄과 이라크의 사례를 비춰보면 실제로 해당 점령지역에서 실효적 지배를 달성하지 못할지도 모른다. 문제는 어떻게 그런 결과를 유도할 수 있을 것인가이다.

북한군의 주요 공격 전력을 가급적 우리국가의 내부로 깊숙이 끌어들이면서 북한군이 점령한 남한지역을 북한군의 수렁으로 만들 수도 있을 것이다. 방어선의 개념을 없애고 북한군의 대부분의 전력을 남한지역 내부로 깊숙이 끌어들이게 되면 북한이 보유하고 있는 핵전력을 사용하기가 어려워질 수 있다. 자신이 점령한 지역에 핵무기를 사용한 타격을 하려 하지는 않을 것이기 때문이다. 남한 전역이 한국전쟁 때와는 달리 고도의 도시화가 구축되어 있다는 사실을 감안하면 북한군의 남한 침공은 대부분의 경우에 도심전투의 모습을 띨지 모른다. 도심전투는 문에서 문으로 이어지는(door-to-door) 전투이다. 이는 북한군의 진공 속도를 상당히 떨어뜨릴 것이며 남한지역의 장악에도 상당한 장애 요소가 될 것이다. 한국전쟁 당시와는 달리 오늘날 우리사회는 고도의 도시화의 여파로 이웃에 누가 사는 지도 모르는 경우가 대부분이다. 때문에 이러한 개인화되고 익명화된 국민들을 국가방위를 위해 동원화하기도 어렵지만 동시에 침공하는 북한군이 지지세력과 적대세력을 구분하면서 남한주민들을 집집마다 장악해 나가기도 상당히 어려울 수 있다. 즉 체첸전쟁의 사례를 통해 볼 때 처절한 도심전투가 이루어질 소지가 있으며 기계화된 북한 정규군이 도심을 쉽게 점령하고 신속히 다른 지역으로 전개해 나가기 매우 어려울 지도 모른다. 실제로 군사적으로 압도적 우위에 있었던 러시아군은 빈약하게 무장한 체첸 민병대를 상대로 그로즈니에서 상당한 손실을 내며 패퇴한 바 있다(Oliker, 2001). 전쟁개시의 최초 단계에 민간인들에게 가급적 빠르고 신속하게 총과 수류탄, 폭발물과 그리고 RPG(Rocket Propelled Grenade Launchers) 등의 도심전투에 유용한 개인 휴대무기들을 다량으로 배포한다면 이러한 민병대에 의한 도심 게릴라 전투를 유도할 수 있을 지도 모른다. 이 경우 민병대, 시민군 등을 지도 또는 지휘할 고도로 훈련받고 전투 경험을 갖춘 현역 또는 예비역들이 분대장, 소대장, 중대장, 대대장 등의 역할을 수행할 수 있다면 상당히 의미 있는 전투 집단이 될 수 있다. 이는 리비아나 시리아 등지에서 알 카에다나 IS의 정예전사가 시민군 또는 민병대의 야전지휘관으로 참여하면서 이들 시민군과 민병대가 얼마나 파괴력 있는 전투단위로 빠르게 변했는지를 통해 그 효과성을 살펴볼 수 있다. 오랜 징병제 때문에 우리국민의 대다수가 총기를 다룰 수 있으며 군사지식을 기본적으로 알고 있다는 사실과 도심전투에서 현지상황(수도, 가스 등의 파이프라인, 지하철의 터널, 배수로, 빌딩의 계단과 옥상, 사무실의 구조 등과 같은)에 대한 지식에서 압도적 우위에 있다는 사실은 우리 민병대나 시민군이 진공하는 북한군에 대해 가질 수 있는 상당한 이점이 될 것이다. 이에 더불어 북한 지역 공격에 참여하지 않고 남은 예비전력과 동원된 예비군 전력, 그리고 경찰병력 등이 효과적으로 동원된다면 남한지역의 일부를 장악한 북한군에 대해 상당히 효과적이고 파괴력 있는 도심전투를 수행할 수 있을 것이다.

요약하면 동시 선제타격 전략에서는 전선자체가 사라지게 되는 현상이 나타날 수 있다. 동시 선제타격은 사실상 선 북한 공격 후 곧이은 우리국가의 대응타격이다. 따라서 사실상 공격은 북한이 먼저 시작하게 된다. 하지만 동시 선제타격인 이유는 우리의 대응타격이 거의 실시간으로 이루어지기 때문이며 선방어 후반격이 아니라 적의 공격에 맞선 맞불공격이 되기 때문이다. 때문에 한반도 전역이 동시전 장화 되는 수렁현상이 일어날 것이다. 여기서 공격은 우리의 주력 상비군이 방어는 잔존 정규군과 예비군, 경찰병력과 민병대, 그리고 시민군 등의 도심전투로 이루어 진다. 핵심은 시간싸움이 될 것이다. 전쟁의 승패는 우리가 얼마나 신속히 효과적 으로 적의 컨트롤 타워인 김정은과 북한 수뇌부를 제거하는가에 달려 있을 것이다.

동시 선제타격 모델의 지향점은 핵전력을 가진 북한과 MAD를 복원하는 것이다. 핵심은 김정은에게 우리국가를 공격할 시에 자신도 개인적으로 종말을 맞게 될 것 이라는 것을 얼마나 효과적이고 현실성 있게 믿게끔 할 것인가에 달려 있을 것이 다. 우리의 상대적으로 압도적인 재래식 전력의 신속한 전개를 통해 북한의 핵전력 과의 MAD를 구축하려고 시도할 수 있을지 모른다. 이를 통해 북한의 전쟁의지를 억제하고 전쟁을 회피하려고 시도할 수 있을지 모른다.

》》 계량적 크기가 아닌 활용예술로서의 군사력

포커의 매력은 높은 패를 들었다고 해서 반드시 게임을 이기는 것은 아니라는 데 있다. 낮은 패를 들더라도 효과적인 블러핑과 전략적인 베팅은 게임의 승리를 가져다준다. 즉 포커에서는 패가 잘 드는 것도 중요하지만 자신이 가진 패를 어떻 게 잘 활용하는 가가 더 중요하다.

군사력의 계량적 크기에 따라 전쟁의 승패가 결정되는 것은 아니다. 군 병력의 수적 우위, 전쟁무기의 양적 우세, 첨단 무기의 기술적 우위, 가용한 자원과 물자의 크기 등이 전쟁 수행에 도움이 되기는 하지만 그것만이 반드시 승리를 보장하지는 않는다. 그러한 교훈을 증명하는 역사적 사례는 무수히 많다. 최근 역사에서도 베 트남 전쟁과 세계 도처에서의 대테러 전쟁 등은 그에 대한 단적인 사례이다. 압도 적인 소련군 역시 아프가니스탄에서의 10년 전쟁에서 패배했다.

자신이 가진 군사력을 어떻게 활용하는 가가 더 중요한 문제이다. 전쟁술에 해당 하며 이는 하나의 활용예술(art of game)과 같다. 전쟁은 자신이 가진 군사력의 강점 이 극대화될 수 있도록 활용한다. 군사력의 강점이 극대화되는 게임방식의 전쟁을 수행하는 것이 전쟁을 승리할 수 있도록 돕는다. 전쟁은 서로 다른 게임방식이 충 돌하는 장이 될 수 있다. 때문에 군사력의 계량적 크기가 큰 적국을 지나치게 과대

평가할 필요도 군사력의 계량적 크기가 열세인 적국을 지나치게 과소평가할 필요도 없다.

주어진 군사력을 어떻게 활용할 것인가 하는 활용예술의 문제가 더 중요할 수도 있다는 사실은 우리가 우리국가의 전반적의 군사력 건설을 우리 주변 국가들과의 관계와 우리에게 주어진 제약과 이점이라는 상황적 요인에 근거하여 어떻게 활용할 것인가 하는 하나의 큰 국가안보전략의 틀에서 추진해야 한다는 것을 의미한다. 하나하나의 북한의 구체적 도발 사례에 대응한 파편적인 군사력 건설이나 지상군과 해, 공군의 개별적인 군사력 건설 또는 당시의 정권의 선호도에 따른 산발적인 군사력 건설과 같은 방식은 지양되어야 한다. 예를 들면 지상군 전력은 소규모의 엘리트 전투 집단에 집중할 것인지 첨단화할 것인지 해군 전력은 잠수함 전력에 집중할 것인지 항모전단 건설에 투자할 것인지 공군의 경우 첨단 전투전력에 주력할 것인지 미사일이나 무인항공기 등의 전력에 집중할 것인지 하는 구체적 결정들이 우리가 하고자 하는 구체적이고 특정한 전쟁수행 방식을 기초로 전체가 디자인 되어야 할지 모른다. 마치 국내의 모든 대학이 서울대학교의 모델을 따라 백화점식의 천편일률적인 대학운영을 하는 것처럼 우리 군사력 건설 역시 미군과 같은 강대국 군사력 건설을 모델로 하여 백화점식으로 단순히 모방하는 것은 제고해볼 여지가 있다.

폭풍우를 뚫고 항해하는 선박에 필요한 것은 "어떻게든 살아남겠지"라는 막연한 낙관적 기대감이나 "별일 없이 지나갈 것"이라는 요행수가 아니다. 또한 다른 누군가가 자신을 구조해 줄 것이라는 무책임한 의존이나 노예근성도 아니다. 선박에 승선하고 있는 선장과 항해사, 기관장과 갑판장, 그리고 선원들의 굳건한 의지와 용기, 공포를 달래면서 각자 맡은바 임무를 수행하는 책임의식, 그리고 단결과 선장의 리더십이다. 트라팔카 해전을 앞두고 넬슨이 "영국인은 각자 맡은바 책임을 다 하라"고 했던 외침은 이러한 맥락에서 이해해야 할 것이다. 불행하게도 우리국가는 최근의 역사에서 국가안보와 관련된 난관을 스스로 해결해 본 경험이 거의 전무하다. 임진왜란은 명나라의 지휘와 지원을 받았으며 구한말에는 사실상 저항 없이 일본에 양도되었다. 2차 대전 이후의 국가수립은 일본의 패망과 함께 이루어진 강대국으로부터의 선물이었으며 한국전쟁은 미국의 지휘와 지원 아래 치러졌다. 한미동맹은 우리국가의 안보에 매우 중요한 척추와 같지만 우리 스스로 독자적으로 국가안보의 문제를 운영해 본 경험과 역량이 부족하다는 것은 여전히 우리에게 남겨진 중대한 도전이 될 것이다. 최근 급박하게 돌아가는 우리국가를 둘러싼 역내 및 글로벌 안보위기는 우리국가에 매우 중대한 위협이 될 것이다. 이런 도전에 직면하여 우리국가는 스스로의 국가안보 역량을 키워나가야 할 것이다. 한 개인이 성인이 되면서 부모의 의존으로부터 독립하여 스스로의 운명을 책임지듯이 국가 역시 성숙한 국가가 되면 스스로의 운명을 스스로 책임지는 역량을 갖추어야 할 것이다. 여기서 던지는 몇 가지 북한의 안보위협과 관련된 생각들은 그러한 노력의 일환이다. 여기서 제안하는 것들이 우리가 통상적으로 갖고 있는 국가안보에 관한 상식과 고정관념 또는 정상적인 방안과 정책들을 넘어선 국가안보에 관한 보다 혁신적인 논의들을 활성화하는 계기가 되기를 기대한다.

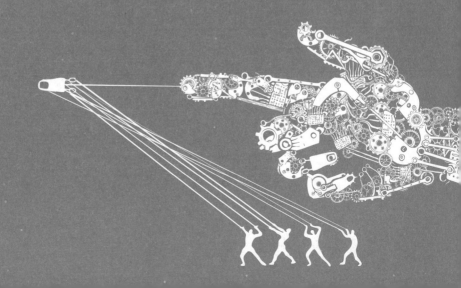

제14장

대테러 활동 체계와 기능

대테러 활동 체계와 기능

≫ 한국의 테러방지법과 관련된 논의

1. 대테러 컨트롤 타워(코디네이션 기관):

국가 대테러 활동의 핵심쟁점 가운데 하나는 대테러 역량과 활동을 집중하고 조율할 수 있는 대테러 컨트롤 타워의 설치이다. 현실적으로 이 대테러 컨트롤 타워는 정보활동의 컨트롤 타워, 법 집행활동의 컨트롤 타워, 그리고 비상사태 대응에 대한 컨트롤 타워 세 가지 가운데 하나의 성격을 갖게 된다. 예를 들면, 미국의 경우 정보활동의 컨트롤 타워는 DNI(Directorate of National Intelligence)와 이에 속한 NCTC(National Counterterrorism Center)이며 법 집행의 컨트롤 타워는 DHS(Department of Homeland Security)가 수행한다. 또한 비상사태에 대한 대응의 컨트롤 타워는 DHS 산하의 FEMA(Federal Emergency Management Agency)가 있다. 한편 러시아의 경우에는 정보활동의 컨트롤 타워는 FSB(Federal Service Security)와 FSB 수장이 위원장이 되는 FSB 주도하의 국가 반테러 위원회(NAC: National Anti-Terrorism Center)가 있으며, 법 집행의 컨트롤 타워는 MVD(Ministry Internal Affairs)와 MVD 장관이 위원장이 되는 반극단주의 위원회(Anti-Extremism Commission)가, 그리고 비상사태 대응의 경우는 비상사태부(Department of Emergency Situation)가 존재한다.

이번 테러방지법 통과로 인해 대테러 활동의 컨트롤 타워는 국무총리실이 되었다. 컨트롤 타워 구성과 운용에 있어 정보, 법 집행, 비상사태 대응의 각기 서로 다른 영역을 어떻게 통합하고 조율할 것인지가 해결되어야 할 필요가 있다. 이 경우 하나의 통합적인 컨트롤 타워에서 이 세 가지 서로 다른 영역들을 총괄해서 지휘관리 할 것인지 아니면 각각의 컨트롤 타워를 두고 서로 유기적인 협조관계를 구축할 것인지가 논의의 쟁점이 될 수 있다. 미국의 경우는 정보와 법 집행 컨트롤 타워를 각각 따로 두고 비상사태 대응을 법 집행 컨트롤 타워의 산하로 둔 것으로 보인다. 그리고 정보활동에서는 DNI-NCTC의 참여기관의 하나로 법 집행 컨트롤 타워인 DHS가 소속되며 반대로 법 집행활동에서는 DHS의 활동을 지원하는 역할로 DNI-NCTC의 관계가 구성된다. 이렇게 하는 이유는 테러공격의 시간적 특성 때문인 것처럼 보인다. 테러공격은 크게 공격발생 이전과 공격발생 이후로 나눠진다. 공격발생 이전에는 테러가 발생하지 않도록 미리 탐지, 파악하고 차단하거나 억제하는 것이 대테러 활동의 핵심이다. 때문에 이 시점에서는 정보활동이 핵심이 되며 법 집행활동은 보조적 또는 지원적인 역할을 수행한다. 반면 공격발생 이후에는 비상사태 통제와 구호, 복구, 소방, 치료 등의 즉각 대응과 범죄증거확보와 수사를 통한 가해자 체포와 처벌이 핵심 활동이 된다. 이 시기에는 정보활동은 이 대응과 법 집행을 지원하는 역할을 하게 된다. 이러한 논리구조 때문에 컨트롤 타워의 역할과 기능이 구분된 것 같다. FEMA와 같은 비상사태 대응기관이 DHS와 같은 법 집행 컨트롤 타워에 배속된 것은 아마도 테러사건은 재난 현장이자 범죄 현장이라는 이중적 성격을 가지기 때문인 것처럼 보인다. 이 때문에 자연재해와는 달리 테러현장에서는 법 집행활동과 비상사태 대응활동을 엄밀히 구분하기가 어렵다. 이러한 미국 사례를 비춰볼 때, 우리의 경우 새로 신설되는 총리실 컨트롤 타워에서 법 집행활동과 비상사태 대응활동을 정보활동과 어떻게 통합할 것인지를 고민해 보아야 할 것이다. 차제에 총리실에 속해 있는 국민안전처와 총리실에 신설될 테러 컨트롤 타워, 그리고 정보활동의 중심인 국가정보원과 법 집행활동과 테러상황 시 적대세력 진압의 축인 경찰과의 관계 설정을 정보, 법 집행, 비상사태대응이라는 세 가지 핵심적인 대테러 활동의 컨트롤 타워와 조율문제의 틀에서 정리할 필요가 있다.

테러사건의 경우에 비상사태대응이 법 집행활동과 필연적으로 결합되는 이유는 분명하다. 테러대응은 화재나 지진, 태풍과 같은 재해나 재난대응과는 다르다. 일반적으로 재해나 재난대응은 국민안전처와 같은 재난대응기관이 독점적으로 사후 대응을 주도할 수 있지만 테러사건의 경우는 재난대응기관이 여러 주요한 사후 대응기관들 가운데 하나가 된다. 예를 들면, 폭탄테러가 이미 발생한 경우에는 범죄증거수집, 분석과 같은 수사활동과 인명구조나 치료를 위한 의료활동이 구조, 구호와 함께 주요한 활동이 되며 이 경우 검찰, 경찰, 보건복지부, 민간의료기관 등이 주요 기관으로 함께 참여하게 된다. 무장공격과 인질납치, 연쇄폭탄테러의 경우처럼 테러 사건이 진행 중인 경우에는 경찰, 군, 정보기관 등 테러대응작전을 주도하는 기관들이 핵심 대응기관이 되며 구조, 구호활동 등은 후순위 또는 지원 역할을 담당하게 될 수 있다. 이러한 재해, 재난과 다른 테러사건의 차별성 때문에 사후대응 컨트롤 타워는 구호, 구조 이외에 범죄수사, 진압, 소탕작전, 인질협상 등과 같은 여러 관련 역량 등을 통합해 낼 수 있어야 한다. 이러한 현실적인 문제들이 컨트롤 타워의 운용에 반영되어야 한다.

한편 대테러 활동에서 실제 테러사건과는 다소 떨어져 있지만 주요한 다른 기능들이 존재한다. 이들은 군사작전, 외교 또는 국제협력, 그리고 연구와 개발 등이다. 대테러 컨트롤 타워의 경우는 위에 열거한 여러 관련 주요 기능들을 어떻게 효과적으로 엮어낼 것인가를 염두에 두고 구축하여야 한다. 먼저 군사작전의 경우는 핵심 기관인 국방부 또는 합참과 어떤 유기적인 조율과 협력관계를 구축할 것인지 유사시 지휘통제 체계는 어떻게 구성될 것인지 등이 명확히 해결되어야 한다. 테러상황 발생 시 국방부나 합참 등에서 지휘통제권을 행사하게 되면 이는 전쟁으로 간주될 수 있다. 이 경우 테러리스트는 적 전투원의 자격을 가질 수 있다. 이 때 체포된 테러리스트는 전쟁포로와 같은 예방적 구금의 대상이 된다. 한편 민간 공무원인 총리실 컨트롤 타워가 지휘통제권을 가질 경우 이에 배속된 군 병력을 포함한 모든 대테러 요원들은 모두 민간 공무원의 법적 지위를 가질 수 있다. 이 때 테러리스트는 범죄용의자 또는 피의자의 자격을 가진다. 이 경우 이들의 체포는 형사절차의 성격을 갖게 되며 이들의 체포는 수사권과 체포권을 갖는 검찰, 경찰 등의 법 집행 공무원만이 할 수 있다. 이러한 복잡한 문제들에 대한 상황별 교통정리가 총리실 컨트롤 타워와 경찰, 군 간에 마련되어야 한다. 한편 외교, 국제협력과 관련된 사안은 국가안보실 또는 국가안전보장회의, 그리고 외교부와의 협력과 조율이 필요하다. 이 경우에 테러문제가 갖는 외교적 국제적 함의를 우리 국익의 관점에서 해석하고 국제관계를 설정하는 노력들이 필요할 것이다. 이 밖에 연구, 개발은 민간에서 담당할 역할이다. 대학의 대테러센터나 연구소 또는 민간의 싱크탱크에서 공개출처정보를 활용한 데이터베이스 구축이나 전문적인 연구, 분석이 이루어지고 통합된다. 미국의 START센터의 경우는 DHS와 NCTC와 연계된 대표적인 민간 연구센터이다. 총리실 컨트롤 타워는 국내 민간분야에서의 연구, 개발기관과의 연대와 이들에 대한 지원을 통해 인프라를 구축하는 노력이 필요할 것이다.

총리실 컨트롤 타워가 작동하는 과정에서 주의를 기울여야 하는 부문은 정보와 법 집행활동 간의 조율과 통합문제이다. 테러방지법의 논의 가운데 정밀하게 다루어지지 않은 핵심사안 가운데 하나는 '조사'에 대한 명확한 개념 정의이다. 이 '조사'가 범죄증거 수집을 의미하는 것인지 아니면 정보수집과 분석을 의미하는 것인지가 분명하게 다루어졌어야 했다. 국가의 대테러 활동에서 중요한 부분은 테러사건과 관련된 '사실'을 찾는 것이다. 이 '사실'은 테러사건을 누가, 언제, 어디서, 무엇을, 어떻게, 하였는가 하는 것을 알려주는 것과 관련된 것들이다. 하지만 엄밀한 의미에서 이 '사실'을 찾는 행위는 법 집행활동(범죄수사와 검찰기소, 그리고 형사처벌을 포함하는 행위)에서 범죄증거를 수집하는 것과 정보활동(첩보수집과 정보분석, 그리고 분석결과 보고로 이어지는 행위)에서 첩보 또는 정보를 수집하는 것으로 엄밀하게 구분된다.

비록 일반인들에게는 도, 감청이나 심문, 감시 등이 같은 공권력의 활동인 것처럼 보이지만 검찰, 경찰과 특별사법경찰 등 법 집행기관에 의한 범죄수사와 국가정보원이나 정보사령부와 같은 정보기관에 의한 정보활동은 본질적으로 다른 행위이다. 법 집행은 원칙적으로 범죄 사건이 발생한 이후에 개시되는 사후대응적(reactionary) 활동이며 범죄의 혐의가 있다고 의심되는 특정 개인이나 개인들을 기소하고 궁극적으로 법정에서 죄를 입증하고 처벌하고자 하는 목적을 가진다. 이런 측면에서 법 집행은 형사재판을 위한 범죄의 증거를 수집하는 활동이며 이와 관련된 범죄자의 체포와 구금, 증거의 수집과 압수 등을 포함한다. 반면 정보활동은 테러와 같은 특정 위협 행위가 발생하기 이전에 예방이나 억제를 목적으로 이루어지는 예방적(preventive) 또는 선제적(preactive) 행위이며 위협행위를 음모하거나 준비하는 행위자를 찾아내어 이들이 그러한 행위를 하지 못하도록 사전에 차단하는데 주력한다. 원칙적으로 정보활동은 첩보의 수집과 분석, 그리고 분석된 정보의 보고로 이루어지며 대통령과 같은 집행책임을 지는 결정권자나 집행기관을 지원하는데 주된 목적이 있다. 엄밀한 의미에서 법 집행활동은 행정부의 집행행위이며, 정보활동은 행정부의 집행활동을 지원하는 지원행위이다.

이와 같은 법 집행과 정보활동 간의 본질적인 차이는 증거나 정보의 수집과정에서 다른 법적 기준이 적용되는 결과를 가져온다. 법 집행은 특정 개인에게 체포와 기소, 처벌이라는 직접적인 부정적 결과로 나타나기 때문에 개인의 헌법적 기본권 보장을 위한 보다 엄격한 잣대 또는 게임의 룰이 적용된다. 법 집행의 결과는 한 개인의 생명과 재산, 그리고 삶에 중대한 부정적 영향을 미칠 수 있기 때문에 보다 엄격한 보호 장치를 둔다는 민주주의의 원칙 때문이다. 법 집행기관은 수사활동에서 엄격한 법적 절차를 따라야 한다. 이 엄격한 법적 절차는 형사소송법으로 불린다. 여기에 관련된 주요 사항들은 미란다 원칙의 고지, 무죄추정의 원칙, 변호사의 조력을 받을 권리, 불법적인 증거수집이나 인신구속, 자백을 통해 얻은 결과물 등은 법정에서 증거로 채택되지 못한다는 원칙, 엄격한 영장주의의 원칙, 전문증거배제의 원칙 등이 포함된다. 만약 이러한 게임의 룰을 위반한 법 집행활동의 결과물은 법정에서 증거로 채택되지 못하는 등의 국가의 법 집행활동에 상당한 페널티가 주어지게 된다.

반면 정보활동은 첩보의 수집과 분석, 보고가 주된 기능이기 때문에 보다 완화되고 느슨한 첩보나 자료수집의 원칙이 적용된다. 즉 정보활동은 엄격한 형사소송법을 따르지 않거나 다소간의 헌법상의 기본권 침해도 국가안보를 위한 합리적이고 분명한 필요가 있다면 받아들여지게 된다. 이러한 이유는 정보활동은 기본적으로 한 개인의 삶에 심각한 부정적인 영향을 직접적으로 미칠 수는 없기 때문이다. 이러한 원칙은 미국과 영국, 독일 등 우리와 유사한 자유민주주의 동맹국들에서 잘 정착된 사안들이다. 한편 종종 정보기관의 활동을 유신시대의 중앙정보부와 혼동하는 경우가 있는데 이러한 과거의 경험은 현재의 정보활동과는 근본적으로 다르다. 현실적으로 권위주의 국가들이나 독재국가들에서는 위와 같은 법 집행활동과 정보활동의 구분은 거의 이루어지지 않으며 사실상 그 구분이 의미가 없다. 이러한 국가들의 대테러 활동과 테러리스트의 처벌은 대체로 권력기관의 자의적 판단에 따라 이루어지기 때문이다.

법 집행과 정보활동의 법적 성격의 차이는 정보활동에서 알게 된 사실을 법 집행기관에서 범죄증거로 재판에 기소하는데 사용하게 될 때 문제가 발생한다. 근본적으로 법 집행에서는 '독수독과의 원칙'(독에 오염된 나무의 과실역시 오염된 것이라는 원칙)이라고 해서 헌법적 기준을 위반한 증거수집과 그 증거수집에서 발생한 모든 증거는 재판에서 증거로 채택되지 못한다. 따라서 보다 완화된 법적 기준이 적용되는 정보활동을 통해 수집된 정보를 범죄증거로 사용할 경우 이 증거를 재판에서 증거로 채택할 수 있는지의 여부가 문제가 된다. 반대로 정보활동의 과실을 범죄증거로 사용할 경우 여러 가지 헌법적 기본권 침해의 문제가 발생할 소지가 있다. 이는 보다 낮은 수준의 법적 기준과 보다 완화된 작동 원칙에 따라 수집된 정보가 형사처벌을 목적으로 한 범죄증거로 사용되지 못하도록 함으로써 개인의 헌법적 기본권을 보다 엄격하게 보장하게 위한 목적 때문이다.

대테러 활동에서 주요하게 다루어야 할 사안 가운데 하나는 이 정보활동에서 알게 된 '사실'들을 형사처벌의 증거로 사용할 때 나타나게 되는 법률적 문제들을 어떻게 처리해야 하는가 하는 문제와 관련이 있다. 우리가 간첩조작사건으로 알고 있는 몇 년 전 서울시 유모 공무원의 사건도 사실은 엄밀하게 말하자면 간첩조작이라기보다는 정보활동을 범죄증거로 전용하여 형사기소를 하는 과정에서의 절차상의 실패라고 보아야 할 것이다. 당시 사법부의 판단은 피고가 간첩이 아니라는 것이 아니라 간첩이라는 것을 증명할 수 있는 증거가 증거효력이 없기 때문에 간첩이라는 사실을 증명할 수 없음이었다. 9.11 조사 위원회 역시 정보기관이 알고 있었던 테러관련 정보를 법 집행기관의 범죄수사로 효과적으로 전용하지 못한 것을 9.11 테러의 주요한 원인 가운데 하나로 지적한 바 있다. 9.11 테러 이후 미국 등 서방 동맹국들은 법 집행기관과 정보기관의 단절을 극복하고 정보수집, 분석과 범죄증거 수집과 검찰기소와의 유기적 연계성을 확보하기 위해 노력해왔고 상당한 진전이 있었다. 하지만 여전히 미국의 한 대테러 담당관의 지적처럼 개인의 프라이버시와 기본권을 보호해야 하는 민주주의 국가의 책무와 법적 성격이 다른 정보활동과 법 집행활동 간의 유기적 연계의 긴장관계는 상존한다. 우리정부와 사회가 테러방지법을 계기로 전반적인 국가의 대테러 시스템을 구축하는 시점에서 이러한 정보활동과 법 집행활동, 그리고 개인의 기본권 보호와 관련된 사안들에 대한 분명한 이해와 면밀한 고려가 필요할 것이다.

테러사건이 다른 일반적인 범죄와 비교할 때 어려운 점은 범죄가 완결될 때까지 기다릴 여유가 없다는 점이다. 모든 대부분의 범죄들은 아무리 끔찍하고 극악무도하더라도 사회전반에 대규모 살상이나 국가자체의 안보위협으로까지는 이어지지 않는다. 하지만 이번 파리와 벨기에 테러사건에서도 알 수 있는 것처럼 테러사건은 발생할 때까지 기다릴 수 없다. 그 피해는 너무 크며, 그 위협은 너무 치명적이다. 때문에 테러사건은 법 집행의 일반적 원칙인 사후대응의 패러다임으로 접근할 수 없다. 이 때문에 선제적인 정보활동과 처벌적인 법 집행활동의 유기적 결합이 필연적이다. 때문에 테러 관련 '사실'이 정보에서 범죄증거로 전용되는 과정에서의 필연적인 딜레마가 발생한다. 테러공격이 진행되는 과정에 개입하고 차단해야 하는데 이 때 대부분의 정보나 증거들은 합법이거나 일상적이거나 불법이어도 그 정도가 경미한 경우이다. 또한 종종 감시나 비밀활동 등이 필요하게 된다. 이러한 상황에서 정보활동과 법 집행활동 간의 구분은 종종 애매모호하며 중첩적이다. 이러한 현실적인 문제는 양자가 가지는 법적기준의 질적 차이와 충돌한다. 대테러 활동에 있어 핵심 사안 가운데 하나는 이러한 문제들을 얼마나 슬기롭게 다루고 테러의 억제와 예방, 그리고 처벌이라는 목적을 효과적으로 달성할 것인가 하는 것이다. 테러방지법을 근간으로 이루어지게 될 시행령과 대테러 활동에는 이러한 내용들이 충분히 반영되기를 기대한다.

사후 대응과정에서 법 집행활동과 소방, 의료, 구조, 구호, 복구 등의 비상사태 대응 활동 간의 조율 역시 컨트롤 타워의 작동과정에서 기능적으로 주의를 기울여야 한다. 재난현장은 앞서 언급한 것처럼 동시에 범죄현장이다. 범죄현장은 범죄현장과 증거의 보존, 목격자와 증인의 확보, 용의자의 검거 등이 가장 중요한 핵심활동이다. 하지만 종종 현장에서는 이러한 법 집행활동의 이해가 비상사태 대응활동의 목적과 충돌한다. 비상사태 대응활동이 종종 범죄현장을 훼손하거나 증거를 훼손하거나 목격자나 증인, 또는 용의자의 확보를 어렵게 하는 경우가 발생한다. 이러한 문제를 효율적으로 관리하기 위해 사전에 서로 상호간의 교차 교육, 훈련과 통합훈련 등을 통해 서로간의 협력관계를 구축하는 것이 필요하다. 컨트롤 타워의 기능은 그러한 문제를 잘 조율하는 것이 되어야 한다.

2. 법 집행기관

법 집행기관은 범죄수사와 범죄용의자 체포 또는 진압 등을 담당하는 기관들을 의미한다. 국가 공권력은 해외로부터의 위협에 대응하는 군과 외교부, 그리고 해외 정보기관이 있으며 동시에 주권범위 또는 사법관할권 내에서의 범죄나 안보위협에 대응하여 국민의 안전을 보장하는 형사사법기관과 국내정보 또는 보안, 방첩기관이 있다. 형사사법기관은 1차 수사기관인 법 집행기관과 2차 수사기관인 검찰, 그리고 법원과 교정기관에 해당하는 보호관찰과 교정기관을 모두 포괄하는 개념으로 사용된다. 1차 수사기관인 법 집행기관은 가장 일선에서 범죄용의자를 수사하고 체포하며, 범죄증거를 수집하여 범죄혐의에 대한 개연성이 확신될 때 검찰에 기소의뢰를 하는 기능을 수행한다. 흔히 이 1차 수사기관을 경찰로 이해하는데 여기에는 좀 더 분명한 개념정의가 필요하다. 경찰은 법 집행기관을 포함하는 개념으로 범죄수사 이외의 범죄예방을 위한 순찰, 경비, 교통, 행정서비스 등의 법 집행기능 이외의 행정행위를 포함하는 개념이다. 엄밀한 의미에서는 경찰청의 범죄수사와 외사, 방첩 등의 수사와 직접 관련이 있는 기능만이 법 집행기관으로 정의될 수 있다. 때문에 경찰청의 경우 테러와 관련된 업무를 수행하는 기관 중 본청 기준으로 경비국은 법 집행기능이 아닌 행정행위에 해당하며 외사, 방첩에서 테러관련 법 집행활동을 수행한다.

법 집행기관은 다양한 경찰활동이 아닌 순수한 법 집행활동만을 수행할 수도 있다. 이 경우 일반적으로 다른 행정행위를 일체하지 않으며 범죄수사 기능에 특화된다. 대부분의 이러한 성격의 법 집행기관은 경찰로 불리지 않으며 또한 유니폼을 착용하지도 않는다. 미국의 예를 들면, FBI, DEA(Drug Enforcement Administration), ATF(Alcohol, Tobacco, Firearm, & Explosives), INS(Immigration and Naturalization Service) 등이 이러한 법 집행기관에 해당한다. 우리나라의 경우는 경찰청과 해양경찰, 그리고 철도경찰 등에서의 범죄수사 기능과 그 외 관세청, 출입국·외국인 정책본부 등의 특별사법경찰이 이에 해당한다. 또한 국정원 역시 국가보안법에서 부여하는 범죄수사권에 따라 정보기관이면서 동시에 법 집행기관으로 분류될 수 있다.

미국의 법 집행기관들은 크게 연방정부와 주정부, 카운티와 시(municipal) 단위의 네 개의 서로 다른 단위로 나뉘어져 있다. 미국은 연방 경찰이 존재하지 않으며 경찰 기능은 지방정부 특히 시 단위 정부와 카운티, 그리고 주정부에서 담당하고 있다. 이 경찰은 법 집행기관을 포함한 개념이다. 예를 들면 각 도시에 자체적으로 경찰이 존재하는데 NYPD(New York Police Department), LAPD(Los Angeles Police Department), CPD(Chicago Police Department), HPD(Houston Police Department) 등이 이에 해당된다. 또한 각 시를 둘러싼 행정단위를 카운티라고 하는데 여기에 지역 법 집행기관이자 경찰기관으로서 보안관(Sheriff's Office)이 있으며 각 주에는 State Troopers라고 불리는 주 경찰이 있다. 그 밖에 인디언 보호구역 내에 자치경찰인 부족경찰(tribal police)이 존재한다. 한편, 연방정부는 범죄수사의 기능만을 전담하는 법 집행기관들을 갖고 있다. 이들 기관들은 크게 법무부(DOJ: Department of Justice)와 국토안보부(DHS: Department of Homeland Security) 산하에 나뉘어져 있다. 예를 들면, FBI, DEA, ATF, The U.S. Marshals Service 등은 법무부에 CBP(Customs and Border Protection), ICE(Immigration and Customs Enforcement), The U.S. Secrete Service 등은 국토안보부에 소속되어 있다.

미국의 법 집행 컨트롤 타워를 살펴보면 범죄수사 및 체포를 핵심으로 하는 법 집행활동에 있어 국토안보부를 형식적으로는 컨트롤 타워로 하고 있으나 실질적인 의미에서는 법무부 소속의 FBI에서 주도를 하고 있다. 국토안보부와 FBI간의 관계는 명확히 구분되어 있지는 않으며 대체로 두 개의 서로 다른 컨트롤 타워체제로

운영되는 듯하다. 굳이 나누자면 정책면에서는 국토안보부가 실질적인 수사활동은 FBI가 주도적인 것처럼 보인다. 그렇지만 이 역시 분명하게 구분되지는 않는 것이 국토안보부는 자체적으로 별도의 법 집행 권한과 요원들을 보유하고 있어 실제 수사활동을 주도하기도 한다. 많은 경우 어느 정도 경쟁관계에 있다고 볼 수 있다. 흥미로운 점은 국토안보부나 FBI와 같은 법 집행활동의 컨트롤 타워는 DNI같은 정보 분야 컨트롤 타워의 구성단위의 지위를 가지며, 반대로 정보부문의 컨트롤 타워는 법 집행 부문의 컨트롤 타워 활동을 지원하는 역할을 한다.

미국의 사례에서 한 가지 더 눈여겨 보아야 하는 것은 우리나라의 대통령 경호실에 해당하는 The U.S. Secrete Service의 성격이다. 외관상 대통령 직속기관인 경호실이 장관급 부서인 국토안보부의 지휘 체계 하에 소속된 모양새이다. 이런 모습을 띤 이유는 SS(Secrete Service)의 성격 때문이다. SS는 1865년 창설된 이래 대통령과 부통령, 그리고 방문 중인 외국정상들을 경호하는 임무 이외에 미국 연방노트(달러) 위조에 대한 범죄수사 기능을 갖고 있다. 또한 연방노트와 관련된 결제방법과 미국의 금융제도를 위협하는 실제 범죄와 컴퓨터 범죄에 대한 범죄수사의 권한이 있다. 이러한 기능 때문에 법 집행기관으로 분류되며 이와 관련하여 국토안보부라는 법 집행 컨트롤 타워에 다른 기관들과 함께 배속되게 된다. 하지만 동시에 미국 대통령 등에 대한 위협에 대해서는 국토안보부의 지휘통제를 받기보다는 독자적인 권한을 행사할 수 있으며 오히려 국토안보부가 SS를 지원하게 된다. 때문에 동일한 기관이 기관내의 임무에 따라 나눠진다고 볼 수 있다.

우리나라의 경우는 주요 법 집행기관이 경찰의 성격을 가지는 경찰청, 해양경찰, 철도경찰 등과 현재 법무부 산하에 있는 주요 법 집행기관들인 관세청, 출입국외국인 정책본부, 그리고 정보기관이면서 동시에 법 집행기관인 국정원, 그리고 미국과 달리 2차 수사기관이면서 동시에 1차 수사기관인 검찰 등이 있다. 미국의 검찰은 순수한 2차 수사기관으로서 1차 수사기관인 법 집행기관이 사건을 송부해야 검찰 조사를 시작할 수 있는데 반해 우리의 경우 검찰이 스스로의 판단에 의해 1차 수사를 개시할 수 있으며 경찰 등 1차 수사기관의 사건을 넘겨받을 수 있는 권한 역시 가지고 있다. 이러한 상황에서 법 집행의 컨트롤 타워를 구축하기는 쉽지 않다. 우선 총리실 컨트롤 타워에서 수사기관들을 통합하는 모델을 상정해 볼 수 있으나 이 경우 검찰, 경찰, 국정원을 조율하여야 할 것이다. 국민안전처에서 법 집행 컨트롤 타워가 되고 총리실에서 정보 컨트롤 타워로 작동하는 이원방식도 고려해 볼 수 있으나 이 역시 현실적으로 쉽지 않을 것이다. 법 집행 컨트롤 타워가 어떤 방식이 되던 최소한 경찰, 해양경찰, 철도경찰, 공항 및 항만경비대, 지하철경찰대, 출입국 외국인정책본부, 관세청, 국세청 등을 포함하여 묶어내야 할 것이며 여기에 적어도 검찰과 국정원이 적극적인 지원역할 또는 소속기관으로서 참여해야 할 것이다. 하지만 이럴 경우 컨트롤 타워가 각 이해당사 기관들이 서로 경쟁하는 경쟁의 장으로 전락하여 대테러 수사활동 자체가 마비될 수도 있을 것이다. 아니면 컨트롤 타워가 어느 한 소속 기관에 장악될 위험 역시 존재한다. 이를 피하기 위해서는 미국의 DHS 경우와 같이 컨트롤 타워 본부 자체에서 독자적으로 법 집행활동 능력을 구축해야 하는데 이 경우 신입직원채용부터 이들의 교육, 훈련, 그리고 경험과 전문성의 축적까지 수 년 이상 소요되는 긴 시간을 필요로 할지 모른다. 현실적으로 우리나라의 경우는 경찰청이 다른 법 집행기관에 비해 규모나 역량 면에서 압도적이다. 또한 미국과 달리 국가경찰로 지역단위까지 하부조직이 정비되어 일사분란하게 통합되어 작동할 수 있는 조건이 된다. 때문에 검찰과 경찰 사이에만 대테러 법 집행활동과 관련된 업무를 조율하면 별도의 컨트롤 타워를 구성할 필요가 그다지 없다. 때문에, 검찰-경찰을 주축으로 여기에 해양경찰, 출입국외국인정책본부, 관세청 등 주요 특별사법경찰기구의 법 집행 역량이 연결되고 국정원의 역량이 지원되는 체계 정도를 구상해 볼 수도 있다.

한편 우리나라의 경호실은 미국의 SS와 달리 대통령과 요인경호에 특화되어 있다. 때문에 대통령 관련 사안이 아니면 별다른 법 집행기능이 없기 때문에 특별히 대테러 법 집행활동에서 컨트롤 타워의 소속기관으로 참여할 필요는 없어 보인다. 단지, 대통령 관련 사건에서 경호실이 주도적으로 범죄수사나 요인경호, 시설보안 등을 담당하고 여기에 다른 관련 법 집행 및 정보기관들이 지원하는 현재의 체계를 그대로 유지하면 될 것이다. 현실적으로 선례를 살펴볼 때 이슬람 극단주의 등의 비국가 테러행위자가 대통령을 목표로 테러공격을 감행할 개연성은 희박하며 단지 북한에 의한 테러공격은 현실성이 있다. 하지만 이는 현재 체계로 충분히 대응 가능할 것으로 보이기 때문에 경호실 관련 사항은 미국의 사례를 참조하여 법 집행 대테러 컨트롤 타워에 배속시킬 필요는 없어 보인다. 단, 정보의 컨트롤 타워와는 유기적인 협조관계를 유지할 필요는 있어 보인다.

군의 경우 법 집행기관은 속칭 CID(Criminal Investigation Division)라고 부르는 각 군 군 수사대와 보안, 방첩을 담당하는 기무사령부이다. 이들 기관들은 군 관련 사건에만 관할권을 가지므로 이와 연계하여 다른 법 집행기관들과 연계시킬 필요는 있다. 한편 다른 군 병력이 테러대응을 위해 출동할 경우 앞서 언급한대로 이들이 체포권이 있는지가 쟁점이 될 수 있다. 왜냐하면, 범죄자의 법적 지위를 가지는 테러리스트는 체포 시 체포권을 가진 법 집행 공무원에 의해 체포되어야 하며 체포 시에 미란다 원칙의 고지 등 형사절차를 밟아야 한다. 그런데 만약 사법경찰관이 아닌 군인이 인신구속을 집행할 경우 이 자체가 불법소지가 있어 법정다툼의 쟁점이 될 수 있다. 이러한 예상되는 문제들에 대한 법률정비와 업무협조 등이 고려되어야 할 것이다. 아덴만 여명작전의 경우 좋은 참고사례가 되겠으나 국제수로에서 해적을 상대로 한 체포가 아니라 국내에서 일반 테러범을 상대로 하였을 때 어떤 법적 해석이 될 것인지는 고려해 보아야 한다. 이러한 문제는 육군과 경찰 간의 관계에서만 아니라 해상에서 해군과 해경 간의 관계에서도 같은 문제가 제기될 수 있다. 원칙적으로 해군은 해상테러 발생 시 테러용의자에 대한 체포 집행 시 법적 문제가 발생할 수 있다. 이는 기본적으로 해양경찰의 업무영역이기 때문이다. 이러한 문제를 극복하기 위해 콜롬비아의 경우 군의 각 일선 부대에 사법 경찰관이 한 명씩 배속되어 있다.

소방이나 의료, 구조, 구호 등 비상사태 대응부서의 경우 법 집행 컨트롤 타워에 소속되든지 아니면 적어도 이와 긴밀한 협조관계를 구축하여야 한다. 이러한 이유는 앞서 언급한 것처럼 테러사건 현장은 재난현장이자 동시에 범죄현장으로서 이중적 성격을 가지기 때문이다. 법 집행활동을 방해하지 않으면서 비상사태 대응이라는 본연의 임무를 효과적으로 수행하기 위해서는 법 집행기능과 비상사태 대응 기능의 긴밀한 통합과 협력이 필수적이다.

3. 정보기관

정보기관의 경우 일반적으로 정보수집과 수집된 정보의 분석을 주요 기능으로 한다. 정보수집을 위해서는 인간정보, 기술정보, 공개출처정보 등의 다양한 방법을 활용하여 첩보를 수집하는 역할을 하며 이렇게 수집된 정보를 가공, 분석하여 구두나 서면 형식의 정보보고를 생산하여 대통령을 포함한 집행기관을 지원하게 된다. 정보의 컨트롤 타워는 이렇게 정보수집과 분석 등을 담당하는 여러 정보기관들을 하나로 통합하는 기능을 수행한다. 때문에 독자적인 정보수집의 기능이 있는 것이 아니라 각 소속 정보기관들에서 수집되고 분석된 정보들을 통합하여 분석하고, 정책을 제안하거나 집행기관들의 활동을 지원하게 된다. 한편 컨트롤 타워에 소속되는 구성기관들은 크게 두 가지로 분류된다. 하나는 대통령 직속의 국가정보기관이다. 그리고 다른 하나는 각 행정부 장관에 소속된 부문별 정보기관들이다. 국방부, 법무부, 경찰청 등에 소속된 정보기관이나 부서들이 이에 해당될 수 있다. 이러한 여러 정보기관들을 하나로 묶는 컨트롤 타워가 정보의 컨트롤 타워가 될 것이다.

미국의 경우 정보의 컨트롤 타워에 해당하는 기관을 국가정보장(DNI: Director of National Intelligence)로 볼 수 있다. 이 DNI는 미 대통령과 국가안보회의(National Security Council), 그리고 국토안보회의(Homeland Security Council)에 국가안보와 관련된 정보문제들에 대해 조언을 제공하는 주관기관이다. 이 DNI를 보좌하는 기관이 독립기관으로서의 성격을 가지는 ODNI(Office of the Director of National Intelligence)이다. ODNI의 장은 PDDNI(the Principal Duty Director to the DNI)로 DNI를 보좌하고 산하 참여 정보공동체를 감독하고, 통합하며, 관리한다. ODNI 산하에 국가대테러센터(NCTC)를 두고 모든 테러관련 정보를 통합하여 운용하고 있다. DNI와 NCTC와의 관계는 NCTC가 테러리즘 또는 대테러 부문에 집중된 컨트롤 타워로서 DNI의 소속기관이다. ODNI에는 NCTC와 함께 소속기관으로 IARPA(Intelligence Advanced Research Projects Agency), ISE(Information Sharing Environment), NCPC(National Counterproliferation Center), NIC(national Intelligence Council), ONCIX(Office of the National Counterintelligence Executive) 등이 있다. NCTC는 국가 대테러 전략과 정책을 제안하고 테러리즘 동향을 분석하는 테러부문의 핵심 컨트롤 타워 역할을 수행한다. ODNI/DNI는 테러리즘을 포함한 국가안보부문의 정보를 모두 통합하고 분석하며 국가의 안보전략과 정책을 제안한다. 이 컨트롤 타워는 2차 정보분석 기관으로서 기능한다.

한편 컨트롤 타워 아래에 미국 내 다양한 국가정보 및 부문별 정보기관들이 통합되어 있다. 이들 정보기관들은 정보공동체로 DNI/ODNI/NCTC에 통합된다. 여기에 참여하는 정보공동체는 순수한 정보기관과 법 집행기관의 정보부서로 나뉜다. 순수정보기관으로는 국가정보기관인 CIA, FBI, 그리고 NSA 등이 부문별 정보기관으로는 국방부 소속의 DIA(Defense Intelligence Agency), NRO(National Reconnaissance Office), NGA(National Geospatial-Intelligence Agency) 등이 있으며 그 밖에 육, 해, 공군 및 해병대 자체적으로 각각 Army Intelligence, Naval Intelligence, Air Force Intelligence, and Marine Corps Intelligence가 있다. 이들 기관들의 관할권에 따라, CIA와 DIA는 미국 주권범위 밖의 해외정보활동을 수행한다. NSA는 미국 주권

범위 밖에서 인터넷과 유, 무선 전화를 포함한 communication에 대한 정보활동권한을 가진다. FBI는 미국 주권범위 내에서 보안, 방첩을 담당하는 정보기관이자 범죄수사를 담당하는 법 집행기관으로서의 이중적 지위를 가진다. 그 밖의 기관들은 국방부의 활동을 지원하는 정보기관이자 동시에 DNI/ODNI/NCTC를 지원하는 참여기관이 된다. 한편, NRO와 NGIA는 기술정보(TECHINT)에 특화된 기관이며 나머지 기관들은 주로 인간정보(HUMINT)와 기술정보(TECHINT)를 동시에 수행하며 경우에 따라 공개출처정보(OSINT)를 활용하기도 한다.

한편 연방 법 집행기관들 역시 정보공동체의 일환으로 DNI/ODNI/NCTC에 통합된다. FBI, DHS, Coast Guard, TSA(Transportation Security Agency), CBP(Custom & Border Patrol) 등이 DNI에 통합되어 참여하게 된다. DNI는 해외정보(Foreign Intelligence), 국방정보(Defense Intelligence), 그리고 국내정보(Homeland Intelligence)의 세 부문으로 구성되는데 이 국내정보 분과의 장은 FBI국장이 겸임하며 여기에 위에 열거한 법 집행기관들이 통합된다. 한편 해외정보의 분과장은 CIA 국장이 겸임하며 여기에 비밀첩보, 정보분석, 공개출처정보(OSINT) 등이 배속된다. 국방정보의 경우 국방부 정보부문의 수장이 분과장이 되며 여기에 DIA, NSA, NGA, NRO 등이 참여하게 된다.

FC(Fusion Center)는 DNI, NCTC 등이 미국의 국가적 차원에서의 정보통합과 대테러 정보분석과 정책, 전략 개발과 제안을 목적으로 하는데 반해 지역공동체와 시, 그리고 주 등의 지역수준에서의 테러 정보공유와 통합을 목적으로 한 보다 현장실무 중심적인 정보통합센터를 말한다. 미국의 연방정부와 주정부, 지방정부 등의 다양한 정보수준에서 법 집행기관 및 비상사태 대응 기관들이 운용되고 있으며 이에 수많은 연방정보 및 법 집행기관들의 지역 지부가 산재해 있다. 이 때문에 지역공동체 현장에서의 정보, 범죄수사, 비상사태 대응 등의 대테러 활동에서 상당한 혼선과 문제가 발생한다. 예를 들면, 9.11 테러 당시 동일한 테러 현장에서 구호 활동을 하던 뉴욕 경찰과 뉴욕 소방서가 서로 무전 채널이 달라 소통이 되지 않는 등의 심각한 문제가 발생했다. 만약 예를 들면 시카고 도시 내의 어느 지역 공동체에서 테러사건이 발생 하였을 경우 여기에는 시 경찰, 보안관서, 주 경찰, 시 소방당국, FBI, DHS, CBP, INS 등 다양한 연방 기관의 지부들과 FEMA 지역 지부들이 서로 뒤엉키는 현상이 초래될 수 있다. 이들 간의 소통과 공조, 협력 등은 또 다른 차원의 문제이다. 이 때문에 필연적으로 이러한 복잡하고 다양한 관련 기관들의 정보를 통합하고 공유할 필요가 발생했다. FC는 이러한 문제들을 현장에서 해소하기 위해 디자인 되었다. 미국의 각 주들과 주요 대도시 지역에 FC를 구성하여 국가적 정보통합 구조 하에 통합시켰다. 연방, 주, 지역의 산재한 정보기관, 법 집행기관, 그리고 소방, 구조, 구호 등의 비상사태 대응기관들을 정보공유를 통해 통합시킨 것이다. 그리고 FC는 앞서 언급한 NCTC와 지역수준과 국가수준으로 결합되어 있다.

한편 DHS에서는 자체적으로 정보공유시스템을 구축하였다. 이 대표적인 것이 HSIN(Homeland Security Information Network)와 HSDN(Homeland Secure Data Network)이다. 둘 다 DHS에서 운영하는 정보공유와 처리 시스템을 의미한다. 구체적인 차이는 HSIN의 경우에는 비밀 분류되지 않은 정보를 HSDN은 공개되지 않은 비밀 분류된 정보를 다룬다는 점이다. HSIN은 연방, 주, 지역 정부와 민간 및 해외 파트너들과 협력하고 자료와 분석 내용을 공유하며, 경계경보를 공유한다. HSDN은 주로 비밀 자료 등을 다루며 DHS 임무와 관련된 자료들을 다른 정보기관들이나 법 집행기관들과 공유하는 DHS의 시스템이다. HSIN과 HSDN 모두 DHS의 정보업무와 관련된 시스템에 해당한다고 볼 수 있다.

이 밖에 미국의 대테러 정보 시스템은 OSINT와 관련되어 민간 대학교나 싱크탱크의 연구, 개발활동과도 연결되어 있다. 이처럼 아웃 소싱된 대테러 OSINT의 대표적인 사례는 메릴랜드 대학교의 START(National Consortium for the Study of Terrorism and Responses to Terrorism) 센터와 샘 휴스턴 주립대학교와 뉴 헤이븐 대학교의 ISVG(Institute for the Study of Violent Groups) 프로그램 등이다. 이러한 민간 OSINT는 협조관계로 NCTC 또는 DHS와 연결되어 있으나 실제적으로는 긴밀하게 정보가 통합되어 있다. 민간에 아웃 소싱을 줄 때의 장점은 OSINT 활동에 들어가는 인건비를 상당히 절약할 수 있으며, 국가기관이 민간의 공개출처정보를 감시할 때 발생할 수 있는 프라이버시권과 기본권 침해의 논란을 피해갈 수 있다는 장점 때문이다.

우리나라의 경우 총리실에 대테러 컨트롤 타워를 설치할 경우 미국의 위와 같은 선례에 따라 구성하는 것을 고려해 볼 필요가 있다. 이 경우 총리실 대테러 정보 컨트롤 타워 산하에 국정원과 부문별 정보기관들인 정보본부, 정보사령부, 기무사령부, 사이버사령부 등이 포함되어야 할 것이다. 이 밖에 사이버 테러관련 정보기관으로 볼 수 있는 인터넷진흥원과 국가보안기술연구소, 그리고 금융관련 정보를 가지고 있는 금융감독위원회가 산하기관으로 참여해야 할 것이다. 또한 법 집행기관의 정보부서인 경찰청 정보국과 사이버 안전국, 검찰 범죄정보분석실, 사이버 범죄센터, 국세청, 출입국외국인 정책본부, 해양경찰, 국민안전처, 항만, 공항, 철도,

지하철 등의 교통관련 기관들 등의 다양한 기관의 정보부서가 통합되어야 할 것이다. 다만 미국과는 달리, 우리나라의 국정원이 사실상 미국의 CIA, FBI, 그리고 NSA의 기능을 동시에 갖고 있는 현실을 고려할 때는 또한 테러방지법의 입법취지도 고려하면 실제 대테러 실행 정보통합 컨트롤 타워의 기능은 국정원이 핵심역할을 맡는 것도 현실적으로 타당해 보인다. 또한 위와 같은 국가급 정보 컨트롤 타워와는 별도로 지역 및 시, 도급의 현장 레벨에서의 FC에 유사한 지역정보공유 및 통합 센터가 꾸려져야 할 것이다.

4. 위기 대응 기관

미국의 위기 대응 주무기관은 DHS 산하의 FEMA이다. 이에 대해서는 이론의 여지가 없다. 이러한 사례를 참조하고 우리나라의 상황을 고려하면, 우리의 경우 위기 대응의 주무기관은 국민안전처이다. 위기 대응 센터는 별도로 테러 및 각종 재난 시 지역의 현장수준에서의 대응을 지원하고 관리하는 중앙 컨트롤 타워로서 기능할 수 있을 것이다. 하지만 현장에서의 컨트롤 타워는 또한 지역레벨에서 별도로 구축되어야 한다. 미국의 경우 FEMA가 중앙에서 지원과 조율하는 컨트롤 타워로서 기능하며 동시에 현장에서 경찰서장 또는 지역 시장 등이 현장 컨트롤 타워의 책임자가 되어 돌아가는 이중적 체계를 구성한다. 우리가 참조할 만한 사항이다. 이는 현장에서의 실제적 대응은 현장 컨트롤 타워의 책임자가 주도적으로 이끌어 나가야 하는 부분이 크기 때문이다. 실제로 테러사건 발생 시 현장에서의 컨트롤 타워의 책임자는 해당 관할 경찰서장이 될 것이다. 이 때 중앙의 국민안전처 주도의 중앙 컨트롤 타워와 경찰 주도의 현장 컨트롤 타워 간의 이원적 유기적 협력 체계가 구축되어야 할 것이다. 이러한 대응 구조는 해상 테러 시에도 동일하게 적용될 수 있으며 안전처와 해당 사고 발생 관할 해경함장 또는 관할서장 간에 이원협력 체계가 구축될 수 있다.

≫ 미국 수사기관 및 정보기관의 법 집행 및 정보활동에 대한 사례조사

지난 해 국가정보원이 이탈리아 해킹팀이라는 IT 기업으로부터 해킹 프로그램을 구입한 정황이 공공에 알려지면서 상당한 여론의 주목을 받았다. 국가정보원이 이 해킹툴을 사용하여 국내의 민간인들을 사찰했다는 주장이 제기되면서 국가정보원에 대한 비난 여론이 거세게 제기되었다. 이 사건은 기술의 급격한 발전과 세계화라는 21세기의 변화하는 환경에서 정보기관을 포함한 국가기관이 대테러활동과 방첩활동 등의 국가안보활동에 있어 처한 딜레마와 고난함을 보여주는 하나의 상징적인 사건으로 볼 수 있을 것이다. 실제로 미디어와 여론, 정치권 등에서 제기되었던 비민주적인 국가정보기관의 사생활침해와 감시라는 단편적인 도식의 차원을 넘어 이 사건은 21세기 특히 9.11 테러 이후의 변화하는 안보환경과 국가기관이 국가안보활동의 영역에서 부딪히는 여러 중요하고 의미 있는 문제들을 함축하고 있다. 이 장에서는 그러한 문제들을 경험적으로 짚어볼 것이며 이를 위해 이러한 문제에 있어 가장 최일선에 있는 미국의 사례를 살펴볼 것이다.

9.11 테러를 겪으면서 미국이 지난 15년 동안 축적한 깨달음은 변화된 21세기 환경에서는 더 이상 전통적인 사생활 보호와 인권보호, 국가공권력의 법적, 제도적 제한 등의 장치들이 효과적으로 작동하지 않는다는 사실이다. 국가의 부당한 공권력 행사로부터 개인의 자유와 권리, 그리고 사생활을 보호할 수 있는 헌법적 장치인 수정헌법 4조와 같은 조항들은 다음과 같은 전제에 근거한다. 먼저 수정헌법 4조는 개인의 주택과 같은 물리적 공간에 대한 부당한 국가의 공권력 침해로부터의 보호를 전제한다. 하지만 최근 들어 기술의 발전과 함께 물리적 침해가 아닌 전자적, 가상적 침해의 문제가 훨씬 심각한 문제로 등장했다. 수정헌법 4조는 이러한 상황의 변화를 담아내는데 어려움이 있다. 다음으로 미국의 수정헌법 1조, 4조와 같은 장치들은 테러리스트, 범죄조직 등과 같은 비국가 행위자로부터의 자유와 인권, 사생활의 침해를 염두에 두고 있지 않다. 개인과 국가라는 양자관계에서 국가로부터의 침해 위협을 어떻게 보호할 것인가가 핵심적인 미국 헌법장치들의 목적이다. 하지만 최근의 변화는 국가가 아닌 비국가 행위자들이 국가 못지않게 개인의 자유와 권리, 그리고 사생활을 심각하게 위협한다. 전통적인 헌법적 장치들은 국가가 이들 비국가 행위자들의 위협에 효과적으로 대응하지 못하게 하는 장애가 되는 반면 비국가 행위자들이 보다 자유롭고 안전하게 활동할 수 있도록 하는 안전장치가 되는 예기치 못했던 결과를 야기한다. 때문에 개인과 국가라는 전통적 이분법적 양자관계를 넘어 개인과 국가, 그리고 비국가 행위자들 간의 세 행위주체의 구도에서 국가 공권력의 크기와 개인의 인권보호의 범위와의 관계설정을 재조정할 필요가 생겨났다.

또 다른 문제는 더 이상 전통적인 법 집행과 전쟁행위와 관련된 개념과 전제, 그리고 국가 공권력 작동의 틀이 제대로 작동하지 않는다는 사실이다. 법 집행은 원칙적으로 사건발생 이후에 작동하는 반응적(reaction) 활동이다. 먼저 범죄가 발생한 이후에 국가의 공권력이 작동하게 된다. 그리고 그 활동은 범죄의 책임을 물을 수 있는 특정 개인을 대상으로 한다. 또한 법 집행은 억제를 목표로 한다. 범죄자를 처벌함으로써 이후에 해당 범죄자 개인이나 다른 불특정 개인이 유사한 범죄를 하지 못하도록 예방한다. 하지만 최근의 테러리즘이나 초국가적 조직범죄 현상들은 이러한 법 집행의 기존 개념과 전제, 공권력 작동의 틀을 무의미하게 만든다. 9.11 테러와 같은 대참사나 보이스 피싱이나 마약밀거래와 같은 초국가적 조직범죄는 사건이 이미 발생하도록 기다릴 수 없을 정도로 그 피해가 너무 크고 심각하다. 때문에 사건발생 이전에 미연에 차단할 수 있는 선제적(proactive) 활동의 필요성이 대두된다. Proactive policing 또는 pre-crime investigation의 개념들이 제시된다. 또한 범죄의 책임을 물을 특정 개인을 사건 발생 이전에 파악하기 매우 어려울 뿐만 아니라 찾아내더라도 이들은 조사의 대상이 될 근거가 없다. 대부분의 테러리스트들은 테러사건 발생 이전에는 범죄경력이나 범죄혐의가 전혀 없다. 따라서 법적 혐의가 없는 개인을 수많은 일반인들 가운데서 미리 찾아내 그 개인이 미래에 하려고 하는 위협적인 불법행동을 차단해야 한다. 또한 법 집행의 기본 전제인 억제 역시 의도하는 효과를 만들어낼 수 없다. 예를 들면 자살 폭탄테러범은 사건 발생 이후 죽는다는 것을 전제로 테러공격을 기도하고 감행한다. 사후 처벌로 인한 억제효과 자체가 성립하기 어렵다. 자살테러가 아니더라도 테러와 조직범죄, 스파이 활동에 가담한 대부분은 사후처벌을 통해 억제되지 않는다.

국가의 물리력이 행사되는 또 다른 주요한 전통적 영역인 전쟁행위도 더 이상 전통적인 접근틀이 작동하기 어렵다. 전통적인 전쟁행위는 특정한 지리적 범위라는 전장(war theater)을 전제로 한다. 또한 전쟁 대상 주체 역시 대체로 분명하고 특정할 수 있다. 하지만 테러조직이나 마약 밀거래와 같은 범죄조직들과의 전쟁은 그 지리적 범위가 불분명하고 포괄적이다. 이슬람 극단주의와의 대테러 전쟁은 적어도 여러 국가들의 국경을 넘나든다. 마약 범죄조직과의 마약소탕전쟁 역시 상황은 유사하다. 테러조직과 범죄조직이라는 전쟁 대상을 명확하게 선정하기도 어려울 뿐 더러 유동적이다. 때문에 전통적인 군사력을 이용한 전쟁행위 역시 그 의도하는 효과를 만들어내는데 한계가 있다.

테러리즘과 초국가범죄 세력들과 싸우면서 축적된 미국의 경험은 새로운 환경변화에 부응한 보다 새롭고 효과적인 국가공권력 행사의 재편을 시도하도록 만들었다. 이는 변화된 현실인식에 기초한 현실적 선택이다. 이 재편은 개인의 권리들을 보장하기 위한 여러 헌법적, 제도적, 정책적 조치들을 제한하고 법 집행과 정보활동 전반에 걸친 국가 공권력을 증강시키는 방향으로 진행되었다. 테러리즘과 초국가범죄에 대응하여 국가안보와 미국 국민들을 보호하기 위해서는 국가 공권력에 싸울 수 있는 수단과 환경을 부여해야 한다는 기본 전제가 그 재편노력의 기저에 깔려 있다. 이에 대해 반인권적이며 국가 공권력의 지나친 확장이라는 비판들이 있으나 미국 여론의 압도적 다수는 그러한 움직임에 지지를 보내고 있다.

흥미로운 사실은 미국 이외의 여러 다른 서방 민주주의 국가들에서도 그러한 공권력 강화의 방향으로 움직이고 있다는 사실이다. 이스라엘과 프랑스, 독일, 그리고 영국의 최근 경험들은 이들 서방 동맹국들 역시 국가안보와 민주주의의 가치, 그리고 자국민의 안전을 지키기 위해서는 변화된 21세기 환경에서 법 집행기관과 정보기관들과 같은 공권력의 증대와 어쩔 수 없는 개인의 여러 권리들의 부분적 감소는 받아들여야 하는 어떤 비용으로 인식하고 있음을 보여준다. 미국과 유사하게 이들 국가들에서도 pre-crime investigation, 비밀수사(undercover operation), 전자감시(electronic surveillance), 전술적 공격(tactical attack)과 같은 개인의 권리와 관련하여 논란의 소지가 있는 여러 공권력 증대의 조치들이 여론의 지지와 함께 채택되었다. 이 글에서는 그러한 여러 서방 동맹 국가들의 움직임을 살펴보고 이해하고자 시도한다. 이를 위해 미국의 케이스에 주목할 것이다.

1. 비전통적 위협에 대한 접근 모델

살인과 강도, 강간과 같은 전통적인 범죄나 2차 세계대전과 같은 국가와 국가 간의 정규군을 사용한 전통적 전쟁을 제외한 오늘날 대부분의 안보위협들이 비전통적 안보위협에 포함될 수 있다. 윤민우(2013a)는 이러한 여러 위협들을 다차원 안보위협으로 다루고 있다. 이들 위협들은 개념적으로 명확히 정의되지는 않았으나 대체로 테러리즘, 초국가범죄, 마피아, 마약밀거래, 해적, 해킹, 사이버 공격, 산업스파이, 북한, 중국, 이란 등과 같은 해외 적대국가에 의한 정보활동이나 전쟁을 제외한 여러 적대적 활동 등을 포괄한다. 이러한 비전통적 위협들의 공통점은 기존의 국가 공권력 행사의 두 축인 법 집행과 전쟁활동 그 어느 것으로도 만족스러운 결과를 만들어내지 못한다는 것이다. 전통적 법 집행을 통한 억제효과를 기대하기 어렵다. 이는 대부분의 경우는 국가의 법 집행 역량과 사법관할권의 한계를 초월하기 때문이다. 반면 군사력을 활용한 전통적 전쟁행위를 통해 억제되기에는 위협의 실체가 불분명하며 공격대상과 범위의 명확한 지정이 어렵다.

미국은 9.11 테러를 겪으면서 테러리즘과 같은 비전통적 안보위협에 어떻게 대응해야 할지를 놓고 고민했다. 대체로 그러한 논의들은 세 가지 서로 다른 접근 패러다임으로 정리될 수 있다(Gaines & Miller, 2010: 411-414). 하나는 법 집행 모델(the law enforcement model or the criminal justice model)이다. 이는 테러리즘과 같은 비전통적 안보위협들을 범죄의 한 유형으로 간주하며 때문에 범죄자를 찾아내고 기소하여 법원 및 교정기관과 같은 전통적인 형사사법 제도를 활용하여 처벌을 하려고 시도한다. 하지만 이러한 접근모델은 9.11 테러와 같은 대규모 참사를 미연에 방지하기가 어렵다는 것과 알 카에다나 멕시코 마약조직, 러시아 마피아, 북한, 중국과 같은 적대국가나 국제적 해킹 그룹 등과 같은 미국의 사법관할권을 벗어나서 활동하는 위협의 실체에 효과적으로 대응하기 어렵다는 한계를 노출한다.

또 다른 접근은 군사 모델(the military model)이다. 9.11 테러 직후에 미국 의회는 AUMF(the Authorization for Use of Military Force)를 통과시켜 미군의 대테러 전쟁활용을 합법화했다(Gaines & Miller, 2010: 413). 이 경우 테러리스트는 적 전투원(enemy combatant)으로 간주되며 따라서 미국 헌법이 제공하는 여러 보호 장치들(수정헌법 4조, 5조, 6조 등과 같은)의 적용대상에서 제외된다. 때문에 아프가니스탄과 이라크 등과 같은 해외의 테러세력을 직접 공격하여 제거할 수 있게 된다. 하지만 군사력의 직접 활용은 상당한 국가의 자원을 요구하게 되며 이미 지난 15년 간의 경험을 통해 증명된 것처럼 그 효과 면에서도 의문시된다. 더욱이 이 모델은 테러리즘을 제외한 대부분의 비전통적 안보위협에 적용하기 어렵다는 한계를 노출한다.

마지막으로 제기된 모델은 정보 모델(the intelligence model)이다. 미국 내 많은 전문가들이 이 모델을 지지한다(Gaines & Miller, 2010: 412). 이 모델에서는 미국의 사법관할권을 넘어서 작동할 수 있고 사건 발생 이전에 위협을 제거할 수 있으며 물리적 현실과 가상현실을 모두 아우를 수 있고 여러 다양한 비전통적 위협에 두루 적용될 수 있는 정보활동의 중요성이 강조된다. 실제로 다음 장에서 구체적으로 살펴보겠지만 9.11 테러 이후에 미국은 이 정보활동을 강화하기 위한 여러 법적인 조치들과 제도적, 정책적 조치들이 이루어졌다. 애국법(the Patriot Act)은 그러한 노력의 대표적인 결과물이다. 하지만 이 모델 역시 한계를 가진다. 하나는 정보활동이 어편 식으로 이루어지건 그 최종 결과는 형사처벌이나 사살이나 제거, 추방이나 감금 같은 정책으로 이어져야 한다는 것이다. 이 때문에 정보활동은 법 집행활동과 통합되거나 이른바 저강도 전쟁으로 불리는 비정통적 군사활동과 결합될 수밖에 없다. 즉 정보활동은 독자적으로 이루어질 수 없으며 때문에 실제로는 정보와 다른 부문과의 통합모델이라는 성격을 가진다. 또 다른 한계는 특히 법 집행활동이나 군사활동과 통합할 경우 헌법이 보장하는 기본권 침해라는 부득이한 논쟁을 제기한다. 예를 들면 정보활동의 결과물이 재판의 증거로 채택될 수 있는가의 문제와 초법적 암살이나 감금(관타나모의 사례에서처럼)이 헌법적으로 인정될 수 있는가 등의 문제가 제기될 수 있다. 그간 미국의 여러 입법적, 정책적, 제도적 노력들과 미 법원의 결정들은 이러한 딜레마를 해결하려는 노력들로 보여질 수 있다.

2. 법 집행활동과 정보활동의 개념과 비교

비록 일반인들에게는 비슷한 공권력의 활동인 것처럼 보이지만 법 집행기관에 의한 범죄수사와 정보기관에 의한 정보활동은 본질적으로 다른 행위이다. 미국에서는 전자를 law enforcement(법 집행)로 후자를 intelligence(정보)로 정의한다. 법 집행은 원칙적으로 범죄사건이 발생한 이후에 개시되는 반응적(reactionary) 활동이며 범죄의 혐의가 있다고 의심되는 특정 개인이나 개인들을 기소하고 궁극적으로 법정에서 죄를 입증하고 처벌하고자 하는 목적을 가진다. 이런 측면에서 법 집행은 형사재판을 위한 범죄의 증거를 수집하는 활동이며 이와 관련된 범죄자의 체포와 구금, 증거의 수집과 압수 등을 포함한다. 반면 정보활동은 범죄를 포함하여 특정 위협 행위가 발생하기 이전에 예방이나 억제를 목적으로 이루어지는 예방적(preventive) 또는 선제적(preactive) 행위이며 위협행위를 음모하거나 준비하는 행위자를 찾아내어 이들이 그러한 행위를 하지 못하도록 사전에 차단하는데 주력한다. 원칙적으로 정보활동은 첩보의 수집과 분석, 그리고 분석된 정보의 보고로 이루어지며 대통령과 같은 집행책임을 지는 결정권자나 집행기관을 지원하는데 주된 목적이 있다.

이와 같은 법 집행과 정보활동 간의 본질적인 차이는 증거나 정보의 수집과정에서 다른 헌법적 기준이 적용되는 결과를 가져온다. 법 집행은 특정 개인에게 체포와 기소, 처벌이라는 직접적인 부정적 결과로 나타나기 때문에 개인의 헌법적 기본권 보장을 위한 보다 엄격한 잣대 또는 게임의 룰이 적용된다. 법 집행기관은 수사활동에서 엄격한 법적 절차를 따라야 한다. 미국의 경우 연방 증거법(Federal Rules of

Evidence)과 수정헌법 4조에서 규정한 불법 수색 및 체포, 압류(illegal searches and seizures) 등의 형사소송기준 등이 엄격히 법 집행활동을 규정한다. 불법적인 증거수집이나 인신구속 등은 법정에서 증거로 채택되지 못하는 벌칙이 주어진다. 반면 정보활동은 첩보의 수집과 분석, 보고가 주된 기능이기 때문에 보다 완화되고 느슨한 첩보나 자료수집의 원칙인 적용된다. 정보활동은 엄격한 연방 증거법이나 수정헌법 4조 등을 따르지 않아도 된다.

법 집행과 정보활동의 헌법적 기준의 차이는 정보활동에서 알게 된 사실을 법 집행기관에서 범죄증거로 재판에 기소하는데 사용하게 될 때 문제가 발생한다. 근본적으로 법 집행에서는 fruit of poisonous tree doctrine(독에 오염된 나무의 과실 원칙, 이를 우리나라에서는 독수독과의 원칙이라고 부른다)이라고 해서 헌법적 기준을 위반한 증거수집과 그 증거수집에서 발생한 모든 증거는 재판에서 증거로 채택되지 못한다. 따라서 보다 완화된 헌법적 기준이 적용되는 정보활동을 통해 수집된 정보를 범죄증거로 사용할 경우 이 증거를 재판에서 증거로 채택할 수 있는지의 여부가 문제가 된다. 반대로 정보활동의 과실을 범죄증거로 사용할 경우 여러 가지 헌법적 기본권 침해의 문제가 발생할 소지가 있다. 전통적으로 미국에서는 논쟁의 여지가 있지만 이 때문에 FBI(Federal Bureau of Investigation)와 DEA(Drug Enforcement Administration) 같은 법 집행기관과 CIA(Central Intelligence Agency) 같은 정보기관 사이에 어떤 정보교류의 제한 또는 차단벽이 있다고 여겨졌다. 이는 보다 낮은 수준의 헌법적 기준과 보다 완화된 작동 원칙에 따라 수집된 정보가 법적인 범죄증거로 사용되지 못하도록 함으로써 개인의 헌법적 기본권을 보다 엄격하게 보장하게 위한 목적 때문이다.

하지만 이 법 집행기관과 정보기관간의 정보소통과 교류, 협력에 대한 억제 전통은 9.11 테러의 원인으로 심각하게 비판을 받게 되었다. 적어도 9.11 테러에 가담한 2명의 테러리스트가 미국 내로 잠입했다는 첩보와 자카레아스 무사우이를 포함한 몇몇 테러가담자들이 미국 내 비행학교에서 교육을 받고 있으며 의심스럽다는 보고들을 CIA가 알고 있었음에도 FBI에 알려주지 않았다는 사실이 9.11 조사 위원회에서 밝혀졌고 상당히 거센 비판을 받았다. 애국법의 핵심 내용 가운데 하나가 이러한 법 집행기관과 정보기관의 단절을 극복하고 소통과 협력을 강화한 내용이다. 이 때문에 법 집행기관과 정보기관 간의 상당한 통합이 이루어졌고 정보활동의 내용이 범죄증거로 활용될 수 있는 상당히 완화되고 우호적인 조건이 마련되었다. 미국 법원(the Surveillance Court)은 정보수집과 범죄증거 확보를 동시에 목적으로 하는 정보활동의 협력 관리가 합법적이며 제한되어서는 안 된다고 판결했다(UNODC, 2010: 72).

　법 집행활동과 정보활동의 논의에 있어 범죄증거 수집과 정보수집활동의 대상에 대한 논의는 헌법이 보장하는 개인의 기본권 문제와 관련하여 중요하다. 미국은 원칙적으로 법 집행활동은 미국 국내의 미국시민들과 미국 내에 거주하는 합법적, 불법적 외국인들을 대상으로 한다. 하지만 FBI나 DEA 등의 경우에서처럼 테러리즘이나 마약범죄와 같은 초국가조직범죄의 경우에 예외적으로 해외에서 단독으로 또는 해당 국가 정부와 공조 하에 수사와 체포, 증거수집 등과 같은 법 집행활동을 수행하기도 한다. 정보활동의 경우는 원칙적으로 해외에서 활동하도록 되어 있으며 미국 내에서의 활동은 금지된다. 하지만 9.11 테러 이후 사이버 공간의 확장과 기술의 발전, 테러리즘과 같은 초국가적위협의 심화 등으로 인해 미국 국내에서의 정보활동도 상당부분 허락되도록 완화되었다. 현재에는 미국 국내에서도 해외 적대국가나 세력의 스파이나, 국제 테러세력과 같은 국가안보위협에 대해서는 미국 국내에서의 정보활동이 인정된다. CIA와 NSA(National Security Agency)등의 정보기관은 미국 내 국가안보관련 정보활동을 적극적으로 수행하고 있으며 9.11 이후 범죄투사(crime fighter)에서 국내정보기관(domestic intelligence agency)로 변모한 FBI 역시 테러리즘에 대응한 선도 기관(leading agency)으로 미국 내 정보활동을 활발히 수행하고 있다.

　마지막으로 법 집행활동과 정보활동에 관한 개념적 비교적 논의에서 주목해야 할 점은 국가기관에 관한 것이다. 크게 법 집행기관과 정보기관으로 나뉜다. 예를 들면, DEA, ATF(Bureau of Alcohol, Tobacco, Firearms and Explosives) 등은 법 집행기관이며 CIA, NSA, DIA(Defense Intelligence Agency)등은 정보기관에 해당한다. 하지만 FBI와 같은 기관은 법 집행기관이자 동시에 정보기관으로서의 이중적 성격을 가진다. 9.11 테러 이전까지만 해도 법 집행기관으로 여겨졌으나 9.11 이후 대테러 전쟁을 수행하는 과정에서 기존의 법 집행기관에 더해 국내 정보기관으로서의 성격을 동시에 갖게 되었다. 미국의 경우 CIA는 해외정보기구, FBI는 국내 정보기관이자 연방 법 집행기관으로서의 이중적 성격을 가진다. 이 때문에 FBI의 경우는 법 집행기관으로서의 가이드 라인과 정보기관으로서의 가이드 라인을 별도로 적용하고 있다. 미국 법무장관(The Attorney General)의 FBI 국내 활동에 관한 가이드라인은 그러한 사실을 보여준다(The Attorney General's Guidelines For Domestic FBI Operations).

3. 미국의 법 집행기관들과 활동들

미국의 법 집행기관들은 크게 연방정부와 주정부, 카운티와 시(municipal) 단위의 네 개의 서로 다른 단위로 나뉘어져 있다. 통상적으로 법 집행기관을 경찰(police)이라고 알고 있으나 사실상 경찰이라는 개념은 법을 집행하는 법 집행기관(law enforce-ment agency)으로서의 기능에 교통통제, 민원해결, 순찰 등과 같은 여러 행정적 기능이 결합된 것이다. 미국은 연방 경찰이 존재하지 않으며 경찰 기능은 지방정부 특히 시 단위 정부에서 담당하고 있다. 예를 들면 NYPD(New York Police Department), LAPD(Los Angeles Police Department), CPD(Chicago Police Department), HPD(Houston Police Department) 등이 이에 해당된다. 한편, 연방정부는 범죄수사의 기능만을 전담하는 법 집행기관들을 갖고 있다. 이들 기관들은 크게 법무부(DOJ: Department of Justice)와 국토안보부(DHS: Department of Homeland Security) 산하에 나뉘어져 있다. 예를 들면, FBI, DEA, ATF, The U.S. Marshals Service 등은 법무부에 CBP(Customs and Border Protection), ICE(Immigration and Customs Enforcement), The U.S. Secrete Service 등은 국토안보부에 소속되어 있다.

연방 법 집행기관들은 지방정부의 기관들도 마찬가지이지만 범죄 증거를 수집하고 범죄 혐의자를 체포하여 검찰과 협조 하에 법원에 기소하는 것을 주 임무로 한다. 그리고 이 임무를 수행하는 과정에서 미국의 헌법이 보장하는 사생활 보호(privacy protection), 표현의 자유, 불법 구금 금지, 변호인 접견, 자기범죄 사실 고지 금지(self-incrimination)와 같은 여러 기본권을 존중하여야 한다. 즉 개인의 기본권 보장을 위해 미국 헌법에서 제시하고 있는 여러 규칙들을 지키면서 법 집행활동을 수행해야 한다. 이러한 규칙들은 미국의 수정헌법 1조, 4조, 5조, 6조 등과 연방증거법(Federal Rules of Evidence)에 제시되어 있다. 범죄증거 수집과 범죄 혐의자 체포를 포함하는 수사과정과 관련 하여서는 그 가운데 특히 수정헌법 4조에서 규정하는 "비상식적 수색과 압수/체포(unreasonable searches and seizures)" 그리고 연방증거법에서 규정하는 "전문증거원칙(hearsay rule)"이 법 집행활동을 제약한다. 원칙적으로 수정헌법 4조와 hearsay 원칙에 위배되는 범죄증거는 법정에서 증거로 받아들여지지 않는다(inadmissible). 수정헌법 4조에 부합되기 위해서는 법원의 영장(search warrant나 seizure warrant)을 발부받아 수색이나 압수/체포를 실행하여야 한다. 또한 hearsay 원칙과 관련해서는 반드시 증인이 법정에 출석하여 자신이 직접보거나 들은 바를 증언하여야 한다. 법정의 증인이 제3자가 목격하거나 들은 사실을 건네 들은 바를 증언하는 것은 법정에서 증거효력이 인정되지 않는다.

하지만 위와 같은 일반적인 법 집행의 원칙들을 준수할 경우 테러리즘, 마약밀거래, 조직범죄와 같은 음모행위 수사(conspiracy investigation)에서 상당한 문제가 발생한다. 대부분의 경우에 음모행위 수사에서는 주요 혐의자가 해외에 있어 압수, 수색이 곤란하거나 특정한 압수, 수색의 대상을 설정하기가 곤란하거나 범죄의 직접 가담사실을 특정하기 어렵거나 하는 여러 이유로 현실적으로 영장을 통한 압수, 수색이나 체포, 그리고 hearsay 원칙의 적용이 불가능한 경우가 대부분이다. 테러조직이나 마피아의 조직원이 자신이 살해당할 위협을 무릅쓰고 법정에 증인으로 출석하거나 수사기관과 협조하기를 기대하기는 어렵다. 이런 이유로 음모행위 수사의 경우에는 상당한 예외적인 법 집행활동이 인정되며 미국 법원의 판례는 이러한 예외적인 경우들을 음모행위 수사에서 합법적이라고 판단한다. 또한 FBI, DEA, The U.S. Marshals Service 등의 미국 연방 법 집행기관들의 정착된 관행으로 받아들여지고 있다. 여기에서는 그러한 예외적 법 집행활동 가운데 주요한 몇 가지 사례들을 소개한다.

먼저 국제협약에 의한 범죄인 인도(extradition)나 인터폴을 통한 수사공조 이외에 해외에서 거주하는 미국 시민이 아닌 현지인에 대한 미국 법 집행기관의 일방적 수색, 압수, 체포가 인정된다. 이러한 초법적(사실상 현지 국가의 법을 어길 수도 있는 불법적) 법 집행활동은 현지 국가기관과 협조 하에 진행되거나 아니면 현지 정부와 무관하게 미국 기관 단독으로 이루어질 수 있다. 이를 사법절차를 벗어난 용의자 인도(extrajudicial rendition)라고 부르며 미국 법 집행기관은 범죄인 인도가 어려울 경우나 회피할 필요가 있을 경우 수사 대상자의 동의와 무관하게 해당 혐의자에 대한 범죄 증거 수집이나 인신구속과 미국 내로의 이송을 실행할 수 있다(Lee, 2005: 93). 이와 관련하여 미국 대법원은 원칙적으로 수정헌법 4조의 the people은 미국 시민에 한정되며 외국인은 미국과 상당한 관련(substantial connections)이 있는 경우에만 제한적으로 인정된다고 선언했다(Davis & Peltason, 2004: 275). 이런 맥락에서 수정헌법 4조와 관련된 법 집행활동의 헌법적 제약은 미국 내 미국 시민과 미국 내에 거주하는 합법적, 불법적 외국인들에게만 적용된다. 한편 미국 국경 밖에 존재하는 미국 시민이 아닌 자는 어떤 경우에도 헌법적 기본권이 인정되지 않는다. Johnson v. Eisentrger, INS v. Verdugo-Urquidez, U.S. v. Alvarez-Machain은 일관되게 미국

법원의 이러한 입장을 확인했다. U.S. v. Alvarez-Machain 판례에서 미국 대법원은 형사 피고인이 어떻게 미국 내에 있게 되었으며 재판에 출석하게 되었는지는 문제가 되지 않으며 단지 그가 미국 내에 있고 재판을 받을 수 있는 상태라는 사실만이 중요하다고 명령했다. 그러면서 미국 헌법의 어디에도 피고인이 자신의 의사에 반해서 재판에 세워졌기 때문에 유죄인 자를 정당하게 심판하는 것으로부터 빠져나가도록 법원이 허락하도록 하지는 않는다고 선언했다(Lee, 2005: 97). 최근 들어서는 대테러 전쟁을 거치면서 해외에 있는 미국시민의 경우에도 헌법상의 기본권이 인정되지 않았다. Hamdi v. Rumsfeld 판례에서 미국 법원은 아프가니스탄에서 체포된 미국 시민권자인 Hamdi의 경우에도 Verdugo-Urquidez 원칙을 재확인했다(윤민우, 2013a: 237).

법 집행기관들의 해외 활동과 관련하여 또 한 가지 주목할 만한 것은 혐의자 강제추방과 관련된 사항이다. 우리나라의 경우 외국인 추방은 어떤 정책적 목적이나 범죄수사에 대한 고려와 무관하게 이루어지고 있다. 출입국 관리법 46조 1항은 단지 강제퇴거 조건에 해당하는 외국인을 대한민국 밖으로 강제 퇴거시킬 수 있다고 규정하고 있으며 어느 국가로 강제추방을 할 수 있는지는 정의하고 있지 않다. 때문에 대한민국을 제외한 어떤 국가로던 합법적으로 강제추방을 시킬 수 있게 된다. 해외여행이 항공기로 이루어지기 때문에 현실적으로 추방 대상자의 여행 목적지(destination)을 정부가 결정할 수 있는 셈이 된다. 예를 들면 신은미 사건의 경우 미국으로 강제추방을 했지만 법적으로는 미국을 포함한 콜롬비아 멕시코, 수단, 남아프리카 공화국, 필리핀 등 어떤 국가로도 강제추방을 할 수 있게 되는 셈이다. 이러한 상황은 미국의 경우에도 유사하다. 미국 역시 법적으로 강제추방의 목적지를 한정하고 있지 않으며 이는 미국 법 집행기관이 음모행위 수사를 하는데 있어 매우 효과적인 무기로 활용된다. 일반적으로 테러리즘과 마약밀거래와 같은 음모행위는 여러 국가에 걸친 국제성 범죄이다. 때문에 대부분 범죄 혐의자들은 여러 국가의 수사대상이거나 수배대상이다. 미국 법 집행기관들은 이를 효과적으로 활용한다. 예를 들면 미국 내에서 체포한 강제추방 대상자들을 이집트나 멕시코, 사우디 아라비아와 같은 고문과 강압수사가 일상적으로 이루어지는 권위주의 국가들로 추방한다고 위협함으로써 용의자의 자백이나 협조를 이끌어낸다. 반대로 해외에서 초법적으로 체포한 수배자들을 미국으로 추방하도록 해당 정부와 협조하거나 아니면 필요에 따라 특정 제3국으로 추방하도록 협조한다. 미국 법원은 미국 법 집행기관들의 해외에서의 활동에 관여하지 않으며 미국으로부터의 추방 시 목적지의 자의적 선정은 합법적이라고 인정한다.

음모행위 수사에 있어 또 다른 매우 효과적인 법 집행기관들의 무기는 비밀수사활동(undercover operations)과 신뢰할 만한 정보원(confidential informant)의 활용이다. 이와 관련된 법적인 규정들은 몇 가지가 있다. 우선 Sherman v. United States와 Hampton v. United States 등의 판결에서 미국 대법원은 함정(entrapment)과 관련된 비밀수사활동 원칙을 결정했다. 정부 공무원이나 요원(agent)이 범죄를 저지르려는 생각이 없는 경우에 적극적으로 범죄를 하도록 유혹한 경우에는 불법이지만 단순히 어떤 특정 개인에게 범죄 기회를 제공한 경우에는 함정에 해당하지 않으며 따라서 합헌이라고 판단했다. 이 규정에 따라 미국 법 집행기관들은 비밀 수사관(undercover officer)을 마약조직이나 테러조직에 잠입시켜 범죄 증거를 수집하거나 마약 판매나 테러 무기나 수단 등을 제공하거나 심지어는 법 집행기관에서 돈 세탁 회사를 설립하여 테러조직과 범죄조직에게 돈 세탁 서비스를 제공하면서 자금의 흐름을 모니터링하는 것까지 합법적으로 가능하게 된다. 또한 비밀수사활동을 통해 수집한 증거나 비밀 수사관이 목격하거나 들은 사실들은 음모행위 수사에서는 hearsay 원칙의 예외로 인정되어 법정에서 증거나 증언으로 채택된다. 비밀 수사관은 법정에서 전문가 증인(expert witness)의 자격으로 증언할 수 있으며 만약 전문가 증언을 함으로써 비밀 정보의 출처가 노출되거나 범죄증거 수집활동 전반이 노출될 위협을 받거나 비밀수사관이나 정보원이나 협력자 등의 신체나 생명이 위협을 받는 경우에는 수정헌법 6조가 규정하는 피고인에게 주어진 자신에게 불리한 증인을 마주할 권리와 불리한 증거를 고지 받을 권리가 제한된다. The Classified Information Procedures Act(CIPA), Title 18, United States Code Appendix III, Sections 1-16은 비밀 분류된 정보를 형사재판에 공개하는 것을 금지하고 있으며 Executive Orders 12,958과 13,292 역시 국가안보와 관련된 비밀 분류된 정보는 재판이전에 사전 사법 결정을 통해 재판에서 그 출처를 밝히지 않을 수 있다(UNODC, 2010: 75). 또한 비밀수사관이나 정보요원은 국가안보의 이유로 자신의 실제 이름을 사용하지 않고 가명으로 재판에 증언할 수 있다(UNODC, 2010: 76). 신뢰할 만한 정보원은 법 집행기관에 협조하는 대가로 자신의 범죄처벌과 관련하여 흥정을 할 수 있으며 심지어는 면책을 받을 수도 있다. 더욱이 필요에 따라서는 증인보호프로그램(witness protection program)을 통해 자신의 신원을 세탁하고 미국 정부의 보호를 받을 수 있다. 이 증인보호프로그램은 The

U.S. Marshals Service에서 관할한다. 이는 대부분의 음모행위 수사에서는 이 정보원이 범죄 조직원이거나 테러리스트 등과 같은 의문의 여지가 많은 사람들이기 때문이다.

물리적 감시(physical surveillance)와 전자감시(electronic surveillance)는 음모행위 수사에 있어 또 다른 중요한 법 집행 수단이다. 물리적 감시는 주로 카메라와 같은 영상장비를 통해 이루어진다. 전자감시는 전통적으로 도청(wiretapping), 감청, 위치추적, 전화이용상황 기록장치(pen registers), 전자 전송기(electronic transmitters) 등을 통해 실행되었다. 원칙적으로는 감시(surveillance)는 영장이나 법원의 명령을 필요로 한다. 하지만 예외적으로 영장이나 법원의 명령 없이 정당하게 법 집행기관이 감시활동을 수행할 수 있다. 먼저 물리적 감시의 경우 "plain view"와 "open field"의 예외조건이 인정된다. 법 집행 수사관이 합법적으로 임무를 수행하는 동안 어떤 작위적 노력 없이도 해당 수사관의 눈에 띄거나 다른 감각기관에 의해 범죄행위나 증거, 또는 해당 수사관이나 제3자의 신변에 위협이 인지된 경우에는 "plain view" 예외조항에 적용되어 정당한 감시가 가능하다. 또한 집과 같은 사적으로 보호받는 공간이 아닌 도로와 같은 공공에 개방된 "open field"로부터 목격된 범죄의 증거들은 영장 없는 감시 대상으로 합법이다. 예를 들면, California v. Ciraolo 판례에서 용의자가 거주하는 주택의 상공으로부터 목격된 마리화나 재배광경은 영장 없는 정당한 감시에 해당한다고 미국 법원은 판결했다. 해당 법원은 상공은 공공에 허락된 공간이기 때문에 "open field"에 해당한다고 정의했다. 또한 Oliver v. United States에 따르면 주거지 이외의 지역에 침입금지(No Trespassing) 표지를 붙이더라도 법 집행 수사관이 영장 없이 들어가서 수색하고 범죄 증거를 수집하는 것이 정당하게 인정된다고 보았다. 해당 법원은 비록 침입금지 표시를 하더라도 공공의 누구나 현실적으로 해당 지역에 들어갈 수 있기 때문에 사실상 "open field"에 해당한다고 보았다. 이 원칙에 따르면 쓰레기와 같은 점유자가 내다버린(abandonment) 물건들 역시 점유권 포기에 해당하며 공공의 누구라도 접근해서 소유할 수 있기 때문에 법 집행기관이 정당하게 영장 없이 수색, 압수할 수 있다고 본다. 특히 이 쓰레기 수거를 통한 증거 분석은 혐의자의 일상 패턴, 주요활동, 기호 및 선호도, 재정상황, 범행 준비과정 등 여러 정보를 알아낼 수 있기 때문에 테러리즘과 조직범죄 수사에 매우 효과적이다.

전자감시에 대한 영장예외 조항은 몇 가지 경우에 정당한 것으로 인정된다. 연방법인 Title III of the Omnibus Crime control and Safe Streets Act of 1968과 The Electronic Communications and Privacy Act of 1986(ECPA) 등이 전자감시를 규정한 대표적인 법률들이며 예외조항에 대해서도 규정하고 있다. 먼저 통신대화의 양 당사자 가운데 어느 한 쪽이라도 도청을 허락한다면 영장 없이 집행할 수 있다. 이 때문에 어느 한 당사자가 비밀 수사관이거나 협조하는 정보원일 경우 영장 없는 도청이 유효하다. 이러한 규정은 전자 송수신기나 녹음기의 사용에도 적용된다. 비밀 수사관이나 정보원이 동의할 경우 이들이 부착하거나 착용한 전자감시 장비의 사용은 영장 없이 합법적으로 가능하다. pen registers의 경우에는 전화 등의 통신의 내용을 들여다보는 것이 아니라 단순히 송, 수신된 전화번호의 기록만을 감사하기 때문에 영장 없는 수색이 가능하다. 하지만 ECPA규정에 따라 법원의 명령을 필요로 한다. 또한 ECPA에 따르면 저장된 통신기록 등은 관련 통신회사의 협조를 구하기 위해 특정한 절차를 거쳐야 한다. 위치추적이나 전자송신기의 경우 주택과 같은 수정헌법 4조에 의해 프라이버시가 보장되는 공간이 아닌 공공 공간에서 부착되었고 도로와 같은 공공 공간을 이동할 경우에는 영장 없는 전자감시가 가능하다. 만약 감시대상이 전자감시 장치를 부착하여 프라이버시가 보장되는 사적인 공간으로 이동하였을 경우에도 해당 전자감시 장비를 통해 알게 된 사실은 합법적인 영장 신청의 이유로 제출할 수 있다(United States v Karo, 468 U.S. 1705 [1984]).

ECPA는 전통적인 도청 및 감청관련 법을 컴퓨터, 인터넷, 이메일 등과 같은 전자 통신으로 확장했다. 이 때문에 컴퓨터와 인터넷, 이메일, SNS(Social Network Service) 등과 관련된 여러 사항들이 전자감시의 규정에 의해 다루어진다. 9.11 테러 이후에 기존의 ECPA에 애국법이 제정되면서 추가적으로 온라인과 컴퓨터와 관련된 전자감시를 다루고 있다. 애국법은 미국 국내 법 집행기관들의 감시 권한을 강화하고 확장하는 내용을 담고 있다(Golumbic, 2010: 70). ECPA와 애국법을 포함하여 현재 약 15개의 연방법과 주법들이 이와 관련된 문제들을 규정한다(Appel, 2011: 66-70). 그 가운데 어떠한 규정도 합법적인 목적을 위해 인터넷 상 공공에 포스팅된 정보의 수집을 금지하지는 않는다(Apple, 2011: 71). 일반적으로 인터넷 상의 정보는 "plain view"와 "open field"의 원칙이 적용되어 영장 없이 모니터링과 자료의 수집이 가능하다. 만약 어떤 개인이 온라인 상에 포스팅한 정보의 프라이버시 권리를 주장하려면 패스워드나 아이디 컨트롤을 통한 최소한의 접근 제한이 필요하다. 그러한 경우에도 접근이 허락된 초대받은 행위자에게는 프라이버시 권리를 주장할 수 없다. 때문에 비밀수사관이 웹사이트나 페이스북, 이메일 사용자 등의 접근허락을 받고 수집한 정보에 대해서는 영장 없이 활용이 가능하다. 법원의 판결에 따르면 채팅룸에서 비밀수사관이 수집한 내용(U.S. v. Charbonneau), 공공 데이터(Davis v. Gracey), MySpace의 포스팅 내용(Pietrylo et al. v. Hillstone Restaurant Group) 등은 프라이버시 권리의 보호내용에 해당되지 않으며 따라서 법정에서 증거로 채택될 수 있다(Appel, 2011: 81-83). 이밖에도 법 집행기관은 인터넷 검색 엔진의 접속기록, 웹사이트 접속기록을 영장 없이 살펴볼 수 있으며, 인터넷 서비스 공급자나 검색엔진 공급자, 통신회사 등으로부터 전화와 인터넷 서핑 시각과 시간, IP주소, 지불 방법, 지불한 개인에 대한 신상기록 등을 요청할 수 있으며 e-commerce와 관련된 거래 내역을 제공하도록 명령할 수 있다. 통신회사는 법 집행기관의 통제 요구에 협조해야 한다. 이러한 법 집행기관들의 권한은 the Computer Fraud and Abuse Act, the Foreign Intelligence Surveillance Act of 1978(FISA), the Communications Assistance for Law Enforcement Act(CALEA) 등에 의해 지지된다(Golumbic, 2010: 71-74). 물론 영장이나 법원의 명령에 의한 수색과 압수는 온라인상의 모든 정보에 대해 감시가 가능하며 때문에 접근제한이 되어 있는 개인적인 정보에 대해서도 감시와 정보요구를 강제할 수 있다.

한편 이메일이나 인터넷 폰과 같은 정보의 이동(transaction)이 발생하는 경우에는 유선인지 아니면 무선인지의 여부에 따라 결정된다. 폐쇄된 유선인 경우에는 도청의 규정이 적용되어 전자감시를 위한 수색영장이 필요하게 된다. 하지만 WiFi나 Wireless 서비스를 이용할 경우는 영장 없이 이동 정보의 중간 차단(intercept)이 가능하다. 이는 정보가 공기 중을 이동하는 것으로 보아 여러 다양한 전파와 전기신호가 이동하는 대기는 공공장소로 간주하기 때문이다. 따라서 공공장소에서는 프라이버시 권리가 인정되지 않으며 영장 없이 정당하게 법 집행기관이 범죄증거를 수집할 수 있게 된다. 하지만 전송되지 않고 개인의 이메일 계정에 저장되어 있는 이메일 등의 내용은 프라이버시 공간으로 보아 영장이 필요하거나 계정주인의 동의나 접근허락 등이 필요하게 된다.

마지막으로 전자감시와 관련해서 흥미로운 사실은 민간에 의한 정보수집과 전자감시의 모든 형태는 수정헌법 4조의 "Unreasonable Search and Seizure" 규정이 전혀 적용되지 않는다는 사실이다. 이는 수정헌법 4조에서 보장하는 개인의 프라이버시 기본권은 원칙적으로 정부의 권리침해로부터 개인을 보호하기 위한 헌법적 조치이기 때문이다. 따라서 민간 대학이나 연구소, 회사 등에서 수행하는 광범위한 공개출처정보수집(Open Source Intelligence) 행위와 데이터마이닝과 분석, 그리고 민간에서 분석되고 파악된 정보를 자발적으로 법 집행기관에 제공하는 행위 등은 원칙적으로 영장이 필요 없으며 완전히 합법적이며 정당하다. 이 때문에 미국에서는 민간 대학이나 연구소, 민간보안회사 등을 활용하여 공개출처정보수집, 데이터베이스 구축, 데이터마이닝과 분석 등을 포함하는 전자감시를 수행하고 있다. 이 경우 다양하고 복잡한 여러 법 규정들과 인권침해 시비를 피해갈 수 있기 때문이다.

4. 미국의 정보기관들과 활동들

미국의 정보기관들은 대표적으로 CIA, NSA, FBI 등이 있으며, 국방부 소속의 DIA 역시 주요한 정보기관으로 간주된다. 원칙적으로 이 가운데 CIA는 해외정보활동을 주 임무로 하며, 미국 국내에서의 정보활동은 금지된다. CIA에 대한 가장 최초의 법률인 1947년 the National Security Act는 에이전시가 경찰활동, 영장집행, 법 집행 기능, 국내 보안 기능 등을 하는 것을 금지하고 있다. 이는 CIA가 미국 국내에서 스파이활동이나 사찰을 하지 못하도록 하기 위한 것이다(Martin, 2009). NSA는 통신관련 정보활동(communication intelligence)을 주 임무로 한다. 이 때문에 사이버 테러와 해킹, 사이버 스파이 활동 등이 주요한 이슈로 등장한 오늘날 매우 비중 있는 정보기관으로 간주된다. FBI는 법 집행기관과 정보기관으로서의 이중적 성격을 가진다. 9.11 테러 이후 대테러 활동의 선도기관으로 역할을 하고 있으며 국내 보안 및 정보활동이 주 임무이다. 마지막으로 DIA는 국방부(DOD: Department of Defense) 산하의 정보기관으로 국방정보활동이 주 핵심임무이다. DIA 역시 CIA와 마찬가지로 해외정보수집이 주 임무이며 국내정보 활동은 원칙적으로 금지된다.

하지만 현실적으로 각 기관의 업무 영역에 대한 원칙은 종종 중첩된다. 이는 실제 정보활동을 운영하는 측면에서 해외와 국내, 통신과 물리적 대상에 대한 정보활동, 미국인과 외국인의 구분, 민간과 군에 대한 구분 등이 그렇게 분명하게 이루어지지 않기 때문이다. 이러한 경향은 사이버 공간의 확장과 기술의 발전, 그리고 세계화의 진전으로 인한 오늘날의 환경에서는 더욱 그러하다. 사이버 공간은 국내와 해외의 구분을 무색하게 만든다. 또한 빈번하고 빠른 사람과 물자, 정보의 국경 간 이동은 국내와 해외의 구분을 더욱 어렵게 만든다. 대테러 전쟁에서 보여지는 것처럼 민간인과 전투원의 정의가 애매모호해지고 민간 물자나 기술의 군사적 전용은 매우 쉽고 빈번히 이루어진다. 인터넷과 같은 가상현실은 또한 현실세계와 밀접히 실시간으로 연결되어 있다. 이러한 환경의 변화는 각 정보기관들로 하여금 자신들의 고유 업무 영역을 넘어 종종 서로 중첩되는 임무수행을 하도록 만든다. 사실상 CIA는 9.11 테러 이전부터 오랫동안 미국 내에서 미국인을 대상으로 국내정보활동을 해온 전력이 있다. 이는 DIA도 마찬가지이며 미국 내 민간인을 대상으로 정보활동을 수행해왔다(Martin, 2009: 360). 한편 FBI는 legal attache program을 통해 해외 200개 이상의 국가와 영토, 섬 등에 특별 요원(special agent)나 다른 직원들을 legal attache 또는 legat으로 파견하여 사실상의 해외정보활동을 수행하고 있다. 이러한 업무영역의 중첩은 9.11 테러 이후 지난 15년 동안 더욱 강화되어 왔다.

정보활동은 기본적으로 대통령을 포함한 집행기관의 의사결정을 지원하는 첩보의 수집과 분석, 그리고 분석된 정보의 생산을 주된 임무로 한다. 하지만 현실적으로 정보활동은 실제 정책 행위를 직접 집행하기도 한다. 정보활동의 목표는 주로 국가안보를 위해할 수 있는 심각한 위협의 발생을 사전에 차단하고 예방하기 위한 것이다. 따라서 이 과정에서 실제 행동을 포함하게 된다. 정보활동의 결과로 파악된 테러리스트나 적국의 스파이 등의 국가안보위해 행위주체들은 제거되거나 형사처벌을 받아야 한다. 전자는 주로 암살, 매복, 무장공격, 감금 등과 같은 비밀작전을 통해 달성되고 후자는 정보수집의 결과물을 검찰이나 법 집행기관에 제공함으로써 실현한다. 결국 정보활동은 필연적으로 소규모 저강도 군사작전과 결합되거나 아니면 법 집행과 통합되게 된다. 주로 해외의 위해요소를 다루기 위해서는 비밀작전과 같은 저강도 군사작전과 통합되며 국내의 위해요소는 법 집행과 기소, 재판으로 이어지는 형사사법절차와 통합된다.

CIA는 주로 해외의 테러리스트나 적대세력의 요원 또는 전투원들을 대상으로 이루어지는 정보활동-비밀작전 모델의 주요 책임기관이다. 2011년 오사마 빈 라덴 암살 작전이 이 모델의 전형적인 사례이다. 파키스탄 현지에 파견된 CIA 요원이 빈 라덴을 찾아내는 정보활동을 담당하였으며 빈 라덴 탐지 이후에는 CIA의 지휘 하에 빈 라덴 제거를 위한 비밀군사작전이 수행되었다. 이 작전의 지휘체계는 미국 대통령에서 CIA 국장, 그리고 CIA로 배속된 현지 군 작전 지휘관, SOF(Special Operations Forces) 현장 병력들로 구성되었다. 아래 <그림 14-1>은 당시 작전의 지휘체계를 보여준다. 해외비밀작전의 지휘권과 책임이 CIA에게 있음은 오바마 대통령의 지시와 Executive Order(EO) 12333, 그리고 Title 50에 의해 지지된다. 오바마 대통령은

CIA 디렉트인 Leon Panetta에게 빈 라덴의 사살 또는 체포를 직접지시 했다(Berger III, 2012: 32). EO 12333은 CIA만이 대통령이 다른 기관을 지정하지 않는 한 비밀작전(covert action)을 수행할 수 있다고 분명히 밝히고 있다(Berger III, 2012: 35). Title 50은 비밀작전(covert action)은 미국 정부가 해외에서 정치적, 경제적, 또는 군사적 조건에 영향을 미치기 위해 하는 행동이며 미국 정부가 공공에 분명히 밝힐 필요가 없는 전통적인 군사 활동을 제외한 활동으로 정의하고 있다(Berger III, 2012: 32-33). 다만 이 경우 CIA에 지휘통제를 받는 미군 병력은 지휘권자가 군 지휘관이 아니라 민간인 신분인 CIA 디렉트이기 때문에 정당한 전투원의 자격을 갖추지 못하는 것으로 해석된다. 또한 이 경우 대통령의 지위는 군 통수권자(Commander in Chief)가 아니라 집행부의 수장(Chief Executive)으로 해석되어야 할 것이다(Berger III, 2012: 35-38).

9.11 테러 이후 대테러 전쟁을 거치면서 CIA는 기존의 정보수집 및 분석, 그리고 돈 세탁, 매수, 무기제공 등의 비군사 비밀작전(covert operation) 기능을 넘어 드론이나 특수전 부대를 이용한 암살, 제거, 폭격 등의 소규모 군사작전 활동에 보다 적극적으로 개입하고 있다.

한편 FBI는 주로 국내의 테러리스트나 국가안보 위해 요소를 대상으로 한 정보활동-형사처벌 모델의 핵심 기관이다. 이 모델에서 가장 주요한 이슈는 앞서 언급

그림 14-1 오사마 빈 라덴 제거작전 당시의 작전지휘체계

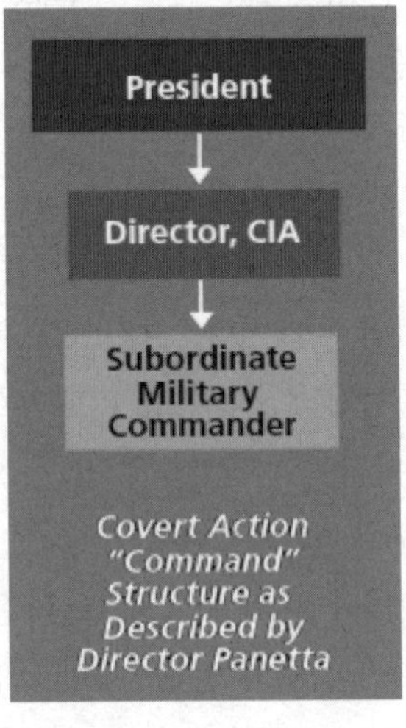

(출처: Berger III, 2012: 35)

한 것처럼 fruit of poisonous tree doctrine(독수독과의 원칙)과 관련된다. 개인의 기본권 침해위험이 큰 보다 느슨하고 완화된 기준으로 수집된 정보활동의 결과물을 개인의 기본권 보호를 위한 목적으로 세워진 보다 엄격하고 강화된 기준을 요구하는 범죄증거로 법정에서 사용할 수 있는가는 매우 중요한 질문이다. 9.11 테러 이전 까지는 이러한 문제 때문에 정보활동의 결과물을 범죄증거로 사용하는 것에 보다 엄격한 태도를 견지해 왔다. 때문에 법 집행과 정보활동 사이에 칸막이가 설치되어 있다고까지 주장되었다. 하지만 9.11 테러 이후에 애국법을 포함한 여러 조치들은 이 칸막이를 제거하고자 하는데 초점이 맞추어졌으며 정보활동의 결과물이 범죄증거로 활용될 수 있는 다양한 가능성들이 열리게 되었다. 이와 더불어 FBI와 NSA 등의 정보기관이 국가안보위협과 대테러 사안에서 미국 내 미국인과 외국인들을 상대로 정보활동을 수행할 수 있는 재량이 상당히 확대되었다. 예를 들면 애국법에서 미 의회와 부시 대통령은 Foreign Intelligence Surveillance Act(FISA)에 의해 주어진 미국 내 정보활동에 대한 특별권력(extraordinary power)을 기존의 외국과 관련된 정보활동에서 범죄기소를 목적으로 개인을 대상으로 행사할 수 있도록 확대했다. 또한 정보기관과 법 집행기관 간의 광범위한 정보 공유(wholesale sharing of information)을 규정했다. 한편 애국법은 혐의에 기반하지 않는 대규모 사람들에 대한 수사(suspicion-less investigation)을 인정하고 있으며 이와 관련하여 데이터마이닝 기법의 사용과 테러리스트 프로파일을 허락한다. 이와 같은 애국법 조항에 근거하여 미국의 정보기관들은 불특정 다수를 대상으로 범죄와 관련 없는 대규모 정보를 수집하고 분석할 수 있게 되었으며 이러한 정보활동으로 알게 된 증거를 테러리스트나 국가안보위해 사법에 대해서는 형사기소와 처벌에 활용할 수 있게 되었다(Martin, 2009: 359-367).

미국의 2002년 법원 판결 역시 국내 정보활동의 결과물을 범죄증거로 활용하는 것을 지지한다. "In re Sealed Case, 310 F. 3rd 717에서 미국의 Foreign Intelligence Surveillance Court(FISC)는 해외 세력의 요원(agents of foreign powers)이나 테러리스트에 대한 전자감시나 다른 비밀 수색에 의해 수집된 국내정보는 범죄기소의 사용을 위한 증거로 활용할 수 있다고 결정했다(UNODC, 2010: 71). 이 FISC는 또한 정보기관의 국내정보 수집을 위한 활동을 허락하거나 영장을 발부한다. 때문에 일반 법원에 비해 보다 빠르고 용이하게, 그리고 기밀을 유지하면서 정보활동을 위한 영장이나 법원 명령을 받을 수 있다. 아래 <그림 14-2>는 국내정보활동과 관련된 FISC의 법원명령의 한 사례이다. 정보기관의 국내정보활동의 과정과 결과는 미국 의회의 정보위원회에서 비밀리에 심의한다.

그림 14-2 Foreign Intelligence Surveillance Court(FISC)의 법원명령

SECONDARY ORDER

This Court having found that the Application of the Federal Bureau of

Investigation (FBI) for an Order requiring the production of tangible things from

Verizon Business Network Services, Inc. on behalf of MCI Communication Services

Inc., d/b/a Verizon Business Services (individually and collectively "Verizon")

satisfies the requirements of 50 U.S.C. § 1861,

IT IS HEREBY ORDERED that, the Custodian of Records shall produce to the

National Security Agency (NSA) upon service of this Order, and continue production

TOP SECRET//SI//NOFORN

Derived from: Pleadings in the above-captioned docket
Declassify on: .   12 April 2038

(출처: 온라인에서 Open Source Intelligence를 통해 획득함. 보안의 문제로 출처를 밝힐 수 없음)

NSA는 방송통신에 관한 정보활동(Communication Intelligence)과 신호정보에 대한 정보활동(Signal Intelligence)의 핵심 정보기관이다. 특히 컴퓨터, 인터넷 관련 정보활동에서 매우 중요한 역할을 수행한다. 국내와 해외의 구별이 뚜렷하지 않은 사이버 공간의 특성 때문에 NSA는 해외와 미국국내와 연결된 광범위한 통신과 인터넷 활동에 대한 정보수집과 전자감시의 권한을 가진다. NSA의 활동은 정보활동에서 형사처벌의 경로를 선택할 수도 있으며 정보활동에서 보복공격의 선택을 할 수도 있다. 특히 NSA는 해킹을 통한 전자감시활동을 할 수도 있으며 적국이나 테러리스트나 해커 그룹 등의 적대세력에 대한 사이버 공격을 수행 할 수도 있다. 2015년 4월 1일에 오바마 대통령은 해외의 해커들에 대한 보복공격을 허락하는 대통령 명령(executive order)에 서명했다(Baker, 2015). 이 보복공격은 자산동결, 거래금지, 입출국 금지 등 다소 온건한 보복뿐만 아니라 해킹공격과 같은 적극적인 수단을 포함한다. 비밀 분류된 NSA 자료(Savage, Angwin, Larson, & Moltke, 2015)에 따르면, NSA는 컴퓨

터 해킹과 같은 사이버 위협에 대한 증거를 수집하기 위해 국내 미국인들의 국제 인터넷 트래픽을 영장 없이 감시할 수 있다. 미 법무부 변호사들은 정보기관이 영장 없이 미국 내에서 인터넷 케이블과 해외에서 유발된 컴퓨터 침해와 관련된 데이터, 그리고 의심스런 인터넷 주소와 malware 등에 관해 사찰할 수 있도록 비밀리에 허락했다. 또한 미 법무부는 정보기관이 해외세력과 관련이 있거나 아니면 관련이 없는 경우에도 컴퓨터 침해와 관련된 웹주소와 패턴 등을 모니터할 수 있도록 허가했다. 이를 정리하면 NSA와 같은 정보기관은 9.11 테러 이후 국가안보위해 사건이나 테러리즘 관련 사건에 대해서는 미국 국내에서 광범위한 전자감시 권한을 부여받고 있으며 많은 경우에 영장 없는 감시가 가능하다.

현실적으로 정보기관이나 수사기관에 의한 전자감시는 광범위하게 이루어지고 있다. 최근 국가정보원의 해킹프로그램 구입으로 우리사회에 알려졌지만 이미 이 해킹프로그램 비즈니스는 전 세계적으로 현재 약 5조 달러(미국 달러) 규모에 달하는 거대한 규모이다. 보도에 따르면(Wall Street Journal, 2012, February 7), 미국과 오스트레일리아, 알제리, 영국, 체코 공화국, 핀란드, 독일, 프랑스, 인디아, 중국, 일본, 멕시코, 네덜란드, 러시아, 우크라이나 등 전 세계 거의 모든 국가들의 수백 개에 달하는 다양한 정보기관과 수사기관들이 해킹프로그램을 포함한 전자감시 프로그램을 구입하여 활용하고 있다. 그리고 당연히 자국 내 민간인 감시에도 역시 활용하고 있다. 2001년 9.11 테러 당시에는 이 산업이 존재하지도 않았다는 사실을 감안하면 이는 놀랄 만한 변화이다. 해킹툴을 포함한 전자감시 프로그램을 판매하는 회사는 국가정보원 사례를 통해 밝혀진 이탈리아 회사를 포함하여 미국, 영국, 프랑스, 독일 회사 등 다양한 국가의 수많은 업체들을 포함한다. TeleStrategies Inc., Gamma International UK Ltd., Telesoft, Net Optics Inc., Vupen Security SA, Hacking Team SRL, FinFisher Gamma 등은 그러한 업체들의 리스트이다(Valentino-DeVries, Angwin, & Stecklow, 2011). 아래의 <그림 14-3>은 독일 업체인 MEDAV의 회사 소개 자료의 일부이다. 업체들에서 판매되는 사이버 감시(cyber espionage) 프로그램의 기능은 다섯 가지 영역을 포함한다. 그 다섯 가지 카테고리는 해킹, 인터셉트, 데이터 분석, 웹 스크랩핑, 그리고 익명성 제공 프로그램 등이 포함된다(Wall Street Journal, 2012, February 7).

그림 14-3 독일업체인 MEDAV의 회사 소개 자료의 일부

(출처: http://www.medav.de/medav_home.html)

5. 군사기관들과 활동들

국가안보위해 요소에 대한 대응 특히 대테러 활동에서 주요한 역할을 하는 세 번째 부문은 군을 활용한 군사 활동이다. 이 경우 9.11 테러 이후 아프가니스탄 전쟁과 이라크 전쟁에서 나타난 것처럼 육군과 해병대 등의 정규군 병력을 사용하여 전쟁을 수행하는 방법이 있으며 다른 한편으로는 네이비 실, 델타 포스 등의 엘리트 부대를 동원하여 테러 행위자를 사살하거나 체포하는 저강도 전술공격 방법이 있다. 정규전 형태의 대테러 전쟁을 수행하면서 미국은 테러리스트와 스폰서 정권을 적 전투원(enemy combatants)로 정의하고 전쟁의 정당성을 확보하려 했다. 이 경우 대테러 전쟁은 집행부의 수장이자 군의 최고 통수권자로서의 대통령의 고유한 정치적 결정행위가 된다. 적 전투원은 사살의 대상이 되며 체포하였을 경우 그 신분은 포로가 되어 관타나모 등의 미군 수용시설에 감금할 수 있는 대상이 된다. 이

경우 감금의 기간은 전쟁이 종결되거나 감금된 적 전투원으로부터의 위협이 사라질 때까지가 되며 미국 헌법에서 보장하는 기본권의 적용이 부인된다.

비록 영국의 사례이기는 하지만 PIRA(Provisional Irish Republican Army)테러에 맞선 SAS(Special Air Service)의 활용은 엘리트 유닛을 활용한 충격공격(storm attack) 또는 전술공격(Tactical Assault)의 전형적인 사례이다. 영국은 90년대 위협적인 PIRA에 맞서 SAS death squads를 아일랜드 테러리스트들을 제거하기 위해 국내와 해외를 가리지 않고 활용했다. SAS는 도심 전투에서 극도로 효과적이었으며 아일랜드 테러조직 내부에 심각한 공포와 충격을 주었다. SAS는 영국 국내와 유럽의 다른 지역들뿐만 아니라 리비아에 이르기까지 지역을 가리지 않고 PIRA 테러리스트들을 제거하기 위해 투입되었고 매우 성공적인 결과를 만들었다. 기습공격, 암살, 매복, 무장 공격 등 다양한 제거 수단들이 동원되었으며 이러한 행위에 대해 영국인들의 대다수가 강한 지지를 보냈다. 결론적으로 SAS의 활약은 매우 성공적이었으며 PIRA 테러는 성공적으로 제거되었다(Spindlove & Simonsen, 2010: 478-479).

≫ 러시아의 대테러 체계와 활동

1. 역사적 배경

제정러시아와 소비에트 체제를 거치면서 러시아에서 테러리즘은 국가와 중앙정부, 권력지배질서에 대항하는 일체의 행위로 간주되었다. 이 때문에 공통적으로 테러리즘에 대한 대응은 군사적 대응과 보안기관의 활동으로 이해되었다. 반면 개인의 인권과 같은 요소들은 대테러의 기획과 집행에 있어 대체로 무시되거나 간과되어 왔다. 차르 정부의 역사상 최초의 대테러 정책은 이런 측면에서 하나의 좋은 사례가 된다. 차르 정체에 대한 어떤 도전도 테러리즘으로 간주되었으며, 정치적으로 신뢰할 수 없는 모든 대상자들은 추방되거나, 집중 감시의 대상이 되거나 테러범죄를 할 의도가 있다는 이유로 장기간의 재판 전 구금에 처해졌다. 비밀경찰은 사회의 분위기를 감시하였으며 극장과 문학작품과 인쇄 출판물 등에 대한 통제를 실시했다. 또한 인텔리겐챠(intelligentsia)라고 불리는 지식인들을 감시했다. 제정러시아 시기 대혁명(counter-revolutionary), 대테러(counter-terrorism) 기능을 수행했던 보안기관들(security departments 또는 러시아어로 okhrannye otdeleniya)은 이후 소비에트 시기 비밀경찰의 원형이 되었다(Omelicheva, 2009).

볼셰비키 혁명 이후에 들어선 공산혁명 정부 역시 대테러 활동은 기본적으로 혁명정부를 위협하는 일체의 세력들을 제거하고 새로 태어난 혁명정부와 공산당, 공산체제를 수호하는 것이었다. 제정러시아와 마찬가지로 개인의 기본권은 무시되었으며 가능한 모든 군사적 또는 초법적 수단이 동원되었다. 혁명정부 수립 직후 대테러 활동의 주요 수단으로 이른바 전 러시아 비상 위원회(All-Russian Emergency Commission, 러시아어로 Vserossiiskaya Chrezvychainaya Komissiya, 또는 줄여서 VChK)를 설치했다. 이 체카(VChK)는 유명한 KGB(the Committee of State Security, 러시아어로 Komitet Gosudarstvennoy Bezopasnosti)의 전신으로 1954년 KGB가 창설되기 이전까지 레닌과 스탈린 정권하에서 악명 높은 비밀경찰이자 보안기관으로 대테러, 반혁명, 반스파이 활동의 핵심기관으로 기능했다. KGB 창설 이후에는 이 KGB가 테러리즘과 싸우는 핵심기관으로 1991년 소련체제의 붕괴 시까지 기능했다(Omelicheva, 2009).

소비에트 체제하에서 KGB는 국가와 체제, 그리고 공산당을 수호하기 위해 광범위한 권한을 가졌으며 다양한 역할을 수행했다. 이 기관은 정보기관과 국내 보안 및 방첩, 대테러 기능, 그리고 비밀경찰과 법 집행 권한, 그리고 군사 활동의 기능까지 갖춘 슈퍼 권력기관이었다. 마치 미국의 CIA(Central Intelligence Agency), FBI(Federal Bureau of Investigation), NSA(National Security Agency), Border Patrols, Coast Guards, 그리고 국방부의 특수전 부대 등을 모두 합쳐놓은 것 이상의 기관이었다. 우리나라로 치면 국가정보원과 경찰청, 출입국 외국인정책본부, 해양 경찰, 그리고 707 대테러 특수전 부대 등을 모두 한 곳에 결집시켜 놓은 것 이상의 기관과 같다고 할 수 있다(McCauley, 2001). 예를 들면 KGB는 산하에 여러 하위부서들을 두었는데 각 부서별 임무와 기능은 다음과 같다(McCauley, 2001).

- 1국: 해외정보수집
- 2국: 반 스파이 또는 방첩, 국내 정치통제
- 3국: 군 관련 반 스파이 활동과 군에 대한 정치적 감시
- 4국: 교통 분야 안전
- 5국: 예술, 정치, 종교와 관련된 검열과 내부 보안
- 6국: 경제 분야 대 스파이 또는 방첩 활동, 산업 보안
- 7국: 소비에트 국민과 외국인에 대한 감시
- 8국: 국내와 해외 통신, 암호장비의 감시와 관리, 연구와 개발
- 9국: 소련 공산당 지도자들과 가족들에 대한 경호, 핵무기를 포함한 중요 정부 시설 경비, 모스크바 VIP 지하철 및 보안 확보된 정부와 공산당 전화시설 운용

- 15국: 정부 시설물 보안
- 16국: 신호정보 및 통신도청
- 국경 경비국: 국경 수비부대의 운용
- 작전 기술국: 기록 장치와 독약과 약물 등에 관한 연구소

이 밖에도 별도의 유닛으로 스페츠나즈(Spetsnaz)라고 불리는 특수전 부대를 운영하였으며, 크레믈린 수비대와 경호부대를 운용했다(McCauley, 2001).

제정러시아와 소비에트 체제하에서의 대테러 체계와 기능의 핵심은 러시아 제국과 소비에트 연방의 제국주의적 속성에 기반을 둔다. 차르 러시아와 소비에트 연방은 모두 정복과 군사력에 의해 만들어진 제국이었으며, 힘과 중앙집권화된 통제에 의해 유지되었고, 모스크바에 기반을 둔 관료제에 의해 통치되었다. 지리적으로도 11개의 시간대를 포함하는 유라시아 대륙의 광범위한 지역에 펼쳐져 있었으며, 모스크바에 자리 잡은 주류 러시아 민족이 대부분의 다른 문화와 역사, 종교와 전통을 가진 비러시아 민족들을 제국의 영향권 아래 묶어 두어야 하는 매우 특별한 상황에 직면했었다. 이러한 조건들은 러시아 제국과 소련의 대테러 체계와 기능의 특성을 만들어 냈다. 테러리즘의 위협은 차르와 소련 공산국가 모두에게 모스크바 중앙권력의 지역 또는 지방에 대한 통제력 약화의 문제이자 이러한 상황의 결과로서의 제국질서의 붕괴를 의미했다. 이 때문에 테러리즘은 근본적으로 제국질서에 대한 도전이자 체제위협의 성격을 가졌다. 군사적 대응과 보안기관 또는 비밀경찰에 의한 초법적 대응을 특징으로 하는 대테러 체계와 기능은 이러한 차르 러시아와 소비에트 국가의 특수성을 반영한 것이라고 할 수 있을 것이다(Omelicheva, 2009).

2. 러시아 연방의 주요 대테러 관련 기관들

소비에트 연방의 붕괴 이후 등장한 러시아 연방은 소련을 계승한 제국의 중심으로 간주될 수 있다. 이 때문에 오늘날 러시아 연방은 여전히 어느 정도는 차르 러시아와 소비에트 연방의 대테러 활동의 역사적 배경에 영향을 받고 있다. 이런 맥락에서 오늘날 러시아 연방에서 대테러 활동은 정보기관과 법 집행기관과 같은 국가의 전통적인 주요권력기관이 주도하며 정보활동, 비밀활동, 범죄수사, 법 집행, 그리고 정규전과 특수전을 포함한 군사 활동을 함께 포괄한다. 오늘날 러시아 연방의 주요 대테러 관련 기관들은 따라서 정보기관과 국가경찰이 중추적인 역할을 담당한다. 따라서 러시아의 주요 대테러 관련 기관들은 연방보안국과 내무부, 그리고

군 보안기관의 세 부류에 집중된다(Omelicheva, 2009). 한편 테러상황에서의 소방, 구조, 구호와 같은 비상 사태대응을 위해서 별도로 비상사태부가 설치되어 있다. 이 비상사태부는 다른 주요 테러관련 기관들에 비해서 상대적으로 비중이 떨어지지만 비상사태에 대한 대응이라는 측면에서 독자적인 영역을 확보하고 있어 주요 대테러 관련 기관으로 분류될 수 있다(EMERCOM of Russia website).

1) 연방보안국(FSB)

FSB(Federalnaya Sluzhba Bezopasnosti)는 연방 보안국 또는 연방보안서비스라는 의미이다. FSB의 러시아 식 정식명칭은 Федеральная служба безопасности Российской Федерации이다. 러시아 연방 보안서비스라는 뜻으로 Федеральная는 연방의(Federal)라는 연방의 형용사적 의미이다. служба는 서비스(Service) 또는 기관의 의미로 ○○국으로 번역될 수 있다. безопасности는 안전, 안보, 또는 보안의 의미로 영어의 security에 해당한다. Российской는 러시아의 형용사형이다. 영어식으로는 Russian으로 표현될 수 있다. Федерации는 영어로 Federation 즉 연방이라는 의미이다. 흔히 줄여서 Федеральная служба безопасности로 쓰이며 앞의 철자만을 따서 ФСБ로 불린다. FSB는 Федеральная служба безопасности를 영어식 알파벳으로 표기한 Federalnaya Sluzhba Bezopasnosti의 앞 철자만을 딴 약칭이다. 한편 FSB의 의미를 영어식으로 바꾸어 Federal Security Service 또는 이를 줄여서 FSS로 부르기도 한다.

FSB는 KGB가 해체되면서 기존 KGB의 국내보안 및 방첩, 대테러, 그리고 국경 경비 등에 대한 관련 업무를 전담하는 기관으로 탄생하였다. KGB가 해체되는 과정에서 기관의 여러 업무들이 나눠지게 되고 이에 따라 여러 기관들이 탄생되게 된다. 이 과정에서 FSB는 KGB의 가장 주요한 승계기관이 되었다. 이러한 배경 때문에 현재 러시아 연방의 대테러 활동에 있어 가장 핵심적이고 막강한 권한을 행사하는 기관은 FSB이다(McCauley, 2001). 더욱이 FSB는 반 스파이, 대테러와 같은 국가주요 안보위협에 대한 핵심 대응기관인 동시에 조직범죄와 같은 중대한 범죄나 연방법위반 범죄 등에 대한 수사기능까지 가지고 있어 사실상 러시아 권력지도의 정점에 위치한다. 이 밖에도 대테러 등에 관한 특수전 부대와 함께 국경경비대 병력까지 보유하여 사실상의 군사 활동과 전투행위를 수행할 수도 있다. 미국의 연방기관들에 비교해서 FSB의 이러한 권한과 기능들을 살펴보면 미국의 FBI(Federal Bureau of Investigation: 범죄

수사, 국내보안, 방첩, 대테러), ICE(Immigration and Customs Enforcement: 출입국, 외국인관리감독, 세관), FPS(Federal Protective Service: 주요시설경비, 보안), NSA(National Security Agency: 통신관련 보안 및 정보, 감시), U.S. Customs and Border Protection(세관과 국경경비), United States Coast Guard(해안경비, 해양관련 범죄수사), DEA(Drug Enforcement Administration: 마약관련 범죄수사) 등을 모두 합쳐놓은 것과 같다고 할 수도 있다(Global Security website Federal Security Service).

FSB에서 특히 흥미로운 사실은 군 또는 전투 병력을 보유하고 있다는 사실이다. FSB 산하에 국경경비를 담당하는 Border Guard Service를 두고 있는데 우리나라의 해양경찰 또는 해양경비안전본부에 해당하는 기관을 다시 이 Border Guard Service 산하에 Russian maritime border guard units(또는 coast guard)로 두고 있다. 이 기관의 병력만 21만 명에 달한다. 또한 FSB는 자체 대테러 특수전 부대를 보유하고 있는데 스페츠나즈(Spetsnaz)라고 불리는 특수전 부대는 알파그룹(Alpha Group)과 빔펠(Vympel)로 구성된다. 알파그룹의 정식명칭은 Directorate "A" of the FSB Special Purpose Center이며 대테러 작전이 핵심 임무이다. 빔펠은 Directorate "B"로 러시아의 전략 시설에 대한 보호이다. 이들 그룹들의 작전 반경은 국내와 해외를 모두 포함하며, 정규전, 게릴라전, 특수전 이외의 비밀작전까지도 수행한다(On Organs of the Federal Security Service in the Russian Federation, 1995).

2) 내무부(MVD)

내무부는 흔히 MVD(Ministerstvo Vnutrennikh Del)로 불린다. MVD의 러시아 식 정식명칭은 Министерство внутренних дел이며 각 단어의 앞 철자를 따서 줄여서 МВД로 불린다. 내무부라는 뜻으로 Министерство는 영어로 Ministry에 해당하며 ○○부 또는 ○○성으로 이해될 수 있다. внутренних는 형용사형으로 internal 또는 "내적인", "내부의", "안쪽의"라는 의미이다. дел은 업무라는 의미로 영어의 affairs 또는 works, tasks 등에 해당한다. MVD는 Министерство внутренних дел을 영어식 알파벳으로 표기한 Ministerstvo Vnutrennikh Del의 앞 철자만을 딴 약칭이다. 한편 MVD의 의미를 영어식으로 바꾸어 Ministry of Internal Affairs 또는 이를 줄여서 MIA로 부르기도 한다.

러시아 연방의 내부무는 우리나라의 안전행정부와는 근본적으로 다른 의미이다. 우리나라의 경우 또는 일반적인 서방 민주주의 국가에서 내무부는 국내의 여러 행정업무들을 관리하고 조율하는 행정서비스 또는 관리감독 기관의 의미를 가진다. 하지만 러시아의 MVD는 미국의 국토안보부(Department of Homeland Security)와 우리 나라의 국가경찰인 경찰청을 합쳐놓은 것과 같은 의미이다. MVD의 주요 임무는 러시아 내부로부터의 국가나 체제, 러시아 연방질서에 대한 위협에 대한 대응과 러 시아 연방질서와 국가, 체제의 수호이다. 이는 제정러시아와 소비에트 체제를 거치 면서 지속된 제국질서의 유산과 전통이라고 할 수 있다. 이 때문에 MVD는 기본적 으로 경찰기구이자 법 집행기관, 그리고 스파이, 반란, 분리주의, 테러나 혁명 등과 같은 일체의 내적 위협에 대한 군사력을 포함한 일체의 물리적 대응기관이다(Taylor, 2011).

MVD내에 폴리치야(polisiya)라고 불리는 경찰(police)조직이 있다. 이 경찰조직은 이 전에는 밀리치야(militsiya)라고 불렸으며 2011년에 폴리치야로 명칭이 변경되었다. 이 기관의 주요임무는 역시 범죄수사와 법 집행이며, 대테러 활동역시 주요한 임무의 하나이다. 이 밖에 MVD에는 Main Directorate for Road Traffic Safety라고 불리 는 교통경찰이 별도로 존재한다. 그리고 이외에도 이전에는 Internal Troops라고 불 리는 내무부 소속의 군 병력과 세금경찰(tax Police, 우리나라로 치면 국세청에 해당하는), 소 방부서(Firefighting Service), 교정기관(Prison Service, 우리나라의 교도소)이 별도로 존재했다. 이 기관들은 현재는 별도의 독립기관이 되거나 다른 조직으로 이관되거나 흡수되었 다. 세금경찰은 해체되어 MVD내의 경제범죄 수사조직으로 개편되었다. 소방부서는 새로 창설된 비상사태부로 소속을 변경하였으며 교정기관은 법무부 소속으로 이전 하였다. 한편 2016년 4월 가장 최근에 내무부 소속의 내무군(Internal Troops)은 새로 창설된 국가방위대(National Guard of Russia)에 역시 MVD소속 특수부대였던 아몬 (OMON)과 소브르(SOBR)와 함께 편입되었다. 이 국가방위대는 MVD소속으로부터 떨 어져 나와 안보위원회(Security Council of Russia)소속으로 재편되었다(Galleoti, 2016).

3) 군 보안기관(GRU)

군 보안기관은 우리의 기무사령부와 정보본부를 합쳐놓은 기관에 해당한다고 볼 수 있다. 이 기관은 흔히 GRU(Glavnoye Razvedyvatelnoye Upravleniye)로 알려져 있다. GRU의 러시아 식 정식명칭은 Главное разведывательное управление이며 각 단어의 앞 철자를 따서 줄여서 ГРУ로 불린다. 최고 정보국 또는 주요 정보국이 라는 뜻으로 Главное는 영어로 Main이라는 뜻으로 우리말로 주된, 주요한, 또는 최고의 라는 의미이다. Гла́вное는 глава라는 단어의 형용사형으로 глава는 머리, 리더, 최고, 핵섬 등의 의미를 동시에 포함한다. 따라서 Гла́вное는 주된, 핵심적인 의미와 함께 선도적인 또는 최고의 리딩하는 의미 등을 동시에 가진다. 따라서 영어의 main과 정확히 일치하는 개념은 아니지만 유사한 개념으로 이해할 수도 있다. разве́дывательное는 정보 또는 정보활동을 지칭하는 의미로 영어로 intelligence에 해당한다. управле́ние는 관리, 감독, 지휘, 조종 등의 의미로 관리국 또는 관리기관을 의미한다. 영어로 agency 또는 directorate에 해당한다고 볼 수 있다. GRU는 Гла́вное разве́дывательное управле́ние를 영어식 알파벳으로 표기한 Glavnoye Razvedyvatelnoye Upravleniye의 앞 철자만을 딴 약칭이다. 한편 GRU의 의미를 영어식으로 바꾸어 Main Intelligence Directorate 또는 GRU 공식명칭인 Main Intelligence Directorate of the General Staff of the Armed Forces of the Russian Federation(러시아식 표기로는 Гла́вное разве́дывательное управле́ние Генера́льного шта́ба Вооружённых Сил Росси́йской Федера́ции)를 줄여서 the General Staff)으로 부르기도 한다.

KGB가 소련 붕괴 이후에 해외정보를 전담하는 SVR(Sluzhba Vneshney Razvedki, 영어로는 Foreign Intelligence Service)과 국내보안과 방첩, 대테러, 조직범죄 등을 전담하는 FSB, 그리고 그 외 다른 기관들로 나눠진 것과는 대조적으로 GRU는 여전히 해외 첩보와 국내보안, 방첩, 대테러 등의 임무를 함께 가지고 있다. GRU는 러시아 군 합참의장의 명령을 따르지만 GRU의 수장은 러시아 대통령에 의해 직접 임명되는 등 사실상 대통령 직속의 권력기관이다. 특히 군 보안기관이지만 국내와 해외는 물론 군과 민간 영역의 사실상의 구분 없이 광범위한 활동을 전개하고 있어 FSB와 거의 경쟁관계에 있는 권력기관이다. 특히 러시아의 휴대용 핵무기 통제장치를 보유한 세 명 가운데 한 명이 GRU의 수장이라는 점에서 이 기관의 막강한 위상을 짐작할 수 있다. 또한 GRU의 해외 스파이 활동 인력이 SVR보다 몇 배나 크며, 러시아의 수십 개의 군사첩보위성을 직접 운용하는 점도 이 기관의 실제 위상을 짐작하게 한다(Global Security website Main Intelligence Administration).

GRU의 대테러 활동은 스페츠나즈(Spetsnaz 또는 Special Forces)라고 불리는 대테러 특수전 부대를 통해서이다. GRU의 스페츠나즈 유닛은 1998년에서 2008년까지 다게스탄과 체첸에서 주요한 작전을 수행하였으며, 2008년에서 현재까지는 남 오세티아에서 주요한 작전을 수행하고 있다. 다게스탄과 체첸 작전에서는 GRU 유닛으로 대대급 단위의 Detachment 411과 Detachment 173 등이 현지에서의 비정규전과 암살, 사보타지, 정보수집 등의 특수전, 비밀작전 등을 수행하였다. 이외에도 체첸 인들로 구성된 Chechen Detachment, 코삭인들로 구성된 Cossack Detachment, 체첸인들과 코삭인들 350명 이상의 연합부대인 The 305 Special Forces Detachment 등의 독자적인 게릴라전 또는 비정규전 부대가 활동하며, 정보임무를 위해 Special Intelligence Operations 정보부대가 편성되어 현지에서 활동하였다. 이후에 다시 산악 부대인 Mountain Faction과 동부 대대인 East Battalion이 설치되어 운용되었다. 남 오세티아 작전에서는 제2, 제10, 제22 특수전 여단(The 2nd, the 10th, the 22nd special forces brigades)과 동부 대대가 함께 대테러 작전에 투입되었다(Kozlov, 2010).

4) 비상사태부

비상사태부는 Ministry of Emergency Situations이며 러시아 식 표기로는 Министерство по чрезвычайным ситуациям 또는 줄여서 МЧС로 부른다. 이 기관의 정식 명칭은 영어식 표기로는 The Ministry of the Russian Federation for Affairs for Civil Defence, Emergencies and Elimination of Consequences of Natural Disasters이며 이의 러시아 식 명칭은 Министерство России по делам гражданской обороны, чрезвычайным ситуациям и ликвидации последствий стихийных бедствий이다. 국제적으로는 Emergency Control Ministry에서 파생된 EMERCOM으로 불리기도 한다.

비상사태부는 1994년 옐친 대통령에 의해 설치되었다. 이 기관은 미국의 FEMA (Federal Emergency Management Agency)나 해양경찰을 제외한 우리나라의 국민안전처에 해당한다고 볼 수 있다. 이 기관의 주요임무는 민방위와 수색, 구조 등이며 재난 또는 재해 대응, 관리의 임무를 수행한다. 대테러 활동과 관련해서는 주로 테러 사건 발생 시 이 기관의 주요임무에 해당하는 소방, 수색, 구호, 구조 등의 임무를 수행하도록 되어 있다. 이러한 임무수행을 위해 비상사태부 산하에 소방업무를 담당하는 소방국(Russian State Fire Service)과 항공기를 이용한 구조를 담당하는 중앙 항공-이동 구조팀(Central Air-Mobile Rescue Team), 인적, 자연적 원인에 의한 재난, 재해 상황 중 민방위를 목적으로 한 (군 병력으로 구성된) 민방위부대(Civil Defense Troops), 그리고 수색, 구조 임무를 수행하는 수색구조국(Search and Rescue Service) 등이 있다 (EMERCOM of Russia website).

3. 대테러 활동을 위한 컨트롤 타워

러시아의 대테러 컨트롤 타워로 간주될 수 있는 것은 두 곳이 있다. 하나는 Natioanl Antiterrorism Committee(NAK)이라는 곳이고 다른 하나는 Interagency Commission to Counteract Extremism in Russia(ICCE)라고 부르는 곳이다. 전자는 FSB가 주도하는 반면 후자는 MVD가 주도한다. 전통적으로 러시아의 대테러 활동은 FSB가 주도했다. FSB는 소비에트 시절 KGB의 반테러 부서를 승계하였고 1998년 대테러 법 이후로 계속해서 가장 주도적인 역할을 수행해왔다. 하지만 2003년 이후부터는 MVD가 점차 북 코카서스 지역을 포함한 지역의 현장 작전 부서를 통제하면서 대테러 활동의 핵심 기관으로 부상했다. 특히 2003년 MVD는 기관 내의 조직범죄 부서와 반테러 부서를 통합하여 GUBOP라는 조직범죄 유닛을 구성함으로써 기관의 대테러 활동에서의 위상을 강화했다. 현재는 FSB와 MVD가 대테러 활동 분야에서 경쟁관계에 있는 듯하며, 이들 기관들의 권한과 책임은 뚜렷이 나눠지지 않고 많은 경우에 중복되어 있다. FSB와 MVD 이외에도 대테러 활동에 참여하는 기관들은 SVR, 비상사태부, 국방부와 GRU, 그리고 FPS(Federal Protective Service) 등이 있다(Agentura.Ru, 2010; Omelicheva, 2009; Roudik, 2011; Sinai, 2014).

1) The National Antiterrorism Committee(NAK)

NAK은 우리말로 국가 반테러 위원회로 번역될 수 있다. NAK은 1998년 "On Combating Terrorism"법을 대체한 2006년 "The Law on Counteraction to Terrorism"법과 푸틴 러시아 대통령의 2006년 대통령 칙령에 의해 설치되었다. NAK은 2004년 베슬란 참사에서 나타난 각 대테러 관련 기관들 간의 지휘통제와 협력, 조율의 심각한 문제를 해소하기 위한 취지로 설치되었다. 따라서 NAK은 모든 연방레벨의 반테러 또는 대테러 정책과 활동들을 조율하기 위한 목적을 가진다(Sinai, 2014).

NAK은 미국의 DNI(Director of National Intelligence) 산하의 NCTC(National Counterterrorism Center)에 해당한다고 볼 수 있다. NAK은 17개의 대테러 관련 연방 보안기관들과 지방행정단위의 각 지역 대테러 위원회들(regional counterterrorism committees)들의 정책과 활동, 작전 등을 조율한다. NAK의 수장인 위원회 의장은 FSB의 수장이 겸직한다(Sinai, 2014). NAK에 포함된 FSB 이외의 주요 대테러 관련 기관들은 SVR, MVD, 비상사태부, 국방부 등이 있다. NAK의 조직구조는 중앙에 연방작전본부(Federal Operational Headquarters)가 있으며 각 지역단위별로 작전본부(Operational Headquarters)들이 존재한다. 중앙인 연방작전본부는 FSB의 수장의 직접 지휘통제를 따르며, 각 지역단위의 작전본부들은 해당 지역 FSB 지부장의 지휘통제를 따른다. 그리고 지역 작전본부들은 중앙작전본부에 통합된다(Agentura.Ru, 2010). NAK의 주요 임무는 테러공격의 예방과 테러용의자 수사, 체포, 그리고 테러사건 피해의 최소화 등이며 이를 위해 모든 정보기관들과 법 집행기관들을 조율한다. 실제 작전레벨에서는 군사활동을 포함한 정보, 법 집행 등의 일체의 대테러 작전활동을 수행한다. 대테러 부대와 자원들의 사용이 필요할 경우 대테러 작전들을 기획하고 통제하는 임무를 수행한다. 이 밖에도 국제협력과 대테러 정책에 관해 대통령에 정책제안을 준비하고 대테러 법률을 개선하며, 대테러 위협에 대한 공공의 인식을 제고하며, 대테러 위협을 제거한다(National Antiterrorism Committee website).

2) Interagency Commission to Counteract Extremism(ICCE)

ICCE는 우리말로 극단주의 대응 합동위원회로 번역될 수 있다. ICCE는 러시아 내 극단주의 활동들에 대응하기 위한 정부 기관들 간의 소통과 협력, 조율의 필요 때문에 2011년 러시아 연방 대통령 칙령 988호(Decree of the Russian Federation President No.988)에 따라 설치되었다. 러시아는 연방법에 따라 기독교(러시아 정교), 이슬람, 유대교, 불교 등이 러시아의 역사적인 유산의 제거될 수 없는 부분으로 공식 종교로 인정된다(Roudik, 2011). 이 때문에 연방법은 성경(Bible), 코란(Quran), 타낙(Tanakh), 그리고 캉기르(Kangyur) 등과 관련 내용과 인용들을 극단주의 자료들로 간주하지 않으며 공식적으로 인정한다. 이 외에 다른 극단주의 활동들은 "극단주의 활동들에 대한 대응에 관한 연방법률 개정안들에 관한 연방법(Federal Law On Amendments to Federal Law On Countering Extremist Activities)"에 따라 불법화된다(Amedments to law on countering extremist activities, 2015). 현재 러시아에서 주요한 불법 극단주의 위협으로 간주하는 것은 체첸을 포함한 북 코카서스와 러시아 남부 타타르스탄과 인근 지역, 그리고 우즈베키스탄과 카자흐스탄에 인접한 중앙아시아 일대 러시아 지역에 확산되는 이슬람 살라피 극단주의이다. 살라피 극단주의는 러시아 연방법에서 공식적으로 인정하는 이슬람 종교에 포함되지 않는 불법 극단주의로 간주된다. 구체적으로 러시아 정부에서 제거되어야할 극단주의로 간주하는 주요 세력들은 체첸 반군들과 북코카서스 일대의 이슬람 살라피 세력, 러시아 내 알 카에다와 IS 등의 연계세력, 그리고 히즈 붙-타흐리르(Hizb ut-Tahrir: 영어로, Party of Liberation) 세력 등이다(Agentura.Ru, 2010; Pale, 2015; Yun, 2006).

ICCE는 MVD가 주도하는 기관 간 통합기구이다. 그 구성을 살펴보면 MVD 장관이 수장인 위원장이 된다. 이 위원회에는 법무부(Ministry of Justice), 국가 수사 위원회(National Investigation Committee), FSB 등의 법 집행 관련 기관들을 포함하며, 이 밖에도 문화부(Ministry of Culture), 교육부(Ministry of Education), 관광부(Ministry of Tourism), 통신부(Ministry of Communications) 등의 부처들과 연방 정보기관들(federal intelligence agencies)과 세관기관(customs), 그리고 국세기관(tax services) 등이 포함된다. 또한 러시아의 공식 종교들인 러시아 정교, 이슬람, 유대교, 불교 등의 종교별 대표들이 이 위원회에 참여할 수 있다. 위원회는 15개 이상의 정부기관들의 극단주의 대응 활동을 조율한다(Roudik, 2011).

≫ 평가

러시아의 테러위협의 역사적 배경과 현황, 그리고 주요 대테러 관련 기관들과 기구들, 대테러 활동들을 소개하였다. 러시아는 우리의 핵심 이웃 국가들 가운데 하나이다. 그럼에도 불구하고 러시아의 테러리즘과 대테러와 관련한 사항들이 우리에게는 잘 알려져 있지 않은 것처럼 보인다. 우리나라는 최근 테러방지법의 통과로 본격적으로 대테러 활동과 관련된 국제협력과 공조를 수행해야 하는 입장에 있다. 이 때문에 러시아의 테러리즘과 대테러 체계와 활동에 대해 아는 것은 중요한 것처럼 보인다.

이는 두 가지 점에서 특히 의미가 있다. 하나는 러시아와의 대테러 국제 협력 시 국정원, 경찰청, 국민안전처, 총리실 컨트롤 타워와 같은 우리나라의 주요 대테러 관련 기관들이 러시아의 어떤 기관을 협력대상(counterpart)으로 접촉해야 하는가에 대한 정보를 제공한다. 이러한 문제는 최근 국민안전처가 장관의 러시아 방문과 함께 러시아의 어떤 기관을 대응 협력기관으로 접촉하여야 하는가에서 실제로 대두되었다. 사실상 이 글의 직접적 동기는 그러한 경험에서 비롯되었다. 글쓴이는 국민안전처에 러시아의 기관에 대한 자문을 제공하면서 러시아의 테러리즘 위협과 대테러 기관들과 컨트롤 타워에 대한 이해가 우리에게 중요하다는 점을 인식하게 되었다.

다른 하나는 러시아와 우리나라 간의 대테러 협력을 위한 공통된 관심사에 대한 정보를 제공한다. 우리의 경우 국내 유입된 우즈베키스탄 또는 아프가니스탄, 파키스탄 등 중앙아시아 출신의 이슬람 극단주의 테러용의자나 극단주의 추종자들에 대한 정보를 러시아와 공유하고 협력할 필요가 발생한다. 특히 출처를 밝힐 수 없는 첩보에 따르면, 우리나라에 많은 수의 우즈벡인들이 입국하여 체류하고 있으며 그 중에는 우즈벡 기반의 IMU 조직원들도 상당수에 달하는 것으로 추정된다. 우리는 이 부분에서 특히 러시아와 긴밀히 공조할 필요성이 있다. 러시아 역시 중앙아시아의 이슬람 살라피 극단주의는 매우 중요하게 간주하고 있는 자국에 대한 테러 위협이기 때문이다.

물론 국내에서도 러시아의 테러리즘 위협과 러시아의 대테러 대응체계에 대한 논의가 전혀 없었던 것은 아니다. Yun(2006)은 2006년에 체첸 테러리즘의 현황에 대해 미국의 ISVG(Institute for the Study of Violent Groups) 데이터를 사용하여 분석한 바 있다. 이후에도 현승수(2007)는 2007년에 체첸전쟁과 국제 이슬람 무자히딘 운동에 관해 연구를 수행하였으며, 손영훈(2011)은 2011년에 체첸-러시아 전쟁의 전개과정에 대해 러시아 정부의 국가테러에 초점을 맞춰 분석하였다. 러시아의 대테러 관련 국가기관들은 서동주(2007)의 2007년 논문에서 러시아 정보기관인 FSB를 중심으로 러시아 정보기관의 개편과 역할 변화를 소개하고 분석한 논문에서 부분적으로 다루어진 바 있다. 하지만 이러한 논의들은 최근 경향을 반영하고 있지 못한 제한점이 있다. 러시아의 테러리즘 위협과 대테러 관련 기관들과 컨트롤 타워들은 2009년 이후 많은 변화와 발전이 있었다. 여기에서는 이러한 변화와 발전들이 충분히 반영되고 있다. 이런 점에서 의미가 있다.

제15장

테러리즘과 정보활동,
데이터베이스와 연구

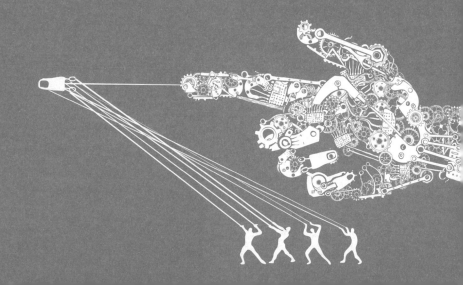

제15장

테러리즘과 정보활동, 데이터베이스와 연구

국가안보 패러다임의 변화라는 거시적 틀 안에서 정보활동의 대응 전략이 재조정되어야 한다. 정보활동의 대응 전략은 주로 범죄와 테러와 같은 통상적인 국가안보의 영역에서 미시적 또는 낮은 수준으로 간주되어 왔던 문제에 대한 효과적인 정보활동의 모색이자 범죄-테러네트워크와 같은 수평적이고 실체가 불분명한 네트워크실체에 대한 효과적인 정보활동의 모색이다. 이러한 대안적인 정보활동은 기존의 정통적인 국가안보위협에 대응한 국가정보활동과의 통합을 지향할 것이다.

범죄-테러융합 네트워크에 대한 정보활동의 핵심은 개별적으로 사소한 것으로 보이는 쓸모없어 보이는 정보들을 어떻게 효과적으로 통합하고 분석할 것인가의 문제로 귀결된다. 이러한 문제는 Dyson(2001: 189-199)이 테러수사에서 제시하는 배출되는 쓰레기들을 활용한 효과적인 수사방안과 유사한 측면이 있다. Dyson(2001)은 버려지는 쓰레기의 개별적인 아이템들은 많은 이야기를 들려주지 못하지만 이러한 개별 아이템들을 효과적으로 연결지을 수 있다면 그러한 쓰레기들의 총합은 중요한 테러수사의 정보가 될 수 있다고 제시한다. 범죄-테러에 대한 정보활동 역시 그러한 성격을 가진다. 개별적으로는 의미 없어 보이는 정보들을 모으고 연결하고 그 속에서 의미를 찾아내는 노력들은 범죄-테러의 정보활동에서 중요한 부분이 된다. 이는 범죄-테러의 영역에서는 어떤 특정한 개별 정보의 확보가 결정적인 의미를 가지는 경우가 거의 없으며 대부분의 정보들은 개별적으로는 거의 의미가 없어 보이거나 사소해 보이기 때문이다. 최근 새로이 제기된 범죄-테러융합에 대응한 정보활동 가운데 공개출처정보를 활용한 데이터베이스 구축과 빅 데이터를 활용한 분석 등이 주목할 만하다.

>> 공개출처정보를 활용한 정보활동

공개출처정보를 활용한 정보활동은 OSINT(Open Source Intelligence)로 불리며, 인터넷 자료, 미디어 보도, 논문, 서적 등 공공에 공개된 자료를 토대로 정보를 수집하고 분석하는 일련의 활동을 의미한다(Appel, 2011: 131-153). OSINT가 엄밀한 의미에서 정보기관이 수행하는 정보활동에 들어가는가는 논란의 여지가 있다. 이는 정보기관은 공공이 쉽게 접근하지 못하는 비밀정보의 수집을 주 임무로 하기 때문이다. 따라서 OSINT는 정보기관 이외의 다른 행정기관이나 연구기관에서 수행하여야 한다는 주장도 있다. 하지만 사이버 공간의 확장과 정보통신 혁명, 그리고 미디어 및 출판물의 폭발적인 증가로 인해 최근 들어서는 너무 많은 정보의 양이 문제가 되고 있다. 즉, 공개출처정보의 양이 폭발적으로 증가하여 한 개인이 일상에서 효과적으로 처리할 수 없는 상황이 도래했다. 동시에 공개출처정보의 질 역시 놀랄 만큼 좋아짐으로써 이러한 공개출처정보의 활용가치 역시 중요해졌다. 이러한 상황 때문에 오늘날은 양질의 정보를 어떻게 확보할 것인가의 문제보다 너무 많은 양의 정보를 어떻게 활용할 것인가가 주요한 문제가 되고 있다. OSINT는 이러한 문제인식에 대한 대응이다. 이런 경향으로 인해 최근에는 점차 해외의 정보기관이나 국가안보관련 기관에서도 이 OSINT에 주목하고 있다(Appel, 2011, 131-153; NATO, 2002; U. S. Army, 2006). 특히 방대한 양의 단편적인 정보를 최대한 많이 수집하여 그 속에서 숨겨진 의미를 찾아야 하는 범죄-테러 관련 정보활동에서 이 OSINT는 매우 중요한 역할을 수행할 수 있다.

OSINT 활동에서 가장 핵심적인 사안은 대용량 데이터베이스 구축이다. 공개출처정보의 양과 질이 모두 놀랄 만큼 증가했다고 하더라도 한 개인이 하루에 처리할 수 있는 정보의 양은 매우 제한적이다. 이는 한 개인이 하루에 그날 보도되는 모든 기사들조차 다 읽을 수 없다는 간단한 이유로도 입증가능하다. 결국 높은 질의 정보들이 대량으로 생산되지만 거의 대부분은 처리되지 않은 채로 인터넷이나 출판물의 더미 속에 파묻혀 버린다. 이러한 정보의 쓰레기 더미 속에서 우리는 바늘 하나의 크기에 불과한 필요한 정보들을 찾기 위해 엄청난 시간과 노력을 소비해야 한다. OSINT 데이터베이스는 대량으로 생산되는 정보들을 분류하고 체계적으로 관리함으로써 필요한 경우에 적절히 사용할 수 있게끔 하는 시스템을 구축하는 활동이다.

이렇게 구축된 대용량 데이터베이스는 범죄-테러와 관련된 정보활동에 있어 커다란 장점을 제공한다. 일차적으로는 검색자가 원하는 정보를 빠르게 효율적으로 제공한다. 예를 들면 물라 오마르와 같은 특정 테러리스트의 이름이나 아프가니스탄에서의 마약거래와 같은 특정 키워드를 입력하면 이와 관련된 사건 보도나 프로파일된 개인 이력이나 사건의 기록 등이 한 번에 나타난다. 이를 통해 특정 인물이나, 특정 조직, 또는 특정 지역의 특정 문제에 대해 손쉽게 필요한 기본 정보들을 확인할 수 있다. 또한 대용량 데이터가 주는 이차적인 장점은 데이터베이스 자체가 지역, 사건유형, 공격방식, 주요그룹 등 변수별로 저장되어 있어 이를 바탕으로 데이터 마이닝, 고급통계분석, Social Network Analysis, 지리정보분석, 패턴분석, 3차원 성격유형분석 등 고급 분석기법을 실행할 수 있다는 것이다. 이러한 이차분석은 범죄-테러에 관한 단편적이고 개별적인 정보들이 알려주지 못하는 숨어있는 주요한 정보와 역학관계 등을 파악할 수 있게 해준다. 또한 범죄-테러 분야의 보다 활발한 계량연구와 정보분석을 가능하게 함으로써 효과적인 대응정책 개발에 기여할 수 있다.

OSINT에 기반을 둔 대용량 데이터베이스 개발 사업은 미국에서는 크게 ISVG (Institute for the Study of Violent Groups)와 START(National Consortium For The Study of Terrorism and Responses to Terrorism) 프로젝트가 있다. ISVG 사업은 Sam Houston State University의 College of Criminal Justice에서 주도하여 수행하였다. 이후 ISVG는 University of New Haven으로 센터의 위치를 옮기게 된다. 최초에는 미국의 법무부(Department of Justice)에서 연구펀드를 지원받았으며 이후 미국의 국방부 (Department of Defense)에서 연구펀드의 지원을 받았다(참여관찰). ISVG 사업은 OSINT Terrorism Modeling Program으로 2003년부터 데이터베이스 구축사업을 시작하였으며 지속적으로 온라인 또는 오프라인에서 공개출처자료를 바탕으로 테러와 국제범죄 등 초국가적 위협(transnational threats)에 관한 데이터를 수집하고 코딩해오고 있다. 현재 약 223,000건의 사례와 43,000명의 개인정보, 그리고 3,000개 조직에 관한 데이터를 구축하고 있다(ISVG website).

ISVG의 데이터 수집은 약 11-20여 명의 대학원생과 연구자들을 활용하여 추진되었다. 미국학생을 포함하여 터키, 보츠와나, 타이완, 한국, 이집트 등 세계 도처에서 온 외국인 학생 및 연구원들을 활용하여 영어, 아랍어, 러시아어, 스페인어 등을 포함한 약 11개의 언어로 출판되는 각종 미디어 보도나 보고서 및 기타 자료 등을 커버하였다. 데이터 수집인원들은 각자 배정된 컴퓨터 모니터에 앉아 하루 8시간

주 5회 근무를 수행하며 미디어 보도 및 보고서 자료 및 기타자료를 읽고 미리 사전에 구조화된 변수에 따라 코딩하고 분류하여 데이터베이스에 입력하였다. 데이터베이스 프로그램은 사전에 체계적으로 미리 디자인되어 구조화되고 체계적인 방식의 데이터베이스 구축을 가능하게 하였다. 업무에 참여한 인원들은 업무시작 전 약 1주일 간의 교육, 훈련을 거쳤으며 업무수행 중에도 지속적으로 지역별 책임 연구원의 지도와 감독을 받았다. 또한 문제 발생 시 즉각적인 회의를 통해 데이터 자체의 타당성과 신뢰성을 확보하였다(참여관찰).

ISVG는 데이터베이스 구축을 위해 체계적이고 구조화된 프로그램을 자체 개발하였다. 이는 과학적 타당성과 신뢰성을 높이고 데이터 자체의 품질을 높이기 위한 노력이었다. 먼저, 관계 데이터베이스(relational database) 개념에 기초하여 데이터베이스가 디자인 되었다. 관계 데이터베이스란 고유의 Incident Number를 사용하여 서로 관련된 사건(Incident)와 인물, 그리고 조직 등에 관련된 보도나 자료 등을 하나로 링크시켜 묶는 것을 의미한다. 예를 들면 2005년 7월 7일 런던 폭탄테러사건이 났을 경우 CNN, BBC, KBS, DW(Deutsche Welt), or Parvda 등 세계 도처의 미디어들이 각기 다른 언어로 사건에 관해 보도할 것이다. 또한 이 보도는 며칠 뒤, 몇 달 뒤, 혹은 수년 뒤 수사 진전과 체포, 그리고 재판과 출소 등과 관련된 후속 보도들이 나올지 모른다. 만약 고유의 Incident Number를 7/7 테러 사건에 부여한다면 7/7테러 사건을 검색할 경우 이와 관련된 복수의 공개출처 자료로부터 나온 정보들이 변수별로 정리되어 한눈에 살펴볼 수 있도록 정리되어서 컴퓨터 모니터에 제시될 것이다. 같은 논리로 고유의 Incident Number는 특정 인물과 특정 조직에 대한 정보들로 일목요연하게 제시할 것이다. 글쓴이는 이런 과정을 거쳐 사망한 체첸 테러지도자인 샤밀 바사예프에 관한 인물정보와 탈레반 간부들의 네트워크를 분석한 적이 있다.

ISVG는 데이터베이스 프로그램 구축에 약 1,500여 개의 변수들을 사건과 인물과 조직에 관해 설정하였다. 이 변수들은 사전 회의와 시뮬레이션을 통해 세밀하게 선정되었으며 초기 데이터베이스를 개발하는 과정에서 필요에 따라 수정을 해가면서 발전시켰다. 변수들은 사건 발생 일시, 지역, 도시, 구역, 가해자의 성격, 사건의 종류, 사용된 무기, 사상자수, 사상자의 성격, 공격 타깃, 무기 종류 등 상당히 디테일한 정보들을 포함한다(ISVG Relational Database Codebook, 2005). 이와 같이 정밀하게 분류된 변수들로 인해 ISVG 데이터베이스는 고급 시각화 분석 및 고급 통계분석과 같은 복잡한 연구를 수행할 수 있게끔 한다. 이러한 고급 분석은 geospatial visu-alization, link associations, temporal outlines, statistical dashboards, 그리고 social network analysis 등을 포함한다(ISVG website). 글쓴이 역시 이 데이터를 활용하여 고급 통계분석을 통한 인질사건의 예측연구를 수행한 바 있다. 고급 분석이 끌어내는 데이터베이스의 숨겨진 이야기들은 정보로서의 활용가치가 매우 높다는 사실을 보여주었다.

ISVG 프로그램은 지난 10년 간 매우 놀랄 만한 성공을 거두었다. 현재는 미국 내에서 매우 저명한 범죄와 테러 관련 연구센터로서 자리매김하였다. ISVG는 미국 내 여러 수사기관 및 정보기관의 연구 파트너로서 기능하면서 많은 테러 국제범죄 관련 연구자들과 전문가들에게 질 높은 데이터를 제공하고 있다. 또한 씽크탱크로 여러 종류의 분석보고서와 연구보고서 및 책자 등을 생산해내고 있다(ISVG website).

ISVG 데이터베이스 구축이 실제 어떻게 진행되는가를 폭탄테러사건의 사례를 들어 설명하면 다음과 같다. ISVG 데이터베이스는 폭탄테러를 포함하여 인질납치, 방화, 암살, 무장공격, 사이버 테러, 테러자금조달, 밀거래, 핵 테러리즘 등의 다양한 사건 유형을 포함한다. 여기서는 ISVG 데이터베이스의 폭탄테러 사건을 중심으로 논의한다.

폭탄테러 사건의 데이터는 약 27개의 세부적인 변수들로 구성되어 있다. 변수들은 사건발생일시, 사건발생(대륙별)지역, 발생국가, 발생지방, 발생도시, 폭탄테러 가해 조직, 테러하부조직, 테러범의 이름, 사건유형(Bombing successful, Bombing attempted), 사상자수, 공격목표물의 성격, 폭탄의 종류, 폭탄의 세부성분, 자살테러 여부 등의 매우 세부적인 변수들을 포함한다. 개개의 폭탄테러 사건은 고유의 "report ID" 번호를 부여 받으며 데이터베이스에 등록된다. 등록 시에는 위에 제시한 각각의 변수들로 세분하여 각각 분류되어 기록된다. 예를 들면, 월스트리트 저널 2013년 4월 15일자에 보스턴 마라톤 폭탄테러 사건에 관한 내용이 보도될 경우 이 기사는 고유의 report ID가 부여된 후 각각의 변수들로 해체되고 분류되어 데이터베이스에 기록된다. 또한 이 각각의 사건 보도는 report ID와 별도로 고유한 "incident ID"가 부여된다. 이 Incident ID는 보스턴 마라톤 테러사건 자체에 대해 부여되는 고유번호이다. 예를 들면 2013년 4월 17자 CNN 또는 2013년 11월 15일자 BBC 보도 등이 같은 사건에 대한 후속보도를 할 경우 이 각각의 후속보도에는 별도의 고유한 report ID가 부여되지만 2013년 4월 15일자 월스트리트 저널 보도와는 동일한 incident ID가 부여된다. 이는 이들 보도가 각기 다르지만 결국은 동일한 사건에 대해 보도하고 있기 때문이다. 따라서 이 동일한 incident ID는 동일한 사건에 대해 보도한 각기 다른 보도 자료들을 하나로 묶는 역할을 한다. 이를 통해 동일한 사건에 대해 세부적이고 업데이트된 자료들이 축적되어 데이터베이스가 구축되고 있다.

구체적인 ISVG 폭탄테러 사건의 데이터베이스 구축은 다음과 같다. 보다 세부적인 데이터 입력과정은 좀 더 복잡하지만 설명의 편의를 위해 매우 간략한 스텝에 대해서만 기술한다. 우선 ISVG 데이터베이스의 메인 화면은 <그림 15-1>에서 보여진다. 컴퓨터 모니터 앞에 앉은 데이터 수집원은 두 개의 모니터를 사용하여 하나의 모니터에는 인터넷 검색 보도 내용을 그리고 다른 한쪽의 모니터에는 첨부의 메인 화면을 띄어 놓는다. 입력을 결정하면 자신의 ID와 패스워드를 입력하고 첨부 그림에 보이는 "Enter Data"를 클릭하여 데이터를 입력한다. 이 배너를 클릭하게 되면 <그림 15-2>에 보이는 화면으로 이동한다(참여관찰). <그림 15-2>의 화면이 뜨게 되면 입력자는 왼쪽에 있는 모니터를 활용한 인터넷 검색을 통해 파악한 사건보도 내용을 읽고 첨부 화면에 있는 각각의 빈 공간에 해당 내용들을 입력한다. 사건 발생 일시와 자료 입력자의 이름, 그리고 사건보도 출처 등을 기재하고 사건보도 제목을 입력한 다음 사건 내용을 요약하여 빈 공간에 입력한다. 다음 "summary" 옆에 있는 "Article Text" 배너를 클릭하여 역시 빈 공간에 전체 보도 내용을 copy-paste를 하여 전체 보도 내용을 입력한다. 이후 빈 공간의 아래에 있는 "Enter Incident", "Enter Individual Profile", "Enter Group Profile" 등을 차례로 클릭하여 해당 내용들을 입력한다. 각각의 배너를 클릭할 경우 화면의 다음으로 이동하게 된다. 예를 들면, "Enter Incident"를 클릭하게 되면 <그림 15-3>으로 화면이 이동하게 되며 세부 사항에 대한 입력이 이루어지게 된다. <그림 15-3>의 사건별 입력 내용은 각각의 변수별로 세부적으로 구성되어 있다. 각각의 변수별로 할당된 공간에 사건보도에서 알게 된 각각의 변수 내용들을 입력하게 된다. 만약 이때, 해당 변수 내용에 대한 정보가 특정 보도 내용에서 알 수 없다면 빈 공간으로 남겨두게 된다(참여관찰). <그림 15-3>은 폭탄테러사건 데이터 입력화면을 보여준다. 사건 보도 내용을 통해 알게 된 정보를 바탕으로 입력자는 아래의 화면에서 미리 설정 된 사건일시, 폭탄타입, 사상자수, 폭탄세부타입, 폭탄의 제조성분 및 특성 등의 세부정보들이 분류되어 데이터베이스로 입력된다.

그림 15-1 ISVG 데이터베이스의 메인화면

(출처: ISVG Relational Database Codebook, 2005)

그림 15-2 ISVG 데이터베이스의 입력 초기화면

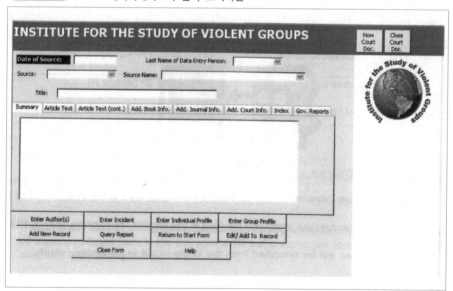

(출처: ISVG Relational Database Codebook, 2005)

그림 15-3 ISVG 데이터베이스의 폭탄테러사건의 데이터 입력화면

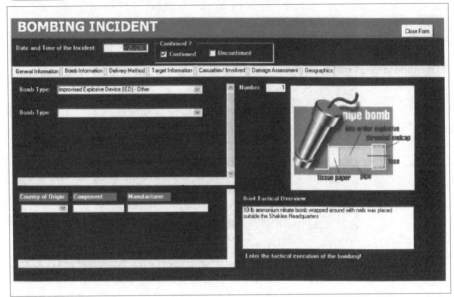

(출처: ISVG Relational Database Codebook, 2005)

  START 프로그램은 또 다른 OSINT 개념에 기초한 테러리즘 관련 데이터베이스 구축사업이다. 이 프로그램 역시 인터넷, 미디어 보도 등의 공개출처자료를 활용해 GTD(Global Terrorism Database)를 구축하였다. START 프로그램은 ISVG와 같은 OSINT 개념에 기초해서 데이터베이스 구축사업을 진행하였으며 비슷한 시기에 각각 독자적으로 추진되었다. START 프로그램은 2005년에 미국 메릴랜드 대학교의 Gary Lafree 교수의 주도로 미국 국토안보부(Department of Homeland Security)의 지원을 받아 설립되었다. 이 프로그램은 효과적인 대테러 활동을 위해 필수적인 테러리즘과 테러리스트와 관련된 기원과 다이나믹, 행동패턴과 심리적 영향 등 다양한 분야에 관한 사회과학적, 행동과학적인 이해를 목표로 하였다. 또한 이러한 목표달성을 위해 테러리즘 연구를 통한 이론의 개발과 연구 촉진에 필수적인 데이터베이스 구축 및 지원 등을 주요 임무로 하였다. 이 프로그램은 ISVG 사업과 마찬가지로 성공적으로 발전하여 미국 테러리즘 연구에 있어 주요한 역할을 수행해 오고 있으며 그 권위를 인정받고 있다. START 프로그램에서는 테러리즘 연구자들을 위해 전 세계에서 일어나는 테러리즘 사건들을 데이터베이스로 구축하여 일반에게 웹사이트를 통하여 공개하고 있다. 이 데이터베이스는 GTD로 불리며 1970년부터 2011년까지

전 세계에서 일어났던 테러사건들을 공개정보(Open Source Intelligence: OSINT) 개념에 기초하여 구축한 데이터베이스이다(START website).

GTD는 1970년 이후 전 세계에서 발생해온 약 70,000건 이상의 국제테러사건에 대한 자세한 정보를 담고 있는 거대한 국제테러사건 데이터베이스이다. START 센터는 GTD 데이터베이스 이외에도 특정한 집단과 관심주제별 이용 가능한 데이터를 수집하고 공개하여 테러와 관한 활발한 연구가 가능하도록 공개하여 사용하고 있다(김은영·박선영, 2013). 따라서 다음은 LaFree와 Dugan의 선행연구(LaFree & Dugan, 2007)와 김은영과 박선영의 연구(2013)에서 소개된 내용을 바탕으로 START 센터가 구축한 대표적 국제테러사건의 데이터베이스인 GTD의 구축과정과 활용에 관한 내용을 자세히 소개한다.

GTD의 구축과정 및 내용을 살펴보면 다음과 같다. GTD의 구축을 위해서는 핑커단(Pinkerton)의 세계테러사건정보 데이터베이스(the Pinkerton Global Intelligence Services: 이하 PGIS)가 가장 최초의 기초데이터베이스로 사용이 되었다. 핑커단(Pinkerton)은 국제사설경호경비업체이자 테러 및 국제범죄와 관련된 데이터를 수집하는 사설기관으로서 전 세계의 현장에서 주요 요인 및 사업자들을 위한 경호경비업무를 직접 수행함과 동시에, 이 기관의 활동현장 및 공개정보출처를 이용하여 테러 및 국제사건들에 대한 데이터베이스를 구축하여 스스로의 기관의 활동에 주요 정보로서 사용하여왔다. 이 핑커단(Pinkerton)의 테러데이터베이스는 이와 유사한 다음의 다른 일곱 가지의 공개출처를 사용한 테러데이터베이스들 중에 당대에 현존하는 가장 많은 수의 테러 및 국제범죄에 관한 정보를 보유하고 있었다(총 67,179건).

우선, 핑커단(Pinkerton)의 데이터베이스의 경우, 데이터 수집을 위한 충분한 훈련을 받은 전문 연구자들이 다음과 같은 정보의 출처를 사용하여 데이터 수집을 수행하였다. 첫째, 공개정보의 출처들을 사용하였는데, 특히 로이터(Reuter), 미국의 국외방송정보서비스(Foreign Broadcast Information Service: 이하 FBIS) 그리고 다양한 종류의 전 세계의 주요 신문들(예, New York Times, the British Financial Times, the Christian Science Monitor, the Washington Post, the Washington Times, 그리고 the Wall Street Journal 등)이 이용되었다. 둘째, 미국국무성보고서(U.S. State Department reports), 외국정부의 보고서 등의 국가기관에서 발행되는 공식적인 보고서를 활용하였다. 마지막으로 전 세계에서 활동하고 있는 핑커단(Pinkerton)의 사무실과 직원들, 핑커단(Pinkerton)에 경호업무를 의뢰하는 의뢰인들, 그리고 사적 및 공적 정보활동을 하는 개인들 및 조직적으로 반 정부활동을 하는 여러 국가의 집단들 등과 같은 다양한 출처로부터 제공되는 정보들 정보서비스의 채널들을 통하여 1970년부터 1997년까지의 테러사건들을 파악해내고 기록하였다.

이러한 핑커단의 데이터가 START 센터의 데이터베이스 사업의 플랫폼으로 이용되었다. START 센터는 데이터수집절차에 대한 기준을 세우고 그 절차에 따라 데이터를 입력하는 것에 대한 검증을 거친 이후에 데이터를 입력할 수 있는 수십 명의 대학생들을 선발하고 데이터입력절차에 관한 훈련을 수행하여 데이터베이스 구축을 시작하였다. 그리고 기존의 PGIS에 추가적으로 다른 데이터베이스들과 데이터 입력요원들의 공개정보출처를 통한 데이터 수집을 통해서 각각의 테러사건에 대한 비교, 검토, 수정, 그리고 내용의 확장 등을 이루어 나갔으며 이와 같은 과정을 통해 오늘날의 GTD의 기반을 형성해 나갔다.

그리고 지속적인 국토안보부(DHS)의 재정적 지원을 통해서 2006년부터는 데이터 베이스구축의 제2의 전환기를 맞이하게 된다. 이 시기는 제2의 GTD 시기로서 메릴랜드대학의 LaFree 교수가 가장 상위 리더연구자로서 실제 데이터 수집을 수행하기 위한 팀들을 구성하고 또한 수집된 데이터를 사용하여 학문적, 실용적 연구를 수행하기 위한 팀들로 구성된 START 컨소시엄을 형성하였다. 우선 보다 구체적이고 완벽한 데이터베이스를 구축하기 위해서 START 센터에서는 테러리즘에 관한 전문가들로 구성된 GTD2 데이터선별위원회(GTD2 Criteria Committee)를 운영하였다. 당시의 위원회의 위원들은 LaFree와 Dugan 교수를 포함하여 Gary Ackerman, Victor Asal, Martha Crenshaw, Michelle Keeney, McCauley, 그리고 Alex P. Schmidt 등 미국 전역에서 테러리즘에 관한 전문가들로 인정받는 교수들로서 인문학, 정치학, 환경학, 그리고 범죄학 등 다양한 전공배경을 가진 전문가들로 구성되었다. 이 위원회가 수행한 일은 PGIS 데이터를 검토하고 새롭게 GTD2 데이터베이스를 구축하기 위한 가이드라인을 만드는 것으로서 원래의 PGIS 데이터베이스의 특성을 유지하면서 보다 풍부하고 정확하며 완벽한 데이터베이스를 구축하기 위한 목표를 달성하기 위함이었다. 결과적으로 위원회는 데이터베이스 구축을 위한 120가지 이상의 변수(데이터베이스에 포함될 테러사건들의 특성들 120가지 이상)를 선별하였고 각기의 테러사건에 대한 기술적 내용을 서술할 수 있는 부분도 포함하도록 하였다.

데이터수집의 과정은 위원회에 포함되어 있는 교수들이 팀 리더가 되어 6가지의 언어를 사용하는 대학원생 및 대학생들을 훈련하여 약 25명에서 30명을 한 팀으로 형성하여 공개출처정보들을 담고 있는 일반적인 데이터베이스들을 탐색하며 정보를 수집하는 활동을 하였다. 이들이 사용하는 언어는 영어, 프랑스어, 스페인어, 러시아어, 중국어(만다린어), 그리고 아랍어였다. 또한 이들이 탐색하는 일반 데이터베이스들은 Lexis-Nexis(Professional)와 Opensource.gov (이전의 FBIS) 등과 같은 신문 및 미디어정보들 및 연구논문 및 정부보고서 등을 검색하여 볼 수 있는 정보처들을 포함하고 있다. 일반적으로 이들 정보수집가들이 하루에 검색할 수 있는 테러사건은 약 10,000건으로 이렇게 검색된 사건들은 GTD에서 요구하는 테러사건의 개념과 정의에 합당한지 여부를 확인하기 위해서 다시 최소한 2개 이상의 추가적인 논문이나 정보출처들과 대비하여서 테러사건으로 구별하여 데이터베이스에 포함될 수 있는지 여부를 정식으로 확인하는 과정을 거쳐야만 하였다. 이러한 과정을 거쳐 정보수집활동을 하는 연구참여 학생들에 의해 발견된 테러사건들의 수집정보들은 다시 팀 리더에게 제출되어 팀 리더에 의해서 검토를 받는 과정을 한 번 더 거치도록 되어 있다. 발견된 테러사건들에 문제가 있을 경우 GTD2 데이터선별 위원회에 제출되어 이들의 마지막 결정을 받도록 하였다.

이러한 노력의 결과로 현재 GTD 데이터는 전 세계의 198개 국에서 발생한 1970년부터 현재 2011년까지의 약 104,000 이상의 테러사건에 대한 정보를 수록하고 있다. 수록된 정보는 약 47,000건 이상의 폭탄테러, 14,000건 이상의 암살테러, 그리고 5,300건의 납치 등의 사건 등에 대한 기록이며 이들 사건들에 대해서 약 120가지의 변수들이 기록이 되어 있다. 이 데이터는 결과적으로 전 세계의 어느 기관이 보유한 테러사건 데이터베이스 중 가장 완성도가 높은 데이터베이스가 되어 있다. 그리고 약 3,500,000 이상의 신문기사들과 25,000의 기사들이 이 데이터베이스의 테러사건자료를 인용하였다. 그 외에도 수십 건의 국가 보고서 및 학술연구논문의 자료로 활용되고 있다(START website). 지금도 12명의 테러전문가에 의해 감독을 받으며 앞으로도 매년 테러사건에 대한 정보의 업데이트를 통해 전체적인 테러 데이터베이스구축을 하기 위한 활동이 현재 진행 중이다(김은영·박선영, 2013).

OSINT 활동에서 또 다른 중요한 사안은 필요한 정보의 수집에 관련된 사안이다. 오프라인에서의 공개출처 정보수집을 포함하지만 이는 주로 온라인 상에서의 검색과 관련된 사안이다. 흔히 온라인 검색은 누구나 별도의 교육훈련 없이 쉽게 실행할 수 있는 것으로 이해된다. 하지만 온라인 정보의 양이 폭발적으로 증가하였기 때문에 이 거대한 쓰레기 더미 속에서 필요로 하는 정보를 찾아내는 것은 특별한 노하우와 기술을 요한다. 대체로 많은 시간과 노력을 통해 개인이 반복경험에 의해 이러한 노하우와 기술 등을 축적할 수 있다. 하지만 체계적인 OSINT 활동을 위해서는 이러한 개인적 차원에서 습득된 노하우와 기술 등을 보다 체계적으로 정리하고 다른 이들에게 교육훈련을 시행할 필요가 발생한다. 이러한 상황인식에 기초하여 미군과 나토에서는 OSINT 매뉴얼을 출판하였다(NATO, 2002; U. S. Army, 2006). 또한 미국의 Open Source Center에서는 체계적인 공개출처정보 수집 및 활용을 위해 video/audio 자료 수집과 심화된 Google 사용에 관해 교육한다.

OSINT 정보수집과 관련하여 관심을 기울여야 할 또 다른 사항은 internet vetting과 관련된 사항이다. 이는 보다 엄밀한 의미에서는 HUMINT 활동을 온라인으로 옮겨놓은 것과 같다. Internet vetting은 인터넷 공간에서 카카오톡이나 밴드, 페이스북, 트위터, 또는 각종 웹포럼이나 블로그 등에서 개인들이 올려놓은 글이나 사진 등의 콘텐츠를 검색하고 분석함으로써 개인이나 집단의 심리적, 인적 특성을 분석하고 동향을 파악한다. 개인들이 온라인 공간에 올리는 사진과 매일의 일상에 관한 글, 친구와의 대화, 자신들의 신변에 관한 내용 등의 개별적으로 흩어져 있는 내용들을 긁어모아 성격에 대한 3차원 공간분석이나 텍스트 분석 등의 고급 분석을 실시한다면 특정 개인이나 조직에 대한 매우 쓸모 있는 분석정보가 될 수 있다(Appel, 2011: 131-153). 실제로 이스라엘의 Terrogence는 이러한 인터넷 정보수집을 체계적으로 실시하고 있다. 이들은 이슬람 극단주의 성향의 웹포럼에 위장가입하여 이들의 동향과 성격을 분석하고 그 위험성을 평가한다. 또한 포럼의 일원으로 활동하며 참여하고 글을 올리거나 댓글을 달고 테러방안에 대한 제안을 하기도 한다. 이를 통해 체계적인 정보수집 및 분석을 실시한다. Internet vetting과 관련된 사항들 역시 개인들이 축적한 노하우와 기술을 바탕으로 체계적인 정리와 교육훈련이 실시되어야 한다.

마지막으로 OSINT와 관련된 사항은 온라인상에서의 범죄-테러에 대한 대응기관과 전문가들의 실시간 정보교류와 협력이다. 각국의 정부기관의 에이전트들과 민간 전문가들은 온라인상에서 배타적인 그들만의 독자적인 웹포럼을 구축할 수 있다. 이를 통해 서로의 정보와 의견, 경험 등을 실시간으로 주고 받으면서 OSINT활동의 효율성을 극대화 할 수 있다. UNODC(United Nations Office on Drugs and Crime)의 TPB(Terrorism Prevention Branch)는 2012년에 이와 유사한 프로그램을 시작했다. 온라인상에서 TPB가 사전에 허가를 준 각국의 대테러 관련 정부관료와 군, 정보기관원,

경찰, 검찰 등과 민간 전문가들이 이 온라인 상에 구축된 포럼을 통해 자신들의 의견과 경험, 노하우 등을 실시간으로 교환한다. TPB는 이 포럼을 운용하며 패스워드와 아이디를 신원 확인 후에 부여한다(UNODC Couter-Terrorism Learning Platform). TPB는 사전에 어떤 주제에 관해 어떤 언어(영어, 프랑스어, 스페인어, 아랍어 등)로 논의를 할 것인지에 관한 일정을 확정하고 사전에 허가를 부여한 구성원들에게 이메일로 공지한다. 미리 세팅된 시간에(GMT를 기준으로 한다) 관심 있는 구성원들은 아이디와 패스워드 등록을 통해 참여하여 실시간으로 의견을 교환할 수 있다.

》 빅 데이터 활용 및 분석을 통한 정보활동

빅 데이터를 활용한 위험예측과 분석은 9.11 테러 이후로 미국 등 해외 주요국가에서 활발히 진행되어 오고 있다. 지난 10년 동안 많은 주목할 만한 발전이 있어왔으며 빅 데이터를 활용한 데이터베이스의 구축과 활용, 그리고 여러 의미 있는 통계적 방법과 데이터마이닝 등을 활용한 분석들은 많은 시사점이 되고 있다. 특히 세월호 사고를 기점으로 특히 각종 재난과 위험, 갈등 상황에 대한 예측과 효율적 대응을 필요로 하는 시점에서 빅 데이터의 활용은 더욱 의미가 있다.

정보화 시대 이전에는 너무 작은 데이터나 정보가 문제였다. 따라서 정보활동의 초점은 어떻게 핵심정보를 확보할 것인가에 맞추어진 경향이 있다. 하지만 인터넷 혁명으로 대변되는 정보화 시대는 너무 많은 양의 데이터가 문제가 되고 있다. 즉, 너무 많은 데이터와 정보를 어떻게 활용할 것인가가 핵심적인 문제가 되고 있는 것이다. 이러한 폭발적인 속도의 사이버 공간의 확장과 정보의 양적, 질적 팽창은 빅뱅 이후에 계속 팽창되어 온 우주공간에 비유될 수도 있다. 앞으로 미래사회로 갈수록 스마트 폰이나 앱 등의 디바이스의 확장, 3D 프린트의 보급, 인공지능의 기기 및 로봇의 개발과 상용화, NCW(Network Centric Warfare)의 등장 등으로 나타나는 것처럼 사이버 공간과 정보의 양과 질은 급속도로 팽창할 것이다. 따라서 이러한 엄청나게 폭증한 데이터와 정보를 어떻게 처리할 것이냐가 미래 정보활동의 핵심이라고 할 것이다. 이는 특히 범죄-테러 융합과 같은 안보위협을 포함한 국가 및 사회, 그리고 개인적 수준에서의 모든 유형의 안보위협에 매우 중요한 의미를 가질 것이다.

빅 데이터는 방대한 규모, 빠른 주기, 다양하고, 복잡한 형태의 데이터를 활용,

분석하여 신뢰성 있고 가치 있는 정보를 추출하고 생성된 지식을 바탕으로 능동적으로 대응하거나 변화를 예측하기 위한 기술을 의미한다. 구체적으로 빅 데이터는 데이터베이스 구축을 하는 자가 수집 의도를 가지고 인터넷 등의 여러 공개출처정보를 활용하여 데이터베이스를 구축하는 정형화된 빅 데이터와 구글, 페이스북, 핫메일, 카카오톡, 유튜브 등의 애초에 특정 연구, 분석이나 데이터 수집이나 데이터베이스 구축을 의도하지 않은 실시간 사용자들의 흔적을 담고 있는 대용량 데이터베이스를 필요에 따라 실시간으로 robot 등의 crawler 도구를 사용하여 긁어 와서 분석에 이용하는 비정형 데이터베이스 유형이 있다(송주영, 2014).

빅 데이터 분석은 여러 다양한 분석기법을 활용하여 범죄-테러 융합 등을 포함한 여러 안보위협에 효과적인 예방과 예측, 그리고 대응 방안과 전략개발에 도움을 줄 수 있다. 예를 들면 네이버, 다음 등의 국내 주요포털 사이트에서 나타나는 우리사회의 주요한 갈등 양상과 패턴에 대해 text mining을 통해 분석할 수 있다. 또한, 세월호 사건이나 유병언 씨의 추적과 같은 주요 사건, 사고에 대한 대응과 해결을 위하여 활용될 수 있다. 특정 사건 등을 발생 시부터 전개, 소멸 시까지 주요한 사건의 전개 방향과 집중된 이슈 분야, 그리고 이를 둘러싼 갈등 양상을 인터넷 댓글을 중심으로 text mining 분석을 실행할 수 있으며, 도주한 특정 개인의 추적을 위해 통화내용이나 이메일 커뮤니케이션을 text mining하거나 선호하는 음식의 재료들의 유통경로를 분석하여 도주로와 은신처를 파악할 수도 있으며 현금 사용흐름을 추적할 수도 있다. 이 밖에도 여러 인터넷 사이트와 블로거 등을 활용하여 어떤 이슈가 높은 수준의 갈등으로 전개되는지에 대한 예측 시스템을 구축하고 제시하고 이슈별 갈등 수위와 심각성에 대한 예측이 진행될 수도 있으며 여러 갈등이슈의 생성과 확산, 증폭, 소멸 과정에 대한 패턴분석도 가능하다.

비정형화된 빅 데이터를 기존에 존재하는 정형화된 빅 데이터와 통합하여 여러 범죄예방이나 재난 대응 예보, 예방 시스템과 대응시스템이 해외에서 성공적으로 시행되어 왔다. 예를 들면, 미국 Ruters 대학교 범죄학과 교수진들은 빅 데이터를 활용하여 경찰관들이 범죄를 억제하거나 예방할 수 있는 접근방식을 연구한 공간위험 분석방법을 연구하였다(송주영, 2014). 또한, 송주영(2014)에 따르면, 싱가포르는 RAHS(Risk Assessment Horizon Scanning) 시스템을 통해 테러, 전염병, 금융위기 등 모든 국가적 위험정보를 수집하여 선제대응하고 있으며, 샌프란시스코 경찰청은 범죄예방지역 및 시각을 예측하여 범죄를 미연에 방지하기 위한 시스템을 구축하고 있다. 또한 미국의 Carnegie Mellon 대학의 빅 데이터를 활용한 Machine Learning 프로그램 사업은 국가위기상황에 대응하기 위한 빅 데이터를 활용한 데이터베이스 구축 사업과 분석을 목표로 한다.

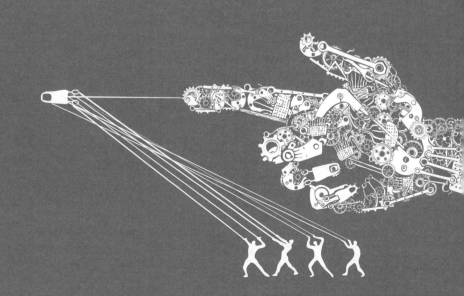

제16장

테러 발생 시 국가 수사권 운용과 관련된 미국의 법률과 사례

제16장

테러 발생 시 국가 수사권 운용과 관련된 미국의 법률과 사례

테러방지법의 통과는 IS 등의 이슬람 극단주의 테러리즘과 북한으로부터의 테러 위협이 고조되고 있는 상황에서 의미 있는 발걸음이라 할 수 있다. 하지만 여전히 불완전하고 제한적인 법률이라는 점에서 아쉬움이 있다. 특히 정보활동과 함께 대테러 활동의 또 다른 주요 축인 법 집행 또는 범죄수사 부문이 심도 있게 다루어지지 않았다는 점이 그러한다.

미국의 사례에 비춰본다면, 대테러 활동에서 정보활동과 범죄수사 활동이 균형 있게 정비되어야 한다. 하지만 우리나라의 경우 상대적으로 법 집행 또는 범죄수사 활동과 관련된 문제가 이번 입법에서는 소홀히 다루어졌다. 이는 매우 곤란한 문제가 될 수도 있다. 테러리스트는 궁극적으로 자신의 행위에 대해 어떤 처벌 또는 보복을 받아야 하는데 이는 전쟁 시가 아니라면 법치국가에서는 형사법적 처벌을 의미한다. 정보활동이 테러공격 발생 이전까지의 단계에서 핵심적인 부분이라면 수사활동은 테러모의 또는 발생 이후 단계에서 핵심적인 부분에 해당한다. 이 때문에 정보활동 체계 구축과 정비 못지 않게 국가 수사권 운용과 관련된 법률정비와 활용 수사기법들과 관련된 법적사안들에 대한 체계구축과 정비는 매우 중요하다.

이런 맥락에서 테러발생시 국가수사권 운용방안과 관련된 여러 법률과 그 활용, 그리고 수사기법들에 대한 연구는 시기적으로 적절하다. 특히, 별도의 법령 제, 개정 없이 국내에서 테러가 발생하거나 또는 해외에서 한국 국적자에 대한 테러가 발생하였을 경우 현행법상 기존 법제를 통해 국가 수사권을 운용할 수 있는지를 살펴보는 것은 중요한 의의를 가진다. 예를 들면 기존 형법상의 '외환의 죄' 장 등을 적용하여 대테러 수사를 할 수 있는지 그리고 국가정보원이 이 '외환의 죄'를 활용하여 북한은 물론, 국제 테러조직을 적국, 또는 대한민국에 적대하는 외국 또는 외국

단체로 보아 국정원의 수사권을 행사할 수 있는지 등이 이러한 내용에 포함될 수 있다.

한국의 테러관련 국가수사권 운용방안의 정비와 발전에 기여하기 위해, 이 장에서는 테러발생 시 국가수사권 운용과 관련된 미국의 법률과 사례를 조사하고 분석한다. 미국은 지난 수십 년 동안 테러의 위협을 경험해왔으며(Antokol & Nudell, 1990), 이 때문에 미국은 이미 9.11 테러와 애국법 제정 이전부터 국내 및 해외 테러조직 및 테러지원국가를 상대로 싸우기 위한 다양한 국가 수사권 운용과 관련된 법률과, 체계, 그리고 수사기법 등을 구축하고 발전시켜왔다. 이와 같은 미국의 경험은 우리에게 매우 의미 있는 참고사항이 될 수 있을 것이다. 특히 미국은 중국과 같은 권위주의 사회가 아니라 우리와 동질적인 시민의 기본권과 법질서를 중시하는 자유민주주의 사회라는 점을 감안할 때 우리에게 보다 더 실효적인 참고사례가 될 수 있다.

이 장에서는 구체적으로 먼저 테러리스트에 대한 미국의 분류체계와 대응방식의 유형에 대해 살펴본다. 여기서는 적 전투원으로서의 성격과 형사피의자로서의 성격을 동시에 가지는 테러리스트의 특성에 주목할 것이다. 이 장은 국가수사권 운용방안 논의에서 중요한데 이는 미국의 대테러 국가수사권의 운용이 테러리스트의 형사 피의자로 분류 또는 정의를 전제로 하고 있기 때문이다. 또한, 대테러 수사에 활용되는 우리의 '외환의 죄'와 유사한 미국의 주요 법률들을 살펴볼 것이다. 이러한 법률들은 음모법, 반테러리즘과 효과적인 사형법 1996, 공갈범의 영향 아래 있는 부패한 조직법 등이다. 이러한 법률들은 주로 2001년 애국법 도입 이전부터 있어왔던 법률들로 어떻게 기존의 법률들이 효과적으로 대테러 수사에서 활용되어 왔는가에 주목한다. 마지막으로 이러한 법률들을 적용하여 구체적으로 대테러 수사활동을 수행하는데 있어서의 주요 기법들과 그에 관련된 법적 사안들을 살펴볼 것이다. 그러한 기법들은 범죄증거수집, 검사와의 협조 등 구체적인 사안들을 포함한다. 미국의 사례는 기존의 조직범죄 소탕이나 간첩, 스파이 처벌 등을 목적으로 한 법률을 활용하여 테러발생시 테러리스트의 처벌을 위해 국가 수사권을 효과적으로 운용할 수 있음을 보여준다. 이러한 교훈은 우리가 외환의 죄와 관련된 우리 법률을 대테러 수사활동에 유용하고 효과적으로 활용할 수 있는 어떤 본보기를 보여준다고 할 수 있을 것이다.

≫ 테러리스트에 대한 미국의 분류체계와 대응방식

테러리스트에 대한 미국의 수사권 운용에 대해 살펴보기에 앞서 미국의 경우에 테러범죄자들을 어떻게 분류하고 대응하고 있는지에 대해 파악하는 것이 중요하다. 이는 미국정부가 테러리스트들의 법적 성격을 규정하고 대응하는 방식이 다양하기 때문이다. 바꾸어 말하면 동일한 테러리스트라고 하더라도 미국정부에 의해 체포되고 구금되었을 때 서로 다른 법적 지위를 갖게 될 수 있다는 것이며, 이후의 법적 처리절차에 있어서도 다른 단계를 거치게 될 수 있기 때문이다. 때문에, 미국 국가의 테러리스트에 대한 수사권 운용은 다양한 미국정부의 접근방법 가운데 한 방식으로 이해될 수 있다. 수사와 기소를 포함한 법 집행활동은 결국 테러리스트들 가운데 범죄자로 정의된 자들만을 대상으로 실행하게 된다.

관타나모에 구금되어 있는 수용자들을 중심으로 테러리스트들의 법적 지위를 살펴보면 크게 세 부류로 분류되며 이들은 각기 다른 법적 지위를 가진다. 첫 번째는 적 전투원(enemy combatant)으로 분류된 자들이다. 이들은 제네바 협정 3조에서 규정하는 전쟁법상 합법적인 전투원의 지위가 인정되지는 않지만 미국정부에 의해 전투원으로 분류되어 구금된 자들이다. 이들은 전쟁법상 전쟁포로로 인정되지 않는다. 때문에 미국정부는 이들을 불법 전투원(unlawful combatant)으로 규정한다. 하지만 동시에 이들은 수사와 기소, 그리고 형사재판의 대상이 되는 범죄자로 분류되지도 않는다. 이러한 애매모호한 대상자들의 법적 지위를 정의하기 위해 미국정부는 불법 전투원 또는 적 전투원의 개념을 적용했다. 이들의 구금상태는 원칙적으로 형사절차의 과정이나 결과가 아니라 전장으로 돌아가는 것을 막기 위한 목적의 예방적 구금(preventive detention)이다. 때문에 이들은 형사절차의 대상이 아니며 이들의 구금기간 역시 적대상태 또는 전쟁상태의 종료와 함께 종료되거나 그렇지 않으면 미국정부의 판단에 따라 풀어주어야 할 사유가 있다고 판단되었을 때 종료된다. 한편 이러한 대상자들에 대한 심문(interrogation) 등의 행위는 범죄수사 활동이 아니며 정보수집의 성격을 가지는 정보활동이거나 적대행위의 사실관계를 밝히거나 대상분류를 위한 행정행위가 된다(Garcia, Elsea, Mason, & Liu, 2013).

두 번째 부류는 미국 이외의 다른 국가들로 이송되기를 기다리거나 석방되기를 기다리는 대상자들이다. 이들은 조사와 분류를 통해 적대행위에 참여했다고 믿어지지 않는 자이거나, 적대 행위자이지만 더 이상 미국의 국가안보에 위협이 되지 않는 자이거나, 아니면 신변상의 위협이나 해당 이송예정 국가의 안보 불안 또는 관련 정부의 고문이나 인권침해의 우려 때문에 이송이나 석방을 유예하고 있거나 이를 청원하는 자 등을 포함한다. 이들 역시 수사를 포함한 형사절차의 과정에 있는 것은 아니다. 이들의 구금은 본질적으로 일시적 또는 잠정적 수용에 해당한다 (Garcia et al., 2013).

마지막 부류가 국가의 수사권 운용의 대상이 되는 범죄자(엄밀하게 말하면 테러 범죄 혐의자)들에 해당한다. 관타나모 구금시설에 수용되어 있는 수용자들 가운데 일부는 군사재판 또는 민간 형사재판을 기다리고 있는 자들이다. 이들의 구금은 도주나 증거인멸의 우려 때문에 재판을 위한 신병을 확보하기 위한 것이다. 이 가운데 군사재판의 대상이 되는 자들은 엄밀히 말하면 일부만이 수사권 운용의 대상이 된다. 왜냐하면 일부는 전쟁범죄로 기소되어 군사재판을 기다리고 있기 때문이다. 이들의 법적 성격은 국제인도법과 국제법 위반 또는 인도주의 원칙에 반하는 반인륜적 범죄를 저지른 범죄자들이다. 따라서 엄밀한 의미에서 국가의 형사법 위반혐의가 있는 국가 수사권 운용의 대상자로 보기는 어렵다. 결국 민간 형사재판을 기다리는 자들과 군사재판을 기다리는 자들 가운데 전범대상자를 제외한 일부만이 엄밀한 의미에서 국가 수사권 운용의 대상이 된다고 볼 수 있다. 바꾸어 말하면 테러리스트들 가운데 일부가 미국정부의 수사권 운용대상이 되며 법 집행 절차에 따라 다루어지게 된다. 그리고 이러한 선택은 미국 정부의 정책적 판단에 따라 결정된다 (Garcia et al., 2013).

≫ 국내 형법상 '외환의 죄'에 해당하는 미국의 법률들

국내 형법상 '외환의 죄'에 정확히 부합하는 미국 법률의 조항을 찾기는 어렵다. 하지만 북한이나 국제테러 조직의 경우와 같이 국가의 주권범위 밖에 위치하는 해외의 적국이나 국가에 준하는 단체 또는 사적 단체로부터의 테러위협과 이러한 해외 테러세력과 연계된 내국인으로부터의 테러위협에 대응하기 위한 형사법상의 법률조항들은 존재한다. 그리고 그러한 법률조항들을 근거로 미국 정부는 해외테러세력과 이들과 연계된 내국인 테러리스트들에 대한 수사권을 행사할 수 있다. 알 카에다와 IS(Islamic State)와 같은 국제테러세력이나 테러지원 국가들을 대상으로 미국의 주권이 미치는 국내는 물론 주권이 미치지 않는 해외에서도 FBI와 같은 미국의 법 집행기관은 수사권을 행사할 수 있다. 그리고 미국의 시민권자이거나 영주권자, 그리고 외국인들까지도 이러한 테러수사권 행사의 대상에 포함된다. 미국 대법원은 전통적으로 미국 내에서 또는 해외에서 미국정부나 미국인을 대상으로 범죄를 저지른 가해자들이 어떻게 (합법이건 불법이건) 미국 법원의 재판 관할권에 들어오게 되었는지는 묻지 않으며 물리적 현실적으로 미국 법원이 재판권을 행사할 수 있으면 재판이 합법적으로 실행할 수 있다고 본다(윤민우·윤해성, 2015).

1. 음모법(Conspiracy Law)

해외테러 세력이나 테러지원 국가에 속하거나 연계된 내, 외국인 테러리스트를 처벌할 수 있는 대표적인 미국 법률 가운데 하나는 음모법이다. 미국은 원칙적으로 수정헌법 1조에 따라 단체나 조직에 가입할 헌법상의 권리를 인정한다. 범죄단체의 가입은 따라서 원칙적으로 수정헌법 1조가 부여하는 권리로 인정될 수 있다. 하지만 연방법과 대부분의 주법들은 범죄를 저지르기 위한 목적으로 음모를 꾸미는 것(conspiracy)은 형사처벌의 대상으로 규정한다. 그리고 음모를 입증하기 위해서는 그 음모가 의도하는 범죄가 실제로 발생하였다는 사실을 입증할 필요가 없다. 즉 음모 자체가 범죄를 구성하는 요건이 된다(Abadinsky, 2007: 341-342).

음모법은 알 카에다나 IS와 같은 해외테러세력이나 테러지원국가의 테러위협에 대응하기 위한 목적만을 갖는 것은 아니다. 음모법은 단지 국가나 사회, 그리고 공공안녕에 중대한 위협이 되는 모든 종류의 범죄단체 그 자체를 제거하기 위한 의도를 가진 법률이다. 즉 바꾸어 말하면, 범죄자 개인이 아니라 범죄단체 자체를 소탕하기 위한 목적으로 만들어진 법이다. 음모법의 대상이 되는 범죄단체는 따라서 갱 조직이나 마약범죄집단, 폭력적인 모터바이시클 갱, 마피아, 극우 및 극좌 테러조직과 같은 국내테러조직, 해외테러조직 및 테러지원국가, 그리고 적대국가와 같은 다양한 종류의 조직이나 단체를 두루 포함한다(Lee, 2005: 1).

음모법이 성립하기 위해서는 둘 또는 그 이상의 개인들이 어떤 범죄행위를 실행하겠다는 동의(agreement)가 있어야 한다. 여기서 범죄의 본체(*corpus of the crime*)가 되는 핵심사항은 '동의'의 존재 여부이다. 즉 범죄를 실행하겠다는 동의가 있었다는 것을 입증하는 것만으로 음모법에 의해 관련자들을 형사 처벌할 수 있다(Abadinsky, 2007: 341). 여기서 동의의 존재 여부는 수사관들이 입증해야 하는 부분이다. 하지만 그 동의가 목표로 하는 범죄가 실제로 완결되어야 음모죄가 성립하는 것은 아니다.

음모죄는 중간에 공모자들이 취소하거나 아니면 국가기관에 의해 방지되거나, 그 범죄의 완결 자체가 애초부터 현실적으로 불가능했다는 이유로 그 죄가 면제되지 않는다. 음모 가담자는 그러한 사실을 근거로 법적인 무죄를 주장할 수 없으며, 의도한 범죄를 완결하려는 진정성 있는 의도가 있었다는 사실만으로 음모죄로 처벌받을 수 있다(Abadinsky, 2007: 341).

미국의 사례를 살펴볼 때 이 음모법의 주요 적용대상은 크게 세 가지로 나뉜다. 하나는 마약범죄조직이다. 여기에는 콜롬비아나 멕시코 마약카르텔과 같은 해외 마약범죄조직 뿐만 아니라 미국의 국내 마약밀거래 조직 등이 모두 포함된다. 또 다른 하나는 갱으로 분류되는 범죄조직이다. 여기에는 주로 미국의 국내범죄단체들이 포함된다. 지역의 소규모 청소년 갱 조직부터 KKK(Ku Klux Klan)과 같은 인종주의 단체, 마피아와 같은 범죄조직, 바이커 갱 등 다양한 종류의 국내범죄단체가 두루 포함된다. 마지막으로 국, 내외 테러조직들을 들 수 있다. 여기에는 해외테러세력, 미국 내 테러세력, 그리고 테러지원 국가와 미국을 대상으로 스파이 행위를 하는 적대국가 등 다양한 안보위협세력들이 두루 포함된다. 이런 측면에서 보면 미국의 음모죄는 국내 형법의 '외환의 죄'와 정확히 일치한다고 볼 수 없으며 이를 포함한 보다 더 넓은 범위의 범죄들을 두루 포괄하는 개념으로 이해할 수 있다(Lee, 2005: 109-188).

음모법은 다음과 같은 이유들 때문에 범죄단체나 테러단체에 속하거나 관련된 자들을 처벌하기에 유용한 도구이다. 먼저, 실제 범죄결과가 발생하기 전에 차단하고 무산시킬 수 있다. 둘째, 음모의 공모자는 음모 전반에 대한 자세한 인지부족 또는 다른 공모자의 정체와 활동에 대한 무지를 이유로 처벌을 면할 수 없다. 셋째, 음모진행 과정에서 한 특정 공모자의 행동이나 발언은 음모에 연루된 모든 각각의 공모자들에 반한 증거로 법정에서 받아들여질 수 있다(Abadinsky, 2007: 342). 이 때문에 이는 전문증거법칙(hearsay rule)의 중요한 예외가 된다. 마지막으로 각각의 공모자는 각각의 모든 다른 공모자들이 저지른 모든 범죄들(음모진행 과정에서 그 음모가 목표로 하는 본질적 범죄결과와 관련 있는)에 대해 자신의 인지나 참여 여부와 관련 없이 책임을 진다. 이러한 원칙은 음모진행 과정 중 이후에 음모에 가담한 공모자에게도 적용된다. 만약 뒤늦게 참여한 공모자가 음모의 목표에 대해 충분한 인지를 한 상태에서 음모에 가담하였다면 다른 공모자들이 자신의 가담 이전에 한 범죄행위들에 대해서도 책임을 져야 한다. 이러한 음모법의 특성 때문에 음모법은 특히 범죄단체나 테러단체의 리더나 수괴를 처벌하는데 특히 유용하다. 그리고 이 때문에 범죄단체나 테러조직이나 네트워크 전체를 와해시키거나 제거하는데 효과적인 법적 도구가 된다(Abadinsky, 2007: 342).

음모법은 다양한 유형의 조직구조를 가진 범죄나 테러단체를 처벌하는데 두루 사용될 수 있다. 대체로 음모를 구성하는 몇 가지 서로 다른 조직유형이 있다. 이 음모 유형은 다른 말로 불법조직의 조직구조 유형으로 볼 수도 있다. 먼저, 바퀴형 음모(Wheel conspiracy)가 있다. 이는 마치 바퀴의 모양처럼 한 사람의 공모자가 두 명 이상의 다른 공모자들과 각각 개별적으로 연결된 구조이다. 이 때 가운데에 해당하는 공모자 개인은 음모의 핵심으로 모든 다른 공모자들과 개별적으로 결합된다. 이 관계를 바퀴살(spokes)이라고 부를 수 있다. 그리고 외곽에 위치하는 모든 다른 공모자들은 핵심 공모자 이외에 이웃한 다른 공모자들과만 연결되며 그 외의 다른 공모자들에 대해서는 알지 못한다. 이러한 핵심 공모자를 제외한 다른 공모자들 사이의 관계를 바퀴 테두리(rim)라고 부를 수 있다. 다음으로, 체인 음모(Chain conspiracy)가 있다. 이 유형은 크리스마스 트리에 장식하는 전구와 같은 형태로 한 공모자는 오직 이웃한 다른 공모자와만 연결되며 그 외의 다른 공모자들에 대해서는 전혀 알지 못한다(Abadinsky, 2007: 342). 또한, 세포형 음모(Cell conspiracy)가 있다. 세포형 음모는 핵심 공모자가 음모구조의 가운데 위치하며 다른 모든 참여 공모자들은 이 핵심 공모자와만 연결된다. 그리고 핵심 공모자를 제외한 이들 다른 참여 공모자들은 전혀 서로의 존재에 대해 알지 못하며 그리고 동시에 전체 음모의 진행에 대해서도 알지 못한다. 단지 핵심 공모자의 존재와 핵심 공모자와 자신 사이에 진행되는 음모의 일부에 대해서만 인지한다. 마지막으로, 혼합형 음모(Combination conspiracy)가 있다. 이는 위에 설명한 음모구조의 유형들을 두 개 이상 혼합해 놓은 것이다. 예를 들면 세포형 음모의 핵심 공모자는 다시 체인형 음모의 다른 공모자들과 체인구조로 결합될 수 있다. 이 때 해당 핵심 공모자는 세포형 음모의 핵심 공모자이면서 동시에 체인형 음모의 참여 공모자일 수 있다. 음모법은 이 모든 유형의 음모조직 구조에 두루 활용될 수 있다. 공통적으로 음모구조에서 협정 또는 동의가 있었다는 사실을 밝힐 수 있다면 음모구조의 유형에 관계없이 음모에 참여한 모든 참여자들은 음모법에 의한 처벌의 대상이 된다(Lee, 2005: 30-33).

음모법에 해당하는 구체적인 미 연방 법률로는 18 U.S.C. §371, 21 U.S.C. 846 과 963 등이 있다. 이와 같은 연방법률 들은 구체적인 양형과 음모죄 성립 요건에 대해 규정하고 있다. 예를 들면, 18 U.S.C. §371은 다음과 같이 규정한다.

"If two or more persons conspire either to commit any offense against the United States or to defraud the United States or any agency thereof in any manner or for any purpose and one or more of such persons do any act to effect the object of the conspiracy, each shall be fined not more than $10,000 or imprisoned not more than five years or both."

이 규정에 따르면, 음모죄가 성립되면 1만 달러 이하 또는 5년 이하의 징역에 처해질 수 있으며 경우에 따라서는 벌금형과 징역형에 동시에 처해질 수 있다. 특히 이 음모법의 양형은 음모행위 과정 중에 해당되는 탈세, 서류위조, 테러예비 또는 실행, 범죄단체구성 등과 같은 다른 관련 범죄들과 별도로 부과되는 것으로 만약 다른 형사법의 위반사항에 따른 양형이 별도로 더해진다면 그 벌금이나 징역의 양형은 가중해서 더 증가할 수 있다. 또한 음모죄 성립 요건 역시 미국국가나 미국 연방기관에 대한 어떤 종류의 범죄행위나 사기행위를 실행하기 위한 모의나 모의의 목적을 달성하기 위한 어떤 종류의 실행도 모두 음모죄에 해당하는 것으로 정의된다(Doyle, 2016: 1-3). 한편 이러한 연방법들 이외에도 각 주들도 주법에 따라 독자적인 음모법을 연방법과 유사하게 두고 있다(Lee, 2005: 3).

뉴욕 남부법원(the Southern Distric of New York)의 John Martin 판사는 음모법에 대해 다음과 같이 제시한다. 먼저, 음모는 그 음모가 목표로 하는 실체 범죄(substantive crime)와는 완전히 별개의 범죄에 해당한다. 때문에 음모 그 자체가 범죄가 된다. 또한 그 음모의 성립 요건이 되는 동의 역시 반드시 언어나 특정한 단어의 교환을 통해서만 이루어지는 것이 아니며 눈짓, 표정 등과 같은 모든 의사교환의 수단을 포함한다. 즉 어떤 방식으로든(in any manner) 동의가 성립될 수 있다고 본다. 바꾸어 말하면 비언어적 방식에 의해서도 동의가 발생할 수 있다(Lee, 2005: 4).

음모가 성립하기 위해서 본질적으로 2명 이상을 필요로 하지만 예외적으로 1명인 경우에도 음모죄가 성립할 수 있다. 이를 다수 요건(plurality requirement)이라 한다. 예를 들면 한 명의 음모 가담자가 국가수사기관의 비밀요원(undercover agent)이나 정보원(informants), 또는 조력자와 음모에 대한 동의를 하였을 경우 실제로 처벌의 대상이 되는 범죄자는 1명일 수 있다. 이 경우에도 해당 범죄자의 음모에 대한 가담의 진정성이 있다면 음모죄로 해당 범죄자를 처벌할 수 있다(Lee, 2005: 6-9).

음모죄에 대한 처벌은 앞서 18 U.S.C. §371에서는 1만 달러 이하 또는 5년 이하의 징역으로 규정한다. 하지만 이와는 별도로 일반적으로 음모죄의 처벌은 그 음모가 목표로 하는 범죄가 완결되었을 때 그 범죄에 해당하는 처벌의 수준과 동일하다. 또한 동시에 음모 가담자들은 음모의 시작에서 종료까지의 기간 중에 발생한 모든 부가적인 실체 범죄에 대해서도 그에 해당하는 처벌의 대상이 될 수 있다. 음모 가담자들에 대한 처벌과 관련하여 핑커톤 이론(the Pinkerton theory)이 적용된다. 이 이론은 1946년 미 대법원 판례에서 확립되었다. 이 이론에 따르면, 다른 음모 가담자가 음모의 완결과 관련이 있거나 음모의 성공을 위해 필수적인 범죄를 저질렀을 경우 그 범죄에 대해서도 처벌의 대상이 된다. 그 범죄 행위에 대해 몰랐거나 전혀 관련이 없을 경우에도 다른 모든 음모 가담자들은 범죄를 저지른 가담자와 동일한 형사책임을 진다. 하지만 다른 가담자가 음모와 전혀 관련이 없는 범죄를 저질렀을 경우에는 이와 관련이 없는 다른 음모 가담자는 처벌의 대상이 되지 않는다. 예를 들면, 폭탄테러를 모의한 음모 가담자들 가운데 한 특정 가담자가 폭탄을 실어 나를 차량을 훔치게 된다면 이를 인지하지 못했거나 이와 전혀 관련이 없는 다른 모든 가담자들 역시 이 차량 절도에 대한 책임이 있으며 형사처벌의 대상이 된다. 하지만 같은 상황에서 이 특정 가담자가 자신이 마시기 위한 맥주를 훔쳤다면 이 맥주는 폭탄테러의 음모와 전혀 무관한 것이기 때문에 이 맥주 절도와 관련이 없는 다른 가담자들은 법적인 책임을 지지 아니하며 따라서 처벌의 대상이 되지 않는다(Lee, 2005: 5, 14-15).

음모죄 성립의 핵심적 사항 가운데 하나는 명백한 행위들(overt acts)이 있어야 한다. 음모가 실제로 진행되고 있는 것을 입증하기 위해서 수사당국은 적어도 하나의 (음모를 실행에 옮기는) 명백한 행위를 입증해야 한다. 이 명백한 행위는 반드시 범죄적 성격일 필요는 없다. 예를 들면 국제적 마약 밀거래를 음모한 가담자 가운데 한 명이 선박구매 계약을 체결하는 것은 이 명백한 행위에 해당된다. 명백한 행위의 사례들로는 전화통화, 범죄모의를 위한 미팅에 참여하기 위해 여행하는 것, 범죄에 사용될 용품들을 구매하는 것, 범죄에 사용될 차량이나 창고, 장비, 비행기 등을 렌트하는 행위, 범죄행위를 위해 무선전화를 개통하는 것 등이 포함된다(Doyle, 2016: 8).

만약 음모 가담자가 음모의 종료 이전에 음모로부터 철수하려 하였다면 철수를 증명할 수 있는 구체적이고 명백한 적극적인 행위를 하여야 한다. 단순히 음모의 가담을 회피하거나 다른 가담자들을 회피하였다는 것은 음모로부터의 철수로 간주되지 않는다. 적극적인 행위를 입증하려면 경찰이나 수사당국에 그러한 의도나 사실을 통지하거나 아니면 동료 가담자들에게 철수하려는 자신의 의사를 분명히 전달하여야 한다. 이 경우 해당 음모 철수자는 철수한 시점 이후의 음모행위에 대해서는 법적인 책임을 지지 아니한다. 하지만 음모 철수 이전의 음모행위에 대해서는 법적인 책임을 져야 한다(Lee, 2005: 15-16).

음모의 기간은 다음의 두 가지 방법 중 하나로 종료된다. 먼저 음모는 목표로 한 불법행위가 완결되어 목표가 달성되었을 때 종료된다. 즉 테러리스트가 폭탄테러를 음모하였다면 폭탄테러의 발생시점이 음모가 종료된 것으로 본다. 두 번째는 목표로 한 불법행위가 완결되지 못하고 도중에 종료되는 경우이다. 이 경우는 음모 가담자가 도중에 음모진행을 포기하거나 아니면 수사당국의 노력에 의해 체포되거나 하여 음모가 도중에 무산된 경우에 해당될 수 있다. 미 대법원은 음모의 기간과 관련하여 수사당국이 음모의 진행과정에 개입하여 음모 가담자 가운데 하나를 수사 협조자로 설득하여 불법음모진행을 계속 진행하게 한 경우에도 음모가 계속 진행된 것으로 본다고 판결했다. 이 판결은 2003년 마약밀거래 재판에서 나온 것으로 수사당국이 마약 밀거래에 가담했던 한 트럭기사를 체포한 뒤 그를 협조자로 전환시켜 마약배달을 계속하게 하였다. 법정에서 피고 측은 수사당국이 트럭기사를 체포한 시점에서 이미 음모가 실현될 수 없는 상태였으며 따라서 그 시점을 음모의 종료시점으로 보아야 한다고 주장했다. 때문에 피고 측은 그 이후의 진행과정은 마약거래의 음모가 원천적으로 실현 불가능했기 때문에 음모에 해당되지 않는다고 주장했다. 이에 미 대법원은 음모법은 그러한 자동 종료 규정(automatic termination rule)을 담고 있지 않으며 체포된 자 이외의 나머지 음모 가담자들은 음모가 지속되고 있다고 믿었으며 음모를 포기하지도 음모에서 철수하지도 않았으며 특별한 음모와 관련된 위험은 여전히 남아있었기 때문에 음모의 종료로 볼 수 없다고 판결했다. 이러한 미 대법원의 만장일치 판결은 체포한 음모 가담자를 전향시켜 협조자로 활용하여 음모를 지속시키게 하는 수사기법이 합법적으로 활용될 수 있다는 것을 지지한다(Lee, 2005: 16-17).

음모의 종료 문제와 관련하여 미국의 사례는 음모가 단순히 음모 가담자의 체포에 의해서 종료되는 것은 아니라는 사실을 보여준다. 음모는 오직 음모의 목표가 달성되거나 또는 목표에 도달하려는 노력이 완전히 좌절되어 음모의 목표가 완전히 실패했을 때에만 종료된다. 때문에 이슬람 극단주의 지하드 테러음모와 같이 계속되는 음모의 경우 음모 가담자가 여러 번에 걸쳐 체포되고 처벌되지만 다른 가담자들이 음모를 계속 이어가기 때문에 음모가 계속되고 있는 것으로 본다. 특히 이 가담자들은 다섯 명의 미국인 이슬람교도들의 지하드 사례에서 보듯이 이들이 알 카에다 테러 조직을 지원하려는 음모의 목표를 가졌지만 결코 알 카에다 조직의 정식 조직원들을 만난 적이 없으며 단지 알 카에다 대표를 만나서 자신들에 대한 지원을 제공 받으려는 목적으로 해외로 여행을 시도하였다가 체포된 경우에도 계속되는 알 카에다 테러음모의 가담자로 간주되어 음모법에 의해 처벌받았다(Lee, 2005: 18-19).

연방법에 따라 음모법의 재판관할권이 주어진다. 재판관할권은 음모에 대한 동의(agreement)가 발생한 지역의 관할 법원, 또는 음모의 목표달성을 위해 어떤 명백한 행위(overt act)가 발생한 지역의 관할 법원이 재판관할권을 가진다. 한편 미국의 주권범위를 넘어서는 해외에서 동의나 명백한 행위가 발생한 경우에는 워싱턴 특별구(Washington, D.C.)의 연방법원이 재판관할권을 행사한다. 재판관할 법원에 대한 인지는 수사당국의 음모수사에서 매우 중요하다. 대체로 음모 사건의 경우 음모의 동의와 명백한 일련의 행위들이 여러 재판관할권에 걸쳐 발생한다. 때문에 수사당국은 어떤 법원에 사건을 가져갈지 선택할 수 있다. 이 경우 선택 가능한 법원과 해당 법원의 판사들의 특성과 성향을 미리 파악하여 수사당국에 가장 우호적인 법원에 사건을 기소할 수 있다. 이 경우 담당 검사와의 긴밀한 협조 하에 사건을 기소할 법원을 선택하여야 할 것이다(Doyle, 2016: 18).

2. 반테러리즘과 효과적인 사형법 1996
(Antiterrorism and Effective Death Penalty Act of 1996: AEDPA)

AEDPA는 1993년 람지 유수프에 의한 세계무역빌딩 1차 폭탄테러사건과 곧이은 1995년 티모시 멕베이에 의한 오클라호마 머레이 연방빌딩 폭탄테러사건에 대한 대응이다. 이 법의 가장 큰 특징은 일부 테러범죄에 대해 사형에 처할 수 있도록 한 것이다. 또한 이 법은 다음과 같은 내용들을 포함한다. 먼저 테러리즘 피해자에 대한 보상과 지원을 제공한다. 둘째, 해외 테러조직들에 대한 지정과 그에 대한 자금 지원을 금지한다. 셋째, 외국인 테러리스트들의 강제퇴거와 제거 그리고 정치적 피난처 신청절차에 대해 개정한다. 넷째, 핵, 생물학, 또는 화학 무기에 대해 제한한다. 다섯째, 플라스틱 폭발물 협정을 이행한다. 여섯째, 처벌의 강화와 형사절차 개정을 포함한 테러리스트 또는 폭발물 관련 범죄를 포함한 형법을 개정한다. 일곱째, 폭탄제조물질에 관한 제한에 대한 헌법합치성(constitutionality)을 판단하는 연구를 실시한다. 여덟째, 테러리즘 위협과 관련된 법 집행을 위한 예산 변경과 사법관할권의 명료화를 실행한다. 마지막으로, 여러 부수적인 조항들이 포함된다.

정부당국의 범죄수사와 관련하여 이 법의 가장 특징적이며 논쟁적인 사안 가운데 하나는 이 법이 정부(행정부)의 범죄수사사건에 개입할 수 있는 연방법원(사법부)의 권한을 제한한다는 것이다. 미 대법원은 이 법과 관련하여 몇몇 극히 예외적인 경우를 제외하고는 주 법원에서 형이 확정된 사건을 뒤집을 수 없다고 해석하였다. 이는 미국의 전통적인 인신보호청구권(habeas corpus)법의 주요한 수정에 해당한다. 주 법원에서 부당하게 판결할 경우에 주요한 안전장치로 기능하던 연방법원의 인신보호청구권에 관한 청원수락과 이에 대한 심리가 AEPDA법과 이에 대한 연방대법원 판결에 의해 작동하기 어렵게 되었다. 이는 테러사건 심리에서 주 법원의 권한이 훨씬 강화되게 되는 결과를 만들어 낸다. 주로 인신보호청구권 관련 법적 논쟁은 정부의 불법 또는 부당한 체포(unreasonable seizures)를 금지한 미 수정헌법 4조의 조항에 대한 다툼이다. AEPDA는 이러한 수사과정에서의 체포와 관련된 위헌 여부에 대한 사법적 견제장치를 대폭 완화시킴으로써 수사당국의 테러사건 수사와 테러용의자 체포에 있어 위헌논쟁과 관련된 부담을 덜어주었다. 더불어 테러혐의자가 인신보호청구권을 사용하여 지속적으로 연방의 상급법원에 항소함으로써 발생하는 테러용의자의 사법처벌의 상당한 지연의 문제 역시 해소할 수 있게 되었고 신속한 테러용의자에 대한 사법처벌이 가능하게 되었다(Blume, 2006: 259-297).

이 밖에도 AEDPA법은 정부당국의 수사권 행사에 다음과 같은 이점을 제공한다. 먼저, 외국인 테러 용의자들을 신속하게 강제 추방시킬 수 있게 되었으며, 국내와 해외를 막론하고 미국인들을 대상으로 테러를 감행할 경우 미국 검사들은 이들을 처벌할 수 있으며 테러범죄를 위한 자금모금과 지원역시 처벌의 대상이 된다. 특히 외국인 테러 용의자의 추방과 관련하여 추방절차 진행에 미국 사법체계의 일반적인 정당한 법적 절차(due process)에 관한 원칙들이 적용되지 않는다. 때문에 외국인 테러 용의자들의 경우 일반 형사사법절차와 무관하게 심리되고 추방될 수 있다. 또한 정부당국은 수사와 재판이 진행되고 있다는 사실을 용의자, 피의자, 또는 피고인에게 알릴 필요가 없으며 이들은 변호인의 조력을 받을 권리나 자신에게 불리한 증거나 증인을 마주할 권리, 자신의 범죄를 스스로 자백하지 않을 권리, 미란다 고지를 받을 권리 등의 일반적인 헌법상의 권리가 인정되지 아니한다. AEDPA는 또한 정부가 테러 용의자로 의심하는 조직이나 집단들을 수사하는 권한 역시 강화시킨다. 이 법에 따라 전자감시법이 훨씬 완화되었으며 대통령은 국가안보를 위협한다고 판단되는 활동에 대해 임의적으로 범죄화할 수 있으며 특정 테러의심 조직이나 집단을 선택적으로 집중수사대상으로 삼을 수 있다. 예를 들면, 1995년 오클라호마 폭탄테러가 발생 한 10주 뒤에 테러 조직들로 지목된 12개의 중동 조직들의 모든 금융 거래를 금지했으며 어떤 목적이건 미국시민이 이들 조직들에 지원을 제공하는 것을 금지했다(Pillar, 2001: 85-97).

3. 공갈범의 영향아래 있는 부패한 조직법
(the Racketeer Influenced and Corrupt Organizations Statute: RICO)

RICO법은 조직범죄를 처벌하기 위해 제정된 가장 중요한 법률 가운데 하나이다. RICO법은 공갈(racketeering)활동의 경향성(pattern)에 연루된 사업체(enterprise)에 참가한 것 자체를 범죄로 규정한다. 때문에 음모법에서 요구하는 '동의'를 입증할 필요가 없으며 단지 어떤 개인이 이 공갈 경향성에 연루된 사업체에 참여하거나 관련이 있다는 사실을 입증하는 것만으로 해당 개인을 RICO법으로 처벌할 수 있다. 이 때문에 사업체에 연루된 모든 이들을 한 번에 처벌할 수 있는 대규모 재판(mass trials)이 가능하며 가담한 각각의 조직원들은 각각의 범죄기소 사항에 대해 20년 징역형에 처해질 수 있을 정도로 상당한 수준의 형사처벌이 가능하다(Abadinsky, 2007: 342-343).

공갈행위(racketeering)의 정의는 우리 형법과는 다르며 훨씬 더 넓은 의미를 가진다. 우리 형법에서 공갈은 '사람을 공갈하여 재물의 교부를 받거나, 재산상의 이익을 얻거나, 또는 제3자로 하여금 재물의 교부를 받게 하거나 재산상의 이익을 얻게 하는 범죄'(형법 350조)로 정의되어 경제적 이익과 관련된 범죄로 한정된다. 이 때문에 공갈관련 범죄는 경제적 이익을 목적으로 한 조직범죄 또는 일반범죄 등의 범죄에 한정되며 경제적 이익을 목적으로 하지 않는 테러범죄에 적용될 소지가 거의 없다. 하지만 미국의 경우 이 racketeering은 훨씬 더 넓은 의미로 정의된다. RICO법의 정의에 따르면, racketeering은 살인, 유괴·납치, 도박, 방화, 강도, 뇌물, 갈취, 또는 마약거래 등의 다양한 범죄와 관련된 모든 행위 또는 위협으로 정의된다. 때문에 테러와 같은 비경제적 목적을 추구하는 공갈관련 범죄 역시 이 racketeering의 정의에 포함될 수 있다(Abadinsky, 2007: 343).

한편 사업체의 정의 역시 반드시 경제적 목적을 위한 단체일 필요는 없다. 이 enterprise는 경제적 이윤을 추구하는 기업 등의 의미를 포함한다. 하지만 이외에도 비경제적 목적을 포함한 여러 다른 성격의 조직이나 단체를 포함한다. 또한 조직의 구조 역시 위계적 관료조직이나 전통적 기업체 구조를 포함하여 여러 다른 형태의 조직구조를 가진 단체나 조직 등을 포함한다. RICO법에서 enterprise는 모든 개인, 협력관계(partnership), 회사(corporation), 결사(association), 또는 다른 법적 실체(other legal entity), 그리고 모든 노조(union) 또는 개인들의 집단(group)을 포함한다. 더욱이 이 enterprise는 반드시 법적인 실체일 필요는 없으며 비법적 또는 불법적 성격의 결합체나 네트워크 역시 포함하는 개념이다. 이 때문에 테러단체나 조직, 네트워크나 결합체 역시 이 enterprise의 개념에 포함될 수 있다(Abadinsky, 2007: 343).

음모법과 비교할 때 RICO법의 장점은 마피아 조직이나 알 카에다처럼 수십 년간 지속되는 거대하고 복잡한 음모조직을 처벌하기 위해 그 구성원들 사이에 맺어진 무수히 많은 구체적 음모에 관한 동의들을 일일이 입증할 필요가 없다는 것이다. 단지 공갈행위의 패턴을 가진 사업체의 존재를 입증하고 어떤 개인이 그 사업체에 가담하거나 연루되었다는 사실만 입증한다면 해당 범죄자나 테러리스트를 RICO법으로 처벌할 수 있다. 이 때 그 공갈이 처벌 대상이 되는 개인이 아닌 다른 조직원들에 의해 저질러졌을 경우에도 해당 개인의 책임소재 여부와 무관하게 공갈혐의로 처벌이 가능하다. 이 때문에 RICO법은 특히 범죄단체의 수괴나 지휘부, 리더 들을 처벌하는데 매우 유용하다(Abadinsky, 2007: 342).

미국에서도 RICO법이 마피아나 마약카르텔과 같은 경제적 이윤을 추구하는 범죄단체에만 적용되는 것인지 아니면 테러조직과 같은 비경제적 목적의 범죄단체에도 두루 적용될 수 있는 것인지에 대한 논의가 있었다. 사실상 RICO법을 통해 국제테러리즘 조직과 이에 대한 지원세력을 공격할 수 있다. 하지만 일부에서는 RICO법은 마피아와 같은 경제적 이윤을 추구하는 불법조직에 대해서만 적용되며 따라서 경제적 이윤추구를 목적으로 하지 않는 국제테러세력에 적용하기에는 부적절하다고 주장한다(Joseph, 1990: 1072-1073). 미 대법원은 이러한 쟁점에 대해 RICO법은 피고인들이 경제적 동기를 가져야할 것을 요구하지 않는다고 판결했다. 이 판결은 따라서 RICO법이 비경제적 목표를 추구하는 국제테러조직에도 적용될 수 있음을 지지한다(Abadinsky, 2007: 344).

RICO법을 적용하기 위해 주요한 판단의 근거가 되는 경향성(pattern)은 둘 이상의 범죄가 서로 관련이 있어야 한다. 서로 상관없이 고립된 둘 이상의 별도의 범죄들은 경향성을 형성하지 않는다. 적어도 둘 이상의 범죄가 10년 이내에 상당한 기간에 걸쳐 어떤 관계를 형성해야 한다. 그리고 이 관계성은 관대하게 해석되어야 한다고 법률에 명시되어 있다(Abadinsky, 2007: 344).

　RICO법에 따른 처벌은 상당히 무겁다. 이 법을 위반하였을 경우, 25,000 미국 달러 이하의 벌금에 처해지거나 20년 이하의 징역에 처해질 수 있으며 벌금형과 징역형을 동시에 처분 받을 수도 있다. 또한 위와 같은 형사처벌과는 별도로 민사 소송상의 몰수에 처해질 수도 있으며 정부는 재판 전에 피고인의 자산을 동결할 수 있다(Abadinsky, 2007: 344).

　RICO법은 매우 효과적인 법 집행 도구가 되어 왔다. 이 법이 원래 공격대상으로 삼았던 마피아 조직들은 상당한 피해를 입었다. 1990년까지, 1,000명 이상의 거물급 또는 일반 범죄조직 조직원들이 형 확정을 받았고 상당한 장기간의 징역형을 받았다. 뉴욕의 5대 마피아 조직 패밀리들의 조직체계 전체가 기소되었고 상당한 타격을 받았다. 그 외에도 보스톤, 클리블랜드, 덴버, 캔사스 시티, 밀워키, 뉴 저지, 필라델피아, 피츠버그, 그리고 세인트 루이스의 범죄조직들이 궤멸되었다. RICO법은 작은 규모의 범죄조직 두목이나 특정 범죄 가담자들 또는 큰 조직의 하급 조직원들을 목표로 하기보다는 범죄조직 전체의 모든 위계체계를 궤멸시킬 수 있도록 하는 수단을 정부당국에 제공했다(Abadinsky, 2007: 344-345).

　위의 사례로 든 음모법, AEDPA법, RICO법 등은 각각 배타적으로 적용되지 않으며 동시에 서로 중첩되어 적용될 수 있다. 이러한 점이 미국 법체계의 특징이며 이 때문에 미국 정부당국은 특히 강력한 테러리즘에 대한 공격수단을 가질 수 있게 된다. 예를 들면, 특정 테러조직이나 테러리스트들을 상대로 수사활동을 수행할 경우 음모법과 AEDPA법, 그리고 RICO법을 동시에 적용할 수 있다. 이 경우 테러리스트들은 자신의 테러음모 수행과정에서 둘 이상의 법에 동시에 처벌 대상이 될 수도 있다. 이 경우 위반행위에 대한 처벌 역시 각각 별개로 기소되고 형사처벌을 받을 가능성이 존재하며 이는 테러음모자에 대한 형의 가중이라는 결과를 만들어 낼 수 있다.

》 국제테러리즘 수사에 있어 적용되는 법률들에 관련된 구체적인 수사기법들과 관련 법적 사안들

　앞서 국제테러리즘에 대한 수사권 운용과 관련하여 미국의 정부당국이 수사활동에 활용할 수 있는 법률들에 대해 살펴보았다. 이 장에서는 이러한 법률들로 국제

테러세력을 공격하고 처벌하기 위해 구체적으로 활용 가능한 수사기법들과 관련 법적 사안들에 대해 살펴볼 것이다. 흥미로운 사실은 그것이 음모법이건 RICO법이건, 아니면 AEPDA법이건 실제 수사과정에서의 수사기법들과 관련 법적 사안들은 사실상 거의 동일하다는 점이다. 바꾸어 말하면, 이러한 기법들과 사안들은 앞서 소개한 모든 법률의 적용에 두루 사용될 수 있다. 때문에 여기에서는 그러한 기법들과 사안들에 대해 법률적 구분 없이 함께 소개할 것이다.

1. 수사절차 상에서의 이점들

음모법 등은[1] 용의자 체포 시부터 법정에 기소하여 재판을 진행하는 과정까지의 수사, 기소 및 재판절차에서 상당한 이점을 정부당국에 제공한다. 이러한 이점들은 심문과정에서의 이점, 기소과정에서의 이점, 그리고 재판과정에서의 이점으로 나뉘어 생각해 볼 수 있다. 먼저 수사심문과정에서는 체포된 용의자로부터 자백과 증언, 그리고 협조를 이끌어 낼 수 있는 중요한 지렛대를 제공한다. 테러모의의 한 가담자가 한 불법행위(불법행위의 준비행위를 포함하는)는 다른 가담자나 조직원에게도 형사처벌의 조건이 된다. 이 때문에 체포된 용의자의 협조나 증언, 자백을 근거로 해당 테러 가담자에 대한 처벌의 감경이나 면제를 협상조건으로 내세울 수 있으며 동시에 그 외 다른 가담자를 처벌하는 법적 증거로 활용할 수 있다. 특히 이 경우 테러조직이나 테러모의의 리더나 수괴, 또는 주요한 핵심인물을 이러한 협상을 통해 처벌할 수 있으며 궁극적으로 테러조직이나 테러모의의 구조 전체를 파괴하거나 제거할 수 있다(Lee, 2005: 36-37).

또 다른 이점은 기소과정에서 나타난다. 만약 여러 명의 테러모의자들이 둘 이상의 서로 다른 형사재판에 기소될 경우에 동일한 증거가 서로 다른 재판에 두루 쓰일 수 있다. 즉 별개의 다른 형사재판을 위한 다른 추가적인 증거가 필요하지 않다는 의미이다. 때문에 정부당국은 귀중한 수사시간을 절약할 수 있다. 음모법 등에서는 불법행위에 대한 책임이 모든 테러가담자에게 공통적으로 적용될 수 있기 때문에 이러한 기소상의 이점을 정부당국에 제공한다(Lee, 2005: 36-37).

재판과정에서 음모법 등이 제공하는 주요한 이점은 전문증거배제의 원칙(hearsay rule)의 예외원칙이 인정된다는 점이다. 일반적으로 재판에서 전문증거는 법적인 증

---

1 편의상 이하에서는 음모법, AEDPA법, RICO법 등을 함께 '음모법 등'으로 표현한다.

거효력이 없다. 전문증거란 다른 사람으로부터 전해들은 말이나 행동, 그리고 행위들을 의미한다. 원칙적으로 재판에서는 법정에 증인으로 출석한 본인이 직접 들은 말이나 직접 목격한 행동이나 행위만 증거로 인정되며 법정에 출석하지 않은 제3자가 듣거나 목격한 사항들을 건너 들은 경우에는 법정에서 증거로 받아들여지지 않는다. 하지만 예외적으로 이와 같은 전문증거가 예외적으로 법정 증거효력을 갖는 경우가 있는데 음모법 등의 사건에서는 이러한 예외적용 사안에 해당한다. 이 때문에 정부당국은 법정에서 테러모의자인 피고의 유죄를 입증하기 위한 매우 유리한 위치에 서게 된다. 정부당국과 협조한 테러가담자가 법정에서 다른 테러가담자들에 반해서 증언을 할 필요가 없다. 이 때문에 테러가담자의 협조를 설득하는 심문과정에서 좀 더 유리한 협상의 지렛대를 정부당국에 제공한다. 또한 수사나 정보당국의 비밀요원이나 정보원 등의 법정 밖 증언이 증거효력을 갖게 되며 이들이 직접 법정에 출석하여 증언하지 않아도 되게 된다. 이 때문에 정부당국의 비밀수사망을 노출하지 않아도 되며 비밀수사관이나 정보원의 신분을 밝히지 않아도 되는 이점을 정부당국에 제공한다(Lee, 2005: 36-37).

2. 수사기법들

음모법 등에서 활용되는 수사기법들은 일반형사사건 수사기법들보다는 좀 더 장기간의 보다 체계적이며, 은밀한 방법들이 활용된다. 또한 많은 인력과 기술이 동시에 투입되는 협력적인 활동이다. 구체적인 수사기법들은 다음과 같다. 먼저 음모법 등의 수사활동에서는 인간첩보(HUMINT)와 유사한 인적인 요소들을 활용한 침투와 잠입이 활용된다. 인적요소는 테러음모 써클 내의 신뢰할 수 있는 협조자(confidential informants)를 활용하거나 아니면 비밀 수사관(undercover agents)을 직접 테러 써클 내로 잠입시키는 방식으로 활용된다. 협조자들은 스스로 정부당국에 협조할 것을 제안하거나 아니면 정부당국에 의해 포섭될 수 있다. 포섭할 경우에는 협조자들의 약점이나 중요하게 생각하는 사안들(예를 들면, 돈, 도박, 마약, 여자, 가족, 복수 등)을 파악하고 이를 지렛대로 협조를 이끌어 낼 수 있다. 협조자를 활용할 경우 염두에 두어야 할 사항은 비록 협조자의 진술이 전문증거예외 사항으로 증거효력을 갖긴 하지만 여전히 협조자의 신뢰성 문제가 법정에서 다투어질 수 있고 이 경우 협조자의 증언이 법정에서 쓸모가 없을 수도 있다. 이는 협조자가 대체로 범죄자이거나 테러리스트로서 그의 진술에 대한 신뢰성 문제가 제기될 수 있으며 자신의 형의 감경이나 면제의 조건으로 증언할 경우 이 자체가 법정에서 진술의 신뢰성에 대한 다툼의 쟁점이 될 수 있다. 한편 비밀수사관의 경우 법정에서 증거의 신뢰성 문제가 제기되지 않는다. 비밀수사관은 미 법정에서 전문가 증언의 효력을 가진다. 하지만 비밀수사관의 경우는 협조자와 비교할 때 상대적으로 테러음모 써클 내로 침투가 어려울 수 있다. 이와 관련하여 협조자가 비밀수사관의 침투를 스폰서하거나 아니면 테러음모 가담자들이 필요로 하는 돈세탁, 무기조달, 위조서류나 증명서 제공과 같은 불법적 서비스를 제공하는 자로 가장하여 침투하는 방법을 사용하기도 한다(Lee, 2005: 43-45).

음모법 등에서는 언제든지 정부당국에 의한 자산압수가 가능하다. 테러음모 사건의 경우 테러자금의 확보 및 전달, 테러에 사용될 무기 및 물품의 조달, 가명을 사용한 거주지 임대와 차량 구입 또는 렌탈, 이메일이나 전화 또는 우편을 사용한 가담자들 사이의 연락 등의 여러 명백한 행동(overt act)들을 필요로 한다. 이 경우 테러목적의 모든 행동들에 해당하기 때문에 원칙적으로 미 연방법들을 위반하게 된다. 이 때 법적인 책임은 모든 가담자들이나 조직원들에게 공통적으로 해당된다. 이러한 사실이 확인되었을 경우 연방 압수영장이 발부될 수 있으며 수사관들은 자산, 차량, 돈, 은행계좌 등의 여러 자산에 대해 모든 가담자들이나 조직원들을 대상으로 자산압수가 가능하다. 더욱이 이 경우 테러의 직접가담자가 아니더라도 명의를 빌려주어 테러가담자의 자산 구입이나 렌탈을 도왔을 경우 이러한 명의 제공자도 음모법 등의 위반으로 기소가 가능하다(Lee, 2005: 45-46).

음모법 등의 수사에서 기술이나 장비를 사용한 감시나 증거 수집은 중요한 부분을 차지한다. 우선 적외선 카메라 등의 영상 장비나 녹음장치 등을 사용한 감시(surveillance)를 수행할 수 있다. 이 때, 고정식 감시나 이동식 감시 등 다양한 방법이 사용된다. 또한 전화이용상황 기록 장치(pen registers)도 사용된다. 이러한 장치의 사용과 설치에는 법원명령이 필요하다. 이 밖에도 전화도청장치(wiretaps)와 전자신호전송장치(electronic transmitters) 등도 활용된다. 전화도청장치는 판사의 명령에 의해 사용될 수 있다. 법원명령이 만료된 경우에 모든 도청파일과 기록의 복사본이 기소된 각각의 피고인의 변호인들에게 제공되어야 한다. 또한 도청 중 대화가 기록되거나 대화 내용 중 지목된 모든 사람들에게 자신들의 대화와 신원이 수사과정 중 도청을 통해 파악되었다는 사실을 알려주어야 한다. 전자신호전송장치는 집, 사업체, 호텔방, 자동차와 그 외 장소에 용의자 사이의 대화를 엿들을 목적으로 설치될 수 있다. 전자신호전송장치는 원칙적으로 대화 참여자 가운데 일방이 동의한 경우에는 영장을 필요로 하지 않는다. 이 경우 대화의 일방이 정부당국의 협조자나 비밀수사관인 경우에도 동일한 원칙이 적용되어 영장을 필요로 하지 않는다. 예를 들면 영장 없이 비밀수사관이 숨겨진 신호전송장치를 몸에 부착하여 테러모의자와 대화내용을 기록한 경우에도 영장을 필요로 하지 않는다. 하지만, 대화 참여자의 그 누구로부터도 동의를 구하지 않은 경우에는 법원명령을 필요로 한다(Lee, 2005: 47-53). 최근 들어서는 이메일에 대한 감시나 컴퓨터 파일 등의 증거확보가 보다 중요해지고 있다. 법원명령을 통해 이메일의 트래픽과 내용을 열어볼 수 있으며 테러용의자의 이메일 계정을 열어보기 위해 용의자로 하여금 자신의 아이디와 패스워드에 관한 정보를 제공하도록 강제할 수 있다. 마찬가지로 컴퓨터 아이디와 패스워드, 트위터나 인스타그램 등의 계정에 대한 아이디와 패스워드를 법원명령을 통해 강제함으로써 이에 대한 내용을 열어볼 수 있다(UNODC, 2012). 한편 정부당국은 법원명령을 통해 해킹을 통해 수사증거 수집을 실행할 수 있으며 바이러스 유포를 통해 테러용의자의 사이버 상의 경로를 역추적하여 범죄증거를 수집할 수도 있다(UNODC, 2012).

음모법 등의 수사에서는 우편물 감시(mail cover)나 쓰레기 수거(trash runs)등의 기법들도 수사증거 수집에 유용하게 활용된다. 우편물 감시는 미 연방 우편국(the U.S. Postal Service)이 테러 음모 가담자가 주고받는 우편물의 발신자와 수신자의 이름과 주소 등을 수사당국에 제공할 수 있다. 우편물 감시는 기본적으로 용의자가 주고받는 발신인과 수신인의 정보만을 대상으로 하며 우편물의 내용을 열람하는 것은 아니다. 때문에 법원명령을 필요로 하지 않는다. 단지 수사당국의 책임자가 우편국의 감독관에게 협조 문서를 전달하면 된다. 물론 내용열람을 위해서는 법원명령이 필요하다. 우편물 감시는 용의자의 라이프스타일이나 소비습관을 파악하기 위한 쉬운 방법일 뿐만 아니라 테러음모의 다른 가담자들을 파악하는 것과 같은 수사의 방향을 제공하는데 유용하다. 예를 들면 우편물 감시를 통해 갑자기 용의자가 화학약품이나 전기설비나 부품들을 구매하는 사실이 파악된다면 이는 가까운 장래에 폭탄테러가 있을지도 모른다는 사실을 암시할 수 있다. 또한 용의자의 우편물 발송과 수신의 대상자와 패턴을 분석하면 다른 테러 가담자의 신원과 위치를 파악하는데도 유용한 정보를 제공할 수 있다(Lee, 2005: 58-59). 쓰레기 수거의 경우는 많은 정보를 제공할 수 있다. 버려지는 우편물을 통해 구매내역이나 생활습관, 건강상태 등이 파악 가능하다. 운이 좋은 경우에는 테러모의와 관련된 매우 결정적인 증거들이 버려지는 노트나 우편물 등을 통해 파악될 수도 있다. 이 밖에도 마스크, 셔츠, 신발, 장갑, 화학 약품 통, 전기부품이나 설비의 버려지는 부분들을 쓰레기 더미에서 발견함으로써 주요한 수사증거를 확보할 수도 있다. 원칙적으로 쓰레기 수거는 법원명령을 필요로 하지 않는다. 일단 집 밖에 쓰레기 수거를 기다리기 위해 놓이는 쓰레기 들은 소유권을 포기한 공유물로 간주한다. 때문에 누구나 쓰레기를 가져갈 수 있다. 이 때문에 법 논리상 수사당국은 언제든지 법원명령 없이 이러한 포기된 쓰레기를 수거해 갈 수 있게 된다(Lee, 2005: 58-59). 미 대법원은 *California v. Greenwood*[2] 판결에서 미 수정헌법 4조의 원칙이 집 밖에 놓여있는 쓰레기 수거의 대상이 되는 쓰레기의 압수에는 적용되지 않으며 영장 없이 정부당국이 쓰레기를 압수할 수 있다고 결정했다.

3. 검사와의 협조

음모법 등의 사건에서는 수사요원들과 검사와의 긴밀한 협조가 중요하여 이러한 협조관계는 수사개시 이전부터 시작하는 것이 효과적이다. 왜냐하면 복잡한 성격을 가지는 테러음모사건에서는 법정에서 테러피고인의 유죄확정을 이끌어 내기 위해서는 범죄증거의 수집과 법률적용문제, 증거와 증인의 법정효력문제, 그리고 법원과 판사의 선택, 기소전략 등 여러 복잡한 문제들을 고려해야 할 필요가 있다. 이 때문에 검사와의 초기단계부터의 긴밀한 협력은 매우 중요하다. 수사요원들과 담당 검사는 수사와 기소전략 회의를 자주 가져야 하며, 수사의 방향을 결정하고 성공적인 기소와 유죄확정을 위해 필요한 특정 증거들을 확보하기 위한 수사에 대해 논의해야 한다(Lee, 2005: 71-79).

검사와의 긴밀한 협조를 통해 테러음모 수사과정에서 발생할 수 있는 모든 종류의 범죄들에 대해 적용할 수 있는 형사법에 대해 파악하고 적용하는 전략을 취할 수 있다. 이는 테러범죄자들의 처벌 수위와 양을 높일 수 있고, 효과적으로 테러가담자와의 흥정 또는 협상(plea bargaining)을 진행하고 협조를 이끌어 낼 수 있는 유용한 수단으로 활용할 수 있다. 일반적으로 테러음모수사에서 테러용의자들이 저지른 다양한 범죄들이 파악될 수 있으며 다음과 같은 여러 가지 연방형법들이 적용될

---

2 *California v. Greenwood*, 486 U.S. 35 (1988).

수 있다(Lee, 2005: 71-79). 그러한 법률들은 다음과 같다(Lee, 2005: 72-74).

- 범죄사실 (법 집행 권한 주체에) 고지의무에 관한 법률 (18 USC 4 - Misprision of felony): 범죄에 관한 사실을 인지한 자는 법 집행기관이나 공무원에게 이 사실을 알릴 의무가 있으며, 이에 대한 불이행은 연방범죄에 해당한다. 이 법률의 인지한 자의 대상에는 음모 가담자의 아내나 여자 친구 등의 음모 가담자는 아니지만 음모 가담자와 가까운 가족이나 지인일 경우에도 해당된다.
- 연방 공무원에 대한 공격, 저항, 또는 방해금지에 관한 법률 (18 USC 111 - Assaulting, resisting, or impeding federal officers): 연방 공무원을 공격하거나 연방 공무원의 법 집행에 저항하거나 법 집행을 방해할 경우 그러한 행위는 연방법에 따른 범죄행위에 해당한다.
- 위증 또는 거짓말에 관한 법률 (18 USC 1001 - False statements): 연방 범죄수사 과정에서 연방 공무원에게 거짓말을 하는 것은 연방범죄이다.
- 체포를 방해하는 용의자 은신이나 도망자 보호에 관한 법률 (18 USC 1071 - Concealing person from arrest (harboring a fugitive)): 범죄수사과정에서 범죄 용의자를 체포하려는 법 집행 당국으로부터 숨겨주거나 법 집행 당국의 체포로부터 도망중인 도망자를 수용해 주는 것은 연방범죄에 해당한다.
- 검찰수사나 증언을 회피하기 위한 도주에 관한 법률 (18 USC 1073 - Flight to avoid prosecution or giving testimony): 검찰수사와 기소, 그리고 법정에서의 증언을 회피하기 위한 목적으로 도주하는 것은 연방범죄에 해당한다.
- 우편물 사기에 관한 법률 (18 USC 1341 - Mail fraud): 우편물을 통해 운전면허증이나 다른 신분증, 또는 서류 등을 위조의 방법으로 취득하는 것은 우편물과 관련된 연방범죄에 해당한다. 우편물을 사용하여 사기의 방법으로 자금을 대출받거나 금품을 주고받는 행위도 연방범죄에 해당한다.
- 공무원 또는 배심원에 대한 영향력 행사 또는 상해에 관한 법률 (18 USC 1503 - Influencing or injuring an officer or juror): 공무원이나 배심원에 부당한 영향을 미치려 하거나 상해를 가하는 것은 연방범죄에 해당한다.
- 범죄수사 방해에 관한 법률 (18 USC 1510 - Obstruction of criminal investigations): 증거인멸, 서류파기, 또는 수사방향을 다른 곳으로 유도하는 것 등은 범죄수사 방해에 관한 것으로 이는 연방범죄에 해당한다.
- 증인, 피해자, 또는 정보원에 대한 영향력 행사에 관한 법률 (18 USC 1512 - Tampering with a witness, victim, or informant): 증인, 피해자, 정보원 등에 영향을 미치기 위해 협박하는 것은 연방범죄에 해당한다.
- 증인, 피해자, 또는 정보원에 대한 보복금지에 관한 법률 (18 USC 1513 - Retaliating against a witness, victim, or informant): 증인, 피해자, 또는 정보원에 대해 보복의 목적으로 폭력을 행사하거나 폭력의 행사를 위협하는 것은 연방범죄에 해당한다.

- 여권 사용에 관련된 거짓 진술에 관한 법률 (18 USC 1542 - False statement in the application and use of a passport): 테러리스트는 종종 거짓 출생 신고서를 사용하여 여권신청을 하거나 다른 여권을 취득하기 위하여 합법적인 여권을 분실한 정황에 대해 거짓말을 한다. 이는 연방범죄에 해당한다.
- 여권 사용의 위조와 거짓 사용에 관한 법률 (18 USC 1543 - Forgery or false use of a passport): 여권의 사진대체를 포함한 모든 종류의 여권 변경, 조작은 연방범죄에 해당한다.
- 공갈활동 사업체를 지원하기 위한 주 간 여행과 운송 그리고 해외여행과 운송에 관한 법률 (18 USC 1952 - Interstate and foreign travel or transportation in aid of a racketeering enterprise (ITAR)): 공갈활동 사업체를 돕거나 지원하는 모든 종류의 미국 주 간의 여행이나 운송, 그리고 해외여행이나 운송은 연방범죄에 해당한다.
- 자금세탁에 관한 법률 (18 USC 1956 - Laundering of monetary instruments) : 범죄활동의 수익이나 자금의 출처를 숨기기 위한 목적의 돈의 이체행위이다. 이는 연방범죄에 해당한다.
- 특정된 불법행위로부터 파생된 자금을 사용한 자산거래 행위 금지에 관한 법률 (18 USC 1957 - Engaging in monetary transactions in property derived from specified unlawful activity): 10,000 미국 달러 이상의 거래시도는 실제 완결된 거래에 해당한다. 테러리스트가 불법행위로부터 벌어들인 수익을 사용하여 자동차나 부동산의 구입이나 임대를 할 경우이다. 이는 연방범죄에 해당한다.
- 위증에 관한 법률 (18 USC 1621 - Perjury): 선서를 한 이후에 사실에 대해 거짓말을 하는 것은 위증에 관한 연방범죄이다.
- 위증교사에 관한 법률 (18 USC 1622 - Subornation of perjury): 위증을 하도록 요구하거나, 고무하거나, 또는 금전적 보상을 하는 것은 연방범죄에 해당한다.

검사와의 협조를 통해 사면을 수단으로 수사대상 피의자나 재판과정에서의 피고인과 협상할 수 있다. 검사는 수사과정과 이후의 재판절차에서의 협조를 대가로 피의자나 피고인에게 사면을 제공할 수 있다. 이 때, 검사는 사면대상자의 특정 기소대상 범죄에 한해 사면을 제공할 수도 있으며 아니면 일정한 기간 중에 저지른 모든 범죄에 관해 사면을 제공할 수도 있다. 피의자 또는 피고인이 사면을 제공받게 되면 해당자는 프로퍼(proffer)라고 부르는 정보제공에 대한 공식 제안을 받게 되며 수사와 재판절차에서 검사의 협조를 받게 된다(Lee, 2005: 78).

앞서 언급한 대로, 음모죄 등의 수사에서는 재판관할권이 다양한 복수의 법원 가운데 한 곳의 법원에 기소를 할 수 있다. 때문에 이 과정에서 검사와의 협조와 조율은 매우 중요하다. 검사는 법원의 특성과 해당 판사의 특성, 그리고 배심원의 특성에 대해 잘 알 수 있다. 이 때문에 전략적으로 가장 우호적인 결과를 도출할 수 있는 법원과 판사를 선택하여 테러사건을 기소할 수 있다(Lee, 2005: 78).

4. 초법적 범죄인 인도(Extra Judicial Rendition)

일반적으로 범죄인 인도는 범죄인 인도협정이라는 공식적인 절차를 통해 이루어진다. 해외에 소재한 범죄혐의자의 체포와 범죄인의 국가 간 이송 등의 문제와 관련된 범죄인 인도의 문제는 양 당사국 간에 협정체결에 의해 서로 협력하거나 아니면 국제기구인 인터폴을 통한 국가 간 협조에 따라 이루어지는 것이 통상적이다. 하지만 이러한 공식적인 루트를 통한 범죄인 인도는 테러음모사건과 같은 경우에 현실적으로 그 효용성이 매우 떨어진다. 우선 공식적인 루트를 통한 범죄인 인도는 상당한 시일이 소요되어 효과적인 증거나 증언, 그리고 범죄자의 신병확보에 어려움을 겪게 된다. 또한 당사국이 범죄인의 신병인도를 거부할 경우에 그 집행이 어려울 뿐만 아니라, 많은 경우의 제3세계 국가에서는 정부당국의 부패와 무능력, 의지결여 등의 다양한 이유로 테러용의자를 파악하지 못하거나 알고도 방치하거나 하는 경우 등이 일반적이다.

이러한 현실적 어려움에 직면하여 미국 정부당국은 초법적 범죄인 인도라는 방법을 활용하여 왔다. 이 초법적 범죄인 인도는 공식적 범죄인 인도를 우회하거나 이를 회피하여 이루어지는 방법이다. 종종 도주자나 용의자가 위치한 국가의 동의나 인지 없이 집행된다. 미국의 여러 연방기관들(U.S. Marshals, DEA, FBI 등)은 이와 같은 방법을 사용하여 매우 효과적이고 성공적으로 해외의 용의자를 추적하고 체포하여 미국 법원으로 이송해 왔다. 초법적 범죄인 인도원칙에 따라, 해외에서 위치하는 미국 시민이 아닌 외국인에 대한 미국 법 집행기관의 일방적 수색, 압수, 체포가 인정된다. 이러한 초법적 (사실상 현지 국가의 법을 어길 수도 있는 불법적) 법 집행활동은 현지 국가기관과 협조 하에 진행되거나 아니면 현지 정부와 무관하게 미국 기관 단독으로 이루어질 수 있다. 미국 법 집행기관은 공식적 범죄인 인도가 어려울 경우나 이를 회피할 필요가 있을 경우 수사 대상자의 동의와 무관하게 해당 혐의자에 대한 범죄 증거 수집이나 인신구속, 그리고 신병의 미국 내로의 이송을 실행할 수 있다(Murray, 2011: 15-28). 이와 관련하여 미국 수정헌법 4조의 "불합리한 수색과 압수·체포(unreasonable searches and seizures)"와 관련된 기본권 침해문제가 제기될 수 있다. 이러한 쟁점에 대해 미국 대법원은 원칙적으로 수정헌법 4조의 the people은 미국 시민에 한정되며 외국인은 미국과 상당한 관련(substantial connections)이 있는 경우에만 제한적으로 인정된다고 선언했다(Davis & Peltason, 2004: 275). 이런 맥락에서 수정헌법 4조와 관련된 법 집행활동의 헌법적 제약은 미국 내 미국시민과 미국 내에 거주하는 합법적, 불법적 외국인들에게만 적용된다. 한편 미국 국경 밖에 존재하는 미국 시민이 아닌 자는 어떤 경우에도 헌법적 기본권이 인정되지 않는다. *Johnson v. Eisentrger,*[3] *U.S. v. Verdugo-Urquidez,*[4] *U.S. v. Alvarez-Machain*[5]은 일관되게 미국 법원의 이러한 입장을 확인했다. *U.S. v. Alvarez-Machain* 판례에서 미국 대법원은 형사 피고인이 어떻게 미국 내에 있게 되었으며 재판에 출석하게 되었는지는 문제가 되지 않으며 단지 그가 미국 내에 있고 재판을 받을 수 있는 상태라는 사실만이 중요하다고 명령했다. 그러면서 미국 헌법의 어디에도 피고인이 자신의 의사에 반해서 재판에 세워졌기 때문에 유죄인 자를 정당하게 심판하는 것으로부터 빠져나가도록 법원이 허락하도록 하지는 않는다고 선언했다(Lee, 2005: 97). 최근 들어서는 관타나모 수용자들과 관련된 잇따른 판례에서 미 대법원은 관타나모 수용자들의 헌법상의 권리를 인정하였지만, 이는 관타나모 미 해군 기지를 실질적인 미국의 주권관할권이 미치는 지역으로 판단했기 때문이다.[6] 이런 맥락에서 미국의 주권관할권이 미치지 않는 해외에서는 여전히 *Alvarez-Machain*의 원칙이 살아있는 것으로 보아야 한다(윤민우·윤해성, 2015: 83).

초법적 범죄인 인도를 실행하는 방법에는 여러 가지가 있다. 때로는 이를 공식적 범죄인 인도절차와 조합하여 운용할 수도 있다. 먼저 가장 단순한 방법은 해외에 있는 용의자를 현지에 파견된 요원이 무력으로 납치하여 해당 국가의 허락 여부와 관련 없이 미국 내로 압송하여 오는 경우이다. 또 다른 방법은 현지 국가와의 협조하에 해당 용의자를 체포하여 압송해 오거나 해당 국가가 용의자를 체포하여 미국으로 강제 추방하는 형식으로 이송해 올 수 있다. 혹은 해외에 있는 용의자를 유혹하거나 꾀어 미국으로 압송하거나 다른 국가로 여행하게끔 하여 해당 여행지 국가나 아니면 여행경로 상에 거쳐 가는 (transition) 국가에서 해당 용의자를 납치하거나 해당 국가로 하여금 미국으로 강제 송환하도록 하는 방법을 취할 수도 있다. 테러

---

3 *Johnson v. Eisentrger*, 339 U.S. 763 (1950).

4 *U.S. v. Verdugo-Urquidez*, 494 U.S. 259 (1990).

5 *U.S. v. Alvarez-Machain*, 504 U.S. 655 (1992).

6 *Rasul v. Bush*, 542 U.S. 466 (2004); *Boumediene v. Bush*, 553 U.S. 723 (2008).

음모자들은 여러 이유로 해외여행을 한다. 때로는 여가를 즐기거나 휴양하거나 술, 도박, 마약, 여자 등의 유흥을 위해 특정 지역을 여행하기도 한다. 때로는 테러모의나 훈련, 테러지원과 같은 여러 목적으로 해외여행을 하기도 한다. 이 경우 여행사를 통해 여행 경로나 스케줄을 의도한대로 세팅함으로써 용의자를 도중에 체포하여 압송할 수 있다. 예를 들면 여행 경로 상에 미국에 우호적인 국가를 경유지로 포함시켜 이곳에서 비행기를 환승하기 위해 잠시 머무는 도중에 해당 용의자를 체포하여 미국으로 압송시킬 수도 있다. 이처럼 다양한 방법 등이 창의적으로 초법적 범죄인 인도에 활용될 수 있다(Lee, 2005: 96-101).

대체로 초법적 범죄인 인도를 위해서는 해외에 파견되어 있는 미국 정부당국의 요원들의 인프라를 활용할 수 있다. 대체로 해외 파견요원들은 CIA의 현지 요원, FBI의 주재관(legal attache 또는 legat), 국무부의 지역보안담당관(regional security officer) 등이 있다. 이러한 경험 많은 요원들을 효과적으로 활용함으로써 초법적 범죄인 인도 작전을 수행할 수 있다. 이 방법은 용의자를 심판하는 매우 효과적인 방법임을 입증해 왔다(Lee, 2005: 96-101).

》》 평가

일반적으로 미국사례를 직접 국내에 적용하기는 어렵다. 이는 법체계가 다르기 때문이며 테러수사를 담당하는 정부당국의 활동환경이 다르기 때문이다. 예를 들면, 미국의 경우 적어도 1930년대부터 수십 년 간 마피아라는 강력한 조직범죄 집단과 싸워온 경험이 축적되어 왔으며, 이어서 1980-90년대에는 콜롬비아와 멕시코 마약카르텔이라는 국제조직범죄세력과 오랜 기간 싸워온 경험과 노하우가 축적되어 있다. 한편 60-70년대 이래로 해외 및 국내 테러세력과 오랜 싸움을 지속해 온 경험역시 풍부하다. 이러한 긴 시기 동안의 용기 있는 싸움의 결과로 불법집단과 싸울 수 있는 효과적인 법률들과 수사기법들, 그리고 이러한 법 집행 노력들을 지원하는 법원의 판례들이 잘 축적되고 정비되어 왔다. 또한 법 집행 환경 역시 미국과 우리는 다르다. 미국은 전 세계적으로 활동할 수 있는 예산과 인력, 그리고 인프라가 구축되어 있다. 또한 미국의 국력은 미국 법 집행기관들의 초법적 범죄인 인도와 같은 활동을 뒷받침한다. 이러한 여러 이유 때문에 미국의 법 집행기관의 사례들을 국내에 바로 적용하기는 어려울 것이다.

하지만 그럼에도 불구하고 여전히 미국의 사례는 우리에게 좋은 본보기가 될 수 있다. 그 중에서도 특히 우리가 주목해야 할 부분은 미국 법 집행기관의 창의성과 적극성이다. 법률은 대체로 인간행위를 추상적으로 규정한다. 이 때문에 법률조항을 현실에 적용하는 경우에 반드시 빈틈이 발생한다. 즉 법률의 실제 현실 적용 과정에서 다양한 해석의 여지가 발생하며 어떤 경우에는 법률로 명확히 해석되거나 적용되지 않는 사례들도 나타난다. 이 경우에 불법인 것 같지만 불법은 아닌, 혹은 합법이 아닌 것 같지만 합법인 그러한 사안들이 발생할 수 있다. 이 경우 미국의 법 집행기관들은 적극적으로 해석하고 공세적으로 행동하는 태도를 보인다. 즉 법률에 명확히 규정되어 있지 않으면 할 수 없는 것이 아니라 규정이 명확히 되어 있지 않기 때문에 할 수 있는 것으로 해석할 여지가 있다는 점이다. 이러한 적극적이고 창의적인 법 집행은 법률해석의 지평을 끝단까지 넓히고 그 위법성 또는 위헌성 여부를 시험한다. 이는 미국의 헌법해석 최고 기관인 대법원의 판결을 이끌어 내고 이를 통해 법 해석과 적용의 지평을 넓힌다. 예를 들면, 출입국 관리법상의 강제퇴거 규정은 반드시 해당 추방대상자를 본국으로 돌려보내야 하는 것을 의미하지는 않는다. 때문에 이러한 조항을 지렛대로 보다 유리한 결과를 이끌어내기 위해 활용할 여지가 있다. 이러한 불법과 합법의 경계선에 끊임없이 도전하는 미국정부 당국의 법 집행 태도는 우리가 참조할 부분이다.

미국법과 우리의 법률이 동일하지는 않지만 미국의 사례는 기존 법률을 통해 테러발생시 국가 수사권을 효과적으로 운용할 수 있음을 보여준다. 이러한 교훈은 우리가 외환의 죄와 관련된 우리 법률을 대테러 수사활동에 유용하고 효과적으로 활용할 수 있는 어떤 본보기를 보여준다고 할 수 있다.

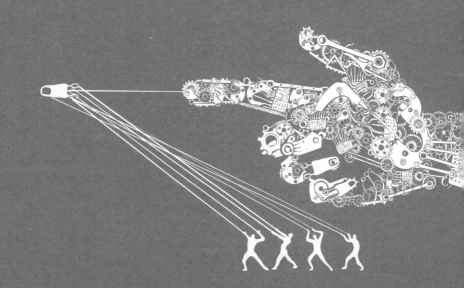

제17장
테러리즘과 국가안보의
최근 동향과 전망

제17장

테러리즘과 국가안보의 최근 동향과 전망

　테러리즘과 국가안보 분야의 어려운 점은 상황들이 종종 불확실하며 변화가 잦고 빠르다는 점이다. 불확실하다는 점은 대부분의 자료나 정보들이 부족하며 접근이 어렵다는 것을 의미한다. 또한 자료나 정보의 출처들도 불분명하거나 의심스러울 경우가 많다. 변화가 잦고 빠르다는 점은 불과 몇 주에서 몇 달 만에 새로운 상황이 전개되기 때문에 책이나 논문, 기사, 또는 보고서 등으로 생산된 정보가 빠르게 낡은 내용이 되며 이 때문에 내용의 수정이나 첨부, 또는 업그레이드가 빠르게 이루어져야 한다는 것을 의미한다. 이 책의 내용이 가장 최근의 테러리즘과 국가안보 분야의 상황전개를 담고 있음에도 불구하고 2016년 1월 이후에 발생한 가장 최근의 내용들을 담고 있지는 못하다. 이는 이 책의 대부분의 내용들이 2015년 12월 이전에 쓰여졌기 때문이다. 이러한 점은 아쉬움에 속하며 이 장에서는 그러한 가장 최근의 상황전개에 대해 지적하고 그것들이 뜻하는 바를 짚어보게 될 것이다. 애초에 이 장은 계획에 없었으나 그러한 목적을 위해 추가되었다.

　2016년 1월 이후 눈에 띄는 주요 변화들이 나타난다. 그리고 그러한 변화들은 향후 우리국가의 안보에 주요한 위협이 된다. 이 장에서는 그러한 주요한 변화된 사안들을 간략히 다룸으로써 1장에서 16장까지 내용들에서 다루지 못한 가장 최근의 사안들을 보충하려고 한다. 그러한 변화들은 세 가지로 지적될 수 있다. 먼저, 이슬람 살라피 극단주의 테러리즘에서의 주요한 변화가 관찰된다. 또한 이러한 변화에 따라 대테러 정책의 변화가 모색되어야 하며 이를 위해 독일과 같은 주요한 유럽 국가들의 사례를 참조할 필요가 있다. 2015년 11월 파리 폭탄테러 이후에 2016년 잇달아 벨기에 브뤼셀 테러와 방글라데시 테러, 미국의 올랜도 테러, 그리고 2016년 7월 다시 프랑스 니스에서의 테러공격이 발생했다. 더불어 IS 점령 인근 지역인 터키와 이라크에서 다수의 테러공격이 빈번히 일어나고 있다. 한편 국내에서도 2016년 1월 인도네시아 출신 국내체류 이주노동자가 알 누스라 전선의 깃발을 흔들며 이슬람 극단주의 테러세력을 지지하는 동영상이 발각되어 국내에서 추방된 바 있다. 더불어 글쓴이의 현재 진행 중인 필드연구에 따르면 국내에 다수의 이슬람 극단주의 테러세력이 잠입하고 있는 것으로 나타났다. 이 가운데 우즈베키스탄의 IMU 계열이 가장 두드러지게 국내에 존재하고 있는 것으로 보이며 또한 파키스탄과 아프가니스탄 출신의 이슬람 극단주의자들도 국내에 존재하는 것으로 알려졌다. 특히 이들은 이슬람 극단주의 계열의 자금지원으로 한국으로 보내지고 있다고 알려졌다. 한편 인도네시아 계열과 방글라데시 계열의 이슬람 극단주의 지지 세력들도 국내에 체류하고 있는 것으로 파악되었다.

2016년 1월 이후의 국내, 외 이슬람 극단주의 세력의 변화가 의미하는 바는 몇 가지로 추정될 수 있다. 먼저, IS가 미국과 러시아, 프랑스 등 국제사회의 공세의 결과로 시리아-이라크 지역의 자신들의 점령지역에서 세력이 급격히 축소되면서 자신들의 전쟁을 유럽, 북미와과 같은 서방사회 내로 옮기려 한다는 점이다. 이는 알 카에다가 아프가니스탄 거점을 잃으면서 국제테러네트워크로 변모했던 이행 과정과 유사하게 진행된다. IS 역시 점차 국제테러네트워크로 변모하면서 테러공세를 서방사회 내부로 확산시키려는 의도를 가지고 있지 않나 판단된다. 2016년 7월 글쓴이가 접촉한 출처를 밝힐 수 없는 독일의 보안당국 관계자의 말에 따르면 이미 프랑스 내에 IS의 인프라가 구축된 것으로 보이며 독일 내에서도 이러한 인프라가 어느 정도는 구축되어 있다고 독일 당국에서는 보고 있다. 특히 북아프리카와 중동 계열의 IS에 참여했다 유럽으로 돌아온 속칭 리터니(reterunee)들이 매우 주요한 위협세력이 되고 있는 것으로 파악되었다. 그리고 이와 더불어 유럽 내에 상당히 자리를 잡은 무슬림 사회는 이슬람 극단주의 테러세력들이 활동하는 데 매우 우호적인 환경을 제공하고 있다. 다음으로 IS의 테러확산 전략의 일환으로 IS가 자신들의 테러전쟁을 아시아 지역으로 확산시키려고 한다는 점이다. 최근 방글라데시 테러는 그러한 아시아 확산 전략의 한 징후로 볼 수 있다. 글쓴이가 컨택한 첩보에 따르면 IS의 아시아 확산 전략에 인도네시아가 주요한 공격기지로 지목되었다고 한다. 또한 리비아, 튀니지, 알제리 등의 북아프리카 지역은 유럽 공격의 전초기지로 지목되었다. 첩보의 출처문제로 신빙성 여부를 밝히기는 어려우나 전략적으로 봤을 때 그러한 전략은 매우 논리적으로 보인다. 본격적인 테러공격을 위해서는 지리적, 문화적으로 근접한 테러공격의 전초기지가 반드시 필요한데 북아프리카와 인도네시아는 각각 유럽과 동아시아 공격을 위한 주요한 지리적, 문화적 이점을 제공한다. 마지막으로 한국이 IS 등의 국제 이슬람 극단주의 테러세력의 공격을 받을 가능성이 점차 증가하고 있다는 점이다. 이미 지난해 말 IS는 한국을 십자군 동맹의 한 일원으로 적으로 규정한 바 있다. 2016년 들어서는 IS가 국내 미군의 군사시설과 민간인 다중 이용시설을 테러공격하려는 의도를 가지고 있다고 보도된 바 있다. 이러한 여러 징후들은 IS의 아시아 확산 전략과 맞물려 그 개연성이 가시화된다고 볼 수 있다.

최근 나타나는 이슬람 극단주의 테러공격의 전략적, 전술적 특성들에 비추어 볼 때 우리나라의 대테러 정책은 한계가 있는 것으로 판단된다. 파리테러부터 브뤼셀, 올랜도, 니스에 이르기까지 최근 도심테러의 특성들을 살펴보면 몇 가지 주목할 점이 발견된다. 먼저 최근 테러공격 사례들에서 공통적으로 목격되는 현상은 가급적 다수의 사람들을 살상하려 한다는 점이다. 테러 공격자들은 파리나 브뤼셀 경우처럼 다수의 지점에서 자살폭탄테러와 무장 총기공격, 인질납치 후 처형과 같은 여러 테러공격 방법들을 통합하여 인명살상과 파괴를 극대화하려 한다. 이러한 현상은 단발성 테러이긴 하지만 올랜도와 니스에서도 나타났다. 특히 니스의 경우 트럭 돌진과 총기난사 공격을 혼합하였으며 수류탄과 폭발물 등이 동시에 발견된 것으로 보아 가급적 많은 인명을 살상하려고 의도한 것으로 보인다. 또 다른 특징은 니스에서 두드러지는데 트럭과 같은 일상생활에서 흔히 이용되는 도구들이 살상무기로 사용되고 있다는 점이다. 이는 앞으로 무인자동차, 드론, 사물인터넷 등의 상용화와 함께 더욱 중요한 안보의 문제를 제기할 것으로 보인다. 이 밖에도 최근의 테러 양상을 볼 때 테러 공격자가 군사훈련이나 전투경험 등을 갖춘 경향을 보인다. 아마도 이들은 IS가 주도한 시리아-이라크 지역에서 주요한 군사훈련과 전투경험을 획득한 것으로 보여진다. 그리고 이들이 유럽이나 북미 등지의 본국으로 돌아오면서 문제가 심각히 불거지고 있는 것으로 판단된다.

최근 테러 양상의 변화는 대테러 정책에 중대한 도전이 된다. 먼저 다수의 인명 살상이 목적이며 트럭과 같은 일상생활의 도구들이 무기로 전용된다는 점 등은 대테러 당국이 테러예방과 대응을 하는데 있어 매우 제한된 시간과 기회만을 갖게 된다는 것을 의미한다. 이번 니스 사건에서 보듯 대테러 당국이 경계를 해야 할 곳은 너무 다양하며 보호해야 할 공격대상은 너무 많다. 현실적으로 이러한 테러공격의 목표물을 모두 보호하는 것은 불가능하다. 또한 트럭과 같은 일상생활의 도구가 공격에 이용됨으로써 사전에 공격 징후를 탐지하고 차단하는 것 역시 매우 어려워졌다. 이러한 변화는 사실상 보다 적극적이고 전반적인 정보활동을 통해 공격 징후에 대한 사안을 미리 파악하는 것 이외에는 별다른 방법이 없으며 그럼에도 불구하고 여전히 진행 중인 구체적인 테러공격을 발생 이전에 파악하고 예방하는 것은 매우 어려워지고 있다. 한편 테러공격 발생 시 즉각적인 대응을 통해 피해를 최소화하는 것 역시 매우 어려워지고 있다. 이전에는 폭탄테러, 인질납치, 무장공격 등이 하나의 공격방법과 단발성의 공격에 그침으로서 일단 테러공격이 발생하면 그것으로 종료되는 경우가 많았다. 하지만 최근 들어서는 복수의 공격방법이 동원되며 단발성이 아니라 테러범이 완전히 제압될 때까지 계속해서 인명을 살상하는 계속되는 공격경향이 나타난다. 이는 대테러 당국이 가급적 빨리 테러범을 체포하거나 사살하여야 하는 것을 의미한다. 여기서 대체로 결정적 시간은 공격개시 후 최초 30분 정도인 것으로 파악되었다. 공격 시작 후 30분 정도면 이미 100여 명 이상에 달하는 다수의 사상자가 발생한다. 때문에 대응은 가급적 신속히 현장에서 이루어져야 한다. 하지만 아무리 빨라도 경찰특공대와 같은 전문 진압부대의 도착에는 30분 정도가 소요된다. 때문에 이 결정적인 초기 30분에 얼마나 효과적으로 테러 공격자를 사살을 포함하여 제압할 수 있는가가 관건이 된다.

이와 같은 변화하는 테러공격양상의 추이에 맞춰 독일 등에서는 하위 계급의 일선 일반 경찰관들의 대응력과 결정권을 강화하는 방향으로 움직이고 있다. 예를 들면 일선 경찰관들의 도심 전투 능력을 강화시켰다. 이를 위해 도심 전투 훈련과 이동 타깃에 대한 사격 훈련을 일선 경찰관들을 대상으로 진행하고 있으며 방탄조끼를 지급하고 무장 역시 Koch 권총에 실탄 15발 짜리 탄창 두 개와 함께 MP-5 자동소총에 30발 짜리 탄창 3개를 지급하고 있다. 또한 일선 경찰관에게 권한 역시 주어지고 있다. 현장에서 일선 대응 경찰관은 계급의 여부와 관련 없이 현장 대응 경찰관이 자신의 판단에 따라 즉시 사격과 사살을 결정할 수 있으며 응급대응이나 구조 활동, 또는 지원 병력의 지원과 경찰 특공대의 출동 요청 등 광범위한 분야에 대해 테러 상황 진행 시 긴급 결정권을 행사할 수 있다. 이에 대한 적법성과 합리성 여부는 개개의 사례별로 사건 종료 후 법원에서 심리된다. 또한 이와 함께 일반 순찰 경찰관들로 테러 상황 긴급 대응팀을 구성하여 테러 상황 발생 시 이들이 가장 최우선으로 테러범 진압에 동원되도록 하고 있다. 이들은 평상시엔 일반 경찰관의 업무를 수행하지만 테러 발생 시에는 긴급 동원된다. 이들은 이를 위해 선발되어 별도의 훈련을 이수하여야 한다. 또한 대테러 장비와 무기를 평상시에 순찰차 트렁크의 안전박스에 비치하고 있다가 유사시에 사용하도록 하고 있다.

실제 상황 대응에서 우리나라의 현 대테러 대응체계의 문제점이 나타난다. 현행 법률과 지침에 따르면 테러공격 발생 시 총리실의 대테러 컨트롤 타워로 상황 보고가 올라가서 대응 주체와 방법 등이 결정되어 대테러 활동이 이루어지게 된다. 하지만 이 경우 보고 체계에 걸리는 시간 때문에 신속한 대응이 어려울 수 있으며 대응의 현장감도 떨어질 가능성이 크다. 한편 테러 발생 시 테러범 제압을 경찰특공대에 전담시키고 있는데 경찰특공대의 출동에 소요되는 필수시간 때문에 최초 30분 이내의 초기 대응에 문제가 발생할 수도 있다. 한편 일선 경찰관의 경우 무장력이 빈약한데다 도심 전투훈련과 같은 기본적인 테러범 제압 역량이 부족하며 우리나라의 조직 문화와 관례상 일선 하위계급의 경찰관이 재량권과 결정권을 행사할 수 있다고 보기도 어렵다. 때문에 거의 모든 중요한 결정과 대응 자산 동원을 위한 권한은 경찰 고위 지휘관이나 중앙부처의 상급 결정권자에게서 내려와야 하는 상황이 전개될 가능성이 크다. 글쓴이가 인터뷰한 독일의 많은 경찰과 보안기관 관련자들은 이와 같은 우리나라의 대테러 체계에 상당한 우려를 표명했고 아마도 실제 상황에서는 의도한 대로 작동하기 어려울 것이라고 의견을 내놓았다. 때문에 우리나라의 경우도 최근 테러 동향을 반영하여 실제 현장에서의 대테러 대응이 즉각적으로 이루어질 수 있는 방향으로 변화되어야 하며 동시에 테러발생을 미연에 방지하기 위한 정보활동의 역량을 강화하는 것이 필요할 것이다.

다음으로 우리나라가 처한 안보 위기는 북한으로부터의 핵무기와 테러 등의 공격 위협이다. 지속적인 핵무기 소형화와 탄도 미사일 개발, 잠수함 발사 탄도 미사일 개발과 사이버 공격전력 강화 등 여러 북한의 움직임들이 보여주는 바는 그들의 공격 시나리오라고 할 수 있다. 북한의 전쟁 계획은 미국의 개입을 저지하고 가급적 신속하고 총체적인 공격으로 한국 전역을 동시에 타격함으로 전쟁을 조기에 승리로 종결시키려 한다. 북한의 핵미사일과 잠수함 발사 핵미사일, 그리고 핵 테러 등의 능력은 부산을 중심으로 한 한반도 남부를 타격하는데 주안점을 두는 것 같다. 부산은 특히 중요한데 이 항구는 미군의 병력과 물자, 장비가 일본을 거쳐 한반도로 전개되는 게이트이기 때문이다. 미국은 역외세력으로서 한반도와 동아시아 본토에 대한 세력 투사에 있어 통로가 되는 항구의 확보는 필수적이다. 2차 대전시 노르망디 상륙작전의 사례에서 보듯 대륙에 거점항구가 없다면 부득이 상륙작전을 수행해야 하는데 이 상륙작전은 위험할 뿐만 아니라 많은 물자와 장비, 인력, 치밀한 계획과 적의 실수가 함께 동반되어야 하는 매우 위험하고 어려운 작업이다. 때문에 부산 등의 한반도 남부 주요 항구의 무력화는 미군의 개입을 차단하는데 결정적인 이점을 준다. 또한 북한은 자신들의 핵전력으로 괌과 하와이, 또는 미 본토를 타격하겠다는 위협을 함으로써 미국의 여론과 정치인들이 한반도 지원 전략을 취소하게 압박할 수도 있다. 점점 고립주의 경향으로 변하는 미국의 대중여론과 역시 고립주의 경향의 트럼프 대선후보가 대통령으로 선출되는 상황이 맞물린다면 북한의 의도가 관철될 가능성은 커질 수 있다. 미국의 개입이 제거된 상황이라면 북한은 정규전과 특수전, 사이버 공격과 테러 등을 조합하여 한국에 대한 총체적인 공격을 가할 수 있다. 이 경우 핵 공격으로 초토화된 한반도 남부는 방사능 오염에 더해져 더 이상 후방지역으로 기능하지 못할 지도 모른다. 만약 그렇다면 우리는 전쟁의 종심이 매우 짧아진 상태에서 어려운 싸움을 수행해야 할 것이다. 이 경우 사이버 심리전과 사이버 테러, 테러공격이 민간인 지역의 후방에서 발생하게 된다면 혼란은 가중될 수 있다.

최근 격화된 사드의 경상북도 성주지역 배치 논란은 북한의 전쟁 시나리오를 가정할 때 가장 합리적이고 최선의 선택인 것으로 보인다. 사드의 가장 핵심적인 목적은 부산이라는 전략적 항구를 보호하기 위한 것으로 보인다. 물론 괌에 대한 북한의 핵공격에 대한 사건 징후 포착의 임무와 유사시 한반도로 전개될지 모르는 중국군과 러시아군의 동향파악도 주요한 목적의 일부일 것이며 한국 중부지역의 주요 한국군 시설과 미군 시설의 보호 역시 주요한 임무일 것이다. 하지만 부산을 중심으로 한 한반도 남부 지역의 전략적 보호가 가장 우선적인 고려 대상이지 않을까 판단된다. 서울을 포함한 수도권 지역은 사실상 전쟁을 하는 입장에서는 보호할 수 없는 지역이다. 이 지역은 전선에 너무 가까우며 북한군의 장사정포와 미사일 등 일차 선제타격에 너무 취약하며 기습적인 재래식 전력의 전개에 너무 노출되어 있다. 한편 수도권 지역은 북한에 대한 보복공격을 위한 발판으로 삼기에도 전략적으로 북한군의 공격에 취약하기 때문에 부적절하며 미군의 한반도 전개를 위한 통로로도 적당하지 못하다. 이는 맥아더의 인천상륙작전 사례에서도 알 수 있듯이 서해의 특성상 인천이 대규모 병력과 물자, 장비가 들어오는 창구로서 기능하기에는 적절치 않을 수도 있다. 더욱이 미군의 주요한 해군전력인 항공모함과 핵잠수함 등이 한반도에 전개되어야 하는 상황까지 고려하면 더욱 그럴 수 있다.

물론 사드 배치가 부산에 대한 북한의 모든 핵공격 가능성을 다 방어할 수 있는 것은 아니다. 그 가운데 북한의 잠수함을 이용한 핵공격은 더욱 그러하다. 사드의 배치는 잠수함 발사 핵미사일을 막을 수는 없다. 하지만 이 문제는 부산 인근 해역을 장악하여 북한의 잠수함을 사전에 탐지하여 격침시키는 것으로 해결될 수 있다. 이를 위해서는 대잠 탐지와 작전 능력이 향상되어야 할 것이다. 특히 이와 관련하여 핵추진 잠수함은 매우 핵심적인 역할을 담당한다. 최근 들어 빈번해진 미 핵 잠수함의 부산항 방문은 우연이라고 보기는 어렵다. 이러한 움직임은 바다로부터의 공격에 대한 부산항 보호와 관련이 있을 수 있다. 마지막으로 남은 위험은 핵 테러 공격에 대한 가능성이다. 이는 북한의 특수전 요원이 직접 소형 핵무기를 운반하는 시나리오이다. 이와 관련하여 북한의 핵무기 소형화가 관건이 될 것이다. 북한은 이미 자신들의 열병식에서 일종의 자살폭탄테러 부대인 핵배낭 부대를 선보인바 있다. 이와 관련해서는 효과적인 대테러 정책이 주요한 억제 전력이 될 것이다.

마지막으로 우리에게 닥친 위협은 중국의 제국주의화 경향이다. 이와 관련된 직접적인 위협이 최근 중국의 사드배치에 대한 반대와 남지나해에서의 미국-필리핀 등과의 충돌이다. 부산항은 한국의 입장에서는 북한과의 전쟁에 있어서 우리의 주요한 후방 기지이자 미군의 진입 통로이지만 미국의 입장에서는 동아시아에서 대중국 견제를 위한 지상군 전개의 핵심적인 전략적 통로가 된다. 유사시 중국 본토 침공을 위한 주요한 통로로 활용될 수 있으며 대중국 전쟁 시 부산항을 발판으로 한반도 북부와 요동지역을 돌아 중국의 심장부인 베이징으로 침공해 들어갈 수 있다. 때문에 한반도 사드 배치는 중국으로 볼 때는 한반도의 사드전개와 부산항을 중심으로 한 한반도 남부지역의 보호는 중국의 전략적 이익과 충돌한다. 또한 한반도 사드 배치는 다른 지역 즉 예를 들면 남지나 해역 등에서의 미국과의 전쟁 시 중국에 결정적인 장애요소가 된다. 한반도에 미국이 사드를 전진배치하게 되면 미국 본토 타격을 위한 중국의 전략 핵탄두 미사일이 조기에 탐지되는 전략적 불이익을 겪게 되는데 이는 남지나 해역에서 미군과 충돌 시 중국이 미국을 위협할 수 있는 주요한 카드 하나가 사라지는 것과 같은 결과를 가져온다. 한편 미국으로 볼 때는 중국으로부터 본토가 공격 받을 가능성이 상당히 줄어들게 됨으로 남지나 해역에서의 중국과의 충돌 시 보다 공세적으로 중국군 또는 중국거점시설을 타격할 수 있게 된다. 더불어 사드가 가지는 정치적 상징성은 한국과 미국과의 군사동맹을 더욱 공고히 하는 결과를 가져올 수 있다. 이는 미국-한국-일본-오스트레일리아로 이어지는 대중국 봉쇄 동맹이 더욱 공고해지는 결과로 이어지며 반대로 중국의 경우는 자신의 문 앞에 공고한 봉쇄망이 구축되는 결과가 되어 사실상 중국의 제국 복귀 전략은 시작하기도 전에 좌절될 수 있다. 이러한 여러 이유로 해서 중국은 한반도 사드배치에 민감하게 반응하는 것처럼 보인다. 하지만 분명한 것은 이러한 갈등의 원인은 중국이 제공하고 있다는 것이다. 제국의 건설은 21세기 자유로운 국제질서에서는 받아들일 수 없는 생각이기 때문이다. 중국이 제국으로의 복귀를 포기하고 정상국가로 국제질서를 준수하고 다른 인근국가들과 동등한 관계를 받아들이는 것이 문제 해결의 출발점이 되어야 한다.

남지나해에서 중국이 야기한 영토, 영해분쟁은 국제사법재판소의 판결로 결정났다. 국제사법재판소는 2016년 7월 중국의 남지나해 대부분의 영유권 주장을 불법이라고 판결하였다. 이에 중국은 재판소의 판결은 법적인 효력은 가지나 강제할 능력이 없기 때문에 따르지 않을 것이라고 주장했다. 이 때문에 남지나해에서의 미국과 중국 간의 군사충돌 가능성은 증가했다. 남지나해에서의 갈등 역시 중국의 제국주의 야욕이 초래한 결과이다. 중국의 제국건설에 남지나해 장악은 매우 핵심적이다. 중국은 서태평양으로 진출해 미국을 하와이 동쪽으로 후퇴시키려고 기도한다. 중국이 그리고 있는 중화제국질서는 아시아 대륙을 장악하고 서태평양을 미국의 역내 개입을 저지하는 방어선으로 삼는 것을 포함한다. 아시아는 아시아인에 의해 결정되어야 한다는 의미는 다름 아닌 미국과 유럽세력을 역내에서 걷어내면 그 다음은 자신들의 마음대로 할 수 있다는 의미이다. 즉 이들의 숨은 뜻은 아시아는 중국인에 의해 결정되어야 한다는 의미에 불과하다. 때문에 우리나라로서는 중국의 이러한 기도를 거부하고 오히려 미국과 유럽 등의 서방 동맹국들과의 자유민주주의와 개인의 자유, 인권 등의 가치를 중심으로 자유세계들의 가치동맹을 강화하는 방향으로 나아가야 한다. 미국과 유럽 등의 동맹 국가들은 자유세계의 가치를 지키는 동맹으로 동아시아에 계속 존재해야 한다. 이와 관련하여 우리나라가 나토에 가입하거나 아니면 나토의 주요한 파트너 국가로 나토의 5조항이 적용되는 국가가 되는 방안도 고려해 볼 여지가 있다.[1] 어쨌건 중국의 남지나해역 장악은 이러한 중국의 궁극적 목표를 위한 핵심적인 발판이 된다. 역내 수역 장악은 인근 동남아시아 국가들을 장악하는 결과를 가져오며 이를 통해 동북아시아의 주요 국가들인 한

---

1 나토의 5조는 나토회원국 중 하나가 공격을 받으면 이를 나토회원국 전체에 대한 공격으로 간주하고 나토가 집단적으로 자위적 대응에 나선다는 조항이다.

국과 일본의 해상수송로를 봉쇄하며 나아가 오스트레일리아까지 압박함으로써 역내 주요 국가들을 중국의 동맹국 또는 적어도 중립국으로 만들 수 있다는 계산 때문이다. 물론 이 해역 내 막대한 지하자원의 경제적 가치 등에도 주목하겠지만 가장 중요한 동기는 이러한 중국의 전략적 시나리오 내에서 가지는 남지나 해역의 중요성 때문이다. 더불어 중국의 남지나 해역 장악은 인도와 나머지 동북아 주요 세력국가들 간을 갈라놓음으로써 인도와 이들 동북아 국가들 간의 위협적인 대중국 봉쇄동맹이 형성되는 것을 사전에 영구히 제거해 놓는다는 목적도 있을 것이다. 결국 중국은 자신들의 제국건설이라는 목표 자체를 포기하지 않는 한 남지나 해역에서의 영유권 확보 노력을 그만두지 않을 것이며 그러한 노력에는 군사적 행동도 포함될 것이다. 반면 미국과 그 외 동남아 각 국들의 경우는 현실적으로 군사적 수단이외에는 중국의 영유권 장악 노력을 그만두게 할 수단은 없다. 이러한 사정을 고려할 때 가까운 시기에 적절한 기회가 주어진다면 미국은 중국을 군사적으로 공격할 가능성이 상당히 높다.

남지나 해역에서의 미국과 중국의 충돌에서 우리나라가 취해야 할 입장은 분명하고 단호해야 한다. 미국과 중국의 이해관계와 동아시아 관련 국가들의 이해관계들을 고려할 때 중국과 미국 등 다른 국가들과의 절충적 타협점이 있을 것 같지 않다. 전형적인 제로섬(Zero-Sum) 게임이 걸려 있는 것처럼 보이며 한 진영의 이득은 다른 진영의 심각한 손실로 이어진다. 그리고 그러한 손실은 당사국으로서는 받아들이기 어려울 것이다. 한편 중국은 남지나해의 영유권을 장악하게 되면 미국의 역내에서의 철수와 동북아에서의 세력 확장과 같은 다음 목표를 성취하기 위해 또 다른 요구를 제기할 가능성이 크다. 이와 관련하여 미국, 한국, 일본, 오스트레일리아, 필리핀 등 이해 당사국들은 남지나해에서 양보를 하게 되면 다음 단계에서는 더 힘든 싸움을 해야 할 것이며 그러한 패퇴는 중국이 의도하는 자신들의 역사적인 정당한 권역에서 완전한 지배권을 달성할 때까지 계속될 것이다. 나치 독일이 체코에 대한 영유권을 주장했을 때 영국과 프랑스의 양보는 나치의 만족이 아니라 단치히와 같은 또 다른 영유권에 대한 요구였다. 이는 히틀러의 나의 투쟁에 명시된 것처럼 독일민족의 정당한 삶의 영역(Lebensraum)이라는 원대한 목표를 이루어가는 과정 속에서 이루어진 영유권 요구였기 때문에 그러하다. 유사하게 중국의 제국의 부활이라는 거대하고 장기적인 프로젝트의 틀에서 중국의 여러 부문에서의 영유권 요구와 외교, 경제, 군사, 문화 정책 등을 이해하는 것이 필요할 것이다. 이런 맥락에서 보면 나치독일과 스탈린의 소련이 동맹관계에서 적대관계로 변한 것처럼 중국과 러시아의 오늘날의 동맹관계도 이들의 궁극적인 이해관계의 차이와 제국에 대한 목표의 충돌 때문에 적대관계로 변화될 가능성이 상존한다. 결국, 중국의 제국건설과 팽창정책과 관련하여 야기된 여러 안보위기들에서 중립지대는 존재하지 않는다. 때문에 우리로서는 어느 한 쪽을 선택할 수밖에 없을 것이며 중간지대에서 우리가 양 적대세력 간의 화해와 조정을 이끌어낼 수 있는 가능성도 없다. 불행히도 현실적으로 우리나라가 그러한 조정역할을 할 수 있을 정도로 강력한 군사력과 경제력을 갖고 있지는 않기 때문이다. 이성과 합리성, 도덕과 규범에 근거한 설득이 가능하다는 것은 망상에 불과하다. 이해관계의 충돌에서 그러한 허황된 개념들이 설 자리는 없다. 이러한 사실은 국제사법재판소의 판결을 대놓고 무시하는 중국의 행동에서도 분명히 확인된다.

한국이 어떤 입장을 취하건 그것은 미국과 중국의 사이에서 어느 진영이건 선택하는 결과가 될 것이다. 중립지대 또는 균형자 역할은 존재하지 않는다. 이는 관계의 비대칭성 때문이다. 한국과 미국은 오랜 동맹관계에 있는 전통적인 우방 국가이다. 반면 한국과 중국은 적대관계에서 정상관계로 변화된 것에 불과하다. 동맹은 주고받는 것이며 이는 북한의 공격 시에 미국이 한국을 지원한다는 것과 함께 미국의 필요시에 우리가 지원한다는 의미를 동시에 갖고 있다. 동맹은 권리이기도 하지만 의무이기도 하다. 미국이 동맹국인 우리에게 현실적으로 기대하는 것은 대테러 전쟁에 동참하여 전투부대를 파병하는 것과 중국과의 충돌에서 미국을 적극적으로 지지하고 같은 편에 서는 것이다. 전자보다 후자가 더욱 중요하여 동맹의 진실성과 신뢰를 판단하는 잣대가 될 수 있다. 전자는 한국이 없어도 미국이 그다지 불편하지 않기 때문이며 후자는 한국의 참여가 절실할 정도로 미국이 힘든 싸움을 해야 하기 때문이다. 이 때 후자의 경우에서 더 큰 배신감을 느낄 수 있다. 바꾸어 말하면 우리나라가 대중국 봉쇄에 있어 미국의 편을 들지 않는 것 자체가 동맹에 대한 배신으로 이해될 수 있다. 반면 중국의 경우는 한국이 미국을 도와주지 않기만 하면 되는 경우이다. 중국으로서는 어차피 한국이 미국의 동맹인 상황이며 이 때문에 한국이 중립적 스탠스나 최소한의 인사치레 정도의 미국에 대한 지지정도 만으로도 만족할 여지가 크다. 이는 중국은 한국을 동맹으로 끌어들이는 것이 아니라 미-일-오스트레일리아의 대중국 봉쇄 공조체제에서 한국을 뜯어내는 것이 전략적 목표이기 때문이다. 이러한 상황에서 한국이 애매모호한 스탠스를 통해 미, 중 양국으로부터 모두 좋은 관계를 유지하면서 국익을 극대화할 수 있는 여지는 전혀 없다. 국제정치에서는 종종 자신이 원하는 대로 현실이 돌아가지는 않는다. 반대로 현실적 제약 속에 가능한 최적의 선택을 해야 할 뿐이다.

한국의 선택은 미국과의 긴밀한 동맹을 강화해야 할 것이며 오히려 적극적으로 대중국 봉쇄에 참여해야 할 것이다. 미국과 중국 가운데 하나를 버려야 한다면 그것은 중국이 되어야 한다. 이는 원칙적으로도 현실적으로도 그러하다. 먼저 국가는 그 국가의 성격과 정체성, 삶의 가치를 결정하는 가치적 기반이 존재한다. 우리의 가치는 자유민주주의, 인권, 개인의 자유 등과 같은 그러한 것들이다. 이러한 가치들을 이룩하기 위해 수많은 고난을 겪어왔으며 이러한 가치 위에 세워진 대한민국을 자랑스러워 한다. 그리고 북미와 유럽 등 많은 다른 자유민주주의의 동맹 국가들은 자유세계의 일원이면서 인권과 개인의 자유가 존중 되는 민주사회인 대한민국을 존중하며 자신들의 일원으로 받아들인다. 이러한 것들은 지켜야할 가치이다. 그러한 가치를 희생시켜 가면서까지 국가가 자신들의 다른 물질적 이해관계를 달성하려 한다면 그 국가는 존재의 이유가 없다. 모든 대가를 치르고서라도 경제성장과 부의 창출만이 추구된다면 그것은 노예국가나 천민국가에 다름없을 것이다. 미국은 나름대로 문제가 많긴 하지만 민주주의의 원칙과 인권과 개인의 자유를 소중히 여기며 지키려는 자유세계의 일원이다. 반면에 중국은 선거로 구성되지 않는 독재정부를 가진 권위주의 국가이다. 그들이 추구하는 제국은 국가 간의 위계질서와 국제법의 침해와 외국에 대한 간섭과 억압을 전제로 한다. 중화제국질서는 한족만의 질서이다. 한국의 선택은 우리가 누구이며 무엇을 위해 싸워야 하는가에 대한 정체성과 관련이 있다. 우리는 자유세계의 일원인가 아니면 중화질서의 이등시민인가? 이러한 의문은 부유해지는 것을 넘어서는 국가의 존재의 이유와 관련이 있다. 우리가 일본을 그토록 혐오했던 이유는 우리의 자유를 속박했기 때문이다. 같은 이유로 중화제국질서에 편입될 위험성에 단호히 반대해야 할 것이다.

다음으로 한국이 미국을 선택해야 하는 이유는 국제정치에서의 현실적 문제들과 관계가 있다. 국제법적으로 불법으로 인정된 중국의 남지나해 불법 점유를 명시적으로 반대하지 않거나 심지어 중국을 지지하게 된다면 앞으로 우리는 우리와 관련된 그 어떤 영유권 분쟁에서도 국제법이나 국제사회의 지원을 받기 어렵게 될 것이다. 이는 그러한 문제가 있을 시 우리 자신의 군사력으로 영유권 문제를 해결해야 하는 것을 의미할 수도 있다. 당장 독도를 둘러싼 일본과의 갈등에서도 중국의 남지나해 사례가 적용될 수 있으며, 이어도 영유권 분쟁에서 중국과의 갈등에서도 불리한 입장에 놓일 수 있다. 또한 북한의 붕괴 시에 중국과의 북한에 대한 점유권에 대한 다툼이 발생할 수도 있는데 이 경우에도 국제법과 국제사회의 지원을 이끌어내려 할 경우 문제가 발생할 수 있다. 나아가 중국과의 간도나 국경지역 영토분쟁이나 러시아와의 녹둔도 영유권 문제와 같은 앞으로 북한과의 통일 시에 예상되는 여러 영토 분쟁에서도 우리는 불리한 입장에 놓일 수 있다. 이러한 문제들이 모두 고려되어야 할 것이다. 한편 중국의 남지나해 영유권 장악은 우리의 숨통과 같은 해상수송로가 중국의 영향 아래 떨어지는 결과를 초래하게 된다. 이 경우 미국의 서태평양에서의 후퇴와 맞물린다면 우리는 매우 곤란한 상황에 처할 수 있으며, 중국의 속국으로 전락할 개연성이 매우 증가하게 된다. 때문에 지금 당장 중국과 관계에서 문제가 될 수 있는 대북제제에 대한 공조, 대중국 수출, 중국 관광객 유치 등의 문제들에 매몰되어 어정쩡한 선택을 하여서는 곤란하다. 이는 문제의 해결이 아니라 미국과 중국 양쪽에서 모두 십자포화를 맞아 경제, 안보와 국가의 존엄성 모두를 잃게 되는 최악의 결과로 이어질 수 있다. 대북제재는 중국이 공식적으로는 동참하겠지만 북한의 숨통을 끊을 수 있는 개인 간 사무역이나 다양한 불법밀거래까지 막지는 않을 것이다. 결국 중국은 북한 정권이 전략적으로 필요하기 때문이며 핵을 가진 동맹국 북한이 핵을 갖지 않은 북한의 붕괴보다는 더 나은 선택이기 때문이다. 한편 중국과의 경제의존도의 문제는 궁극적으로 우리가 넘어야 할 과제이다. 단기적으로 또는 중기적으로 매우 어렵겠지만 어차피 대중국 경제 의존도는 우리가 극복해야 할 과제이다. 중국 이외의 다른 국가들과의 경제관계의 비중을 높여가는 것만이 유일한 대안이 될 것이다. 이를 위해 경제적 고난이 닥친다면 극복해야 할 과제이다. 중국으로부터의 경제보복에 대한 두려움 때문에 어정쩡한 전략적 선택을 한다면 결국 이 경제의존도라는 아킬레스건은 지속되고 심화될 뿐이다. 그리고 이는 미래에도 중국과의 갈등 시 다시 이 경제문제가 우리에게 심각한 약점이 될 것이라는 것을 의미하며 결국은 다시 중국의 영향 아래 휘둘리는 결과가 반복될 뿐이다. 어차피 중국의 경제 보복을 돌파해야 중국의 영향력으로부터 벗어날 수 있다면 싸워야 하는 최적의 시점이 내일보다는 오늘이 될 것이다.

1990년 냉전 이후 짧았던 평화의 시대는 가고 이제 폭력의 시대가 오고 있는 것처럼 보인다. 그 폭력은 테러리즘으로, 난민을 둘러싼 사회적 갈등으로, 중국의 팽창주의에 의한 군사적 긴장고조로, 러시아와 나토 간의 군비경쟁으로, 그리고 북한의 핵무장 위협으로 나타나고 있다. 한 안보학회에서 융합안보의 문제를 다룬 적이 있다. 그 학회의 토론에서 글쓴이는 융합안보가 다름 아닌 폭력의 위협이라고 말한 적이 있다. 테러와 조직범죄, 내전과 전쟁, 핵문제 등은 살상과 파괴와 관련된 폭력의 다른 표현들에 불과하다. 인간은 태초부터 폭력적이었으며 지금도 그러하고 앞으로도 그러할 것이다. 2016년 오늘날의 여러 현상들은 인간이 늘 그래왔던 것처럼 정상적인 상황이다. 이상주의자들은 미래의 언젠가는 인간이 노력한다면 평화로워질 수 있다고 믿지만 전문 도박사들처럼 미래에 대한 베팅은 과거의 기록치에 의존하는 것이 현명할 것이다. 과거의 기록치에 의존한다면 미래에도 인간은 폭력적일 것이다. 국가의 운명과 국민의 생존이 걸린 도박이라면 미래에 대한 자신의 희망보다는 과거의 기록치에 의존해 베팅을 하는 것이 맞다.

앞으로 우리국가는 어려운 싸움을 해야 할 것이다. 극단주의 국제 테러리즘과 북한, 그리고 중국이라는 세 개의 거대한 적을 상대로 헤쳐 나가야 할 것이다. 힘들고, 두렵고, 고단한 싸움이 되겠지만 매 순간마다 최선을 다해 싸워야 할 것이다. 이러한 위협들은 따로 떨어진 것 같지만 실상은 하나로 연결되어 다가오는 총체적인 위협이다. 두려움에 굴복하는 것보다는 자신을 믿고 동맹을 믿고 최선을 다해 자신이 해야 할 싸움에 집중해야 하는 것이 옳다. 노예로 사는 것보다는 자유인으로 죽는 편이 명예롭다는 것은 인간의 역사를 꿰뚫는 하나의 진실이다.

본 **QR코드**를 스캔하시면,
'**폭력의 시대 국가안보의 실존적 변화와 테러리즘**'의
참고문헌을 참고하실 수 있습니다.

저자 약력

윤민우
범죄학 박사, 국제정치학 박사수료
가천대학교 경찰안보학과 부교수
유엔 안보리 테러리즘 제재 위원회 전문가 보드 예비멤버

경력
한세대학교 경찰행정학과 조교수(2010-2012)
미국 Wheeling Jesuit University Assistant Professor(2006-2009)
미국 Institute for the Study of Violent Groups 유럽/구소련지역 수석 연구원(2004-2006)
미국 DIA(Defense Intelligence Agency)에서 실시한 AFPAK(Afghanistan-Pakistan) Foundation Course 교육 훈련 이수
대 테러 전술 훈련 과정, 지휘 및 리더십 트랙 이수, ITOTA(International Tactical Officers Training Association), (2012년 2월 8-9일)
전문가 자문그룹 멤버, 유엔 마약 및 범죄국(United Nations Office on Drugs & Crime) 소속 테러리즘 예방 기구(Terrorism Prevention Branch), (2011년 8월-2012년 3월)
대 테러 교육과정 이수, Tel Aviv University 및 이스라엘 군, 정보부, 보안기관, 경찰, 교도소, 및 외무부(2009년 5월 30일-6월 10일)
The Foundation for the Defense of Democracies(FDD)과 이스라엘 정부에서 실시하는 Academic Fellows Program, 텔 아비브와 예루살렘 등, 이스라엘 인질 협상과정 이수, College of Criminal Justice, Sam Houston State University, 헌츠빌, 텍사스, 미국(2005년 10월 31일-11월 4일)

학력
성균관대학교 정치외교학과 학사
미국 인디애나 주립대학교 범죄학과 범죄학석사
미국 샘 휴스턴 주립대학교 형사사법 대학원 범죄학 박사(테러리즘, 조직범죄 전공)
서울대학교 외교학과 국제정치학 박사수료

연구활동
테러리즘, 국제조직범죄, 초국가 범죄, 국제분쟁, 전쟁, 전략론, 사이버 안보, 범죄학 이론, 무장항쟁, 해상해적 등에 관한 연구활동을 꾸준히 해오고 있으며 다수의 연구논문과 저서, 및 연구보고서 등을 출판하였다. 그 가운데 미국의 Studies in Conflict & Terrorism 학술지에 게재한 인질테러 논문 1편을 포함해 모두 12편의 SSCI 논문과 1편의 해외 저서를 출판하였고, 3편의 해외 저서의 공동 저자로 참여하였다. 또한 약 40편의 국내 등재학술지와 그 외 논문 및 연구보고서 등을 출판하였다.

폭력의 시대 국가안보의 실존적 변화와 테러리즘
: 테러리즘과 국가안보, 그리고 안보정책

초판발행   2017년 3월 5일
중판발행   2019년 2월 10일

지은이   윤민우
펴낸이   안종만

편 집   한두희
기획/마케팅   송병민
표지디자인   김연서
제 작   우인도·고철민

펴낸곳   (주) 박영사
                서울특별시 종로구 새문안로3길 36, 1601
                등록 1959. 3. 11. 제300-1959-1호(倫)
전 화   02)733-6771
f a x   02)736-4818
e-mail   pys@pybook.co.kr
homepage   www.pybook.co.kr
ISBN   979-11-303-0403-8   93350

정 가   28,000원